Thüsing

Mindestlohngesetz und Arbeitnehmer-Entsendegesetz

Mindestlohngesetz (MiLoG) und Arbeitnehmer-Entsendegesetz (AEntG)

Kommentar

Herausgegeben von

Dr. Gregor Thüsing, LL.M.

o. Professor an der Rheinischen Friedrich-Wilhelms-Universität
Bonn

2. Auflage 2016

www.beck.de

ISBN 978 3 406 67681 9

Wilhelmstraße 9, 80801 München
Druck: CPI – Clausen & Bosse GmbH
Birkstraße 10, 25917 Leck

Satz: Jung Crossmedia Publishing GmbH
Gewerbestraße 17, 35633 Lahnau

Umschlagsatz: Druckerei C. H. Beck, Nördlingen

Gedruckt auf säurefreiem, alterungsbeständigem Papier
(hergestellt aus chlorfrei gebleichtem Zellstoff)

Bearbeiterverzeichnis

Dr. Frank Bayreuther
o. Professor an der Universität Passau

Dr. Stefan Greiner
o. Professor an der Rheinischen Friedrich-Wilhelms-Universität Bonn

Dr. Jacob Joussen
o. Professor an der Ruhr-Universität Bochum

Dr. Hans Kudlich
o. Professor an der Friedrich-Alexander Universität Erlangen-Nürnberg

Dr. Jan Tibor Lelley, LL.M.
Rechtsanwalt, Fachanwalt Arbeitsrecht, Frankfurt am Main

Dr. Anja Mengel, LL.M.
Rechtsanwältin,
Fachanwältin Arbeitsrecht, Berlin und Lehrbeauftragte an der Bucerius Law School, Hamburg

Dr. Jochen Mohr
o. Professor an der Technischen Universität Dresden

Dr. Stephan Pötters, LL.M.
Rechtsanwalt, Köln

Dr. Martin Reufels
Fachanwalt Arbeitsrecht, Köln
Fachanwalt für internationales Wirtschaftsrecht
Professor an der Hochschule Fresenius, Köln

Dr. Gregor Thüsing, LL.M.
o. Professor an der Rheinischen Friedrich-Wilhelms-Universität Bonn

Dr. Bernd Waas
o. Professor an der Goethe-Universität Frankfurt am Main

Im Einzelnen haben bearbeitet:

Vorwort, Einleitung	Gregor Thüsing
§ 1 MiLoG	Frank Bayreuther
§§ 2, 3 MiLoG	Stefan Greiner
§§ 4–12 MiLoG	Stephan Pötters
§ 13 MiLoG	Jan Tibor Lelley
§§ 14–17 MiLoG	Jacob Joussen
§§ 18–19 MiLoG	Anja Mengel
§ 20	Frank Bayreuther
§ 21 MiLoG	Hans Kudlich
§ 22 MiLoG	Stephan Pötters
§ 23 MiLoG	Stephan Pötters/Gregor Thüsing
§ 24 MiLoG	Stephan Pötters
Vor §§ 1–2 AEntG	Gregor Thüsing
Vor §§ 3–6 AEntG	Bernd Waas
§§ 7–8 AEntG	Frank Bayreuther
§§ 9–13a AEntG	Gregor Thüsing
§§ 14, 15 AEntG	Jochen Mohr
§§ 16–20 AEntG	Martin Reufels
§§ 21, 22 AEntG	Anja Mengel
§ 23 AEntG	Hans Kudlich
§§ 24, 25 AEntG	Gregor Thüsing
§ 138 BGB	Gregor Thüsing
Tariftreue	Gregor Thüsing

Vorwort

Es war ein weiter Weg zum gesetzlichen Mindestlohn. Seit dem 1.1.2015 ist er da. Es geht um nichts weniger als den gerechten Lohn, der – so Papst *Franziskus* – erst „den Zugang zu den anderen Gütern [ermöglicht], die zum allgemeinen Gebrauch bestimmt sind" (*Evangelii Gaudium,* Apostolisches Schreiben vom 24.11.2013, Abschn. 192.). Der Koalitionsvertrag hat vielleicht dies im Sinn, wenn er verspricht: „Gute Arbeit muss sich einerseits lohnen und existenzsichernd sein. Andererseits müssen Produktivität und Lohnhöhe korrespondieren, damit sozialversicherungspflichtige Beschäftigung erhalten bleibt."

Gerechtigkeit durch Mindestlohn also. Zwei Gesetze sollten dazu maßgeblich beitragen. Das Ergebnis intensiven politischen Ringens ist eine Fortschreibung des Arbeitnehmer-Entsendegesetzes und ein neues Mindestlohngesetz. Doch vieles von dem, was nun geltendes Recht ist, bleibt in seinen Konturen unscharf; wichtige Fragen bleiben unbeantwortet.

Die neuen Regelungen für den Praktiker der Rechtsanwendung aufzuarbeiten, verständlich in Sachzusammenhängen zusammengefasst darzustellen, aber auch kritisch zu prüfen, ist Ziel des vorliegenden Kommentars. Er ist darauf angelegt, der Praxis eine umfassende Hilfe zu sein, die auch dort weiterführende Hinweise geben soll, wo gesicherte Rechtsprechung bislang nicht vorliegt. Der Herausgeber dankt den Mitautoren für das große Engagement und die zügige Erstellung der jeweiligen Beiträge, die eine aktuelle und geschlossene Darstellung ermöglicht haben. Das Zusammenspiel zwischen Wissenschaft und Praxis hat wunderbar geklappt.

Bonn, im März 2016 *Gregor Thüsing*

Inhaltsverzeichnis

Abschnitt 4. Arbeitsbedingungen in der Pflegebranche

Abschnitt 4a. Arbeitsbedingungen im Gewerbe des grenzüberschreitenden Straßentransports von Euro-Bargeld

Abschnitt 5. Zivilrechtliche Durchsetzung

Abschnitt 6. Kontrolle und Durchsetzung durch staatliche Behörden

Abschnitt 7. Schlussvorschriften

Abkürzungs- und Literaturverzeichnis

Zeitschriften werden, soweit nicht anders angegeben, nach Jahr und Seite zitiert, Entscheidungssammlungen nach Band und/oder Jahr und Seite.

a. A. . . . . anderer Ansicht
a. F. . . . . alte Fassung
a. a. O. . . . . am angegebenen Ort
ABlEG . . . . Amtsblatt der Europäischen Gemeinschaften
Abs. . . . . Absatz
AcP . . . . Archiv für die civilistische Praxis (Zeitschrift); zitiert nach Band und Seite, Erscheinungsjahr des Bandes in Klammern am Ende
AFG . . . . Arbeitsförderungsgesetz
AFRG . . . . Arbeitsförderungs-Reformgesetz
AiB . . . . Arbeitsrecht im Betrieb (Zeitschrift)
AktG . . . . Aktiengesetz
Alt. . . . . Alternative
Anm. . . . . Anmerkung
AP . . . . Arbeitsrechtliche Praxis – Nachschlagewerk des Bundesarbeitsgerichts
ArbBeschFG . . . . . Arbeitsrechtliches Beschäftigungsförderungsgesetz 1996
ArbG . . . . Arbeitsgericht
ArbGG . . . . Arbeitsgerichtsgesetz
ArbNErfG . . . . . . Arbeitnehmererfindungsgesetz
ArbPlSchG . . . . . . Gesetz über den Schutz des Arbeitsplatzes bei Einberufung zum Wehrdienst (Arbeitsplatzschutzgesetz)
ArbSchG . . . . Arbeitsschutzgesetz
ArbuR . . . . Arbeit und Recht (Zeitschrift)
arg. . . . . argumentum
arg. e contr. . . . . . . argumentum e contrario
ArGV . . . . Arbeitsgenehmigungsverordnung
Art. . . . . Artikel
AsylVfG . . . . Asylverfahrensgesetz
Aufl. . . . . Auflage
AÜG . . . . Gesetz zur Regelung der gewerbsmäßigen Arbeitnehmerüberlassung
AÜKostV . . . . Verordnung über die Kosten der Erlaubnis zur gewerbsmäßigen Arbeitnehmerüberlassung
AuslG . . . . Ausländergesetz
AVAVG . . . . Gesetz über Arbeitsvermittlung und Arbeitslosenversicherung

BA . . . . Bundesagentur für Arbeit
BAG . . . . Bundesarbeitsgericht

Abkürzungs- und Literaturverzeichnis

BAGE . . . . Entscheidungen des Bundesarbeitsgerichts (Amtliche Sammlung)
BayObLG . . . . . . Bayerisches Oberstes Landesgericht
BB . . . . Betriebs-Berater (Zeitschrift)
BBiG . . . . Berufsbildungsgesetz
Bd. . . . . Band
BDA . . . . Bundesvereinigung Deutscher Arbeitgeberverbände
BDSG . . . . Bundesdatenschutzgesetz
Becker/Wulfgramm Kommentar zum AÜG, 3. Auflage 1985
Bens. Slg. . . . . Bensheimer Sammlung
BErzGG . . . . Bundeserziehungsgeldgesetz
BeschSchG . . . . . . Beschäftigtenschutzgesetz
BetrAVG . . . . Gesetz zur Verbesserung der betrieblichen Altersversorgung
BetrVG . . . . Betriebsverfassungsgesetz
BFH . . . . Bundesfinanzhof
BGB . . . . Bürgerliches Gesetzbuch
BGBl. . . . . Bundesgesetzblatt
BGH . . . . Bundesgerichtshof
Bl. . . . . Blatt
BMWA . . . . Bundesministerium für Wirtschaft und Arbeit
Boemke/Lembke . . Kommentar zum AÜG, 2. Auflage 2005
Boemke/Lembke . . Nachtrag zum Kommentar zum AÜG, 2003
Bohnert . . . . Kommentar OWiG, 2. Auflage 2007
BPersVG . . . . Bundespersonalvertretungsgesetz
BRRG . . . . Beamtenrechtsrahmengesetz
BSG . . . . Bundessozialgericht
BT . . . . Besonderer Teil
BT-Drs. . . . . Drucksache des Deutschen Bundestages
BR-Drs. . . . . Drucksache des Deutschen Bundesrates
BSG . . . . Bundessozialgericht
BSGE . . . . Amtliche Sammlung der Entscheidungen des Bundessozialgerichts
BVerfG . . . . Bundesverfassungsgericht
BVerfGE . . . . Amtliche Sammlung der Entscheidungen des Bundesverfassungsgerichts
BVerfGG . . . . Bundesverfassungsgerichtsgesetz
BVerwG . . . . Bundesverwaltungsgericht
BVerwGE . . . . Amtliche Sammlung der Entscheidungen des Bundesverwaltungsgerichts
BW . . . . Baden-Württemberg
BZA . . . . Bundesverband Zeitarbeit e. V.
bzw. . . . . beziehungsweise

ca. . . . . circa
c. i. c. . . . . culpa in contrahendo
CIC . . . . Codex Iuris Canonici

Däubler/*Bearbeiter* . . Kommentar zum TVG mit Arbeitnehmer-Entsendegesetz, 2. Auflage 2006
DB . . . . Der Betrieb (Zeitschrift)
DBA . . . . Doppelbesteuerungsabkommen
ders. . . . . derselbe
d. h. . . . . das heißt
dies. . . . . dieselbe/n
Diss. . . . . Dissertation
DJT . . . . Deutscher Juristentag
DKK-*Bearbeiter* . . . Däubler/Kittner/Klebe (Hrsg.), Betriebsverfassungsgesetz mit Wahlordnung, 11. Auflage 2008
DÖV . . . . Die öffentliche Verwaltung (Zeitschrift)
Drs. . . . . Drucksache
DVAuslG . . . . Durchführungsverordnung zum Ausländergesetz
DVBl. . . . . Deutsches Verwaltungsblatt (Zeitschrift)

EG . . . . Europäische Gemeinschaft
EGAO . . . . Einführungsgesetz zur Abgabenordnung
EGBGB . . . . Einführungsgesetz zum Bürgerlichen Gesetzbuch
Einl. . . . . Einleitung
EFZG . . . . Entgeltfortzahlungsgesetz
EL . . . . Ergänzungslieferung
ErfK/*Bearbeiter* . . . . Erfurter Kommentar zum Arbeitsrecht, 10. Auflage 2010
EStG . . . . Einkommensteuergesetz
EU . . . . Europäische Union
EuGH . . . . Europäischer Gerichtshof
EuroAS . . . . Europäisches Arbeits- und Sozialrecht (Zeitschrift)
evtl. . . . . eventuell
EWiR . . . . Entscheidungen zum Wirtschaftsrecht (Zeitschrift); zitiert nach Gesetz, Paragraph, Jahr und Nummer
EWR . . . . Europäischer Wirtschaftsraum
EzAÜG . . . . Entscheidungssammlung zum Arbeitnehmerüberlassungsgesetz
EzA . . . . Entscheidungssammlung zum Arbeitsrecht

f. . . . . folgende
FA . . . . Fachanwalt Arbeitsrecht (Zeitschrift)
FAZ . . . . Frankfurter Allgemeine Zeitung
FGO . . . . Finanzgerichtsordnung
Fitting . . . . Handkommentar zum Betriebsverfassungsgesetz, 24. Auflage 2008
Fn. . . . . Fußnote

GefStoffVO . . . . . Gefahrstoffverordnung
GewArch . . . . Gewerbe-Archiv (Zeitschrift)
GewO . . . . Gewerbeordnung
GG . . . . Grundgesetz

GK-BetrVG/*Bearbeiter*	Betriebsverfassungsgesetz, Gemeinschaftskommentar, 8. Auflage 2005
GmbHG	Gesetz betreffend die Gesellschaften mit beschränkter Haftung
Göhler	Kommentar zum OWiG, 15. Auflage 2009
GüKG	Güterkraftverkehrsgesetz
HAG	Heimarbeitsgesetz
Halbs.	Halbsatz
Henssler/Willemsen/Kalb-*Bearbeiter*	Henssler, Willemsen, Kalb (Hrsg.), Arbeitsrecht Kommentar, 3. Auflage 2008
HGB	Handelsgesetzbuch
h. M.	herrschende Meinung
Hrsg., hrsg.	Herausgeber, herausgegeben
i.	im, in
i. d. F.	in der Fassung
i. S. d.	im Sinne des/der
InsO	Insolvenzordnung
JW	Juristische Wochenschrift
JZ	Juristenzeitung (Zeitschrift)
Knack	Verwaltungsverfahrensgesetz. Kommentar, 8. Auflage 2004
Koberski/Asshoff/Hold-*Bearbeiter*	Kommentar zum AEntG, 2. Auflage 2002
Kopp/Ramsauer	Verwaltungsverfahrensgesetz. Kommentar, 10. Auflage 2008
Kopp/Schenke	Verwaltungsgerichtsordnung. Kommentar, 15. Auflage 2007
KK-OWiG/*Verfasser*	Karlsruher Kommentar zum OWiG, 3. Auflage 2009
KR-Verfasser	Gemeinschaftskommentar zum Kündigungsschutzgesetz und zu sonstigen kündigungsrechtlichen Vorschriften (Becker u. a.) 8. Auflage 2007
KSchG	Kündigungsschutzgesetz 1969
Lackner/Kühl	Kommentar zum StGB, 26. Auflage 2007
Larenz	Methodenlehre, 6. Auflage 1991
LK/*Verfasser*	Leipziger Kommentar zum StGB, Band 2, 12. Auflage 2006
Losebl.-Ausg.	Loseblattausgabe
LSG	Landessozialgericht
m. w. N.	mit weiteren Nachweisen
Meyer/Ladewig	Sozialgerichtsgesetz, Kommentar, 9. Auflage 2008

MDR . . . . Monatsschrift für Deutsches Recht (Zeitschrift)
MiLoG . . . . Gesetz zur Regelung eines allgemeinen Mindestlohns (Mindestlohngesetz)
Mio. . . . . Millionen
MitbestG . . . . Mitbestimmungsgesetz
MünchKomm-*Bearbeiter* . . . . Münchener Kommentar zum BGB, Band 2a (Schuldrecht, Allgemeiner Teil), 5. Auflage 2007
MünchKomm-StGB/*Verfasser* . . . . Münchener Kommentar zum StGB, Band 1, 2003
MuSchG . . . . Mutterschutzgesetz

NachwG . . . . Nachweisgesetz
NJW . . . . Neue Juristische Wochenschrift (Zeitschrift)
NJW-RR . . . . Neue Juristische Wochenschrift – Rechtsprechungsreport (Zeitschrift)
NVwZ . . . . Neue Zeitschrift für Verwaltungsrecht (Zeitschrift)
NVwZ-RR . . . . . Neue Zeitschrift für Verwaltungsrecht – Rechtsprechungsreport
NZA . . . . Neue Zeitschrift für Arbeitsrecht (Zeitschrift)
NZA-RR . . . . . . Neue Zeitschrift für Arbeitsrecht – Rechtsprechungsreport (Zeitschrift)
NZS . . . . Neue Zeitschrift für Sozialrecht (Zeitschrift)

OVG . . . . Oberverwaltungsgericht
OWiG . . . . Gesetz über Ordnungswidrigkeiten

Palandt-*Bearbeiter* . . Bürgerliches Gesetzbuch, Kommentar, 69. Auflage 2010
PBefG . . . . Personenbeförderungsgesetz
PSA . . . . Personal-Service-Agentur(en)

RABl. . . . . Reichsarbeitsblatt
RAG . . . . Reichsarbeitsgericht; amtliche Sammlung der Entscheidungen des Reichsarbeitsgerichts (Band und Seite)
rd. . . . . rund
RdA . . . . Recht der Arbeit (Zeitschrift)
RegBl. . . . . Regierungsblatt
RG . . . . Reichsgericht
RGBl. . . . . Reichsgesetzblatt
RGZ . . . . Entscheidungen des Reichsgerichts in Zivilsachen
Richardi-*Bearbeiter* . Kommentar zum BetrVG, 12. Auflage 2010

S. . . . . Seite
s. . . . . siehe
SAE . . . . Sammlung arbeitsrechtlicher Entscheidungen (Zeitschrift)

Schmidt-Bleibtreu/ Klein	Kommentar zum Grundgesetz, 11. Auflage 2007
Schönke/Schröder-*Bearbeiter*	Strafgesetzbuch, Kommentar, 27. Auflage 2006
Schubel/Engel-brecht	Kommentar zum Gesetz über die gewerbsmäßige Arbeitnehmerüberlassung, 2. Auflage 1988
SchwarzarbG	Gesetz zur Bekämpfung der Schwarzarbeit
SchwbG	Schwerbehindertengesetz
SG	Sozialgericht
SGB	Sozialgesetzbuch
SGG	Sozialgerichtsgesetz
SKWPG	(Erstes) Gesetz zur Umsetzung des Spar-, Konsolidierungs- und Wachstumsprogramms
Slg.	Amtliche Sammlung der Entscheidungen des Europäischen Gerichtshofs
sog.	sogenannte/r
SprAuG	Sprecherausschussgesetz
Stelkens/Bonk/ Sachs	Verwaltungsverfahrensgesetz, Kommentar, 7. Auflage 2008
StPO	Strafprozessordnung
st. Rspr.	ständige Rechtsprechung
Tab.	Tabelle
Tröndle/Fischer-*Bearbeiter*	Strafgesetzbuch und Nebengesetze, Kommentar, 56. Auflage 2008
u. a.	unter anderem/anderen
Ulber	Arbeitnehmerüberlassungsgesetz, Kommentar, 3. Auflage 2006
UmwG	Umwandlungsgesetz
Univ.	Universität
Urban-Crell/Schulz	Arbeitnehmerüberlassung und Arbeitsvermittlung, 1. Auflage 2003
UStG	Umsatzsteuergesetz
v.	vom, von
VBG	Verwaltungs-Berufsgenossenschaft
VersR	Versicherungsrecht (Zeitschrift)
VGH	Verwaltungsgerichtshof
vgl.	vergleiche
VOBl.	Verordnungsblatt
VVG	Gesetz über den Versicherungsvertrag
VwGO	Verwaltungsgerichtsordnung
VwKostG	Verwaltungskostengesetz
VwVfG	Verwaltungsverfahrensgesetz (des Bundes)

VwVG . . . . Verwaltungsvollstreckungsgesetz (des Bundes)

WiB . . . . Wirtschaftsrechtliche Beratung (Zeitschrift)
WM . . . . Wertpapier-Mitteilungen (Zeitschrift)
Wolff/Bachof/
Stober . . . . Verwaltungsrecht. Lehrbuch, 3 Bände (Band 1, 12. Auflage 2007; Band 2, 6. Auflage 2000; Band 3, 5. Auflage 2004)
WRV . . . . Weimarer Reichsverfassung
www . . . . world wide web

z. . . . . zum
z. B. . . . . zum Beispiel
ZDG . . . . Zivildienstgesetz
ZfA . . . . Zeitschrift für Arbeitsrecht (Zeitschrift)
ZfS . . . . Zentralblatt für Sozialversicherung, Sozialhilfe und Versorgung (Zeitschrift für das Recht der sozialen Sicherheit)
ZHR . . . . Zeitschrift für das gesamte Handelsrecht und Wirtschaftsrecht (früher: Zeitschrift für das gesamte Handelsrecht und Konkursrecht)
ZIP . . . . Zeitschrift für Wirtschaftsrecht (bis 1982: Zeitschrift für Wirtschaftsrecht und Insolvenzpraxis)
zit. . . . . zitiert
ZPO . . . . Zivilprozessordnung
ZTR . . . . Zeitschrift für Tarif-, Arbeits- und Sozialrecht des öffentlichen Dienstes (Zeitschrift)
zugl. . . . . zugleich
ZZP . . . . Zeitschrift für den Zivilprozess (Zeitschrift)

Einleitung

Inhaltsübersicht

I. Ziel und Funktion staatlichen Mindestlohns

1. Vereinbarter Lohn und gerechter Lohn

1 Der Mindestlohn hat eine soziale, eine ökonomische und eine juristische Dimension. Der soziale Gedanke legitimiert ihn, die ökonomische Sorge stellt ihn in Frage, das juristische Handwerk setzt ihn um. Ihr gelungener Ausgleich zielt auf **Gerechtigkeit.** Doch ist es ein Ausdruck von Gerechtigkeit, mehr zu verdienen als es das Ergebnis eines ungeregelten Markts wäre? Und wenn dem so ist: Wie viel mehr soll der Arbeitnehmer verdienen als der Markt ihm gibt? Schon das Neue Testament sucht hierauf eine Antwort. Im Gleichnis von den Arbeitern im Weinberg erhält jeder Knecht am Ende des Tages einen Denar, und mag er auch nur eine Stunde gearbeitet haben (Mt, 20, 1–16; s. dazu *Hezser,* Lohnmetaphorik und Arbeitswelt in Mt 20, 1–16, 19; *Theobald,* in: Mieht (Hrsg.), Christliche Sozialethik im Anspruch der Zukunft, 1992, S. 107ff.). Ein Denar entsprach dem, was ein Tagelöhner brauchte, um zu leben (s. Rn. 15). Es ist daher ein Gleichnis auch vom gerechten Lohn: Nicht was ich erwirtschafte, sondern was ich brauche gibt mir der Herr des Weinbergs als Entgelt der Arbeit. Die moderne Theologie trägt diesen Gedanken fort. Die Arbeit ist so zu entlohnen, „dass dem Arbeiter die Mittel zu Gebote stehen, um sein und der Seinigen materielles, soziales, kulturelles und spirituelles Dasein angemessen zu gestalten" heißt es im Kompendium der Soziallehre der Katholischen Kirche – jedoch eben nur „gemäß der Funktion und Leistungsfähigkeit des Einzelnen, der Lage des Unternehmens und unter Rücksicht auf das Gemeinwohl" (Kompendium der Soziallehre der Katholischen Kirche, 2006, Rn. 302). ***Working poors*** soll es nicht geben, doch die Produktivität eines Arbeitsverhältnisses kann nicht außen vor gelassen werden.

2 Der alte **Zielkonflikt** zwischen dem, was sozial wünschenswert ist, und dem, was ökonomisch vertretbar ist, wird klar umrissen, doch bleibt er ohne Lösung. Die hängt vor allem von den Zielen ab, die ein staatlicher Mindestlohn helfen soll zu erreichen: Soll der Mindestlohn die Existenz des Arbeitnehmers sichern oder die Ausbeutung geringqualifizierter und daher verhandlungsschwacher Arbeitnehmer verhindern? Mit anderen Worten: Soll er sich an dem orientieren, was der Arbeitnehmer zum Leben braucht, oder welche Wertschöpfung aus seinem Arbeitsverhältnis

unter gewöhnlichen Umständen zu erwarten ist? Obwohl die aktuelle Diskussion eher in die erste Richtung deutet, zögert man, ohne Einschränkung zuzustimmen. Traditionellem Verständnis nach ist es nicht Aufgabe des Arbeitgebers, sondern der Sozialkassen oder ganz allgemein des Gemeinwesens, sicherzustellen, dass jeder das hat, was er zum Leben braucht. Es mag eine ethische Verpflichtung geben, nur fair gehandelten Kaffee zu kaufen – aber es gibt keine Verpflichtung Kaffee zu trinken. Mit anderen Worten: Der Arbeitnehmer arbeitet, um Geld zu verdienen – und der Arbeitgeber beschäftigt, um Geld zu verdienen. Wo der Arbeitsvertrag nicht pareto-optimal ist, wird er nicht geschlossen. Was nicht erwirtschaftet wird, wird vom Arbeitgeber auch nicht bezahlt werden, und die Vorstellung, das Lohnkartell des Mindestlohns würde es ermöglichen, die Kostenerhöhungen eins zu eins an die Kunden weiter zu geben und so die Wertschöpfung des Arbeitsverhältnis zu erhöhen, geht fehl, wo Dienstleistungen oder Produkte substituiert werden können und wo der Nutzen der Leistung für den Abnehmer nicht deutlich über seinem Preis liegt: Wird der Friseur zu teuer, dann lässt man sich seltener die Haare schneiden oder die Mutter schneidet die Haare der Kinder selber. Ist der Friseur in Eberswalde zu teuer, dann geht der Kunde nach Polen. Dem Friseur nutzt das nicht – die Frage ist nur, wie viel Friseuren es schadet.

2. Gesetzgebung zur Kompensation gestörter Vertragsparität

3 Warum also ist dennoch der vereinbarte Lohn nicht immer der gerechte Lohn, das *iustum pretium,* das dem Arbeitnehmer für seine Tätigkeit zusteht? Die katholische Soziallehre macht es sich einfach: „Das Einverständnis der Parteien allein genügt nicht, um die Höhe des Lohns sittlich zu rechtfertigen" (Katechismus der Katholischen Kirche Abschn. 2434). Doch wieso? Und in welchen Fällen ist eine Korrektur erforderlich? Wer der Einigung der Parteien die Wirksamkeit absprechen will, der scheint die Begründungslast zu tragen. Die **Vertragsfreiheit** genießt Verfassungsschutz und damit ist Ausgangspunkt jeder Prüfung nach gegebenem und nach zu schaffendem Recht der ***favor libertatis.*** Wer in den Vertrag eingreift, wer in Frage stellt, was die Parteien übereinstimmend wollten, der muss sich rechtfertigen. Nach der ständigen Rechtsprechung des BVerfG ist die Privatautonomie ein Teil der allgemeinen Handlungsfreiheit. Art. 2 Abs. 1 GG gewährleistet damit das **Selbstbestimmungsrecht des Einzelnen** im Rechtsleben (s. nur BVerfG v. 7.2.1990 – 1 BvR 26/84, BVerfGE 81, 242 = NJW 1990, 1469; BVerfG v. 6.2.2001 – 1 BvR 12/92, BVerfGE 103, 89 = NJW 2001, 957; s. auch Verweise dort).

4 Naturrechtlich vorgegeben ist diese Argumentationslast nicht. Dass die **Vertragsfreiheit Verfassungsrang** genießt, auch wenn das Grundgesetz nicht von ihr spricht, ist eine deutsche Besonderheit, die schon ihren Vorläufer in der Weimarer Zeit hatte (§ 152 WRV). Das französische Recht denkt anders und rechnet sie nicht den *libertés publiques* zu (grundlegend cons. const. 3.8.1994, JCP 1995.II.22404 mit Anm. *Broussolle;* s. auch den Bericht durch *Mestre,* Rev. trim. dr. civ. 1996.151), in den USA streitet man nach nunmehr fast 100jähriger Rechtsprechung des *Supreme Courts* noch immer (grundlegend Lochner v. State of New York 198 U.S. 54, 35 S. Ct. 539, 49 L. Ed. 937 (1908). Die Literatur hierzu ist unübersehbar. Einen guten Überblick bietet *Burton,* Principles of Contract Law, 1995, S. 204; aus dem deutschen Schrifttum s. *Thüsing,* in: FS Wiedemann, 2002, S. 559). Der Schritt von der Handlungs- zur Vertragsfreiheit ist in der Tat größer, als es zuweilen suggeriert wird. Das Recht zu tun und lassen was man will wird durch das Vertragsrecht, wie immer es auch ausgestaltet wird, nicht unmittelbar beeinflusst. Es ist eine Sache, sich zu einigen, eine andere, die Rechtsordnung zur Durchsetzung dieser Einigung nutzen zu können, sie in den Dienst der Vertragspartner zu stellen und dem Willen der Parteien **staatlichen Zwang** folgen zu lassen. Der Konsens der Parteien selber führt nicht zur Bindung, sondern seine staatliche Anerkennung. So ist eine Freiheit, sich vertraglich zu binden, anders als die Ausübung der allgemeinen Handlungsfreiheit ohne Rechtsordnung und Rechtsgemeinschaft nicht möglich. Robinson war in seinem Handeln frei, jedoch erst als Freitag kam, konnte es Vertragsfreiheit geben. Die Rechtsordnung ist der Boden, auf dem die Freiheit wächst, jedoch nicht Bestandteil der Freiheit selbst. Es kann ein guter Boden oder auch ein schlechter sein. Eine Gesellschaft, die keine Verträge schützt, ist vielleicht freier als eine, die jeden Vertrag anerkennt, die Knebelungsverträge vollstreckt und das Opfer des Wucherers in den Schuldturm wirft. Wer die Freiheit wünscht, der muss die **Unfreiheit durch den oktroyierten Vertrag** fürchten.

5 Warum also soll die Rechtsordnung die Einigung der Parteien anerkennen, sie zu eigenen machen und ihre Befolgung erzwingen und Verstöße sanktionieren? Die bloße Einigung an sich kann der Grund nicht sein. Die absolute Vertragsfreiheit zu proklamieren, jeden Vertrag für wirksam zu erklären, schlicht weil er durch den beidseitigen Konsens legitimiert ist, heißt den Triumph der Gewalt, der List oder jeder anderen Überlegenheit auf Verfassungsebene zu heben, hieße, wie es *v. Jhering* gesagt hat, die Erlaubnis zur Jagd den Piraten und Freibeutern zu geben, mit einem Recht zur Prise an denen, die ihnen in die Hände fallen (s. *v. Jhering,* Der Zweck im Recht, Bd. 1, S. 53).

6 Nicht um des übereinstimmenden Willens selbst nimmt sich die Rechtsordnung des Vertrags an, sondern weil er Mittel ist zu einem guten Ziel, weil der **Vertrag ein legitimes Mittel der wechselseitigen Bedürfnisbefriedigung** ist, auf dessen Existenz die Gesellschaft angewiesen ist. In den Motiven zum BGB kommt das noch klar zum Ausdruck: „Die bindende Kraft der ... Willenserklärung ist nicht etwas natürlich gegebenes, ... sondern die bindende Kraft beruht, wenn sie einer solche Erklärung zu Theil wird, allein auf der Bewilligung der Rechtsordnung" (Motive zu § 103 (später § 123 BGB) s. *Mugdan,* Materialien, Bd. I, S. 465; s. auch *Terré/Simler/Lequette,* Les Obligations, 7. Aufl. 1999, S. 31: „La force obligatoire ne vient donc pas de la promesse, mais de la valeur que le droit attribue à la promesse"). Auch wenn Grund der Verpflichtung aus dem Vertrag der Wille der Parteien ist, so ist doch Aufgabe des BGB „festzustellen, unter welchen Voraussetzungen dem Parteiwillen jene Kraft zur verpflichtenden und berechtigenden Bindung zukommen soll" (*v. Kübel,* bei: *Schubert,* Die Vorentwürfe der Reaktoren zum BGB, Recht der Schuldverhältnisse, Teil 1: Allgemeiner Teil, S. 135ff.). Der Wille selber soll nur dort durchsetzbar sein, wo er Zielen dient, die die Gesellschaft anerkennt oder ihr nutzen, oder wo sie diesen Zielen keinen Schaden zufügen.

7 **Ziel der Vertragsfreiheit** ist damit der Schutz der gegenseitigen Einwirkung zum Richtigen hin, letztlich der Schutz des angemessenen Vertrags. Der Vertrag nun ist nicht schon angemessen, weil er übereinstimmend gewollt ist. Er ist jedoch zumeist übereinstimmend gewollt, weil er angemessen ist, weil beide Parteien ihn für einen angemessenen **Ausgleich ihrer Interessen** halten. Hier ist es effizient und wohlstandsfördernd, die Einigung zum bindenden Vertrag werden zu lassen, denn sie ermöglicht die optimale Allokation der Güter. Existieren keine Transaktionskosten, ist also eine Einigung der Betroffenen ohne Hindernisse und Aufwand möglich, dann birgt diese Einigung das gesamtwirtschaftlich bestmögliche, man sagt auch pareto-optimale Ergebnis. Die Parteien eines Vertrags wissen in der Regel am Besten, was sie wollen und wofür sie bereit sind, eine Gegenleistung zu geben, oder in den Worten *Schmidt-Rimplers:* „Niemals hat mein feineres Gerechtigkeitsgefühl, wägt man … sorgsamer die individuelle Zweckmäßigkeit ab, als wenn es um eigene Nachteile oder Lasten geht" (*Schmidt-Rimpler,* AcP 147 (1941), 130, 151). Wo die Vertragsparteien irren, und eine Interessenkongruenz in Wahrheit nicht gegeben ist, wo die angemessene Einigung besser und anders bestimmt werden kann, da liegt die Legitimation zur Durchsetzung der Einigung in anderen Gründen oder sie fehlt – und dann darf die Rechtsordnung den Vertrag nicht durchsetzen.

8 Damit kommt dem **Willen der Parteien eine Indizfunktion für den angemessenen Vertrag** zu, und weil das Recht auf diese Angemessenheit vertraut, schützt es die freie Entscheidung der Parteien, die Voraussetzung dieser Angemessenheit ist. Dieses Wissen, das zu verbreiten *Schmidt-Rimpler* in Deutschland maßgeblichen Anteil hatte, ist heute allgemein akzeptiert, national wie international (nahezu zeitgleich zu dem Versuch *Schmidt-Rimplers,* den Vertrag dem Direktionismus der Kriegsgesetzgebung und der völkischer Vergemeinschaftung zu entreißen, entwickelte sich ein ähnliches Bewusstsein in Frankreich. Bahnbrechend hier waren die Vorträge auf der 30. Sitzung der „Semaines sociales de France" 1938 und die dort gehaltenen Referate von *Gounot* („La liberté de contracts et ses justes limites") und von *Rouast* („Le respect des engagements librement

consentis et le contract dirigé), veröffentlicht in Semaines sociales de France, 1938, S. 134ff. und 321ff.; s. aus neuerer Zeit *Armand/Prévost,* JCP 1979 I. 2952; *Ghestin,* D. 1982, chr. 1; *ders.,* D. 1990 chr. 147). Der ethische Grund dafür entzieht sich einer Kosten-Nutzen-Rechnung und kommt dennoch zuweilen zu dem gleichen Ergebnis: Der Vertrag ist ein wechselseitiges Versprechen, und es entspricht dem Wohle aller, eine Gesellschaft zu haben, die Versprechen einlöst. Wir selber werden unsere Versprechen umso eher halten, je eher wir davon ausgehen, dass der andere es auch tut. Verlässlichkeit und Vertrauen werden gefördert. Neben solch utilitaristischem Denken ist es letztlich die Achtung vor der Würde und Autonomie der Person, die uns die Einklagbarkeit des Versprechens nahe legt. Eine Person ist verpflichtet, ein Versprechen zu halten, weil sie freiwillig ein Institut genutzt hat, den Vertrag, dessen Funktion es ist, den anderen darauf vertrauen lassen zu können, das versprochene Verhalten erwarten zu dürfen. Der **Bruch des Versprechens ist der Bruch von Vertrauen,** das ich frei war zu erwecken oder nicht. Der Bruch des Versprechens ist damit funktional verwandt der Lüge. Du sollst nicht lügen, heißt damit letztlich auch: **Du sollst Versprechen halten** (dezidiert *Fried,* Contract as Promise, 1981, S. 14ff.). Mit anderen Worten: Die Anständigkeit gebietet es, Versprechen zu halten, zuweilen komme was da wolle. Die Rechtsordnung kann diese Anständigkeit einfordern – aber sie muss auch sehen, ob der Adressat des Versprechens seinerseits den legitimen Erwartungen des anderen entsprochen hat. Hat er es nicht, hat er selber Regeln schutzwürdigen Vertrauens missachtet, auf die er sich nun berufen will, dann kann auch hier die Rechtsordnung ihren Schutz verweigern.

9 Wenn damit der Schutz des Vertrags in seiner Angemessenheit begründet ist, so sind die Fälle herauszuarbeiten, in denen die Angemessenheit nicht gewährleistet ist und der Vollzug der Einigung daher nur auf wechselseitiger Freiwilligkeit, nicht aber staatlichem Zwang begründet sein sollte, wenn nicht andere Gründe die Verbindlichkeit des Vertrags fordern. Dies ist – so mag man es in einer **Faustformel** verdichten – überall dort der Fall, wo eine Partei ihre Interessen nicht gleichgewichtig in die Verhandlungen einbringen kann. Eben dies ist bei Arbeitnehmern – zumal niedrigqualifizierten – oftmals und gerade beim Lohn der Fall. Der Vertragsmechanismus versagt, und der Vertragsschluss kann und muss durch den Gesetzgeber korrigiert werden. Diesen Gedanken greift das Verfassungsrecht auf (s. Rn. 31ff.).

3. (Geistes)geschichtliche Entwicklung

Literatur: *Aßländer,* Von der vita activa zur industriellen Wertschöpfung – eine Sozial- und Wirtschaftsgeschichte menschlicher Arbeit, 2005; *Baldamus,* Der gerechte Lohn, Eine industriesoziologische Analyse, 1960; *Eekhoff,* Maßstäbe der Leistungsgerechtigkeit und Verteilungsgerechtigkeit in der Sozialen Marktwirtschaft, in: Rüber (Hrsg.), Vom Wohlfahrtsstaat zur Sicherung des Existenzminimums?, 2006, S. 113ff.; *Fogarty,* The just wage, 1961; *Hueck,* Der gerechte Lohn in arbeitsrechtlicher Sicht, in: Heckel (Hrsg.), Der gerechte Lohn, 1963, S. 18ff.; s. auch *Mayer-Maly,* Vorindustrielles Arbeitsrecht, RdA 1975, 59, insb. 60; *Pfannkuche,* Wer verdient schon, was er verdient? Fünf Gespräche über Markt und Moral, 2003.

10 In der geistesgeschichtlichen Suche und rechtspolitischen Diskussion um die Richtigkeit eines gesetzlichen Mindestlohns geht es letztlich um Topoi der Preisbildung, der Verteilungs- und Leistungsgerechtigkeit und der Rolle des Staates. Angesichts dieser weit reichenden und für die gesellschaftliche Ordnung entscheidenden Fragen überrascht es nicht, dass diese auf eine lange Entwicklung in der Geistesgeschichte zurückblicken können. Letztlich gilt jedoch, was schon *Richardi* vor nun über 40 Jahren bemerkte (RdA 1969, 234): Die Überlegungen sind für die Praxis wenig fruchtbar. Soweit man für die Einführung eines Mindestlohnes eintritt, wird sich seine genaue Höhe aus keinem Gedankengebäude herleiten lassen. Die Entscheidung des Gesetzgebers pro oder contra ist hinzunehmen und juristisch auszufüllen.

11 **a) Geschichtlicher Überblick.** Die Frage, ob und inwieweit die Preisbildung dem Markt überlassen werden kann, ist nicht neu. Schon im Altertum hat der Staat die Notwendigkeit gesehen, die Preisbildung durch den Markt zu beschränken. In der Taxordnung *Diokletians* wurden feste Maximalpreise für über 900 Güter und 130 verschiedene Arten von Arbeit definiert (dazu etwa *H. Michell,* The Edict of Diocletian: A Study of Price Fixing in the Roman Empire, in The Canadian Journal of Economics and Political Science, Vol. 13 (1947), No. 1, S. 1ff., insb. S. 6. *Mommsen/Blümner,* Der Maximaltarif des Diocletian, 2. Aufl. 1958, passim). Insofern handelte es sich jedoch eher um einen **„umgekehrten Mindestlohn"**, also eine Begrenzung des Lohnes nach oben. Sinn dieses Eingriffs war daher nicht, dem Schuldner ein angemessenes Entgelt zu sichern, sondern vielmehr, die Kaufkraft des Geldes zu erhalten und so das Funktionieren des Staates zu sichern. Dennoch zeigte sich hier der Gedanke, dass eine Preisbestimmung dem Markt allein nicht unter allen Umständen überlassen werden sollte.

12 Preisbindungen nicht im Sinne eines Höchst- sondern eines Mindestentgelts finden sich dann in den mittelalterlichen Zunftsatzungen (s. zur mittelalterlichen Wirtschaftsordnung etwa *Trusen,* in: FS Küchenhoff, 1967, S. 247, 248; zum Arbeitsrecht insb. *Ogris,* RdA 1967, 286; *Mayer-Maly,* RdA 1975, 59). Diese schrieben Mindestpreise für Produkte und Dienstleistungen fest. Der Grund dafür wird zum Teil darin gesehen, den jeweils Betroffenen durch angemessene Preise zu ermöglichen, mit ihrer „recht und schlecht ausgeübten Tätigkeit" ein **standesgemäßes Auskommen** zu finden (*Schachtschnabel,* Finanzarchiv Bd. 6 (1939), 468, 491f.). Auch wenn diese Deutung nicht unbestritten geblieben ist (s. *Trusen,* in: FS Küchenhoff, 1967, S. 247, 248), kommen diese Festsetzungen einem Mindestlohn im heutigen Sinne schon sehr viel näher. Selbst wenn man aber den Sinn der Zunftordnungen auch als Begrenzung der Löhne nach oben ansieht, so dienen sie – ebenso wie ein heutiger Mindestlohn – als **Instrument zur Sicherung der Verteilungsgerechtigkeit.** Der eine Handwerker sollte nicht auf Kosten des anderen mehr als seinen gerechten Anteil an der – begrenzten – Nachfrage erhalten. Gleichzeitig hatte auch die Festlegung von Höchstpreisen eine soziale Dimension: Jeder Bürger, auch der Geringste, sollte die Bedürfnisse seines Haushalts durch den Ankauf von Waren zu einem gerechten Preis befriedigen können (immer noch lesenswert *Schachtschabel,* Finanzarchiv Bd. 6 (1939), 468, 492).

13 Ein Mindestlohn im modernen Sinne – also als **staatliches Mittel zur sozialen Sicherung von Arbeitnehmern** – ist dagegen eine Entwicklung der neueren Zeit. Den unmittelbaren Vorläufer von Mindestlöhnen stellte die Einführung von Einigungs- und Schiedsstellen zur Lohnfestlegung vor dem ersten Weltkrieg dar. Vorreiter waren Neuseeland mit dem *Industrial Conciliation and Arbitration Act 1894,* der australische Bundesstaat Victoria 1899 und 1904 auch der Bundesstaat Australien selbst mit dem *Conciliation and Arbitration Act.* Die Höhe der Löhne ergab sich allerdings noch nicht aus dem Gesetz, sondern wurde von Einigungsstellen festgelegt, gegen deren Entscheidung der Rechtsweg zu einem Schiedsgericht offen stand. Im Ergebnis ergab sich aus diesem System aber ein wirksamer Mindestlohn. Ein ähnliches System wurde 1909 mit dem *Trade Boards Act* auch in Großbritannien eingeführt; auf seine Erfahrungen verwies man schon 1952 bei der Einführung des MiArbG (Abgeordneter *Sabel,* Verhandlungen BT, 1.3.1950, S. 1450 [B]). Zu den nachfolgenden Entwicklungen in den USA, Frankreich und den Niederlanden s. Rn. 58).

14 Im **ILO-Übereinkommen 131,** geschlossen im Jahre 1970, verpflichteten sich die unterzeichnenden Staaten zur Einführung von Mindestlöhnen. Diese sollen nach Art. 3 des Übereinkommens „jedenfalls [...] die Bedürfnisse der Arbeitnehmer und ihrer Familienangehörigen unter Berücksichtigung der allgemeinen Höhe der Löhne in dem betreffenden Land, der Lebenshaltungskosten, der Leistungen der Sozialen Sicherheit und des vergleichbaren Standes der Lebenshaltung anderer sozialer Gruppen" beachten. Der Einfluss dieser Regelung blieb – wie bei vielen ILO-Übereinkommen – begrenzt (s. *Däubler,* in: FS 25 Jahre Arbeitsgemeinschaft Arbeitsrecht, 2006, 1183).

15 Ein Rückblick in der Geschichte erklärt noch nicht die hinter den verschiedenen Regulierungsversuchen stehenden Gedankengebäude. Er zeigt jedoch: Neu ist dieses Thema nicht. Es verdeutlicht gleichwohl die verschiedenen Anknüpfungspunkte: Zum einen lässt sich – da der Lohn letztlich die Lebensgrundlage für den Arbeitnehmer bildet und Sinn des ganzen Arbeitsprozesses nur sein könne, den **Menschen und ihren Familien ein menschenwürdiges Leben zu schaffen** – anknüpfen an dem **Mindestbedürfnis des Arbeitnehmers** (s. etwa *v. Nell-Breuning,*

Kapitalismus und gerechter Lohn, 1960, S. 152), wie dies auch die historischen Vorbilder tun. Zum anderen lässt sich die Frage nach dem gerechten Lohn begreifen als Widergänger der Frage nach dem gerechten Preis, also als ein Problem der Äquivalenz von Leistung und Gegenleistung. Zuletzt kann man beide Betrachtungsweisen vermischen, indem man den persönlichen Bezug in die Bewertung des Wertes der Arbeitsleistung einstellt.

b) Arbeit aus Sicht der christlichen Sozialethik – Normativer Wert der Arbeit

Literatur: *Heyde,* Zum Prinzip des sogenannten Familienlohns, RdA 1950, 178ff.; *Johannes XXIII.,* Die Sozial Enzyklika Mater et Magistra von 1961, RdA 1961, 429; Kompendium der Soziallehre der Kirche, 2006; *Lanzenstiel,* Der gerechte Lohn in biblisch-theologischer Sicht, in: Heckel (Hrsg.), Der gerechte Lohn, 1963, S. 7ff.; *Muhler,* Die Soziallehre der Päpste, 1958; *ders.,* Die Idee des gerechten Lohnes, 1929; *Müller,* Gedanken zu Laborem exercens, RdA 1983, 65; *v. Nell-Breuning,* Kapitalismus und gerechter Lohn, 1960; *ders.,* Das Lohnarbeitsverhältnis in der Sicht der katholischen Soziallehre, in: FS Müller, 1981, S. 731ff.; *ders.,* Arbeit vor Kapital: Kommentar zur Enzyklika Laborem exercens von Johannes Paul II., 1983; *Ruland,* Die moraltheologische Lehre vom gerechten Preis, 2. A. 1951; *Schäfer,* Die Ethik und Theologie der Arbeit., RdA 1983, 78; *Stein,* Zur Enzyklika Laborem exercens, RdA 1983, 84.

16 Besonders intensiv hat sich die **christliche Sozialethik** mit der Frage der Lohngerechtigkeit beschäftigt. Auf den ersten Blick ist dies überraschend: In der Bibel nehmen Fragen der Arbeitswelt keinen hervorgehobenen Stellenwert ein. Angesichts der in Bälde erwarteten Parusie waren derartige praktische Lebenshinweise nur zweitrangig (*Lanzenstiel,* in: Heckel (Hrsg.), Der gerechte Lohn, 1963, S. 7f.). Immerhin unterstellt sie schon die Bezahlung eines angemessenen Lohns, wenn sie auch keine Hinweise gibt, wie dieser zu ermitteln ist. So heißt es in Luk. 10,10 in Bezug auf die Tätigkeit als Missionar **„wer arbeitet, hat ein Recht auf seinen Lohn“** (ähnlich bei Mt. 10,10 und in 1. Tim 5, 18, in Bezug auf die Behandlung der Ältesten der Gemeinde). Auch das Gleichnis von den Arbeitern im Weinberg spricht über den gerechten Lohn (s. Rn. 1). Neben der bekannten allegorischen Auslegung, die dieses Gleichnis auf Gott als Hausherren bezieht (s. zu den möglichen Auslegungsvarianten *Hezser,* Lohnmetaphorik und Arbeitswelt in Mt 20, 1–16, 1990, passim), spiegelt sich darin auch die Arbeitswirklichkeit zur Zeit Jesu wieder. So galt ein Silberdenar im antiken Palästina genau als der Lohn, der eine Familie ernähren konnte (*Hezser,* a. a. O. S. 81). Daher könnte sich die großzügige Zahlung auch so deuten lassen, dass jede Arbeit – unabhängig von ihrer Wertschöpfung – wenigstens so entlohnt werden müsse, dass damit die Existenz des Arbeitenden gesichert werde (so *Derrett,* Workers in the Vineyard: A Parable of Jesus, in JJS 25 (1974), S. 65ff., 73f.). Ob diese Deutung zulässig ist (kritisch insoweit *Theobald,* in: Mieht (Hrsg.), Christliche Sozialethik im Anspruch der Zukunft, 1992, S. 107ff., 113, 119f.), mag hier offen bleiben: Jedenfalls stellt sich in dem Protest der Arbeiter die Frage nach der Leistungsgerechtigkeit. Verdienen die Arbeiter, die weniger gearbeitet haben, den gleichen Lohn?

17 Weit über diese eher rudimentären Ansätze hinaus hat die **katholische Soziallehre** eine ausdifferenzierte Arbeitsethik entwickelt. Ausgangspunkt ist hierbei das **christliche Weltbild** und die damit einhergehende Rolle der Arbeit (s. dazu im Überblick das Kompendium der Soziallehre der Katholischen Kirche, Rn. 255 ff.; *v. Nell-Breuning,* Kapitalismus und gerechter Lohn, 1960, passim). Arbeit ist nicht nur im objektiven Sinne das Mittel der Menschen, über die Erde zu herrschen, sondern sie ist auch gerade im **subjektiven Sinne das Handeln des einzelnen Menschen.** Als solche hängt sie nicht von der konkreten Tätigkeit des Menschen ab oder von dem, was er damit verwirklicht, sondern nur von seiner Würde. Diese Subjektivität, diese Anbindung an die Würde des Arbeitenden, verbiete es, die Arbeit als bloße Ware oder unpersönlichen Bestandteil des Produktionsprozesses zu betrachten (Kompendium der Soziallehre der katholischen Kirche, Rn. 271). Die Arbeit erlaubt es dem Menschen, seiner Pflicht und seinem Recht zur Selbstentfaltung und Persönlichkeitsbildung nachzukommen (*Schäfer,* RdA 1983, 78, 79). Daher kann Arbeit nach der christlichen Soziallehre nicht ausschließlich nach ökonomischen Kriterien beurteilt werden. Die in ihr verkörperte und gelebte Würde des Arbeitnehmers verdient stets Beachtung (*Lanzenstiel,* in: Heckel (Hrsg.), Der gerechte Lohn, 1963, S. 7, 12 f.). Zweck der Arbeit bleibt letztlich immer, und gelte sie auch in der allgemeinen Wertschätzung als die niedrigste Dienstleistung, als völlig monotone, ja geächtete Arbeit, der Mensch selbst (*Johannes Paul II.,* Enzyklika Laborem Exercens, 6: AAS 73 (1981), 792). Damit dient sie letztlich auch der Verwirklichung seiner Person und ihrer **Menschenwürde** (*Lanzenstiel,* in: Heckel (Hrsg.), Der gerechte Lohn, 1963, S. 7, 13; *v. Nell-Breuning,* Kapitalismus und der gerechte Lohn, S. 152).

18 Aus diesem Bild, das den Menschen in den Mittelpunkt stellt, lassen sich gewisse Rückschlüsse ziehen: Leitbild der Vergütung kann daher nicht nur der wirtschaftliche Wert der Arbeit oder der zu erzielende Marktpreis sein; vielmehr muss die **Vergütung auch den Arbeitnehmer als Menschen beachten.** Seine Würde verlangt nach einer angemessenen Entlohnung, auch wenn der Wert der Arbeit für den Arbeitgeber dies nicht rechtfertigt (so *Lanzenstiel,* in: Heckel (Hrsg.), Der gerechte Lohn, 1963, S. 7, 13). Schlüsse aus diesem Menschenbild haben schon die frühen Moraltheologen gezogen. So hielt es *Thomas von Aquin* für einen naturrechtlich vorgegebenen Grundsatz, dass die geleistete Arbeit den Unterhalt des Arbeiters sichern müsse (ausf. *Schreiber,* Volkswirtschaftliches Denken, S. 88; s. auch *Pribram,* Geschichte des ökonomischen Denkens, 1992, S. 43 f.).

19 Diese Ansätze wurden in den Sozialenzykliken der Päpste und vom II. Vatikanischen Konzil aufgenommen. So hat die christliche, insbesondere die katholische Soziallehre, versucht, eine Antwort auf die Frage zu finden, welche Mindestanforderungen an einen „gerechten" oder angemessenen Lohn zu stellen sind. In seiner Enzyklika *Rerum Novarum* hat *Papst Leo XIII.* gefordert, dass **ein Lohn nicht so niedrig sein dürfe, dass er einem genügsamen, rechtschaffenen Arbeiter den Lebensunterhalt nicht abwirft** (*Leo XIII.*, Enz. Rerum novarum: Acta Leonis XIII, 11 (1892) 131). *Pius XI.* konkretisierte dies in der Enzyklika *Quadragesimo Anno* mit einer Forderung nach einem Familieneinkommen (AAS 23 (1931) 198–202). Auch in den späteren Enzykliken taucht die Forderung nach einem gerechten Lohn immer wieder auf, so hat die Friedensenzyklika *Pacem in Terris* die Forderung nach einem Familieneinkommen wiederholt. Weiter entwickelt wurde die Rolle der Arbeit insbesondere in der Enzyklika *Laborem Exercens* (AAS 73 (1981) 579) und von *Centesimus Annus Papst Johannes Paul II.* Danach ist insbesondere die **Vergütung das wichtigste Mittel, um die Gerechtigkeit in den Arbeitsverhältnissen zu verwirklichen** (AAS 73 (1981) 625). Es geht um nichts weniger als den gerechten Lohn, der – so Papst *Franziskus* – erst „den Zugang zu den anderen Gütern [ermöglicht], die zum allgemeinen Gebrauch bestimmt sind" (*Evangelii Gaudium,* Apostolisches Schreiben vom 24.11.2013, Abschn. 192).

20 Der **Familienlohn,** wie ihn insbesondere die katholische Soziallehre fordert, bietet die wohl handhabbarste Grundlage, die Angemessenheit eines Lohnes zu definieren, aber auch dieser ist praktisch kaum zu bewältigen. Wie *Oswald v. Nell-Breuning* darlegt (Kapitalismus und gerechter Lohn, 1960, passim), schließen sich ungeklärte Fragen unmittelbar an. Wer darf eine Familie gründen? Wie groß kann oder darf diese sein? Die offensichtlichste Frage danach, was ein angemessener Unterhalt oder Lebensstandard ist, bleibt erst recht unbeantwortet. Konkreter wurde hier die Enzyklika *Laborem Exercens,* nach der familiengerechte Entlohnung unabhängig von der Größe der Familie zu deren Ernährung ausreichen muss und gleichzeitig die Mutter nicht zu Arbeit gezwungen werden soll – eine Betrachtung die im Angesicht gestiegener Frauenerwerbstätigkeit heute wohl nicht mehr gültiges Maß sein muss.

21 Doch trotz aller Unklarheit: Auch wenn sich aus der Forderung nach einem Familienlohn alleine noch kein fester Anhaltspunkt für ein bestimmtes Lohnniveau bilden lässt, so haben sie sich bereits in der Rechtswirklichkeit niedergeschlagen. Im sog. *Harvester Judgment* des Australian Commonwealth Court of Conciliation and Arbitration (v. 12.11.1907, 2 CAR 1), des Gerichtes, das durch den Conciliation and Arbitration Act von 1904 zur Schlichtung von Streitigkeiten über Lohnhöhen gegründet wurde (Rn. 13), orientierte sich das Gericht an den Maßstäben der katholischen Soziallehre und kam damit zu einem Mindestlohnstandard, der für Jahrzehnte das australische Arbeitsrecht geprägt hat: Entscheidend sei, dass ein Lohn sich nach den normalen Bedürfnissen eines durchschnittlichen Arbeitnehmers richten müsse und zwar unabhängig von der wirtschaftlichen Situation des Arbeitgebers.

c) Gerechter Lohn als gerechter Tausch oder: Eine Frage der Leistungsgerechtigkeit

Literatur: *Bartholomeyczik,* Äquivalenzprinzip, Waffengleichheit und Gegengewichtsprinzip in der modernen Rechtsentwicklung, AcP 166 (1966), 30; *Kaulla,* Die Lehre vom Gerechten Preis in der Scholastik, Zeitschrift für die gesamte Staatswissenschaft, Bd. 60 (1904), 579; *Schachtschabel,* Gebundener Preis – Gerechter Preis, Finanzarchiv Bd. 6 (neue Folge – 1939), S. 468 ff.; *Schreiber,* Volkswirtschaftliche Anschauungen der Scholastik seit Thomas von Aquin, 1913; *Trusen,* Äquivalenzprinzip und gerechter Preis, in: FS Küchenhoff, 1967, S. 247 ff.

22 Noch weiter zurück als die christliche Soziallehre reichen die **Bemühungen der antiken Philosophen,** den gerechten Preis einer Leistung zu bestimmen (s. dazu *Trever,* A History of Greek Economic Thought, 1978, passim). So heißt es schon bei *Aristoteles,* ein Handel sei gerecht, wenn jeder Partner nach dem Tausch das Äquivalent dessen habe, was er vorher hatte (Ethik 1132b). Auch wenn es hier in erster Linie um den Warenaustausch geht, so lässt sich auch das **Arbeitsverhältnis als Austauschverhältnis** begreifen, in dem sich Fragen der Äquivalenz stellen. Entscheidender Angelpunkt ist hier die Frage, wie sich der Wert der Arbeit bestimmt. Hier sind die antiken Philosophen, die sich vor allem mit Fragen des Warenaustausches beschäftigt haben, für die Begründung eines sozialen Mindestlohns wenig hilfreich. Maßstab des Leistungswertes sind zum Teil die Produktionskosten des Anbietenden, zum Teil spielen auch andere Faktoren, wie der Nutzwert der Sache oder der soziale Status des Leistenden hinein (s. dazu im Überblick *Baldmus,* Der gerechte Lohn, passim; *Mayer-Maly,* RdA 1975, 59, 60, und *Trusen,* in: FS Küchenhoff, S. 247, 251).

23 Letztlich messen jedoch auch die antiken Philosophien den Wert einer Sache zumindest in der Praxis an ihrem **Marktpreis.** Radikalere Maßnahmen wie etwa der Vorschlag *Platos,* der die schriftliche Festsetzung von Preisen durch „in diesen Dingen erfahrene Männer" empfiehlt (Gesetze, 920), sind selbst in der antiken Philosophie eher Ausnahme als Regel. Regelmäßig akzeptieren die Autoren die vorgefundenen Marktpreise; ein Preis gilt vor allem dann als ungerecht, wenn seine Bildung auf Täuschung oder Zwang beruht (*Trusen,* in: FS Küchenhoff, S. 247, 259 ff.). Umgekehrt ist ein ungleicher Tausch nicht notwendigerweise von Übel: Bei *Aristoteles* heißt es, dass ein freiwillig in Kauf genommener Verlust nicht ungerecht sei (Ethik 1132b). Dies zeigt, worum es bei der Lehre vom gerechten Preis tatsächlich geht: Die **Markteilnehmer sollen sich ethisch verhalten,** also weder der Habgier verfallen noch betrogen werden. Die Scholastiker des Mittelalters haben daran angesetzt, und bei ihnen hat sich zunehmend die Erkenntnis durchgesetzt, dass im Normalfall der Marktpreis der gerechte Preis sei (*Trusen,* in: FS Küchenhoff, S. 247, 251).

24 Allerdings lehrt uns *Thomas von Aquin* auch, dass bei der Bewertung des Wertes von Arbeit andere Maßstäbe gelten müssten als beim Warenhandel. Diese normative Korrektur, später etwa von *v. Thünen* speziell für den Bereich der Arbeit wiederholt (vgl. *K. Pribram,* Geschichte des ökonomisches Denkens, 1992, S. 392; speziell zum hl. Thomas: *Schreiber,* Volkswirtschaftliche Anschauungen, S. 88), knüpft an Gedanken der christliche Soziallehre an (Rn. 17), wonach wegen der besonderen Bedeutung der Arbeit und ihrer Rolle zur Persönlichkeitsentfaltung die Würde des Arbeitenden in die Wertbildung normativ einzustellen sei. Insofern sei auf die obigen Ausführungen verwiesen.

25 Insgesamt lässt sich feststellen: Aus dem Aspekt des gerechten Tausches lässt sich insbesondere etwas zu der **Frage der Leistungsgerechtigkeit** sagen. Soweit diese im Bereich des Lohnes gestört ist, rechtfertigt schon das Äquivalenzprinzip einen Mindestlohn (s. auch Rn. 26ff.). Dennoch wird zuweilen auch gerade der Aspekt der Leistungsgerechtigkeit als Argument gegen einen Mindestlohn vorgebracht, da dieser dazu führen könnte, dass Arbeitnehmer mehr Lohn erhalten, als sie Wert schöpfen. Hingewiesen sei darauf, dass *Zöllner* (NJW 1990, 1, 5) bereits 1990 die Leistungsgerechtigkeit im Arbeitsrecht dadurch gestört sah, dass im Bereich der unteren Tarifgruppen zu hohe Löhne vereinbart wurden. Er begründet dies damit, dass der Beitrag der Angehörigen dieser Lohngruppen zum Arbeitsergebnis den Aufwendungen des Arbeitgebers nicht adäquat sei. Auch wenn die Situation der unteren Lohngruppen heute wohl eine andere ist als 1990, zeigt dies, wie schwierig und umstritten eine Bestimmung des Mindestlohns über die Leistungsgerechtigkeit stets sein muss und dass sie ohne normative Begründung kaum funktionieren wird.

26 **d) Verteilungsgerechtigkeit.** Ein Mindestlohn lässt sich auch an den Topos der Verteilungsgerechtigkeit anknüpfen, da er auch **Mittel der Teilhabe und der Umverteilung** sein kann. Er kann – und soll – vor allem dazu dienen, soziale Gerechtigkeit herzustellen (s. *Brall,* in: Rüber (Hrsg.), Vom Wohlfahrtsstaat zur Sicherung des Existenzminimums?, 2006, S. 15ff.). Dabei geht es nicht in erster Linie darum, ob der Arbeitnehmer den Gegenwert seiner Arbeit erhält – dies ist ein Problem der Leistungsgerechtigkeit. Vielmehr ist die Frage, ob er den ihm gebührenden Teil am gesamtgesellschaftlichen Wohlstand erhält.

27 Das Problem der sozialen Gerechtigkeit stellt sich nicht seit gestern. Vielmehr war es bereits im Altertum bekannt und die großen Philosophen haben sich – der eine mehr (etwa *Plato,* vgl. *Trever,* A History of Greek Economic Thought, 1978, S. 46ff.), der andere weniger (etwa *Xenophon,* s. *Trever,* A History of Greek Economic Thought, 1978, S. 74ff.) – dazu geäußert. Die Lösung, die wir als moderne Gesellschaft bisher gefunden hatten, war die **Schaffung eines Sozialstaates.** Dies heißt freilich nicht, dass eine Umverteilung über die gezahlten Löhne stattfände, oder jedenfalls nicht in einem großen Umfang (*Zöllner* bezeichnet dies in NJW 1990, 1, 5f. allerdings als schon eingetreten). Vielmehr wurden zu diesem Zweck staatliche Sozialleistungen eingeführt. Die Umverteilung wird also nicht direkt von Privaten zu Privaten vorgenommen, sondern über den Staat. Ein Mindestlohn, dem man auch Umverteilungsfunktion zumessen möchte, würde mit diesem Grundsatz brechen: Der Arbeitgeber würde direkt in die Umverteilung eingeschaltet.

28 Gerade in jüngerer Vergangenheit haben sich die Stimmen gemehrt, die eine Umverteilung durch staatliche Sozialleistungen für nicht mehr ausreichend erachten. Angesichts der gewandelten sozialen Bedeutung der Arbeit sei es gerade entscheidend, dass nicht nur materielle Bedürfnisse durch Sozialleistungen gestillt würden, sondern auch durch die Teilnahme am Arbeitsleben eine **soziale Teilhabe** ermöglicht werde. Der Arbeit sei zum legitimierenden Faktor für die Zugehörigkeit zur bürgerlichen Gesellschaft geworden (exemplarisch zur heutigen sozialen Bedeutung der Arbeit etwa *Aßländer,* Von der vita activa zur industriellen Wertschöpfung, 2006, S. 279ff.). Ihre besondere Bedeutung zeigt sich darin, dass zum Teil eine Umverteilung der Arbeit und nicht mehr des Wohlstandes gefordert wird (vgl. *Aßländer,* Von der vita activa zur industriellen Wertschöpfung, 2006, S. 404ff.). Dies legt nahe, den Mindestlohn auch als einen **Weg der Mindestteilnahme** zu verstehen.

29 Diese Sichtweise befindet sich im Einklang mit der christlichen Arbeitsethik: Nach der **christlichen Soziallehre** ist **Arbeit Menschenrecht** (so schon die Pastoralkonstitution Gaudium et spes, AAS 58 (1966) 1088f.; Kompedium der Soziallehre der katholischen Kirche, 2006, Rn. 287), aber auch Menschpflicht; sie gibt dem Arbeitnehmer Zugang zu den Gütern der Erde (Kompendium der Soziallehre der Katholischen Kirche, 2006, Rn. 287). Dies legt jedenfalls auch eine Teilhabefunktion der Entlohnung nahe. Eine gerechte Verteilung des Einkommens muss neben dem objektiven Wert der Arbeitsleistung auch die Menschenwürde der Subjekte, die diese Leistung erbringen, beachten (Kompendium der Soziallehre der Katholischen Kirche, 2006, Rn. 303). Allerdings verlangt die katholische Arbeitethik nicht notwendigerweise die Umverteilung über einen Mindestlohn, sondern dies kann auch über Sozialleistungen geschehen (Kompendium der Soziallehre der katholischen Kirche, 2006, Rn. 303). Insofern ist der **Staat subsidiär gegenüber der Privatwirtschaft.**

30 Damit ist ein alternativer Weg aufgezeigt: Man könnte der Forderung nach sozialer Gerechtigkeit auch nachkommen, indem man etwa über **Kombilöhne** oder eine **negative Einkommenssteuer** ermöglicht, dass jedermann am Arbeitsleben teilhaben kann, auch wenn seine Arbeitsproduktivität nicht ausreicht, um den eigenen Lebensunterhalt zu erwirtschaften (s. zu den USA Rn. 60). Eines Mindestlohnes bedürfte es insofern nicht. Für eine solche Lösung über die Systeme der sozialen Sicherheit tritt aus ökonomischen Gründen und zur Wahrung der Leistungsgerechtigkeit insbesondere *Eekhoff* (in: Rüber (Hrsg.), Vom Wohlfahrtsstaat zur Sicherung des Existenzminimums?, 2006, S. 113, 119ff.) ein. Zuweilen wird eine Orientierung der Gesetzgebung und des Rechts an der sozialen Gerechtigkeit freilich auch gänzlich abgelehnt. So äußert sich *v. Hayek*

(Recht, Gesetzgebung und Freiheit, Bd. 2, S. 107f., 133f.) gegenüber dem Begriff der sozialen Gerechtigkeit auch und gerade in Bezug auf Lohn. Dieser sei – weil er einen staatlichen Dirigismus voraussetze – in einer Gesellschaft freier Individuen schlechtweg nicht möglich.

II. Verfassungsrechtliche Einordnung

Literatur: *Bayreuther, Andelewski,* Einige Anmerkungen zur Verfassungsmäßigkeit des Arbeitnehmer-Entsendegesetzes und des Mindestarbeitsbedingungsgesetzes 2009, NJW 2009, 2006; *Barczak,* Mindestlohngesetz und Verfassung, RdA 2014, 290; *Engels,* Verfassungsrechtliche Determinanten staatlicher Lohnpolitik, JZ 2008, 490; *Fischer,* Gesetzlicher Mindestlohn – Verstoß gegen die Koalitionsfreiheit?, ZRP 2007, 20; *Fritzsche,* Die Vereinbarkeit des Arbeitnehmer-Entsendegesetzes sowie der erfassten Tarifverträge mit höherrangigem Recht, Diss. 2001; *Hohenstatt/Schramm,* Tarifliche Mindestlöhne: Ihre Wirkungsweise und ihre Vermeidung am Beispiel des Tarifvertrags zum Post-Mindestlohn, NZA 2008, 433; *Jacobs,* Entgeltfindung zwischen Markt und Staat – Bemerkungen zur aktuellen Diskussion um einen gesetzlichen Mindestlohn, in: Zwischen Markt und Staat – Gedächtnisschrift für Rainer Walz, 2008, S. 289ff.; *Klebeck,* Grenzen staatlicher Mindestlohntariferstreckung, NZA 2008, 446; *Lobinger,* Stärkung oder Verstaatlichung der Tarifautonomie?, JZ 2014, 810; *Löwisch,* Die neue Mindestlohngesetzgebung, RdA 2009, 215; *ders.,* Rechtsschutz gegen das Mindestlohngesetz, NZA 2014, 948; *Ossenbühl/Cornils,* Tarifautonomie und staatliche Gesetzgebung, Verfassungsmäßigkeit von § 1 Abs. 3a des Arbeitnehmer-Entsendegesetzes, Rechtsgutachten erstattet dem Bundesministerium für Arbeit und Sozialordnung, Forschungsbericht Sozialforschung 280, 2000; *Peter,* Gesetzlicher Mindestlohn, 1995; *Peter/Kempen/Zachert,* Die Sicherung tariflicher Mindeststandards, 2004; *Rieble/Klebeck,* Gesetzlicher Mindestlohn?, ZIP 2006, 829; *Ch. Picker,* Niedriglohn und Mindestlohn, RdA 2014, 25; *Pieroth/Barcazk,* Mindestlohnausnahme für Zeitungszusteller, 2014: *Pötters,* in: Mückl/Pötters/Krause, Das Mindestlohngesetz in der betrieblichen Praxis, 2015, Rn. 19ff.; *Preis/Ulber,* Die Verfassungsmäßigkeit des allgemeinen gesetzlichen Mindestlohns, 2014; *Reichold,* Stärkung in Tiefe und Breite – wie viel Staat verkraftet die Tarifautonomie?, NJW 2014, 2534; *Säcker/Oetker,* Grundlagen und Grenzen der Tarifautonomie, 1992; *Sittard,* Neue Mindestlohngesetze in Deutschland, NZA 2009, 346; *Willemsen/Sagan,* Mindestlohn und Grundgesetz, NZA 2008, 1216; *Zeising/Weigert,* Verfassungsmäßigkeit des Mindestlohngesetzes, NZA 2015, 15.

1. Schutz, nicht Begrenzung der Privatautonomie durch angemessenen staatlichen Mindestlohn

31 Der Mindestlohn ist zuweilen als unzulässiger Eingriff in die Privatautonomie der Vertragsparteien abgelehnt worden (*Rieble/Klebeck,* ZIP 2006, 829). Das verwundert, oder kann zumindest nicht für den Mindestlohn an sich gelten (vgl. auch § 8 AEntG Rn. 50ff.). Unbestritten: Nach der ständigen Rechtsprechung des Bundesverfassungsgerichts ist die Privatautonomie ein Teil der allgemeinen Handlungsfreiheit. Art. 2 Abs. 1

GG gewährleistet damit das Selbstbestimmungsrechts des Einzelnen im Rechtsleben (BVerfG v. 2.5.1996 – 1 BvR 696/96, NJW 1996, 2021; BVerfG v. 19.10.1993 – 1 BvR 567/89, BVerfGE 89, 214, 231; BVerfG v. 23.4.1986 – 2 BvR 487/80, BVerfGE 73, 261, 270; BVerfG v. 12.11.1958 – 2 BvL 4/56, 2 BvL 26/56, 2 BvL 40/56, 2 BvL 1/57, 2 BvL 7/57, BVerfGE 8, 274, 328; BAG v. 15.1.1955 – 1 AZR 305/54, BAGE 1, 258, 270; s. auch *Erichsen,* in: Isensee/Kirchhof, Handbuch des Staatsrechts, Bd. VI, S. 1210 Rn. 58; *Zöllner,* AcP 1996, 1, 25). Diese Selbstbestimmung versteht das Gericht jedoch nicht im Sinne einer bloß formalen Freiheit, die den Vertragsschluss unabhängig vom Inhalt des Vertrages und den Umständen seines Zustandekommens schützen will. Entscheidend ist die **materielle, tatsächliche Freiheit, eine rechtsgeschäftliche Bindung eingehen zu können** oder auch nicht (s. auch *Canaris,* AcP 200 (2000), S. 273, 300). Sie allein ist geschützt, und nur an ihrer Beschränkung oder Sicherung muss sich das Arbeitsrecht messen lassen. Die Vertragsautonomie ist vom Gesetzgeber auszugestalten und insbes. muss er die Vertragsautonomie der einen Seite mit der der anderen Seite versöhnen. Hat einer der Vertragsteile ein so starkes Übergewicht, dass er den Vertragsinhalt faktisch allein bestimmen kann, bewirkt dies für den anderen Teil Fremdbestimmung. Deren Folgen sind gegebenenfalls zu berichtigen: Handelt es sich um eine typisierbare Fallgestaltung, die eine strukturelle Unterlegenheit des einen Vertragsteils erkennen lässt, und sind die Folgen des Vertrags für den unterlegenen Vertragsteil ungewöhnlich belastend, dann muss die Zivilrechtsordnung hierauf reagieren und Korrekturen ermöglichen (BVerfG v. 7.2.1990 – 1 BvR 26/84, BVerfGE 81, 242; BVerfG v. 19.10.1993 – 1 BvR 567/89, BVerfGE 89, 214, 229ff. = JZ 1994, 408 mit Anm. *Wiedemann;* bestätigt durch BVerfG v. 5.8.1994 – 1 BvR 1402/89, NJW 1994, 2749. In jüngerer Rechtsprechung: BVerfG v. 6.2.2001 – 1 BvR 12/92, BVerfGE 103, 89 = NJW 2001, 957). Diese Korrekturen beschränken dann nicht die Vertragsfreiheit des schwächeren Partners, sondern sie entfalten sie, obwohl sie ja gerade einen Vertrag unwirksam machen.

32 Eine Angemessenheit des Vertrags wird im Arbeitsrecht oftmals nicht durch den Vertragsschluss gewährleistet sein. Das BVerfG spricht auch in jüngster Rechtsprechung vom Arbeitnehmer, der sich beim Abschluss von Arbeitsverträgen typischerweise in einer **Situation struktureller Unterlegenheit** befindet (vgl. BVerfG v. 23.11.2006 – 1 BvR 1909/06, NJW 2007, 286; BVerfG v. 26.6.1991 – 1 BvR 779/85, BVerfGE 84, 212, 229; BVerfG v. 28.1.1992 – 1 BvR 1025/82, 1 BvL 16/83, 1 BvL 10/91, BVerfGE 85, 191, 213; BVerfG v. 4.7.1995 – 1 BvF 2/86, 1 BvF 1/87, 1 BvF 2/87, 1 BvF 3/87, 1 BvF 4/87, BVerfGE 92, 365, 395; BVerfG v. 27.1.1998 – 1 BvL 15/87, BVerfGE 97, 169, 177ff.; BVerfG v. 15.7.1998 – 1 BvR 1554/89, 1 BvR 963/94, 1 BvR 964/94, BVerfGE 98, 365, 395). In der Tat: Der einzelne Arbeitnehmer ist typischerweise ungleich stärker auf sein Arbeitsverhältnis angewiesen als der Arbeitgeber auf den einzelnen Arbeitnehmer. Auch wenn man eine differenzierte Sicht anmahnen mag (s. *Thüsing,* AGB-Kontrolle im Arbeitsrecht, 2007, Rn. 16ff. m.w.N.): Soweit die Privatautonomie ihre regulierende Kraft nicht zu entfalten vermag, weil ein Vertragspartner kraft seines Übergewichts Vertragsbestimmungen einseitig setzen kann, müssen **staatliche Regelungen ausgleichend eingreifen,** um den Grundrechtsschutz zu sichern. Wann Ungleichgewichtslagen so schwer wiegen, dass die Vertragsfreiheit durch zwingendes Gesetzesrecht begrenzt oder ergänzt werden muss, lässt sich der Verfassung nicht unmittelbar entnehmen. Auch lassen sich die Merkmale, an denen etwa erforderliche Schutzvorschriften ansetzen können, nur typisierend erfassen. Dem Gesetzgeber steht dabei ein besonders weiter Beurteilungs- und Gestaltungsraum zur Verfügung. Er muss zwar den konkurrierenden Grundrechtspositionen der Beteiligten ausreichend Rechnung tragen, besitzt aber auch insoweit eine weite Gestaltungsfreiheit (vgl. BVerfG v. 7.2.1990 – 1 BvR 26/84, BVerfGE 81, 242, 255). Diesen **Ausgleich** kann er auch **durch eine angemessene Mindestlohnregelung** schaffen. Entscheidend ist dann die Höhe und das Ausmaß der Schutzbedürftigkeit des Arbeitnehmers (s. hierzu auch Rn. 9 sowie § 8 AEntG Rn. 50ff.).

2. Aber: Eingriff in die Koalitionsfreiheit durch konkrete Ausgestaltung

33 Verfassungsrechtlich problematisch ist damit nicht so sehr der Mindestlohn als solcher, sondern seine **konkrete Ausgestaltung in AEntG und MiLoG.** Der Eingriff in die Koalitionsfreiheit durch den **Tarifvorrang** der staatlich festgelegten (vgl. §§ 1 Abs. 3, 24 Abs. 1 MiLoG) oder auch tarifvertraglich, auf die Branche erstreckten Regelungen (§§ 7, 7a, 11 AEntG, 3a AÜG) ist offensichtlich. Die Rechtfertigung des Eingriffs ist fraglich; zumindest die Einführung eines allgemeinen gesetzlichen Mindestlohns dürfte aber vom gesetzgeberischen Ermessensspielraum gedeckt sein.

34 **a) Eingriff in den Zuständigkeitsbereich der Tarifvertragsparteien.** Durch Mindestlöhne per Gesetz oder Verordnung schafft der Staat eine **staatliche Regelungskonkurrenz für die Koalitionen,** insbesondere die Gewerkschaften. Dies beeinträchtigt die grundrechtliche geschützte Koalitionsfreiheit (Art. 9 Abs. 3 GG). Zunächst liegt ein Eingriff darin, dass bestehende Tarifverträge verdrängt werden und künftig mangels Tariföffnungsklausel kein Abweichen nach unten möglich ist (vgl. § 1 Abs. 3 MiLoG). Allein für einen Übergangszeitraum bis Ende 2017 besteht eine Öffnung für erstreckte Tarifverträge nach § 24 Abs. 1 MiLoG – auch dies bedeutet freilich **keine Tarifdispositivität.** Der gesetzliche Mindestlohn – und ebenso die Branchenmindestlöhne nach dem AEntG und AÜG – nehmen den Koalitionen somit ein **Normsetzungsrecht,** das gerade Teil der Koalitionsfreiheit ist (s. nur BVerfG v. 18.11.1954 – 1 BvR 629/52, BVerfG E 4, 96, 108; BVerfG v. 27.2.1973 – 2 BvL 27/69, BVerfG E 34, 307, 308). Indem er selbst regulierend tätig wird, beansprucht der Gesetzgeber dieses Normsetzungsrecht für sich und ersetzt (potentielle) tarifvertragliche Lösungen (*Pötters,* in: Mückl/Pötters/Krause, Das Mindestlohngesetz in der betrieblichen Praxis, 2015, Rn. 30; *Barczak,* RdA 2014, 290, 296). Die Einbindung der Sozialpartner bei der Anpassung des Mindestlohns durch die Mindestlohnkommission vermag die Beeinträchtigung der Tarifautonomie nicht zu kompensieren, zumal ohnehin nur die Spitzenorganisationen nach §§ 5–7 Vorschlagsrechte für die Berufung der Kommissionsmitglieder haben. Bei den Kompetenzen der Kommission geht es um eine Aufgabenzuweisung „von oben", Tarifautonomie bedeutet indes eine mitgliedschaftliche Legitimation „von unten" (vgl. Vor §§ 4ff. MiLoG Rn. 4; *Bepler,* NZA 2014, 891; *Lobinger,* JZ 2014, 810). Die Lesweise des Gesetzgebers ist freilich eine andere: Er geht davon aus, dass durch die Einführung des Mindestlohns und die begleitenden Reformen die Tarifautonomie gestärkt wird. Dies ist falsch (ebenso *Reichold,* NJW 2014, 2534; *Lobinger,* JZ 2014, 810, 812ff.; *Waltermann,* NZA 2014, 874, 877; *Pötters,* in: Mückl/Pötters/Krause, Das Mindestlohngesetz in der betrieblichen Praxis, 2015, Rn. 25ff.; vgl. ferner *Bepler,* NZA 2014, 891).

35 Durch gesetzliche Mindestlöhne wird die **Tarifautonomie geschwächt,** nicht gestärkt. Der staatliche Schutz **vermindert** künftig den **Anreiz** zu kollektiver Selbsthilfe (vgl. *Rieble/Klebeck,* ZIP 2006, 829, 831; vgl. auch *Henssler,* RdA 2015, 43). Denn wo angemessene Arbeitsbedingungen schon durch den Staat gewährleistet werden, ist der Abschluss von Tarifverträgen letztlich überflüssig. Die Koalitionsmitgliedschaft verliert für den einzelnen Arbeitnehmer an Attraktivität, da nicht mehr sie, sondern der Staat ihm angemessene Arbeitsbedingungen garantiert. Zutreffend stellt *Gamillscheg* fest, dass das Interesse der Arbeitnehmer an der Gewerkschaftszugehörigkeit in dem Maße sinkt, in dem alles Nötige im Gesetz vorgeschrieben wird (*Gamillscheg,* Kollektives Arbeitsrecht Bd. I, 1997, S. 698; s. auch von wirtschaftswissenschaftlicher Seite den Überblicksbeitrag von *Coombs,* The Decline in American Trade Union Membership and the „Goverment Substitution" Hypothesis: A Review of the Econometric Literature, J Labor Res. (2008) 29, S. 99ff.; ferner *Hauserman/Maranto,* The Union Substitution Hypothesis revisited, Marquette Law Rev. (1989) 72, S. 317ff.). Eine kurze Überlegung macht deutlich, worum es geht: Hat es eine Gewerkschaft in ihren bisherigen Verhandlungen nicht geschafft, die Höhe des später geschaffenen gesetzlichen Mindestlohn in ihren Verhandlungen durchzusetzen, und wird daher der **Tarifvertrag durch die gesetzlichen Regelungen verdrängt,** so wäre sie zukünftig nur dann regelnd tätig, wenn sie diesen höheren Lohn noch einmal überbieten würde. Es ist schwer zu glauben, dass eine nochmalige Steigerung möglich sein sollte. Die Gewerkschaft würde damit insgesamt aus ihrem Markt gedrängt und für ihre Mitglieder unattraktiv. Eine **Kon-**

zentrierung der Gewerkschaftslandschaft wird die Folge sein (so evident bei der Auswahl des Tarifvertrags bei der Branchenerstreckung nach dem AEntG, siehe hierzu Rn. 39ff.). Eine Abwertung der Rolle kleiner Gewerkschaften bei der Lohnfindung wird auch durch den Anpassungsmechanismus für den Mindestlohn (§§ 4ff. MiLoG) bewirkt, da nur die Spitzenorganisationen nach §§ 5–7 Vorschlagsrechte für die Berufung der Kommissionsmitglieder haben (hierzu Vor §§ 4ff. MiLoG Rn. 4).

36 Zudem schwächt die staatliche Festsetzung von Löhnen und materiellen Arbeitsbedingungen die Verhandlungsposition der Arbeitnehmerseite insgesamt. Sie muss nämlich künftig begründen, warum die bestehenden Arbeitsbedingungen verbessert werden müssen, obwohl sie vom Staat als angemessen angesehen werden. Durch die Regelung des Gesetzes erfolgt ein ***standard setting,*** was es der Gewerkschaft faktisch schwierig macht hier eine Erhöhung zu verlangen. Das Gesetz wird zum Bumerang: Wenn es selber bereits sagt, was angemessen ist (s. §§ 1 AEntG, 9 Abs. 2 MiLoG: Ziel ist es, einen „einem angemessenen Mindestschutz" zu gewährleisten), wie kann dann eine Gewerkschaft mehr verlangen, mehr also, als angemessen ist? Aus der Ordnungsfunktion des Tarifvertrags (ausführlich hierzu Wiedemann/*Wiedemann,* TVG, 7. Aufl. 2007, Einl. Rn. 13ff. m.w.N.; *Bayreuther,* Tarifautonomie als kollektiv ausgeübte Privatautonomie, S. 112ff. und passim; Hueck/*Nipperdey,* Arbeitsrecht II 1, § 14 I, S. 235; *Säcker/Oetker,* Tarifautonomie, S. 65 und passim; *Waltermann,* RdA 1993, 209, 217; instruktiv auch *ders.,* NJW 2010, 801; *Wiedemann,* RdA 1997, 297, 298ff.; dagegen eher zurückhaltend *Biedenkopf,* Tarifautonomie, S. 75; *Richardi,* DB 1990, 1613, 1615; ablehnend etwa *Hromadka,* DB 1992, 1401; *Picker,* ZfA 1998, 573, 590ff.; *Zöllner,* DB 1989, 2121, 2122) wird die Ordnungsfunktion staatlicher Lohnfestsetzung. Besonders relevant wird das Problem des *standard setting* bei den Branchenmindestlöhnen des AEntG und AÜG. Der Tarifvertrag wandelt durch die Möglichkeit der Erstreckung nicht nur eines allgemeinen Mindestlohns im Sinn unterster Bedarfsdeckung, sondern i. S. d. Wahrung eines angemessenen, tätigkeitsadäquaten Entgelts seinen Charakter. Die Sicherung angemessener Arbeitsbedingungen entsprechend der beruflichen Tätigkeit ist eben das Ziel des Tarifvertrags. Die Konkurrenz wird offensichtlich: Es geht hier nicht um ein unter Umständen unangemessen niedriges, aber jedenfalls absolut notwendiges Minimum der Entlohnung von Arbeitnehmern unabhängig von ihrer konkreten Tätigkeit, sondern darum, Funktionsdefizite der Verhandlung zwischen Arbeitnehmer und Arbeitgeber umfassend auszugleichen im Sinne eines angemessenen Entgelts entsprechend der individuellen Tätigkeit. Der Eingriff in die Tarifautonomie wird damit um ein vielfaches verstärkt gegenüber der bloßen Festsetzung eines allgemeinen staatlichen Mindestlohns durch das MiLoG.

37 **b) Rechtfertigung.** Eine Rechtfertigung für diesen Eingriff fällt nicht leicht; im Ergebnis dürfte aber jedenfalls die allgemeine gesetzliche

Lohnuntergrenze des MiLoG verfassungskonform sein: Ein Eingriff in die vorbehaltlos gewährte Koalitionsfreiheit kann nur durch Grundrechte Dritter und andere mit Verfassungsrang ausgestattete Rechte gerechtfertigt werden (BVerfG v. 8.4.1981 – 1 BvR 608/79, BVerfGE 57, 70, 98f.; BVerfG v. 26.6.1991 – 1 BvR 779/85, BVerfGE 84, 212, 224). Das MiLoG verfolgt in erster Linie **sozialstaatliche Ziele.** Nach der Gesetzesbegründung (BT-Drs. 18/1558, S. 2.) sollen durch „die Einführung eines flächendeckenden gesetzlichen Mindestlohns [...] Arbeitnehmerinnen und Arbeitnehmer vor unangemessen niedrigen Löhnen geschützt [werden]. Zugleich trägt der Mindestlohn dazu bei, dass der Wettbewerb zwischen den Unternehmen nicht zu Lasten der Arbeitnehmerinnen und Arbeitnehmer durch die Vereinbarung immer niedrigerer Löhne, sondern um die besseren Produkte und Dienstleistungen stattfindet. Das Fehlen eines Mindestlohns kann ein Anreiz sein, einen Lohnunterbietungswettbewerb zwischen den Unternehmen auch zu Lasten der sozialen Sicherungssysteme zu führen, weil nicht existenzsichernde Arbeitsentgelte durch staatliche Leistungen der Grundsicherung für Arbeitsuchende „aufgestockt" werden können. Der Mindestlohn schützt damit die finanzielle Stabilität der sozialen Sicherungssysteme." All dies sind Ziele von Verfassungsrang. Dass Arbeitnehmer von ihrem Lohn angemessen leben können, ist ein Anliegen, das mit dem Sozialstaatsprinzip (Art. 20 Abs. 1 GG) und der Menschenwürdegarantie (Art. 1 Abs. 1 GG) begründet werden kann. Die finanzielle Stabilität des Systems der sozialen Sicherung ist ebenfalls ein sozialstaatliches Anliegen (*Barczak,* RdA 2014, 290, 29; *Pötters,* in: Mückl/Pötters/Krause, Das Mindestlohngesetz in der betrieblichen Praxis, 2015, Rn. 39).

38 Im Sinne der Verhältnismäßigkeit wäre es zwar **wünschenswert** gewesen, wenn sich das MiLoG stärker für das Votum der Tarifvertragsparteien geöffnet hätte. Denn eine weitergehende **Tarifdispositivität** hätte den Gestaltungsspielraum der Koalitionen erweitert und somit ihre Bedeutung bei der Regelung der Arbeits- und Wirtschaftsbedingungen gestärkt. Darüber hinaus leistet tarifdispositives Gesetzesrecht einen Beitrag zur Dezentralisierung und zollt somit dem Subsidiaritätsprinzip Tribut. Es nutzt die größere Sachnähe der Tarifvertragsparteien. Durch spezifische Regelungen können sie stärker als der Gesetzgeber auf die Bedürfnisse einzelner Betriebe und Wirtschaftszweige Rücksicht nehmen. Dies macht sich vor allem in wirtschaftlichen Krisenzeiten bezahlt. Regulative Vorbilder hätte es gegeben, wie das Beispiel der Niederlande zeigt (hierzu unten, Rn. 58). Dort kann auf Antrag eines Arbeitgebers, eines Arbeitgeberverbands oder einer Gewerkschaft der Mindestlohn für bestimmte Arbeitnehmergruppen in einem Unternehmen bzw. einer Branche herabgesetzt werden, wenn nach Einschätzung der Behörde der Weiterbestand bzw. der Umfang der Abteilung im Unternehmen oder die Branche oder ein Berufsstand ernsthaft in Gefahr ist. Eine entsprechende Regelung wäre auch für das deutsche Recht sinnvoll gewesen. Sie würde die Tarifautonomie stärken und ein flexibles Instrument schaffen, möglichen negativen beschäftigungspolitischen Begleiterscheinungen wirksam zu begegnen. Gleichwohl wird man nicht davon ausgehen, dass ein allgemeiner gesetzlicher Mindestlohn, wie ihn das MiLoG vorsieht, verfassungswidrig ist. Hinsichtlich der Geeignetheit und Erforderlichkeit eines allgemeinen gesetzlichen Mindestlohns zur Erreichung der genannten Ziele wird man dem Gesetzgeber nämlich einen sehr weiten regulativen Spielraum einräumen müssen. Nach ständiger Rechtsprechung des BVerfG gebührt dem Gesetzgeber „auf dem Gebiet der Arbeitsmarkt-, Sozial- und Wirtschaftsordnung ein besonders weitgehender Einschätzungs- und Prognosevorrang. Es ist vornehmlich Sache des Gesetzgebers, auf der Grundlage seiner wirtschafts-, arbeitsmarkt- und sozialpolitischen Vorstellungen und Ziele und unter Beachtung der Sachgesetzlichkeiten des betreffenden Sachgebiets zu entscheiden, welche Maßnahmen er im Interesse des Gemeinwohls ergreifen will" (BVerfG v. 3.4.2001 – 1 BvL 32/97, BVerfGE 103, 293, 307 m.w.N.).

39 Schwieriger fällt die Rechtfertigung bei Mindestlöhnen nach dem AEntG und AÜG. Ein Mindestschutz wird bereits durch das MiLoG gewährleistet. Die Herstellung angemessener Bedingungen ist **primär Aufgabe der Tarifvertragsparteien.** Die Verdrängung tariflicher durch staatliche Regelungen zur Sicherung angemessener Arbeitsbedingungen ist nur dann zulässig, wenn die Tarifvertragsparteien dieser Aufgabe nicht mehr nachkommen. Tarifverträge tragen – durch die Rechtsprechung des Bundesarbeitsgerichts und des Bundesverfassungsgerichts verbürgt – eine Richtigkeitsgewähr in sich. Staatliche Regelungen zugunsten des Arbeitnehmers sind nur dort begründet, wo das Verhandlungsgleichgewicht zwischen Arbeitgeber- und Arbeitnehmerseite gestört ist; das kann beim Arbeitsvertrag der Fall sein. Dies jedem Tarifvertrag zu unterstellen, der von den Festsetzungen einer Mindestlohnverordnung abweicht, entbehrt jedoch hinreichender Grundlage. Jedem Tarifvertrag kommt vielmehr eine **Angemessenheitsvermutung** zu (für die ständige Rspr. z. B. BAG v. 25.9.2013 – 4 AZR 173/12, BAGE 146, 133; BAG v. 18.3.2009 – 4 AZR 64/08, NZA 2009, 1028; weitere Nachweise Wiedemann/*Thüsing*, TVG § 1 Rn. 246; s. auch BT-Drs. 16/1780, S. 38 zum AGG, BT-Drs: 14/6857, S. 54 zur AGB-Kontrolle).

40 **c) Auswahl der nach dem AEntG auf die Branche zu erstreckenden Tarifverträge.** Auch das **Repräsentativitätskriterium** zur Auswahl des Tarifvertrags im Falle der Verordnung zur Branchenerstreckung nach § 7 Abs. 2 AEntG (ebenso in § 24 Abs. 1 S. 1 MiLoG) führt zu dogmatischen Friktionen, da es zu einer Vermengung inkommensurabler Größen führt: Die einer Gewichtung zugänglichen Zielvorgaben des § 1 AEntG können nicht mit dem lediglich operationalen Kriterium der Repräsentativität miteinander in Ausgleich gebracht werden. Beide Vorgaben stehen strukturell in keinem Zusammenhang. Die **fehlende Abwäg-**

barkeit der Repräsentativität ergibt sich zudem auch daraus, dass es sich hierbei um ein Kriterium handelt, das nur erfüllt sein kann oder nicht erfüllt sein kann, nicht aber mehr oder weniger gegeben ist (wohlwollender aber: *Bayreuther,* § 8 AEntG Rn. 53).

41 Die Folgen der Repräsentativität des Tarifvertrags als Auswahlkriterium zur Branchenerstreckung sind eine **arbeitsrechtliche Begünstigung von größeren Arbeitgeber(verbände)n** sowie eine **staatliche Parteinahme zugunsten größerer Gewerkschaften,** die die Bildung konkurrierender Gewerkschaften erschwert. Ein *Beispiel* kann dies verdeutlichen: Der Arbeitgeberverband A hat ein großes Mitglied, das 10 000 Arbeitnehmer beschäftigt. Davon sind 1% der Belegschaft, also 100 Arbeitnehmer, Mitglieder der Gewerkschaft B, die insgesamt auch nicht über mehr Mitglieder verfügt, und 10%, also 1000 Arbeitnehmer, Mitglieder der Gewerkschaft C, die insgesamt über 1090 verfügt. Im Arbeitgeberverband D sammeln sich Arbeitgeber mit insgesamt 900 Beschäftigten, davon wiederum 10% Mitglieder der Gewerkschaft C, also 90 Arbeitnehmer, aber kein Mitglied der Gewerkschaft B. Nach § 7 Abs. 1 S. 2 AEntG ist der Tarifvertrag der Gewerkschaft B, obwohl sie die kleinere Gewerkschaft ist, repräsentativ. Hätte die Gewerkschaft C mit der kleineren Konkurrenz abgeschlossen, wäre ihr Tarifvertrag demgegenüber nicht repräsentativ.

42 Dieses Ergebnis erscheint wiederum sinnwidrig: Kleine Gewerkschaften haben nur dann die Chance, dass ihr Tarifvertrag auf die Branche erstreckt wird, wenn sie einen großen Arbeitgeber(verband) als Tarifpartner haben; ist der Arbeitgeber(verband) nur groß genug, dann kann sich auch eine deutlich mitgliederstärkere Gewerkschaft hiergegen nicht mit einem Konkurrenztarifvertrag durchsetzen. Das Kriterium der Repräsentativität des Tarifvertrags als Auswahlkriterium zur Branchenerstreckung ist damit nicht nur **rechtspolitisch verfehlt,** sondern begegnet **erheblichen verfassungsrechtlichen Zweifeln.** Dass konkurrierenden Arbeitnehmer- und Arbeitgeberverbänden ihre Arbeitsbedingungen genommen werden sollen, nur weil der Konkurrent größer ist als sie selber, ist eine Ungleichbehandlung, für die eine verfassungsrechtliche Rechtfertigung fehlt (ausführlich *Thüsing,* ZfA 2008, 590; *Willemsen/Sagan,* NZA 2008, 1216; offener aber: *Bayreuther,* § 8 AEntG Rn. 25 ff., insb. 36 ff. u. 45 ff.).

42a **d) Erleichterte Allgemeinverbindlicherklärung.** Erheblichen verfassungsrechtlichen Bedenken ausgesetzt ist schließlich die ebenfalls im Rahmen des Tarifautonomiestärkungsgesetzes erfolgte Neufassung des § 5 TVG (kritisch auch *Bepler,* Gutachten zum 70. DJT, 2014, S. B 109 ff.; *Lobinger,* JZ 2014, 810, 817 f.; *Pötters,* in: Mückl/Pötters/Krause, Das Mindestlohngesetz in der betrieblichen Praxis, 2015, Rn. 70 ff.). Danach ist eine Allgemeinverbindlicherklärung möglich, wenn diese „im öffentlichen Interesse geboten erscheint". Im Vergleich zur bisherigen Fassung stellt dies eine starke Erweiterung dar, denn zuvor galt insbesondere ein

50-Prozent-Quorum hinsichtlich der Tarifbindung. Ein öffentliches Interesse liegt nunmehr bereits dann vor, wenn ein Tarifvertrag in seinem Geltungsbereich „überwiegende Bedeutung" erlangt hat. Die nun vorgeschlagene Ausgestaltung des öffentlichen Interesses bricht mit den bislang in der Rechtsprechung entwickelten Kriterien und senkt die tatbestandlichen Voraussetzungen für eine Allgemeinverbindlicherklärung erheblich herab. Setzte bisher das öffentliche Interesse *grosso modo* eine wirtschaftliche Fehlentwicklung voraus (vgl. BVerfG v. 24.5.1977 – 2 BvL 11/74, BVerfGE 44, 322, 325ff.; ferner BAG v. 28.3.1990 – 4 AZR 536/89, NZA 1990, 781), genügt nunmehr allein die tatsächliche Bedeutung eines Tarifvertrages. Dies stellt einen Verstoß gegen die negative Koalitionsfreiheit von Außenseitern dar: Art. 9 Abs. 3 GG und Art. 12 GG geben sowohl Arbeitnehmern als auch Arbeitgebern das Grundrecht ohne tarifvertragliche Grundlage zu kontrahieren (BAG v. 23.6.2010 – 10 AS 3/10, juris; BAG v. 27. 1. 10 – 4 AZR 549/08, NZA 10, 645). Die Möglichkeit der Allgemeinverbindlicherklärung eines Tarifvertrages ist zu rechtfertigen (BVerfG v. 15.7.1980 – 1 BvR 24/74, NJW 1981, 215). Rechtfertigungsgründe können erhebliche Gemeinwohlbelange sein, übersetzt in § 5 TVG: das „öffentliche Interesse". Allein die Bedeutung eines Tarifvertrages kann ein solcher Gemeinwohlbelang aber nicht sein, da andernfalls die Koalitionsfreiheit von Außenseitern und kleineren Gewerkschaften nahezu vollständig entleert wäre. Die bisher von der Rechtsprechung und Literatur entwickelten Kriterien müssen zur Wahrung der Verfassungskonformität auch weiterhin Verwendung finden. Die Bestimmung des „öffentlichen Interesses" im Entwurf ignoriert zum einen diese bisherige Rechtsprechung und verletzt zum anderen Art. 9 Abs. 3 GG.

III. Entwicklung der Gesetzgebung

1. Kein gesetzlicher Mindestlohn in der Weimarer Zeit

43 Einen allgemeinen gesetzlichen Mindestlohn hat es in Deutschland vor der Einführung des MiLoG durch das Tarifautonomiestärkungsgesetz nicht gegeben. Doch schon kurz nach Inkrafttreten des BGB wurden **„Hungerlöhne"** als Verstoß gegen die guten Sitten gewertet (*Oertmann,* DJZ 1913, 254ff.; ebenso *Bovensiepen,* Verstöße gegen gute Sitten im Arbeitsverhältnis, Arbeitsrecht 1922, S. 197ff.). Die Rechtsprechung und das Schrifttum der Weimarer Zeit folgten dem und hielten § 138 BGB insbesondere dann für anwendbar, wenn „zwischen der Größe der versprochenen Arbeitsleistung und der Geringfügigkeit des zugesagten Lohnes ein **auffälliges Missverhältnis** besteht" (*Hueck/Nipperdey,* Lehrbuch des Arbeitsrechts Bd. 1, 1. Aufl. 1928, S. 129 m.w. Nachw.). Zur Begründung einer Sittenwidrigkeit nach § 138 Abs. 2 BGB müsse aber hinzukommen, dass der Arbeitgeber beim Vertragsschluss die Notlage, den Leichtsinn oder die Unerfahrenheit des Arbeitnehmers ausgebeutet hat (*Hueck/Nipperdey,* Lehrbuch des Arbeitsrechts Bd. 1, 1. Aufl. 1928, S. 129). Damals wie heute **fehlte es an einem festgelegten Maßstab zur Bestimmung des auffälligen Missverhältnisses.** In der Literatur der Weimarer Zeit wurde vertreten, dass ein auffälliges Missverhältnis in der Regel dann anzunehmen sei, „wenn trotz angemessener Arbeitsleistung der Lohn so gering ist, dass er dem Arbeitnehmer nicht für sich und seine Familie den notwendigen Unterhalt sichert" (*Hueck/Nipperdey,* Lehrbuch des Arbeitsrechts Bd. 1, 1. Aufl. 1928, S. 129) – ein Maßstab, ganz verschieden von der heutigen Konkretisierung durch die Rechtsprechung (s. § 138 BGB Rn. 19ff.) aber sehr nahe an geistesgeschichtlichen Strömung, die heute noch die Diskussion prägen (Rn. 10ff.). Anderseits galt: Ein Arbeitsvertrag war trotz ungewöhnlich niedriger Vergütung nicht sittenwidrig, wenn der Arbeitgeber wegen sinkender Konjunktur seinerseits bei Zahlung einer höheren Vergütung nicht mehr mit einem angemessenen Gewinn würde arbeiten können (*Bovensiepen,* Verstöße gegen gute Sitte im Arbeitsverhältnis, Arbeitsrecht 1922, S. 197, 199). Arbeit musste also auskömmlich für *beide* Seiten des Vertrags sein – auch für den Arbeitgeber. *Oertmann* prägte den Satz: „Das eigene Interesse des Arbeitgebers an der Arbeit bildet offenbar die Grenze, über die bei der Lohnbemessung hinauszugehen er von Rechts- und Moralwegen keinesfalls verpflichtet ist" (DJZ 1913, 254, 255). Wo ein zu hoher Lohn die Arbeit für den Arbeitgeber nicht mehr lohnen würde, sollte er diesen auch nicht bezahlen müssen.

44 Neben der zivilrechtlichen Generalklausel des **§ 138 BGB** sicherten schon damals **Tarifverträge** und die Möglichkeit der **Tariferstreckung durch Allgemeinverbindlicherklärung** dem Arbeitnehmer ein Mindestarbeitsentgelt (vgl. dazu *Nörr,* ZFA 1986, 403, 413f.). Daneben traten **vereinzelt gesetzliche Bestimmungen,** die ein Mindestentgelt in bestimmten Berufszweigen vorsahen. So enthielt das Recht der Arbeiter der Kaliindustrie Regelungen über die Lohnhöhe. Diese sahen vor, dass die Anteile der Kaliwerksbesitzer am Kaliabsatz herabgesetzt werden, wenn in einem Kaliwerk die durchschnittlich gezahlten Löhne gegenüber den Durchschnittslöhnen vorheriger Jahre sanken (vgl. dazu *Kaskel,* Das neue Arbeitsrecht, 1920, S. 154ff.). Bemerkenswert aus heutiger Perspektive ist dabei, dass die Bestimmungen über die Lohnhöhe aus **Respekt vor tariflichen Vereinbarungen** nur in Ermangelung tarifvertraglicher Vereinbarungen zur Anwendung kamen – damals also der Tarifvorrang gegenüber dem gesetzlichen Mindestlohn beachtet wurde, obwohl die Koalitionsfreiheit des Art. 9 Abs. 3 GG noch nicht existierte (*Kaskel,* Das neue Arbeitsrecht, 1920, S. 155). Auch für Heimarbeiter bestand seit 1923 ein besonderer Lohnschutz, der Gewerbetreibenden die öffentlichrechtliche Pflicht auferlegte, die durch Tarifvertrag oder durch den Fachausschuss festgesetzten Mindestentgelte tatsächlich zu bezahlen (vgl. dazu *Hueck*/Nipperdey, Lehrbuch des Arbeitsrechts Bd. 1, 1. Aufl. 1928,

S. 430). Die meisten gesetzlichen Lohnvorschriften beschränkten sich jedoch auf die Nennung bestimmter Grundsätze, nach denen die Höhe des Lohnes zu bemessen war – ein bestimmter Lohnsatz wurde dagegen nicht genannt.

45 Es gab jedoch nicht nur den staatlichen Eingriff in den Vertrag zum Schutz eines Mindestlohns, sondern prominenter war wohl das Gegenteil: Die große Wirtschaftskrise führte zu einer verstärkten, krisenpolitisch motivierten Intervention des Staates. Die im Rahmen der Deflationspolitik Brünings am 8.12.1931 erlassene **4. Notverordnung** sah eine staatliche Lohnsenkung um bis zu 10 bis 15% vor und führte damit zu einer Minderung des (tarif-)vertraglich vereinbarten Lohns, nicht zu seiner Anhebung (*Nörr,* ZfA 1986, 403, 414). Zu einem allgemeinen Arbeitsschutzgesetz, das auch einen Entgeltschutz vorsah, konnte man sich – trotz entsprechender Vorschläge auch von juristischer Seite – nicht durchringen. Zum Vorschlag eines allgemeinen Arbeitsschutzgesetzes vgl. *Melsbach* (Deutsches Arbeitsrecht. Zu seiner Neuordnung, 1923, S. 195 ff. Regelungen zum Entgeltschutz finden sich in Teil A I, 1. b des allgemeinen Arbeitsschutzgesetzes).

46 Die Judikatur dieser Jahre zeigt, dass der **Missbrauch einer starken Arbeitgeberstellung** zuweilen allzu deutlich wurde (eine Zusammenstellung der Rechtsprechung zur Sittenwidrigkeit von Arbeitsverträgen findet sich bei *Bovensiepen,* Verstöße gegen gute Sitte im Arbeitsverhältnis, Arbeitsrecht 1922, S. 197 ff.). Die Begründungen zur Sittenwidrigkeit schwanken. Das Kaufmannsgericht Berlin etwa entschied, dass einem Handlungsgehilfe **„mindestens der notdürftige Unterhalt garantiert wird“** (Jahrb. Berl. KfmG 1908, Nr. 97) – stellte also den Bedarf des Arbeitnehmers zur entscheidenden Messlatte. Doch ebenso erklärte das Gericht einen Vertrag wegen Sittenwidrigkeit für nichtig, der einem Handlungsgehilfen bei niedrigen Provisionssätzen die Tragung aller Spesen aus eigener Tasche auferlegte (Jahrb. Berl. KfmG 1910, Nr. 141) – sah also in der Überleitung des unternehmerischen Risikos den Grund zur Sittenwidrigkeit. In einem anderen Fall begründete das Gericht die Sittenwidrigkeit damit, dass der vom Arbeitgeber gezahlte Lohn unter dem ortsüblichen Lohn lag – das Gericht erklärte einen Vertrag für nichtig, indem ein Stücklohn auf Damenkleider von nur 60 Pf. vorgesehen war, während der ortsübliche Stücklohn 1 Mark betrug (KfmG Berlin 27.2.1911, D.J. Z. 1911, Sp. 768). Das RG erklärte einen Anstellungsvertrag für nichtig, indem sich ein Handlungsgehilfe für jeden Fall der Zuwiderhandlung gegen seine Dienstverpflichtungen einer Vertragsstrafe von 20.000 Mark unterworfen hatte, während sich sein Jahreseinkommen auf 15.000 Mark belief (RG L. Z. f. D.R. 1914, S. 578) und stellte damit auf das Verhältnis zwischen Vertragsstrafe und geringem Gehalt ab.

2. Von den Anfängen der Bundesrepublik bis heute

47 Aus den Erfahrungen der Weimarer Zeit lernte die Bundesrepublik. Das Gesetz über die Festsetzung von Mindestarbeitsbedingungen aus dem Jahr 1952 (MiArbG, BGBl I 1952, 17) eröffnete bereits kurz nach dem demokratischen Neuanfang unter gewissen Voraussetzungen die **Möglichkeit zum Erlass von Mindestarbeitsbedingungen durch Rechtsverordnung** (vgl. dazu ausführlich: *Fitting,* RdA 1952, 5ff.). Praktische Relevanz erlangte das Gesetz in der Folgezeit jedoch nicht (soweit veröffentlicht wurde lediglich einmal ein Festsetzungsverfahren beantragt, mitgeteilt in DB 1952, S. 911; vgl. nur *Andelewski,* Staatliche Mindestarbeitsbedingungen, 2001, S. 126 m.w.N.). Teilweise wurde dies als **„eindrucksvoller Beweis für den Erfolg des sich alsbald etablierenden Tarifvertragssystems"** gewertet (*Kittner,* in: Kittner/*Zwanziger,* Arbeitsrecht- Handbuch für die Praxis, § 3, Rn. 77; kritischer *Lakies,* in: Däubler, Tarifvertragsgesetz, Anhang 1 zu § 5, Rn. 12; *Peter,* in: Peter/Kempen/Zachert, Rechtliche und rechtspolitische Aspekte der Sicherung von tariflichen Mindeststandards, Rechtsgutachten, 2003, S. 89). Der lange Schlaf dieses Gesetzes war auch dadurch begründet, dass in der Folgezeit wichtige Einzelaspekte spezialgesetzlich geregelt wurden. So wurde 1996 gerade vor dem Hintergrund des auf dem Gebiet der Europäischen Union möglichen grenzüberschreitenden Einsatzes von Arbeitskräften zur Vermeidung von Lohndumping das AEntG erlassen. Das parallel wiederbelebte MiArbG wurde – ohne dass es je angewandt worden wäre – mit Inkrafttreten des MiLoG zum 1.1.2015 abgeschafft.

48 Zum Zeitpunkt seines Inkrafttretens war das AEntG noch **kein Mindestlohngesetz;** sein Ziel war vielmehr der Schutz der deutschen Bauwirtschaft vor ausländischer Dumpinglohnkonkurrenz (s. Begründung des Regierungsentwurfs BT-Drs. 13/2414, S. 6ff.). Die Möglichkeit, Mindestlöhne einzuführen, ergab sich erst mit Einfügung des damaligen Abs. III a (heute § 7 n. F.) durch das Gesetz v. 19.12.1998 (BGBl. 1998 I, S. 3843ff.). Damit ermöglichte das AEntG die Schaffung eines Mindestlohns auch gegen den Widerstand der Tarifparteien. Erstmalig wurde im Jahr 1999 von dem neuen Instrument Gebrauch gemacht. Durch die „Verordnung für zwingende Arbeitsbedingungen im Baugewerbe" (BGBl. 1999 I, S. 1894) wurde der Baumindestlohntarifvertrag vom 1.9.1999 für allgemein anwendbar erklärt. Dies war der **erste deutschlandweite Mindestlohn,** der durch den eingeschränkten Anwendungsbereich des AEntG (Bauhaupt- und -nebengewerbe, bis 1.7.2007 Seeschifffahrtsassistenz) allerdings ein branchenspezifischer Mindestlohn blieb. In der Folgezeit wurde der Geltungsbereich des AEntG auf weitere Branchen ausgedehnt (zum 1.7.2007 auf das Gebäudereinigerhandwerk, Gesetz v. 25.4.2007, BGBl. 2007 I, S. 576; zum 28.12.2007 auf die gewerbsmäßige Briefzustellung, Gesetz v. 21.12.2007, BGBl. 2007 I, S. 3140) und so die Möglichkeit für Mindestlöhne in den genannten Branchen geschaffen. Neben diesen

Gesetzen bot und bietet weiterhin wie schon in Weimarer Zeit die zivilrechtliche Generalklausel des § 138 BGB Schutz vor unangemessenen Mindestentgelten. Liegt ein krasses Missverhältnis zwischen Arbeitsleistung und Arbeitsentgelt vor, kann dies gem. § 138 BGB zur Nichtigkeit der Entgeltvereinbarung bzw. des Arbeitsvertrages führen. Dadurch wird zumindest **mittelbar ein bestimmtes Lohnniveau gewährleistet.** Feststehende Maßstäbe, wann ein krasses Missverhältnis zwischen Leistung und Gegenleistung angenommen werden kann, finden sich jedoch weder im Gesetz, noch in der Rechtsprechung (vgl. dazu *Bayreuther,* NJW 2007, 2022f.; ausführlich § 138 BGB Rn. 1ff.).

49 Ergänzende Regeln traten hinzu. Im Jahr 2002 wurde der Gesetzgeber tätig, um eine indirekte Form der staatlichen Entgeltkontrolle bei der Vergabe öffentlicher Aufträge zu schaffen. Eine bundeseinheitliche Regelung, die die Vergabe öffentlicher Aufträge an die Verpflichtung knüpfte, die Arbeitnehmer nach den jeweils am Einsatzort geltenden Entgelttarifen zu entlohnen, („Entwurf eines Gesetzes zur tariflichen Entlohnung bei öffentlichen Aufträgen und zur Einrichtung eines Registers über unzuverlässige Unternehmen", vgl. dazu *Kämmerer/Thüsing,* ZIP 2002, 596), scheiterte jedoch im Jahr 2002 im Bundesrat am Widerstand der unionsgeführten Länder. Seitdem hat es auf Bundesebene keine weitere Gesetzesinitiative gegeben. In einigen Bundesländern fanden sich dagegen Gesetze, die sog. **„Tariftreueregelungen"** vorsehen. Sie alle werden nun – nach der Entscheidung Rüffert des EuGH – nicht mehr angewandt (s. ausführlich Tariftreue, Rn. 1ff.).

3. Die Einführung eines allgemeinen gesetzlichen Mindestlohns durch das Tarifautonomiestärkungsgesetz

50–54 All dies waren jedoch nur zögerliche Schritte, ein „echter" Mindestlohn wurde weder durch AEntG und MiArbG noch durch die Lohnwucher-Rechtsprechung oder Tariftreueregelungen geschaffen. Der Durchbruch erfolgte erst mit der Einführung des **MiLoG** durch das Tarifautonomiestärkungsgesetz vom 11.8.2014 (BGBl. I S. 1348) – dieser Schritt stellt nicht weniger als einen **Paradigmenwechsel** (vgl. *Viethen,* NZA-Beilage 2014, 143) in der Ausgestaltung der deutschen Arbeitsmarkt- und Wirtschaftsordnung dar. Durch das MiLoG wurde ein bundesweit einheitlicher gesetzlicher Mindestlohn geschaffen: Ab dem 1. Januar 2015 erhält grundsätzlich jeder Arbeitnehmer mindestens 8,50 Euro brutto pro Stunde. Der Mindestlohn ist **allgemein:** Ausnahmen bestehen nur für wenige Personengruppen (überwiegend deklaratorisch: § 22 MiLoG). Der Mindestlohn ist **zwingend:** Abweichungen nach unten sind nur für einen Übergangszeitraum bis Ende 2017 möglich (§ 24 MiLoG), ansonsten gehen allein großzügigere Regelungen dem MiLoG vor (§ 1 Abs. 3 MiLoG). Erstmalig in der Geschichte der Bundesrepublik wird somit eine gesetzliche Mindestvorgabe gesetzt, die von Arbeitsparteien und Sozialpartnern grundsätzlich nicht unterschritten werden darf.

IV. Mindestlöhne im Ausland

1. Allgemeiner Überblick

55 Auf Europäischer Ebene ist die Schaffung eines gesetzlichen Mindestlohns ausgeschlossen; Art. 137 Abs. 5 EG-Vertrag bestimmt klar die fehlende Zuständigkeit des europäischen Gesetzgebers für die Regelung von „Arbeitsentgelten" (s. hierzu Streinz/*Eichenhofer,* Art. 137 Rn. 32f.). Weit vor dem deutschen Gesetzgeber sind jedoch bereits die meisten europäischen Nachbarn tätig geworden (s. bereits auch *Bercusson,* Minimum Wage: Objectives and Standards, 6 Comp. Lab. L. 67[1984]; historisch interessant Internationales Arbeitsamt, Die Verfahren zur Festsetzung der Mindestlöhne – Rechtsvergleichende Untersuchung, 1927). In **21 der 28 EU-Mitgliedstaaten** existieren gesetzliche Mindestlöhne. Zum Teil haben sie eine längere Tradition: In den Niederlanden gibt es seit 1969 einen gesetzlichen Mindestlohn, in Frankreich seit 1970. In anderen Ländern, wie in Großbritannien, wurden gesetzliche Mindestlöhne erst vor einigen Jahren eingeführt (1999). Außerhalb der EU haben insbesondere die USA eine gesetzliche Lohnuntergrenze geschaffen. Ein Vergleich der Mindestlohnhöhe zeigt große Unterschiede; die Mindestlohnmodelle der verschiedenen Staaten unterscheiden sich auch in ihrem Aufbau und ihrer Wirkungsweise zum Teil erheblich (die nachfolgende Tabelle beruht im Wesentlichen auf Angaben des WSI, Stand: Januar 2015, abrufbar unter http://www.boeckler.de/wsi-tarifarchiv_43753.htm:

	BE	**BG**	**CZ**	**EE**	**IE**	**EL**	**ES**	**FR**	**LV**	**LT**	**LU**	**HU**
Gehaltssatz	monatlich	stündlich	monatlich und stündlich	stündlich und monatlich	monatlich	monatlich	monatlich	stündlich	monatlich und stündlich	monatlich und stündlich	monatlich und stündlich	monatlich und stündlich
Vergütung/Stunde	9,10 *38-Stunden Woche	2,08	55	2,34	8,65 *39-Stunden-Woche	3,35 *40-Stunden-Woche	3,93 *38-Stunden Woche	9,61	2,17	1,82	11,12	604 HUF
Vergütung/Monat	1.502	360 **40-Stunden-Woche	9.200	390	1.462	580	649	1.458 **35-Stunden-Woche	360	300	1.923	105.000 HUF

* Grundlage der Berechnung des Mindestlohns/Stunde
** Grundlage der Berechnung des Mindestlohns/Monat

	MT	NL	PL	RO	SI	SK	UK	US
Gehaltssatz	wöchentlich	monatlich	monatlich	monatlich	monatlich	monatlich und stündlich	stündlich	stündlich
Vergütung/Stunde	4, 16 € * 40-Stunden-Woche	9, 21 € * 37,5-Stunden-Woche	10, 12 PLN * 40-Stunden-Woche	5,78 RON * 39 Stunden/Woche	4,57 € * 40-Stunden-Woche	2,18 €	6,50 GBP	7,25 USD
Vergütung/Monat	720 €	1.502 €	1.750 PLN	975 RON	791 €	380 €	1.073 GBP ** 38-Stunden-Woche	1.254 USD ** 40-Stunden-Woche

* Grundlage der Berechnung des Mindestlohns/Stunde
** Grundlage der Berechnung des Mindestlohns/Monat

2. Einzelne Länder

a) Gesetzlicher Mindestlohn in Großbritannien. In Großbritannien gibt es seit dem Jahr 1999 einen nationalen gesetzlichen Mindestlohn (National Minimum Wage – NMW, vgl. dazu ausführlich: *Burgess,* in: Schulten/Bispinck/*Schäfer,* Mindestlöhne in Europa, S. 31 ff.). Dieser wird vom Industrieminister gemäß den Empfehlungen der paritätisch zusammengesetzten **Niedriglohnkommission** (Low Pay Commission – LPC) durch Verordnung festgesetzt. Der NMW gilt für alle Arbeiter, d. h. für Arbeitnehmer und Personen, die aufgrund eines Vertrages persönlich Arbeiten für eine andere Partei durchführen und nicht selbstständig sind. Damit sind auch Leiharbeitnehmer, Arbeitnehmer aus dem Ausland und britische Arbeitnehmer, die vorübergehend im Ausland beschäftigt sind, erfasst. Keinen Anspruch auf den NMW haben dagegen Geschäftsführer, Arbeitnehmer unter 18 Jahren, einige Auszubildende, Arbeiter in Familien und Gefangene. Insgesamt hatten nach Einführung des NMW 1,3 Millionen Arbeitnehmer einen Anspruch auf Lohnerhöhung (*Burgess,* in: WSI-Mitteilungen 7/2003, S. 443). **56**

b) Gesetzlicher Mindestlohn in Frankreich. In Frankreich hat jeder Arbeitnehmer einen Anspruch auf den gesetzlichen nationalen Mindestlohn, den SMIC (salaire minimum interprofessionnel de croissance, Art. L 141-1 ff. Code du travail; hierzu *Auzero/Dockès* Droit du travail, 29. Aufl. 2015 Rn. 1007 f.). Ausgenommen sind lediglich Arbeiter im Agrarbereich, der Handelsmarine und Arbeitnehmer, die mit Naturalien bezahlt werden. Zudem existieren für bestimmte Gruppen, wie Jugendliche, abweichende Sätze. Zur Anpassung des Mindestlohns existieren **drei Verfahren.** Zum einen findet eine automatische Erhöhung des SMIC statt, wenn sich der Preisindex gegenüber dem letzten Referenzzeitpunkt um mindestens zwei Prozentpunkte erhöht hat. Zudem besteht jährlich zum 1. Juli die Möglichkeit zur Anpassung auf Hinweis des paritätisch zusammengesetzten Ausschuss für Tarifangelegenheiten. Die Anpassung erfolgt gemäß der Entwicklung des Verbraucherpreisindex und entsprechend der Hälfte der Erhöhung der Stundenlöhne der Arbeiter. Der SMIC wird um dieselbe Höhe angehoben. Letztlich kann bei Bedarf der Mindestlohn auch mehrmals im Jahr durch die Regierung erhöht werden (vgl. dazu ausführlich: *Schmid/Schulten,* in: Schulten/Bispinck/*Schäfer,* Mindestlöhne in Europa, S. 103 ff.). Damit ist der Mindestlohn zum einen **zwingend an die Inflationsentwicklung gebunden** und eine Steigerung des Kaufpreisindex von mehr als 2% führt automatisch zu einer Anpassung (Art. L. 141-3 Code du Travail). Daneben tritt die Anpassung nach Art. L. 141-4 Code du Travail, die sich an der nationalen Tarifentwicklung orientiert. Die Commission nationale de la négociation collective spricht eine Empfehlung an die Regierung aus, der Tarifentwicklung Rechnung zu tragen. Diese fakultative Erhöhung hat eine Mindestgrenze nach Art. L. 141-5 Code du Travail, wonach die jährliche Anpassung des **57**

SMIC nicht geringer sein darf als der Durchschnitt der Tarifsteigerungen einer bestimmten Referenzgruppe. Hier zeigt sich noch einmal der Wert der Sozialpartner: Eine automatische Anpassung wird entbehrlich und ebenso eine staatliche, und damit oftmals wahlkampfbedingte Festlegung.

58 **c) Gesetzlicher Mindestlohn in den Niederlanden.** Auch in den Niederlanden existiert ein gesetzlicher Mindestlohn (Wet minimumloon en minimumvakantiebijslag). Dieser gilt für alle Arbeitnehmer, ausgenommen sind Beamte und Beschäftigte in privaten Haushalten. Zweimal im Jahr, jeweils zum 1. Januar und zum 1. Juli, wird der Mindestlohn überprüft und entsprechend der gesamtwirtschaftlichen Entwicklung der Tariflöhne erhöht. Darüber hinaus kann der Arbeitsminister bei Vorliegen rechtfertigender Umstände eine außerordentliche Erhöhung des Mindestlohns veranlassen (vgl. dazu *Burgess,* in: WSI-Mitteilungen 7/2003, S. 436, 440 f.). Bemerkenswert ist die **Öffnungsklausel** des Gesetzes in Art. 10 Abs. 1. Danach kann auf Antrag eines Arbeitgebers oder eines Arbeitgeberverbands der Mindestlohn für bestimmte Arbeitnehmergruppen in einem Unternehmen bzw. einer Branche herabgesetzt werden, wenn nach Einschätzung der Behörde der Weiterbestand von bzw. der Umfang der Abteilung im Unternehmen oder die Branche oder ein Berufsstand ernsthaft in Gefahr ist. Mit dieser Feststellung können Bedingungen verknüpft werden. Auf einen Antrag wird nicht entschieden, solange nicht ersichtlich ist, dass der Beantragende nach Einschätzung der Behörde mit **repräsentativen Organisationen** von Arbeitnehmern und Arbeitgebern sich in der Sache auseinandergesetzt hat.

59 **d) Gesetzlicher Mindestlohn in den USA.** Außerhalb der EU verfügen insbesondere die USA über eine **lange Tradition der Mindestlohngesetzgebung.** Dort wurde erstmalig im Jahr 1938 ein Mindestlohngesetz auf Bundesebene verabschiedet (Fair Labor Standards Act; ausführlich hierzu *Norlund,* A Brief History of the Fair Labor Standards Act, 39 Lab. L.J. 715, 716–17 (1988)). Ziel war nach den – später viel zitierten – Worten *Roosevelts* „a fair day's pay for a fair day's work" (81 Cong. Rec. 4960 [1937]). Der Fair Labor Standards Act sieht **kein automatisiertes Anpassungsverfahren** des Mindestlohns vor. Die Anhebung des Mindestlohns ist nur durch eine vom Congress beschlossene Gesetzesänderung möglich. Zudem ist keine regelmäßige Überprüfung der Höhe des Mindestlohns vorgesehen. Folge dieses Modells ist, dass der Mindestlohn nur sehr selten erhöht wird und sich daher auf einem eher niedrigen Niveau bewegt (vgl. dazu *Burmeister,* in: Schulten/Bispinck/*Schäfer,* Mindestlöhne in Europa, S. 179 ff.). Die letzte Erhöhung erfolgte nach 10 Jahren zum 1. Juli 2009 von 5,15 $ auf 7,25 $. Der Anteil der Arbeitnehmer, die vom Mindestlohn profitieren, hat in den vergangenen Jahren kontinuierlich abgenommen (s. auch die Internetseite des US-Arbeitsministeriums http://www.dol.gov/esa/whd/flsa/).

60 Ergänzend zum Mindestlohn tritt hier ein vom Stundenlohn unabhängiger und allein auf den Jahreslohn bezogener staatlicher Zuschuss, der sog. ***Earned Income Tax Credit*** **(EITC).** Dieser gesondert zu beantragende **Steuerausgleich** existiert nach dem Stand 2008 für alle Arbeitnehmer, die im Jahr weniger als 38.646,– $ verdient haben. Die Steuerschuld kann hierdurch gemindert werden und – bei hinreichend geringem Einkommen – führt dies zu einem Zahlungsanspruch gegen den Staat. Erforderlich ist, dass der Arbeitnehmer tatsächlich Einkommen erzielt hat. Eine Steuergutschrift kann auch derjenige erhalten, der deutlich mehr als den Mindestlohn verdient, insbesondere wenn er von ihm abhängige Angehörige hat. Die Schwellenwerte des EITC werden jedes Jahr angehoben entsprechend der allgemeinen Einkommensentwicklung der davon abhängigen Armutsdefinition der Bundessteuerbehörde. Das Maximum des über die Steuerbefreiung hinausgehenden positiven Rückflusses an den Arbeitnehmer lag für Arbeitnehmer mit zwei Kindern im Jahr 2014 bei 5460 $ (http://www.irs.gov/Credits-&-Deductions/Individuals/Earned-Income-Tax-Credit/EITC-Income-Limits-Maximum-Credit-Amounts).

V. Ökonomische Aspekte eines Mindestlohns

Literatur: *Abowd/Kramarz/Margolis/Philippon,* The Tail of Two Countries: Minimum Wages and Employment in France and the United States, 2000, IZA Discussion Paper No. 203; *Acemoglu/Pischke* Minimum Wages and On-The-Job Training, 1999, NBER Working Paper No. 7184; *Bachmann/Bauer/Kluve/Schaffner/Schmidt,* Mindestlöhne in Deutschland – Beschäftigungswirkungen und fiskalische Effekte, RWI Materialen, 43/2008; *Bartsch,* Gesamtwirtschaftliche Wirkungen der Einführung eines gesetzlichen Mindestlohnes in Deutschland auf der Basis der Konzeption der Dienstleistungsgewerkschaft ver.di, 2007; *Bassanini/Duval,* Employment Patterns in OECD Countries: Reassessing the Role of Policies and Institutions, 2006, OECD Social, Employment and Migration Working Paper No. 35; *Bazen/Martin,* The Impact of the Minimum Wage on Earnings and Employment in France, 1991, OECD Economic Studies No. 16, S. 199; *Bazen/Skourias,* Is there a negative Effect of Minimum Wages in France?, 1997, 41 European Economic Review 723 ff.; *Bosch/Weinkopf,* Gesetzliche Mindestlöhne auch in Deutschland?, Friedrich-Ebert-Stiftung, 2006; *Brown/Gilroy/Kohen,* The Effect of the Minimum Wage on Employment and Unemployment, 1982, 20 Journal of Economic Literature 487; *Brown* Minimum Wages, Employment, and the Distribution of Income, in: Ashenfelter/Card (Hrsg.), Handbook of Labor Economics, 1999, Kapitel 32, S. 2101 ff.; *Card,* Using Regional Variation in Wages to Measure the Effects of the Federal Minimum Wage, 1992, 46 Industrial and Labor Relations Review 22; *Card/Krueger* Minimum Wages and Employment: A Case Study of the Fast Food Industry in New York and Pennsylvania, 1994, 84 American Economic Review 772; *Card/Krueger,* Myth and Measurement – The New Economics on Minimum Wage, Princeton 1995; *Deere/Murphy/Welch,* Employment and the 1990–1991 Minimum-Wage Hike, 1995, 85 American Economic Review Papers and Proceedings 232; *Dolado/Kramarz* (u. a.),

The Economic Impact of Minimum Wages in Europe, 1996, 23 Economic Policy, 319; *Fitzenberger/Kohn,* Gleicher Lohn für gleiche Arbeit? Zum Zusammenhang zwischen Gewerkschaftsmitgliedschaft und Lohnstruktur in Westdeutschland 1985 bis 1997, ZEW Discussion Paper 6, 2006; *Flinn,* Minimum Wage effects on Labor Market Outcomes under Search, Matching, and Endogenous Contact Rates, 2006, 74 Econometrica 1013; *König/Möller,* Mindestlohneffekte des Entsendegesetztes? – Eine Mikrodatenanalyse für die deutsche Bauwirtschaft, 2007, IAB Discussion Paper No. 30; *Laroque/Salanié,* Labour Market Institutions and Employment in France, 2002, 27 Journal of Applied Econometrics 25; *Lesch,* Beschäftigungs- und Verteilungspolitische Aspekte von Mindestlöhnen, iw-trends 4/2004; *Machin/Wilson,* Minimum Wages in a Low Wage Labour Market: Care Homes in the UK, 2004, 114 Economic Journal C 102; *Manning,* Monopsony in Motion, Imperfect Competition in Labour Markets, Princeton University Press 2003; *Manning,* A Generalized Model of Monopsony, 2006, 116 Economic Journal 84; *Möller,* Ein zweiter Blick auf den Mindestlohn – Zur Bewertung der Arbeitsmarktpolitik der Großen Koalition aus wissenschaftlicher Sicht, ifo Schnelldienst 59(7), 2006, S. 17; *Müller/Steiner,* Mindestlöhne kosten Arbeitsplätze: Jobverluste vor allem bei Geringverdienern, DIW Wochenbericht, 30/2008, S. 418; *Müller/Steiner,* Mindestlohn kein geeignetes Instrument gegen Armut in Deutschland, DIW Wochenbericht, 22/2008, S. 298; *Neumark/Wascher,* Minimum Wages and Employment, 2007, IZA Discussion Paper No. 2570; *Neumark/Wascher,* Minimum Wages, Labor Market Institutions, and Youth Employment, 2004, 57 Industrial and Labor Relations Review, 223, 236 ff.; *Neumark/Wascher,* Minimum Wage Effects on Employment and Enrollment: Evidence from Matched CPS Surveys, 1995, NBER Working Paper No. 5092; *Neumark/Wascher,* A cross-national analysis of the effects of minimum wages on youth employment, 1999, NBER Working Paper No. 7299; *OECD,* Employment Outlook, Making Most of the Minimum: Statutory Minimum Wages, Employment and Poverty, Paris, 1998, S. 31; *Ragacs,* Minimum Wages, Employment, and Endogenous Growth – A Theoretical Analysis of Static and Dynamic Non-Market Clearing Equilibrium Models and Empirical Evidence for Austria, Wien, 2000; *Ragacs,* Warum Mindestlöhne die Beschäftigung nicht reduzieren müssen: Ein Literaturüberblick, Working Paper Series: Growth and Employment in Europe: Sustainability and Competitiveness, Working Paper No 19, 2002; *Ragacs,* Mindestlöhne und Beschäftigung: Ein Überblick über die neuere empirische Literatur, Working Paper Series: Growth and Employment in Europe: Sustainability and Competitiveness, Working Paper No 25, 2003; *Ragnitz/Thum,* Beschäftigungswirkungen von Mindestlöhnen – Eine Erläuterung zu den Berechnungen des ifo Instituts, 2008, ifo Schnelldienst 61 (1), S. 16 ff.; *Rosen,* Learning and Experience in the Labor Market, 1972, 7 Journal of Human Resources 326; *Sachverständigenrat zur Begutachtung der gesamtwirtschaftlichen Entwicklung,* Erfolge im Ausland – Herausforderungen im Inland, Jahresgutachten 2004/2005, Ziffer 708 ff.; *Sachverständigenrat zur Begutachtung der gesamtwirtschaftlichen Entwicklung,* Die Chance nutzen – Reformen mutig voranbringen, Jahresgutachten 2005/2006, Ziffer 305 ff.; *Sachverständigenrat zur Begutachtung der gesamtwirtschaftlichen Entwicklung,* Widerstreitende Interessen – Ungenutzte Chancen, Jahresgutachten 2006/2007, Ziffer 546 ff.; *Sachverständigenrat zur Begutachtung der gesamtwirtschaftlichen Entwicklung,* Das Erreichte nicht verspielen, Jahresgutachten 2007/2008, Ziffer 557 ff.; *Schulten/Bispinck/Schäfer* (Hrsg.), Mindestlöhne in Europa, Hamburg, 2006; *Stewart,* The Employment Effects of the National Minimum Wage, 2004, 114 Economic Journal 110; *Stigler,* The Economics of Minimum Wage Legislation, 1946, 36 American Economic Review 358.

1. Beschäftigungswirkungen eines Mindestlohns

Im Mittelpunkt der ökonomischen Untersuchungen zum Mindestlohn – die maßgeblich die politische Diskussion strukturierten – stehen in erster Linie dessen **beschäftigungspolitische Auswirkungen** ausführlich zum Folgenden *Thüsing/v. Hoff,* FA 2008, 322ff., was diesem Abschnitt zugrundeliegt. Mittels wirtschaftstheoretischer Modelle und zahlreicher empirischer Studien wurde insbesondere seit den 1940er Jahren versucht, Beschäftigungseffekte von Mindestlöhnen zu prognostizieren und zu messen. Aber auch andere wirtschaftliche Faktoren von Mindestlöhnen, wie deren **Wirkung auf die Einkommensverteilung,** wurden wirtschaftswissenschaftlich untersucht. Sie alle liefern kein einheitliches Bild. Ernüchtert stellt daher das Jahresgutachten der Wirtschaftsweisen 2013/2014 feststellt: „Die Beschäftigungswirkungen von Mindestlöhnen sind Gegenstand intensiver ökonomischer Debatten [...] Diese Wirkungen sind tendenziell negativ, können jedoch theoretisch nicht immer eindeutig bestimmt werden, da sie von der Produktivität und Suchintensität der Arbeitsanbieter und von der Marktmacht der Arbeitgeber abhängen. Die empirische Evidenz ist ebenfalls uneinheitlich [...] Insgesamt weist die Mehrheit der international durchgeführten Studien dennoch auf negative Beschäftigungseffekte von Mindestlöhnen hin, insbesondere die meisten jener Studien, die methodisch als verlässlicher angesehen werden können" (Jahresgutachten des Sachverständigenrats zur Begutachtung der gesamtwirtschaftlichen Entwicklung 2013/2014, S. 269, 270). Doch dieser Befund ist nicht wissenschaftlicher Konsens. Der Sachverständige Bofinger kann sich der Mehrheit nicht anschließen: „Es gibt [...] eine eindeutige Evidenz, dass von Mindestlöhnen, wenn sie angemessen ausgestaltet sind, keine signifikanten Beschäftigungsverluste ausgehen" (ebenda S. 291) In der Tat: Die Nachweise der Sachverständigenmehrheit erstaunen. Denn die Aussage der „tendenziell negativen" Wirkungen bleibt zunächst unbelegt, zwei der vier unmittelbar vorher zitierten Studien kommen nicht zu negativen Auswirkungen, die negativen Beschäftigungseffekte werden primär mit unterschiedlichen Studien nur eines Autors begründet. **61**

Ökonomische Theorien des Mindestlohns. a) Neoklassisches Modell. Der am meisten verbreitete Ausgangspunkt wirtschaftswissenschaftlicher Beurteilungen der Beschäftigungswirkungen von Mindestlöhnen ist das neoklassische Modell. Es beruht auf der **Annahme homogener Arbeit** (alle Arbeitnehmer besitzen gleiche Fähigkeiten und Ausbildung) und **vollkommenen Wettbewerbs auf dem Arbeitsmarkt.** Hier bildet sich der Lohn, indem Angebot und Nachfrage zum Ausgleich kommen. Es herrscht **Vollbeschäftigung.** In diesem Modell vermindert ein Mindestlohn, der oberhalb des markträumenden Gleichgewichtslohns liegt, die **62**

Nachfrage nach Arbeit, was zu Arbeitslosigkeit führt. Von einem Mindestlohn unterhalb des Gleichgewichtsmindestlohns bleibt das Beschäftigungsniveau hingegen unberührt (bereits *Stigler,* 1946, 36 American Economic Review 358ff.; ebenso in Bezug auf Deutschland: *Sachverständigenrat,* Jahresgutachten 2004/2005, Ziffer 708ff., Jahresgutachten 2005/2006, Ziffer 305ff. und Jahresgutachten 2006/2007, Ziffer 500). Modifiziert man die Annahme homogener Arbeit und differenziert zwischen zwei unterschiedlichen Typen von Arbeit, so geht ein Mindestlohn nach der neoklassischen Sichtweise **zulasten der Beschäftigten mit geringerer Produktivität** und **zugunsten der Arbeitnehmer mit höherer Produktivität** (*Brown/Gilroy/Kohen,* 1982, 20 Journal of Economic Literature 487, 493; *Card/Krueger,* 1995, S. 359; *Lesch,* iw-trends 4/2004, S. 9).

63 **b) Monopsontheorie.** Die Monopsontheorie tritt der Wettbewerbsannahme der neoklassischen Theorie in Teilen entgegen. Diese Vertreter gehen von einem Arbeitsmarkt aus, an dem **Arbeitsnachfrager** (Unternehmen) über mehr Marktmacht verfügen als die **Arbeitsanbieter.** Angesichts dieser monopsonistischen Situation seien Unternehmen in der Lage, einen allein für sie optimalen Lohn festzusetzen. Dieser Lohn liege unterhalb des Grenzproduktes der Arbeitnehmer, weshalb Arbeitssuchende ihre Arbeit zu diesem Preis nicht anbieten würden. Gleichzeitig maximiert der Monopsonist seinen Gewinn, indem er nur solange Arbeitnehmer einstellt, wie der Grenzerlös seine Grenzkosten übersteigt. Ein Mindestlohn könne diese Lohnsetzung der Unternehmen verhindern und damit das **Arbeitsangebot sowie die Beschäftigung steigern** (*Dolado/Kramarz* u. a., 1996, 23 Economic Policy, 319ff.; *Manning,* Monopsony in Motion, 2003; *Manning,* 2006, 116 Economic Journal 84; *Möller,* ifo Schnelldienst 59(7), 2006, S. 17ff.; *Ragacs,* 2002, Working Paper No. 19, S. 12ff.). Zu beachten ist aber, dass auch nach diesem Modell die Beschäftigung durch einen Mindestlohn nur solange gesteigert werden kann, als dieser nicht höher als der kompetitive Lohn liegt. Bei einem Mindestlohn über dem Gleichgewichtslohn würde zwar das Arbeitsangebot weiter ansteigen, die Arbeitsnachfrage der Unternehmen aber wieder sinken (Vgl. *Ragacs,* 2002, Working Paper No. 19, S. 13f.). Vertreter des neoklassischen Modells erkennen zwar im Grundsatz die Schlussfolgerung des Monopson-Modells an, weisen aber darauf hin, dass dessen Grundvoraussetzung – das Arbeitsnachfragemonopol – in Industrieländern und insbesondere im Niedriglohnsegment nur in seltenen Ausnahmefällen gegeben sei (*Ragnitz/Thum,* ifo Schnelldienst 61 (1), 2008, 16, Fn. 1; *Sachverständigenrat,* Jahresgutachten 2005/2006, Ziffer 306). Derartige fehlende Konkurrenz könne sich nur auf einem lokalen Arbeitsmarkt einstellen oder aber allgemeiner aus Unvollkommenheiten in Form segmentierter, differenzierter und intransparenter Arbeitsmärkte resultieren. Zudem halte die Marktmacht von Unternehmen auf dem Arbeitsmarkt nur dann an, wenn hohe Marktzutrittsbarrieren für Unternehmen sowie

gravierende Mobilitätshemmnisse vorlägen, was in Deutschland selten der Fall sei (*Sachverständigenrat,* Jahresgutachten 2006/2007, Ziffer 550).

c) Andere beschäftigungsrelevante Faktoren. In der wirtschaftswissenschaftlichen Diskussion um die Beschäftigungseffekte von Mindestlöhnen werden auch dessen Auswirkungen auf die **Humankapitalbildung,** die **Arbeitsmotivation** und den **privaten Konsum** erörtert. Insgesamt kann Mindestlöhnen aber auch mit Rücksicht auf diese Faktoren keine eindeutig beschäftigungsfördernde Wirkung zugeschrieben werden. **64**

Teilweise wird davon ausgegangen, dass Mindestlöhne den Humankapitalbestand einer Volkswirtschaft erhöhen können, indem sie für Firmen Anreize generieren, gering ausgebildete Arbeitnehmer weiter zu qualifizieren. Dies hätte ein **höheres Wirtschaftswachstum** einhergehend mit **wachsender Beschäftigung** zur Folge (*Acemoglu/Pischke,* 1999, NBER Working Paper No. 7184; *Bosch/Weinkopf,* 2006, S. 26; *Ragacs,* 2002, Working Paper No. 19, S. 18f.). Andererseits könnte man auch einen **gegenteiligen Effekt** volkswirtschaftlich herleiten, nach dem Mindestlöhne Humankapitalinvestitionen von Arbeitnehmern negativ beeinflussen, da sie die Opportunitätskosten von Ausbildungsmaßnahmen steigern (vgl. *Rosen,* 1972, 7 Journal of Human Resources 326). Zusätzlich ist zu beachten, dass sinkende Arbeitsmarktchancen von Arbeitnehmern aufgrund des Verlusts von Arbeitsplätzen infolge eines Mindestlohns oberhalb des kompetitiven Lohns auch die Anreize von Arbeitnehmern verringern, in ihr Humankapital zu investieren. **65**

Ebenso wird auf der Basis der **Effizienzlohntheorie** (*Franz,* Arbeitsmarktökonomik, 2003, S. 313ff.) argumentiert, dass höhere Löhne in Form eines Mindestlohns die Motivation der Mitarbeiter überproportional steigern können, was sich positiv auf die Beschäftigung auswirken kann (*Bosch/Weinkopf,* 2006, S. 26). Problematisch an dieser Sicht ist, dass sich die Motivationswirkung eines höheren Lohnes i. S. d. Effizienzlohntheorie zum Teil daraus ergibt, dass dieser Lohn höher als der markträumende Lohn ist. Nach Einführung eines gesetzlichen Mindestlohns entfällt aber dieser motivierende Vergleich zum Gleichgewichtslohn, da dieser ja gerade gesetzlich angehoben wird. Zum anderen geht eine besondere Motivation eines Arbeitnehmers von einer drohenden Kündigung nur dann aus, wenn sein Lohn tatsächlich höher ist, als derjenige Lohn, den er bei einem alternativen Arbeitgeber erhalten könnte. Dies ist aber gerade nicht der Fall, wenn ein Arbeitnehmer den Mindestlohn erhält. Gleiches gilt im Übrigen für die verringerte Fluktuation durch Zahlung eines Effizienzlohns über dem markträumenden Niveau (dazu *Franz,* Arbeitsmarktökonomik, 2003, S. 318). Ein Arbeitsplatzwechsel auf Mindestlohnniveau ist für den Arbeitnehmer nicht mit Lohneinbußen verbunden. Mithin sind sowohl leistungssteigernde als auch demotivierende Effekte eines Mindestlohns denkbar, so dass von einer positiven Beschäftigungswirkung auf dieser Grundlage wohl nicht ausgegangen werden **66** kann – jedenfalls müsste sie hinreichend genau empirisch nachgewiesen werden, was bislang nicht geschehen ist.

67 Schließlich wird Mindestlöhnen vereinzelt ein beschäftigungssteigernder Effekt zugeschrieben, weil höhere Löhne eine erhöhte Güternachfrage der Beschäftigten ermöglichen, was sich positiv auf die Beschäftigungssituation auswirke (*Bartsch,* 2007, S. 14f.). Man mag hier die gleichen Vorbehalte entgegenbringen, wie sie allgemein den Argumenten der **„Kaufkraftstärker"** entgegengehalten werden. Dieser keynesianische Ansatz kann aber jedenfalls nur für einen Mindestlohn auf dem Niveau des kompetitiven Lohnes gelten, da ansonsten sowohl nach dem neoklassischen, wie auch nach dem monopsonistischen Modell Beschäftigungsverluste eintreten, die etwaige positive Effekte von Konsumsteigerungen einiger Arbeitnehmer relativieren würden (vgl. *Müller/Steiner,* DIW Wochenbericht, 30/2008, S. 423). Weiterhin hätte auch im Falle von derart moderaten Mindestlöhnen der erhoffte erhöhte Konsum einen nur geringen positiven Effekt auf die Beschäftigungssituation, da durch den Mindestlohn auf dem Niveau des kompetitiven Lohns nur ein kleines Arbeitsmarktsegment betroffen wäre. Schließlich kann ein Mindestlohn auch konsumhemmende Wirkungen haben. Soweit Unternehmen in der Lage sind, höhere Lohnkosten auf den Gütermarkt überzuwälzen, verteuern sich die Produkte für die Verbraucher, was zu Konsumrückgang führt (*Ragnitz/Thum,* 2008, ifo Schnelldienst 61 (1), S. 17). Ebenso konsumhemmend wirken sich sinkende Unternehmensgewinne aus, wenn eine Weitergabe der mit Mindestlöhnen verbundenen Kosten an die Verbraucher nicht möglich ist, da Gewinnausschüttungen an Anteilseigner sinken und Investitionen von Unternehmen zurückgehen (*Ragnitz/Thum,* 2008, ifo Schnelldienst 61 (1), S. 19).

68 **d) Gesamtschau der ökonomischen Modelle.** Zusammenfassend sind aus Sicht der ökonomischen Theorie sowohl **positive als auch negative Beschäftigungswirkungen** denkbar. Entscheidend sind dabei vor allem die Höhe eines Mindestlohns und die Ausweichreaktionen der Marktteilnehmer infolge der Einführung eines Mindestlohns. Wichtig ist weiterhin, inwieweit der deutsche Arbeitsmarkt eher dem neoklassischen Modell gleicht oder eher monopsonistische Elemente aufweist. Im Falle eines Mindestlohns oberhalb des Gleichgewichtslohns dominiert im Bereich der Wirtschaftstheorie jedoch weiterhin die Ansicht, dass Mindestlöhne eher negative Auswirkungen auf die Beschäftigung haben. Es bedarf daher der Verifizierung der Annahmen und Aussagen der ökonomischen Modelle anhand empirischer Forschung.

2. Empirische Forschung über Mindestlöhne

69 **a) Allgemeines.** Ökonometrische Untersuchungen über die Beschäftigungswirkungen von Mindestlöhnen zeichnen zunächst ein **unklares Bild.** So gibt es Studien, die eindeutige negative Beschäftigungs-

effekte attestieren (*Neumark/Wascher,* 1995, NBER Working Paper No. 5092, S. 2; *Meer/West,* 2013, NBER Working Paper No. 19262), Untersuchungen, die keine Beschäftigungswirkungen von Mindestlöhnen finden (*Card,* 1992, 46 Industrial and Labor Relations Review 22; *Ragacs,* Minimum Wages, Employment, and Endogenous Growth, 2000; *Dube/Lester/Reich,* Review of Economics and Statistics 2010, 945), empirische Belege für positive Effekte von Mindestlöhnen auf die Beschäftigung (*Card/Krueger,* 1994, 84 American Economic Review 772; *Card/Krueger,* 1995) sowie Studien mit uneindeutigen Ergebnissen (*Dolado/Kramarz* (et al.), 1996, 23 Economic Policy, 319). Insgesamt sprechen empirische Erfahrungen mit Mindestlöhnen im Ausland und Erfahrungen mit faktischen Lohnuntergrenzen in Deutschland aber dafür, dass die Einführung eines gesetzlichen Mindestlohns **negative Beschäftigungseffekte** nach sich ziehen würde. Beispielhaft seien hier die beiden zusammenfassenden Ergebnisse von *Neumark* und *Wascher* in ihrem Überblick zum Stand der Diskussion aus dem Jahr 2007 zitiert: „First, we see very few – if any – studies that provide convincing evidence of positive employment effects of minimum wages, especially from those studies that focus on the broader groups (rather than a narrow industry) for which the competitive model predicts disemployment effects. Second, the studies that focus on the least-skilled groups provide relatively overwhelming evidence of stronger disemployment effects for these groups." (*Neumark/Wascher,* 2007, IZA Discussion Paper No. 2570, Abstract).

70 **b) Erfahrungen im Ausland.** Angesichts der Verbreitung von Mindestlöhnen in anderen Industrieländern (vgl. etwa die Übersicht zu Mindestlöhnen im Ausland bei *Lesch,* iw-trends 4/2004, S. 3f.; *Ragacs,* 2003, Working Paper No. 25, S. 7f.) finden empirische Studien über die Auswirkungen der Einführung oder Erhöhung von Mindestlöhnen auf die Beschäftigungssituation in diesen Ländern erhebliche Beachtung auch in der deutschen Diskussion. Jedoch sind Rückschlüsse auf etwaige Beschäftigungswirkungen in Deutschland auf der Basis dieser Studien nur mit besonderer Vorsicht möglich. Wegen der Vielzahl der Faktoren, die die Beschäftigungshöhe in einer Volkswirtschaft beeinflussen, ist ein **pauschaler Vergleich zwischen den Ländern irreführend.** Vielmehr muss der isolierte Effekt eines Mindestlohnes ökonometrisch herausgearbeitet werden und Unterschiede in den Volkswirtschaften berücksichtigt werden (vgl. *Ragacs,* 2003, Working Paper No. 25, S. 10ff.; *Sachverständigenrat,* Jahresgutachten 2006/2007, S. 410f.).

71 Erste einflussreiche Untersuchungen betrafen vor allem Teilarbeitsmärkte in den USA und wiesen auf negative Beschäftigungseffekte von Mindestlöhnen hin (vgl. *Brown,* in: Ashenfelter/*Card,* Handbook of Labor Economics, 1999, S. 2101ff.; *Brown/Gilroy/Kohen,* 1982, 20 Journal of Economic Literature 493; *Deere/Murphy/Welch,* 1995, 85 American Economic Review Papers and Proceedings 232). In neueren Studien für die USA und Großbritannien lassen sich derartige Effekte jedoch nicht immer eindeutig nachweisen; hingegen werden auch neutrale bzw. sogar leicht positive Beschäftigungswirkungen attestiert (für die USA: *Abowd/Kramarz/Margolis/Philippon,* 2000, IZA Discussion Paper No. 203; *Card/Krueger,* 1994, 84 American Economic Review 772; *Flinn,* 2006, 74 Econometrica 1013; *Dube/Lester/Reich,* Review of Economics and Statistics 2010, 945. Für Großbritannien: *Machin/Wilson,* 2004, 114 Economic Journal C 102; *Stewart,* 2004, 114 Economic Journal 110). Möglich erscheint auch, dass Mindestlöhne nicht unbedingt zum Abbau von Arbeitsplätzen führen, aber den Aufbau neuer Beschäftigung verhindern (so für die USA: *Meer/West,* 2013, NBER Working Paper No. 19262). Hinsichtlich Frankreich belegen verschiedene Studien dagegen übereinstimmend Arbeitsplatzverluste aufgrund des dortigen Mindestlohns und seiner Erhöhungen, vor allem für **Frauen** und **gering qualifizierte jugendliche Arbeitnehmer** (vgl. *Abowd/Kramarz/Margolis/Philippon,* 2000, IZA Discussion Paper No. 203; *Bazen/Martin,* 1991, OECD Economic Studies No. 16, S. 199 ff.; *Bazen/Skourias,* 1997, 41 European Economic Review 723 ff.; *Laroque/Salanié,* 2002, 27 Journal of Applied Econometrics 25). In internationalen Querschnittstudien weisen Mindestlöhne regelmäßig negative Beschäftigungseffekte auf, vor allem bei jugendlichen und weiblichen Arbeitnehmern (*Brown/Gilroy/Kohen,* 1982, 20 Journal of Economic Literature 493; *Neumark/Wascher,* 1999, NBER Working Paper No. 7299, S. 1; *OECD,* Employment Outlook, 1998, S. 31). Teilweise ergibt sich der negative Beschäftigungseffekt aber erst unter Berücksichtigung der beschäftigungsschädlichen Wirkung eines hohen Abgabenkeils (*Bassanini/Duval,* 2006, OECD Social, Employment and Migration Working Paper No. 35, S. 28 ff.).

72 Hinsichtlich der Übertragbarkeit der Erkenntnisse aus Studien in anderen Ländern ist zu beachten, dass insbesondere die empirischen Nachweise über die USA und Großbritannien angesichts der dort vorliegenden größeren Flexibilität der Arbeitsmärkte und der geringeren Abgabenbelastung im Niedriglohnbereich für den deutschen Arbeitsmarkt deutlich weniger aussagekräftig sind als empirische Daten über Frankreich, das hinsichtlich seiner institutionellen Regelungen wesentlich besser als die beiden angelsächsischen Volkswirtschaften mit Deutschland vergleichbar ist (*Sachverständigenrat,* Jahresgutachten 2006/2007, Ziffer 550). Will man daher Schlüsse aus dem empirischen Daten über Mindestlohneffekte in anderen Staaten für Deutschland ziehen, so legen diese **eher negative Beschäftigungseffekte** nahe.

73 **c) Empirische Daten in Deutschland.** Trotz des Fehlens eines gesetzlichen Mindestlohns in Deutschland gibt es einige empirische Studien, die sich mit dessen (mutmaßlichen) Beschäftigungswirkungen beschäftigen. Anhaltspunkte bei der Prognose der Beschäftigungswirkungen bieten Studien zu den Auswirkungen des überproportionalen Tariflohnanstiegs der unteren Lohngruppen im Vergleich zu den anderen Lohngruppen in der Mitte der neunziger Jahre. Dies verursachte sowohl eine Stauchung der qualifikatorischen Lohnstruktur in Deutschland am unteren Ende als auch Beschäftigungsverluste (*Fitzenberger/Kohn,* ZEW Discussion Paper 6, 2006, 17ff.; dazu auch *Sachverständigenrat,* Jahresgutachten 2006/2007, Ziffer 551).

74 Punktuell existieren auch **empirische Studien zu in Deutschland bereits bestehenden Mindestlöhnen.** So wurde ermittelt, dass die Einführung der Mindestlohnregelungen des Entsendegesetzes für gewerbliche Arbeiter im deutschen Baugewerbe in Ostdeutschland negative Beschäftigungseffekte zeitigte, während die Auswirkungen auf die Beschäftigung in Westdeutschland positiv, wenn auch meist im nicht statistisch signifikanten Bereich, war (*König/Möller,* 2007, IAB Discussion Paper No. 30, S. 19f.). Vom BMAS in Auftrag gegebene Studien zu Branchenmindestlöhnen in acht deutschen Branchen ergaben kein eindeutiges Bild; so stehen einigen negativen Beschäftigungseffekten überwiegend uneindeutige Ergebnisse gegenüber (s. im Überblick: *Bosch/Weinkopf,* 2012, Wirkungen der Mindestlohnregelungen in acht Branchen; die einzelnen Studien sind jeweils im Journal for Labour Market Research, Vol. 45 zusammengefasst).

75 Schätzungen des Instituts für Wirtschaftsforschung (ifo) zufolge sind negative Beschäftigungseffekte in Deutschland bereits von moderaten Mindestlöhnen zu erwarten. Danach führe ein Mindestlohn von 4,50 Euro in Deutschland zum Verlust von insgesamt 360.000 Arbeitsplätzen. Bei einem Mindestlohn von 6,50 Euro steige diese Zahl auf 827.000, bei einem Mindestlohn von 7,50 Euro auf 1,1 Millionen und bei der Übertragung der Mindestlöhne der Briefzusteller von 9,00/9,80 Euro (Werte für Ost-/Westdeutschland) auf sämtliche Arbeitnehmer sogar auf 1,9 Millionen Arbeitsplätze (*Ragnitz/Thum,* ifo Schnelldienst 61 (1), 2008, 18f. und Abb. 4). Das Rheinisch-Westfälische Institut für Wirtschaftsforschung (RWI) berechnete jüngst für einen Mindestlohn von 7,50 Euro einen negativen Beschäftigungseffekt in Höhe von 1,2 Millionen Arbeitsplätzen (*Bachmann/Bauer/Kluve/Schaffner/Schmidt,* RWI Materialen, 43/2008, S. 53). Laut der Prognose des Deutschen Instituts für Wirtschaftsforschung (DIW) ist bei einem Mindestlohn von 7,50 Euro immerhin mit dem Verlust von 160.000 Arbeitsplätzen zu rechnen. Besonders betroffen seien davon vor allem die neuen Bundesländer und weibliche Arbeitskräfte (*Müller/Steiner,* DIW Wochenbericht, 30/2008, S. 423). Klaus Bartsch Econometrics prognostizieren in einem Gutachten im Auftrag der Dienstleistungsgewerkschaft ver.di hingegen positive Beschäftigungswirkungen eines gesetzlichen Mindestlohns in Deutschland. Die Einführung eines Mindestlohns nach dem Konzept von ver.di (7,50 Euro ab dem 1.1.2008 bei schrittweiser Erhöhung auf 9,00 Euro zum 1.7.2009) erhöhe aufgrund des ansteigenden privaten Konsums das Beschäftigungsniveau um 300.000 Personen in 2008 und um 450.000 Personen in 2009, worauf der Beschäftigungsanstieg abflache, jedoch positiv bliebe (*Bartsch,* 2007, S. 22f. und

Schaubild 5). Zum nun tatsächlich beschlossenen Mindestlohn von 8,50 Euro geht eine Studie von *Knabe/Schöb/Thum* (Perspektiven der Wirtschaftspolitik 15(2)/2014, 133; einen Überblick dazu geben *Schöb/Stein/Fischer,* DB 2014, 1937) von einem Verlust von– je nach zugrunde gelegtem Modell – 425.000 bis 910.000 Arbeitsplätzen aus.

76 **d) Gesamtschau der empirischen Nachweise.** Empirische Untersuchungen in ausländischen Volkswirtschaften zu den Auswirkungen von Mindestlöhnen auf die Beschäftigung kommen zu unterschiedlichen Ergebnissen. Jedoch besteht eine **deutliche Tendenz** dahingehend, dass die Beschäftigungseffekte von Mindestlöhnen eher negativ sind. Wirtschaftstheoretische Annahmen in Abweichung vom neoklassischen Modell finden wenig empirische Unterstützung im Zusammenhang mit Mindestlöhnen. Für die deutsche Diskussion ist daher insbesondere unter Berücksichtigung der besseren Vergleichbarkeit des französischen und deutschen Arbeitsmarkt im Kontrast zu den anglo-amerikanischen Volkswirtschaften erhebliche Skepsis hinsichtlich der Auswirkungen gesetzlicher Mindestlöhne auf die Beschäftigungssituation angezeigt. Nichts anderes ergibt sich aus den punktuellen Erfahrungen mit Mindestlohn (-ähnlichen) Situationen. Die Prognosen verschiedener Wirtschaftsforschungsinstitute über die Beschäftigungswirkungen von Mindestlöhnen sind noch mit großen Unsicherheiten verbunden, ergeben aber mehrheitlich ebenfalls einen **erheblichen Beschäftigungsrückgang infolge der Einführung von Mindestlöhnen in Deutschland** (vgl. auch den gemeinsamen Aufruf der Präsidenten und Direktoren der Wirtschaftsforschungsinstitute vom 12.3.2008 „Beschäftigungschancen statt Mindestlohn!", abrufbar unter http://www.cesifo-group.de/portal/page/portal/ifoHome/e-pr/e1pz/_generic_press_item_detail? p_itemid=6719188).

3. Armutsbekämpfung durch Mindestlöhne

77 Ein zentrales Argument der Befürworter der Einführung von Mindestlöhnen ist dessen Wirkung auf die personelle Einkommensverteilung. Das Phänomen der **Armut trotz Beschäftigung** *(working poor)* soll reduziert werden bzw. eine generell egalitärere Einkommensverteilung erzielt werden (*Bartsch,* 2007, S. 7; *Bosch/Weinkopf,* 2006, S. 28; *Ragacs,* Working Paper No. 25, 2003, S. 4). Hinsichtlich der Lohnverteilung hat ein Mindestlohn dreierlei Auswirkungen. Zum einen verschwindet der Anteil der Lohnempfänger unterhalb des Mindestlohns. Zum zweiten steigt der Anteil der Lohnempfänger, die den Mindestlohn oder einen Lohn geringfügig über dem Mindestlohn beziehen. Zum dritten erzeugt der Mindestlohn einen Lohndruck nach oben, der die Stauchung der Lohnstruktur am unteren Ende wieder ausgleicht (*OECD,* Employment Outlook, 1998, S. 49; *Lesch,* iw-trends 4/2004, S. 13f.).

78 Entscheidend ist, dass das Argument der **gerechteren Einkommensverteilung** eng mit der Beschäftigungswirkung von Mindestlöhnen ver-

knüpft ist. Nur wenn Mindestlöhne tatsächlich positive oder neutrale Beschäftigungseffekte haben sollten, können sie zu einer solchen Einkommensverteilung beitragen, weil sonst die Besserstellung einiger Beschäftigter nur auf Kosten der Verdrängung anderer vom Arbeitsmarkt erreicht wird (*Lesch,* iw-trends 4/2004, S. 14).

79 Aber auch wenn man die Beschäftigungseffekte als neutral unterstellt, erscheinen **Mindestlöhne als Instrumente zur Armutsbekämpfung in Deutschland wohl doch kaum geeignet.** Das liegt einerseits daran, dass die von einem Mindestlohn betroffenen Arbeitnehmer mehrheitlich nicht in Haushalten unterhalb der Armutsschwelle leben. Zum anderen führt das gegenwärtige System einkommensabhängiger Transfers zu einem **vergleichsweise hohen sozialen Mindeststandard** in Deutschland. Mit einer Einkommenssteigerung infolge des Mindestlohns geht aber der Entzug dieser Transferleistungen einher. Im Durchschnitt liegen daher nach Berechnungen des DIW die Netto-Einkommenseffekte der betroffenen Haushalte in Westdeutschland bei 50 Euro und in den neuen Bundesländern Osten bei 80 Euro zusätzlich im Monat (*Müller/Steiner,* DIW Wochenbericht, 22/2008, S. 299 f.). Schließlich werden etwaige Einkommenssteigerungen auch insoweit relativiert, wie Unternehmen in der Lage sind, die gesteigerten Lohnkosten infolge von Mindestlöhnen auf den Gütermarkt überzuwälzen (*Lesch,* iw-trends 4/2004, S. 14).

80 In allgemeiner Hinsicht sind auch die suboptimalen Anreize für den Normgeber im Zusammenhang mit Mindestlöhnen im Vergleich zu tariflich ausgehandelten Löhnen zu beachten. Bei tariflichen Lohnverhandlungen werden Beschäftigungseffekte der Lohnhöhe eher in das Nutzenkalkül der Gewerkschaft internalisiert, als dass bei den Auswirkungen eines gesetzlich festgesetzten Mindestlohns auf das gesetzgeberische Kalkül der Fall wäre. Ein Beschäftigungsrückgang wirkt sich auch auf die Gewerkschaft in Form eines Machtverlustes aus, wobei diese Rückwirkung unmittelbarer erfolgt, als im Falle politischer Verantwortung des Gesetzgebers für Mindestlöhne (vgl. dazu auch Institut für Makroökonomie und Konjunkturforschung, Report Nr. 9, 2006, S. 31). Wegen der veränderten Anreize im politischen Prozess wird verbreitet befürchtet, dass ein einmal eingeführter Mindestlohn im Zuge der häufigen Wahlkämpfe in Deutschland einem **Überbietungswettbewerb der Parteien** ausgesetzt sein könnte (so jedenfalls BDA, Mindestlohn – Vom Ausland lernen, Juni 2008, S. 2).

Gesetz zur Regelung eines allgemeinen Mindestlohns (Mindestlohngesetz – MiLoG)[1]

Vom 11. August 2014
(BGBl. I S. 1348)

FNA 802-5

Inhaltsübersicht

---

[1] Verkündet als Art. 1 TarifautonomiestärkungsG v. 11.8.2014 (BGBl. I S. 1348); Inkrafttreten gem. Art. 15 Abs. 1 dieses G am 16.8.2014.

Abschnitt 1. Festsetzung des allgemeinen Mindestlohns

Unterabschnitt 1. Inhalt des Mindestlohns

§ 1 Mindestlohn

(1) Jede Arbeitnehmerin und jeder Arbeitnehmer hat Anspruch auf Zahlung eines Arbeitsentgelts mindestens in Höhe des Mindestlohns durch den Arbeitgeber.

(2) [1]Die Höhe des Mindestlohns beträgt ab dem 1. Januar 2015 brutto 8,50 Euro je Zeitstunde. [2]Die Höhe des Mindestlohns kann auf Vorschlag einer ständigen Kommission der Tarifpartner (Mindestlohnkommission) durch Rechtsverordnung der Bundesregierung geändert werden.

(3) [1]Die Regelungen des Arbeitnehmer-Entsendegesetzes, des Arbeitnehmerüberlassungsgesetzes und der auf ihrer Grundlage erlassenen Rechtsverordnungen gehen den Regelungen dieses Gesetzes vor, soweit die Höhe der auf ihrer Grundlage festgesetzten Branchenmindestlöhne die Höhe des Mindestlohns nicht unterschreitet. [2]Der Vorrang nach Satz 1 gilt entsprechend für einen auf der Grundlage von § 5 des Tarifvertragsgesetzes für allgemeinverbindlich erklärten Tarifvertrag im Sinne von § 4 Absatz 1 Nummer 1 sowie §§ 5 und 6 Absatz 2 des Arbeitnehmer-Entsendegesetzes.

§ 2 Fälligkeit des Mindestlohns

(1) [1]Der Arbeitgeber ist verpflichtet, der Arbeitnehmerin oder dem Arbeitnehmer den Mindestlohn
1. zum Zeitpunkt der vereinbarten Fälligkeit,
2. spätestens am letzten Bankarbeitstag (Frankfurt am Main) des Monats, der auf den Monat folgt, in dem die Arbeitsleistung erbracht wurde,

zu zahlen. [2]Für den Fall, dass keine Vereinbarung über die Fälligkeit getroffen worden ist, bleibt § 614 des Bürgerlichen Gesetzbuchs unberührt.

(2) [1]Abweichend von Absatz 1 Satz 1 sind bei Arbeitnehmerinnen und Arbeitnehmern die über die vertraglich vereinbarte Arbeitszeit hinausgehenden und auf einem schriftlich vereinbarten Arbeitszeitkonto eingestellten Arbeitsstunden spätestens innerhalb von zwölf Kalendermonaten nach ihrer monatlichen Erfassung durch bezahlte Freizeitgewährung oder Zahlung des Mindestlohns auszugleichen, soweit der Anspruch auf den Mindestlohn für die geleisteten Arbeitsstunden nach § 1 Absatz 1 nicht bereits durch Zahlung des verstetigten Arbeitsentgelts erfüllt ist. [2]Im

Falle der Beendigung des Arbeitsverhältnisses hat der Arbeitgeber nicht ausgeglichene Arbeitsstunden spätestens in dem auf die Beendigung des Arbeitsverhältnisses folgenden Kalendermonat auszugleichen. [3]Die auf das Arbeitszeitkonto eingestellten Arbeitsstunden dürfen monatlich jeweils 50 Prozent der vertraglich vereinbarten Arbeitszeit nicht übersteigen.

(3) [1]Die Absätze 1 und 2 gelten nicht für Wertguthabenvereinbarungen im Sinne des Vierten Buches Sozialgesetzbuch. [2]Satz 1 gilt entsprechend für eine im Hinblick auf den Schutz der Arbeitnehmerinnen und Arbeitnehmer vergleichbare ausländische Regelung.

§ 3 Unabdingbarkeit des Mindestlohns

[1]Vereinbarungen, die den Anspruch auf Mindestlohn unterschreiten oder seine Geltendmachung beschränken oder ausschließen, sind insoweit unwirksam. [2]Die Arbeitnehmerin oder der Arbeitnehmer kann auf den entstandenen Anspruch nach § 1 Absatz 1 nur durch gerichtlichen Vergleich verzichten; im Übrigen ist ein Verzicht ausgeschlossen. [3]Die Verwirkung des Anspruchs ist ausgeschlossen.

Unterabschnitt 2. Mindestlohnkommission

§ 4 Aufgabe und Zusammensetzung

(1) Die Bundesregierung errichtet eine ständige Mindestlohnkommission, die über die Anpassung der Höhe des Mindestlohns befindet.

(2) [1]Die Mindestlohnkommission wird alle fünf Jahre neu berufen. [2]Sie besteht aus einer oder einem Vorsitzenden, sechs weiteren stimmberechtigten ständigen Mitgliedern und zwei Mitgliedern aus Kreisen der Wissenschaft ohne Stimmrecht (beratende Mitglieder).

§ 5 Stimmberechtigte Mitglieder

(1) [1]Die Bundesregierung beruft je drei stimmberechtigte Mitglieder auf Vorschlag der Spitzenorganisationen der Arbeitgeber und der Arbeitnehmer aus Kreisen der Vereinigungen von Arbeitgebern und Gewerkschaften. [2]Die Spitzenorganisationen der Arbeitgeber und Arbeitnehmer sollen jeweils mindestens eine Frau und einen Mann als stimmberechtigte Mitglieder vorschlagen. [3]Werden auf Arbeitgeber- oder auf Arbeitnehmerseite von den Spitzenorganisationen mehr als drei Personen vorgeschlagen, erfolgt die Auswahl zwischen den Vorschlägen im Verhältnis zur Bedeutung der jeweiligen Spitzenorganisationen für die Vertretung der Arbeitgeber- oder Arbeitnehmerinteressen im Arbeitsleben des Bundesgebietes. [4]Übt eine Seite ihr Vorschlagsrecht nicht aus, werden die Mitglieder dieser Seite durch die Bundesregierung aus Kreisen der Vereinigungen von Arbeitgebern oder Gewerkschaften berufen.

(2) Scheidet ein Mitglied aus, wird nach Maßgabe des Absatzes 1 Satz 1 und 4 ein neues Mitglied berufen.

§ 6 Vorsitz

(1) Die Bundesregierung beruft die Vorsitzende oder den Vorsitzenden auf gemeinsamen Vorschlag der Spitzenorganisationen der Arbeitgeber und der Arbeitnehmer.

(2) [1]Wird von den Spitzenorganisationen kein gemeinsamer Vorschlag unterbreitet, beruft die Bundesregierung jeweils eine Vorsitzende oder einen Vorsitzenden auf Vorschlag der Spitzenorganisationen der Arbeitgeber und der Arbeitnehmer. [2]Der Vorsitz wechselt zwischen den Vorsitzenden nach jeder Beschlussfassung nach § 9. [3]Über den erstmaligen Vorsitz entscheidet das Los. [4]§ 5 Absatz 1 Satz 3 und 4 gilt entsprechend.

(3) Scheidet die Vorsitzende oder der Vorsitzende aus, wird nach Maßgabe der Absätze 1 und 2 eine neue Vorsitzende oder ein neuer Vorsitzender berufen.

§ 7 Beratende Mitglieder

(1) [1]Die Bundesregierung beruft auf Vorschlag der Spitzenorganisationen der Arbeitgeber und Arbeitnehmer zusätzlich je ein beratendes Mitglied aus Kreisen der Wissenschaft. [2]Die Bundesregierung soll darauf hinwirken, dass die Spitzenorganisationen der Arbeitgeber und Arbeitnehmer eine Frau und einen Mann als beratendes Mitglied vorschlagen. [3]Das beratende Mitglied soll in keinem Beschäftigungsverhältnis stehen zu
1. einer Spitzenorganisation der Arbeitgeber oder Arbeitnehmer,
2. einer Vereinigung der Arbeitgeber oder einer Gewerkschaft oder
3. einer Einrichtung, die von den in der Nummer 1 oder Nummer 2 genannten Vereinigungen getragen wird.

[4]§ 5 Absatz 1 Satz 3 und 4 und Absatz 2 gilt entsprechend.

(2) [1]Die beratenden Mitglieder unterstützen die Mindestlohnkommission insbesondere bei der Prüfung nach § 9 Absatz 2 durch die Einbringung wissenschaftlichen Sachverstands. [2]Sie haben das Recht, an den Beratungen der Mindestlohnkommission teilzunehmen.

§ 8 Rechtsstellung der Mitglieder

(1) Die Mitglieder der Mindestlohnkommission unterliegen bei der Wahrnehmung ihrer Tätigkeit keinen Weisungen.

(2) Die Tätigkeit der Mitglieder der Mindestlohnkommission ist ehrenamtlich.

(3) [1]Die Mitglieder der Mindestlohnkommission erhalten eine angemessene Entschädigung für den ihnen bei der Wahrnehmung ihrer Tätigkeit erwachsenden Verdienstausfall und Aufwand sowie Ersatz der Fahrt-

kosten entsprechend den für ehrenamtliche Richterinnen und Richter der Arbeitsgerichte geltenden Vorschriften. [2]Die Entschädigung und die erstattungsfähigen Fahrtkosten setzt im Einzelfall die oder der Vorsitzende der Mindestlohnkommission fest.

§ 9 Beschluss der Mindestlohnkommission

(1) [1]Die Mindestlohnkommission hat über eine Anpassung der Höhe des Mindestlohns erstmals bis zum 30. Juni 2016 mit Wirkung zum 1. Januar 2017 zu beschließen. [2]Danach hat die Mindestlohnkommission alle zwei Jahre über Anpassungen der Höhe des Mindestlohns zu beschließen.

(2) [1]Die Mindestlohnkommission prüft im Rahmen einer Gesamtabwägung, welche Höhe des Mindestlohns geeignet ist, zu einem angemessenen Mindestschutz der Arbeitnehmerinnen und Arbeitnehmer beizutragen, faire und funktionierende Wettbewerbsbedingungen zu ermöglichen sowie Beschäftigung nicht zu gefährden. [2]Die Mindestlohnkommission orientiert sich bei der Festsetzung des Mindestlohns nachlaufend an der Tarifentwicklung.

(3) Die Mindestlohnkommission hat ihren Beschluss schriftlich zu begründen.

(4) Die Mindestlohnkommission evaluiert laufend die Auswirkungen des Mindestlohns auf den Schutz der Arbeitnehmerinnen und Arbeitnehmer, die Wettbewerbsbedingungen und die Beschäftigung im Bezug auf bestimmte Branchen und Regionen sowie die Produktivität und stellt ihre Erkenntnisse der Bundesregierung in einem Bericht alle zwei Jahre gemeinsam mit ihrem Beschluss zur Verfügung.

§ 10 Verfahren der Mindestlohnkommission

(1) Die Mindestlohnkommission ist beschlussfähig, wenn mindestens die Hälfte ihrer stimmberechtigten Mitglieder anwesend ist.

(2) [1]Die Beschlüsse der Mindestlohnkommission werden mit einfacher Mehrheit der Stimmen der anwesenden Mitglieder gefasst. [2]Bei der Beschlussfassung hat sich die oder der Vorsitzende zunächst der Stimme zu enthalten. [3]Kommt eine Stimmenmehrheit nicht zustande, macht die oder der Vorsitzende einen Vermittlungsvorschlag. [4]Kommt nach Beratung über den Vermittlungsvorschlag keine Stimmenmehrheit zustande, übt die oder der Vorsitzende ihr oder sein Stimmrecht aus.

(3) [1]Die Mindestlohnkommission kann Spitzenorganisationen der Arbeitgeber und Arbeitnehmer, Vereinigungen von Arbeitgebern und Gewerkschaften, öffentlich-rechtliche Religionsgesellschaften, Wohlfahrtsverbände, Verbände, die wirtschaftliche und soziale Interessen organisieren, sowie sonstige von der Anpassung des Mindestlohns Betroffene

vor Beschlussfassung anhören. [2]Sie kann Informationen und fachliche Einschätzungen von externen Stellen einholen.

(4) [1]Die Sitzungen der Mindestlohnkommission sind nicht öffentlich; der Inhalt ihrer Beratungen ist vertraulich. [2]Die übrigen Verfahrensregelungen trifft die Mindestlohnkommission in einer Geschäftsordnung.

§ 11 Rechtsverordnung

(1) [1]Die Bundesregierung kann die von der Mindestlohnkommission vorgeschlagene Anpassung des Mindestlohns durch Rechtsverordnung ohne Zustimmung des Bundesrates für alle Arbeitgeber sowie Arbeitnehmerinnen und Arbeitnehmer verbindlich machen. [2]Die Rechtsverordnung tritt am im Beschluss der Mindestlohnkommission bezeichneten Tag, frühestens aber am Tag nach Verkündung in Kraft. [3]Die Rechtsverordnung gilt, bis sie durch eine neue Rechtsverordnung abgelöst wird.

(2) [1]Vor Erlass der Rechtsverordnung erhalten die Spitzenorganisationen der Arbeitgeber und Arbeitnehmer, die Vereinigungen von Arbeitgebern und Gewerkschaften, die öffentlich-rechtlichen Religionsgesellschaften, die Wohlfahrtsverbände sowie die Verbände, die wirtschaftliche und soziale Interessen organisieren, Gelegenheit zur schriftlichen Stellungnahme. [2]Die Frist zur Stellungnahme beträgt drei Wochen; sie beginnt mit der Bekanntmachung des Verordnungsentwurfs.

§ 12 Geschäfts- und Informationsstelle für den Mindestlohn; Kostenträgerschaft

(1) [1]Die Mindestlohnkommission wird bei der Durchführung ihrer Aufgaben von einer Geschäftsstelle unterstützt. [2]Die Geschäftsstelle untersteht insoweit fachlich der oder dem Vorsitzenden der Mindestlohnkommission.

(2) Die Geschäftsstelle wird bei der Bundesanstalt für Arbeitsschutz und Arbeitsmedizin als selbständige Organisationeinheit eingerichtet.

(3) Die Geschäftsstelle informiert und berät als Informationsstelle für den Mindestlohn Arbeitnehmerinnen und Arbeitnehmer sowie Unternehmen zum Thema Mindestlohn.

(4) Die durch die Tätigkeit der Mindestlohnkommission und der Geschäftsstelle anfallenden Kosten trägt der Bund.

Abschnitt 2. Zivilrechtliche Durchsetzung

§ 13 Haftung des Auftraggebers

§ 14 des Arbeitnehmer-Entsendegesetzes findet entsprechende Anwendung.

Abschnitt 3. Kontrolle und Durchsetzung durch staatliche Behörden

§ 14 Zuständigkeit

Für die Prüfung der Einhaltung der Pflichten eines Arbeitgebers nach § 20 sind die Behörden der Zollverwaltung zuständig.

§ 15 Befugnisse der Behörden der Zollverwaltung und anderer Behörden; Mitwirkungspflichten des Arbeitgebers

[1]Die §§ 2 bis 6, 14, 15, 20, 22 und 23 des Schwarzarbeitsbekämpfungsgesetzes sind entsprechend anzuwenden mit der Maßgabe, dass

1. die dort genannten Behörden auch Einsicht in Arbeitsverträge, Niederschriften nach § 2 des Nachweisgesetzes und andere Geschäftsunterlagen nehmen können, die mittelbar oder unmittelbar Auskunft über die Einhaltung des Mindestlohns nach § 20 geben, und
2. die nach § 5 Absatz 1 des Schwarzarbeitsbekämpfungsgesetzes zur Mitwirkung Verpflichteten diese Unterlagen vorzulegen haben.

[2]§ 6 Absatz 3 sowie die §§ 16 bis 19 des Schwarzarbeitsbekämpfungsgesetzes finden entsprechende Anwendung.

§ 16 Meldepflicht

(1) [1]Ein Arbeitgeber mit Sitz im Ausland, der eine Arbeitnehmerin oder einen Arbeitnehmer oder mehrere Arbeitnehmerinnen oder Arbeitnehmer in den in § 2a des Schwarzarbeitsbekämpfungsgesetzes genannten Wirtschaftsbereichen oder Wirtschaftszweigen im Anwendungsbereich dieses Gesetzes beschäftigt, ist verpflichtet, vor Beginn jeder Werk- oder Dienstleistung eine schriftliche Anmeldung in deutscher Sprache bei der zuständigen Behörde der Zollverwaltung nach Absatz 6 vorzulegen, die die für die Prüfung wesentlichen Angaben enthält. [2]Wesentlich sind die Angaben über

1. den Familiennamen, den Vornamen und das Geburtsdatum der von ihm im Geltungsbereich dieses Gesetzes beschäftigten Arbeitnehmerinnen und Arbeitnehmer,
2. den Beginn und die voraussichtliche Dauer der Beschäftigung,
3. den Ort der Beschäftigung,
4. den Ort im Inland, an dem die nach § 17 erforderlichen Unterlagen bereitgehalten werden,
5. den Familiennamen, den Vornamen, das Geburtsdatum und die Anschrift in Deutschland der oder des verantwortlich Handelnden und
6. den Familiennamen, den Vornamen und die Anschrift in Deutschland einer oder eines Zustellungsbevollmächtigten, soweit diese oder dieser nicht mit der oder dem in Nummer 5 genannten verantwortlich Handelnden identisch ist.

[3]Änderungen bezüglich dieser Angaben hat der Arbeitgeber im Sinne des Satzes 1 unverzüglich zu melden.

(2) Der Arbeitgeber hat der Anmeldung eine Versicherung beizufügen, dass er die Verpflichtungen nach § 20 einhält.

(3) [1]Überlässt ein Verleiher mit Sitz im Ausland eine Arbeitnehmerin oder einen Arbeitnehmer oder mehrere Arbeitnehmerinnen oder Arbeitnehmer zur Arbeitsleistung einem Entleiher, hat der Entleiher in den in § 2a des Schwarzarbeitsbekämpfungsgesetzes genannten Wirtschaftsbereichen oder Wirtschaftszweigen unter den Voraussetzungen des Absatzes 1 Satz 1 vor Beginn jeder Werk- oder Dienstleistung der zuständigen Behörde der Zollverwaltung eine schriftliche Anmeldung in deutscher Sprache mit folgenden Angaben zuzuleiten:
1. den Familiennamen, den Vornamen und das Geburtsdatum der überlassenen Arbeitnehmerinnen und Arbeitnehmer,
2. den Beginn und die Dauer der Überlassung,
3. den Ort der Beschäftigung,
4. den Ort im Inland, an dem die nach § 17 erforderlichen Unterlagen bereitgehalten werden,
5. den Familiennamen, den Vornamen und die Anschrift in Deutschland einer oder eines Zustellungsbevollmächtigten des Verleihers,
6. den Familiennamen, den Vornamen oder die Firma sowie die Anschrift des Verleihers.

[2]Absatz 1 Satz 3 gilt entsprechend.

(4) Der Entleiher hat der Anmeldung eine Versicherung des Verleihers beizufügen, dass dieser die Verpflichtungen nach § 20 einhält.

(5) Das Bundesministerium der Finanzen kann durch Rechtsverordnung im Einvernehmen mit dem Bundesministerium für Arbeit und Soziales ohne Zustimmung des Bundesrates bestimmen,
1. dass, auf welche Weise und unter welchen technischen und organisatorischen Voraussetzungen eine Anmeldung, eine Änderungsmeldung und die Versicherung abweichend von Absatz 1 Satz 1 und 3, Absatz 2 und 3 Satz 1 und 2 und Absatz 4 elektronisch übermittelt werden kann,
2. unter welchen Voraussetzungen eine Änderungsmeldung ausnahmsweise entfallen kann, und
3. wie das Meldeverfahren vereinfacht oder abgewandelt werden kann, sofern die entsandten Arbeitnehmerinnen und Arbeitnehmer im Rahmen einer regelmäßig wiederkehrenden Werk- oder Dienstleistung eingesetzt werden oder sonstige Besonderheiten der zu erbringenden Werk- oder Dienstleistungen dies erfordern.

(6) Das Bundesministerium der Finanzen kann durch Rechtsverordnung ohne Zustimmung des Bundesrates die zuständige Behörde nach Absatz 1 Satz 1 und Absatz 3 Satz 1 bestimmen.

§ 17 Erstellen und Bereithalten von Dokumenten

(1) [1]Ein Arbeitgeber, der Arbeitnehmerinnen und Arbeitnehmer nach § 8 Absatz 1 des Vierten Buches Sozialgesetzbuch oder in den in § 2a des Schwarzarbeitsbekämpfungsgesetzes genannten Wirtschaftsbereichen oder Wirtschaftszweigen beschäftigt, ist verpflichtet, Beginn, Ende und Dauer der täglichen Arbeitszeit dieser Arbeitnehmerinnen und Arbeitnehmer spätestens bis zum Ablauf des siebten auf den Tag der Arbeitsleistung folgenden Kalendertages aufzuzeichnen und diese Aufzeichnungen mindestens zwei Jahre beginnend ab dem für die Aufzeichnung maßgeblichen Zeitpunkt aufzubewahren. [2]Satz 1 gilt entsprechend für einen Entleiher, dem ein Verleiher eine Arbeitnehmerin oder einen Arbeitnehmer oder mehrere Arbeitnehmerinnen oder Arbeitnehmer zur Arbeitsleistung in einem der in § 2a des Schwarzarbeitsbekämpfungsgesetzes genannten Wirtschaftszweige überlässt. [3]Satz 1 gilt nicht für Beschäftigungsverhältnisse nach § 8a des Vierten Buches Sozialgesetzbuch.

(2) [1]Arbeitgeber im Sinne des Absatzes 1 haben die für die Kontrolle der Einhaltung der Verpflichtungen nach § 20 in Verbindung mit § 2 erforderlichen Unterlagen im Inland in deutscher Sprache für die gesamte Dauer der tatsächlichen Beschäftigung der Arbeitnehmerinnen und Arbeitnehmer im Geltungsbereich dieses Gesetzes, mindestens für die Dauer der gesamten Werk- oder Dienstleistung, insgesamt jedoch nicht länger als zwei Jahre, bereitzuhalten. [2]Auf Verlangen der Prüfbehörde sind die Unterlagen auch am Ort der Beschäftigung bereitzuhalten.

(3) Das Bundesministerium für Arbeit und Soziales kann durch Rechtsverordnung ohne Zustimmung des Bundesrates die Verpflichtungen des Arbeitgebers oder eines Entleihers nach § 16 und den Absätzen 1 und 2 hinsichtlich bestimmter Gruppen von Arbeitnehmerinnen und Arbeitnehmern oder der Wirtschaftsbereiche oder den Wirtschaftszweigen einschränken oder erweitern.

(4) Das Bundesministerium der Finanzen kann durch Rechtsverordnung im Einvernehmen mit dem Bundesministerium für Arbeit und Soziales ohne Zustimmung des Bundesrates bestimmen, wie die Verpflichtung des Arbeitgebers, die tägliche Arbeitszeit bei ihm beschäftigter Arbeitnehmerinnen und Arbeitnehmer aufzuzeichnen und diese Aufzeichnungen aufzubewahren, vereinfacht oder abgewandelt werden kann, sofern Besonderheiten der zu erbringenden Werk- oder Dienstleistungen oder Besonderheiten des jeweiligen Wirtschaftsbereiches oder Wirtschaftszweiges dies erfordern.

§ 18 Zusammenarbeit der in- und ausländischen Behörden

(1) Die Behörden der Zollverwaltung unterrichten die zuständigen örtlichen Landesfinanzbehörden über Meldungen nach § 16 Absatz 1 und 3.

(2) [1]Die Behörden der Zollverwaltung und die übrigen in § 2 des Schwarzarbeitsbekämpfungsgesetzes genannten Behörden dürfen nach Maßgabe der datenschutzrechtlichen Vorschriften auch mit Behörden anderer Vertragsstaaten des Abkommens über den Europäischen Wirtschaftsraum zusammenarbeiten, die diesem Gesetz entsprechende Aufgaben durchführen oder für die Bekämpfung illegaler Beschäftigung zuständig sind oder Auskünfte geben können, ob ein Arbeitgeber seine Verpflichtungen nach § 20 erfüllt. [2]Die Regelungen über die internationale Rechtshilfe in Strafsachen bleiben hiervon unberührt.

(3) Die Behörden der Zollverwaltung unterrichten das Gewerbezentralregister über rechtskräftige Bußgeldentscheidungen nach § 21 Absatz 1 bis 3, sofern die Geldbuße mehr als zweihundert Euro beträgt.

§ 19 Ausschluss von der Vergabe öffentlicher Aufträge

(1) Von der Teilnahme an einem Wettbewerb um einen Liefer-, Bau- oder Dienstleistungsauftrag der in § 98 des Gesetzes gegen Wettbewerbsbeschränkungen genannten Auftraggeber sollen Bewerberinnen oder Bewerber für eine angemessene Zeit bis zur nachgewiesenen Wiederherstellung ihrer Zuverlässigkeit ausgeschlossen werden, die wegen eines Verstoßes nach § 21 mit einer Geldbuße von wenigstens zweitausendfünfhundert Euro belegt worden sind.

(2) Die für die Verfolgung oder Ahndung der Ordnungswidrigkeiten nach § 21 zuständigen Behörden dürfen öffentlichen Auftraggebern nach § 98 Nummer 1 bis 3 und 5 des Gesetzes gegen Wettbewerbsbeschränkungen und solchen Stellen, die von öffentlichen Auftraggebern zugelassene Präqualifikationsverzeichnisse oder Unternehmer- und Lieferantenverzeichnisse führen, auf Verlangen die erforderlichen Auskünfte geben.

(3) [1]Öffentliche Auftraggeber nach Absatz 2 fordern im Rahmen ihrer Tätigkeit beim Gewerbezentralregister Auskünfte über rechtskräftige Bußgeldentscheidungen wegen einer Ordnungswidrigkeit nach § 21 Absatz 1 oder Absatz 2 an oder verlangen von Bewerberinnen oder Bewerbern eine Erklärung, dass die Voraussetzungen für einen Ausschluss nach Absatz 1 nicht vorliegen. [2]Im Falle einer Erklärung der Bewerberin oder des Bewerbers können öffentliche Auftraggeber nach Absatz 2 jederzeit zusätzlich Auskünfte des Gewerbezentralregisters nach § 150a der Gewerbeordnung anfordern.

(4) Bei Aufträgen ab einer Höhe von 30.000 Euro fordert der öffentliche Auftraggeber nach Absatz 2 für die Bewerberin oder den Bewerber, die oder der den Zuschlag erhalten soll, vor der Zuschlagserteilung eine Auskunft aus dem Gewerbezentralregister nach § 150a der Gewerbeordnung an.

(5) Vor der Entscheidung über den Ausschluss ist die Bewerberin oder der Bewerber zu hören.

§ 20 Pflichten des Arbeitgebers zur Zahlung des Mindestlohns

Arbeitgeber mit Sitz im In- oder Ausland sind verpflichtet, ihren im Inland beschäftigten Arbeitnehmerinnen und Arbeitnehmern ein Arbeitsentgelt mindestens in Höhe des Mindestlohns nach § 1 Absatz 2 spätestens zu dem in § 2 Absatz 1 Satz 1 Nummer 2 genannten Zeitpunkt zu zahlen.

§ 21 Bußgeldvorschriften

(1) Ordnungswidrig handelt, wer vorsätzlich oder fahrlässig

1. entgegen § 15 Satz 1 in Verbindung mit § 5 Absatz 1 Satz 1 des Schwarzarbeitsbekämpfungsgesetzes eine Prüfung nicht duldet oder bei einer Prüfung nicht mitwirkt,
2. entgegen § 15 Satz 1 in Verbindung mit § 5 Absatz 1 Satz 2 des Schwarzarbeitsbekämpfungsgesetzes das Betreten eines Grundstücks oder Geschäftsraums nicht duldet,
3. entgegen § 15 Satz 1 in Verbindung mit § 5 Absatz 3 Satz 1 des Schwarzarbeitsbekämpfungsgesetzes Daten nicht, nicht richtig, nicht vollständig, nicht in der vorgeschriebenen Weise oder nicht rechtzeitig übermittelt,
4. entgegen § 16 Absatz 1 Satz 1 oder Absatz 3 Satz 1 eine Anmeldung nicht, nicht richtig, nicht vollständig, nicht in der vorgeschriebenen Weise oder nicht rechtzeitig vorlegt oder nicht, nicht richtig, nicht vollständig, nicht in der vorgeschriebenen Weise oder nicht rechtzeitig zuleitet,
5. entgegen § 16 Absatz 1 Satz 3, auch in Verbindung mit Absatz 3 Satz 2, eine Änderungsmeldung nicht, nicht richtig, nicht vollständig, nicht in der vorgeschriebenen Weise oder nicht rechtzeitig macht,
6. entgegen § 16 Absatz 2 oder 4 eine Versicherung nicht, nicht richtig oder nicht rechtzeitig beifügt,
7. entgegen § 17 Absatz 1 Satz 1, auch in Verbindung mit Satz 2, eine Aufzeichnung nicht, nicht richtig, nicht vollständig oder nicht rechtzeitig erstellt oder nicht oder nicht mindestens zwei Jahre aufbewahrt,
8. entgegen § 17 Absatz 2 eine Unterlage nicht, nicht richtig, nicht vollständig oder nicht in der vorgeschriebenen Weise bereithält oder
9. entgegen § 20 das dort genannte Arbeitsentgelt nicht oder nicht rechtzeitig zahlt.

(2) Ordnungswidrig handelt, wer Werk- oder Dienstleistungen in erheblichem Umfang ausführen lässt, indem er als Unternehmer einen anderen Unternehmer beauftragt, von dem er weiß oder fahrlässig nicht weiß, dass dieser bei der Erfüllung dieses Auftrags

1. entgegen § 20 das dort genannte Arbeitsentgelt nicht oder nicht rechtzeitig zahlt oder

2. einen Nachunternehmer einsetzt oder zulässt, dass ein Nachunternehmer tätig wird, der entgegen § 20 das dort genannte Arbeitsentgelt nicht oder nicht rechtzeitig zahlt.

(3) Die Ordnungswidrigkeit kann in den Fällen des Absatzes 1 Nummer 9 und des Absatzes 2 mit einer Geldbuße bis zu fünfhunderttausend Euro, in den übrigen Fällen mit einer Geldbuße bis zu dreißigtausend Euro geahndet werden.

(4) Verwaltungsbehörden im Sinne des § 36 Absatz 1 Nummer 1 des Gesetzes über Ordnungswidrigkeiten sind die in § 14 genannten Behörden jeweils für ihren Geschäftsbereich.

(5) Für die Vollstreckung zugunsten der Behörden des Bundes und der bundesunmittelbaren juristischen Personen des öffentlichen Rechts sowie für die Vollziehung des dinglichen Arrestes nach § 111 d der Strafprozessordnung in Verbindung mit § 46 des Gesetzes über Ordnungswidrigkeiten durch die in § 14 genannten Behörden gilt das Verwaltungs-Vollstreckungsgesetz des Bundes.

Abschnitt 4. Schlussvorschriften

§ 22 Persönlicher Anwendungsbereich

(1) [1]Dieses Gesetz gilt für Arbeitnehmerinnen und Arbeitnehmer. [2]Praktikantinnen und Praktikanten im Sinne des § 26 des Berufsbildungsgesetzes gelten als Arbeitnehmerinnen und Arbeitnehmer im Sinne dieses Gesetzes, es sei denn, dass sie

1. ein Praktikum verpflichtend auf Grund einer schulrechtlichen Bestimmung, einer Ausbildungsordnung, einer hochschulrechtlichen Bestimmung oder im Rahmen einer Ausbildung an einer gesetzlich geregelten Berufsakademie leisten,
2. ein Praktikum von bis zu drei Monaten zur Orientierung für eine Berufsausbildung oder für die Aufnahme eines Studiums leisten,
3. ein Praktikum von bis zu drei Monaten begleitend zu einer Berufs- oder Hochschulausbildung leisten, wenn nicht zuvor ein solches Praktikumsverhältnis mit demselben Ausbildenden bestanden hat, oder
4. an einer Einstiegsqualifizierung nach § 54a des Dritten Buches Sozialgesetzbuch oder an einer Berufsausbildungsvorbereitung nach §§ 68 bis 70 des Berufsbildungsgesetzes teilnehmen.

[3]Praktikantin oder Praktikant ist unabhängig von der Bezeichnung des Rechtsverhältnisses, wer sich nach der tatsächlichen Ausgestaltung und Durchführung des Vertragsverhältnisses für eine begrenzte Dauer zum Erwerb praktischer Kenntnisse und Erfahrungen einer bestimmten betrieblichen Tätigkeit zur Vorbereitung auf eine berufliche Tätigkeit unterzieht, ohne dass es sich dabei um eine Berufsausbildung im Sinne des Berufsbil-

dungsgesetzes oder um eine damit vergleichbare praktische Ausbildung handelt.

(2) Personen im Sinne von § 2 Absatz 1 und 2 des Jugendarbeitsschutzgesetzes ohne abgeschlossene Berufsausbildung gelten nicht als Arbeitnehmerinnen und Arbeitnehmer im Sinne dieses Gesetzes.

(3) Von diesem Gesetz nicht geregelt wird die Vergütung von zu ihrer Berufsausbildung Beschäftigten sowie ehrenamtlich Tätigen.

(4) [1]Für Arbeitsverhältnisse von Arbeitnehmerinnen und Arbeitnehmern, die unmittelbar vor Beginn der Beschäftigung langzeitarbeitslos im Sinne des § 18 Absatz 1 des Dritten Buches Sozialgesetzbuch waren, gilt der Mindestlohn in den ersten sechs Monaten der Beschäftigung nicht. [2]Die Bundesregierung hat den gesetzgebenden Körperschaften zum 1. Juni 2016 darüber zu berichten, inwieweit die Regelung nach Satz 1 die Wiedereingliederung von Langzeitarbeitslosen in den Arbeitsmarkt gefördert hat, und eine Einschätzung darüber abzugeben, ob diese Regelung fortbestehen soll.

§ 23 Evaluation

Dieses Gesetz ist im Jahr 2020 zu evaluieren.

§ 24 Übergangsregelung[1]

(1) [1]Bis zum 31. Dezember 2017 gehen abweichende Regelungen eines Tarifvertrages repräsentativer Tarifvertragsparteien dem Mindestlohn vor, wenn sie für alle unter den Geltungsbereich des Tarifvertrages fallenden Arbeitgeber mit Sitz im In- oder Ausland sowie deren Arbeitnehmerinnen und Arbeitnehmer verbindlich gemacht worden sind; ab dem 1. Januar 2017 müssen abweichende Regelungen in diesem Sinne mindestens ein Entgelt von brutto 8,50 Euro je Zeitstunde vorsehen. [2]Satz 1 gilt entsprechend für Rechtsverordnungen, die auf der Grundlage von § 11 des Arbeitnehmer-Entsendegesetzes sowie § 3a des Arbeitnehmerüberlassungsgesetzes erlassen worden sind.

(2) [1]Zeitungszustellerinnen und Zeitungszusteller haben ab dem 1. Januar 2015 einen Anspruch auf 75 Prozent und ab dem 1. Januar 2016 auf 85 Prozent des Mindestlohns nach § 1 Absatz 2 Satz 1. [2]Vom 1. Januar 2017 bis zum 31. Dezember 2017 beträgt der Mindestlohn für Zeitungszustellerinnen und Zeitungszusteller brutto 8,50 Euro je Zeitstunde. [3]Zeitungszustellerinnen und Zeitungszusteller im Sinne der Sätze 1 und 2 sind Personen, die in einem Arbeitsverhältnis ausschließlich periodische Zeitungen oder Zeitschriften an Endkunden zustellen; dies umfasst auch Zustellerinnen und Zusteller von Anzeigenblättern mit redaktionellem Inhalt.

---

[1] § 24 tritt gem. Art. 15 Abs. 2 G v. 11.8.2014 (BGBl. I S. 1348) mit Ablauf des 31.12.2017 außer Kraft.

Erläuterungen zum Mindestlohngesetz

Abschnitt 1. Festsetzung des allgemeinen Mindestlohns

Unterabschnitt 1. Inhalt des Mindestlohns

§ 1 Mindestlohn

(1) Jede Arbeitnehmerin und jeder Arbeitnehmer hat Anspruch auf Zahlung eines Arbeitsentgelts mindestens in Höhe des Mindestlohns durch den Arbeitgeber.

(2) [1]Die Höhe des Mindestlohns beträgt ab dem 1. Januar 2015 brutto 8,50 Euro je Zeitstunde. [2]Die Höhe des Mindestlohns kann auf Vorschlag einer ständigen Kommission der Tarifpartner (Mindestlohnkommission) durch Rechtsverordnung der Bundesregierung geändert werden.

(3) [1]Die Regelungen des Arbeitnehmer-Entsendegesetzes, des Arbeitnehmerüberlassungsgesetzes und der auf ihrer Grundlage erlassenen Rechtsverordnungen gehen den Regelungen dieses Gesetzes vor, soweit die Höhe der auf ihrer Grundlage festgesetzten Branchenmindestlöhne die Höhe des Mindestlohns nicht unterschreitet. [2]Der Vorrang nach Satz 1 gilt entsprechend für einen auf der Grundlage von § 5 des Tarifvertragsgesetzes für allgemeinverbindlich erklärten Tarifvertrag im Sinne von § 4 Absatz 1 Nummer 1 sowie §§ 5 und 6 Absatz 2 des Arbeitnehmer-Entsendegesetzes.

Inhaltsübersicht

Literatur: *Aulmann,* Geldbuße und Verfall bei Mindestlohndumping – Sorgfaltspflichten des Hauptunternehmers, NJW 2012, 2074; *Baeck/Winzer/Kramer,* Das Mindestlohngesetz – ein erster Überblick, NZG 2015, 265; *Barczak,* Mindestlohngesetz und Verfassung, RdA 2014, 290; *Bayreuther,* Der gesetzliche Mindestlohn, NZA 2014, 865; *Bayreuther,* Betriebs-/Beschäftigtenübergang und Tariftreueverlangen nach Neuvergabe eines Dienstleistungsauftrags im ÖPNV, NZA 2014, 1171; *Bayreuther,* Mindestlohnwirksame Leistungen im Geltungsbereich des Entsenderechts, EuZA 2014, 189; *Bayreuther,* Rechtsfragen des Mindestlohns in der betrieblichen und anwaltlichen Praxis – ein Update, NZA 2015, 385; *Berndt,* Arbeits- und sozialversicherungsrechtliche Auswirkungen des Mindestlohngesetzes (MiLoG) – Was gehört zum Mindestlohn?, DStR 2014, 1878; *Bertram,* Das Mindestlohngesetz als Compliance-Thema, GWR 2015, 26; *Bissels/Falter,* Ordnungswidrigkeiten bei der Beauftragung von Subunternehmern nach § 21 Abs. 2 MiLoG, BB 2015, 373; *Bissels/Falter,* Gesetzlicher Mindestlohn – Fallstricke bei der Haftung für Subunternehmer nach dem MiLoG, DB 2015, 65; *Bissels/Falter/Evers,* Geltung des MiLoG bei Transitfahrten durch das Inland, ArbRAktuell 2015, 4; *Boemke,* Lohnanspruch (§ 611 I BGB) und Mindestlohn (§ 1 MiLoG), JuS 2015, 385; *Bonanni/Hahne,* Mindestlohn und Arbeitszeit – Auswirkungen des MiLoG auf Handhabung und Dokumentation der Arbeitszeit – insbesondere bei Arbeitszeitkonten und Vertrauensarbeitszeit, ArbRB 2014, 343; *Bonanni/Otto,* Die Auftraggeberhaftung des MiLoG – Effektive Reaktionsmöglichkeiten auf die neuen Risiken bei der Einschaltung von Subunternehmen, ArbRB 2014, 349; *Brors,* Europäische Rahmenbedingungen für den neuen Mindestlohn und seine Ausnahmen, NZA 2014, 938; *Däubler,* Der gesetzliche Mindestlohn – doch eine unendliche Geschichte?, NJW 2014, 1924; *Dommermuth-Ahlhäuser/Heup,* Anrechnung von Trinkgeld auf den Mindestlohn?, NZA 2015, 406; *Dreyer,* Die neuen Mindestlohnpflichten der Zeitarbeit, PuR 2014, 236; *Düwell,* Neue Regeln für Praktikanten: Qualitätsrahmen der EU, Mindestlohngesetz und Änderung des Nachweisgesetzes, DB 2014, 2047; *Fischer,* Die Anrechnung von einzelvertraglichen Zulagen und Zuschlägen auf den Mindestlohn, FA 2014, 360; *Forst,* Mindestlohn und Sittenwidrigkeit, DB 2015, 863; *Franck/D. Krause,* Datenschutzrechtliche Aspekte des Mindestlohngesetzes, DB 2015, 1285; *Franzen,* Mindestlohn und tarifvertragliche Vergütungsbestandteile, NZA 2015, 338; *Grau/Sittard,* Zivilrechtliche Rechtsfolgen von MiLoG-Verstößen – Haftungsrisiken durch Nachhaftung des Arbeitgebers und Co., ArbRB 2014, 336; *Grau/Sittard,* Ordnungswidrigkeiten und vergaberechtlichen Folgen von MiLoG-Verstößen – Sanktionsrisiken des MiLoG außerhalb des Zivilrechts, ArbRB 2014, 375; *Greiner/Strippelmann,* Mindestlohn für Nichtarbeit?, BB 2015, 949; *Hantel,* Der Schutz arbeitsrechtlicher Mindeststandards bei einem grenzüberschreitenden Arbeitnehmereinsatz innerhalb der EU, ZESAR 2014, 261 (Teil I) und 313 (Teil II); *Hantel,* Unionsrechtliche Grenzen für administrative Pflichten nach dem Mindestlohngesetz, NZA 2015, 410; *Hohnstein,* Der gesetzliche Mindestlohn – auch Folgen für die Logistikbranche?, NJW 2015, 1844; *Insam/Hinrichs/Tacou,* Der Mindestlohn für Arbeitnehmer von Werk- bzw. Dienstleistungsunternehmen – Haftung des Auftraggebers um jeden Preis?!, NZA-RR 2014, 569; *Jares,* Was gehört alles zum Mindestlohn?, DB 2015, 307; *Jöris/v. Steinau-Steinrück,* Der gesetzliche Mindestlohn, BB 2014, 2101; *Jung/Deba,* Mindestlohn und Mindestlohngesetz: Verfahren und Rechtsfolgen bei Verstößen oder Verdächtigungen, NStZ 2015, 258; *Kleinebrink,* Kontrolle der Zahlung des gesetzlichen Mindestlohns durch den Betriebsrat?, DB 2015, 375; *Koch-Rust/Kolb/Rosentreter,* Mindestlohn auch für dual Studierende?, NZA 2015, 402; *Lambrich/Mitius,* Behandlung von monatlichem Pauschallohn nach dem Mindestlohngesetz – Berechnung, Fälligkeit und Fallstricke bei verstetigten Monatslöhnen nach § 2 MiLoG – DB 2015, 126; *Lakies,* Allgemeiner gesetzlicher Mindestlohn mit Ausnahmen ab 2015, ArbRAktuell 2014, 343; *Lakies,* Auswirkungen des Mindestlohngesetzes auf geringfügig Beschäftigte, ArbRAktuell 2014, 527; *Lakies,* Rechtsprobleme des neuen Mindestlohngesetzes – ein erster Überblick, AuR 2014, 360; *Lembke,* Neuigkeiten beim Zahlungsverzug des Arbeitgebers, FA 2014, 357; *Lembke,* Das Mindestlohngesetz und seine Auswirkungen auf die arbeitsrechtliche Praxis, NZA 2015, 70; *Merkel/Götz,* Der gesetzliche Mindestlohn in der Praxis – eine Bestandsaufnahme, DB 2015, 1407; *Moll/Katerndahl,* Deutscher Mindestlohn auf der „Durchreise"?, DB 2015, 555; *Moll/Päßler/Reich,* Der gesetzliche Mindestlohn – Grundzüge, Praxisprobleme und Risiken, MDR 2015, 125; *Müller,* Mindestlohn und Unternehmerhaftung im Transport- und Speditionsgewerbe, TranspR 2014, 402; *Olbertz,* Der neue gesetzliche Mindestlohn – was gilt und was Unternehmen künftig beachten müssen, GWR 2014, 521; *Oltmanns/Fuhlrott,* Die Auftraggeberhaftung bei Verstößen gegen das MiLoG, NZA 2015, 392; *Pacholski/Naumann,* Die Auftraggeberhaftung nach dem Mindestlohngesetz, NJW-Spezial 2014, 690; *Pötters/D. Krause,* Konsequenzen eines Verstoßes gegen das Mindestlohngesetz, NZA 2015, 398; *Preis/Ulber,* Ausschlussfristen und Mindestlohngesetz – Der Mindestlohn als unabdingbarer Sockelanspruch, HSI-Schriftenreihe Band 12; *Rittweger,* Mindestlohn und Mini-Job, DStR-Beiheft 2015, 85; *Rittweger,* Ausländerbeschäftigung, Mindestlohn und Beitragsrecht, DStR-Beiheft 2015, 88; *Rudkowski,* Mindestlohn bei der Verwaltung von Wohnungseigentum, ZWE 2015, 11; *Sagan/Witschen,* Mindestlohn für alle?, jM 2014, 372; *Schiefer,* „Knackpunkte" des Mindestlohngesetzes – MiLoG, PuR 2015, 30 (Teil I) und 51 (Teil II); *S. Schmidt,* Mindestlohn und Vertragsspieler: Ein unauflösbarer Widerspruch in unteren Spielklassen?, ArbRAktuell 2015, 261; *Schweibert/Leßmann,* Mindestlohngesetz – der große Wurf?, DB 2014, 1866; *Siebert/Klagges,* 8,50 EUR für alle! (mindestens), ArbRAktuell 2014, 577; *Sittard/Sassen,* Mindestlohn & Co., ArbRB 2014, 142; *Sittard,* Aus dem ArbRB-Blog: Abweichungen des MiLoG gegenüber dem Entwurf, ArbRB 2014, 226; *Sittard,* Das MiLoG – Ein Ausblick auf die Folgen und anstehende Weichenstellungen, NZA 2014, 951; *Sittard,* Gilt das Mindestlohngesetz auch beim Kurzeinsatz in Deutschland?, NZA 2015, 78; *Spielberger/Schilling,* Das Gesetz zur Regelung des allgemeinen Mindestlohns, NJW 2014, 2897; *v. Steinau-Steinrück/Burkard-Pötter,* Das MiLoG kommt – Was müssen die Unternehmen tun?, NJW-Spezial 2014, 754; *Stommel/Valder,* Mindestlohngesetz im Güterkraftverkehr:

ein Überblick, jurisPR-TranspR 5/2014 Anm. 4; *Talkenberg/Beitz,* Auswirkungen des Mindestlohngesetzes auf Ausschlussfristen und andere einschränkende Vereinbarungen, PuR 2014, 203; *D. Ulber,* Die Erfüllung von Mindestlohnansprüchen, RdA 2014, 176; *Viethen,* Mindestlohn für Alle: materiell-rechtliche Probleme der Neuregelung, NZA-Beilage 2014, 143; *Waltermann,* Gesetzlicher Mindestlohn?, ZRP 2011, 95; *Waltermann,* Aktuelle Fragen des Mindestlohngesetzes, AuR 2015, 166; *Wank,* Der Mindestlohn, RdA 2015, 88; *Wortmann,* Anrechnung von Vergütungsbestandteilen auf den Mindestlohn, ArbRB 2014, 346; *Worzalla,* Haftung des Auftraggebers nach dem Mindestlohngesetz, PuR 2014, 179.

I. Grundlagen, Rechtsquellen und Handreichungen der Verwaltungen

1 Entgegen der Wahrnehmung des Mindestlohns in der Öffentlichkeit und teils auch in der Literatur, ist die staatliche Vorgabe eines Mindestlohns alles andere als neu. Vielmehr verfügt das deutsche Arbeitsrecht seit nunmehr fast zwei Jahrzehnten über Erfahrungen mit der Festsetzung von Mindestlöhnen. Bislang erfolgte diese allerdings überwiegend durch Erstreckung von Tarifverträgen über das bereits 1996 in Kraft getretene AEntG. Die erste einschlägige Verordnung stammt aus dem Jahr 1999 (Verordnung über zwingende Arbeitsbedingungen im Baugewerbe vom 25. August 1999, BGBl. I 1894). Seit dieser Zeit wurde der Geltungsbereich des AEntG kontinuierlich ausgeweitet und immer mehr Branchen in das Gesetz einbezogen. Daneben besteht für die Zeitarbeitsbranche seit 2012 ein nicht unmittelbar tarifgestützter Mindestlohn (s. § 3a AÜG, eingefügt durch das „Missbrauchsverhinderungsgesetz" v. 28.4.2011, BGBl. I 2011, S. 642 u. die „Erste Verordnung über eine Lohnuntergrenze in der Arbeitnehmerüberlassung" v. 21.12.2011, BAnz 2011 Nr. 195 S. 4608; mittlerweile mit Wirkung zum 1.4.2014 novelliert durch die „Zweite Verordnung über eine Lohnuntergrenze in der Arbeitnehmerüberlassung" v. 21.3.2014, BAnz AT 26.3.2014 V1). Auch in der Pflegebranche gibt es seit August 2010 einen nicht tarifgestützten Mindestlohn (s. § 11 AEntG, „Verordnung über zwingende Arbeitsbedingungen für die Pflegebranche" v. 15.7.2010, BAnz 2010 Nr. 110 S. 2571, mittlerweile mit Wirkung zum 1.1.2015 novelliert durch die „Zweite Verordnung über zwingende Arbeitsbedingungen für die Pflegebranche" v. 28.11.2014, BAnz AT 28.11.2014 V1). In der Folge existiert eine umfangreiche Rechtsprechung zu diesen Mindestlöhnen. Auch wenn sich an einigen Stellen Unterschiede insbesondere zwischen den Mindestlöhnen nach dem AEntG und dem gesetzlichen Mindestlohn ergeben, kann zur Lösung von Rechtsfragen auch aus dem Anwendungsbereich des MiLoG gut auf diese Judikatur zurückgegriffen werden. Einen gewichtigen Stellenwert nimmt dabei gerade auch die Rechtsprechung des EuGH ein. Das findet seinen Grund darin, dass Art. 3 Abs. 1 lit. c der Entsenderichtlinie (RL 96/71/EG des Europäischen Parlaments und des Rates v. 16.12.1996 über die Entsendung von Arbeitnehmern im Rahmen der Erbringung von Dienstleistungen, ABl. 1997 L 18 S. 1) den Mitgliedstaaten zwingend aufgibt, nationale Mindestlöhne und mithin auch den des MiLoG auf ausländische Dienstanbieter zu erstrecken.

2 Das Mindestlohnrecht ist **privates Arbeitsrecht.** Doch hat das Gesetz tendenziell auch den Einschlag öffentlichen Arbeitsrechts. Nach den §§ 14ff. haben die Zollverwaltungen zu prüfen, ob Arbeitgeber ihre Verpflichtung zur Zahlung des Mindestlohns einhalten und nach § 21 sind Mindestlohnverstöße bußgeldbewehrt. Dies erlangt auch deshalb große Bedeutung, weil dadurch nicht mehr nur alleine die Arbeitsgerichte bzw. die Arbeitsrechtswissenschaft mit der Auslegung des MiLoG bzw. dem Entscheid mindestlohnrechtlicher Fragen berufen sind, sondern Weichenstellungen auch durch die Zollverwaltungen vorgenommen werden. Das gilt umso mehr, als arbeitsgerichtliche Urteile, vor allem solche der 2. und 3. Instanz noch einige Zeit auf sich warten lassen werden und für Angriffe gegen Bußgeldbescheide des Zolls die ordentlichen Gerichte zuständig sind (§§ 67ff. OWiG).

3 Die **Zollverwaltung** veröffentlicht zahlreiche Handreichungen zum Mindestlohn auf ihrer Homepage. Auch das **BMAS,** das eine **„Mindestlohnhotline“** geschaltet hat, unter der es Fragen zum Mindestlohn entgegennimmt und beantwortet, gibt im Internet umfangreiche Hinweise zur Umsetzung des Mindestlohns in der Praxis (www.der-mindestlohn-wirkt.de). Weitere Einzelheiten hierzu, s. Rn. 88. Die dort erteilten Auskünfte sind allerdings – anders als das etwa bei Auskünften nach §§ 7a SGB IV, 89 AO, 42e EStG der Fall ist – nicht verbindlich. Sie sind auf der Homepage des Ministeriums systematisiert zusammengefasst und finden auch Eingang in eine ebenfalls online abrufbare Broschüre. Diese Leitlinien des BMAS und der Zollverwaltung sprechen zwar vor allem „tagesaktuelle“ Fragen des Mindestlohns an, sollten dessen ungeachtet mit Rücksicht auf die Autorität beider Institutionen bei der Beurteilung einschlägiger Rechtsfragen nicht außen vor gelassen werden. Entsprechend ist die dort vertretene Rechtsauffassung auch in die vorliegende Kommentierung mit eingearbeitet.

II. Rechtsnatur, Mindestlohn als Lohnuntergrenze

1. Rechtsnatur, klageweise Geltendmachung

4 § 1 erkennt Arbeitnehmerinnen und Arbeitnehmern einen eigenen individualrechtlichen Vergütungsanspruch zu, den alleine diese vor den Arbeitsgerichten geltend machen können. Rechtstechnisch ist der Mindestlohnanspruch ein **gesetzlicher Anspruch,** der neben den Vergütungsanspruch aus § 611 BGB tritt (BT-Drs. 15/1558, S. 34; *Riechert/*

Nimmerjahn, § 1 Rn. 3; Düwell/Schubert/*Düwell,* § 1 Rn. 13; *Bayreuther,* NZA 2014, 865, 866; ErfK/*Franzen,* § 1 MiLoG Rn. 2; *Henssler,* RdA 2014, 43, 48; *Lakies,* § 1 Rn. 1; *Schubert/Jerchel/Düwell,* Rn. 21; **a. A.** aber: *Waltermann,* AuR 2015, 166, 169). Soweit bei der Prüfung von Ansprüchen neben § 1 noch § 611 BGB genannt wird, hat dies nur die Bedeutung, dass der Mindestlohnanspruch selbstredend voraussetzt, dass zwischen den Parteien ein Arbeitsverhältnis besteht. Zwischen dem Anspruch aus Mindestlohn und (tarif-)vertraglichen Gehaltsansprüchen ergibt sich Anspruchskonkurrenz, diese indes nur in Form einer bloßen Anspruchsnormenkonkurrenz (s. zu diesem Begriff: *Wolf/Neuner,* Allgemeiner Teil des Bürgerlichen Rechts, 10. Aufl. 2012, § 21 Rn. 8; s. auch die Nachw. bei Rn. 82), was unter anderem zur Folge hat, dass im Verhältnis zwischen dem Anspruch auf Mindestlohn und dem vertraglichen Lohnanspruch entgegen einer verbreiteten Auffassung § 366 BGB keine Anwendung findet (s. unten Rn. 82).

5 Die Zollverwaltung kann über ihre Kontroll- und Sanktionsmöglichkeiten zwar mittelbar dazu beitragen, dass der Mindestlohn tatsächlich an den Arbeitnehmer ausbezahlt wird. Einfordern kann ihn indes alleine der Arbeitnehmer; eine **Abtretung** nach § 398 BGB ist freilich möglich (s. dazu im internationalen Kontext auch EuGH v. 12.2.2015 – C-396/13, EuZW 2015, 308 = NZA 2015, 345, Rn. 20 [Elektrobudowa]; *Franzen,* NZA 2015, 338, 340). Er muss diesen vor den Arbeitsgerichten im Urteilsverfahren einklagen, § 2 Abs. 1 Nr. 3a ArbGG. Die Klagemöglichkeit vor deutschen Gerichten besteht auch für aus dem Ausland entsandte Arbeitnehmer, die gegen ihren Heimatarbeitgeber vorgehen wollen: §§ 15, 2 Nr. 1 AEntG. Im Übrigen gelten die allgemeinen Grundsätze wie bei jeder anderen Lohnzahlungsklage auch. Die Klage ist als **Leistungsklage** zu erheben und der Antrag entsprechend den Erfordernissen des § 253 Abs. 2 Nr. 2 ZPO hinreichend genau zu beziffern. Zinsansprüche folgen aus §§ 280, 286, 288 Abs. 1 BGB. Maßgeblich für den Verzugseintritt ist die durch § 2 Abs. 1 bestimmte Fälligkeit des Anspruchs auf Mindestlohn; einer Mahnung durch den Arbeitnehmer bedarf es danach nicht: § 286 Abs. 2 Nr. 1 BGB. Auch die Darlegungs- und Beweislast folgt den allgemeinen Regeln. Der Betriebsrat kann die Auszahlung des Mindestlohns dagegen, nur in geringem Umfang, nämlich über sein Einsichtsrecht nach § 80 BetrVG, kontrollieren. Einzelheiten bei: *Kleinebrink,* DB 2015, 375.

6 Unglücklich ist der durch die Formulierung des § 20 entstehende Eindruck, als könne der Arbeitnehmer den Mindestlohn (auch) nach § 20 fordern. **§ 20** enthält indes **keine** eigene **Anspruchsgrundlage,** sondern setzt vielmehr eine durch § 1 begründete Zahlungspflicht des Arbeitgebers voraus. Die Regelung schafft lediglich die Voraussetzungen für öffentliche Kontroll- und Sanktionsbefugnisse. Auch das erscheint letztlich zwar entbehrlich, mag aber zu der nach Art. 103 GG möglicherweise gebotenen Klarstellung des Sanktionstatbestands beitragen (vgl. dazu die einschlägigen, wenn auch unbegründeten Zweifel aus der Anfangszeit des AEntG in: OLG Düsseldorf v. 3.7.1998 – 5 Ss [OWi] 225/98, NZA 1998, 1286; gegen diese aber zu Recht: *Hanau,* NZA 1998, 1249; OLG Karlsruhe v. 5.2.2002 – 2 Ss 162/00, NStZ-RR 2002, 277). Weiter wird § 20 zuweilen der Gehalt einer Eingriffsnorm i. S. d. Art. 9 Rom-I-VO beigemessen (Düwell/Schubert/*Düwell,* § 1 Rn. 13), die die Geltung des Mindestlohns gegenüber Arbeitgebern absichert, die Arbeitnehmer ins Inland entsenden. Auch das wäre unnötig, da sich diese Wirkung des Mindestlohns unzweifelhaft bereits aus § 2 Nr. 1 AEntG ergibt, s. auch Rn. 67.

7 Dass der Gesetzgeber im MiLoG anders als im übrigen Arbeitsrecht nicht von einem *„Entgelt"* (vgl. § 5 Nr. 1 AEntG, § 1 MiArbG 2009), sondern von einem *„Lohn"* spricht, dürfte vor allem der politischen Debatte um die Einführung eines „Mindest*lohns*" geschuldet sein, bleibt in rechtlicher Hinsicht aber bedeutungslos. Immerhin liegt das MiLoG terminologisch so auf der Linie des Europarechts (s. nur Art. 3 Abs. 1 lit. c Entsenderichtlinie).

8 Der gesetzliche Mindestlohn beträgt seit dem 1.1.2015 8,50 Euro je Zeitstunde. Er kann auf Vorschlag einer Mindestlohnkommission (§§ 4ff.) durch Rechtsverordnung der Bundesregierung geändert werden (§§ 1 Abs. 2 S. 2, 11). Diese hat erstmals bis zum 30.6.2016 über eine Änderung (und damit im Ergebnis wohl über eine Anhebung) des Mindestlohns mit Wirkung zum 1.1.2017 zu entscheiden (§ 9 Abs. 1 S. 1). Nach diesem Zeitpunkt hat die Kommission alle zwei Jahre über eine Anpassung der Höhe des Mindestlohns zu beschließen (§ 9 Abs. 1 S. 2). Zu den Einzelheiten s. die Kommentierung der §§ 4ff.

2. Geltungsbereich, insb.: Anwendung des MiLoG auf Lohnansprüche oberhalb der Mindestlohngrenze

9 Nach § 1 hat jede Arbeitnehmerin und jeder Arbeitnehmer Anspruch auf Zahlung eines Arbeitsentgelts mindestens in Höhe des Mindestlohns durch den Arbeitgeber. Das MiLoG gibt mithin einen **allgemeinen Grundlohn** vor, der die unterste Grenze für die Entlohnung von Arbeitnehmern in Deutschland bildet. Soweit keine Sonderregelung bzw. Ausnahme nach den §§ 22 und 24 greift (s. zu diesen die einschlägigen Kommentierungen dieser Normen), gilt der Mindestlohn flächendeckend, für alle Branchen und für alle Arbeitsverhältnisse. Unerheblich ist damit, welchen Beruf bzw. welche Tätigkeit der Arbeitnehmer konkret ausübt, ob er in Voll- oder Teilzeit tätig ist oder ob er unbefristet oder befristet beschäftigt wird (zu Minijobbern, s. Rn. 33). Umgekehrt ist jeder Arbeitgeber zur Zahlung des Mindestlohns verpflichtet. Dabei braucht es sich beim Arbeitgeber auch um kein „Unternehmen" i. S. d. § 14 BGB zu handeln. So wird der private Arbeitgeber genauso verpflichtet, wie der öffentliche oder kirchliche Arbeitgeber (*Lakies,* § 1 Rn. 2; *Riechert/Stomps,*

NZA 2012, 707, 713). Entsprechend fallen auch „Privathaushalte" oder „Kleinstbetriebe", die Personen in abhängiger Arbeit beschäftigen, in den Anwendungsbereich des Gesetzes (vgl. ArbG Berlin 17.4.2015, 28 Ca 2405/15, juris; *Knopp,* NZA 2015, 851).

10 Große Bedeutung für das Arbeitsleben erfährt der Mindestlohn darüber hinaus auch dadurch, dass er nach dem Gesetzeswortlaut **im Kern in *jeder* Arbeitsvergütung** eines *jeden* Arbeitnehmers enthalten ist. Diese Erkenntnis war im Zusammenhang mit dem Erlass des Gesetzes zunächst auf einige Skepsis gestoßen (s. etwa *Spielberger/Schilling,* NZA 2014, 414, 416, **a. A.** auch: *Lakies,* AuR 2014, 343, 345; 1 Rn. 129f.; *Jöris/v. Steinau-Steinrück,* BB 2014, 201, 204), hat sich mittlerweile aber mehr oder weniger durchgesetzt (s. nur: *Preis/Ulber,* S. 11, 25; Düwell/Schubert/*Düwell* § 1 Rn. 19; *Riechert/Nimmerjahn* § 1 Rn. 3; *Viethen,* NZA-Beilage 2014, 143, 145; *Bayreuther,* NZA 2014, 865, 866, 873; *Waltermann,* AuR 2015, 166; *Lembke,* NZA 2015, 70, 73; *Sittard,* NZA 2014, 951, 952f.; *Sagan/Witschen,* jM 2014, 372, 374). Mittelbar wird das durch § 2 Abs. 2 S. 1 bestätigt. Auch hat das BAG in einer betriebsverfassungsrechtlichen Entscheidung für den entsenderechtlichen Mindestlohn in der Pflegebranche ausdrücklich darauf hingewiesen, dass dieser unabhängig davon greife, ob der Arbeitgeber den Pflegekräften ein das Mindestentgelt übersteigendes Entgelt zahle (BAG v. 22.7.2014 – 1 ABR 96/12, NZA 2014, 1151, Rn. 31ff.). Dafür spricht schon, dass es sinnwidrig wäre, wenn der Arbeitgeber, sobald er dem Arbeitnehmer einen Lohn von 8,51 Euro in der Stunde zusagt, nicht mehr an die Vorgaben des MiLoG gebunden ist und zwar unabhängig davon, ob die versprochene Lohnzusage auch tatsächlich eingehalten wird (so auch das BAG v. 22.7.2014 – I ABR 96/12, NZA 2014, 1151). Daraus folgt, dass das Gehalt auch aller „Nicht-Mindestlöhner" in einen mindestlohnrelevanten und einen nicht mindestlohnrelevanten Teil zerfällt. Die Konsequenzen verdeutlichen folgende beiden

Beispiele: (1.) Arbeitnehmer A erhält nach dem Arbeitsvertrag bei einer 40 Stunden-Woche ein Bruttomonatsgehalt von 2.000 Euro. Mindestlohn: 40 × 4,33 Wochen/Monat = 173 Monatsstunden. 173 × 8,50 Euro = 1.470,50 Euro. Nicht vom MiLoG betroffen sind mithin lediglich 529,50 Euro.

(2.) Der leitende Angestellte A erhält ein in zwölf Teilen ausbezahltes Jahresentgelt in Höhe von 100.000 Euro (Monatsgehalt also: 8.333 Euro). Im Monatsdurchschnitt arbeitet er 230 Stunden (was arbeitszeitrechtlich zulässig ist, s. § 18 Abs. 1 Nr. 1 ArbZG). Damit überwiegt der frei disponible Gehaltsteil (6.378 Euro im Monat) zwar erheblich, doch unterfallen immerhin 1.955 Euro im Monat bzw. jährlich 23.460 Euro (nämlich 230 Stunden x 8,50 Euro) dem MiLoG.

11 Damit finden sämtliche Regelungsmechanismen des Gesetzes, die absichern sollen, dass ein Arbeitnehmer zum maßgeblichen Fälligkeitszeitpunkt tatsächlich den Mindestlohn erhält, auf jeden in Deutschland abhängig Beschäftigten Anwendung. Zwischen (vermeintlich) „echten Mindestlöhnern" und „normalen" Arbeitnehmern ergibt sich nur insoweit ein Unterschied als die Sicherungsinstrumentarien des MiLoG für erstere einschränkungslos gelten, während es für die zuletzt genannte Arbeitnehmergruppe zu einer Aufspaltung ihres Gehalts in einen mindestlohnrelevanten und einen nicht mindestlohnrelevanten Teil kommt. Das hat weitreichende Folgen: Auch ein Arbeitnehmer, der, ggf. sogar deutlich, über dem Mindestlohn verdient, kann einen ihm nicht ausbezahlten Mindestlohn auch dann noch einklagen, wenn er eine im Arbeitsvertrag vereinbarte Ausschlussfrist versäumt hat (s. § 3 S. 1). Auch würde sich eine etwa in einem Aufhebungsvertrag vereinbarte Abgeltungsklausel nicht auf noch offene Mindestlohnansprüche erstrecken (§ 3 S. 2). Darüber hinaus könnte es im Prinzip sogar die Zollverwaltung auf den Plan rufen, würde ihm kein Arbeitsentgelt gezahlt werden.

12 Dabei ist aber zu beachten, dass sich das MiLoG stets nur auf den **mindestlohnrelevanten Teil des Gesamtentgelts** erstreckt (vgl. auch § 2 Abs. 2). Soweit der Mindestlohnteil des Gehalts tatsächlich an den Arbeitnehmer ausbezahlt wird, werden die Parteien in ihrer Disposition für den überschießenden Gehaltsteil wieder frei und zwar ohne dass es hierzu einer Tilgungsbestimmung des Arbeitgebers nach § 366 BGB bedürfte. Der Arbeitnehmer kann verbleibende Divergenzen zu seinem Gesamtverdienst nicht einfach dem Mindestlohn zuschlagen, etwa um eine versäumte Ausschlussfrist zu umgehen. S. hierzu ausführlich: Rn. 82. Dies spricht im Übrigen dann auch dafür, dass Vereinbarungen, wie etwa Abgeltungsklauseln oder Ausschlussfristen, die den Mindestlohn mitumfassen, geltungserhaltend dahingehend zu reduzieren sind, dass sie für den disponiblen Gehaltsteil wirksam bleiben. Siehe auch § 3 Rn. 9 u. 12. Für den Arbeitgeber folgt daraus, dass er den Mindestlohn nicht nur zeitgerecht und vollständig auszubezahlen hat, sondern auch Zahlungen sorgfältig dokumentieren und einschlägige Nachweise, ggf. bis zum Ablauf der Regelverjährung, aufbewahren sollte.

III. Verhältnis zu anderen Mindestlohnregelungen, zu Tarifverträgen und zu vergaberechtlichen Mindestlöhnen

1. Mindestlöhne nach dem AEntG und AÜG

13 Der gesetzliche Mindestlohn ist gegenüber **Mindestlöhnen nach dem AEntG** und dem **AÜG subsidiär.** Allerdings darf der bereichsspezifische Mindestlohn den nach § 1 Abs. 1 und 2 festgesetzten Mindestlohn nicht unterschreiten. Das ist gegenwärtig nur noch in wenigen Branchen der Fall, die vorerst allerdings in den Genuss der Übergangsregelung des § 24 gelangen (s. hierzu ausführlich die Kommentierung des § 24); überdies steht insgesamt zu erwarten, dass die bereichsspezifischen Mindestlöhne in Zukunft über dem Lohnsatz des MiLoG liegen werden. So gese-

hen normiert Abs. 3 also eine Art Günstigkeitsprinzip zwischen den branchengestützten Mindestlöhnen und dem Mindestlohn nach dem MiLoG.

14 Nicht vorrangig sind Tarifverträge, die „lediglich" durch eine AVE nach § 5 TVG für verbindlich erklärt werden. Diese werden nach der Novelle des AEntG im Jahr 2014 nämlich nicht mehr auf ausländische Diensterbringer erstreckt, so dass es sich bei ihnen um keine Regelung i. S. d. AEntG handelt. Große Bedeutung erlangt das nicht. Lohntarifverträge werden nur in seltenen Fällen für allgemeinverbindlich erklärt (Ausnahme aber: Mindestlohntarifvertrag für das Schornsteinfegerhandwerk, BAnz. v. 18. Juli 2014). Soweit zuletzt Lohntarifverträge überhaupt für allgemeinverbindlich erklärt wurden, hat sich deren Erstreckung mittlerweile erledigt, weil die einschlägigen Branchen in das AEntG aufgenommen und die Tarifverträge daher über § 7 bzw. § 7a AEntG erstreckt wurden (etwa: TV Mindestentgelt für das Friseurhandwerk vom 31.7.2013, allgemeinverbindlich ab 1.11.2013, nunmehr nach § 7a AEntG erstreckt durch die „Verordnung über zwingende Arbeitsbedingungen im Friseurhandwerk" v. 9.12.2014, BAnz AT 10.12.2014 V1). Eine Ausnahme hiervon macht § 1 Abs. 3 S. 2. Danach wäre ein Mindestlohntarifvertrag in der Baubranche vorrangig, wenn dieser für allgemeinverbindlich erklärt wurde (s. § 4 Abs. 1 Nr. 1 sowie §§ 5 und 6 Abs. 2 AEntG). Auch diese Bestimmung hat nur einen schmalen Anwendungsbereich, da für einschlägige Tarifverträge auch in der Baubranche ausnahmslos eine Rechtsverordnung nach § 7 AEntG erlassen wird (Ausnahme lediglich: Vorgabe von Überstundenzuschlägen nach § 3 Nr. 6.1 BRTV Bau).

15 Damit relativiert sich die Bedeutung des MiLoG nicht unerheblich. Denn viele Arbeitnehmer, die in Niedriglohnsektoren beschäftigt sind und daher im Kern auf den Schutz durch einen gesetzlichen Mindestlohn angewiesen wären, fallen nach § 1 Abs. 3 aus dem Anwendungsbereich des MiLoG heraus. Für die meisten (einmal ganz unvorsichtig formuliert:) „lohnprekären" Branchen sind nämlich bereits durch das AEntG bzw. AÜG Mindestlöhne festgesetzt. Diese Tendenz wird dadurch verstärkt, dass mit dem durch Art. 6 TarifAutStG neu in das AEntG eingefügten §§ 4 Abs. 2 und 7a nunmehr prinzipiell eine Erstreckung von Tarifverträgen in allen Branchen möglich ist (s. zu diesem Befund auch: *Riechert,* § 1 Rn. 187). Hiervon wurde zwischenzeitlich auch mehrfach Gebrauch gemacht. Zum Zeitpunkt des Manuskriptabschlusses bestanden für folgende Branchen Mindestlöhne:

- Abfallwirtschaft einschl. Straßenreinigung und Winterdienst
- Arbeitnehmerüberlassung
- Aus- und Weiterbildung nach dem SGB II und III
- Baugewerbe
- Bergbauspezialarbeiten auf Steinkohlebergwerken
- Dachdeckerhandwerk
- Elektrohandwerk
- Fleischwirtschaft

- Friseurhandwerk
- Gebäudereinigerhandwerk
- Gerüstbauerhandwerk
- Land-, Forstwirtschaft und Gartenbau
- Maler- und Lackiererhandwerk
- Pflegebranche
- Steinmetz- und Steinbildhauerhandwerk
- Textil- und Bekleidungsindustrie
- Wäschereidienstleistungen im Objektkundengeschäft.

16 Unterfällt das Arbeitsverhältnis dem Lohnregime des AÜG oder des AEntG, ist das MiLoG insgesamt nicht einschlägig. Das heißt, dass der Arbeitnehmer nicht nur den (höheren) Mindestlohn nach den einschlägigen Branchenregelungen beanspruchen kann, vielmehr greifen auch alleine die Sicherungsinstrumentarien des AEntG, des § 3a AÜG bzw. die des jeweils erstreckten Tarifvertrags, etwa was Ausschlussfristen, Verzicht, Verwirkung oder Arbeitszeitkonten betrifft (Düwell/Schubert/*Düwell,* § 1 Rn. 92; *Bayreuther,* NZA 2015, 385, 388; *Lembke,* NZA 2015, 70, 72).

17 Die Vorrangregelung des Abs. 3 greift nur, wenn das jeweils in Rede stehende Arbeitsverhältnis auch **tatsächlich vom persönlichen Geltungsbereich** des in Betracht kommenden AEntG-Tarifvertrags bzw. der Verordnung nach § 3a AÜG erfasst wird (*Riechert,* § 1 Rn. 182ff.; Düwell/Schubert/*Düwell,* § 1 Rn. 86; *Bayreuther,* NZA 2015, 385, 388). Es genügt also nicht, dass der Betrieb des Arbeitgebers in einer einschlägigen Branche angesiedelt ist und auch nicht, dass dort andere oder gar die Mehrheit der Arbeitsverhältnisse dem Mindestlohntarifvertrag unterliegen. Schließlich bleibt es auch beim gesetzlichen Mindestlohn, wenn für das Arbeitsverhältnis eine Ausnahme nach § 6 AEntG einschlägig ist.

Beispiele: (1.) Arbeitnehmer A ist in der Buchhaltung der Bauunternehmung B beschäftigt. Als nicht-gewerblicher Arbeitnehmer unterfällt er nicht dem Mindestlohntarifvertrag des Baugewerbes (§ 1 Abs. 3 Mindestlohntarifvertrag vom 3.5.2013, erstreckt durch die Neunte Verordnung über zwingende Arbeitsbedingungen im Baugewerbe v. 16.10.2013, BAnz AT 18.10.2013 V1).
(2.) Ein bei einem Gebäudereinigungsunternehmen angestellter Arbeitnehmer ist an einer Müllpresse tätig und entsorgt dort Verpackungsmüll. Er unterfällt nicht dem AEntG-Tarifvertrag für das Gebäudereinigerhandwerk (BAG v. 23.10.2013 – 4 AZR 431/12, NZA 2014, 497); (3.) Gleiches gilt für einen Arbeitnehmer, der in einem Krankenhaus Geschirr reinigt (BAG v. 19.2.2003 – 4 AZR 118/02, NZA 2003, 1295; s. zur Abgrenzung auch: BAG v. 30.1.2013 – 4 AZR 272/11, NZA 2013, 808 „Laborspülkraft" u. v. 25.9.2013 – 4 AZR 99/12, NZA-RR 2014, 249 „Reinigung von Krankenhausbetten" – für diese beiden Konstellationen gilt der Mindestlohn nach dem AEntG; zu den persönlichen Geltungsbereichen zahlreicher Mindestlohntarifverträge: *Dreyer,* PuR 2014, 236).

18 Bedeutung erlangt dies insbesondere für **Praktikanten.** Soweit der einschlägige AEntG-Tarifvertrag bzw. die Rechtsverordnung nach § 3a AÜG den jeweiligen Mindestlohn nicht auf Praktikanten erstreckt, gilt:

Erbringen diese Personen entgegen ihrer Titulierung in Wirklichkeit abhängige Arbeit, sind sie Arbeitnehmer und unterfallen in der Folge der Mindestlohnregelung nach dem AEntG. Handelt es sich bei diesen dagegen um Praktikanten i. S. d. § 22, gilt für sie das MiLoG, dies freilich einschließlich der in § 22 Abs. 1 Hs. 2 vorgesehenen Ausnahmen.

2. Tarifverträge

19 Abgesehen von der Übergangsregelung des § 24 enthält das MiLoG **keine Öffnungsklausel** zu Gunsten von Tarifverträgen. Mindestlohnwidrige Tarifabreden sind daher nach § 3 S. 1 unwirksam (zu den Folgen, s. Rn. 21 ff. u. § 3 Rn. 4 ff.). Das hatte im Umfeld der AEntG-Novelle 2009 einige Kritik auf sich gezogen. Argumentiert wurde, dass Tarifvertragsparteien zumindest mindestlohnabweichende Sanierungstarifverträge und beschäftigungssichernde Tarifverträge schließen können müssten (*Löwisch,* RdA 2009, 215, 220; ähnlich auch: *Thüsing,* ZfA 2008, 590). Indes erscheint mehr als fraglich, ob es dazu wirklich kommen würde. Gegenstand von Sanierungsabreden sind in aller Regel „weiterführende" Leistungen des Arbeitgebers, wie etwa Gratifikationen, Zulagen, Überstundenentgelte oder das 13. Gehalt bzw. das Urlaubsgeld. Soweit Sanierungsvereinbarungen darüber hinaus der Belegschaft einen Lohnverzicht auferlegen, würden diese wohl noch nicht einmal in Ausnahmefällen so massiv ausfallen, dass damit selbst in unteren Lohngruppen der Mindestlohn unterschritten werden würde (vgl. dazu die Konstellation der Holzmann-Entscheidung des BAG v. 8. 10. 2008 – 5 AZR 8/08, NZA 2009, 98) wo der Sanierungstarifvertrag, obgleich er der Belegschaft große Opfer abverlangte, noch nicht einmal den signifikant höheren AEntG-Mindestlohn der Baubranche überschritt).

3. Landestariftreuegesetze

20 Das MiLoG hat keinen Einfluss auf die zahlreichen **Landestariftreuegesetze,** die **Mindestlohnvorgaben** enthalten (s. hierzu auch: Tariftreueregelungen, Rn. 12 ff.). Soweit die jeweiligen Regelungen einen Mindestlohn von 8,50 Euro vorgeben, haben diese aber nur noch vertragsrechtliche Bedeutung, als sie dem Auftraggeber für den Fall eines Mindestlohnverstoßes zivilrechtliche Sanktionen zur Hand geben (etwa: Kündigung des Vertrags, Verwirkung einer Vertragsstrafe). Gehen diese dagegen über den Lohnsatz des § 1 Abs. 2 hinaus (etwa: NRW: 8,62 Euro; Schleswig-Holstein: 9,18 Euro, Rheinland-Pfalz, 8,90 Euro; Einzelheiten dazu auf einen Blick unter: http://www.boeckler.de/pdf/wsi_ta_tariftreue_uebersicht.pdf), ändert hieran auch das MiLoG nichts. Davon abgesehen, dass § 2 Abs. 3 zu erkennen gibt, dass das MiLoG nur subsidiäre Geltung gegenüber höheren Mindestlohnvorgaben beansprucht, hat der Bund mit dem Erlass des MiLoG lediglich von seiner konkurrierenden Gesetz-

gebungskompetenz nach Art. 74 Abs. 1 Nr. 12 GG (Arbeitsrecht) Gebrauch gemacht. Die einschlägigen Landesgesetze sind aber dem Kompetenztitel des Art 74 Abs. 1 Nr. 11 GG, also dem Recht der Wirtschaft, zuzuordnen (BVerfG v. 11.7.2006 – 1 BvL 4/00, BVerfGE 116, 202 = NJW 2007, 51, 52; *Schmid/Rödl,* Bedarf und Möglichkeiten einer Novellierung des Berliner Vergabegesetzes, 2008, S. 60ff.; ausdrücklich für die Zeit nach dem Inkraftreten des MiLoG auch: Vergabekammer Rheinland-Pfalz v. 23.2.2015 – VK 1-39/14, Rn. 63ff., juris). Allerdings ist derzeit noch nicht abschließend geklärt, inwieweit ein vergaberechtlicher Mindestlohn europarechtskonform ist. Hierfür sprechen gute Gründe (*Däubler,* NZA 2014, 694, 696; *Glaser/Kahl,* ZHR 177 (2013), 643, 655; *Rödl,* EuZW 2011, 292, 294; **a. A.** aber VG Düsseldorf v. 27.8.2015, 6 K 2793/13; Vergabekammer Lüneburg 15.5.2015, VgK-9/2015, Rn. 91ff., juris; *Krebber,* EuZA 2013, 435;), doch bleibt abzuwarten, wie sich der EuGH insoweit positionieren wird. Gelegenheit hierzu bietet ihm eine Vorlage seitens des OLG Koblenz (OLG Koblenz v. 19.2.2014 – 1 Verg 8/13, NZBau 2014, 317; Az. beim EuGH: C-115/14 [RegioPost]). Keinen Einfluss nimmt dagegen die Entscheidung Bundesdruckerei gegen Stadt Dortmund (EuGH v. 18.9.2014 – C-549/13, NZA 2014, 1129 [Bundesdruckerei GmbH/ Stadt Dortmund]), weil sie sich auf einen ganz besonders gelagerten Sachverhalt bezieht. Im Fall ging es um eine Vergabe an einen Anbieter, der die zu vergebenden Druckaufträge alleine im Ausland vornehmen wollte und sich deshalb nicht dem inländischen Vergabemindestlohn unterwerfen wollte.

IV. Mindestlohnwidrige Vergütungsabreden und sittenwidriges Arbeitsentgelt

1. Eingreifen des § 612 Abs. 2 BGB oder lediglich Korrektur auf den gesetzlichen Mindestlohn?

21 Außerordentlich umstritten ist, ob an die Stelle der mindestlohnunterschreitenden Vergütungsabrede lediglich der Mindestlohn oder nach § 612 Abs. 2 BGB der ortsübliche Lohn tritt.

22 **a) Mindestlohnunterschreitende Altabreden, Verweisungsklauseln und zwischenzeitliche Gehaltsanhebungen.** Allerdings ist mit der Annahme, dass der vertragliche Lohn unterhalb des Mindestlohns liegt, Zurückhaltung geboten. *Riechert/Nimmerjahn* (§ 3 Rn. 5) vertreten den Ansatz, das sich das Unwirksamkeitsverdikt des § 3 alleine auf Abreden beziehen soll, mit denen ein mindestlohnunterschreitendes Gehaltsniveau *„gestaltet"* werden soll. Dogmatisch ist dies indes nicht ganz zwanglos begründbar, weil weder § 3 S. 1, noch – sollte man in mindestlohnunterschreitenden Abreden einen Verstoß gegen ein gesetzliches Ver-

bot sehen – § 134 BGB eine subjektive Tatbestandsseite beinhalten. In der Tat gilt es aber das Augenmerk auf **ältere Vergütungsabreden** zu richten, bei denen im Vertragsdokument ein unter dem Mindestlohn liegendes Gehaltsniveau aufgeführt ist, dem Arbeitnehmer aber längst ein höheres Entgelt bezahlt wird (Beispiel: Arbeitsvertrag aus dem Jahr 1989: Nach dem Vertragsdokument beträgt der Stundenlohn des Arbeitnehmers umgerechnet 4 Euro. Tatsächlich erhält dieser aber seit einiger Zeit 8,50 Euro in der Stunde). In vielen Fällen ist es nämlich so, dass eine im Arbeitsvertrag enthaltene Bezifferung des Gehalts nur **informatorischen Charakter** hat, die den Arbeitnehmer lediglich über das bei Vertragsabschluss aktuelle Gehaltsniveau informieren soll und daher die Vergütungsvereinbarung nicht vollständig abbildet. Dazu kommt es insbesondere dann, wenn im Arbeitsvertrag zwar das Gehalt beziffert ist, gleichzeitig aber dynamisch auf einen Tarifvertrag verwiesen wird. In einem solchen Fall ist die **Verweisungsklausel** schon wegen § 305c BGB vorrangig (BAG v. 9.11.2005 – 5 AZR 128/05, BAGE 116, 185 = NZA 2006, 202; v. 18.6.2008 – 7 AZR 116/07, BAGE 127, 74 = NZA 2008, 1302; v. 16.12.2009 – 5 AZR 888/08, NZA 2010, 401). Der Arbeitgeber schuldet mithin den Tariflohn, hinter dem die im Vertrag benannte Vergütung bedeutungslos bleibt. Der gesetzliche Mindestlohn tritt dann nur sekundär zu der eigentlichen Vertragsabrede.

23 Ähnliches gilt im Ergebnis, wenn der im Vertrag niedergelegte Arbeitslohn in der Vergangenheit immer wieder angehoben wurde und zwischenzeitlich das Mindestlohnniveau erreicht oder gar überschritten hat. In der Auszahlung einer höheren Vergütung liegt häufig ein **konkludentes Angebot** des Arbeitgebers auf Vertragsänderung unter Verzicht auf Zugang der Annahmeerklärung nach § 151 S. 1 BGB. Der Arbeitnehmer akzeptiert dieses durch Entgegennahme der aufgestockten Lohnzahlungen. Das wird bestätigt durch die jüngere Rechtsprechung des BAG, wonach der Arbeitgeber auch außerhalb der betrieblichen Übung (der ein kollektiver Einschlag innewohnt) durch eine gleichförmige Leistungsgewährung einen arbeitsvertraglichen Anspruch des Arbeitnehmers auf die jeweils gewährte Leistung begründet (BAG v. 21.4.2010 – 10 AZR 163/09, NZA 2010, 808, Rn. 14ff.; s. auch Schaub/*Koch,* § 110 Rn. 3). Hieran vermag auch ein im Arbeitsvertrag enthaltenes Schriftformerfordernis nichts zu ändern. Ein einfaches bleibt schon deshalb ohne Auswirkungen, weil die Änderungsabrede dieses aufhebt (s. BAG v. 20.5.2008 – 9 AZR 382/07, BAGE 126, 364 = NZA 2008, 1233, Rn. 17; v. 14.9.2011 – 10 AZR 526/10, BAGE 139, 156 = NZA 2012, 81, Rn. 17), ein doppeltes, weil es hier um eine Individualabrede geht, die sich jedenfalls wegen § 305b BGB gegen ein lediglich formularmäßig in den Arbeitsvertrag eingeführtes Schriftformgebot durchsetzt (BAG v. 20.5.2008 – 9 AZR 382/07, BAGE 126, 364 = NZA 2008, 1233, Rn. 18). Selbst wenn man dem nicht folgen und die Vertragsabrede nach wie vor als „mindestlohnunterschreitend“ ansehen würde, hätte dies alleine individualrechtliche, hingegen keine öffentlich-rechtlichen Konsequenzen. Der Inhalt des Arbeitsvertrags nimmt auf die Kontroll- und Sanktionsbefugnis der Zollverwaltung keinen Einfluss; für diese ist alleine entscheidend, was dem Arbeitnehmer im Saldo ausbezahlt wurde.

24 **b) Mindestlohnunterschreitende Vergütungsabreden und ortsübliche Vergütung.** Anders liegen dagegen die Dinge, soweit die vertraglich vereinbarte Vergütung dezidiert unterhalb des Mindestlohns liegt. Diese ist nach § 3 MiLoG unwirksam; an ihre Stelle tritt der nach **§ 612 Abs. 2 BGB einschlägige Arbeitslohn** (Düwell/Schubert/*Trümner,* § 3 Rn. 17; *Lakies,* § 3 Rn. 5; *ders.,* AuR 2014, 360, 363; *Bayreuther,* NZA 2014, 865, 866; *ders.,* NZA 2015, 385, 387; *Däubler,* NJW 2014, 1924, 1927; *Moll/Päßler/Reich,* MDR 2015, 125, 128; *Nebel/Kloster,* BB 2014, 2933; *Pötters/Krause,* NZA 2015, 398; *Rudkowski,* ZWE 2015, 11, 13; *Siebert/Klagges,* ArbR 2014, 577, 579; *Viethen,* NZA Beilage 4/2014, 143, 146; in der Tendenz ebenso: *Schubert/Jedel/Düwell,* Rn. 91; *Insam/Hinrichs/Tacou,* NZA-RR 2014, 569, 573).

25 Diese Annahme ist allerdings alles andere als unumstritten geblieben. Vielmehr setzt sich eine breite Strömung in der Literatur dafür ein, mindestlohnunterschreitende Vergütungsabreden lediglich auf die Höhe des Mindestlohns zu korrigieren:

Baeck/Winzer/Kramer, NZG 2015, 265, 267; ErfK/*Franzen,* § 3 MiLoG Rn. 1; *Lembke,* NZA 2015, 70, 77; *Riechert/Nimmerjahn,* § 3 Rn. 5; *Schiefer,* PuR 2015, 30; *Waltermann,* AuR 2015, 166, 170; *Sittard,* RdA 2015, 99, 106; *ders.,* NZA 2014, 951; *Grau/Sittard,* ArbRB 2014, 336, 337; *Berndt,* DStR 2014, 1878, 1882; *Boemke,* JuS 2015, 385, 387 ff. *Jöris/v. Steinau-Steinrück,* BB 2014, 2101, 2103.

25a Argumentiert wird, dass mit dem Mindestlohn eine gesetzliche Lohnfestlegung vorhanden ist und das Arbeitsverhältnis daher trotz Wegfall der unwirksamen Vergütungsregelung nicht vollständig inhaltlos würde. Weiter wird darauf verwiesen, dass § 3 S. 1 gesetzeswidrige Vertragsabreden nur „insoweit" verwirft, als diese tatsächlich nicht mit dem MiLoG kompatibel sind und daher eine geltungserhaltende Reduktion (i. w. S.) unzureichender Vertragsabreden anordnet. Das überzeugt indes nicht. Mit einer Aufstockung des Gehalts alleine auf den Mindestlohn würde nicht etwa eine überschießende Abrede um ihren unzulässigen Teil verkürzt, sondern vielmehr eine „untermäßige" Vereinbarung um einen nicht vorhandenen Bestandteil ergänzt. Auch handelt es sich beim gesetzlichen Mindestlohn um keine rechtsgeschäftlich vereinbarte „Vergütungsabrede", sondern vielmehr nur um eine Lohnuntergrenze, die dem Arbeitnehmer alleine einen gesetzlichen Lohnanspruch zur Hand gibt (Rn. 4), rechtstechnisch gesehen bleibt der Arbeitsvertrag aber ohne Vergütungsabrede. Weiter kommt hinzu, dass wenn man der Gegenansicht folgen würde, sich der Anwendungsbereich des § 612 Abs. 2 BGB mehr oder weniger auf das „freie" Dienstvertragsrecht beschränken würde. Denn der gesetzliche Mindestlohnanspruch greift ja auch dann, wenn sich die Parteien über gar keine Gehaltsvereinbarung verständigt haben. Soweit man also nicht vertreten will, dass ein Arbeitsvertrag auf den Mindestlohn angehoben werden würde, sollten die Parteien ein Entgelt unterhalb der 8,50 Euro angesetzt haben, der Arbeitnehmer aber die höhere ortsübliche Vergütung fordern dürfte, wenn sie gar kein Entgelt verabredet hatten, würde man dem Gesetzgeber unterstellen müssen, dass er mit dem Erlass des MiLoG § 612 Abs. 2 BGB faktisch aufheben wollte. Auch wäre mit einem Eingreifen des § 612 Abs. 2 BGB auch eine gewisse Sanktionswirkung verbunden. Das verhindert, dass es der Arbeitgeber erst einmal mit mindestlohnunterschreitenden Vergütungen versuchen könnte, weil er ja nur das Risiko eingeht, dass der Arbeitslohn auf den ohnehin geschuldeten Mindestlohn angehoben wird.

26 Der gesetzliche Mindestlohn ist auch **keine „taxgemäße" Vergütung** i. S. d. § 612 Abs. 2 Alt. 1 BGB. Zwar wurde zum AEntG und zum früheren, nie aktivierten MiArbG vertreten, dass deren Löhne einer Taxe zumindest „nahekommen" würden (MüKoBGB/*Müller-Glöge,* § 612 BGB Rn. 28; *Diringer,* NZA Editorial 2/2014; *Forst,* DB 2015, 863; wie hier: ErfK/*Preis,* § 612 BGB Rn. 36; Staudinger/*Richardi/Fischinger,* § 612 BGB Rn. 44; *Baeck/Winzer/Kramer,* NZG 2014, 254; *Däubler,* NJW 2014, 1924; *Viethen,* NZA-Beilage 2014, 143). Bei einer „Taxe" handelt es sich aber um ein Vergütungssystem, wie etwa den Vergütungssätzen der BRAO (ErfK/*Preis,* § 612 BGB Rn. 36; MüKoBGB/*Müller-Glöge,* § 612 BGB Rn. 28; Staudinger/*Richardi/Fischinger,* vor § 611 BGB Rn. 171, § 612 BGB Rn. 44), der Mindestlohn stellt dagegen lediglich eine absolute und überdies sozialpolitisch motivierte Lohnuntergrenze dar. Der Arbeitgeber schuldet also die Vergütung, die im Wirtschaftsgebiet üblicherweise für eine vergleichbare Tätigkeit bezahlt wird. Das wird häufig der in einem fachlich und räumlich einschlägigen Tarifvertrag vorgesehene Arbeitslohn sein (s. dazu: BAG v. 14.6.1994 – 9 AZR 89/93, BAGE 77, 70 = NZA 1995, 178; ErfK/*Preis,* § 612 BGB Rn. 38f.).

27 Selbstredend kann sich der Arbeitnehmer aber auch darauf beschränken, an Stelle des ortsüblichen Lohns lediglich den Mindestlohn geltend zu machen. Dies wird er in vielen Fällen schon deshalb tun, weil er für die Höhe der ortsüblichen Vergütung die **Darlegungs- und Beweislast** trägt (BAG v. 12.3.2008 – 4 AZR 616/06, DB 2009, 122, Rn. 53; ErfK/*Preis,* § 612 BGB Rn. 44; HWK/*Thüsing,* § 612 BGB Rn. 47). Es versteht sich, dass die Zollverwaltung von vorneherein auf die Verfolgung des Mindestlohnanspruchs beschränkt ist.

28 **c) Anpassung mindestlohnunterschreitender Vergütungsabreden.** Folgt man der hier vertretenen Auffassung, muss der Arbeitgeber dafür Sorge tragen, dass mindestlohnunterschreitende Vertragsabreden an den Mindestlohn angepasst werden. Dies erlangt nicht nur nach der Einführung des gesetzlichen Mindestlohns Bedeutung, sondern natürlich

auch bei jeder späteren Anpassung. Dies ist freilich nicht erforderlich, wenn man entgegen der hier vertretenen Ansicht mindestlohnwidrige Vergütungsabreden ohnehin nur durch den Mindestlohn ersetzt.

29 Wie in Rn. 23 dargelegt, kann der Arbeitgeber mindestlohnunterschreitende Vergütungsabreden auch durch eine **konkludente Vertragsänderung** an die Vorgaben des MiLoG anpassen. Dazu wird im Regelfall genügen, dass er dem Arbeitnehmer nach dem 1.1.2015 wiederkehrend nicht mehr die geringere Vergütung, sondern den Mindestlohn auszahlt. Dagegen spricht auch nicht, dass der Arbeitgeber dem Arbeitnehmer für eine Zwischenzeit möglicherweise nach § 612 Abs. 2 BGB verpflichtet war, die ortsübliche Vergütung zu zahlen und eine konkludente Vergütungsvereinbarung auf den Mindestlohn daher bei genauer Betrachtung zu einer „Lohnkürzung" führen würde (so dass es dem Arbeitnehmer am notwendigen Willen fehlen könnte, um den Vertrag an den Mindestlohn anzupassen). Derart würde man den Bogen überspannen, denn dem Arbeitgeber muss es möglich sein, auch im Fall, dass er nicht sofort auf die Einführung bzw. Anpassung des Mindestlohns reagiert, den ihm auferlegten Rechtspflichten nachkommen zu können. Theoretisch gesehen wäre ihm wohl sogar der Ausspruch einer Änderungskündigung zur Gehaltsanhebung möglich. Dagegen lässt sich nicht einwenden, dass im AGB-Recht – insbesondere nach Inkrafttreten der Schuldrechtsnovelle – Änderungskündigungen als Mittel zur Anpassung von Altverträgen an die §§ 305 ff. BGB ausgeschlossen wurden (s. dazu: ErfK/*Preis*, §§ 305 ff. BGB Rn. 20). Der Arbeitgeber ist nämlich nicht gehalten, in seine Arbeitsverträge allgemeine Geschäftsbedingungen aufzunehmen, die von Gesetzesrecht abweichen. Ganz im Gegensatz hierzu verpflichtet die Rechtsordnung den Arbeitgeber zur Einhaltung und Gewährung des Mindestlohns. Sie muss ihm daher auch eine adäquate Möglichkeit eröffnen, um früher zulässige, nunmehr aber nicht mehr gesetzeskompatible Vertragsbestandteile an die neue Rechtslage anzupassen.

30 Sollte der Arbeitgeber dem Arbeitnehmer eine erforderliche Anhebung seines Gehalts anbieten und der Arbeitnehmer sich dieser mit Blick auf ein mögliches Eingreifen des § 612 Abs. 2 BGB verweigern, handelt er **rechtsmissbräuchlich.** Eine Vergütungsnachforderung auf den ortsüblichen Vergleichslohn ist dann nach § 242 BGB ausgeschlossen (so auch *Pötters/Krause,* NZA 2015, 398).

2. Sittenwidriges Arbeitsentgelt

31 Nach der Rechtsprechung des BAG liegt zwischen der Arbeitsleistung und dem Arbeitslohn ein auffälliges Missverhältnis i. S. d. § 138 BGB vor, wenn die Arbeitsvergütung nicht einmal **zwei Drittel** des in der betreffenden Branche und Wirtschaftsregion üblicherweise gezahlten Tariflohns erreicht (BAG v. 17.12.2014 – 5 AZR 663/13, NZA 2015, 608, Rn. 18; v. 17.10.2012 – 5 AZR 792/11, BAGE 143, 212 = NZA 2013,

266, Rn. 19; v. 18.4.2012 – 5 AZR 630/10, BAGE 141, 137 = NZA 2012, 978, Rn. 11; v. 22.4.2009 – 5 AZR 436/08, BAGE 130, 338 = NZA 2009, 837, Rn. 17). An die Stelle der dann nichtigen Lohnvereinbarung tritt gem. § 612 Abs. 2 BGB die übliche Vergütung, die sich in der Regel an der tariflichen Referenzvergütung im jeweiligen Wirtschaftsgebiet festmacht (Einzelheiten bei: ErfK/*Preis*, § 612 BGB Rn. 3ff.).

32 Diese Rechtsprechung besteht **unabhängig neben dem Mindestlohn** fort (*Forst*, DB 2015, 863; *Grau/Sittard*, ArbRB 2014, 336, 337; *Wank*, RdA 2015, 88, 94). Ein Arbeitslohn kann auch dann in einem auffälligen Missverhältnis zur Arbeitsleistung stehen, wenn er über den Mindestlohn hinausgeht. Bei § 138 BGB ist nämlich nicht etwa maßgeblich, dass die Vergütung abstrakt gesehen unter einer bestimmten Mindestgrenze liegt, sondern dass sie in keinem Verhältnis zum objektiven Wert der Leistung des Arbeitnehmers steht. Daher kann auch eine Entgeltabrede, die, ggf. sogar deutlich, über dem Mindestlohn liegt, sittenwidrig sein. Umgekehrt wird die sittenwidrige Vergütung nicht etwa nur auf das Niveau des Mindestlohns angehoben, sondern an das nach § 612 BGB übliche Entgelt angeglichen (s. hierzu auch Rn. 20ff. u. 26ff.). Auf das Verhältnis von §§ 134 und 138 BGB kommt es dabei nach der hier vertretenen Auffassung nicht an (s. dazu: *Forst*, DB 2015, 836), weil die Unwirksamkeit der mindestlohnunterschreitenden Vergütungsabrede direkt aus § 3 folgt. Das nach §§ 138, 612 Abs. 2 BGB angehobene Entgelt muss aber natürlich stets die Lohngrenze von 8,50 Euro erreichen.

Beispiele: (1.) Im Wirtschaftszweig wird für eine bestimmte Tätigkeit üblicherweise ein Tariflohn von 14 Euro gezahlt. Arbeitslöhne, die unter 9,33 Euro liegen, sind sittenwidrig. Erhält ein Arbeitnehmer lediglich 9 Euro, kann er nach der Rechtsprechung des BAG eine Anhebung seiner Vergütung auf 14 Euro beanspruchen.
(2.) Der im Wirtschaftszweig übliche Lohn beträgt 14 Euro. Dem Arbeitnehmer werden jedoch nur 8 Euro gezahlt. Er muss sich in diesem Fall nicht etwa mit 8,50 Euro begnügen, sondern kann vielmehr das übliche Entgelt, also 14 Euro verlangen.
(3.) Der übliche Lohn beträgt 10 Euro. Der Arbeitnehmer erhält lediglich 8 Euro. Die Sittenwidrigkeitsgrenze (hier: 6,66 Euro) ist nicht tangiert. Dem Arbeitnehmer steht aber der gesetzliche Mindestlohn in Höhe von 8,50 Euro zu.

V. Mindestlohn für die Zeitstunde

1. Maßgebliche Arbeitszeit

33 Nach § 1 Abs. 2 ist der gesetzliche Mindestlohn in Höhe von 8,50 Euro *„je Zeitstunde"* zu zahlen. Damit hat der Arbeitnehmer einen Anspruch darauf, dass ihm jede geleistete Arbeitsstunde vergütet wird. Angefangene Zeitstunden sind anteilig zu vergüten (*Lakies*, § 1 Rn. 20). In der Praxis kann insoweit entscheidend sein, ob der Arbeitgeber innerhalb eines be-

stimmten **Referenzzeitraums** die geleistete Gesamtarbeit pauschalisiert mit dem Mindestlohn vergüten darf, so dass für einzelne Arbeitsstunden ein unter dem Mindestlohn liegendes Entgelt gezahlt werden kann, solange nur das Gesamtgehalt des Arbeitnehmers dessen Anspruch auf Mindestlohn für die im maßgeblichen Zeitabschnitt geleisteten Arbeitsstunden erfüllt. Siehe dazu ausführlich: Rn. 77.

34 Der Vergütungsanspruch greift unabhängig davon, wie lange der Arbeitnehmer nach dem Arbeitsvertrag hätte arbeiten müssen, entscheidend ist alleine, wie lange er **tatsächlich gearbeitet hat** (s. aber zum Annahmeverzug: Rn. 57ff.). Unerheblich ist, wie die Parteien oder der Arbeitgeber die jeweilige Arbeitsleistung **bezeichnen.** Damit ist gleich, ob er in Gleit- oder Vertrauensarbeitszeit oder etwa zu flexiblen Arbeitszeiten im Außendienst tätig ist. Entsprechend ist der Mindestlohn selbst für Arbeitszeiten zu entrichten, mit denen die Höchstarbeitszeit des ArbZG überschritten wurde. Siehe auch Rn. 38ff.

2. Minijobs, Vertragsgestaltungen bei drohendem Verlust des Geringverdienerprivilegs

35 Das MiLoG enthält keine Ausnahme für Arbeitnehmer, die unter das **Geringverdienerprivileg** des § 8 Abs. 1 Nr. 1 SGB IV fallen (so genannte Minijobber). Dabei handelt es sich indes um eine rein sozialrechtliche Regelung. Arbeitsrechtlich gesehen handelt es sich bei Geringverdienern um „gewöhnliche" Arbeitnehmer, die lediglich in Teilzeit (§ 2 Abs. 2 TzBfG) beschäftigt sind. Auch sie haben den vollen Bruttoanspruch auf 8,50 Euro pro geleisteter Zeitstunde. Der Arbeitgeber kann sie also nicht darauf verweisen, dass durch die (ggf. partielle) Befreiung von der Sozialversicherungspflicht ihr Nettoverdienst höher liegt als der eines Arbeitnehmers, der voll zur Zahlung von Versicherungsbeiträgen herangezogen wird. In der Konsequenz dürfen Minijobber monatlich nur 52,9 Stunden (= 52 Stunden und 54 Minuten [450 Euro : 8,50 Euro/Stunde]) arbeiten, ansonsten geht ihnen das Geringverdienerprivileg verloren (= 52,9 Stunden). Dies würde nur dann nicht gelten, wenn die Einkommensgrenze nur gelegentlich und nicht vorhersehbar überschritten werden würde (maximal für einen Zeitraum von bis zu zwei bzw. drei Monaten innerhalb eines Zeitjahres, vgl. §§ 8 Abs. 1 Nr. 2 iVm. 115 SGB IV; s. hierzu die von GKV-Spitzenverband, Deutsche Rentenversicherung Bund, Deutsche Rentenversicherung Knappschaft-Bahn-See und Bundesagentur für Arbeit vereinbarten „Richtlinien für die versicherungsrechtliche Beurteilung von geringfügigen Beschäftigungen" v. 12.11.2014, Nr. B.2.3). Überdies kennt das Sozialrecht seit dem 1.1.2015 eine Privilegierung für Saisonarbeitnehmer, die innerhalb eines Kalenderjahres längstens drei Monate oder maximal 70 Arbeitstage beschäftigt sind und deren Entgelt 450 Euro im Monat nicht übersteigt (§§ 115, 8 Abs. 1 Nr. 2 SGB IV). Für solche Arbeitnehmer wurde im Gesetzgebungsverfahren eine Herausnahme aus dem MiLoG gefordert.

Der Gesetzgeber ist diesen Forderungen nicht nachgekommen, vielmehr steht auch kurzzeitig beschäftigten Saisonarbeitnehmern der Mindestlohn im vollen Umfang zu (zur Anrechnung von Kost und Logis von diesen Arbeitnehmern: s. Rn. 124ff., insb. 127ff.).

36 Enthält der Arbeitsvertrag eine monatliche **Arbeitszeit** von über 52,9 Stunden, müssen die Vertragsparteien diese **herabsetzen,** damit das Vertragsverhältnis weiterhin dem Geringerverdienerprivileg unterfällt. Doch sind weder der Arbeitgeber noch der Arbeitnehmer verpflichtet, in eine **entsprechende Änderung einzuwilligen.** Diese kann auch nicht per Änderungskündigung erzwungen werden, weil den Parteien (anders als das bei der in Rn. 29f. geschilderten Problematik der Fall ist) ohne weiteres eine gesetzeskonforme Fortführung des Arbeitsverhältnisses mit der bisherigen Arbeitszeit möglich ist. Erst recht kann sich keine Vertragspartei auf einen Wegfall der Geschäftsgrundlage (§ 313 BGB) berufen, zumal diese im vorliegenden Kontext schon wegen der Vorrangigkeit der Änderungskündigung ausgeschlossen ist (ErfK/*Preis,* § 611 BGB Rn. 379). Übersteigt das Entgelt dann die Geringverdienergrenze, wird das Arbeitsverhältnis ex lege voll sozialversicherungspflichtig (*Lakies,* ArbRAktuell 2014, 527, 528; *ders.,* § 1 Rn. 8ff.; zu den sozial- und steuerrechtlichen Konsequenzen siehe *Rittweger,* DStR-Beiheft 2015, 85).

37 Allerdings ist in einschlägigen Konstellationen stets zu prüfen, ob die im Arbeitsvertrag bezifferte Arbeitszeit auch wirklich dem übereinstimmenden Willen der Vertragsparteien entspricht oder ob nicht eine **Vertragsauslegung gem. §§ 133, 157 BGB** ergibt, dass für die Parteien der Erhalt des Geringverdienerprivilegs im Vordergrund stand. Das wird insbesondere bei wertungsoffenen Altklauseln der Fall sein (etwa: *„Der Arbeitnehmer wird bei einer Arbeitszeit von 54 Stunden auf 450 Euro Basis beschäftigt"*). Erschöpfen sich dagegen die Angaben im Arbeitsvertrag auf eine reine Monatsentgeltvereinbarung ohne Nennung einer konkreten Arbeitszeit, erscheint eine Ergänzung um die dem Arbeitnehmer maximal abverlangbare Arbeitszeit zumindest als sinnvoll.

3. Überstunden, Pauschalabgeltung von Überstunden

38 Auf den Mindestlohn nimmt es keinen Einfluss, ob die fraglichen Stunden während der **Kernarbeitszeit** liegen oder es sich um **„Überstunden"** handelt (*Lakies,* § 1 Rn. 38; *Riechert,* § 1 Rn. 28ff.). Es genügt stets, dass der Arbeitgeber die fraglichen Arbeiten angeordnet hat, die Erwartung zum Ausdruck gebracht hatte, dass der Arbeitnehmer so verfährt oder von einschlägigen Aktivitäten des Arbeitnehmers zumindest Kenntnis erlangt, diese billigt, duldet oder zumindest keinerlei ernst gemeinte organisatorische Vorkehrungen trifft, um der „freiwilligen" Ableistung von Mehrarbeit entgegen zu wirken.

39 Umgekehrt gibt es für Überstunden keinen erhöhten Mindestlohnanspruch. Dies unterscheidet den gesetzlichen Mindestlohn von den Mindestentgelten des AEntG, wo für zusätzlich geleistete Arbeit Überstundensätze verbindlich vorgeschrieben werden können und vor allem in der Baubranche über § 3 Nr. 6.1 BRTV Bau auch werden (s. § 5 Nr. 1 letzter Halbs. AEntG u. Art. 3 Abs. 1 lit. c Entsenderichtlinie). Damit erlangt die für die Mindestlöhne nach dem AEntG umstrittene Feststellung keine Bedeutung, ob sich für einen aus dem Ausland entsandten Arbeitnehmer eines ausländischen Diensterbringers nach Inlands- oder Heimatrecht beurteilt, wann die Schwelle zur Zusatzarbeit überschritten ist (m. E. zu Unrecht für letzteres: BAG v. 19.5.2004 – 5 AZR 449/03, NZA 2004, 1170; ErfK/*Schlachter*, § 1 AEntG Rn. 10, s. auch § 8 AEntG Rn. 17). Ebenso bedeutungslos für das Mindestlohnrecht ist die (ohnehin hinterfragbare) Rechtsprechung des BAG, wonach es keinen allgemeinen Rechtsgrundsatz dahin gibt, dass jede Mehrarbeit oder dienstliche Anwesenheit über die vereinbarte Arbeitszeit hinaus zu vergüten ist (BAG v. 27.6.2012 – 5 AZR 530/11, NZA 2012, 1147; v. 16.5.2012 – 347/11, NZA 2012, 939; v. 22.2.2012 – 5 AZR 765/10, NZA 2012, 861; v. 21.9.2011 – 5 AZR 629/10, NZA 2012, 145).

40 Sieht der Arbeitsvertrag eine **pauschale Abgeltung von Überstunden** mit dem Monatsentgelt vor, muss – vorausgesetzt man lässt eine Lohnberechnung nach dem Referenzprinzip zu (s. Rn. 77) – die Monatsvergütung so hoch bemessen sein, dass sie stets die Stundenzahl abdeckt, die der Arbeitnehmer leisten müsste, wenn der Arbeitgeber ihm die versprochene Überstundenzahl in vollem Umfang abfordert. Folglich gilt:

Arbeitslohn ≥ (Normalarbeitszeit + Überstunden) × 8,50 Euro/Stunde
oder anders gewendet:
Abgegoltene Überstunden ≤ (Bruttoarbeitslohn: 8,50 Euro/Stunde) – Normalarbeitszeit

41 Reicht der Arbeitslohn nicht, um die Normalarbeitszeit zuzüglich sämtlicher Überstunden abzugelten, ist die Klausel unwirksam. Das gilt unabhängig davon, ob und in welchem Umfang der Arbeitgeber Überstunden später abruft. Aus AGB-rechtlichen Gründen darf die Zahl der mit dem Gehalt abgegoltenen Überstunden nämlich nicht auf das nach § 1 zulässige Maß reduziert werden. Dabei stört an einer überschießenden Abgeltungsklausel weniger, dass sie dem Arbeitnehmer fälschlicherweise suggerieren könnte, keine Bezahlung von Überstunden mehr fordern zu dürfen. Vielmehr ist nach der Rechtsprechung des BAG für die Zulässigkeit einer Abgeltungsklausel konstitutiv, dass die Anzahl der für die vereinbarte Vergütung maximal zu leistenden Überstunden im Vertragstext eindeutig beziffert ist („bis zu zehn Überstunden monatlich", s. BAG v. 16.5.2012 – 5 AZR 331/11, BAGE 141, 324 = NZA 2012, 908; v. 16.5.2012 – 5 AZR 347/11, BAGE 141, 330 = NZA 2012, 939; v. 17.8.2011 – 5 AZR 406/10, BAGE 139, 44 = NZA 2011, 1335; v. 20.4.2011 – 5 AZR 200/10, BAGE 137, 366 = NZA 2011, 917; v. 1.9.2010 – 5 AZR 517/09, BAGE 135, 250 = NZA 2011, 575). Daran fehlt es, würde eine zu hoch gegriffene Bezifferung der Überstunden geltungserhaltend herabgesetzt. Die Konsequenzen zeigt folgendes

Beispiel: Arbeitnehmer A erhält für eine Kernarbeitszeit von 100 Monatsstunden ein Gehalt von 880 Euro. Vereinbart wird, dass damit bis zu zehn Überstunden abgegolten sein sollen. Die Klausel ist unzulässig, da der Arbeitslohn maximal eine Abgeltung von 3½ Überstunden zuließe (880 Euro : 8,50 Euro/Stunde = 103,52 Stunden). Leistet der Arbeitnehmer in einem bestimmten Kalendermonat 2 Überstunden, sind ihm diese zusätzlich zum vereinbarten Pauschalgehalt zu vergüten.

4. Stücklohnabreden

42 **Stücklohnabreden** bleiben durch das MiLoG unberührt. Doch hat der Arbeitnehmer stets einen Anspruch darauf, dass ihm – unabhängig vom tatsächlich erzielten Arbeitsergebnis – die aufgewandte Arbeitszeit vergütet wird (BT-Drs. 18/1558, S. 34; *Lakies,* § 1 Rn. 21; *Lembke,* NZA 2015, 70, 73).

Beispiel: Im Arbeitsvertrag ist vereinbart, dass der Arbeitnehmer pro gefertigtem Werkstück einen Arbeitslohn von 1 Euro erhält. Der Arbeitnehmer schafft während 100 geleisteter Arbeitsstunden 800 Stück und erhält folglich 800 Euro ausbezahlt. Hier ist der Arbeitgeber seiner Mindestlohnverpflichtung nicht nachgekommen, vielmehr schuldet er dem Arbeitnehmer noch weitere 50 Euro (100 × 8,50 Euro = 850 Euro, abzüglich entrichteter 800 Euro).

42a Gewährt der Arbeitgeber dem Arbeitnehmer eine Zulage, um eine etwa auftretende Differenz zwischen Stück- und Mindestlohn aufzustocken, ist diese mindestlohnrelevant (s. Rn. 120, dort auch zu weiteren „Ergänzungszulagen").

5. Bereitschaftsdienst, Arbeitsformen minderer Beanspruchung, Pausen und Ruhezeiten

43 **a) Bereitschaftsdienste: Allgemeine Grundsätze.** Bereitschaftsdienste sind **insgesamt mindestlohnpflichtig** (BAG v. 19.11.2014 – 5 AZR 1101/12, DB 2015, 253; i. E. ebenso: v. 5.6.2003 – 6 AZR 114/02, BAGE 106, 252 = NZA 2004, 164; ArbG Aachen v. 21.4.2014 – 1 Ca 448/15, juris; *Lakies,* § 1 Rn. 32; *ders.,* AuR 2014, 360, 362; *Däubler,* NJW 2014, 1924, 1926; *Holm,* DB 2015, 441; *Lembke,* NZA 2015, 70, 73; *Jares,* DB 2015, 307; *Lambrich/Mitius,* DB 2015, 126, 128; *Nebel/Kloster,* BB 2014, 2933; *Schubert/Jerchel/Düwell,* Rn. 96; *Viethen,* NZA Beilage 2014, 143, 146; *Wank,* RdA 2015, 88, 91; a. A. aber: *Riechert/Nimmerjahn,* § 1 Rn. 68 ff.; *Thüsing/Hütter,* NZA 2015, 970; kritisch auch: *Boemke,* jurisPR-ArbR 7/2015 Anm. 2). Es kommt also nicht darauf an, ob und ggf. in welchem Umfang der Arbeitnehmer während seines Bereitschaftsdienstes aktiv wurde oder Ruhezeiten hatte. Dagegen lässt sich auch nicht einwenden, dass das MiLoG nur *„tatsächlich geleistete Arbeit"* mit dem Mindestlohn bezahlt sehen wolle. Entscheidend ist nämlich nicht, ob der Arbeitnehmer irgendwie „Hand angelegt hat", sondern ob er im Rechtssinn Arbeit erbracht hat. So ist für das öffentliche Arbeitszeitrecht inzwischen völlig unstreitig, dass die während eines Bereitschaftsdienstes zurückgelegten Zeiten ausnahmslos als Arbeitszeit zu werten sind, weil sich der Arbeitnehmer sowohl während der aktiven Phasen als auch während der Ruhezeiten an einem vom Arbeitgeber bestimmten Ort bereithalten muss, um im Bedarfsfalle unverzüglich die Arbeit aufzunehmen (S. nur: EuGH v. 9.9.2003 – Rs. C-151/02, Slg. 2003, I-8389 = NZA 2003, 1019 [Jäger] Rn. 49 u. 63; v. 3.10.2000 – Rs. C 303/98, Slg. 2000, I-7963 = NZA 2000, 1227 [SIMAP] Rn. 48 u. 50).

44 Zu Recht hat das BAG daher für den Mindestlohn in der Pflegebranche nach §§ 10ff. AEntG entschieden, dass der Bereitschaftsdienst insgesamt vergütungspflichtig ist (BAG v. 19.11.2014 – 5 AZR 1101/12, BB 2015, 510). Für den gesetzlichen Mindestlohn kann nichts anderes gelten. *Riechert/Nimmerjahn* (§ 1 Rn. 68) vertreten dagegen, dass diese Entscheidung keine Auswirkungen auf den gesetzlichen Mindestlohn haben könne, weil dieser nur die Arbeitsleistung vergüten solle, während der Gegenstand der Vergütung beim Bereitschaftsdienst der Verlust des Arbeitnehmers an Freizeit sei. Der Bereitschaftsdienst stelle daher im Verhältnis zur Vollarbeit ein aliud dar. Das ist nach der hier vertretenen Auffassung aber gerade nicht der Fall, weil alleine entscheidend ist, ob Arbeit im Rechtssinn vorliegt. Dazu kommt, dass § 3 der streitgegenständlichen ersten Mindestlohnverordnung in der Pflegebranche (anders als die derzeit geltende 2. Verordnung) nicht nur keine Sonderregelung für den Bereitschaftsdienst angeordnet hatte, sondern vielmehr den Mindestlohnanspruch der Pflegekraft an deren *„vertraglich vereinbarter Arbeitszeit"* festmachte. Das geht vollständig parallel mit dem Anknüpfungspunkt, an den das MiLoG für den Mindestlohnanspruch ansetzt. Zudem ist in der Entscheidung des BAG nichts dafür ersichtlich, das eine Unterscheidung zwischen dem gesetzlichen und dem Mindestlohn der Pflegebranche rechtfertigen könnte. Vielmehr erkennt das BAG auch für letzteren ausdrücklich an, dass es sich beim Bereitschaftsdienst um eine – so der erkennende Senat wörtlich – *„Sonderform"* von Arbeit handelt, unterwirft diese aber dessen ungeachtet dem Mindestlohn. Konsequent rechnet das BAG zur vergütungspflichtigen Arbeit ausdrücklich *„auch eine vom Arbeitgeber veranlasste Untätigkeit, während derer der Arbeitnehmer am Arbeitsplatz oder einer vom Arbeitgeber bestimmten Stelle anwesend sein muss und nicht frei über die Nutzung des Zeitraums bestimmen kann, er also weder eine Pause noch Freizeit hat."*

45 In Tarif- und Arbeitsverträgen, sowie ggf. auch in Betriebsvereinbarungen kann für den Bereitschaftsdienst eine **gesonderte Vergütungsregelung** getroffen werden (BAG v. 19.11.2014 – 5 AZR 1101/12, DB 2015, 253, Rn. 18; s. zu den Grenzen derartiger Vereinbarungen aber auch: BAG v. 29.10.2002 – 1 AZR 603/01, BAGE 103, 197 = NZA

2003, 1212, 1214). Die Bandbreite reicht von vollständiger Vergütung auch der Ruhezeiten, über Pauschalabgeltungsklauseln bis hin zu Abreden, wonach dem Arbeitnehmer während der Ruhezeiten des Bereitschaftsdienstes nur eine geringere Vergütung zusteht. Solches wäre auch den Tarifpartnern bei der Vereinbarung eines Mindestlohntarifvertrags möglich, der später durch das AEntG für zwingend erklärt werden soll (freilich vorausgesetzt, dass die Lohnuntergrenze nach dem MiLoG nicht unterschritten wird, s. BAG v. 19.11.2014 – 5 AZR 1101/12, DB 2015, 253, Rn. 18; v. 20.4.2011 – 5 AZR 200/10, BAGE 137, 366 = NZA 2011, 917, Rn. 32). Für den **nicht partei- oder tarifdispositiven Mindestlohn** lassen sich derartige Vereinbarungen indes nicht treffen.

46 Bereitschaftsdienst ist die Zeitspanne, während derer sich der Arbeitnehmer, ohne dass von ihm wache Achtsamkeit gefordert wird, für Zwecke des Betriebs an einer vom Arbeitgeber bestimmten Stelle innerhalb oder außerhalb des Betriebs aufzuhalten hat, damit er erforderlichenfalls seine volle Arbeitstätigkeit sofort oder zeitnah aufnehmen kann (BAG v. 29.10.2002 – 1 AZR 603/01, BAGE 103, 197 = NZA 2003, 1212, 1214; i. E. auch: v. 19.11.2014 – 5 AZR 1101/12, DB 2015, 253, Rn. 18 ff.; v. 5.6.2003 – 6 AZR 114/02, BAGE 106, 252 = NZA 2004, 164, 170). Der Tatbestand des vergütungspflichtigen Bereitschaftsdienstes ist mithin zweigliedrig. Erforderlich ist einerseits, dass der Arbeitnehmer einer Fremdbestimmung durch den Arbeitgeber unterliegt, was seinen Aufenthaltsort betrifft. Andererseits kommt es darauf an, dass der Arbeitnehmer jederzeit damit rechnen muss, seine Arbeitsleistung wieder aufnehmen zu müssen. Es genügt nicht, dass der Arbeitnehmer nicht frei darüber entscheiden kann, wo und wie er seine „Ruhezeit“ verbringen will. Vielmehr muss sich der Arbeitnehmer am fraglichen Ort auch „auf Abruf“ befinden.

47 **b) Bereitschaftsdienst im Gesundheitswesen.** Danach unterliegt der „klassische“ Bereitschaftsdienst im **Gesundheitswesen,** Pflege und Rettungsdienst voll dem Mindestlohn, weil es dort jederzeit dazu kommen kann, dass der Arbeitnehmer wieder zur Dienstleistung herangezogen wird (BAG v. 19.11.2014 – 5 AZR 1101/12, DB 2015, 253; ArbG Aachen 25.8.2015, 3 Ca 466/15). Insoweit ist allerdings beachtlich, dass für diesen Bereich üblicherweise über § 11 AEntG eine dem Mindestlohn nach dem MiLoG vorrangige (§ 1 Abs. 3) Entgeltuntergrenze festgesetzt wird.

48 **c) Speditions- und Omnibusgewerbe.** Schwieriger gestaltet sich die Bestimmung des vergütungspflichtigen Bereitschaftsdienstes im **Omnibus- und Speditionsgewerbe.** Dass Lenk-, aber auch Ladezeiten Arbeitszeit sind, versteht sich (*Lakies,* § 1 Rn. 24). Überdies sind in Anlehnung an Art. 3 lit.a RL 2002/15/EG zu den Arbeitszeiten zu rechnen: Die Reinigung und technische Wartung der Fahrzeuge, Hilfe beim Ein- und Aussteigen von Fahrgästen, das Einladen von Gepäck, der Verkauf von Fahrkarten, die Erteilung von Informationen an Fahrgäste, sowie alle anderen Arbeiten, die dazu dienen, die Sicherheit des Fahrzeugs, der La-

dung und der Fahrgäste zu gewährleisten. Ebenfalls vergütungspflichtig ist die Zeit, die ein Fahrer aufwenden muss, um die gesetzlichen oder behördlichen Formalitäten die in Zusammenhang mit der Transporttätigkeit stehen, zu erledigen (etwa: Überwachen des Beladens/Entladens, Erledigung von Formalitäten im Zusammenhang mit Polizei, Zoll, Einwanderungsbehörden usw.).

49 Für das Speditions- und Omnibusgewerbe finden sich im öffentlichen Arbeitszeitrecht zahlreiche **Sonderregelungen.** So bestimmt zunächst § 21a ArbZG (ähnlich auch: Art. 3 lit. a Nr. 1 Unterabs. 5 und lit. b der RL 2002/15/EG), dass Zeiten nicht als Arbeitszeit gelten, während derer sich ein Fahrer nur bereithalten muss, um seine Tätigkeit aufzunehmen. Allerdings gilt dies nur, wenn der fragliche Zeitraum und dessen voraussichtliche Dauer im Voraus, spätestens unmittelbar vor Beginn des betreffenden Zeitraums bekannt sind. Weiter werden Zeiten nicht als Arbeitszeit angesehen, die ein Fahrer als Beifahrer verbringt oder während derer er sich im stehenden Fahrzeug in einer Schlafkabine aufhält. Diese Ausschlusstatbestände geben wichtige Anhaltspunkte auch für die Bestimmung des Mindestlohnanspruchs des Fahrers. Indes können diese nicht gleichsam im Verhältnis 1:1 in das Vergütungsrecht übernommen werden (s. BAG v. 16.5.2012 – 5 AZR 347/11, BAGE 141, 330 = NZA 2012, 939, Rn. 9; v. 20.4.2011 – 5 AZR 200/10, BAGE 137, 366 = NZA 2011, 917, Rn. 20), weil sie stark durch die öffentlich-rechtliche **Beanspruchungstheorie** geprägt sind. Vielmehr greift die **Mindestlohnpflicht** immer dann, wenn der Arbeitnehmer einer Fremdbestimmung hinsichtlich des Aufenthaltsortes unterliegt und überdies nicht sicher abschätzen kann, wann er wieder zum Einsatzort kommen wird oder aber, wenn er innerhalb inaktiver Phasen keine wirklich konstante Möglichkeit zur Entspannung hat. Entsprechend gilt:

- Darf ein Kraftfahrer während der Be- und Entladearbeiten, die Dritte durchführen, das Fahrzeug und das Betriebsgelände verlassen, auf dem sich dieses befindet, muss er aber gegebenenfalls unverzüglich einem Arbeitsaufruf nachkommen, stellen diese Zeiten sogar Arbeitsbereitschaft dar und sind mithin vergütungspflichtig (BAG v. 29.10.2002 – 1 AZR 603/01, BAGE 103, 197 = NZA 2003, 1212).
- Zur Arbeitszeit rechnet auch, wenn ein LKW-Fahrer auf dem Werksgelände eines Kunden auf die Entladung des Fahrzeugs warten muss (Rn. 50). Das gleiche würde gelten, wenn ein Busfahrer vor einer Touristenattraktion auf die zeitlich nicht bestimmte und jederzeit mögliche Rückkehr der von ihm gefahrenen Reisegruppe wartet.
- Kann dagegen ein Fernfahrer am Be- oder Entladeort im Vorhinein definitiv festgelegte Wartzeiten nach eigenem Belieben verwenden, weil er von sämtlichen Arbeitsleistungen freigestellt und nicht verpflichtet ist, sich in irgendeiner Form bereitzuhalten oder auch nur erreichbar zu sein, liegt keine mindestlohnpflichtige Arbeitszeit vor (BAG v. 19.8.1987 – 4 AZR 128/87, NZA 1988, 168: Fernverkehr;

vgl. auch den gegenteiligen Sachverhalt v. 29.10.2002 – 1 AZR 603/01, BAGE 103, 197 = NZA 2003, 1212).

- Verbringt der LKW-Fahrer eine nächtliche Ruhepause in einer Raststätte oder an einem Rastplatz, ist dies keine Arbeitszeit, vorausgesetzt der Fahrer kann Dauer und Ende seiner Ruhezeit sicher abschätzen. Aus Art. 8 Abs. 8 und 9 Abs. 1 S. 2 VO 561/2006 lässt sich zudem der Rückschluss entnehmen, dass dem Fahrer dabei eine geeignete Rückzugsmöglichkeit zumindest in Form einer Schlafkabine zur Verfügung stehen muss. Als Arbeitszeit i. S. d. § 1 ist es daher zu werten, wenn der Arbeitgeber darauf besteht, dass der Fahrer während dieser Zeit uneingeschränkt beim LKW bleibt, weil er LKW und/oder Ladung bewachen soll. In diesem Fall erhält die Ruhezeit einen bereitschaftsdienstähnlichen Einschlag. Ebenfalls ist nicht ausgeschlossen, dass Wartezeiten von Busfahrern an entlegenen Wendeschleifen außerhalb von Ortschaften und ohne geeignete Rückzugsmöglichkeit mindestlohnpflichtig sein können.
- Zeiten, die ein LKW-Fahrer als Beifahrer oder als Mitfahrer in einer Schlafkabine verbringt, sind öffentlich-rechtlich keine Arbeitszeit: § 21 a Abs. 3 Nr. 3 ArbZG. Dessen ungeachtet sieht das BAG diese als vergütungspflichtige Arbeitszeit an. Zur Begründung verweist es darauf, dass Arbeit im vergütungsrechtlichen Sinn auch die vom Arbeitgeber veranlasste Untätigkeit sein kann, während derer der Arbeitnehmer am Arbeitsplatz anwesend sein muss und nicht frei über die Nutzung des Zeitraums bestimmen kann, er also weder eine Pause noch Freizeit hat (BAG v. 16.5.2012 – 5 AZR 347/11, BAGE 141, 330 = NZA 2012, 939, Rn. 9; v. 20.4.2011 – 5 AZR 200/10, BAGE 137, 366 = NZA 2011, 917, Rn. 20). Das trifft nach der in Rn. 43 vorgestellten Definition jedenfalls dann uneingeschränkt zu, wenn der Fahrer damit rechnen muss, im Bedarfsfall eben doch kurzfristig auf den Fahrersitz wechseln zu müssen.

d) Arbeitsbereitschaft und Rufbereitschaft. Arbeitsbereitschaft liegt vor, wenn der Arbeitnehmer am Arbeitsplatz anwesend sein muss, um sofort und ohne gesonderte Anweisung in Vollarbeit zu wechseln (typische Beispiele: ein Verkäufer wartet auf Kunden; Wartezeiten eines Rettungssanitäters zwischen den einzelnen Einsätzen; ein LKW-Fahrer wartet im Kundenbetrieb auf das Entladen seines LKW [Rn. 49]). Derartige Zeiten sind in vollem Umfang als Arbeitszeit zu vergüten (ErfK/*Preis,* § 611 BGB Rn. 669; HWK/*Thüsing,* § 611 BGB Rn. 324). Der Arbeitnehmer muss sich dann nämlich nicht nur an dem vom Arbeitgeber bestimmten Ort aufhalten, sondern auch jederzeit damit rechnen, in Vollarbeit wechseln zu müssen. Hinzukommt, dass alleine die Arbeitszeitorganisation des Arbeitgebers darüber entscheidet, ob, wann und unter welchen Voraussetzungen er wieder zur Vollarbeit übergehen muss. Folglich sind Zeiten der Arbeitsbereitschaft uneingeschränkt mindestlohnpflichtig. Dagegen ist **Rufbereitschaft** keine Arbeitszeit und als solche daher nicht nach dem MiLoG zu vergüten. Diese zeichnet sich dadurch aus, dass sich 50 der Arbeitnehmer auf Anordnung des Arbeitgebers an einem erreichbaren Ort aufzuhalten hat, um auf Abruf alsbald die Arbeit wieder aufnehmen zu können (Beispiel: ein Krankenhausarzt hat sich am Wochenende in einer bestimmten Maximalentfernung von der Klinik aufzuhalten und kann im Bedarfsfall telefonisch zum Dienst herangezogen werden). Zwar ist der Arbeitnehmer auch in dieser Konstellation bei der Wahl seines Aufenthaltsortes nicht völlig frei, weil zwischen dem Abruf und der Arbeitsaufnahme nur eine solche Zeitspanne liegen darf, durch die der Einsatz nicht gefährdet und im Bedarfsfall die Arbeitsaufnahme gewährleistet ist. Dennoch ist hier die Beziehung zwischen Arbeit und Aufenthaltsort so hinreichend gelockert, dass es – anders als beim Bereitschaftsdienst – gerechtfertigt ist, Ruhezeiten nicht mehr als vergütungspflichtige Zeiten anzusehen (*Riechert/Nimmerjahn,* § 1 Rn. 72ff.). Wird der Arbeitnehmer allerdings zur Arbeit gerufen, so liegt mindestlohnpflichte Arbeitszeit vor, die im Unterschied zur Normalarbeit (Rn. 52) beginnt, sobald der Arbeitnehmer sich auf den **Weg zur Arbeitsstelle** macht (in der Tendenz auch: *Boemke,* JuS 2015, 385, 389).

51 **e) Pausenzeiten. Pausenzeiten** sind nicht mindestlohnpflichtig und zwar auch dann nicht, wenn der Arbeitnehmer das Betriebsgelände während dieser Zeit aus rechtlichen oder tatsächlichen Gründen nicht verlassen kann. Eine Pause liegt vor, wenn auf Grund einer vertraglichen Vereinbarung oder durch einen anwendbaren Tarifvertrag bzw. eine Betriebsvereinbarung vorgesehen ist, dass der Arbeitnehmer seine Arbeitsleistung für den fraglichen Zeitraum unterbricht und der Arbeitnehmer zu Beginn des Zeitraums sicher weiß, wie lange die Pause dauert, sowie, dass er diese nicht wird unterbrechen müssen. Beginn und Ende müssen also unwiderruflich feststehen. Ganz kurzfristige Unterbrechungen der Arbeitsleistung („Verschnaufpause") stellen indes keine Pause dar; sie unterbrechen die mindestlohnpflichte Arbeitszeit nicht (BAG v. 14.4.1966 – 2 AZR 216/64, AP BGB § 611 Arbeitsbereitschaft Nr. 4).

6. Wege-, Umkleide und Reisezeiten

52 Wegezeiten von der **Wohnung des Arbeitnehmers** bis zum Betrieb zählen nicht zur Arbeitszeit (zum Sonderfall bei Arbeitsantritt im Rahmen einer Rufbereitschaft, s. Rn. 50). Im Regelfall ebenfalls noch nicht vergütungspflichtig sind die Zeiten, die zwischen dem Betreten des Betriebsgeländes und der Tätigkeitsaufnahme am Arbeitsplatz liegen. Dagegen gehören Wegezeiten zwischen dem **Betrieb** und den außerhalb des Betriebs gelegenen Arbeitsstellen grundsätzlich zur Arbeitszeit (BAG v. 12.12.2012 – 5 AZR 355/12, NZA 2013, 1158; *Lakies,* § 1 Rn. 23).

53 Ist bei Außendienstmitarbeitern das wirtschaftliche Ziel der gesamten Tätigkeit darauf gerichtet, verschiedene Kunden zu besuchen, gehört die Reisetätigkeit insgesamt zu seinen vertraglichen Hauptleistungspflichten. Daher stellt die Fahrt eines Außendienstmitarbeiters von seinem Wohnort zu seinen Kunden regelmäßig Arbeitszeit dar (EuGH v. 10.9.2015 – C-266/14, NZA 2015, 1177 [für das öffentliche Arbeitszeitrecht]; i. E. auch bereits: BAG v. 22.4.2009 – 5 AZR 292/08, NZA-RR 2010, 231; Riechert/Nimmerjahn, § 1 Rn. 77). Die frühere Rechtsprechung des BAG, wonach es keine Arbeitszeit sei, wenn ein Arbeitnehmer seinen Dienst von wechselnden Einsatzorten außerhalb der täglichen „Kernarbeitszeit" antritt (BAG v. 14.12.2010 – 9 AZR 686/09, NZA 2011, 760; in diese Richtung auch: LAG Düsseldorf v, 23.1.2008 – 7 Sa 864/06), dürfte damit überholt sein. Als Arbeitszeit ist es auch anzusehen, wenn ein Bauarbeitnehmer von zu Hause aus zu wechselnden Baustellen anreist. Das ergibt sich nicht zuletzt daraus, dass der EuGH es für möglich hält, dass eine nationale Tarifregelung nach Art 3 Abs. 1 lit. c der Entsenderichtlinie auf ausländische Diensterbringer erstreckt werden kann, wenn sie vorsieht, dass dem Arbeitnehmer eine Wegezeitzulage zu zahlen ist, wenn er täglich mehr als eine Stunde zwischen Wohn- (bzw. bei der Entsendung: Unterbringungs-) und dem Beschäftigungsort pendeln muss (EuGH v. 12.2.2015 – C-396/13, EuZW 2015, 308 = NZA 2015, 345, Rn. 45 [Elektrobudowa]). Daraus folgt zwar noch nicht zwingend, dass derartige Wegezeiten als Arbeitsleistung zu qualifizieren sind. Dennoch lässt sich diesem Urteil eine Tendenz dahingehend entnehmen, dass diese vergütungsrechtlich nicht außerhalb der Betrachtung bleiben können.

54 Reisezeiten, die zur **Hauptleistungspflicht** des Arbeitnehmers gehören, sind vergütungsrechtlich Arbeitszeit (Palandt/*Weidenkaff,* § 612 BGB Rn. 4; ErfK/*Preis,* § 612 BGB Rn. 18; *Riechert/Nimmerjahn,* § 1 Rn. 74; *Merkel/Götz,* DB 2015, 1407, 1408). Gleiches gilt für Reisen, die der Arbeitnehmer auf Weisung und Veranlassung des Arbeitgebers vornimmt und zwar einschließlich erforderlicher Wartezeiten (etwa: Zeitspanne zwischen dem Ende eines Geschäftstermins und der Rückreise, Wartezeit am Flughafen oder am Bahnhof, so: *Lakies,* § 1 Rn. 26). Allerdings findet sich in einem früheren Urteil des BAG die Aussage, dass Reisezeiten, die ein Arbeitnehmer über die regelmäßige Arbeitszeit hinaus im Interesse des Arbeitgebers aufwendet, nur zu vergüten sind, wenn das vereinbart oder eine Vergütung „den Umständen nach" zu erwarten ist (BAG v. 3.9.1997 – 5 AZR 428/96, BAGE 86, 261 = NZA 1998, 540). Das ist m. E. missverständlich und kann zumindest für das MiLoG nicht uneingeschränkt gelten, weil nicht entscheidend ist, ob der Arbeitnehmer inner- oder außerhalb der „regelmäßigen" Arbeitszeit beschäftigt wird, sondern alleine, dass er auf Veranlassung oder Weisung des Arbeitgebers tätig wird (ebenso: BAG v. 19.3.2014 – 5 AZR 954/12, NZA 2014, 787, Rn. 17f.; s. auch: Preis/*Preis,* Der Arbeitsvertrag, M 20.1 Rn. 15f., zu Pauschalierungsabreden; anders aber für das MiLoG: *Riechert/Nimmerjahn,* § 1 Rn. 75; *Merkel/Götz,* DB 2015, 1407, 1408). Soweit für das öffentliche Arbeitszeitrecht teilweise andere Grundsätze vertreten werden (s. etwa: BAG v. 11.7.2006 – 9 AZR 519/05, BAGE 119, 41 = NZA 2007, 155; ErfK/*Wank,* § 2 ArbZG Rn. 17; *Baeck/Deutsch,* § 2 ArbZG Rn. 29, 72ff.; HWK/*Gäntgen,* § 2

ArbZG Rn. 7), können diese ebenfalls nicht unbesehen auf das Vergütungsrecht übertragen werden, weil es dort primär um die Beanspruchung des Arbeitnehmers geht (s. BAG v. 19.3.2014 – 5 AZR 954/12, NZA 2014, 787; v. 12.12.2012 – 5 AZR 355/12, NZA 2013, 1158; ErfK/*Wank,* § 2 ArbZG Rn. 14; HWK/*Gäntgen,* § 2 ArbZG Rn. 3). Jedenfalls ist es unstreitig als Arbeitszeit anzusehen, wenn der Arbeitnehmer während der Reise seine Hauptleistungspflicht erfüllt (etwa: Aktenstudium, Führen von Telefonaten, Bearbeitung von E-Mails u. dgl., s. BAG v. 11.7.2006 – 9 AZR 519/05, BAGE 119, 41 = NZA 2007, 155, Rn. 44; ErfK/*Wank,* § 2 ArbZG Rn. 17; *Baeck/Deutsch,* § 2 ArbZG Rn. 74f.; HWK/*Gäntgen,* § 2 ArbZG Rn. 6; *Hunold,* NZA-Beilage 2006, 38; *Heins/Leder,* NZA 2007, 249, 250). Auch insoweit gilt, dass für diese Zeiten durch Arbeitsvertrag oder Tarifvertrag eine gesonderte Vergütungsregelung getroffen werden kann (HWK/*Gäntgen,* § 2 ArbZG Rn. 6; *Hunold,* NZA-Beilage 2006, 38, 41; *Loritz,* NZA 1997, 1188, 1192), die indes keine Auswirkungen auf den gesetzlichen Mindestlohnanspruch hat (vgl. Rn 4. 5).

55 Zur Anrechnungsfähigkeit von „Weggeldern", die der Arbeitgeber dem Arbeitnehmer zahlt, auf dessen Mindestlohnverpflichtung, s. Rn. 122.

56 **Umkleidezeiten** und durch das Umkleiden veranlasste innerbetriebliche Wegezeiten sind Arbeitszeit, wenn der Arbeitgeber dem Arbeitnehmer das Tragen einer bestimmten Kleidung vorschreibt und das Umkleiden auf Weisung des Arbeitgebers aus rechtlichen bzw. tatsächlichen Gründen im Betrieb erfolgen muss oder wenn die Arbeitskleidung sehr auffällig ist und dem Arbeitnehmer daher nicht zugemutet werden kann, dass er diese im öffentlichen Raum trägt (BAG v. 12.12.2013 – 1 ABR 59/12, BAGE 146, 271 = NZA 2014, 557; v. 19.9.2012 – 5 AZR 678/11, BAGE 143, 107 = NZA-RR 2013, 63; entgegen der [m. E. insoweit eindeutigen] Rechtsprechung des BAG halten das Auffälligkeitskriterium dagegen für unbeachtlich: *Riechert/Nimmerjahn,* § 1 Rn. 78). Auch das Abholen von Dienstkleidung außerhalb der Arbeitszeit an einer außerbetrieblichen Ausgabestelle ist vergütungspflichtig, wenn es dem Arbeitnehmer vom Arbeitgeber im Rahmen des ihm zustehenden Direktionsrechts abverlangt wird (BAG v. 19.3.2014 – 5 AZR 954/12, NZA 2014, 787).

7. Zeiten der Nichtarbeit (Urlaub, Krankheit, Annahmeverzug)

57 **a) Dogmatische Grundfragen des Entgelterhalts.** Die Frage, ob der Arbeitnehmer für **Zeiten der Nichtarbeit** den Mindestlohn beanspruchen kann, wird sowohl für das AEntG als auch für das MiLoG kontrovers diskutiert. Einen Vergütungsanspruch des Arbeitnehmers nach dem MiLoG bejahen etwa: *Viethen,* NZA Beilage 2014, 143, 146; *Lakies,* § 1 Rn. 81ff.; *Wank,* RdA 2015, 88, 91; *Boemke,* JuS 2015, 385, 389; differenzierend oder anderer Ansicht: *Greiner/Strippelmann,* BB 2015, 949;

Lembke, FA 2014, 357, 359; *Merkel/Götz,* DB 2015, 1407, 1411; *Koberski/Asshoff/Eustrup/Winkler,* § 5 AEntG Rn. 17; für den Annahmeverzug: ErfK/*Franzen,* § 1 MiLoG Rn. 18ff. Siehe auch die Nachweise in den folgenden Rn.

58 Das Hauptargument derjenigen, die eine Vergütungspflicht des Arbeitgebers nach dem MiLoG für Zeiten der Nichtarbeit verneinen, ist, dass der Mindestlohn nur auf *„tatsächlich geleistete Arbeit"* (§ 2 Abs. 1 S. 1 Nr. 2 MiLoG: *„erbrachte Arbeit"*) zu zahlen sei (s. insb. *Greiner/Strippelmann,* BB 2015, 949, 950, 951: der gesetzliche Regelungszweck gebietet keine Vergütungspflicht für Zeiten der Nichtarbeit). Doch trägt dieses Argument insoweit nicht, als sich zwar der gesetzliche Vergütungsanspruch des MiLoG am Vorliegen **vergütungspflichtiger Arbeitszeit** festmacht, aber nicht daran, ob der Arbeitnehmer im arbeitstechnischen Sinn „aktiv" geworden ist. Vor allem aber darf nicht außer Acht gelassen werden, dass die Regelungen des BUrlG, des EFZG oder die des § 615 BGB den Fortbestand der Lohnzahlungspflicht trotz Nichtleistung des Arbeitnehmers anordnen und diese Regelungen selbstverständlich auch den Anspruch des Arbeitnehmers auf Erhalt der gesetzlichen Mindestvergütung erfassen. Daher sind auch entsprechende Ausfallzeiten nach § 1 zu vergüten. Dagegen spricht auch nicht ein Urteil des BAG vom 12. Januar 2005, in dem es heißt, dass der Mindestlohn nur für tatsächlich erbrachte Arbeitsleistungen geschuldet werde (BAG v. 12.1.2005 – 5 AZR 617/01, BAGE 113, 149 = NZA 2005, 627). Davon abgesehen, dass sich aus jüngeren Urteilen des EuGH und des BAG (EuGH v. 12.2.2015 – C-396/13, EuZW 2015, 308 = NZA 2015, 345 [Elektrobudowa]; BAG v. 13.5.2015 – 10 AZR 191/14, BB 2015, 1331) eindeutig die „Fortwirkung" des Mindestlohnanspruchs auf Zeiten der Nichtarbeit ergibt, bezieht sich diese Entscheidung alleine auf die Mindestlohnschuld eines ausländischen Arbeitgebers, der einen Arbeitnehmer ins Inland entsandt hat (ausführlich hierzu, s. Rn. 69). Für den inländischen Arbeitgeber sind die §§ 615, 616 BGB und 3 EFZG indes geltendes Recht. Die sich so ergebende Inländerdiskriminierung ist in europarechtlicher Hinsicht unproblematisch und auch aus verfassungsrechtlicher Perspektive hinnehmbar, weil sie letztlich kaum zu einer gravierenden Ungleichbehandlung führt.

59 Richtig ist allerdings, dass die Vergütungsansprüche des Arbeitnehmers für Zeiten der Nichtarbeit sich **nicht mehr alleine auf § 1** stützen lassen, sondern erst über den Transmissionsriemen einer Regelung entstehen, der den Grundsatz „kein Lohn ohne Arbeit" und damit die §§ 275, 326 BGB durchbricht. Sie unterliegen folglich **nicht den Schutzmechanismen des MiLoG,** sondern nur noch denen der einschlägigen gesetzlichen Regelungen (*Riechert/Nimmerjahn,* § 1 Rn. 34; *Greiner/Strippelmann,* BB 2015, 949, 952). Damit sind sie zwar (überwiegend) unabdingbar, doch ergibt sich dies nicht mehr aus dem MiLoG, sondern aus §§ 13 BUrlG und 12 EFZG. Anderes gilt lediglich für § 616 BGB, der allgemein für disponibel gehalten wird (BAG v. 7.2.2007 – 5 AZR 270/06, NZA 2007, 1072, Rn. 27; ErfK/*Preis,* § 616 BGB Rn. 13) und möglicherweise auch für § 615 BGB dessen Unabdingbarkeit zumindest angezweifelt wird (s. ErfK/*Preis,* § 615 BGB Rn. 8; Staudinger/*Richardi/Fischinger,* § 615 BGB Rn. 13; MüKoBGB/*Henssler,* § 615 BGB Rn. 10f.). Auch greift die Generalunternehmerhaftung nach § 13 nicht. Überdies scheidet eine international-privatrechtliche Erstreckung dieser Ansprüche (von einigen Ausnahmen abgesehen) auf entsandte Arbeitnehmer aus: s. Rn. 69.

60 **b) Keine Kontroll- und Sanktionsbefugnis der Zollverwaltung.** Aus den vorstehenden Überlegungen (Rn. 57ff.) folgt auch, dass wenn der Arbeitgeber seiner nach §§ 615, 616 BGB, 2 und 3 EFZG, 1ff. BUrlG aufrechterhaltenen Mindestlohnpflicht nicht nachkommt, dies **keine öffentlich-rechtlichen Sanktionen** zur Folge haben kann (*Riechert/Nimmerjahn,* § 1 Rn. 34; *Greiner/Strippelmann,* BB 2015, 949, 952; *Bayreuther,* NZA 2015, 385, 387; *Grau/Sittard,* ArbRB 2014, 375, 376). Die Zollverwaltung hat insoweit also keine Kontrollbefugnisse. Auch kann sie gegen säumige Arbeitgeber kein Bußgeld nach § 21 verhängen, da die jeweils maßgebliche Norm, die den Zahlungsanspruch des Arbeitnehmers aufrecht erhält nicht in § 21 Abs. 1 Nr. 9 benannt ist. Damit fehlt es an einer gesetzlichen Strafandrohung, ein dennoch erlassener Bußgeldbescheid würde gegen Art. 103 Abs. 2 GG verstoßen und wäre nichtig.

61 Entsprechend kann die Zollverwaltung nach einem verlorenen Kündigungsschutzprozess gegen den Arbeitgeber kein Bußgeld mit dem Argument verhängen, dass er im Zeitraum zwischen dem Auslaufen der Kündigungsfrist und der Rechtskraft des klagestattgebenden Urteils dem Arbeitnehmer nicht den Mindestlohn bezahlt habe (so aber die Besorgnis von: *Lembke,* NZA 2015, 70, 77; BeckOKArbR/*Greiner,* § 21 MiLoG Rn. 3.1). Davon abgesehen wird die Zollverwaltung andere Schwerpunkte setzen, als den Ausgang von Kündigungsverfahren abzuwarten. Im Übrigen wäre dem Arbeitgeber, der in einem Kündigungsrechtsstreit eine vertretbare Rechtsposition einnimmt oder hinreichend rechtlich beraten ist, wohl auch gar kein Verschuldensvorwurf zu machen.

62 **c) Urlaub.** Der Arbeitgeber schuldet während des vierwöchigen **gesetzlichen Urlaubs** des Arbeitnehmers den Mindestlohn (EuGH v. 12.2.2015 – C-396/13, EuZW 2015, 308 = NZA 2015, 345 [Elektrobudowa]; BAG v. 13.5.2015 – 10 AZR 191/14, BB 2015, 1331; ebenso: *Lakies,* § 1 Rn. 92; ErfK/*Franzen* § 1 MiLoG Rn. 18ff.; *Schubert/Jerchel/Düwell* (o. Fn. 5), Rn. 145). Der EuGH (v. 12.2.2015 – C-396/13, EuZW 2015, 308 = NZA 2015, 345 [Elektrobudowa]) leitet dies aus Art. 7 der Arbeitszeitrichtlinie (Richtlinie 2003/88/EG des Europäischen Parlaments und des Rates v. 4.11.2003 über bestimmte Aspekte der Arbeits-

zeitgestaltung, ABl. 2003 L 299, S. 9) her. Danach haben Arbeitnehmer für die Dauer des bezahlten Mindestjahresurlaubs Anspruch auf den Lohn, der dem Mindestlohn entspricht, den sie im Referenzzeitraum verdienen würden, wären sie nicht im Urlaub. Das BAG kommt über § 11 BUrlG zum gleichen Ergebnis.

63 Mindestlohnpflichtig sind indes nicht nur die Zeiten des gesetzlichen Mindesturlaubs, sondern auch ein darüber hinausgehender **(tarif-)vertraglicher Urlaub.** Dies ergibt sich nicht zuletzt aus § 11 BUrlG, wonach sich das Urlaubsentgelt nach der Vergütung bestimmt, die dem Arbeitnehmer in den 13 Wochen vor Urlaubsantritt gezahlt wurde (vgl. BAG v. 13.5.2015 – 10 AZR 191/14, BB 2015, 1331). Was den vertraglichen Urlaubsanspruch betrifft, wäre den Parteien allerdings die Möglichkeit für eine abweichende Gestaltung eröffnet, da theoretisch sogar denkbar wäre, dass dem Arbeitnehmer über den gesetzlichen Urlaub hinaus eine unbezahlte Freistellung gewährt wird. Generell andere Grundsätze gelten für entsandte Arbeitnehmer (s. Rn. 69 u. § 8 AEntG Rn. 19).

64 **d) Annahmeverzug.** Die Mindestlohnpflicht im **Annahmeverzug** folgt aus § 615 BGB. Die Regelung normiert bekanntlich keinen eigenen Anspruch, sondern sorgt nur für den Fortbestand des originären Vergütungsanspruchs, der bestünde, hätte der Arbeitnehmer gearbeitet (BAG v. 26.6.2013 – 5 AZR 432/12, NZA 2014, 864, Rn. 17; Palandt/*Weidenkaff,* § 615 Rn. 3; ErfK/*Preis,* § 615 BGB Rn. 75; HWK/*R. Krause,* § 615 BGB Rn. 4). Folglich ist der Mindestlohn auch im Annahmeverzug fortzuzahlen. Überdies ist der Arbeitsausfall arbeitgeberseitig veranlasst, so dass es kaum hinnehmbar wäre, wenn der Arbeitgeber der Mindestlohnpflicht entgehen könnte, indem er die Arbeitsleistung nicht annimmt. Dagegen wird zuweilen argumentiert, dass das BAG in einem Urteil vom 12. Januar 2005 die Annahmeverzugshaftung des Arbeitgebers ausgeschlossen habe (BAG v. 12.1.2005 – 5 AZR 617/01, BAGE 113, 149 = NZA 2005, 627). Eine dahingehende Aussage lässt sich diesem Urteil aber nicht entnehmen. Aus diesem ergibt sich vielmehr nur, dass ein Arbeitgeber mit Sitz im Ausland seinen ins Inland entsandten Arbeitnehmern keinen Annahmeverzugslohn schuldet (s. Rn. 69 u. s. § 8 AEntG Rn. 31 f.).

65 Die Anrechnung eines anderweitig erzielten bzw. böswillig unterlassenen Verdienstes nach § 615 S. 2 BGB kollidiert nicht mit § 3 MiLoG bzw. § 9 S. 1 AEntG und ist daher möglich.

66 **e) Entgeltfortzahlung nach dem EFZG und nach § 616 BGB.** Ist der Arbeitnehmer arbeitsunfähig erkrankt und schuldet ihm der Arbeitgeber nach § 3 EFZG **Entgeltfortzahlung,** darf diese nicht hinter dem Mindestlohn zurückbleiben (BAG v. 13.5.2015 – 10 AZR 191/14, BB 2015, 1331; in diese Richtung auch bereits: v. 18.4.2012 – 10 AZR 200/11, BAGE 141, 129 = NZA 2012, 1152; *Lakies,* § 1 Rn. 82 ff.). Das

ergibt sich aus §§ 3 und 4 EFZG (*„Anspruch auf Entgeltfortzahlung"; „regelmäßig zustehendes Entgelt fortzuzahlen"*). Hiergegen lässt sich auch nicht einwenden, dass eine Krankheit der Risikosphäre des Arbeitnehmers zugewiesen sei (das überlegt indes: ErfK/*Franzen,* § 1 MiLoG Rn. 18ff.). Das EFZG ordnet die Lohnfortzahlung ohne Rücksicht auf eine etwaige Risikoverteilung an. Entsprechend ist der Arbeitgeber auch zur Entgeltfortzahlung an Feiertagen verpflichtet: § 2 EFZG (zur Sondersituation in Entsendefällen, s. Rn. 69 und § 8 AEntG Rn. 6ff.). Gleiches gilt mit Blick auf den Fortbestand der Vergütung bei vorübergehender kurzfristiger Verhinderung des Arbeitnehmers nach § 616 BGB, wobei hier insoweit zu beachten ist, dass diese Regelung individualrechtlich abdingbar ist (s. Rn. 59).

VI. Sachverhalte mit Auslandsbezug, Entsendefälle

1. Entsendung ins Inland

67 **a) International-privatrechtliche Erstreckung durch das AEntG.** Die Regelungen des MiLoG zur Festlegung des Mindestlohns sind **Eingriffsnormen i. S. d. Art. 9 Rom-I-VO** und daher international – privatrechtlich zwingend. Sie finden folglich auch auf Arbeitsverhältnisse zwischen einem im Ausland ansässigen Arbeitgeber und seinen im Inland beschäftigten Arbeitnehmern und Arbeitnehmerinnen Anwendung (zur Sonderproblematik von 24-Stunden Pflegehilfen in Privathaushalten, die durch eine Agentur vermittelt werden und über eine A1 Bescheinigung verfügen: *Brors/Böning,* NZA 2015, 846). Dies ergibt sich im Grunde bereits aus § 2 Nr. 1 AEntG, so dass es aus zivilrechtlicher Sicht der Vorschrift des § 20 gar nicht bedürfte (s. Rn. 6). Wenn das MiLoG nochmals ausdrücklich anordnet, dass auch ausländische Arbeitgeber im Inland den Mindestlohn zu beachten haben, dann, um Mindestlohnverstöße nach § 21 sanktionieren zu können (s. Rn. 6).

68 **b) Begriff der Arbeitszeit, Ansprüche entsandter Arbeitnehmer auf den Mindestlohn für Zeiten der Nichtarbeit.** Die im Entsenderecht diskutierte Frage, ob sich nach dem Inlandsrecht oder dem Recht des Heimatstaats bestimmt, ob ein entsandter Arbeitnehmer **Überstunden** leistet (s. Rn. 38ff. u. § 8 AEntG Rn. 15ff.), ist für den Mindestlohnanspruch bedeutungslos. Nach §§ 1 und 20 ist schlicht jede tatsächlich geleistete Arbeitsstunde mit 8,50 Euro zu vergüten.

69 Für den Geltungsbereich des AEntG berücksichtigt das BAG in Entsendefällen nur die **wirklich erbrachte Arbeitsleistung,** weil nur die Rechtsnormen des für allgemeinverbindlich erklärten bzw. erstreckten Tarifvertrags international zwingend seien (BAG v. 18.4.2012 – 10 AZR 200/11, BAGE 141, 129 = NZA 2012, 1152; v. 12.1.2005 – 5 AZR 617/01, BAGE 113, 149 = NZA 2005, 627; BAG v. 12.12.2001 – 5 AZR

255/00, NZA 2002, 734; ebenso: *Riechert/Nimmerjahn,* § 1 Rn. 39; *Lakies,* § 1 Rn. 84ff.; *Deckers,* NZA 2008, 321, 322; *Koberski/Asshoff/Hold,* § 1 Rn. 209 und § 1a Rn. 19), nicht aber die §§ 615f. BGB oder §§ 2 und 3 EFZG. Das ist auf das MiLoG zu übertragen, weil § 2 Nr. 1 AEntG nur die Mindestentgeltsätze selbst, nicht aber die flankierenden Bestimmungen des BGB oder EFZG international-privatrechtlich erstreckt. Daraus folgt, dass ein Diensterbringer mit Sitz im Ausland seinen Arbeitnehmern nicht aus Annahmeverzug verpflichtet ist (zur Situation bei Inlandsarbeitsverhältnissen, s. Rn. 57ff.).

70 Der Arbeitgeber schuldet entsandten Arbeitnehmern aus § 2 EFZG keinen Mindestlohn an **Feiertagen** (vgl. zu Inlandsarbeitsverhältnissen Rn. 55). § 2 EFZG regelt die privatrechtlichen Folgen der im öffentlichen Interesse angeordneten Arbeitsruhe an gesetzlichen Feiertagen. Die Norm betrifft daher nur das vertragsrechtliche Verhältnis von Leistung und Gegenleistung und ist keine Eingriffsnorm i. S. d. Art. 9 Rom-I-VO.

71 Was die Lohnfortzahlung wegen **Krankheit** betrifft, ist zu unterscheiden. Der Arbeitnehmer kann die Fortzahlung des Mindestentgelts trotz krankheitsbedingter Arbeitsunfähigkeit verlangen, soweit das Arbeitsverhältnis dem deutschen Sozialversicherungsrecht unterliegt (BAG v. 18.4.2012 – 10 AZR 200/11, BAGE 141, 129 = NZA 2012, 1152; vgl. zur Fortzahlungspflicht bei Inlandssachverhalten: Rn. 66 u. BAG v. 13.5.2015 – 10 AZR 191/14, BB 2015, 1331). § 3 EFZG wird dann zur Eingriffsnorm i. S. d. Art. 9 Rom-I-VO, weil die Entgeltfortzahlung in diesem Fall auch der Entlastung der gesetzlichen Krankenkassen und damit einem öffentlichen Interesse dient. Große praktische Bedeutung erlangt dies nicht. Das inländische Sozialrecht greift im Regelfall erst nach einer 24-monatigen Entsendung ins Inland (Art. 12 Abs. 1 VO 883/2004/EG). Liegt eine solche vor, dürfte auf das Arbeitsverhältnis häufig auch deutsches Arbeitsrecht anwendbar sein, dies freilich abhängig davon, wie man den Begriff „vorübergehend" in Art. 8 Abs. 2 S. 2 Rom-I-VO auslegt (z. Streitstand s. etwa: ErfK/*Schlachter,* Art. 8f. Rom-I-VO Rn. 14; MüKoBGB/*Martiny,* Art. 8 Rom-I-VO Rn. 62ff.).

72 Nach der Rechtsprechung des EuGH ist der Arbeitgeber unmittelbar aus Art. 7 der Arbeitszeitrichtlinie verpflichtet, dem Arbeitnehmer auch während seines Urlaubs den gesetzlichen bzw. den entsenderechtlichen Mindestlohn fortzuzahlen (EuGH v. 12.2.2015 – C-396/13, EuZW 2015, 308 = NZA 2015, 345 [Elektrobudowa]). Entsandte Arbeitnehmer können daher ebenso wie ihre inländischen Kollegen für jede während des **gesetzlichen Urlaubs** ausgefallene Arbeitsstunde den Mindestlohn beanspruchen (**a. A.** *Riechert/Nimmerjahn,* § 1 Rn. 4; s. hierzu auch § 8 AEntG Rn. 19ff.). Insoweit gilt für sie aber dasselbe wie für Inlandsarbeitnehmer, nämlich dass es sich bei diesem Vergütungsanspruch nicht mehr um den gesetzlichen Mindestlohn handelt (s. oben Rn. 59ff.).

73 c) **Transit, Durchreise.** Intensiv diskutiert wurde die Erstreckung des Mindestlohns auf LKW-Fahrer ausländischer Spediteure, die kurzzeitig zu **Kabotagefahrten** ins Inland einreisen oder dieses im **Transit** aus einem Drittstaat in einen anderen Drittstaat gar nur passieren. Die Zollverwaltung hatte im Umfeld des Inkrafttretens des MiLoG verlautbaren lassen, dass sie auch derartige Fahrten für mindestlohnpflichtig hält. Dies war insbesondere in den östlichen Nachbarländern auf erhebliche Kritik gestoßen. Die EU-Kommission hat dagegen die Ansicht vertreten, dass die Anwendung des Mindestlohngesetzes auf alle Verkehrsleistungen, die deutsches Gebiet berühren, eine unverhältnismäßige Einschränkung der Dienstleistungsfreiheit und des freien Warenverkehrs bewirken würde. Insbesondere verweist sie auf die Anmeldeverpflichtung nach § 16 und die damit für den Spediteur verbundenen Formalitäten. Sie hat daher ein Vertragsverletzungsverfahren gegen Deutschland eingeleitet (s. Pressemitteilung der Kommission v. 19.5.2015, IP/15/5003). Das BMAS hat hierauf reagiert und zusammen mit dem BMF die Kontrolle und Ahndung von Mindestlohnverstößen im reinen Transitverkehr „ausgesetzt" (s. etwa die Presserklärungen des BMAS v. 30.1.2015, *sowie:* BMAS, Broschüre, Der Mindestlohn wirkt, Juni 2015, S. 11). Dies betrifft freilich nur die „öffentliche" Seite des Mindestlohns.

74 Tatsächlich sind Kabotage-, zumindest aber Transitfahrten **nicht mindestlohnpflichtig** (*Moll/Katerndahl,* DB 2015, 555; *Sittard,* NZA 2015, 78; *Bissels/Falter/Evers,* ArbRAktuell 2015, 4; offen gelassen von *Rittweger,* DStR-Beiheft 2015, 85, 90). Nach dem Wortlaut des Gesetzes würden diese zwar den Mindestlohnanspruch des Arbeitnehmers auslösen. §§ 1 und 20 erklären jeden Einsatz eines Arbeitnehmers im Inland für tatbestandsmäßig. Eine Einschränkung, dass der Mindestlohnanspruch nur für Tätigkeiten von bestimmter Dauer entsteht (so aber: *Sittard,* NZA 2015, 78, 97f.) findet sich nicht im Gesetz, wäre nicht sinnvoll und wird so – abgesehen von dem hier erkennbar nicht einschlägigen Ausnahmetatbestand des § 6 Abs. 1 S. 1 AEntG – auch nicht für das AEntG angenommen. Indes bedarf es einer europarechtskonformen Reduktion der §§ 1 und 20. Jedenfalls die Erfassung von Transitfahrten, letztlich aber auch die von Kabotagefahrten würde zu einem Eingriff in die Dienstleistungsfreiheit des Art. 56 AEUV führen, der nicht rechtfertigbar wäre (bei letzteren käme ein mittelbarer Eingriff in die Warenverkehrsfreiheit des Art. 28 AEUV hinzu). All diejenigen Erwägungen, mit denen die Erstreckung nationaler Mindestlöhne auf ausländische Diensterbringer üblicherweise begründet wird (s. dazu ausführlich § 8 AEntG Rn. 6ff.), können hier nämlich nicht in Anschlag gebracht werden. Zum einen lässt sich nicht argumentieren, dass die Unterwerfung von Transitfahrten dem Schutz der betroffenen LKW-Fahrer dienen würde. Denn wirtschaftlich gesehen bleibt deren Beschäftigungsort trotz der kurzzeitigen Durchreise durch Deutschland weiterhin in ihrem Heimatland bestehen. Hinzu kommt, dass auch ihr Lebensmittelpunkt während dieser Zeit nicht (temporär) wechselt. Damit

ähnelt die Situation bei Transitfahrten derjenigen, die sich ergibt, wenn eine Dienstleistung an einen in einem anderen Mitgliedstaat ansässigen Unternehmer vergeben wird und diese nach deren Fertigstellung zum Auftraggeber gebracht wird. Für diese hat der EuGH (EuGH v. 18.9.2014 – C-549/13, NZA 2014, 1129 [Bundesdruckerei GmbH/ Stadt Dortmund], Rn. 34f.) die Vorgabe eines festen Mindestentgelts für die Leistungserbringung jedenfalls dann ausgeschlossen, wenn dieses keinen Bezug zu den Lebenshaltungskosten in dem Land hat, in dem die Beschäftigten ansässig sind (auf die Parallele zu dieser Entscheidung weisen insbesondere hin: *Moll/Katerndahl,* DB 2015, 555, 559; *Sittard,* NZA 2015, 78, 81f.; *Bissels/Falter/Evers,* ArbRAktuell 2015, 4, 6). Hinzu kommt, dass der EuGH bei der Erstreckung von Mindestlöhnen Wert darauf legt, dass diese verhältnismäßig bleibt. Insbesondere darf es zu keiner Doppelbelastung des ausländischen Dienstleisters durch sich verdoppelnde Nachweis- und Dokumentationspflichten kommen (EuGH v. 12.10.2004 – C-60/03, Slg. 2004, I-9553 = NZA 2004, 1211 [Wolff & Müller], Rn. 32ff.; v. 24.1.2002 – C-164/99, Slg. 2002, I-787 = NZA 2002, 207 [Portugaia], Rn. 18ff.; v. 23.11.1999 – C-369/96, Slg. 1999, I-8453 = NZA 200, 85 [Arblade u. a.], Rn. 50ff.; siehe hierzu auch *Hohnstein,* NJW 2015, 1844, 1847f.; *Stommel/Valder,* jurisPR-TranspR 5/2014 Anm. 4). Genau das wäre aber der Fall, würden Transitfahrten dem MiLoG unterworfen. Speditionsleistungen werden häufig kurzfristig angefordert und geplant, dies natürlich umso mehr, sollten sich alternative Routen durch verschiedene Länder anbieten.

2. Entsendung ins Ausland

75 Arbeitnehmer, die **in das Ausland** entsandt werden, haben weiterhin Anspruch auf den Mindestlohn, solange nach Art. 8 Abs. 2 Rom-I-VO deutsches Arbeitsrecht auf den Arbeitsvertrag Anwendung findet oder mangels einer anderweitigen Rechtswahl Anwendung finden würde, vgl. auch Art. 8 Abs. 2 S. 2 Rom-I-VO. Dies gilt allerdings nicht, wenn die Parteien für die Entsendung ein weiteres Arbeitsverhältnis begründen, das nicht dem deutschen Recht unterliegt. § 20 ändert hieran nichts. Diese Regelung bestimmt zwar (nur), dass Arbeitgeber mit Sitz im Inland ihren *„im Inland beschäftigten"* Arbeitnehmern ein Arbeitsentgelt mindestens in Höhe des Mindestlohns zu zahlen haben. Indes ergibt sich der individualrechtliche Mindestlohnanspruch des Arbeitnehmers alleine aus § 1, s. Rn. 4. § 20 soll lediglich die international-privatrechtliche Erstreckung des Mindestlohns auf ausländische Diensterbringer herbeiführen und einen Anknüpfungspunkt für die in § 21 niedergelegte Strafsanktion schaffen. Dagegen nimmt sie keinen Einfluss auf den Gehaltsanspruch von Arbeitnehmern, deren Arbeitsverhältnis Inlandsrecht unterliegt.

VII. Entrichtung des Mindestlohns

1. Entrichtung zum Fälligkeitszeitpunkt

76 Der Arbeitgeber ist verpflichtet, dem Arbeitnehmer den Mindestlohn zum vereinbarten **Fälligkeitszeitpunkt** zu entrichten. Dieser ergibt sich aus § 2 Abs. 1 S. 1 Nr. 1 und bestimmt sich nach der Fälligkeit, die im Arbeitsvertrag oder einem anwendbaren Tarifvertrag für den Arbeitslohn vereinbart ist. Ist dort keine einschlägige Regelung getroffen, greift § 614 BGB (s. § 2 Abs. 1 S. 2). In diesem Fall ist der Mindestlohn am ersten Tag nach Ablauf der Leistungsperiode fällig, regelmäßig also am Monatsersten des auf den Leistungsmonat folgenden Monats. Zu diesem Zeitpunkt tritt dann auch unweigerlich Verzug ein: § 286 Abs. 2 Nr. 1 BGB. Vergütungsrechtlich weitgehend bedeutungslos ist dagegen § 2 Abs. 1 S. 1 Nr. 2. Danach ist die Vergütung spätestens am letzten Bankarbeitstag in Frankfurt a. M. des Monats zu entrichten, der auf den Monat folgt, in dem die Arbeitsleistung erbracht wurde (Beispiel: Arbeitsleistung im Mai, Ausbezahlung: am letzten Bankarbeitstag im Juni). Sinn macht diese Regelung aber nur, sollte der arbeits- oder tarifvertraglich vereinbarte Fälligkeitszeitpunkt jenseits dieser Grenze liegen. Das indes wird selten der Fall sein, am ehesten wohl noch in Arbeitsverhältnissen, in denen auf Provisionsbasis abgerechnet wird. Große Bedeutung erlangt diese Regelung indes für das Ordnungswidrigkeitenrecht, da die Bußgeldtatbestände des §§ 20 und 21 Abs. 1 Nr. 9 an die Fälligkeitsregelung des § 2 Abs. 1 S. 1 Nr. 2 anknüpfen. Für das Gros der Fälle wird es daher zu einer Divergenz zwischen dem Zeitpunkt der zivilrechtlichen Fälligkeit des Mindestlohns und der bußgeldrechtlichen Sanktionierbarkeit des Arbeitgebers kommen.

2. Durchschnittsvergütung im Referenzzeitraum?

77 Der Mindestlohn ist gewährleistet, wenn die **insgesamt geleisteten Arbeitsstunden im Durchschnitt mit dem Mindestlohn** vergütet werden (BAG v. 8.10.2008 – 5 AZR 8/08, BAGE 128, 119 = NZA 2009, 98 [zu Regelungen eines Sanierungstarifvertrags]; ArbG Herne v. 7.7.2015 – 3 Ca 684/15, ArbRB 2015, 257; ArbG Aachen v. 21.4.2015 – 1 Ca 448/15, ArbRB 2015, 130, Rn. 24f.; BayObLG v. 28.5.2002 – 3 ObOWi 29/02, NStZ-RR 2002, 279, 280; *Bayreuther,* NZA 2014, 385, 387; *Baeck/Winzer/Kramer,* NZG 2015, 265; *Lembke,* NZA 2015, 70, 73f.; *Moll/Päßler/Reich,* MDR 2015, 125, 126; *Schweibert/Leßmann,* DB 2014, 1866, 1868; *Siebert/Klages,* ArbRAktuell 2014, 577, 578; *Sittard,* NZA 2014, 951; *Nebel/Kloster,* BB 2014, 2933; Däubler/*Lakies,* TVG, Anh. 2 zu § 5 AEntG Rn. 7; in der Tendenz auch: ErfK/*Franzen,* § 1 MiLoG Rn. 8; aA *Boemke,* JuS 2015, 385, 388). Bei strenger Wortlautauslegung ließe sich das Gesetz zwar so verstehen, dass der Arbeitgeber jede einzelne vom Arbeitnehmer geleistete Zeitstunde abrechnen und mit 8,50 Euro vergüten müsste. Es spricht aber alles dafür, dass der Arbeitgeber den Mindestlohn innerhalb eines im Vorhinein festgelegten Referenzzeitraums pauschalisieren darf. Zu beachten ist aber, dass bei **schwankender Arbeitszeit** stets der Mindestlohn erreicht wird. Bedeutung kann dies vor allem bei Vergütungen im Grenzbereich des Mindestlohns erlangen (Kalendermonate mit mehr Arbeitstagen, kurzfristige Erhöhung der Arbeitszeit, Überstunden). Ausführliche Berechnungsbeispiele bei: *Lambrich/Mitius,* DB 2015, 126, 129ff.

78 Dabei spricht viel dafür, als **Referenzzeitraum den Kalendermonat** festzulegen. § 2 Abs. 1 S. 1 Nr. 2 setzt die Fälligkeit des Mindestlohns am letzten Bankarbeitstag des *„Monats"* an, der auf den *„Monat"* folgt, in dem die Arbeitsleistung erbracht wurde. § 2 Abs. 2 S. 1 Hs. 2 bestimmt, dass die Arbeitszeitkontenregelung des Abs. 2 nicht greift, *„soweit der Anspruch auf den Mindestlohn für die geleisteten Arbeitsstunden nach § 1 Abs. 1 (...) bereits durch die Zahlung des verstetigten Arbeitsentgelts erfüllt ist."* Darüber hinaus heißt es in der Gesetzesbegründung (BT-Drs. 18/1558, S. 40), dass *„die Vereinbarung von Stücklöhnen und Akkordlöhnen (...) zulässig (bleibt), wenn gewährleistet ist, dass der Mindestlohn für die geleisteten Arbeitsstunden erreicht wird."* In diese Richtung weist schließlich auch die Gegenentäußerung der Bundesregierung zu Ziffer 2 der Stellungnahme des Bundesrats (BT-Drs. 18/1558, S. 67).

79 In geeigneten Konstellationen kann ausnahmsweise auch auf einen kürzeren Referenzzeitraum als auf Monatsabschnitte abgestellt werden. Solche liegen namentlich dann vor, wenn die Parteien für die Fälligkeit des Arbeitslohns kürzere Zeitabschnitte vereinbart haben (*Lembke,* NZA 2015, 70, 74; *Nebel/Kloster,* BB 2014, 2933, 2933). In der Konsequenz wird freilich der Mindestlohn auch entsprechend früher fällig.

80 Folgt man der hier vertretenen Auffassung genügt der Arbeitgeber für den Regelfall seiner Mindestlohnpflicht, wenn der Bruttoarbeitslohn in der Summe jeweils die Anzahl der für den Abrechnungsmonat geleisteten Bruttoarbeitsstunden multipliziert mit 8,50 Euro erreicht. Unerheblich ist dagegen, auf welche konkrete Arbeitsstunde in welcher Höhe gezahlt wird oder auf welcher Basis und mit welcher Methode der dann tatsächlich an den Arbeitnehmer ausbezahlte Lohn ermittelt wurde. Danach bleibt es auch unschädlich, wenn für einzelne Arbeitsstunden ein unter dem Mindestlohn liegendes Entgelt gezahlt wird, solange nur das Gesamtgehalt des Arbeitnehmers dessen Anspruch auf Mindestlohn für die innerhalb eines bestimmten Referenzzeitraums geleisteten Arbeitsstunden erfüllt.

Beispiele: Installateur A ist im Unternehmen des G mit einer monatlichen Arbeitszeit von 100 Stunden für einen Monatslohn von 1.000 Euro beschäftigt. Im Arbeitsvertrag ist geregelt, dass A an einem Wochenende im Jahr Rufbereitschaft zu leisten hat. Wird er während der Rufbereitschaft zur Arbeit herangezogen, wird ihm diese Zeit nicht vergütet, sondern auf ein Arbeitszeitkonto gutgeschrieben. Im Juni verrichtet er an seinem Dienstwochenende 16 Stunden Arbeit. Diese werden abredegemäß auf sein Arbeitszeitkonto gutgeschrieben und im August bei gleichbleibender

Vergütung durch Freizeit ausgeglichen. Da es sich bei der fraglichen Leistung (wahrscheinlich) um keine Mehrarbeit i. S. d. § 2 Abs. 2 gehandelt hat, genügt das vom Arbeitgeber geführte Arbeitszeitkonto nicht den Anforderungen des § 2 Abs. 2. G musste dem A also zum 1. Juli einen Mindestlohn für 116 Stunden ausbezahlen. Bei strenger Betrachtung hat er das aber nicht getan. Im Gegenteil: Es war ja sogar explizit vereinbart, dass die Wochenendarbeit gar nicht vergütet werden soll. Tatsächlich fließt dem A für den Juni aber eine Gehaltszahlung zu, die dem Mindestlohn genügt (116 × 8,50 Euro = 986 Euro). Lässt man eine Referenzbetrachtung zu, schuldet G dem A keine weiteren 136 Euro für die 16 Stunden Bereitschaftsdienst.

81 Die vorstehenden Ausführungen erfahren allerdings eine Einschränkung dergestalt, dass nicht jede im überwiesenen Gesamtsaldo enthaltene Zahlung berücksichtigungsfähig ist. Vielmehr dürfen jedenfalls nach der vorherrschenden Meinung nur mindestlohnwirksame Gehaltsteile berücksichtigt werden (s. Rn. 87 ff.). Das relativiert die mit dem hier vorgeschlagenen Verfahren verbundene Vereinfachung der Bestimmung des Mindestlohns naturgemäß nicht unerheblich.

3. Tilgungswirkung durch Zahlung des verstetigten Gehalts auch ohne Tilgungsbestimmung – keine Anwendung des § 366 BGB

82 Im Verhältnis zwischen dem Mindestlohnanspruch und einem höheren Vertrags- oder Tariflohn ist **§ 366 BGB nicht anwendbar** (zu entsenderechtlichen Mindestlöhnen offen gelassen in: BAG v. 16.4.2014 – 4 AZR 802/11, NZA 2014, 1277, Rn. 58; **a. A.** *Lakies,* § 1 Rn. 132 ff.; *Riechert/Nimmerjahn,* § 1 Rn. 104 f.; *Boemke,* JuS 2015, 385, 390; *Sagan/Witschen,* jM 2014, 372, 376; *Spielberger/Schilling,* NZA 2014, 414, 416). Zwischen beiden Lohnansprüchen besteht lediglich Anspruchsnormenkonkurrenz, s. Rn. 4. § 366 BGB greift aber nur bei einer Mehrheit von Schuldverhältnissen bzw. einer Mehrheit von Forderungen aus demselben Schuldverhältnis, nicht aber bei bloßer Anspruchskonkurrenz (BAG v. 7.8.2012 – 9 AZR 760/10, BAGE 143, 1 = NZA 2013, 104, Rn. 13; *Staudinger/Olzen,* BGB, 2011, § 366 Rn. 17). Das hat das BAG so ausdrücklich für das Verhältnis von gesetzlichem und vertraglichem Urlaub entschieden (BAG v. 7.8.2012 – 9 AZR 760/10, BAGE 143, 1 = NZA 2013, 104, Rn. 13; weniger eindeutig allerdings: BAG v. 16.7.2013 – 9 AZR 914/11, NZA 2013, 1285). Ausgangspunkt war seinerzeit die Debatte um die Schultz-Hoff-Entscheidung des EuGH (EuGH v. 20.1.2009 – C-350/06 u. C-520/06, Slg. 2009, I-179 = NZA 2009, 135 [Schultz-Hoff]; s. dazu auch: *Grosse-Brockhoff/Tielmann,* GWR 2012, 552, 553 f.; *Benecke,* RdA 2011, 241, 244; *Powietzka/Fallenstein,* NZA 2010, 673, 674 f.; *Krieger/Arnold,* NZA 2009, 530, 533; kritisch: jurisPK-BGB/*Kerwer,* § 366 Rn. 4; *Natzel,* NZA 2011, 77): Damals hatte das BAG erkannt, dass wenn der Arbeitsvertrag eine längere Urlaubsdauer als das BUrlG vorsieht, der Arbeitgeber mit der Freistellung des Arbeitnehmers

von der Verpflichtung zur Arbeitsleistung grundsätzlich auch ohne ausdrückliche oder konkludente Tilgungsbestimmung beide Ansprüche zum Erlöschen bringt. Nichts anderes gilt hier. Einzig der möglicherweise divergierende Fälligkeitszeitpunkt zwischen Vertrags- und Mindestlohn könnte als Argument für eine echte Anspruchskonkurrenz herangezogen werden. Indes wird eine derartige Divergenz wohl nur sehr selten vorkommen und bleibt eher theoretischer Natur; sie kann sich nur dann ergeben, wenn der Arbeitsvertrag eine Fälligkeitsbestimmung vorsieht, die über die Maximalgrenze des § 2 Abs. 1 S. 1 Nr. 2 hinausgeht (s. Rn. 76; so auch: *Lakies,* § 1 Rn. 133; *Sagan/Witschen,* jM 2014, 372, 376).

83 Daraus folgt: Mit einer Zahlung eines Entgelts in Höhe des Mindestlohnanspruchs wird sowohl dieser als auch der Vertragslohn erfüllt (§ 362 BGB). Auf eine Tilgungsbestimmung nach § 366 BGB kommt es nicht an. Folglich kann der Arbeitnehmer etwaige Divergenzen zum Gesamtlohnanspruch nicht mehr dem Mindestlohn zurechnen, namentlich um diesen außerhalb von Ausschlussfristen oder einer vereinbarten Abgeltungsklausel geltend zu machen. Die Konsequenzen verdeutlicht folgendes

Beispiel: Arbeitnehmer A hätte einen monatlichen Mindestlohnanspruch von 1.000 Euro, doch verständigt er sich mit seinem Arbeitgeber G auf ein vertragliches Monatsgehalt von 2.000 Euro. Eine (wirksame) Ausschlussfrist verpflichtet A, offene Zahlungsansprüche spätestens drei Monate nach Fälligkeit gegenüber G schriftlich geltend zu machen. Im Oktober trägt A vor, dass er im März nur 1.800 Euro erhalten habe und fordert von G die seiner Meinung nach fehlenden 200 Euro. Er meint, dass G im März die Differenz zwischen Vertrags- und Mindestlohn in Höhe von 1.000 Euro zwar voll, den Mindestlohn dagegen nur in Höhe von 800 Euro gezahlt habe. Die verbleibenden 200 Euro gehörten daher zum Mindestlohn, so dass die vertragliche Ausschlussfrist diesen Betrag nicht erfasse (§ 3). Das ist unzutreffend: G ist mit der Zahlung von 1.800 Euro seiner Mindestlohnpflicht voll nachgekommen und zwar auch dann, wenn er nicht erklärt hatte, dass damit zunächst der Mindestlohn abgegolten sein soll.

84 Eine mittelbare Einschränkung erfährt dies allerdings, wenn in der Gesamtzahlung des Arbeitgebers auch Leistungen bzw. Zulagen enthalten sein könnten, die nach den Rn. 87ff. nicht als mindestlohnwirksame Arbeitgeberleistungen anerkannt werden können. Für diese Konstellation könnte möglicherweise § 366 BGB – entsprechend – herangezogen werden. Dann ist zumindest erforderlich, dass der Arbeitgeber keine gegenteilige Tilgungsbestimmung trifft, also nicht positiv erklärt, dass er mit einer bestimmten Zahlung gerade einen nicht mindestlohnrelevanten Gehaltsteil erfüllen will. Erklärt der Arbeitgeber dagegen, dass er eine nicht verrechnungsfähige Zulage leisten will, kann dies dazu führen, dass damit der Mindestlohnanspruch nicht bedient wird. Siehe auch Rn. 118.

85 Soweit entgegen der hier vertretenen Meinung § 366 BGB für anwendbar gehalten wird, leistet der Arbeitgeber, soweit er keine ausdrückliche Tilgungsbestimmung trifft, nach dem Kriterium der **Lästigkeit** im Zweifel zunächst auf die Mindestlohnschuld (*Lakies,* § 1 Rn. 133; *Sagan/Witschen,* jM 2014, 372, 376). Dies ergibt sich daraus, dass der Mindestlohn keiner Ausschlussfrist unterworfen werden darf und öffentlich-rechtlich sanktioniert ist. Das gilt selbst dann, wenn der Arbeitgeber als Subunternehmer für einen anderen Unternehmer tätig wurde. Dann ist es zwar aller Wahrscheinlichkeit nach so, dass der überschießende Vertragslohn für den Arbeitnehmer schlechter besichert ist als der durch die Generalunternehmerhaftung des § 13 iVm. § 14 AEntG flankierte Mindestlohn. Doch spricht die besondere Bedeutung, die der Gesetzgeber dem Mindestlohnanspruch auch im Allgemeininteresse beimisst, für dessen vorrangige Erfüllung (*Sagan/Witschen,* jM 2014, 372, 377).

86 Ungeachtet der vorstehenden Überlegungen kann es sich für den Arbeitgeber empfehlen, ganz vorsorglich eine **Tilgungsbestimmung** zu Gunsten des Mindestlohns zu treffen. Dies könnte auch bereits im Arbeitsvertrag in Form einer abstrakten Generalklausel geschehen. **AGB**-rechtlich wäre eine solche Bestimmung unbedenklich, da das MiLoG den Arbeitgeber ja in besonderer Weise dazu anhalten möchte, seiner Mindestlohnschuld pünktlich nachzukommen (*Sagan/Witschen,* jM 2014, 372, 377).

4. Mindestlohnwirksame Leistungen des Arbeitgebers

87 **a) Rechtsprechung, Leitlinien des BMAS und der Zollverwaltung.** Große Bedeutung erlangt in der Praxis die Frage, welche **Lohnbestandteile mindestlohnwirksam** geleistet werden. Das gilt es dann festzustellen, soweit der Arbeitgeber nicht nur Stundenlöhne zahlt, sondern sich der Arbeitslohn aus Stundenlöhnen, Zulagen und sonstigen Leistungen zusammensetzt. Hierzu kann es insbesondere dann kommen, wenn Bestandteile der Arbeitsvergütung, etwa aus lohnpolitischen oder steuerrechtlichen Gründen, ausgegliedert werden. Immer dann stellt sich die Frage, ob neben dem Stundenentgelt gewährte Sonderleistungen, Zulagen und Zuschüsse auf die Mindestlohnschuld angerechnet werden können. Das Entsenderecht verfügt über eine lange und umfangreiche Rechtsprechung des EuGH und des BAG zur (Nicht-)Anrechnungsfähigkeit von Arbeitgeberleistungen (u. a. EuGH v. 12.2.2015 – C-396/13 [Elektrobudowa], EuZW 2015, 308 = NZA 2015, 345; v. 7.11.2013 – C-522/12 [Isbir], EuZW 2014, 102 = NZA 2013, 1359; v. 14.4.2005 – C-341/02 [Kommission/Deutschland], EuZW 2005, 402 = NZA 2005, 573, BAG v. 16.4.2014 – 4 AZR 802/11, NZA 2014, 1277; v. 18.4.2012 – 4 AZR 139/10, BAGE 141, 163 = NZA 2013, 392; v. 8.10.2008 – 5 AZR 8/08, BAGE 128, 119 = NZA 2009, 98; v. 30.3.2004 – 1 AZR 85/03, NZA 2004, 1183; v. 27.1.2004 – 1 AZR 148/03, BAGE 109, 244 = NZA 2004, 667).

88 Die Zollverwaltung und das BMAS geben auf ihrer jeweiligen Homepage zahlreiche Hinweise, welche Arbeitgeberleistungen ihrer Auffassung nach anzuerkennen sind und welche nicht (s. auch Rn. 3). Auch wenn diese keine Bindungswirkung haben und keineswegs feststeht, dass die dort geäußerte Rechtsauffassung durch die Arbeitsgerichte übernommen werden wird, geben diese dem Rechtsanwender in der Praxis nichts desto trotz eine wichtige Orientierungshilfe zur Hand. Abweichungen von diesen halboffiziellen Verlautbarungen wollen jedenfalls im Tagesgeschäft gut überlegt sein, zumal für Angriffe gegen Bußgeldbescheide die ordentlichen Gerichte zuständig sind, von denen zu vermuten steht, dass sich diese im Zweifel an den Handreichungen des Zolls orientieren werden. Daher wird in der nachfolgenden Darstellung mindestlohnwirksamer Leistungen des Arbeitgebers immer wieder auch auf die einschlägigen Verlautbarungen beider Behörden Bezug genommen werden. Zum Zeitpunkt des Manuskriptabschlusses waren dies:

- **Für das MiLoG:**
  Zollverwaltung:
  http://www.zoll.de/DE/Fachthemen/Arbeit/Mindestarbeitsbedingungen/Mindestlohn-Mindestlohngesetz/mindestlohn-mindestlohngesetz_node.html#doc529866bodyText6
  BMAS:
  http://www.bmas.de/SharedDocs/Downloads/DE/PDF-Publikationen/a640-ml-broschuere-pdf.pdf;jsessionid=1FDD70AD2255832E2717CA47DD89A87E?__blob=publicationFile
  http://www.der-mindestlohn-gilt.de/ml/DE/Ihre-Fragen/fragen-zum-mindestlohn-info.html
- **Für das AEntG:**
  http://www.zoll.de/DE/Fachthemen/Arbeit/Mindestarbeitsbedingungen/Mindestlohn-AEntG-Lohnuntergrenze-AUeG/mindestlohn-aentg-lohnuntergrenze-aueg_node.html

89 **b) Unwiderrufliche Leistung zum Fälligkeitszeitpunkt. aa) Leistungen unter Vorbehalt, Stichtagsklauseln.** Zahlungen des Arbeitgebers können nur dann als mindestlohnwirksam anerkannt werden, wenn sie **unwiderruflich** ausbezahlt werden (BAG v. 18.4.2012 – 4 AZR 139/10, BAGE 141, 163 = NZA 2013, 392; v. 8.10.2008 – 5 AZR 8/08, BAGE 128, 119 = NZA 2009, 98; v. 30.3.2004 – 1 AZR 85/03, NZA 2004, 1183; v. 27.1.2004 – 1 AZR 148/03, BAGE 109, 244 = NZA 2004, 667). Dagegen sind Leistungen des Arbeitgebers, wie namentlich Sonderleistungen oder Gratifikationen, die unter irgendeinem **Vorbehalt,** insbesondere einem Rückzahlungsvorbehalt stehen, nicht berücksichtigungsfähig (**a. A.** *Sittard,* NZA 2014, 951, 952). Das gilt ungeachtet des Umstands, dass nach der Rechtsprechung des BAG ein derartiger Rückzahlungsvorbehalt nach den §§ 306 und 307 BGB eigentlich unwirksam ist, weil er sich auf einen Entgeltbestandteil beziehen würde, der als unmittelbare Gegenleistung für geleistete Arbeit erbracht wird (BAG v. 18.1.2012 – 10 AZR 667/10, BAGE 140, 239 = NZA 2012, 620; v. 7.6.2011 – 1 AZR 807/09, NZA 2011, 1234; v. 12.4.2011 – 1

AZR 412/09, BAGE 137, 300 = NZA 2011, 989). Richtig ist zwar auch, dass der Vorbehalt überdies deshalb versagen würde, weil mit der fraglichen Leistung die Mindestlohnschuld des Arbeitgebers getilgt wurde und jener ex lege nicht mehr zurückgefordert werden darf (*Sittard,* NZA 2014, 951, 952). Wenn derartige Leistungen dessen ungeachtet nicht anrechnungsfähig sind, dann, weil ansonsten das Risiko bestünde, dass der Arbeitgeber nach einer Auflösung des Arbeitsverhältnisses vor dem im Vorbehalt angegebenen Stichtag sein Glück mit einer Rückzahlungsforderung versucht.

90 **bb) Urlaubs- und Weihnachtsgeld, Prämien und ähnliche Sonderleistungen. (1) Keine quotale Berücksichtigung, Anrechnung zum Auszahlungszeitpunkt.** Ein **Urlaubs**- und **Weihnachtsgeld,** das nur zu einem bestimmten Zeitpunkt ausgereicht wird, darf nicht quotal über das ganze Jahre verteilt berücksichtigt werden (LAG Berlin v. 25.9.2015, 8 Sa 677/15; *Riechert/Nimmerjahn,* § 1 Rn. 139; *Schubert/Jerchel/Düwell,* Rn. 140; *Jares,* DB 2015, 307; *Olbertz,* GWR 2014, 521, 523; *D. Ulber,* RdA 2014, 176, 180; *Moll/Päßler/Reich,* MDR 2015, 125, 127; *Baeck/Winzer/Kramer,* NZG 2015, 265, 266; vgl. auch Düwell/Schubert/*Düwell,* § 1 Rn. 46; ErfK/*Franzen,* § 1 MiLoG Rn. 15; *Lakies,* § 1 Rn. 49ff.; *Müller,* TranspR 2014, 402, 403). Gleiches gilt für **Boni, Zielprämien, Gewinnbeteiligungen** oder sonstige **Tantiemen.** Eine Verzögerung der Auszahlung wäre nämlich mit dem Zweck des Mindestlohns nicht vereinbar. Das ergibt sich im Übrigen auch daraus, dass im Gesetzgebungsverfahren von Verbandsseite angeregt wurde, jährliche Sonderzahlungen in jedem Beschäftigungsmonat mit 1/12 zu berücksichtigen (so der Vorschlag des Handelsverbands Deutschland, BT-Ausschussdrs. 18(11) 125, S. 128). Diesem Vorschlag ist der Gesetzgeber nicht gefolgt.

Beispiel: Die monatliche Arbeitszeit des Arbeitnehmers A beträgt 100 Stunden, der Monatslohn 800 Euro brutto, den A jeweils pünktlich ausbezahlt bekommt. Zum 1. Dezember wird ihm zusätzlich ein Weihnachtsgeld von 600 Euro gewährt. Ein quotaler Umschlag des Weihnachtsgeldes auf jeden Kalendermonat, mit der Konsequenz, dass das Gehalt des A dann nicht mehr 800 Euro, sondern (rechnerisch) 850 Euro betragen würde, ist nicht möglich. Vielmehr kann A für die Monate Januar bis Oktober und Dezember jeweils 50 Euro nachfordern (Mindestlohn = 100 × 8,50 Euro = 850 Euro; abzüglich der gezahlten 800 Euro = 50 Euro). Zum Monat November, s. Rn. 91.

90a *Boemke* (JuS 2015, 385, 391) ist allerdings der Auffassung, dass sich aus §§ 1 und 3 nur ergibt, dass die mit der Sonderzahlung verbundene Bestimmung ihrer Fälligkeit unwirksam sei. Werde der Mindestlohn in einem Monat nicht erreicht, sei lediglich die Folge, dass der Arbeitnehmer einen entsprechenden Anteil an der Sonderzahlung vor dem vertraglich vereinbarten Zeitpunkt verlangen könne. Diese Annahme kann sich von vorneherein aber nur auf solche Sonderleistungen beziehen, die Entgeltcharakter haben, die also jeden Monat erdient und lediglich auf den Auszahlungszeitpunkt aufgespart werden. Das dürfte jedenfalls auf das Urlaubsgeld regelmäßig nicht zutreffen; beim Weihnachtsgeld hinge dies von der konkreten Fallgestaltung ab. Selbst aber für das Weihnachtsgeld hilft dies nichts, solange der Arbeitsnehmer den jeweiligen Anteil nicht tatsächlich zeitgerecht erhält. Im Übrigen lässt § 3 zwar eine teleologische Reduktion überschießender Vertragsabreden zu; doch würde man mit einer fallabhängigen und im Umfang schwankenden Anpassung der vertraglichen Fälligkeitsregelung an das jeweils ausbezahlte Monatsgehalt den Bogen wohl überspannen. Vor allem aber spricht EuGH v. 14.4.2005 – C-341/02 (Kommission/Deutschland, EuZW 2005, 402 = NZA 2005, 573, Rn. 32) gegen ein solches Vorgehen. Auch die Entscheidung EuGH v. 7.11.2013 – C-522/12 (Isbir, EuZW 2014, 102 = NZA 2013, 1359) lässt insoweit kaum ein offeneres Vorgehen zu (a. A. aber *Däubler,* NJW 2014, 1924, 1927; in der Tendenz zunächst auch: *Bayreuther,* EuZA 2014, 189). Zwar ließ der EuGH mit ihr eine rückwirkende Verrechnung von Tariflohnerhöhungen zu. Diese erfolgte im Fall indes nur für einen sehr überschaubaren Zeitraum.

91 Umgekehrt wird eine ansonsten nicht anrechenbare Sonderleistung für den **Bezugszeitraum** relevant, nach dessen Ablauf sie **tatsächlich ausgereicht** wird. Hiervon ist wiederum eine Ausnahme zu machen, wenn der Arbeitgeber mit der Leistung alleine die Betriebstreue des Arbeitnehmers belohnen will und die Zahlung in keinerlei Beziehung zur erbrachten Arbeitsleistung steht (daran zweifelnd, was das Urlaubsgeld betrifft: LAG Berlin 25.9.2015, 8 Sa 677/15; 11.8.2015, 19 Sa 819/15; ArbG Bautzen 25.6.2015 1 Ca 1094/15, wie hier: ArbG Herne 7.7.2015, 3 Ca 684/15. Das freilich dürfte eher selten der Fall sein und wohl wird der Arbeitgeber eine solche Vertragsgestaltung auch nur wählen, um das Leistungsversprechen unter einen Stichtags- oder Rückzahlungsvorbehalt stellen zu dürfen, so dass eine Anrechnung dann bereits deshalb ausscheiden würde (s. Rn. 89). Im **Beispielsfall** der Rn. 90 wird daher der Mindestlohnanspruch des A für den Monat November ohne weitere Zuzahlung erfüllt, da ihm ja zum 1. Dezember 1.400 Euro (800 Euro Grundlohn + 600 Euro Weihnachtsgeld) ausbezahlt wurden.

92 **(2) Umwandlung von Sonderleistungen in laufendes Gehalt, Ausübung eines Freiwilligkeits- und Widerrufsvorbehalts, Änderungskündigung.** Der Ausschluss einer quotalen Anrechnung von Sonderleistungen wird Unternehmen zuweilen Schwierigkeiten bereiten, weil sie zwar im wirtschaftlichen Endergebnis über dem Mindestentgelt entlohnen, dessen ungeachtet aber rechtlich gesehen den Vorgaben des MiLoG nicht genügen. Entsprechend werden viele Arbeitgeber überlegen, Zusatzleistungen wie etwa Urlaubs- oder Weihnachtsgeld in laufendes Entgelt umzuwandeln.

93 Ohne weiteres zulässig ist eine **Vertragsgestaltung,** wonach keine Sonderleistungen mehr aufgespart werden sollen, sondern diese von vorneherein gequotelt und jedem einzelnen Monatsgehalt mit 1/12 der Leistungssumme aufgeschlagen werden. Ob der Arbeitgeber dagegen auf eine „Vorschussregelung" ausweichen kann, erscheint fraglich. Danach würde er die Sonderzahlung bereits zu Beginn des Bezugszeitraums (vorbehaltlos!) auszahlen und sie in jedem Kalendermonat mit 1/12 der Leistungssumme verrechnen (also etwa: Auszahlung des Weihnachtsgeldes für 2016 im November 2015: Anrechnung dann mit je 1/12 für Januar bis Dezember 2016). Das dürfte nicht ohne Weiteres mit der Fälligkeitsbestimmung des § 2 vereinbar sein, jedenfalls ist ein solches Vorgehen für den Arbeitgeber naturgemäß riskant, weil er nicht sicher weiß, wie sich das Arbeitsverhältnis im kommenden Jahr entwickelt.

94 Ist der Arbeitgeber arbeitsvertraglich zur Leistung einer Sonderzahlung verpflichtet, können die Partien **einvernehmlich vereinbaren,** diese aufzuheben und den einzelnen Monatsgehältern zuzuschlagen (*Schubert/Jerchel/Düwell,* Rn. 143; *Jöris/von Steinau-Steinrück,* BB 2014, 2101; *Olbertz,* GWR 2014, 521, 523). Das ist ihnen natürlich auch dann möglich, wenn bislang anderes vereinbart war und dies selbst für den Fall, dass der Arbeitnehmer dadurch trotz der Einführung des Mindestlohns mit seinem Jahresgesamtverdienst stagniert. Darin liegt auch keine Umgehung des Mindestlohnanspruchs (so aber: ArbG Berlin v. 4.3.2015 – 54 Ca 14420/14, BB 2015, 1728). Vielmehr herrscht insoweit Vertragsfreiheit. Den Parteien stünde ja auch frei, den Vertrag insgesamt aufzuheben und einen neuen Arbeitsvertrag mit entsprechenden Konditionen zu vereinbaren.

Beispiel: In dem in Rn. 90 geschilderten Fall vereinbaren A und sein Arbeitgeber, dass A fortan ein Monatsgehalt von 850 Euro bekommen soll, im Gegenzug aber das Weihnachtsgeld entfallen wird. Das Gesamtjahresentgelt des A verharrt so beim status quo (vorher: [12 × 800 Euro =] 9.600 Euro + 600 Euro = 10.200 Euro; nachher: 12 × 850 Euro = 10.200 Euro). Das gilt ungeachtet des Umstands, dass A, hätte er in keine entsprechende „Umverteilungsabrede" eingewilligt – abhängig von der Bestandsfestigkeit des Weihnachtsgeldes (dazu sogleich, Rn. 95ff.) – ein Gesamtjahresentgelt von 10.750 Euro hätte erzielen können (11 Monate à 850 Euro, zuzüglich des Novembergehalts von 800 Euro und des im November anrechnungsfähigen Weihnachtsgelds [Rn. 91] in Höhe von 600 Euro).

95 Theoretisch kann der Arbeitgeber eine Sonderzahlung einseitig „abschaffen" und sie in verstetigtes Arbeitsentgelt überführen, wenn diese unter einen – zulässigen – **Freiwilligkeitsvorbehalt** gestellt war. Indes ist ein Freiwilligkeitsvorbehalt nach der Rechtsprechung des BAG nur dann zulässig, wenn der Arbeitgeber dem Arbeitnehmer die Leistung nicht unter Vorbehalt versprochen hat, sondern er sie bislang mehr oder weniger nur „spontan" ausgereicht hatte und der Freiwilligkeitsvorbehalt daher lediglich verhindern sollte, dass sie zur betrieblichen Übung erstarkt (s. BAG v. 20.2.2013 – 10 AZR 177/12, NZA 2013, 1015, Rn. 19ff.; v. 16.1.2013 – 10 AZR 26/12, NZA 2013, 1013, Rn. 22; v. 18.3.2009 – 10 AZR 289/08, NZA 2009, 535, Rn. 17ff.). Da der Arbeitgeber in dieser

Konstellation aber ohnehin nicht zur Leistung der Sonderzahlung verpflichtet wäre, ist er für die Zukunft sowieso frei in seiner Entscheidung, ob er sie fortführen will. Kann er sie aber ohne weiteres einstellen, ist es ihm auch möglich, sie in laufendes Arbeitsentgelt „umzuwandeln".

96 Besteht dagegen auf die fragliche Leistung ein Anspruch, ist sie aber unter einen **Widerrufsvorbehalt** gestellt, wird deren „Umwandlung" in laufendes Arbeitsentgelt regelmäßig scheitern. Nach der Rechtsprechung des BAG ist für die Zulässigkeit eines Widerrufsvorbehalts nämlich (u. a.) erforderlich, dass in der Vertragsklausel selbst ein konkreter Widerrufsgrund – wenigstens der Richtung nach – genannt wird, der vor dem Hintergrund der Wertung des § 2 KSchG bestehen kann (BAG v. 12.1.2005 – 5 AZR 364/04, BAGE 113, 140 = NZA 2005, 465, Rn. 18ff.; v. 11.10.2006 – 5 AZR 721/05, NZA 2007, 87, Rn. 20ff.; v. 11.2.2009 – 10 AZR 222/08, NZA 2009, 428, Rn. 24; eingehend hierzu: ErfK/*Preis,* §§ 305ff. BGB Rn. 57ff.). Einmal abgesehen davon, dass es fraglich wäre, ob Gesetzesänderungen wie die Einführung des allgemeinen Mindestlohns überhaupt hätten als Widerrufsgrund in den Vertrag eingeführt werden dürfen, wird in der Praxis kaum eine einschlägige Vertragsklausel einen dahingehenden Widerrufsgrund enthalten.

97 Für den Regelfall scheidet schließlich auch eine **Änderungskündigung** aus (LAG Berlin 25.9.2015, 8 Sa 677/15; 11.8.2015, 19 Sa 819/15; 2.10.2015, 9 Sa 570/15). Eine Änderungskündigung nur weil es nach Vertragsschluss eine Gesetzesänderung gegeben hat, kommt jedenfalls solange nicht in Betracht, wie sich die Gesetzeskonformität des Arbeitsvertrags auch auf andere Weise herstellen lässt (BAG v. 12.1.2006 – 2 AZR 126/05, NZA 2006, 587, Rn. 21; v. 8.10.2009 – 2 AZR 235/08, NZA 2010, 465, Rn. 26ff.; nunmehr einschränkend im Hinblick auf den Rechtsgedanken des § 313 BGB: BAG v. 5.6.2014 – 2 AZR 615/13, NZA 2015, 40, Rn. 23; s. auch: KR/*Rost,* § 2 KSchG Rn. 107e). Das ist hier unproblematisch möglich, indem das Gehalt des Arbeitnehmers erhöht, ihm dessen ungeachtet aber weiterhin die Zulage gewährt wird. Anderes kann sich aber ergeben, wenn das Unternehmen dadurch in wirtschaftliche Bedrängnis geriete und deshalb der Arbeitsplatz des Arbeitnehmers gefährdet wäre (grundlegend: BAG v. 12.1.2006 – 2 AZR 126/05, NZA 2006, 587, Rn. 18f.; s. auch: v. Hoyningen-Huene/Linck/*Linck,* § 2 KSchG Rn. 156a).

98 **c) Leistungen des Arbeitgebers, Zulagen und Zuschläge. aa) Entsende- und mindestlohnrechtliches Äquivalenzprinzip; Kritik und eigene Auffassung.** Nach der in Rn. 87f. zitierten Rechtsprechung ist eine Leistung des Arbeitgebers immer, aber auch nur dann auf seine Mindestlohnverpflichtung anzurechnen, wenn sie nach ihrer Zweckbestimmung als Gegenleistung für diejenige Arbeitsleistung dient, die Gegenstand der Mindestlohnverpflichtung ist (sog. „Normalleistung")

und sich daher zu ihr funktionell gleichwertig verhält (**„Äquivalenzprinzip"** oder „Prinzip der funktionellen Gleichwertigkeit"). Danach gilt im Grundsatz, dass Zulagen und Zuschläge dann nicht anerkannt werden dürfen, wenn sie zum Nachteil des Arbeitnehmers das Verhältnis zwischen der Leistung und der Gegenleistung verschieben, die ihm nach der Mindestlohnvorlage zu zahlen wäre.

99 Für den Anwendungsbereich des AEntG haben sich diese Grundsätze mittlerweile durchgesetzt (s. nur BAG v. 18.4.2012 – 4 AZR 139/10, BAGE 141, 163 = NZA 2013, 392, Rn. 28; § 8 AEntG Rn. 13f.; ErfK/*Schlachter,* § 1 AEntG Rn. 9; HWK/*Tillmanns,* Vorb. AEntG Rn. 16; *Koberski/Asshoff/Eustrup/Winkler,* § 5 AEntG Rn. 11ff.; *J. Ulber,* § 5 AEntG Rn. 5; sowie: *D. Ulber,* RdA 2014, 176). Obgleich die Äquivalenzformel dort nicht mehr ernsthaft hinterfragt wird, steht sie selbst für dieses nicht außerhalb jeden Zweifels. So haben die Gerichte in der Anfangszeit der ersten Mindestlohnverordnungen Zulagen weitaus großzügiger angerechnet (etwa: BayObLG v. 28.5.2002 – 3 ObOWi 29/02, NStZ-RR 2002, 279, 280: Schmutzzulagen am Bau seien generell zu berücksichtigen). Auch wird die Leistungsfähigkeit jener Formel für das AEntG überschätzt. Der Generalanwalt beim EuGH *Wahl* war in seinem Schlussantrag vom 18.9.2014 (ECLI:EU:C:2014:2236) zur Rechtssache Elektrobudowa (die der EuGH indes später unter erneuter Bezugnahme auf die Äquivalenzformel entschieden hat, s. EuGH v. 12.2.2015 – C-396/13 [Elektrobudowa], EuZW 2015, 308 = NZA 2015, 345) gar der Ansicht, dass die Äquivalenzrechtsprechung keinen – so wörtlich – *„sinnvollen Beitrag"* für die Auslegung des Begriffs Mindestlohnsatz leisten könne. Schließlich ist es auch nicht so, dass die Entsenderichtlinie oder der EuGH den Ausschluss jeglicher Zulagen außerhalb der Normalleistung bedingen würden. Vielmehr betont der EuGH insbesondere in den Rechtssachen Elektroboduwa und Isbir (EuGH v. 12.2.2015 – C-396/13 [Elektrobudowa], EuZW 2015, 308 = NZA 2015, 345, Rn. 45; v. 7.11.2013 – C-522/12 [Isbir], EuZW 2014, 102 = NZA 2013, 1359), dass es Aufgabe der nationalen Gerichte ist, von Fall zu Fall zu prüfen, ob die jeweils in Rede stehenden Vergütungsbestandteile wirklich das Verhältnis zwischen der Leistung und der Gegenleistung verändern oder als mindestlohnrelevant angesehen werden dürfen (*Lembke,* NZA 2015, 70, 74; *Schweibert/Leßmann,* DB 2014, 1866, 1869). Dass Zulagen berücksichtig werden können, ergibt sich überdies auch aus Art. 3 Abs. 1 lit. c RL 96/71/EG), der ja die verbindliche Vorgabe von Mindestlohnsätzen *„einschließlich der Überstundensätze"* zulässt.

100 Selbst aber wenn man die Äquivalenzformel für das Entsenderecht uneingeschränkt akzeptiert, heißt das noch nicht, dass diese deshalb im Verhältnis 1:1 in das Mindestlohnrecht übernommen werden müsste. Dagegen spricht zunächst die unterschiedliche Zweckrichtung des gesetzlichen Mindestlohns einerseits und der entsenderechtlichen Mindestlöhne andererseits. Beim entsenderechtlichen Mindestlohn handelt es sich um ein von den Tarifvertragsparteien meist in vier Lohnstufen (s. § 8 AEntG Rn. 4ff.) austariertes Gehaltssystem, das auch an die „Wertigkeit" der jeweiligen Arbeit anknüpft (so völlig zutreffend: *Sittard,* RdA 2015, 99, 102). Im AEntG geht es also, zumindest auch, darum, dass der Arbeitnehmer für die von ihm konkret ausgeübte Arbeit einen angemessenen Grundlohn erhält. Dagegen soll der gesetzliche Mindestlohn vor allem das Existenzminimum des Arbeitnehmers absichern. Deshalb ist dieser tätigkeits- und qualifikationsunabhängig ausgestaltet. Auch widerspricht die Differenzierung zwischen „Normalleistung" und „Zusatzleistung" der Idee einer allgemeinen Lohnuntergrenze, die für jeden Arbeitnehmer und jedwede Tätigkeit Geltung beansprucht. Es kommt hinzu, dass im AEntG in aller Regel der erstreckte Mindestlohntarifvertrag definiert, was unter der mindestlohnrelevanten „Normalleistung" zu verstehen ist. An einer derartigen Leistungsbeschreibung fehlt es dagegen für den gesetzlichen Mindestlohn.

101 Dessen ungeachtet soll nach Ansicht des Gesetzgebers die entsenderechtliche Äquivalenzformel auch für das MiLoG Geltung beanspruchen können (BT-Drs. 18/1558, S. 67 [Anlage 4 = Gegenäußerung der Bundesregierung zur Stellungnahme des Bundesrats]). Dem hat sich eine breite Strömung im Schrifttum angeschlossen:

101a *Brors,* NZA 2014, 938, 939; *Däubler,* NJW 2014, 1924, 1926; *Fischer,* FA 2014, 360 (361); *Jöris/v. Steinau-Steinrück,* BB 2014, 2101, 2103; *Lakies,* § 1 Rn. 42ff.; *ders.,* ArbRAktuell 2014, 343, 344; *Nebel/Kloster,* BB 2014, 2933; *Müller,* TranspR 2014, 402, 403; *Preis,* Ausschussdrs. 18(11) 133, S. 76, 80; *Viethen,* NZA-Beilage 2014, 143, 146.

101b Indes finden sich in Rechtsprechung und Schrifttum auch Stimmen, die die Entsenderechtsprechung entweder gar nicht oder nur mit (allerdings in ihrer Reichweite sehr unterschiedlichen) Modifikationen in das MiLoG übernehmen wollen. Das sind insbesondere:

101c ArbG Düsseldorf 20.4.2015 – 5 Ca 1675/15, ArbRB 2015, 162; *Hanau/Bepler,* Ausschussdrs. 18(11)133 S. 142, 143; *Jares,* DB 2015, 307; *Moll/Päßler/Reich,* MDR 2015, 125, 127; *Sittard,* RdA 2015, 99, 102; *ders.,* NZA 2014, 951, 952; *Bayreuther,* NZA 2014, 865, 868ff.; *Schweibert/Leßmann,* DB 2014, 1866, 1869; *Lembke,* NZA 2015, 70, 74; *Marquardt/Dorn,* ArbRB 2015, 200; *Spielberger/Schilling,* NZA 2014, 414, 415; *Schewiola,* ArbRB 2015, 171; in der Tendenz auch: *Franzen,* NZA 2015, 338, 340.

102 Die Ansicht, die eine Übertragung der Äquivalenzformel in das Entsenderecht ablehnt, eröffnet, im Zusammenspiel mit dem in Rn. 77 herausgearbeiteten Referenzprinzip, sämtlichen Beteiligten eine relativ einfache Berechnung des Mindestlohns: Der gesetzliche Mindestlohn ist für jede Arbeitsstunde zu zahlen, gleich welche Tätigkeit und unter welchen Umständen diese ausgeübt wird. Umgekehrt sind in die Berechnung des Mindestlohns alle tatsächlich, fristgerecht und unwiderruflich erbachten Zahlungen des Arbeitgebers, einschließlich von Zuschlägen und Zulagen einzubeziehen, die ein Entgelt für die Arbeitsleistung sind.

103 Aber auch wenn man sich der hier vertretenen Ansicht anschließt, könnte eine Zahlung des Arbeitgebers nur dann auf seine Mindestlohnschuld angerechnet werden, soweit sie eine Gegenleistung für erbrachte Arbeit ist. Mithin bliebe auch nach dieser Formel eine Anerkennung folgender Arbeitgeberleistungen ausgeschlossen:

- Aufwendungsersatz (keine Gegenleistung für erbrachte Arbeit)
- Zahlungen, mit denen Unterkunfts- und andere Entsendekosten ausgeglichen werden (keine Gegenleistung für erbrachte Arbeit, Ausschluss durch Art. 3 Abs. 7 Entsende-RL)
- Nachtzuschläge nach § 6 Abs. 5 ArbZG (zum Grund des Ausschlusses s. Rn. 112)
- vermögenswirksame Leistungen (s. Rn. 141)
- sowie sämtliche Sonderzahlungen, die nicht zum Fälligkeitszeitpunkt unwiderruflich ausbezahlt werden (wie etwa Weihnachts- oder Urlaubsgeld) oder die unter einen Vorbehalt gestellt sind (s. Rn. 89 ff.).

104 Nachdem diese Ansicht im Schrifttum zwar durchaus Anklang gefunden hat, durch die überwiegende Meinung indes nicht geteilt wird, vor allem aber die Zollverwaltung ausweislich ihrer Verlautbarungen auf ihrer Homepage an der Äquivalenzformel festhalten will, sollte der Rechtsanwender diese bei einschlägigen Gestaltungen zumindest in seine Überlegungen mit einstellen. Entsprechend wird in den nachfolgenden Rn. die Berücksichtigungsfähigkeit einzelner Leistungen unter Zugrundelegung des Prinzips der funktionellen Gleichwertigkeit dargestellt werden.

105 **bb) Verfahren nach der Äquivalenzformel: Definition der „Normalleistung" im AEntG und MiLoG.** Wie bereits in den Rn. 87 u. 98 ff. dargelegt wurde, ist nach der überwiegenden Auffassung eine Leistung des Arbeitgebers auf seine Mindestlohnverpflichtung nur, aber immer auch dann anzurechnen, wenn sie nach ihrer Zweckbestimmung als Gegenleistung für diejenige Arbeitsleistung dient, die Gegenstand der Mindestlohnverpflichtung ist und sich daher zu ihr funktionell gleichwertig verhält. Umgekehrt dürfen Zahlungen dann nicht anerkannt werden, wenn sie das Verhältnis zwischen der Leistung und der Gegenleistung, die dem Arbeitnehmer nach der Mindestlohnvorlage zu zahlen wäre, zu dessen Nachteil verschieben. Welche Arbeiten des Arbeitnehmers dabei als dessen **„Normalleistung"** anzusehen sind, ist im Geltungsbereich des AEntG zunächst dem erstreckten Mindestlohntarifvertrag zu entnehmen. Für das MiLoG ist dagegen eine **Einzelfallprüfung** unumgänglich (so i. E. auch: *Brors,* NZA 2014, 938; *Fischer,* FA 2014, 360; *Jares,* DB 2015, 307; *Lembke,* NZA 2015, 70, 76; *Wortmann,* ArbRB 2014, 346, 347). Die Zollverwaltung hat insoweit die Formel geprägt, dass auf die geschuldete Tätigkeit in ihrer Ausprägung durch repräsentative Tarifverträge oder die Verkehrssitte abzustellen ist. Maßgeblich ist, ob diese abgedeckt wird bzw., ob man von dem Arbeitnehmer erwarten durfte, dass er diese Art Tätigkeit ohne eine zusätzliche Entlohnung in Gestalt einer Zulage erbringt.

106 Die **Bezeichnung der Zulage** gibt einen wichtigen Anhaltspunkt für die Beurteilung, inwieweit sie eine Gegenleistung für die „Normalarbeit" des Arbeitnehmers ist. Diese ist indes weder in die eine noch in die andere Richtung ein Ausschlusskriterium. Daher kann eine Zahlung, die nominell als Zulage firmiert, in Wirklichkeit aber die „Grundleistung" des Arbeitnehmers mit abdeckt, durchaus berücksichtigungsfähig sein. Umgekehrt ändert es an der Nichtberücksichtigungsfähigkeit einer Leistung nichts, wenn sie so tituliert wird, dass sie ihrer Bezeichnung nach anzurechnen wäre. Gibt es beispielsweise keine quantitativen oder qualitativen Voraussetzungen für eine „Leistungszulage", sondern wird diese allen Arbeitnehmern stets und immer für ihre Regelarbeit bezahlt, wird diese mindestlohnwirksam geleistet (LAG Berlin 25.9.2015, 8 Sa 677/15; 12.1.2016, 19 Sa 1851/15; i. E. auch BAG v. 16.4.2014 – 4 AZR 802/11, NZA 2014, 1277).

107 **cc) Zulagen für Mehrarbeit, Erschwernis- und Gefahrenzulagen und für Arbeiten zu besonderen Zeiten. (1) Grundsätzliche Erwägungen, kein pauschaler Ausschluss.** Schwierigkeiten bereitet die Einordnung von **Zulagen für quantitative oder qualitative Mehrarbeit,** Zuschlägen, die für **Arbeiten zu besonderen Tageszeiten** und an Sonn- und Feiertagen gezahlt werden, (Wechsel-)Schichtzulagen, Überstundenzuschlägen, oder Zuschlägen für Arbeiten unter besonders beschwerlichen, belastenden oder gefährlichen Umständen. Deren Anerkennung wird häufig pauschal abgelehnt, s. etwa: *Brors,* NZA 2014, 938, 940f.; *Dommermuth-Alhäuser/Heup,* NZA 2015, 406 [speziell für Trinkgelder]; *Däubler,* NJW 2014, 1924, 1926; *Jöris/v. Steinau-Steinrück,* BB 2014, 2101, 2103; *D. Ulber,* RdA 2014, 176, 181f.; *Lakies,* ArbRAktuell 2014, 343; dagegen wie hier differenzierend: ErfK/*Franzen,* § 1 MiLoG Rn. 13; *Sittard,* RdA 2015, 99). So ist auf der homepage der Zollverwaltung ausgeführt, dass Zulagen und Zuschläge nicht berücksichtigt werden:

- „mehr Arbeit pro Zeiteinheit (Akkordprämien),
- überdurchschnittliche qualitative Arbeitsergebnisse (Qualitätsprämien),
- Arbeit zu besonderen Zeiten (z. B. Überstunden, Sonn-, Feiertags- oder Nachtarbeit),
- Arbeit unter erschwerten oder gefährlichen Bedingungen (z. B. Schmutzzulagen, Gefahrenzulagen), (...)"

(http://www.zoll.de/DE/Fachthemen/Arbeit/Mindestarbeitsbedingungen/Mindestlohn-Mindestlohngesetz/mindestlohn-mindestlohngesetz_node.html#doc529866bodyText6)

108 Indes ist die pauschale Annahme, dass sämtliche dieser Zulagen nicht berücksichtigungsfähig seien, gerade auf Basis der Äquivalenzformel nicht richtig. So wird schon außen vor gelassen, dass das BAG den gegenteiligen Standpunkt eingenommen und ausdrücklich entschieden hat, dass sowohl Zulagen für Arbeiten zu ungünstigen Zeiten durchaus berücksichtigungsfähig sein können (BAG v. 16.4.2014 – 4 AZR 802/11, NZA 2014, 1277), als auch solche für „besondere" Tätigkeiten des Arbeitnehmers (BAG v. 18.4.2012 – 4 AZR 139/10, BAGE 141, 163 = NZA 2013, 392). Vor allem aber verträgt sich ein pauschaler Ausschluss nicht mit der Formel, wonach Zahlungen immer mindestlohnrelevant sein sollen, wenn man an sich erwarten konnte, dass der Arbeitnehmer die fragliche Tätigkeit ohne eine zusätzliche Entlohnung in Gestalt einer Zulage erbringt. Im Entsenderecht kann sich solches daraus ergeben, dass der erstreckte Tarifvertrag diese Arbeiten zur Normalarbeit erklärt oder aber, dass er sich im Hinblick auf die Lage der Arbeitszeit indifferent verhält. Erst recht sind natürlich Zuschläge zu berücksichtigen, wenn deren Zahlung im einschlägigen Tarifvertag vorgeben ist, was etwa bei Überstundenzuschlägen der Fall sein kann (s. Art. 3 Abs. 1 lit. c Entsenderichtlinie, § 5 Nr. 1 AEntG, § 3 Ziff. 1.2., 5.11 u. 5.12 BRTV Bau). Aber auch im MiLoG kann es durchaus so sein, dass die mit der Zahlung vergütete Leistung der „Normalleistung" des Arbeitnehmers entspricht, wie etwa folgende Beispiele zeigen:

Beispiele: (1.) Arbeitnehmer A ist bei Arbeitgeber Eins, Arbeitnehmer B bei Arbeitgeber Zwei beschäftigt. Die monatliche Regelarbeitszeit des A beträgt 10 Stunden, die des B 9 Stunden. A erhält ein Regelentgelt von 85 Euro (Stundenlohn also: 8,50 Euro), B von 72 Euro (Stundenlohn also: 8 Euro). B leistet regelmäßig eine Überstunde im Monat. Für diese erhält er ein erhöhtes Arbeitsentgelt von 13 Euro, insgesamt also 85 Euro. Somit ist er in keiner Weise anders gestellt als A.
(2.) Wie (1.), nur beträgt die monatliche Regelarbeitszeit beider Arbeitnehmer 10 Stunden; A erhält ein Regelentgelt von 85 Euro, B von 84 Euro. Bei Arbeitgeber Eins wird, wie bei vielen Unternehmen in der Branche, morgens bereits ab 6 Uhr gearbeitet. Dagegen beginnt die Arbeitszeit bei Arbeitgeber Zwei erst um 8 Uhr. Dennoch wird B einmal im Monat ausnahmsweise bereits um 7.00 Uhr zur Arbeit herangezogen. Dafür erhält er eine zusätzliche Frühschichtzulage von 1 Euro. Erneut sind Leistung und Lohn beider Arbeitnehmer deckungsgleich.

109 **(2) Zulagen für besondere Arbeiten:** Derartige Zulagen können (nur) dann angerechnet werden, wenn sie eine Arbeit abgelten, bei der es sich um die Normalleistung des Arbeitsnehmers handelt. Das zeigt ein Vergleich mit dem AEntG: Sieht nämlich ein nach dem AEntG erstreckter Tarifvertrag vor, dass **bestimmte Leistungen** mindestlohnpflichtig sind, ist eine Zulage zu berücksichtigen, die der Arbeitgeber dem Arbeitnehmer dafür zahlt, dass er eben diese Leistung erbringt. Beispielhaft zeigt dies der Sachverhalt von BAG v. 18.4.2012 – 4 AZR 139/10, BAGE 141, 163 = NZA 2013, 392: Nach dem entsenderechtlich erstreckten Mindestlohntarifvertrag im Gebäudereinigerhandwerk gehören sowohl gewöhnliche Reinigungstätigkeiten als auch die Reinigung von Verkehrsmitteln zu den mindestlohnrelevanten „Normalleistungen" des Arbeitnehmers. Darüber hinaus sehen die weiterführenden, aber nicht erstreckten, Lohntarifverträge des Gebäudereinigerhandwerks Zulagen für besonders schwere Arbeiten vor (Arbeiten mit Schutzausrüstung, Staubdacharbeiten, Reinigung von Steinfassaden mit Strahlgut oder Hochdruckgeräten, Reinigung außergewöhnlicher Verschmutzungen usw.).

Beispiel: Eine Arbeitnehmerin ist bei der Deutschen Bahn mit der Reinigung von Zügen beschäftigt. Dafür erhält sie einen Grundlohn, der knapp unter dem verbindlichen Mindestlohn liegt, sowie einen „Verkehrsmittelzuschlag" in Höhe von 10%. Grundlohn und Zulage übersteigen in der Summe den zwingenden Mindestlohn des Gebäudereinigertarifvertrags. Die von der Bahn gezahlte „Verkehrsmittelzulage" ist mindestlohnrelevant, weil sich diese auf eine Arbeitsleistung bezieht, die nach dem Mindestlohntarifvertrag zur Normalleistung des Arbeitnehmers gehört und daher mit dem bindenden Mindestlohn abgegolten sein soll. Würde die Arbeitnehmerin dagegen einen Zuschlag erhalten, weil sie Steinfassaden an Bahnhöfen reinigt, hätte dieser nicht berücksichtigt werden dürfen. Auf das MiLoG gewendet folgt daraus – einmal unterstellt, dass es keinen entsenderechtlichen Mindestlohn für das Gebäudereinigerhandwerk geben würde: Soweit es sich in der Branche eingebürgert hat, dass die Reinigung von Verkehrsmitteln (ggf. aber auch die von Steinfassaden) mit dem Normallohn abgegolten ist, wäre eine entsprechende Arbeitgeberzahlung ebenfalls mindestlohnwirksam geleistet.

110 Gewährt der Arbeitgeber seinen Arbeitnehmern eine **„Leistungszulage"**, ist insbesondere nicht zu berücksichtigen, wenn sie an quantitative oder qualitative Voraussetzungen gebunden ist. Beispiel: Ein LKW-Fahrer erhält eine Zulage für unfallfreies Fahren (*Stommel/Valder,* jurisPR-TranspR 5/2014).

111 **(3) Spätschichtzulagen.** Knüpft ein nach dem AEntG für zwingend erklärter Tarifvertrag den Mindestlohnanspruch an die „Arbeitsstunde" unabhängig von ihrer zeitlichen Lage, sind **Spätschichtzulagen** nach der zutreffenden Ansicht des BAG mindestlohnwirksam, zumindest dann, wenn dem Tarifvertrag nicht entnommen werden kann, dass die Arbeitsleistung unter den Bedingungen einer Spätschicht einer gesonderten Vergütungsregelung vorbehalten sein soll (zustimmend: *Lakies,* § 1 Rn. 46). Daraus folgt für den gesetzlichen Mindestlohn: Werden in der Branche Arbeiten auch zu ungünstigen Zeiten alleine mit dem Mindestlohn abgegolten, sind Zulagen für Leistungen zu derartigen Zeiten berücksichtigungsfähig. Ebenso: Akkordprämien, s. ArbG Herford 11.9.2015, 1 Ca 551/15.

112 **(4) Nachtarbeitszuschläge.** Auf der Homepage der Zollverwaltung und von vielen Stimmen im Schrifttum wird vertreten, dass Nachtarbeitszuschläge generell nicht anrechnungsfähig seien (ArbG Bautzen 25.6.2015 – 1 Ca 1094/15, DB 2015, 1786; *Riechert/Nimmerjahn,* § 1 Rn. 123; Düwell/Schubert/*Düwell,* § 1 Rn. 44; *Lakies,* § 1 Rn. 47 u.

60ff.; ErfK/*Schlachter,* § 5 AEntG Rn. 3; Däubler/*Lakies,* § 5 TVG Anh. 2, § 5 AEntG Rn. 9; *Baeck/Winzer/Kramer,* NZG 2015, 265, 266; *Däubler,* NJW 2014, 1924, 1926; *Berndt,* DStR 2014, 1878, 1880; *Viethen,* NZA-Beilage 2014, 143, 146; *Wortmann,* ArbRB 2014, 346, 348; *Brors,* NZA 2014, 938, 940f.; *Fischer,* FA 2014, 360, 361f.; *D. Ulber,* RdA 2014, 176, 181; *Anmerkung:* Die in diesem Zusammenhang zuweilen genannte Entscheidung des EuGH 14.4.2005 – C-341/02, Slg. 2005, I 2733 = NZA 2005, 573 [Kommission/Deutschland] enthält dagegen keine Aussage zu Nachtzuschlägen).

113 Zutreffend ist dies jedenfalls für den **gesetzlichen Nachtzuschlag** nach § 6 Abs. 5 ArbZG. Dieser ist **nicht mindestlohnwirksam** (BAG v. 16.4.2014 – 4 AZR 802/11, NZA 2014, 1277; *Lembke,* NZA 2015, 70, 76; *Rudkowski,* ZWE 2015, 11 13; *Boemke,* JuS 2015, 385, 391; *Jares,* DB 2015, 307 [unter VI]; *Bayreuther,* NZA 2015, 385, 390; in der Tendenz auch: *Schubert/Jerchel/Düwell,* Rn. 140, Fn. 213; wohl auch: *Jöris/v. Steinau-Streinrück,* BB 2014, 2101, 2103; sowie die zuvor genannten Autorinnen und Autoren, die jeglichen Nachtzuschlägen die Anerkennung versagen wollen; **a. A.** *Schweibert/Leßmann,* DB 2014, 1866, 1869).

Der **Nachtzuschlag nach § 6 Abs. 5 ArbZG** hat zwar auch Entgeltcharakter. Weit überwiegend dient er aber dazu, unabhängig von der konkreten arbeitsvertraglichen Tätigkeit und ihrer Vergütung die besonderen Belastungen abzumildern, die sich mit Arbeiten zur Nachtzeit verbinden. Dazu soll Nachtarbeit generell verteuert werden, damit diese auf unbedingt während der Nachtzeit erforderliche Arbeiten beschränkt wird (BAG v. 31.8.2005 – 5 AZR 545/04, BAGE 115, 372 = NZA 2006, 324). Es kommt hinzu, dass § 6 Abs. 5 ArbZG ausdrücklich anordnet, dass die Nachtzuschläge „auf das Bruttoarbeitsentgelt" zu zahlen sind. Sie müssen sich folglich am Grundlohn orientieren und daher in jedem Fall auf den gesetzlichen Mindestlohn „aufsetzen."

114 Anders sieht es dagegen mit Nachtzuschlägen außerhalb des § 6 Abs. 5 ArbZG aus. Ein solcher **„sonstiger" Nachtzuschlag** liegt vor, wenn der Arbeitgeber eine als „Nachtzuschlag" bezeichnete Zahlung leistet, obwohl er in den Genuss einer tariflichen Ausgleichsregelung kommt (so m. E. auch im Ergebnis: BAG v. 16.4.2014 – 4 AZR 802/11, NZA 2014, 1277, Rn. 51ff.), wenn er seinen Arbeitnehmern für Nachtarbeit überdies Freizeitausgleich gewährt (§ 6 Abs. 5 Alt. 1 ArbZG) oder er mit dem Zuschlag Arbeiten vergütet, die gar nicht während der Nachtzeit des ArbZG erbracht werden. Die sicher mit Abstand bedeutendste Fallgruppe ist freilich, dass der Arbeitgeber zwar zur Leistung eines Nachtzuschlags nach § 6 Abs. 5 ArbZG verpflichtet ist, er dem Arbeitnehmer indes eine Zulage zahlt, die über das hinausgeht, was nach § 6 Abs. 5 ArbZG angemessen wäre. Diese unterfallen den allgemeinen Grundsätzen: *Lembke,* NZA 2015, 70, 76; *Rudkowski,* ZWE 2015, 11, 13; *Boemke,* JuS 2015, 385, 391; *Jares,* DB 2015, 307 [unter VI]; *Bayreuther,* NZA 2015, 385, 390.

115 „Sonstige" Nachtzuschläge sind mithin jedenfalls anrechenbar, wenn die Nachtarbeit für Arbeitnehmer der betreffenden Berufsgruppe und Branche typisch ist oder die Arbeit ganz grundsätzlich nur während der Nachtzeit vorgenommen werden kann. Die Nachtzulage ist dann nämlich eine Gegenleistung für die Normalleistung des Arbeitnehmers, weil es jenseits der Nachtstunden keine „Normalleistung" geben kann. Gleiches ergibt sich aus der Formel der Zollverwaltung. Sie will danach fragen, ob man von dem Arbeitnehmer erwarten durfte, dass er diese Art Tätigkeit ohne eine zusätzliche Entlohnung in Gestalt einer Zulage erbringt. So liegen die Dinge bei ausschließlich oder ganz überwiegend zur Nachtzeit erbrachten Arbeiten. Daran ändert auch nichts, dass die Nachtschichtzulage dessen ungeachtet natürlich auch der Abgeltung der mit der Nachtarbeit verbundenen Erschwernis dienen soll (vgl. BAG v. 31.8.2005 – 5 AZR 545/04, BAGE 115, 372 = NZA 2006, 324), eben weil bereits die „Normalleistung" des Arbeitnehmers mit dieser Erschwernis verbunden ist. In diesem Fall verhält es sich mit dem Nachtzuschlag nicht anders als mit einer berücksichtigungsfähigen Spätschichtzulage (s. Rn. 111). Letztlich ergibt sich diese differenzierte Bewertung aber auch aus der Rechtsprechung des BAG zur Bestimmung der Angemessenheit eines Nachtzuschlags nach § 6 Abs. 5 ArbZG. Grundsätzlich sieht die Rechtsprechung einen Nachtzuschlag von 25% als angemessen an (s. nur BAG v. 11.2.2009 – 5 AZR 148/08, NZA 2009, 1440; v. 1.2.2006 – 5 AZR 422/04, NZA 2006, 494; v. 9.12.2015, 10 AZR 423/14; s. auch: *Baeck/Deutsch*, § 6 ArbZG Rn. 85; *Neumann/Biebl*, § 6 ArbZG Rn. 26; sowie [in der Tendenz wohl etwas strenger] ErfK/*Wank*, § 6 ArbZG Rn. 14). Indes hält die Rechtsprechung auch deutlich geringere Sätze für ausreichend, wenn es sich um eine Tätigkeit handelt, die nicht tagsüber erfolgen, sondern nur nachts geleistet werden kann. Beispiele: Bewachung von Universitätseinrichtungen, soweit diese außerhalb der gewöhnlichen Öffnungszeiten erfolgt (BAG v. 11.2.2009 – 5 AZR 148/08, NZA 2009, 1440): Pauschalzuschlag in Höhe von 10 bis 12%; Nächtlicher Rettungsdienst (BAG v. 31.8.2005 – 5 AZR 545/04, BAGE 115, 372 = NZA 2006, 324): Pauschalzuschlag in Höhe von 10%; Schlafwagenschaffner (BAG v. 18.5.2011 – 10 AZR 369/10, NZA-RR 2011, 581): Pauschalzuschlag in Höhe von 15%; Zustellen von Zeitungen (LAG Köln v. 2.9.2005 – 12 Sa 132/05): Pauschalzuschlag in Höhe von 10%. In all diesen Fällen argumentierten die Gerichte, dass in diesen Fällen der Gesetzeszweck, nämlich die Nachtarbeit durch deren Verteuerung zurückzudrängen, ohnehin nicht erreicht werden könne. Überträgt man das auf die vorliegende Fragestellung, ergibt sich daraus, dass der Nachtzuschlag vergütungsrechtlich dann nicht mehr etwas „Besonderes" darstellt, sondern schlicht Arbeitsentgelt ist, wenn beim Arbeitgeber sowieso nur nachts gearbeitet wird.

116 Die Differenzierung zwischen gesetzlichen und sonstigen Nachtzuschlägen führt in der Praxis freilich dann zu Schwierigkeiten, wenn dem

Arbeitnehmer pauschal ein bestimmter Betrag für Nachtarbeit gewährt wird. Geht dieser über das hinaus, was nach § 6 Abs. 5 ArbZG vorgeschrieben ist, stellt sich die Frage, ob der überschießende Teil auf den Mindestlohn anrechenbar ist. Das wäre nach der hier vertretenen Auffassung zwar der Fall (s. Rn. 82). Anderes könnte sich aber möglicherweise aus BAG v. 16.4.2014 – 4 AZR 802/11, NZA 2014, 1277, Rn. 56 ergeben. So oder so sollte der Arbeitgeber schon aus Transparenzgründen beide Zahlungen eindeutig voneinander trennen.

117 **dd) Provisionen.** Provisionen sind dann auf die Mindestlohnschuld des Arbeitgebers anzurechnen, wenn sie dem Arbeitnehmer zum Fälligkeitszeitpunkt tatsächlich, unwiderruflich und ohne Verrechnungsvorbehalt ausbezahlt wurden.

Beispiel: Vertreterin V ist bei Arbeitgeber A mit monatlich 100 Arbeitsstunden tätig und erhält hierfür ein Fixum in Höhe von 800 Euro. Aufgrund von Provisionen erzielt sie in der Regel weitere 1.200 Euro pro Monat, so dass ihr Gesamteinkommen um die 2.000 Euro liegt. Zahlt der Arbeitgeber der Vertreterin tatsächlich 2.000 Euro zum Fälligkeitszeitpunkt aus und steht die Provisionszahlung nicht unter dem Vorbehalt späterer Nachprüfungen oder Verrechnungen mit Lohnansprüchen in Vor- bzw. Nachfolgemonaten, ist der Mindestlohn erfüllt. Sie erhält nämlich einen Stundenlohn von 20 Euro (2.000 Euro : 100 Stunden).

118 Werden Provisionszahlungen erst mit zeitlicher Verzögerung geleistet, ist zu beachten, dass § 2 Abs. 1 S. 1 Nr. 2 nur ein Hinausschieben des Mindestlohns auf den letzten Tag des „übernächsten" Monats zulässt. Würde der Arbeitnehmerin im Beispielsfall der Rn. 117 etwa die Provision für März spätestens am letzten Bankarbeitstag des nachfolgenden Aprils ausgezahlt, ginge dies in Ordnung. Schwieriger verhalten sich die Dinge dagegen, wird die Provisionsauszahlung noch weiter verzögert. Dann kann sich die eigenartige Situation ergeben, dass der Arbeitgeber zwar an jedem Zahltag ein Gehalt auskehrt, das in der Summe deutlich über dem Mindestlohn liegt, dieser aber rechtlich gesehen nicht erreicht wird. Auf den Beispielfall der Rn. 117 gewendet: Arbeitgeber A zahlt der V am Monatsersten das Grundgehalt in Höhe von 800 Euro aus, während die Provisionen erst drei Monate später abgerechnet werden. So würde sie etwa am 1. April zwar 2.000 Euro erhalten, worauf indes nur 800 Euro, nämlich das Grundgehalt, auf den Vormonat März entfallen. Das würde sich so jeden Monat wiederholen. Derart bliebe der Arbeitgeber ihr 50 Euro Mindestlohn für mindestens (§ 2 Abs. 1 S. 1 Nr. 2 MiLoG) einen Monat säumig und dies eben jeden Monat. Dennoch dürfte hier eine großzügige Betrachtungsweise angezeigt sein und man wird die Mindestlohnschuld des Arbeitgebers im Auszahlungszeitpunkt trotz seiner entgegenstehenden Tilgungsbestimmung (s. Rn. 83) als erfüllt ansehen können. Für den Arbeitgeber empfiehlt sich freilich, als Abrechnungs- und Auszahlungsdatum der Provision spätestens den in § 2 Abs. 1 S. 1 Nr. 2 bestimmten

Zeitpunkt festzulegen. Alternativ lässt sich nach dem Vorschlag der nachfolgenden Rn. 119 vorgehen.

119 Besondere Schwierigkeiten ergeben sich, wenn die Höhe der Provisionen schwankt und nicht sicher feststeht, dass der Arbeitnehmer den Mindestlohn erwirtschaftet. Der Arbeitgeber kann sich hier nur dadurch behelfen, dass er dem Arbeitnehmer eine Mindestprovision in der notwendigen Höhe garantiert und mit ihm vereinbart, dass etwaige „Garantiezahlungen" mit Provisionserträgen in späteren Zeiträumen verrechnet werden, vorausgesetzt natürlich, dass die dann über der Mindestlohngrenze liegen. Damit verhindert der Mindestlohn auch, dass dem Arbeitnehmer bei Vertragsschluss Provisionen in Aussicht gestellt werden, die er in realiter nicht erwirtschaften kann.

120 **ee) Weitere besondere Zahlungen und Zulagen. (1) Aufstockungszulagen u. ä.** Zulagen, die in Ergänzung zu besonderen **Entlohnungsmodellen** (etwa: Stücklohn) gezahlt werden, um diesen auf den Mindestlohn aufzustocken (s. Rn. 42), sind berücksichtigungsfähig, da sie im Gegenzug zu der Arbeitsleistung gewährt werden, die Gegenstand der Mindestlohnverpflichtung ist. Das ist etwa der Fall, wenn diese Zeitungszustellern mit großen Zustellbezirken in Form eines Aufschlags zum Stücklohn als Gegenleistung für deren Arbeit gezahlt werden (*Schubert/Jerchel/Düwell,* Rn. 142; *Lembke,* NZA 2015, 70, 73; so auch die Zollverwaltung in ihrer Handreichung; siehe auch Rn. 122). Das gleiche gilt auch für Zahlungen mit denen besondere Belastungen abgefangen werden sollen, die dazu führen, dass der Arbeitnehmer nur unterdurchschnittliche Stückzahlen erreicht. Dies trifft etwa für Revierzulagen bei Zeitungszustellern zu, mit denen in ländlichen Gebieten dem Umstand Rechnung getragen wird, dass die Wege zwischen den einzelnen Kunden weiter auseinander liegen oder die Zustellung aus topografischen Gründen besonders aufwändig ist.

121 **(2) Aufwandsentschädigungen.** Aufwandsentschädigungen, mit denen dem Arbeitnehmer tatsächlich angefallene Kosten erstattet werden, die ihm im Rahmen des Arbeitsverhältnisses durch Weisungen des Arbeitgebers entstanden sind (z. B. Durchführung von Reisen/Fahrten zu Kundeneinsätzen, Teilnahme an Fortbildungsveranstaltungen), können unabhängig von ihrer Bezeichnung nicht berücksichtigt werden. Sie stellen keine Gegenleistung für erbrachte Arbeit dar.

122 **(3) Wegegelder.** Vor der rechtlichen Einordnung eines Wegegeldes ist zunächst zu prüfen, ob die vom Arbeitnehmer zurückgelegte Wegstrecke mindestlohnpflichtige Arbeitszeit ist, s. hierzu: Rn. 52 ff. Davon ausgehend ist dann wie folgt zu unterscheiden:

– Dienen Wegegelder der Erstattung einem aus dem Ausland entsandten Arbeitnehmer tatsächlich entstandener Reisekosten, bleiben sie bei der

Berechnung des Mindestentgelts außen vor: Art. 3 Abs. 7 Entsende-RL. Siehe auch Rn. 124.

- Stellt ein Wegegeld lediglich eine Aufwandsentschädigung für Kosten dar, die dem Arbeitnehmer bei Ausführung seiner Arbeitsleistung entstanden sind (z. B. Durchführung von Reisen/Fahrten zu Kunden), ist dieses nicht berücksichtigungsfähig. Zu Wegegeldern im Speditionsgewerbe, s. insbes. *Müller,* TranspR 2014, 402, 403f. Siehe auch Rn. 55ff., 121 u 124.
- Wird dagegen mit einer als „Wegegeld" bezeichneten Leistung in Wirklichkeit das Arbeitsentgelt aufgestockt und erhält der Arbeitnehmer es daher, ohne dass er dazu eine über die „Normalleistung" hinausgehende Arbeit erbringen muss, handelt es sich bei diesem um mindestlohnwirksames Arbeitsentgelt. Das ist auch der Fall, wenn Zeitungszustellern mit großen Zustellbezirken ein Aufschlag zum Stücklohn als Gegenleistung für deren Arbeit gezahlt wird (s. Rn. 42, 120).
- Ein Wegegeld ist dann mindestlohnrelevant, wenn der Arbeitgeber damit Aufwendungen des Arbeitnehmers abdeckt, die üblicher- bzw. branchentypischerweise der Arbeitnehmer selbst zu tragen hat (EuGH v. 12.2.2015 – C-396/13 [Elektrobudowa], EuZW 2015, 308 = NZA 2015, 345, Rn. 53ff.). Das trifft etwa zu, wenn der Arbeitgeber dem Arbeitnehmer die Weggekosten zwischen Wohnort und (regelmäßiger) Arbeitsstätte ersetzt (vgl. dazu die Fallgestaltung von BAG v. 27.3.2003 – 2 AZR 74/02, BAGE 105, 371 = NZA 2003, 1029).

123 **(4) Tagegelder.** Tagegelder, die Arbeitnehmern gleichsam zum Ausgleich von mit einer Abordnung oder Entsendung verbundenen „ideellen" Nachteilen gezahlt werden, also insbesondere mit Rücksicht auf die Entfernung zwischen ihrem gewohnten Umfeld und ihrem Einsatzort, sind berücksichtigungsfähig (unklar insoweit aber: EuGH v. 12.2.2015 – C-396/13 [Elektrobudowa], EuZW 2015, 308 = NZA 2015, 345, Rn. 46ff.).

Beispiel: Arbeitgeber A gewährt einem Arbeitnehmer, der üblicherweise am Standort München arbeitet, für einige Wochen aber an ein Düsseldorfer Unternehmen abgeordnet wird, eine „Trennungszulage".

124 **ff) Sachbezüge, Entsendezulagen, Kost und Logis, insb. von Saisonkräften. (1) Entsendezulagen für aus dem Ausland entsandte Arbeitnehmer.** Entsendezulagen, die der Erstattung von Entsendungskosten dienen, die einem Arbeitnehmer tatsächlich entstanden sind, der aus dem Ausland ins Inland entsandt wurde, wie Unterkunft, Verpflegung oder Reisekosten, dürfen – völlig unabhängig von § 107 Abs. 2 GewO – nicht auf den Mindestlohn angerechnet werden: Art. 3 Abs. 7 Unterabs. 2 Entsende-RL. Dies gilt entgegen den insoweit missverständ-

lichen Verlautbarungen der Zollverwaltung nicht nur dann, wenn der ausländische Arbeitnehmer einen Mindestlohn nach dem AEntG oder dem AÜG erhält, sondern auch, wenn es um den Mindestlohn nach dem MiLoG geht. Die Entsenderichtlinie verpflichtet die Mitgliedstaaten zur Erstreckung jeglicher Mindestlöhne auf ausländische Diensterbringer. Daher gibt es – anders als es sich auf der Homepage der Zollverwaltung liest – auch für das MiLoG keine Ausnahme vom Grundsatz der Nichtanrechenbarkeit von Entsendezulagen.

125 Daraus folgt, dass in Entsendefällen Sachbezüge keinesfalls auf die Mindestlohnschuld des Arbeitgebers angerechnet werden dürfen, wenn diese untrennbar mit der Entsendung verbunden sind (s. nur: EuGH v. 12.2.2015 – C-396/13 [Elektrobudowa], EuZW 2015, 308 = NZA 2015, 345; v. 7.11.2013 – C-522/12 [Isbir], EuZW 2014, 102 = NZA 2013, 1359; v. 14.4.2005 – C-341/02 [Kommission/Deutschland], EuZW 2005, 402 = NZA 2005, 573; ErfK/*Schlachter,* § 1 AEntG Rn. 9; HWK/*Tillmanns,* Vorb. AEntG Rn. 16; *Koberski/Asshoff/Eustrup/Winkler,* § 5 AEntG Rn. 14; *J. Ulber,* § 5 AentG Rn. 5; *Franzen,* NZA 2015, 338, 340; *D. Ulber,* RdA 2014, 176, 182; *Wortmann,* ArbRB 2014, 346, 348). Nicht mindestlohnwirksam sind daher:

- Aufwendungen des Arbeitgebers für die Kosten der Unterbringung der aus dem Ausland entsandten Arbeitnehmer
- Erstattungen von Reisekosten aus dem Ausland zum Einsatzort
- Verpflegungskosten, wie etwa Essengutscheine (EuGH v. 12.2.2015 – C-396/13 [Elektrobudowa], EuZW 2015, 308 = NZA 2015, 345, Rn. 61 ff.). Ob es sich dabei allerdings wirklich um Entsendezulagen handelt, erscheint entgegen dem EuGH zweifelhaft, da die Verpflegung der Arbeitnehmer grundsätzlich nicht Aufgabe des Arbeitgebers ist und der Arbeitnehmer ja auch für seine Verpflegung aufkommen müsste, wenn er nicht ins Inland entsandt worden wäre.

126 Damit sind Leistungen für Kost und Logis für ins Inland entsandte Saisonarbeitskräfte eines ausländischen Diensterbringers – ganz unabhängig von § 107 Abs. 2 GewO – nicht berücksichtigungsfähig. Sie müssen bei der Berechnung des Mindestlohns nach dem MiLoG, aber auch nach dem AEntG oder AÜG stets außen vorbleiben und zwar selbst dann, wenn man der hier vertretenen Auffassung, wonach Sachbezüge grundsätzlich nicht mindestlohnrelevant sind, nicht folgt.

127 **(2) Keine Berücksichtigung von Sachleistungen, einschließlich Kost und Logis.** Sachbezüge dürfen grundsätzlich nicht mit der Mindestlohnschuld des Arbeitgebers nach dem MiLoG verrechnet werden. §§ 1 und 2 („zu zahlen“, „Euro“) fordern eine Leistung in Geld (so auch: *Lakies,* § 1 Rn. 56; *ders.,* AuR 2014, 360, 362; *ders.,* ArbRAktuell 2014, 527; *Riechert/Nimmerjahn,* § 1 Rn. 81 ff.; *Berndt,* DStR 2014, 1878, 1880 f.; *Brors,* NZA 2014, 938, 939 f.; *Däubler,* NJW 2014, 1924, 1926; *Jares,* DB 2015, 307; *Lembke,* NZA 2015, 70, 75). Damit können – entgegen den einschlägigen Verlautbarungen der Zollverwaltung – auch in Inlandsfällen Leistungen für Unterkunft und Logis von Saisonarbeitnehmern nicht als mindestlohnwirksam anerkannt werden. Entsprechend könnte in Entsendefällen der Mindestlohn selbst dann nicht durch Sachleistungen ersetzt werden, wenn es sich dabei ausnahmsweise um keine Entsendeleistungen i. e. S. handeln würde (Rn. 124).

128 § 107 Abs. 2 GewO lässt zwar eine Vereinbarung zwischen den Arbeitsvertragsparteien zu, wonach die Vergütung (teilweise) durch Sachbezüge ersetzt werden kann. Doch bezieht sich diese Regelung nur auf vertragliche Vergütungsansprüche, greift aber nicht für den gesetzlichen Mindestlohn (**a. A.** *Boemke,* JuS 2015, 387, 390). Darüber hinaus sind die §§ 1 und 2 aber auch leges speciales zu § 107 Abs. 2 GewO. Anderes könnte allenfalls für Mindestlöhne nach dem AEntG gelten, da § 8 AEntG nur vorgibt, dass der Arbeitgeber dem Arbeitnehmer mindestens die in den Tarifverträgen für den Beschäftigungsort vorgeschriebenen Arbeitsbedingungen zu gewähren hat und diese meist nur einen bestimmten Geldbetrag als Mindestlohn benennen. Aber auch dort erscheint das außerordentlich fraglich, weshalb die Zollverwaltung im Ergebnis zu Recht die Berücksichtigung von Sachbezügen für das AEntG generell ausschließt.

129 Daher können auch „sonstige" Sachbezüge nicht als mindestlohnwirksam geleistet berücksichtigt werden und zwar selbst dann nicht, wenn sie ihrem Rechtscharakter nach Vergütungscharakter haben. Das trifft etwa zu auf:

- Kost und Logis
- die Überlassung eines Dienstwagens zur privaten Nutzung (zum Vergütungscharakter eines Dienstwagens, s. etwa: BAG v. 21.3.2012 – 5 AZR 651/10, NZA 2012, 616; v. 14.12.2010 – 9 AZR 631/09, NZA 2011, 569; v. 13.4.2010 – 9 AZR 113/09, NZA-RR 2010, 457; v. 24.3.2009 – 9 AZR 733/07, BAGE 130, 101 = NZA 2009, 861)
- Tankgutscheine oder die Gewährung kostenfreier Tankmöglichkeiten (*Riechert/Nimmerjahn,* § 1 Rn. 91)
- Fahrkarten für den ÖPNV (*Riechert/Nimmerjahn,* § 1 Rn. 90)
- Aktienoptionen des Arbeitgebers (zu deren Vergütungscharakter: BAG v. 28.5.2008 – 10 AZR 351/07, BAGE 127, 1 = NZA 2008, 1066, 1071 ff.)
- eine kostenlose oder -reduzierte Kinderbetreuung durch den Arbeitgeber.

130 Eine Anrechnung von Leistungen für Kost und Logis ist folglich auch außerhalb von Entsendefällen nicht möglich (**a. A.** aber: *Rittweger,* DStR-Beiheft 2015, 88, 90 f.). Darauf deutet im Übrigen auch Art. 20 Abs. 2 lit. a der Saisonarbeiterrichtlinie (RL 2014/36/EU des Europäischen Parlaments und des Rates v. 26.2.2014 über die Bedingungen für die Einreise und den Aufenthalt von Drittstaatsangehörigen zwecks Beschäftigung als

Saisonarbeitnehmer, ABl. 2014 L 94, S. 375) hin, der jedenfalls die automatische Verrechenbarkeit von Unterkunftskosten verbietet.

131 Zahlt der Arbeitgeber dem Arbeitnehmer einen Gesamtbetrag, in dem Beträge enthalten sind, mit denen der Arbeitnehmer seine Aufwendungen für Unterkunft oder Verpflegung selbst bestreiten soll, so ist von dem Gesamtbetrag die nach der Sozialversicherungsentgeltverordnung jeweils niedrigste Stufe für Unterkunfts- beziehungsweise Verpflegungsleistungen abzuziehen und nur der nach Abzug verbleibende Betrag zu berücksichtigen. Gewährt der Arbeitgeber zusätzlich zum Lohn derartige geldwerte Sachleistungen, so wird deren Geldwert nicht als Lohnbestandteil berücksichtigt. Zahlt der Arbeitgeber den Lohn nur abzüglich von Kosten für arbeitgeberseitige Leistungen aus, so ist lediglich dieser tatsächlich ausgezahlte Betrag als Mindestlohnzahlung zu berücksichtigen.

132 **(3) Hilfsweise: Grenzen der Berücksichtigung von Sachbezügen, Kost und Logis von Saisonarbeitnehmern in Inlandssachverhalten.** Hält man entgegen der hier vertretenen Auffassung § 107 Abs. 2 GewO außerhalb von Entsendezulagen für anwendbar, hätte das auch zur Konsequenz, dass einer Anrechnung von Sachbezügen auf den Mindestlohn alle diejenigen Hürden vorgeschaltet wären, die § 107 Abs. 2 GewO für die Ersetzung des Arbeitsentgelts durch Sachleistungen vorgibt. Das sind:

- Arbeitgeber und Arbeitnehmer könnten Sachbezüge nur dann auf die Vergütung anrechnen, wenn dies dem Interesse des Arbeitnehmers oder der Eigenart des Arbeitsverhältnisses entspricht. Das wäre in der Tat bei Saisonkräften der Fall, was Kost und Logis betrifft.
- Die Anrechnung darf nicht einseitig durch den Arbeitgeber erfolgen; sie bedarf vielmehr einer entsprechenden Vereinbarung zwischen den Vertragsparteien. Die Zollverwaltung drängt insoweit auf die Einhaltung des § 2 Abs. 1 S. 2 Nr. 6 NachwG. Danach muss der Inhalt der Vereinbarung im Arbeitsvertrag oder im Nachweis niedergelegt sein, den der Arbeitnehmer erhalten hat.
- Die vom Arbeitgeber gewährte Sachleistung muss von mittlerer Art und Güte sein (§ 107 Abs. 2 S. 4 GewO).
- Vor allem aber darf die Anrechnung von Sachleistungen sich nur auf den pfändbaren Teils des Arbeitsentgelts beziehen (§ 107 Abs. 2 S. 5 GewO). Danach darf allenfalls ein kleiner Teil des Mindestlohnanspruchs durch Sachbezüge ersetzt werden (Berechnungsbeispiel nach *Berndt,* DStR 2014, 1878, 1881: Mindestlohn bei Vollzeittätigkeit von 170 Monatsstunden = 1.445 Euro brutto; Nettoeinkommen ohne Unterhaltspflicht ca. 1.061 Euro, Pfändungsfreigrenze: 10,47 Euro). Damit ist eine Verrechnung von Sachbezügen mit dem Mindestlohn für den Arbeitgeber regelmäßig völlig uninteressant.

133 Dagegen will die Zollverwaltung – wohlgemerkt nur in Inlandsfällen und alleine für den Mindestlohn nach dem MiLoG – die Anrechnung von Kost und Logis für Saisonarbeiter in großzügigeren Grenzen zulassen.

Nochmals: Nach der hier vertretenen Auffassung ist das weder mit den §§ 1 und 2, noch mit §§ 107 Abs. 2 GewO, 805c ZPO vereinbar. Folglich führen die einschlägigen Verlautbarungen der Zollverwaltung allenfalls zu einer Selbstbindung der Verwaltung, die es ausschließt, gegen Arbeitgeber, die von diesen Gebrauch machen, ein Bußgeld nach § 21 Abs. 1 Nr. 9 mit dem Argument zu verhängen, dass sie den Mindestlohn nicht eingehalten haben. Sie hindern die betroffenen Arbeitnehmer aber nicht daran, die durch Sachbezüge ersetzte und nicht ausbezahlte Lohndifferenz vor den Arbeitsgerichten einzuklagen.

134 Saisonarbeiter sind Arbeitnehmer, die befristet angestellt sind und Tätigkeiten ausüben, die aufgrund eines immer wiederkehrenden saisonbedingten Ereignisses oder einer immer wiederkehrenden Abfolge saisonbedingter Ereignisse an eine Jahreszeit gebunden sind, während der der Bedarf an Arbeitskräften den für gewöhnlich durchgeführte Tätigkeiten erforderlichen Bedarf in erheblichem Maße übersteigt. Das trifft insbesondere zu auf Beschäftigte

- in der Land- und Forstwirtschaft sowie im Gartenbau (insbesondere Erntehelfer in Sonderkulturbetrieben wie Obst-, Gemüse- und Weinanbau),
- im Tourismus, insb. in Gaststätten und Hotels (z. B. Kellner, Küchen- und Zimmerpersonal),
- in Betrieben oder Teilen von Betrieben, die ihrer Natur nach nicht ganzjährig geöffnet sind (z. B. Biergärten, Skihütten),
- in Betrieben, die während bestimmter befristeter Zeiträume Arbeitsspitzen und erhöhten Arbeitskräftebedarf abdecken müssen (z. B. Ausflugslokale), sowie
- im Schaustellergewerbe (z. B. Begleitpersonal von Fahrgeschäften), die Tätigkeiten ausüben, die bei Volksfesten, Jahrmärkten und ähnlichen, ihrer Natur nach nicht während des ganzen Jahres stattfindenden, Veranstaltungen anfallen.

135 Die Zollverwaltung will – in Fällen ohne Entsendebezug und nur für das MiLoG – § 2 der Verordnung über die sozialversicherungsrechtliche Behandlung von Sachbezügen entsprechend anwenden und zahlreiche Leistungen berücksichtigen, wobei nicht ganz klar wird, ob die Pfändungsfreigrenzen der §§ 107 Abs. 2 S. 5 GewO, 805c ZPO kumulativ berücksichtigt werden sollen (was m. E. zwingend ist, s. Rn. 132):

- Verpflegungsleistungen bis zu monatlich 229 Euro (Frühstück 49 Euro, Mittagessen 90 Euro, Abendessen 90 Euro)
- Leistungen für eine Unterkunft bis zur Höhe von monatlich 223 Euro; dieser Betrag vermindert sich:
  - bei Aufnahme des Beschäftigten in den Haushalt des Arbeitgebers oder bei Unterbringung in einer Gemeinschaftsunterkunft um 15 Prozent
  - für Jugendliche bis zur Vollendung des 18. Lebensjahres um 15 Prozent

- bei der Belegung mit zwei Beschäftigten um 40 Prozent, mit drei Beschäftigten um 50 Prozent und mit mehr als drei Beschäftigten um 60 Prozent.

Werden diese Sätze überschritten, verfährt die Zollverwaltung nach den in Rn. 131 a. E. dargelegten Grundsätzen.

(4) Sonderproblem: Aufrechnung mit nicht berücksichtigungsfähigen Arbeitgeberleistungen, Anrechnungsvereinbarungen. Vor allem im Kontext der Anrechenbarkeit von Kost und Logis von Saisonarbeitnehmern stellt sich die Frage, inwieweit der Arbeitgeber erbrachte, aber an sich nicht mindestlohnwirksame Leistungen validieren und gegen seine Mindestlohnschuld aufrechnen darf. Diese Frage kann sich aber natürlich auch im Hinblick auf andere Sachleistungen auftun. **136**

Für die Zulässigkeit einer Aufrechnung wird argumentiert, dass, anders als bei der Anrechnung, bei der die Gewährung bestimmter Leistung als unmittelbarer Lohnbestandteil berücksichtigt werden soll, bei der Aufrechnung wechselseitige Forderungen miteinander verrechnet werden (so insb. die Ausführungen der Zollverwaltung). Dagegen sprechen indes erhebliche Bedenken, weil der Arbeitgeber derart auf Umwegen doch noch die Anrechenbarkeit seiner Sachleistung bewerkstelligen könnte. Daher muss eine Aufrechnungserklärung in entsprechender Anwendung des § 3 als unwirksam verworfen werden (vgl. BT-Drs. 18/1558, S. 35). Selbst aber, wenn man dies nicht so sieht, wären ihr durch §§ 394 BGB, 805 c ff. ZPO bzw. §§ 107 Abs. 2 S. 5 Alt. 2 GewO, 805 c ff. ZPO äußerst enge Grenzen gezogen. Wie in Rn. 132 aufgezeigt, gibt der Mindestlohn regelmäßig kaum ein pfändbares Gehalt her. Für eine Aufrechnung besteht daher meist kein Raum, was für die Praxis bedeutet, dass diese dem Arbeitgeber faktisch keine Möglichkeit einräumt, um Sachbezüge auf diesem Weg doch noch berücksichtigungsfähig werden zu lassen. **137**

Erst recht nach § 3 unwirksam sind Anrechnungsvereinbarungen der Parteien. Sie „regeln" nicht lediglich die „Zusammensetzung des Mindestlohns" (so aber: *Dommermuth-Alhäuser/Heup,* NZA 2015, 406), sondern würden auf vertraglicher Grundlage eine Gestaltung herbeiführen, die die objektive Rechtslage gerade ausschließen möchte. Das gilt für die Anrechnung von Trinkgeldern gleichermaßen wie für die von Sachbezügen. **138**

(5) Trinkgelder, Leistung Dritter, Umsatzbeteiligung. Trinkgelder sind keine Leistungen des Arbeitgebers und bleiben bei der Bestimmung der Entgeltleistung des Arbeitgebers außen vor. Überdies verbietet § 107 Abs. 3 S. 1 GewO die Berücksichtigung von Trinkgeldern (*Riechert/Nimmerjahn,* § 1 Rn. 158 f.; ErfK/*Franzen,* § 1 MiLoG Rn. 7; *D. Ulber,* RdA 2014, 176, 182; *Bayreuther,* NZA 2015, 385, 390; *Lakies,* § 1 Rn. 41; *ders.,* AuR 2014, 360, 361; *Viethen,* NZA-Beilage 2014, 143, 146; *Däubler,* NJW 2014, 1924, 1926; *Nebel/Kloster,* BB 2014, 2933, 2935; *Lembke,* NZA 2015, 70, 75; *Berndt,* DStR 2014, 1878, 1881; *Dommermuth-Alhäuser/Heup,* NZA 2015, 406, 407 ff.; Schaub/*Linck,* ArbR- **139**

Hdb., 13. Aufl. 2013, § 68 Rn. 9ff. für den geschuldeten Tariflohn). Anrechnungsklauseln des Arbeitgebers sind unwirksam, s. Rn. 138. Anderes gilt für so genannte Bedienungs- und Troncgelder. Diese können dann als Leistung des Arbeitgebers qualifiziert werden, wenn der Dritte verpflichtet ist, den fraglichen Betrag im Gegenzug für die erhaltene Leistung zu bezahlen und der Arbeitnehmer berechtigt ist, tatsächlich vereinnahmte Zahlungen der Kunden unwiderruflich einzubehalten.

140 Auch wenn als Vergütung eine Umsatzbeteiligung (z. B. im Friseur- oder Taxigewerbe) vereinbart wurde, muss mindestens der Mindestlohn pro tatsächlich geleisteter Arbeitsstunde gezahlt werden (*Lakies,* § 1 Rn. 21). Wird dieser ausgekehrt, ist freilich unschädlich, wenn dieser (auch) aus einer Umsatzbeteiligung resultiert.

141 **(6) Betriebliche Altersversorgung, Entgeltumwandlung nach § 1a BetrAVG.** Grundsätzlich nicht anerkannt werden können Beiträge zur betrieblichen Altersversorgung, sowie vermögenswirksame Leistungen (EuGH v. 7.11.2013 – C-522/12 [Isbir], EuZW 2014, 102 = NZA 2013, 1359, Rn. 32, 43; BAG v. 16.4.2014 – 4 AZR 802/11, NZA 2014, 1277, 1182; *Riechert/Nimmerjahn,* § 1 Rn. 153; *Däubler,* NJW 2014, 1924, 1927; *Bayreuther,* NZA 2014, 865, 868; *Lembke,* NZA 2015, 70, 75; *Müller,* TranspR 2014, 402, 403f.; *Schubert/Jerchel/Düwell* Rn. 140). Diese stellen keine unmittelbare Gegenleistung für die Arbeit dar. Überdies kann der Arbeitnehmer über sie nicht zeitnah verfügen und sie nicht zu Bestreitung seines Lebensunterhalts verwenden. Er ist insoweit an eine bestimmte Anlage- und Verwendungsform gebunden. Schließlich verwirklichen solche Leistungen ein durch die öffentliche Hand gefördertes, sozialpolitisches Ziel.

142 Dagegen sind Arbeitgeberleistungen im Rahmen einer Entgeltumwandlung nach § 1a Abs. 1 BetrAVG anzuerkennen, weil es sich bei diesen lediglich um „umgeleitetes“ Arbeitsentgelt handelt (BT-Drs. 18/1558, S. 42; ErfK/*Franzen,* § 3 MiLoG Rn. 4; *Riechert/Nimmerjahn,* § 1 Rn. 156f.; *Viethen,* NZA-Beilage 2014, 143, 146). Dies gilt allerdings nur insoweit, als die Bezugsgrößen des § 1a Abs. 1 BetrAVG nicht überschritten werden.

§ 2 Fälligkeit des Mindestlohns

(1) [1]**Der Arbeitgeber ist verpflichtet, der Arbeitnehmerin oder dem Arbeitnehmer den Mindestlohn**

1. **zum Zeitpunkt der vereinbarten Fälligkeit,**
2. **spätestens am letzten Bankarbeitstag (Frankfurt am Main) des Monats, der auf den Monat folgt, in dem die Arbeitsleistung erbracht wurde,**

zu zahlen. [2]**Für den Fall, dass keine Vereinbarung über die Fälligkeit getroffen worden ist, bleibt § 614 des Bürgerlichen Gesetzbuchs unberührt.**

(2) [1]**Abweichend von Absatz 1 Satz 1 sind bei Arbeitnehmerinnen und Arbeitnehmern die über die vertraglich vereinbarte Arbeitszeit hinausgehenden und auf einem schriftlich vereinbarten Arbeitszeitkonto eingestellten Arbeitsstunden spätestens innerhalb von zwölf Kalendermonaten nach ihrer monatlichen Erfassung durch bezahlte Freizeitgewährung oder Zahlung des Mindestlohns auszugleichen, soweit der Anspruch auf den Mindestlohn für die geleisteten Arbeitsstunden nach § 1 Absatz 1 nicht bereits durch Zahlung des verstetigten Arbeitsentgelts erfüllt ist.** [2]**Im Falle der Beendigung des Arbeitsverhältnisses hat der Arbeitgeber nicht ausgeglichene Arbeitsstunden spätestens in dem auf die Beendigung des Arbeitsverhältnisses folgenden Kalendermonat auszugleichen.** [3]**Die auf das Arbeitszeitkonto eingestellten Arbeitsstunden dürfen monatlich jeweils 50 Prozent der vertraglich vereinbarten Arbeitszeit nicht übersteigen.**

(3) [1]**Die Absätze 1 und 2 gelten nicht für Wertguthabenvereinbarungen im Sinne des Vierten Buches Sozialgesetzbuch.** [2]**Satz 1 gilt entsprechend für eine im Hinblick auf den Schutz der Arbeitnehmerinnen und Arbeitnehmer vergleichbare ausländische Regelung.**

I. Allgemeines

1 Um die Bedeutung der Regelung zutreffend zu erfassen, ist von eminenter Bedeutung, sich ihren begrenzten Regelungszweck zu vergegenwärtigen: Sie hat **lediglich eine mindestlohnrechtliche Zielsetzung.** Dogmatisch verfehlt scheinen daher Ansätze, ihr eine über den Bereich des Mindestlohns hinausgehende arbeitsvertragsrechtliche Wirkung, etwa im Hinblick auf die Zulässigkeit einseitig angeordneter Mehrarbeit (s. Rn. 10), die Zulässigkeit von Abrufarbeit i. S. v. § 12 TzBfG (s. Rn. 11) oder die formalen Wirksamkeitsvoraussetzungen von Arbeitszeitkonten (s. Rn. 12) zu entnehmen.

II. Grundregel zur Fälligkeit des Mindestlohns (Abs. 1)

2 Eine Auffangregelung zur Fälligkeit des Mindestlohns enthält Abs. 1. Die Vorschrift stellt zunächst klar, dass grundsätzlich der **Zeitpunkt der in Arbeitsvertrag, Tarifvertrag oder Betriebsvereinbarung vereinbarten Fälligkeit maßgeblich** bleibt (Abs. 1 S. 1 Nr. 1). Weiterhin wird lediglich klarstellend darauf verwiesen, dass bei Fehlen einer abweichenden individual- oder kollektivvertraglichen Vereinbarung die **dispositive Fälligkeitsregelung des § 614 BGB** (Nachleistungspflicht; bei Bemes-

sung nach Zeitabschnitten nach dem Ablauf der einzelnen Vergütungszeitabschnitte) greift.

3 Eigenständigen Regelungsgehalt hat lediglich Abs. 1 S. 1 Nr. 2. Mindestlohnrechtlich gilt demnach, dass der Mindestlohn bzw. der Mindestlohnanteil an der vereinbarten Vergütung spätestens am letzten Bankarbeitstag des Monats geleistet werden muss, der auf den Monat folgt, in welchem die Arbeitsleistung erbracht wurde. Bedeutung erlangt die Regelung nur dann, wenn sich aus der individual- oder kollektivvertraglichen Regelung bzw. aus § 614 BGB kein früherer Fälligkeitszeitpunkt ergibt. Letzteres dürfte den praktischen Regelfall darstellen (zutr. *Bayreuther,* NZA 2014, 865, 869). Die gesetzliche Fälligkeitsregelung bezieht sich **lediglich auf den Mindestlohnanteil** der vereinbarten Vergütung, nicht auf darüber hinausgehende Vergütungsbestandteile, bei denen weiterhin auch spätere Fälligkeitszeitpunkte vereinbart werden können. Die zwingende Auffangregelung gilt auch bei **nicht nach Zeitabschnitten bemessenem Arbeitsentgelt,** etwa solchem, das bei einem zweckbefristeten Arbeitsverhältnis nach Ende des durchgeführten Projekts fällig werden soll, sodass der Mindestlohnanteil ggf. bereits während des noch laufenden Projekts nach Abs. 1 S. 1 Nr. 2 in Anknüpfung an den Zeitraum der tatsächlichen Arbeitsleistung fällig wird (so wohl auch *Däubler,* NJW 2014, 1924, 1927).

4 Erfolgt die Auszahlung des Mindestlohns nicht zum nach Abs. 1 maßgeblichen Zeitpunkt, werden die eintretenden zivilrechtlichen Rechtsfolgen (**Schuldnerverzug** des Arbeitgebers, § 286 BGB; eine **Mahnung** ist dabei nach § 286 Abs. 2 Nr. 1 BGB regelmäßig entbehrlich) hinsichtlich des Mindestlohnanteils dahingehend verstärkt, dass die nicht rechtzeitige Auszahlung des Mindestlohns gem. § 21 Abs. 1 Nr. 9 eine **bußgeldbewehrte Ordnungswidrigkeit** darstellt. Insofern hat die Regelung in Abs. 1 zwar nicht ausschließlich bußgeldrechtliche Bedeutung (wohl **a. A.** ErfK/*Franzen,* § 2 MiLoG Rn. 3), sondern beeinflusst in Fällen des Abs. 1 S. 1 Nr. 2 auch den bürgerlich-rechtlichen Fälligkeitszeitpunkt und damit den Eintritt der Verzugs- bzw. Nichtleistungsfolgen. Die ausschließlich mindestlohnrechtliche Zielrichtung der Norm (s. Rn. 1) führt jedoch dazu, dass abweichende Fälligkeitszeiträume, beispielsweise für ein 13. Monatsgehalt, unproblematisch zulässig bleiben, wenn die Mindestlohnhöhe bereits durch die laufende Vergütung sichergestellt ist. Des Rückgriffs auf Wertungen des höherrangigen Rechts bedarf es zur Begründung dieses Ergebnisses nicht (zu Letzterem aber ErfK/*Franzen,* § 2 MiLoG Rn. 3).

III. Keine Sonderregelung für erfolgsabhängige Vergütung

5 Hinsichtlich der Fälligkeit sieht Abs. 1 **keine Sonderregelung für erfolgsabhängige Vergütung** bzw. Vergütungsbestandteile vor. Auch insofern gilt die Fälligkeit zum Ende des auf die Arbeitsleistung folgenden Kalendermonats, sofern sich aus vertraglicher Vereinbarung oder § 614 BGB kein früherer Fälligkeitszeitpunkt ergibt (s. Rn. 3). Diese Annahme ist schon dadurch zu begründen, dass es mit der Zwecksetzung des Mindestlohngesetzes unvereinbar wäre, wenn durch die schlichte Vereinbarung einer erfolgsbezogenen Vergütung die Regelungsintention der Fälligkeitsregelung unterlaufen werden könnte, dem Arbeitnehmer fortlaufend eine hinreichende Existenzgrundlage zu sichern. Sofern vereinzelt vorgeschlagen wird, in den Regelungen in **§§ 87 ff. HGB** ein spezialgesetzliches Schutzregime zugunsten des provisionsberechtigten Arbeitnehmers zu erkennen, das einen **viermonatigen Abrechnungszeitraum** für Provisionszahlungen zur Verfügung stellt (vgl. § 87 c Abs. 1 HGB; dafür ErfK/*Franzen,* § 1 MiLoG Rn. 10), kann dies **nicht überzeugen.** Schon nach seiner Entstehungsgeschichte hat der bereits 1953 geschaffene (vgl. Art. 1 Gesetz v. 6.8.1953 BGBl. I S. 771) § 87 c Abs. 1 HGB sicherlich nicht den Zweck, den elementaren Schutz des MiLoG auszuschalten. Die Regelungen der §§ 87 ff. HGB betreffen daher nur Provisionen oberhalb der Mindestlohnschwelle; das MiLoG ist die vorrangige spezialgesetzliche Regelung auch für erfolgsbezogene Vergütungsbestandteile unterhalb der Mindestlohnschwelle. Tragen erfolgsbezogene Entgeltbestandteile erst zum Erreichen der Mindestlohnschwelle bei, bleibt es somit bei der strengeren Fälligkeitsregelung des § 2 Abs. 1.

IV. Ausnahme bei Mehrarbeit und Arbeitszeitkonto (Abs. 2)

6 Eine abweichende und deutlich großzügigere Fälligkeitsregelung trifft Abs. 2 für Arbeitsstunden, die über die vertraglich vereinbarte Regelarbeitszeit hinausgehen und auf einem schriftlich vereinbarten Arbeitszeitkonto eingestellt werden. Insofern muss ein Ausgleich – vorbehaltlich einer anderen individual- oder kollektivvertraglichen Fälligkeitsregelung – **spätestens innerhalb von zwölf Kalendermonaten nach ihrer monatlichen Erfassung** erfolgen. Der Ausgleich kann durch bezahlte Freizeitgewährung oder Zahlung des Mindestlohns vorgenommen werden. Die Ausgleichsfrist ist nicht ganz klar formuliert. Aus Praktikabilitätsgründen dürfte der zwölfmonatige Ausgleichszeitraum jeweils **mit dem Ende des Erfassungsmonats beginnen.** Wurde eine Zeitgutschrift auf das Arbeitszeitkonto etwa am 20.5. eingestellt, dürfte der Rekurs auf „Kalen-

dermonate" dafür sprechen, dass ein Ausgleich bis zum 31.5. des Folgejahrs zu erfolgen hat (so wohl auch *Bayreuther,* NZA 2014, 865, 870).

7 Der erst im Zuge der Ausschussberatungen angefügte Abs. 2 S. 1 Hs. 2 verdeutlicht, dass auch dieser Regelung lediglich eine mindestlohnrechtliche Bedeutung zukommt. Vollständig unberührt bleiben von der Vorschrift somit **Arbeitszeitkonten ohne Mindestlohnrelevanz.** Sie können wie bisher frei vereinbart und durchgeführt werden. Mindestlohnrelevanz in diesem Sinne weisen Arbeitszeitkonten nur dann auf, wenn der Anspruch auf den Mindestlohn für sämtliche geleisteten Arbeitsstunden (einschließlich der Überstunden) nicht bereits durch die Zahlung des verstetigten Arbeitsentgelts, des Fixums, erfüllt sind (so ausdrücklich § 2 Abs. 2 S. 1 Hs. 2).

8 Die Privilegierung des Fälligkeitszeitpunkts nach Abs. 2 greift nur dann ein, wenn das Arbeitszeitkonto schriftlich vereinbart ist und die auf das Arbeitszeitkonto eingestellten Arbeitsstunden monatlich jeweils 50% der vertraglich vereinbarten Arbeitszeiten nicht übersteigen (Abs. 2 S. 3). Liegen diese Voraussetzungen nicht vor, bleibt es bei der nichtprivilegierten Fälligkeitsregelung nach Abs. 1 (Gegenäußerung der Bundesregierung zur Stellungnahme des Bundesrates, BT-Drs. 18/1558, S. 68; ErfK/*Franzen,* § 2 MiLoG Rn. 4). Das **Schriftformerfordernis** des Abs. 2 S. 1 Hs. 1 dient in erster Linie der Rechtsklarheit und Beweissicherung im Interesse des Arbeitnehmers. Der Mindestlohnanspruch soll nicht dadurch faktisch umgangen werden können, dass Unklarheit über das Bestehen eines Arbeitszeitkontos besteht. Angesichts der Schriftformerfordernisse in § 1 Abs. 2 TVG, § 77 Abs. 2 S. 1 BetrVG handelt es sich auch bei einer Zeitkontenabrede in einem Tarifvertrag oder in einer Betriebs-/Dienstvereinbarung um eine schriftliche Vereinbarung i. S. d. Norm (BT-Drs. 18/1558, S. 35); dies gilt auch, wenn die tarifvertragliche Regelung nicht normativ gilt, sondern durch ihrerseits schriftliche Verweisungsklausel im Arbeitsvertag in Bezug genommen ist (BT-Drs. 18/1558, S. 35).

9 Die **50%-Regelung** in Abs. 2 S. 3 scheint dem Wortlaut nach unklar: Nicht hinreichend deutlich wird, ob monatlich maximal 50% der für diesen Monat vereinbarten fixen Arbeitszeit zusätzlich auf das Arbeitszeitkonto eingestellt werden dürfen oder ob der Gesamtbetrag der auf dem Arbeitszeitkonto befindlichen Zeitgutschriften insgesamt 50% der pro Monat fest vereinbarten Arbeitszeit nicht übersteigen darf (dafür *Bayreuther,* NZA 2014, 865, 870 mit Hinweis auf einen ansonsten vermeintlich entstehenden Wertungswiderspruch zur Abrufarbeit, dazu u. Rn. 11). Die Gesetzgebungsmaterialien verdeutlichen, dass die erstgenannte Lesart zutreffend ist: Auf dem Arbeitszeitkonto **dürfen monatlich maximal 50% der vertraglich vereinbarten Arbeitszeit neu eingestellt werden** (so explizit BT-Drs. 18/1558, S. 35). Das Gesamtvolumen der auf das Arbeitszeitkonto eingestellten Mehrarbeitsstunden ist ohne Belang. Die 50%-Grenze soll sicherstellen, dass der monatlich sofort zum Lebensunterhalt zur Verfügung stehende Mindestlohnbetrag nicht durch die

Verlagerung auf Arbeitszeitkonten über Gebühr gemindert wird. Sie soll eine Gesetzesumgehung durch Verlagerung auf Arbeitszeitkonten unterbinden (vgl. *Bayreuther,* NZA 2014, 865, 870; zu Missbrauchspraktiken und Missbrauchsgefahren vgl. insbesondere auch Stellungnahme DGB, Ausschuss-Drs.18 (11) 148, S. 34).

10 Nicht geteilt werden kann die Interpretation, dass die Regelung eine Halbierung des nach der Fälligkeitsregelung des Abs. 1 monatlich auszuzahlenden Mindestlohns ermöglicht, wenn die andere Hälfte auf ein Arbeitszeitkonto gebucht wird (so aber *Bayreuther,* NZA 2014, 865, 870). Grundvoraussetzung für die privilegierende Fälligkeitsregelung nach § 2 Abs. 2 ist nämlich, dass **Mehrarbeit** geleistet wird. Einen Anwendungsbereich innerhalb der vertraglich fest vereinbarten Regelarbeitszeit hat sie nicht, sodass eine Aufspaltung des Mindestlohns innerhalb der geleisteten Regelarbeitszeit in einen ausgezahlten und einen auf das Arbeitszeitkonto überführten Anteil nicht in Betracht kommt. Die Regelung ermöglicht demgegenüber beispielsweise, bei einem vertraglich vereinbarten Arbeitszeitvolumen von 100 Stunden pro Monat, für die in voller Höhe wenigstens Mindestlohn nach der Fälligkeitsregelung des Abs. 1 geleistet werden muss, maximal weitere 50 Überstunden auf ein Arbeitszeitkonto einzustellen; Letztere müssen dann gleichfalls wenigstens mit dem Mindestlohn vergütet werden, unterliegen jedoch der privilegierten Fälligkeitsregelung des Abs. 2.

11 Erkennbar fehl geht es, Abs. 2 S. 3 eine über das Mindestlohnrecht hinausweisende Bedeutung zuzuerkennen: So beinhaltet die Vorschrift eindeutig **keine Liberalisierung der Grenzen des Arbeitszeitrechts:** Vorrangig ist die Maßgabe des § 3 ArbZG zu beachten, wonach eine tägliche Arbeitszeit von maximal 10 Stunden zulässig ist. Über 8 Stunden hinausgehende Tagesarbeitszeiten müssen demnach innerhalb eines 6-Monats-Zeitraums auf einen Durchschnittswert von werktäglich 8 Stunden ausgeglichen werden (vgl. BT-Drs. 18/1558, S. 35). Jenseits der mindestlohnrechtlichen Regelungsintention der Norm liegen auch Ansätze, die aus Abs. 2 S. 3 eine allgemeine Richtschnur für die einseitige Anordnung von Überstunden durch den Arbeitgeber oder für die Zulässigkeit von Abrufarbeit nach § 12 TzBfG ableiten wollen. *Spielberger/Schilling* (NJW 2014, 2897, 2900) befürworten in diesem Sinne einen Erst-Recht-Schluss aus der Regelung, dass 50% an Überstunden pro Monat „geleistet und damit auch angeordnet werden dürfen". Die 50%-Grenze habe keinen Sinn, wenn arbeitsvertragsrechtlich ohnehin monatlich nur weniger Überstunden erbracht werden dürften. Derartige Interpretationen messen dem MiLoG einen Regelungszweck bei, den es nicht hat. Abs. 2 S. 3 gewährt dem Arbeitgeber daher **keine einseitige Anordnungsbefugnis für Überstunden.** Die Frage der arbeitsvertragsrechtlichen Zulässigkeit von Überstunden richtet sich auch weiterhin unabhängig von Abs. 2 S. 3 nach den hierzu in Rechtsprechung und Literatur entwickelten Grundsätzen (vgl. Staudinger/*Richardi/Fischinger,* § 611 BGB Rn. 552 m.w.N.). Die arbeitszeitrechtliche Zulässigkeit richtet sich ebenfalls unabhängig von Abs. 2 S. 3 nach § 3 ArbZG. § 2 Abs. 2 S. 3 ist daher lediglich so zu verstehen, dass selbst bei einvernehmlicher Erbringung von Mehrarbeit mindestlohnrechtlich die 50%-Grenze für die Überführung von Mehrarbeitsstunden auf ein Arbeitszeitkonto gilt. Keine Aussage lässt sich § 2 Abs. 2 S. 3 hinsichtlich der Frage der zulässigen Überstundenabgeltung durch die Grundvergütung entnehmen (auch dafür aber *Spielberger/Schilling,* NJW 2014, 2897, 2900). Diese Frage ist vielmehr nach den bisher in Rechtsprechung und Literatur entwickelten arbeitsvertragsrechtlichen Grundsätzen zu beantworten (vgl. BAG 1.9.2010 – 5 AZR 517/09, NZA 2011, 575; 22.2.2012 – 5 AZR 765/10, NZA 2012, 861; 17.8.2011 – 5 AZR 406/10 NZA 2011, 1335; ausf. ErfK/*Preis,* BGB § 310 Rn. 91 f. m. w. N.; *Salamon/Hoppe/Rogge,* BB 2014, 1720). Abs. 2 S. 3 beinhaltet lediglich eine mindestlohnrechtliche Regelung, die mit Blick auf Belange der Allgemeinheit, insbesondere die ansonsten drohende Belastung der sozialen Sicherungssysteme, zwingender Natur ist. **Verfehlt** sind aus den genannten Gründen auch die teilweise vertretenen Ansätze, aus Abs. 2 S. 3 abzuleiten, **Arbeit auf Abruf (§ 12 TzBfG)** könne über die Rechtsprechung des BAG hinaus (vgl. BAG 7.12.2005 – 5 AZR 535/04 NZA 2006, 423; instruktiv dazu *Preis/Lindemann,* NZA 2006, 632) künftig im Umfang von maximal 50% anstelle von 25% der vertraglich vereinbarten Arbeitszeit zulässig sein (so Stellungnahme DAV, Ausschuss-Drs. 18 (11) 148, S. 96; zustimmend *Spielberger/Schilling,* NZA 2014, 414, 416). Zur rein arbeitsvertragsrechtlichen Frage, in welchem Umfang ein einseitiger Arbeitszeitabruf des Arbeitgebers zulässig ist, verhält sich die mindestlohnrechtliche Regelung erkennbar nicht.

12 Unzutreffend ist in Anbetracht von Abs. 2 S. 1 Hs. 2 auch eine Interpretation, die der Regelung Wirkung für **Arbeitszeitkonten außerhalb des mindestlohnrelevanten Bereichs** beimisst. Arbeitszeitkontenmodelle außerhalb des mindestlohnrechtlich relevanten Bereichs sollten durch die gesetzliche Regelung nicht tangiert, insbesondere nicht eingeschränkt werden, da sie den Schutzzweck des MiLoG nicht berühren (zutr. *Spielberger/Schilling,* NZA 2014, 414, 416). Ist der **Mindestlohn** auch im Hinblick auf die geleisteten Überstunden **bereits durch das regelmäßig ausgezahlte Fixum abgegolten,** findet auf ein daneben geführtes Arbeitszeitkonto Abs. 2 keine Anwendung; die Fälligkeit kann somit frei vereinbart werden. Hierzu muss unter rechnerischer Berücksichtigung der geleisteten Überstunden eine Festvergütung oberhalb des Mindestlohnniveaus gezahlt werden (zutr. ErfK/*Franzen,* § 2 MiLoG Rn. 2; *Spielberger/Schilling,* NZA 2014, 414, 416). Die geleisteten Überstunden sind dabei rechnerisch zu berücksichtigen, obwohl sie noch nicht vergütet, sondern auf das Arbeitszeitkonto eingestellt werden. Im Hinblick auf ein geführtes Arbeitszeitkonto wird Abs. 2 daher nur dann unanwendbar, wenn die vereinbarte und gezahlte Festvergütung stets oberhalb der Mindestlohnschwelle liegt, die sich nach der Formel errechnet: „tatsächlich im Entgeltabrechnungszeit erbrachte Arbeitszeit (einschließlich der geleisteten und auf das Arbeitszeitkonto eingestellten Mehrarbeit) multipliziert mit dem nach § 1 Abs. 2 geltenden Bruttomindestlohnsatz pro Arbeitsstunde" (vgl. ErfK/*Franzen,* § 2 MiLoG Rn. 2; zum Ganzen auch zutr. *Bayreuther,* NZA 2014, 865, 870). Keine besonderen Probleme ergeben sich, wenn für geleistete Überstunden bei vereinbarter Stundenlohnhöhe auf Mindestlohnniveau **Überstundenzuschläge** anfallen (anders *Spielberger/Schilling,* NZA 2014, 414, 416): Für die Ausklammerung aus § 2 Abs. 2 kommt es allein auf die Erreichung des Mindestlohnniveaus durch das verstetigte Fixum an, sodass Überstundenzuschläge nicht zu einer Änderung der Rechtslage führen; sie sind nicht dem verstetigten Arbeitsentgelt i. S. d. Norm zuzurechnen.

13 Durch diese begrenzte Regelungswirkung des Abs. 2 ist eine bürokratisch aufwendige **Zwei-Konten-Praxis,** die während des Gesetzgebungsverfahrens vielfach befürchtet wurde (vgl. Stellungnahme BDA, Ausschuss-Drs. 18 (11) 148, S. 10f.), nicht erforderlich, soweit bereits die gezahlte Monatsvergütung auch unter rechnerischer Einbeziehung der geleisteten Mehrarbeit Mindestlohnniveau erreicht. Die Annahme, dass Abs. 2 gem. § 22 Abs. 1 S. 1 für alle Arbeitnehmer gilt, nämlich im Hinblick auf den jeweiligen „Mindestlohnsockel" (vgl. § 3 Rn. 5) innerhalb der Gesamtvergütung (vgl. – mit zutreffendem Ergebnis – *Spielberger/Schilling,* NZA 2014, 414, 416), wird durch Abs. 2 S. 1 Hs. 2 entkräftet. Die Regelung zur Fälligkeit bei Arbeitszeitkonten in **Abs. 2** dürfte daher in der Mehrzahl der Arbeitsverhältnisse **nicht praktisch relevant** werden.

V. Ausnahme bei Wertguthabenvereinbarungen

14 Abs. 3 trifft eine weiter privilegierende Sonderregelung für Wertguthabenvereinbarungen nach dem SGB IV sowie für vergleichbare ausländische Regelungen. Erfasst werden insbesondere auch **Altersteilzeitvereinbarungen** i. S. d. des Altersteilzeitgesetzes (BT-Drs. 18/1558, S. 35). Derartige Langzeitarbeitszeitkonten sind bereits anderweitig gesetzlich reglementiert, etwa durch Erfordernisse der Insolvenzsicherung (vgl. § 8a Altersteilzeitgesetz) oder Anforderungen an die Zuverlässigkeit der durchführenden Institutionen, sodass eine spezifisch mindestlohnrechtliche Regelung nicht erforderlich schien (vgl. BT-Drs. 18/1558, S. 35). Im Hinblick auf die Einbeziehung von **Langzeitkonten nach ausländischem Recht** dürfte es daher entscheidend darauf ankommen, dass die anwendbare Regelung ein den Vorgaben in dem SGB IV bzw. dem Altersteilzeitgesetz entsprechendes Schutzniveau erreicht. Dies ist wertend zu ermitteln.

15 **Abs. 3 privilegiert Langzeitkonten** insbesondere dadurch, dass die 50%-Grenze des Abs. 2 S. 3 nicht gilt. Ebenso findet die Fälligkeitsregelung nach Abs. 2 keine Anwendung. Vielmehr kann weiterhin nach der bisherigen Praxis der Langzeitkonten vorgegangen werden. Den teilweise gesehenen Missbrauchsmöglichkeiten durch die Vereinbarung von Schein-Langzeitkonten (so Stellungnahme DGB, Ausschuss-Drs. 18 (11) 148, S. 35) dürfte durch die hinreichende gesetzliche Reglementierung dieses Gebiets vorgebeugt werden.

16 Von Bedeutung für das Zusammenspiel von Abs. 2 und Abs. 3 ist, dass in praktisch relevanten Fällen Wertguthaben aus einem Abs. 2 unterfallenden Kurzzeitkonto durch eine entsprechende Vereinbarung der Arbeitsvertragsparteien **auf ein Langzeitkonto nach Abs. 3 überführt** werden können. Sobald das Wertguthaben auf dem Langzeitkonto eingestellt ist, dürfte in diesen Fällen ausschließlich Abs. 3 Anwendung finden. Um den Vorgaben von Abs. 2 Rechnung zu tragen, muss diese Überführung auf das Langzeitkonto allerdings innerhalb der Frist des Abs. 2 S. 1 erfolgen, sofern nicht ohnehin die Ausnahme nach Abs. 2 S. 1 Hs. 2 greift (dazu oben Rn. 7, 12). Der ebenfalls möglichen Umwandlung in eine **Anwartschaft auf betriebliche Altersversorgung** (vgl. Stellungnahme DGB, Ausschuss-Drs. 18 (11) 148, S. 35) wird aus Perspektive des Gesetzgebers (BT-Drs. 18/1558, S. 35) bereits dadurch Rechnung getragen, dass § 3 S. 1 eine Entgeltumwandlung nach dem Betriebsrentengesetz unberührt lässt; sie bleibt auch weiterhin möglich (vgl. § 3 Rn. 14).

§ 3 Unabdingbarkeit des Mindestlohns

[1]Vereinbarungen, die den Anspruch auf Mindestlohn unterschreiten oder seine Geltendmachung beschränken oder ausschließen, sind insoweit unwirksam. [2]Die Arbeitnehmerin oder der Arbeitnehmer kann auf den entstandenen Anspruch nach § 1 Absatz 1 nur durch gerichtlichen Vergleich verzichten; im Übrigen ist ein Verzicht ausgeschlossen. [3]Die Verwirkung des Anspruchs ist ausgeschlossen.

I. Allgemeines

1 Die Vorschrift trägt dem Sinn und Zweck des Mindestlohns, eine weder individual- noch kollektivvertraglich unterschreitbare Mindestgrenze der für den Lebensunterhalt notwendigen Arbeitsentgelthöhe sicherzustellen, dadurch Rechnung, dass sie den Mindestlohnanspruch für **zwingend** und **vertraglich unabdingbar** erklärt. S. 1 regelt den Grundfall, dass jegliche Vereinbarung, die zum Unterschreiten des Mindestlohnanspruchs führt bzw. seine Geltendmachung beschränkt oder ausschließt, insoweit unwirksam ist. S. 2 regelt, dass ein Verzicht nur im Hinblick auf bereits bestandene Mindestlohnansprüche nach § 1 Abs. 1 zulässig ist und auch dann nur im Rahmen eines gerichtlichen Vergleichs erfolgen kann. S. 3 schließt die Verwirkung des Anspruchs aus.

II. Unwirksamkeit abweichender Vereinbarungen (S. 1)

2 S. 1 verankert den Grundsatz, dass von der Verpflichtung zur Zahlung des Mindestlohns nach § 1 durch individual- oder kollektivvertragliche Vereinbarung nicht abgewichen werden kann, soweit dies für den Arbeitnehmer ungünstiger ist (BT-Drs. 18/1558, S. 35).

1. Verhältnis zur Sittenwidrigkeit (§ 138 BGB)

3 Richtigerweise ist neben der absoluten Mindestlohnschwelle nach §§ 1, 3 weiterhin Raum für eine Sittenwidrigkeitskontrolle der Vergütungshöhe nach § 138 BGB. Das auf dieser Grundlage richterrechtlich entwickelte Konzept eines relativen Mindestlohns in Abhängigkeit vom marktüblichen Entgelt (vgl. dazu *Joussen,* SAE 2010, 95; *Böggemann,* NZA 2011, 493) **bleibt anwendbar** (zutr. *Bayreuther,* NZA 2014, 865, 866; *Däubler,* NJW 2014, 1924, 1927; *Bauer,* NZA 2014, 12, 13; *Baeck/Winzer/Kramer,* NZG 2014, 254, 255; ErfK/*Franzen,* § 1 MiLoG Rn. 1; *Picker,* RdA 2014, 25, 32; **a. A.** *Diringer,* NZA Editorial Heft 2/2014, der meint, eine Bewertung von oberhalb der Mindestlohnschwelle liegenden Stundenentgelten als sittenwidrig sei durch die gesetzgeberische Wertentscheidung ausgeschlossen). Dies folgt bereits daraus, dass beide Mindestlohnschwellen einen deutlich unterschiedlichen Blickwinkel einnehmen: Die Sittenwidrigkeitskontrolle nach § 138 BGB koppelt die Wirksamkeitskontrolle einer Entgeltabrede relativ an die Marktverhältnisse und korrigiert auf diese Weise **relative Verstöße gegen die Leistungsgerechtigkeit,** wie sie in einschlägigen vergleichbaren vertraglichen Regelungen, insbesondere tarifvertraglicher Art, Niederschlag gefunden hat (zutr. *Picker,* RdA 2014, 25, 32). Die gesetzliche Mindestlohnschwelle möchte demgegenüber **Probleme der Verteilungsgerechtigkeit** bewältigen, indem sie dort eine Korrektur herbeiführt, wo in einem Marktsegment generell als aus sozialstaatlicher Perspektive zu niedrig empfundene Entgelte erzielt werden und die relative Sittenwidrigkeitskontrolle mithin nicht ausreicht. Beide Institute stehen somit einander ergänzend nebeneinander. Es wäre verfehlt, §§ 1, 3 die Wertung zu entnehmen, dass Entgeltabreden, welche die absolute Mindestlohnschwelle beachten, im relativen Abgleich mit den marktüblichen Vergütungen nicht sittenwidrig sein können (so auch *Baeck/Winzer/Kramer,* NZG 2014, 254, 255).

2. Unwirksamkeitsfolge bei Individual- und Kollektivvereinbarungen

4 S. 1 statuiert, dass Vereinbarungen, welche den Mindestlohnanspruch unterschreiten bzw. seine Geltendmachung beschränken oder ausschließen, insoweit unwirksam sind. Dies betrifft in der ersten Variante individual- oder kollektivvertragliche Entgeltabreden, die explizit oder rechnerisch einen **Entgeltanspruch unterhalb der Mindestlohnschwelle** festsetzen. Sie sind **unwirksam;** diese Rechtsfolge folgt unmittelbar aus § 3 S. 1, sodass es eines ergänzenden Rückgriffs auf § 134 BGB nicht bedarf (so aber *Däubler,* NJW 2014, 1924, 1927). Die entstandene Regelungslücke wird unter Rückgriff auf § 612 Abs. 2 BGB gefüllt (zutr. *Däubler,* NJW 2014, 1924, 1927), sodass der Arbeitnehmer Anspruch auf die übliche Vergütung erhält (vgl. im Einzelnen ErfK/*Preis,* § 612 BGB Rn. 35ff. m.w.N.). Da die Unwirksamkeitsfolge auch Tarifverträge erfasst, setzt sie der Tarifautonomie eine Untergrenze. Dies ist angesichts der Hierarchie von staatlicher und tarifautonomer Normsetzung unbedenklich (allg. *Greiner,* Rechtsfragen der Koalitions-, Tarif- und Arbeitskampfpluralität, 2. Aufl. 2012, S. 94ff. m.w.N.). Im Hinblick auf die institutionelle Gewährleistung der Tarifautonomie (Art. 9 Abs. 3 GG) wahrt sie die Verhältnismäßigkeit, da sie der Regelungsautonomie der Tarifvertragsparteien nur einen punktuellen Rahmen setzt, oberhalb der Mindestlohnschwelle jedoch hinreichende Gestaltungsmöglichkeiten belässt (vgl. bereits *Preis/Greiner,* ZfA 2009, 825ff.; rechtspolitisch für eine tarifdispositive Ausgestaltung im Interesse einer Revitalisierung der Tarifautonomie im Niedriglohnbereich plädiert *Picker,* RdA 2014, 25, 34). Wie bei anderen arbeitsrechtlichen Mindeststandards besteht auch **kein verfassungsrechtliches Gebot,** den Mindestlohnanspruch in der Unternehmenskrise **tarifdispositiv** zu gestalten und so Sanierungstarifverträge im Niedriglohnbereich zu ermöglichen (näher *Sagan/Witschen,* jM 2014, 372, 377).

3. Zwingender „Mindestlohnsockel" bei allen Arbeitsverhältnissen

5 In dieser Wirkung im Niedriglohnbereich erschöpft sich der Regelungsgehalt von § 3 S. 1 richtigerweise jedoch nicht. Vielmehr unterliegen **auch Entgeltabreden oberhalb der Mindestlohnschwelle** nach zutreffender Auffassung S. 1, indem dieser auch dann einen **„Mindestlohnsockel"** in Höhe des gesetzlichen Mindestlohns für zwingend erklärt. Einschlägig ist dann ausschließlich S. 1 Var. 2, sodass vertragliche Regelungen, welche die Geltendmachung des „Mindestlohnsockels" beschränken oder ausschließen, insoweit unwirksam sind. Entgegen einer vereinzelt vertretenen Auffassung (*Lakies,* Arbeitsrecht Aktuell 2014, 343, 345; abwägend mit dieser Tendenz auch *Spielberger/Schilling,* NJW 2014,

2897, 2900f.) spricht für diese Sichtweise die Gesetzessystematik: § 22 Abs. 1 S. 1 bezieht Arbeitsverhältnisse unabhängig von der Höhe des erzielten Arbeitsentgelts in den Anwendungsbereich des Mindestlohns ein (zutr. *Preis/Ulber,* S. 22). § 2 Abs. 2 S. 1 Hs. 2 enthält eine punktuelle Ausnahme für laufende Entgelte oberhalb der Mindestlohnschwelle im Hinblick auf die Einstellung von Mehrarbeit in Arbeitszeitkonten (vgl. § 2 Rn. 7); in unmittelbarem systematischem Kontext bei § 3 S. 1 fehlt eine derartige generelle Ausklammerung von Arbeitsverhältnissen, in denen ein oberhalb der Mindestlohnschwelle liegendes Arbeitsentgelt erzielt wird (zutr. mit ausf. weiterer Argumentation *Preis/Ulber,* S. 23ff.). Anders als § 2 Abs. 2 S. 1 gilt S. 1 somit unabhängig von der Frage, ob das Fixum insgesamt oberhalb oder unterhalb der Mindestlohnschwelle liegt. Dafür sprechen auch die Gesetzesgenese und die Vorgängerregelung, § 8 Abs. 2 S. 3 MiArbG (*Preis/Ulber,* S. 28).

6 Wollte man Arbeitsverhältnisse außerhalb des Niedriglohnbereichs generell von der zwingenden Wirkung des S. 1 ausnehmen, müsste man eine Entgeltgrenze festlegen, ab welcher die Schutzwirkung nicht mehr greift. Bereits ab einem Entgelt von 8,51 EUR pro Stunde die Vergütung in voller Höhe von den Restriktionen des § 3 auszunehmen, würde ein **erkennbares Schutzdefizit** und eine fast willkürlich anmutende **Ungleichbehandlung** vergleichbarer Sachverhalte mit sich bringen (zutr. *Sittard,* NZA 2014, 951, 953). Eine noch höhere Entgeltgrenze zu definieren scheint gleichfalls unmöglich; mangels gesetzlicher Anhaltspunkte wäre die Rechtsprechung zu dieser Gestaltungsaufgabe weder legitimiert noch fähig (zutr. *Preis/Ulber,* S. 35). Einzig überzeugend ist daher, bei Entgeltabreden oberhalb der Mindestlohnschwelle eine **rechtliche Aufspaltung in einen „Mindestlohnsockel" bis zur Höhe des jeweils geltenden Mindestlohns und einen darüber hinausgehenden Entgeltteil** vorzunehmen (zutr. *Bayreuther,* NZA 2014, 865, 866; *Sittard,* NZA 2014, 951, 952f.; *Preis/Ulber,* S. 22ff.). Dies steht auch in **keinem Spannungsverhältnis zum Gesetzeszweck** (so aber *Sittard,* NZA 2014, 951, 953), denn das MiLoG möchte eine unabdingbare Mindestlohnschwelle unabhängig von der anderweitigen sozialen Absicherung des Betroffenen gewährleisten. Es geht in seiner Schutzintention damit über die rein sozialstaatliche Existenzsicherung hinaus und dient einer elementaren Austauschgerechtigkeit (*Picker,* RdA 2014, 25, 34) ebenso wie der Verstetigung des Beitragsaufkommens der Sozialversicherung.

4. Wirkung bei Ausschluss-/Verfallklauseln

7 Besondere Relevanz erlangt die Frage im Hinblick auf arbeits- oder tarifvertragliche Ausschluss- bzw. Verfallklauseln, die die gerichtliche und/oder außergerichtliche Geltendmachung eines streitigen Anspruchs innerhalb recht kurz bemessener Verfallfristen erfordern, um schnell Rechtssicherheit und Rechtsfrieden zu schaffen (vgl. allg. *Preis,* in: Preis,

Der Arbeitsvertrag, 5. Aufl. 2015, II A 150; *Steffan,* in: Henssler/Moll/Bepler, Der Tarifvertrag, 2013, S. 519ff.). Dieser absolut üblichen Gestaltung wird **im Hinblick auf den „Mindestlohnsockel"** (s. Rn. 5) durch S. 1 Var. 2 **die rechtliche Grundlage entzogen.**

8 Zwar erfasst S. 1 Var. 2 die Unterbindung der Geltendmachung des Mindestlohnanspruchs durch Ausschlussfristen – anders als die Vorgängerregelung in § 8 Abs. 3 S. 3 MiArbG – nicht explizit. Der weite Wortlaut von S. 1 Var. 2 erfasst jedoch Ausschlussfristen, da diese die Möglichkeiten zur Anspruchsdurchsetzung beschränken; dass sie ihrer rechtlichen Wirkungsweise nach darüber hinausgehen und den Anspruch materiell erlöschen lassen, steht dem nicht entgegen (zutr. ErfK/*Franzen,* § 3 MiLoG Rn. 2). Ein Umkehrschluss aus den Parallelnormen in § 9 S. 3 AEntG und § 4 Abs. 4 S. 3 TVG sowie der Vorgängerregelung in § 8 Abs. 3 S. 3 MiArbG, welche rangniedere Ausschlussfristen explizit untersagen, ist nicht möglich. Vielmehr lässt sich aus diesen verwandten Regelungen ein allgemeiner Rechtsgrundsatz ableiten, dass bei gesetzlich zwingend gestellten Arbeitsbedingungen eine Abbedingung durch Vereinbarungen oder Regelungen niederer Regelungsebene nicht möglich sein sollen (vgl. ErfK/*Franzen,* § 3 MiLoG Rn. 2). Auch aus der Regelungsintention des gesetzlichen Mindestlohns, eine unabdingbare Untergrenze bereitzustellen, folgt die Anwendbarkeit von S. 1 Var. 2 auf Ausschlussfristen.

9 Künftig kommt arbeits- und tarifvertraglichen Ausschlussfristen daher nur noch im Hinblick auf den Entgeltanteil **oberhalb des „Mindestlohnsockels"** Bedeutung zu. Dies konterkariert zwar die Zielsetzung der Verfallfristen (vgl. Rn. 7; weiterhin ErfK/*Franzen,* § 3 MiLoG Rn. 3) und dürfte zu einer erheblichen Mehrbelastung der Arbeitsgerichte führen, indem der eingeklagte Entgeltanspruch nicht mehr *in toto* unter Rückgriff auf eine einschlägige Ausschlussfrist verneint werden kann (vgl. *Preis/Ulber,* S. 57). Auch mit Blick auf die Gewährleistung der Tarifautonomie (Art. 9 Abs. 3 GG) ist die gesetzliche Regelung aber verfassungsrechtlich unbedenklich (kritischer ErfK/*Franzen,* § 3 MiLoG Rn. 3), da sie der Regelungsautonomie der Tarifvertragsparteien nur einen punktuellen Rahmen setzt, ihnen außerhalb des „Mindestlohnsockels" jedoch hinreichende Gestaltungsmöglichkeiten auch im Hinblick auf Ausschlussfristen verbleiben. Da Tarifverträge **im Zweifel gesetzeskonform auszulegen** sind, wird ein Konflikt häufig bereits mit diesem Instrument vermieden werden können: Eine tarifvertragliche Ausschlussfrist ist dann im Zweifel so auszulegen, dass sie den Mindestlohnsockel nicht erfasst (*Preis/Ulber,* S. 45f.). Zeitlich begrenzt wird die Geltendmachung des Anspruchs auf den „Mindestlohnsockel" infolge S. 1 Var. 2 nunmehr nur noch durch die gesetzlichen Vorschriften über die Verjährung (§§ 195ff. BGB), die weiterhin anwendbar bleiben (so ErfK/*Franzen,* § 3 MiLoG Rn. 3; *Jöris/von Steinau-Steinrück,* BB 2014, 2101, 2103).

10 Diese Grundsätze gelten auch für Ausschlussfristen in einem nach § 7 AEntG durch Rechtsverordnung erstreckten oder nach § 5 TVG i.V.m.

§§ 4 Abs. 1 Nr. 1, 5, 6 Abs. 2 AEntG für allgemeinverbindlich erklärten Tarifvertrag. § 1 Abs. 3 räumt den Vorschriften des **AEntG,** des **AÜG,** den auf ihrer Grundlage erlassenen Rechtsverordnungen (vgl. § 7 AEntG) sowie allgemeinverbindlichen Tarifnormen i. S. d. § 4 Abs. 1 Nr. 1, §§ 5, 6 Abs. 2 AEntG nur insoweit **Vorrang gegenüber den Regelungen des MiLoG** ein, „soweit die Höhe der auf ihrer Grundlage festgesetzten Branchenmindestlöhne die Höhe des Mindestlohns nicht unterschreitet". Dies bedeutet, dass insbesondere eine tarifliche Ausschlussfrist, die die Geltendmachung eines tariflichen Branchenmindestlohns nach dem AEntG gänzlich ausschließt (vgl. § 9 S. 3 AEntG), **wie jede tarifliche Ausschlussfrist zu behandeln** ist, da insofern ein die Schwelle des § 1 erreichender Mindestlohn nicht schon auf anderem Wege gewährleistet ist und die Vorrangregelung des **§ 1 Abs. 3** somit **nicht eingreift (a. A.** *Preis/Ulber,* S. 40f.).

11 Nach Wortlaut und Systematik findet S. 1 **keine Anwendung auf Personen, die nach § 22 vom Anspruch auf Mindestlohn ausgeschlossen** sind (s. § 22 Rn. 4f.). Ihr Entgeltanspruch kann demnach auch weiterhin einer Ausschlussfrist unterworfen werden, verwirkt werden oder Gegenstand eines Verzichts sein. Ihnen neben dem Mindestlohnanspruch nach § 1 auch den durch S. 1 bewirkten Minimalschutz zu versagen, wird teilweise als „unsinnig" und – im Hinblick auf Art. 3 Abs. 1 GG – als verfassungswidrige Ungleichbehandlung charakterisiert (*Preis/Ulber,* S. 42f.). Letztlich ist die Ausklammerung konsequent, denn wo kein zwingender Anspruch auf einen gesetzlichen Mindestlohnsockel besteht, besteht auch keine gedankliche Grundlage dafür, einen (hier eben nicht gegebenen) zwingenden Anspruch durch ein Verzichts-, Verwirkungs- und Ausschlussfristenverbot abzusichern. Erkennt man bei der Ausformung der gesetzlichen Ausnahmetatbestände des § 22 eine große Gestaltungsfreiheit des Gesetzgebers an (s. Beck OLS/*Greiner,* § 1 Rn. 12; § 22 Rn. 17), begegnet die konsequente Ausgestaltung, diese vom Mindestlohnanspruch ausgenommenen Personen auch von S. 1 auszunehmen, daher keinen (verfassungsrechtlichen) Bedenken.

12 Die Formulierung in § 3 S. 1, dass beschränkende oder ausschließende Abreden **nur „insoweit" unwirksam** sind, als sie den Anspruch auf Mindestlohn betreffen, stellt nach zutreffender Auffassung die **gesetzliche Anordnung einer geltungserhaltenden Reduktion** der jeweiligen Klausel dar (so zutr. *Bayreuther,* NZA 2014, 865, 870). Die Klausel wird somit – unabhängig von ihrer sprachlichen oder logischen Teilbarkeit (vgl. nur Schaub/*Linck,* ArbR-Hdb, § 35 Rn. 49ff. m. w. N.) – von der Unwirksamkeitsfolge ausgenommen, soweit sie den oberhalb des „Mindestlohnsockels" betreffenden Entgeltanteil betrifft. Gleichwohl wird erwogen, dass eine AGB-Klausel, welche den **Mindestlohnsockel nicht ausdrücklich ausklammert,** intransparent i. S. v. § 307 Abs. 1 S. 2 BGB sein könnte (so *Spielberger/Schilling,* NJW 2014, 2897, 2900; abwägend, i. Erg. aber verneinend *Preis/Ulber,* S. 56f.). Würde man **§ 307 Abs. 1 S. 2 BGB** für anwend-

bar halten, läge dieser Schluss nahe, da das Transparenzgebot jegliche Regelung als unangemessen benachteiligend bewertet, welche den Vertragspartner des Verwenders von der Geltendmachung bestehender Rechte irreführend abhalten könnte, indem sie ein Nichtbestehen dieser Rechte suggeriert (exemplarisch BAG 19.2.2014 – 5 AZR 700/12, NZA 2014, 1097; 20.5.2008 – 9 AZR 382/07, NZA 2008, 1233). Gegen ihre Anwendung spricht jedoch systematisch, dass Domäne des AGB-Rechts die Abweichungskontrolle im Bereich des dispositiven Gesetzesrechts ist (vgl. ErfK/*Preis,* §§ 305–310 BGB Rn. 3, 34ff.). Der Mindestlohnanspruch nach § 1 ist jedoch Teil des zwingenden Gesetzesrechts; § 3 und insbesondere die dort angeordnete geltungserhaltende Reduktion stellen eine **abschließende spezialgesetzliche Ausgestaltung** dar, die § 307 Abs. 1 S. 2 BGB als Kontrollmaßstab ausschließt (vgl. *Sagan/Witschen,* jM 2014, 372, 375f.). Dies dürfte auch der **Regelungsintention** entsprechen, denn der Gesetzgeber wollte ersichtlich nur im Hinblick auf den „Mindestlohnsockel" eine Änderung der Rechtslage bei Ausschlussfristen herbeiführen. Ergänzend lässt sich das hier vertretene Ergebnis auch durch eine **(ergänzende) Auslegung** absichern, indem man den Vertragsparteien unterstellt, eine Ausschlussfrist nur im Rahmen ihrer zwingenden gesetzlichen Grenzen gewollt zu haben (vgl. *Preis/Ulber,* S. 54ff.). Jedenfalls bei Ausschlussfristen, die bereits vor der Verabschiedung des Mindestlohngesetzes vereinbart wurden, dürfte dieses Ergebnis auch aus Gründen des **Vertrauensschutzes** geboten sein (so auch *Preis/Ulber,* S. 48), da die Vertragsparteien das spätere Inkrafttreten des S. 1 Var. 2 nicht absehen konnten. Für **Neufälle,** also künftig zu vereinbarende Ausschlussfristen, ist dem Transparenzgebot des § 307 Abs. 1 S. 2 BGB vorsichtshalber dadurch Rechnung zu tragen, dass der „Mindestlohnsockel" von der Ausschlusswirkung explizit ausgenommen wird (vgl. *Spielberger/Schilling,* NJW 2014, 2897, 2901). Bei **tarifvertraglichen Ausschlussfristen** stellt sich eine entsprechende Problematik schon im Ansatz nicht, da das AGB-Recht insofern keine Anwendung findet, vgl. § 310 Abs. 4 S. 1 BGB.

5. Tilgungsreihenfolge

13 Eine praxisrelevante Frage ist, ob im Falle einer **Teilzahlung** der Arbeitgeber vorrangig den Mindestlohnanspruch oder den Anspruch auf das darüber hinausgehende laufende Arbeitsentgelt erfüllt. Da im Hinblick auf das oberhalb des „Mindestlohnsockels" liegende Entgelt eine Ausschlussfrist greifen kann (s. Rn. 9), könnte ein nicht erfüllter Anspruch insofern bereits verfallen sein, während der gesetzliche Anspruch auf den Mindestlohnsockel trotz einer vorhandenen Ausschlussfrist fortbestünde. Daher erlangt die Frage der Tilgungsreihenfolge hohe praktische Bedeutung. Richtigerweise findet **§ 366 BGB** Anwendung. Vorrangig kann der Arbeitgeber **frei festlegen,** welcher Anspruch mit der geleisteten Zahlung erfüllt werden soll, § 366 Abs. 1 BGB. Möglich ist daher auch, im

Arbeitsvertrag zu regeln, dass Zahlungen in jedem Fall **vorrangig den Mindestlohnanspruch** erfüllen sollen (zutr. *Sagan/Witschen,* jM 2014, 372, 376). Mangels einer Festlegung des Leistenden dürfte die Auslegungsregel des § 366 Abs. 2 BGB ebenfalls regelmäßig ergeben, dass der durch eine Bußgelddrohung (§ 21) sanktionierte gesetzliche Mindestlohnanspruch als für den Arbeitgeber „lästigerer" Anspruch vorrangig erfüllt werden soll (*Sagan/Witschen,* jM 2014, 372, 376). Anderes dürfte selbst dann nicht gelten, wenn der Mindestlohn ausnahmsweise in Fällen des § 13 i. V. m. § 14 AEntG durch eine selbstschuldnerische Bürgschaft des Generalunternehmers gesichert ist, da auch in diesem Fall der (hypothetische) Wille des Leistenden, nicht ordnungswidrig nach § 21 handeln zu wollen, für eine vorrangige Erfüllung der gesetzlichen Verpflichtung spricht (*Sagan/Witschen,* jM 2014, 372, 376).

6. Betriebsrenten; Entgeltumwandlung

14 Ausweislich der Gesetzesbegründung lässt S. 1 eine Entgeltumwandlung nach dem BetrAVG unberührt. Sie soll **weiterhin auch innerhalb des „Mindestlohnsockels" möglich** bleiben (BT-Drs. 18/1558, S. 35). Dieser gesetzgeberische Wille findet allerdings im Gesetzeswortlaut keinen hinreichenden Ausdruck. Hier besteht ein Konnex zur generellen Problematik der Berücksichtigung besonderer Entgeltbestandteile im Rahmen des Anspruchs auf gesetzlichen Mindestlohn (vgl. § 1 Rn. 87 ff.). Vorzugswürdig wäre jedenfalls eine ausdrückliche gesetzliche Klarstellung gewesen (so auch Stellungnahme BDA, Ausschuss-Drs. 18 (11) 148, S. 10).

III. Verzicht (S. 2)

15 S. 2 ermöglicht einen Verzicht nur im Hinblick auf entstandene Mindestlohnansprüche und nur im Rahmen eines gerichtlichen Vergleichs. Die **Beschränkung auf bereits entstandene Ansprüche** wurde auf Anregung des Bundesrats im Gesetzgebungsverfahren eingefügt, um zu verhindern, dass in einem gerichtlichen Vergleich vereinbart wird, dass das Arbeitsverhältnis künftig unter dauerhafter Unterschreitung der Mindestlohngrenze fortgeführt wird (vgl. BT-Drs. 18/1558, S. 62 mit zustimmender Gegenäußerung der Bundesregierung, BT-Drs. 18/1558, S. 68). Vorbild ist insofern § 4 Abs. 4 S. 1 TVG, wonach nur auf „entstandene tarifliche Rechte" verzichtet werden kann.

16 Die **Beschränkung auf gerichtliche Vergleiche** knüpft daran an, dass die Mitwirkung des Gerichts einen ausreichenden Schutz des Arbeitnehmers vor einem ungerechtfertigten Verlust des Mindestlohnanspruchs sicherstellen soll (BT-Drs. 18/1558, S. 35). Die bisherige Praxis außergerichtlicher Aufhebungsverträge wird dadurch in Teilen eingeschränkt (vgl. Stellungnahme Handelsverband Deutschland, Ausschuss-Drs. 18

(11) 148, S. 129). Neben dem gerichtlichen Vergleich ist auch ein **Vergleich i. S. v. § 278 Abs. 6 ZPO** erfasst (zutr. ErfK/*Franzen,* § 3 MiLoG Rn. 5 unter Hinweis auf die abweichende Rechtsprechung zum TzBfG). Auch die Verengung auf gerichtliche Vergleiche dürfte zu einer erheblichen Mehrbelastung der Arbeitsgerichtsbarkeit führen.

IV. Verwirkung (S. 3)

17 S. 3 schließt eine Verwirkung des Mindestlohnanspruchs gem. § 242 BGB aus. Auch dies entspricht dem Vorbild des § 4 TVG. Daher kann auf die zu § 4 Abs. 4 S. 2 TVG entwickelten Erkenntnisse vergleichend zurückgegriffen werden. Der Arbeitgeber kann sich nicht auf eine **treuwidrig verspätete Rechtsdurchsetzung** des Arbeitnehmers berufen. Anders als bei § 4 Abs. 4 S. 2 TVG (vgl. ErfK/*Franzen,* § 4 TVG Rn. 47) kann dies auch nicht durch eine tarifvertragliche Ausschlussfrist sichergestellt werden, da S. 1, anders als § 4 Abs. 4 S. 2 TVG, auch diese ausschließt. Durch die Regelung bleiben jedoch **andere Fallgruppen des Gebots von Treu und Glauben** (§ 242 BGB) **unberührt,** sodass sich der Arbeitgeber weiterhin auch im Hinblick auf die Geltendmachung des Mindestlohns etwa auf den Einwand des **venire contra factum proprium** oder der **exceptio doli** berufen kann (vgl. dazu *Löwisch/Rieble,* TVG, § 4 Rn. 638; ErfK/*Franzen,* § 4 TVG Rn. 47). Auch die **Prozessverwirkung,** welche sich nicht unmittelbar auf den materiell-rechtlichen Anspruch, sondern lediglich seine Klagbarkeit bezieht (vgl. etwa BAG 20.4.2011 – 4 AZR 368/09, NZA-RR 2011, 609; dazu auch BVerfGE 32, 305) dürfte durch S. 3 ausgeschlossen sein.

Unterabschnitt 2. Mindestlohnkommission

Vor §§ 4 ff. MiLoG

Literatur: *Barczak,* Mindestlohngesetz und Verfassung, RdA 2014, 290; *Bepler,* Verhandlungen des 70. Deutschen Juristentages – Hannover 2014, Band I: Gutachten/ Teil B: Stärkung der Tarifautonomie. Welche Änderungen des Tarifvertragsrechts empfehlen sich?, München 2014; *ders.,* Stärkung der Tarifautonomie – Welche Maßnahmen empfehlen sich?, NZA 2014, 891; *Bietmann,* Gesetzliche Wege zu einem systemkonformen Mindestlohn, 2010; *Haberzettl,* Varianten der Kodifizierung eines Mindestlohns und ihre Vereinbarkeit mit höherrangigem Recht, 2011; *Lakies,* Das „Tarifautonomiestärkungsgesetz": Der Mindestlohn ist auf dem Weg, ArbR Aktuell 2014, 189; *Lobinger,* Stärkung oder Verstaatlichung der Tarifautonomie?, JZ 2014, 810; *Löwisch,* Rechtsschutz gegen das Mindestlohngesetz, NZA 2014, 948; *Ch. Picker,* Niedriglohn und Mindestlohn, RdA 2014, 25; *Pötters/Stiebert,* Spielräume der Exekutive bei Mindestlöhnen durch Rechtsverordnung, RdA

2013, 101; *Reichold,* Stärkung in Tiefe und Breite – wie viel Staat verkraftet die Tarifautonomie?, NJW 2014, 2534; *Rieble/Klebeck,* Gesetzlicher Mindestlohn?, ZIP 2006, 829; *Spielberger/Schilling,* Der Regierungsentwurf zum Gesetz über die Regelung eines allgemeinen Mindestlohns (MiLoG) – Eine Darstellung der wesentlichen Regelungen mit ersten kritischen Anmerkungen, NZA 2014, 414.

I. Gesetzgebungsgeschichte und Vorbilder anderer Länder

1 Wie das MiLoG insgesamt, so sind auch die Regelungen zur Mindestlohnkommission Ausdruck eines **politischen Kompromisses.** Einig war man sich in der Großen Koalition zunächst nur, dass ein gesetzlicher Mindestlohn nicht wie in **Frankreich** jährlich durch den Gesetzgeber angepasst werden soll. Der SMIC (salaire minimum interprofessionnel de croissance) wurde seit der Einführung im Jahr 1980 jedes Jahr von ursprünglich 2,03 Euro auf 9,53 Euro im Jahr 2014 erhöht. Die Anpassungen sind zwingend und richten sich im Wesentlichen nach der Lohnentwicklung und der Inflation, die Politik kann allenfalls noch etwas draufschlagen („coup de pouce"). Es liegt auf der Hand, dass gerade zu Wahlkampfzeiten eine solche Regelung eine wohl unwiderstehliche Versuchung darstellt. Vor den Gefahren einer politischen Instrumentalisierung des Mindestlohns ist im deutschen Schrifttum bereits mehrfach eindringlich gewarnt worden (*Thüsing,* FS Bepler, 2012, S. 549, 552; *Giesen,* FS Kempen, 2013, S. 216, 222; *Rieble/Klebeck,* ZIP 2006, 829, 835).

2 Die Unionsfraktion forderte daher in einem Eckpunktepapier eine möglichst **politikferne Lösung:** „Wir wollen eine durch Tarifpartner bestimmte und damit marktwirtschaftlich organisierte Lohnuntergrenze und keinen politischen Mindestlohn" (Nachweise bei *Ch. Picker,* RdA 2014, 25, 35). Der Gesetzgeber solle die so festgelegte Lohnuntergrenze nur inhaltlich unverändert in eine Verordnung übernehmen können. Die SPD setzte sich hingegen für mehr gesetzgeberische Spielräume ein. Sie forderte ebenfalls die Bildung einer unabhängigen Kommission, wollte aber die Besetzung auch mit wissenschaftlichem Sachverstand ergänzen (Nachweise bei *Ch. Picker,* RdA 2014, 25, 35). Als **Vorbild** wurde in der gesamten Diskussion häufig die **Low Pay Commission** des Vereinigten Königreichs genannt (vgl. Düwell/Schubert/*Heilmann,* § 4 MiLoG Rn. 1). Die im Rahmen des National Minimum Wage Act 1998 geschaffene Kommission erarbeitet jährlich einen Bericht für die Regierung mit Vorschlägen zur Anpassung des Mindestlohns sowie damit verwandten Angelegenheiten (hierzu *Bietmann,* Gesetzliche Wege zu einem systemkonformen Mindestlohn, 2010, S. 231 ff.; *Bosch/Weinkopf;* WSI-Mitteilungen 2006, 125).

3 Die nun geschaffene Mindestlohnkommission setzt sich ebenso wie die Low Pay Commission (vgl. *Bietmann,* Gesetzliche Wege zu einem systemkonformen Mindestlohn, 2010, S. 231) neben jeweils drei Vertretern aus

Kreisen der Vereinigungen von Arbeitgebern und Gewerkschaften, einer/m Vorsitzenden und zwei nicht stimmberechtigten Mitgliedern aus der Wissenschaft zusammen (§§ 4 Abs. 2, 5–7). Der von der Mindestlohnkommission alle zwei Jahre zu fassende Beschluss über eine Anpassung der Höhe des Mindestlohns wird nicht automatisch Gesetz, sondern muss von der Bundesregierung im Wege einer Verordnung übernommen werden (§ 11). Dadurch werden verfassungsrechtliche Bedenken ausgeräumt, die bei einer Regelung ohne jede Beteiligung von Legislative oder Exekutive an der Rechtsetzung bestanden hätten (hierzu sogleich, Rn. 4). Gleichzeitig dürfte die Gefahr einer populistischen Instrumentalisierung des Anpassungsverfahrens für Wahlkampfzwecke gebannt sein, denn die Bundesregierung kann den Vorschlag nur unverändert annehmen oder vollständig ablehnen.

II. Verfassungskonformität

4 Die paritätische Beteiligung von Arbeitgeber- und Arbeitnehmervertretern bei den Abstimmungen der Kommission soll nach dem Willen des Gesetzgebers nicht nur die Staatsferne garantieren, sondern auch die **Koalitionsfreiheit** (Art. 9 Abs. 3 GG) wahren (BT-Drs. 18/1558, S. 1, 26ff.). Allgemein bezweckte der Gesetzgeber mit der Einführung des MiLoG als Teil des Tarifautonomiestärkungsgesetzes (Gesetz v. 11.8.2014, BGBl. I S. 1348) – *nomen est omen,* wird man sich wohl gedacht haben – eine Stärkung der Tarifautonomie. Angesichts einer stetig sinkenden Tarifbindung soll das MiLoG der Beseitigung des „Funktionsdefizits" der Tarifautonomie (erhellend hierzu *Waltermann,* NJW 2010, 801, 802; vgl. ferner *Düwell,* DB 2014, 121) dienen. Diese Argumentation ist unvertretbar. Es ist beim besten Willen nicht ersichtlich, wie ein Einspringen des Gesetzgebers helfen soll, das ausgemachte Funktionsdefizit zu beseitigen (vgl. die deutliche Kritik bei *Reichold,* NJW 2014, 2534; ferner *Lobinger,* JZ 2014, 810, 812ff.; *Waltermann,* NZA 2014, 874, 877; vgl. auch *Bepler,* NZA 2014, 891). Das BVerfG betrachtet die Tarifautonomie als Übertragung eines Normsetzungsrechts und damit gerade als einen von staatlicher Regulierung freigestellten Raum (BVerfGE 4, 96, 108; BVerfGE 18, 18, 28; BVerfGE 34, 308, 317). Indem der Gesetzgeber selbst regulierend tätig wird, beansprucht er dieses Normsetzungsrecht für sich und ersetzt (potentielle) tarifvertragliche Lösungen (vgl. *Barczak,* RdA 2014, 290, 296; *Henssler,* RdA 2015, 43, 45). Die Einbindung der Sozialpartner bei der Anpassung des Mindestlohns durch die Mindestlohnkommission vermag die Schwächung der Tarifautonomie nicht zu kompensieren, zumal ohnehin nur die Spitzenorganisationen (BDA, DGB) nach §§ 5–7 Vorschlagsrechte für die Berufung der Kommissionsmitglieder haben. Bei den Kompetenzen der Kommission geht es um eine Aufgabenzuweisung „von oben", Tarifautonomie bedeutet indes eine

mitgliedschaftliche Legitimation „von unten" (ausführlich *Bepler,* Gutachten zum 70. DJT, 2014, passim.; *ders.,* NZA 2014, 891; *Lobinger,* JZ 2014, 810). Durch das MiLoG wird also die Tarifautonomie nicht gestärkt, sondern geschwächt. Die mit einem Mindestlohn verbundene Beschränkung der Koalitionsfreiheit ist aber gerechtfertigt (**a. A.** *Zeising/Weigert,* NZA 2015, 15; *M. G. Fischer,* ZRP 2007, 20; *Forkel,* ZRP 2010, 115, 116f.; *Henssler,* RdA 2015, 43, 45f.; vgl. ferner kritisch *Willemsen/Sagan,* NZA 2008, 1216; *Löwisch,* RdA 2009, 215, 220; *ders.,* NZA 2014, 948; *Lobinger,* JZ 2014, 810; für die Verfassungsmäßigkeit hingegen *Preis/Ulber,* Die Verfassungsmäßigkeit des allgemeinen gesetzlichen Mindestlohns, 2014; *Ch. Picker,* RdA 2014, 25, 29f.; *Lakies,* MiLoG, 2014, Einl. Rn. 24ff.; *ders.,* AuR 2013, 69; *Barczak,* RdA 2014, 290, 294ff.; wohl auch *Lembke,* NZA 2015, 70, 71). So können insbesondere sozialstaatliche Anliegen (Art. 20 Abs. 1 GG) wie der Schutz der Arbeitnehmer vor unangemessen niedrigen Löhnen und die Sicherung der finanziellen Stabilität des Systems der sozialen Sicherung angeführt werden.

5 Unabhängig von verfassungsrechtlichen Bedenken gegen einen allgemeinen gesetzlichen Mindestlohn stellt sich die Frage nach der Verfassungskonformität des Lohnanpassungsmechanismus über Mindestlohnkommission und Verordnung. Die §§ 4ff. sind zunächst im Hinblick auf die **Wesentlichkeitstheorie** verfassungsrechtlichen Bedenken ausgesetzt (vgl. BeckOK ArbR/*Greiner,* § 4 MiLoG Rn. 2): Danach muss der parlamentarische Gesetzgeber in grundlegenden normativen Bereichen alle wesentlichen Entscheidungen selbst treffen. Das VG Berlin (NZA 2008, 482, 486) hat sie bereits einmal im Hinblick auf § 1 Abs. 3a AEntG a. F. fruchtbar gemacht. Die auf diese Vorschrift gestützte Verordnung für einen Postmindestlohn sei verfassungswidrig. Dabei übersieht das Verwaltungsgericht, dass die Wesentlichkeitstheorie aus dem allgemeinen Gesetzesvorbehalt abgeleitet wird (BVerfGE 49, 89, 126; BVerfGE 47, 46, 78ff.). Spezielle Ausprägungen finden sich zudem in Art. 80 Abs. 1 und 59 Abs. 2 S. 1 GG sowie den besonderen Gesetzesvorbehalten unterschiedlicher Grundrechte (BVerfGE 49, 89, 126). Diese dogmatische Verankerung macht deutlich, dass die zum vertikalen Verhältnis zwischen Staat und Bürger entwickelte Wesentlichkeitstheorie nicht 1:1 auf arbeitsrechtliche Konstellationen übertragen werden kann (zur Koalitionsfreiheit BVerfG, NZA 1991, 809, 810; vgl. kritisch zur Argumentation des VG Berlin *Greiner,* BB 2008, 840, 841; ausführlich *Haberzettl,* Varianten der Kodifizierung eines Mindestlohns und ihre Vereinbarkeit mit höherrangigem Recht, 2011, S. 130ff.). Im Verhältnis gleichgeordneter Grundrechtsträger wird man – wenn überhaupt – vom Gesetzgeber verlangen können, allgemeine Rahmenbedingungen zu setzen. Im Übrigen ist es seine Prärogative, zu entscheiden, ob und wie engmaschig er bestimmte sozio-ökonomische Sachverhalte regulieren will. Im Bereich der Arbeitsmarkt- und Sozialpolitik kommt dem Gesetzgeber zudem ein besonders weiter Einschätzungsspielraum zu (BVerfGE 103, 293, 307; BVerfGE

116, 202, 224). Die erforderlichen Rahmenbedingungen hat der Gesetzgeber im Falle des MiLoG gesetzt: Die grundlegende Entscheidung für einen allgemeinen gesetzlichen Mindestlohn sowie über Ausnahmen hiervon hat er selbst gefällt, auch die Starthöhe von 8,50 Euro hat er festgelegt. Die weitere Anpassung hat er gem. § 11 MiLoG der – im Gegensatz zur Kommission ebenfalls demokratisch legitimierten – Bundesregierung übertragen.

6 Die Anforderungen des **Bestimmtheitsgebots des Art. 80 Abs. 1 S. 2 GG** sind dabei ebenfalls gewahrt (vgl. zum AEntG a. F. BVerfG, NZA 2000, 948). Danach müssen im Falle exekutiver Rechtsetzung durch Verordnung „Inhalt, Zweck und Ausmaß der erteilten Ermächtigung im Gesetze" bestimmt werden. Der Bürger muss also bereits aus dem ermächtigenden Gesetz ersehen können, in welchen Fällen und mit welcher Tendenz von der Ermächtigung Gebrauch gemacht wird und welchen Inhalt die auf der Grundlage der Ermächtigung ergehende Rechtsverordnung haben wird (BVerfGE 58, 257, 277; BVerfGE 78, 249, 272). Dies ist hier der Fall: Die Befugnis zu exekutiver Rechtsetzung beschränkt sich allein auf eine Bestätigung des Kommissionsvorschlags durch Verordnung. Die Bundesregierung wird also nur dazu ermächtigt, alle zwei Jahre eine Anpassung des Mindestlohns entsprechend dem Vorschlag vorzunehmen oder es bei der geltenden Höhe zu belassen (hierzu § 11 Rn. 1). Durch die Vorgabe von 8,50 Euro als Ausgangswert und die Kriterien des § 9 Abs. 2, die im Vorschlag der Kommission berücksichtigt werden müssen, ist zudem eine gewisse Vorhersehbarkeit auch hinsichtlich der Höhe künftiger Anpassungen gewährleistet. Größere Sprünge in die eine oder andere Richtung dürften außer bei wirtschaftlichen Extremsituationen ausgeschlossen sein.

7 Gerade diese engen Vorgaben werden von manchen Stimmen wiederum zum Anlass genommen, um unter dem Gesichtspunkt **fehlender demokratischer Legitimation (Art. 20 Abs. 2, 28 Abs. 1 S. 2 GG)** die Verfassungskonformität der §§ 4ff. anzuzweifeln (*Lakies,* ArbRAktuell 2014, 189, 191; zu Recht dagegen *Barczak,* RdA 2014, 290, 292f.). Auch diese Bedenken sind aber unbegründet. Zunächst ist zweifelhaft, ob man der Mindestlohnkommission jedwede demokratische Legitimation absprechen kann, wird diese doch von der Bundesregierung berufen (§§ 4–7). Zudem ist grundsätzlich von Verfassung wegen nichts gegen beratende Gremien ohne demokratische Legitimation einzuwenden. Eine hinreichende demokratische Legitimation muss erst gegeben sein, wenn sie selbst staatliche Gewalt ausüben (dies umfasst „alles amtliche Handeln mit Entscheidungscharakter"; s. Maunz/Dürig/*Kirchhof,* GG, Art. 83 Rn. 25; BVerfG, NVwZ 1996, 574; BVerfGE 83, 60, 73; BVerfGE 107, 59, 87). Die bloße Ausübung von Vorschlagsrechten fällt hierunter erst dann, wenn ein anderer Verwaltungsträger bei der Ausübung seiner Entscheidungsbefugnisse von ihnen rechtlich abhängig ist (BVerfGE 83, 60, 73; BVerfGE 26, 186, 196f.). Nach diesen Maßstäben ist die Tätigkeit der Mindestlohnkommission nicht als Ausübung staatlicher Gewalt zu qualifi-

zieren. Erst durch die Verordnung erlangt der Vorschlag Rechtsverbindlichkeit, sodass erst in diesem Moment staatliche Gewalt ausgeübt wird. Die Bundesregierung ist zwar nicht befugt, inhaltlich vom Vorschlag der Mindestlohnkommission abzuweichen, sie hat aber ein Entschließungsermessen dahingehend, ob sie überhaupt eine Verordnung erlässt oder nicht (§ 11 Abs. 1 S. 1: „kann"). Lehnt sie die Übernahme des Vorschlags ab, ist sie zwar nicht befugt, selbst eine Verordnung abweichenden Inhalts zu erlassen, es kommt dann aber auch nicht zur Ausübung von Staatsgewalt.

§ 4 Aufgabe und Zusammensetzung

(1) **Die Bundesregierung errichtet eine ständige Mindestlohnkommission, die über die Anpassung der Höhe des Mindestlohns befindet.**

(2) [1]**Die Mindestlohnkommission wird alle fünf Jahre neu berufen.** [2]**Sie besteht aus einer oder einem Vorsitzenden, sechs weiteren stimmberechtigten ständigen Mitgliedern und zwei Mitgliedern aus Kreisen der Wissenschaft ohne Stimmrecht (beratende Mitglieder).**

§ 5 Stimmberechtigte Mitglieder

(1) [1]**Die Bundesregierung beruft je drei stimmberechtigte Mitglieder auf Vorschlag der Spitzenorganisationen der Arbeitgeber und der Arbeitnehmer aus Kreisen der Vereinigungen von Arbeitgebern und Gewerkschaften.** [2]**Die Spitzenorganisationen der Arbeitgeber und Arbeitnehmer sollen jeweils mindestens eine Frau und einen Mann als stimmberechtigte Mitglieder vorschlagen.** [3]**Werden auf Arbeitgeber- oder auf Arbeitnehmerseite von den Spitzenorganisationen mehr als drei Personen vorgeschlagen, erfolgt die Auswahl zwischen den Vorschlägen im Verhältnis zur Bedeutung der jeweiligen Spitzenorganisationen für die Vertretung der Arbeitgeber- oder Arbeitnehmerinteressen im Arbeitsleben des Bundesgebietes.** [4]**Übt eine Seite ihr Vorschlagsrecht nicht aus, werden die Mitglieder dieser Seite durch die Bundesregierung aus Kreisen der Vereinigungen von Arbeitgebern oder Gewerkschaften berufen.**

(2) **Scheidet ein Mitglied aus, wird nach Maßgabe des Absatzes 1 Satz 1 und 4 ein neues Mitglied berufen.**

§ 6 Vorsitz

(1) **Die Bundesregierung beruft die Vorsitzende oder den Vorsitzenden auf gemeinsamen Vorschlag der Spitzenorganisationen der Arbeitgeber und der Arbeitnehmer.**

(2) [1]Wird von den Spitzenorganisationen kein gemeinsamer Vorschlag unterbreitet, beruft die Bundesregierung jeweils eine Vorsitzende oder einen Vorsitzenden auf Vorschlag der Spitzenorganisationen der Arbeitgeber und der Arbeitnehmer. [2]Der Vorsitz wechselt zwischen den Vorsitzenden nach jeder Beschlussfassung nach § 9. [3]Über den erstmaligen Vorsitz entscheidet das Los. [4]§ 5 Absatz 1 Satz 3 und 4 gilt entsprechend.

(3) Scheidet die Vorsitzende oder der Vorsitzende aus, wird nach Maßgabe der Absätze 1 und 2 eine neue Vorsitzende oder ein neuer Vorsitzender berufen.

§ 7 Beratende Mitglieder

(1) [1]Die Bundesregierung beruft auf Vorschlag der Spitzenorganisationen der Arbeitgeber und Arbeitnehmer zusätzlich je ein beratendes Mitglied aus Kreisen der Wissenschaft. [2]Die Bundesregierung soll darauf hinwirken, dass die Spitzenorganisationen der Arbeitgeber und Arbeitnehmer eine Frau und einen Mann als beratendes Mitglied vorschlagen. [3]Das beratende Mitglied soll in keinem Beschäftigungsverhältnis stehen zu

1. einer Spitzenorganisation der Arbeitgeber oder Arbeitnehmer,
2. einer Vereinigung der Arbeitgeber oder einer Gewerkschaft oder
3. einer Einrichtung, die von den in der Nummer 1 oder Nummer 2 genannten Vereinigungen getragen wird.

[4]§ 5 Absatz 1 Satz 3 und 4 und Absatz 2 gilt entsprechend.

(2) [1]Die beratenden Mitglieder unterstützen die Mindestlohnkommission insbesondere bei der Prüfung nach § 9 Absatz 2 durch die Einbringung wissenschaftlichen Sachverstands. [2]Sie haben das Recht, an den Beratungen der Mindestlohnkommission teilzunehmen.

§ 8 Rechtsstellung der Mitglieder

(1) Die Mitglieder der Mindestlohnkommission unterliegen bei der Wahrnehmung ihrer Tätigkeit keinen Weisungen.

(2) Die Tätigkeit der Mitglieder der Mindestlohnkommission ist ehrenamtlich.

(3) [1]Die Mitglieder der Mindestlohnkommission erhalten eine angemessene Entschädigung für den ihnen bei der Wahrnehmung ihrer Tätigkeit erwachsenden Verdienstausfall und Aufwand sowie Ersatz der Fahrtkosten entsprechend den für ehrenamtliche Rich-

terinnen und Richter der Arbeitsgerichte geltenden Vorschriften. [2]Die Entschädigung und die erstattungsfähigen Fahrtkosten setzt im Einzelfall die oder der Vorsitzende der Mindestlohnkommission fest.

I. Zusammensetzung

1 Die Mindestlohnkommission setzt sich neben jeweils **drei Vertretern** aus Kreisen der **Vereinigungen von Arbeitgebern und Gewerkschaften** außerdem aus einer/m **Vorsitzenden** und **zwei Mitgliedern aus der Wissenschaft** zusammen (§§ 4 Abs. 2, 5–7). Die Vertreter aus der Wissenschaft sind jedoch nur beratende Mitglieder, also nicht stimmberechtigt.

2 Die erste Mindestlohnkommission wurde am 17.12.2014 durch das Bundeskabinett berufen. Ihre Mitglieder sind:
- Vorsitzender: zunächst Dr. Henning Voscherau, seit Juni 2015 Jan Zilins,
- Arbeitnehmerseite: Robert Feiger, Stefan Körzell, Michaela Rosenberger,
- Arbeitgeberseite: Dr. Reinhard Göhner, Valerie Holsboer, Karl-Sebastian Schulte,
- Wissenschaftliche Mitglieder: Prof. Dr. Clemens Fuest und Dr. Claudia Weinkopf.

Die Mitglieder der Kommission werden gem. § 4 Abs. 2 S. 1 für eine **Amtszeit** von **fünf Jahren** berufen. Eine erste Neubesetzung steht zum 1.1.2020 an. Dabei ist auch eine erneute Beratung der Mitglieder zulässig (Düwell/Schubert/*Heilmann,* § 4 MiLoG Rn. 1).

II. Berufung, Unabhängigkeit

3 Die Bundesregierung beruft die drei stimmberechtigten **Mitglieder der Arbeitnehmer- bzw. der Arbeitgeberseite** auf **Vorschlag der Spitzenorganisationen** der Arbeitgeber und der Arbeitnehmer aus Kreisen der Vereinigungen von Arbeitgebern und Gewerkschaften (§ 5 Abs. 1 S. 1). Die Spitzenorganisationen der Arbeitgeber und Arbeitnehmer sollen hierzu jeweils mindestens eine Frau und einen Mann als stimmberechtigte Mitglieder vorschlagen. Was eine Spitzenorganisation ist, wird nicht bestimmt. Man wird insofern auf § 12 TVG zurückgreifen können (Düwell/Schubert/*Heilmann,* § 5 MiLoG Rn. 1; *Riechert/Nimmerjahn,* § 5 MiLoG Rn. 4). Danach sind Spitzenorganisation diejenigen Gewerkschaften oder Arbeitgebervereinigungen oder Zusammenschlüsse von Gewerkschaften oder Arbeitgebervereinigungen, die für die Vertretung der Arbeitnehmer- bzw. der Arbeitgeberinteressen im Arbeitsleben des Bundesgebietes wesentliche Bedeutung haben. Aktuell dürfte dies ausschließlich für die BDA und den DGB gelten (vgl. Düwell/Schubert/*Heilmann,* § 5 MiLoG Rn. 2).

4 § 5 Abs. 1 S. 3 regelt den Fall, dass auf Arbeitgeber- oder Arbeitnehmerseite mehr als drei Personen als Mitglieder für die Mindestlohnkommission vorgeschlagen werden. In diesem Fall erfolgt die Auswahl zwischen den Vorschlägen im Verhältnis zur Bedeutung der jeweiligen Spitzenorganisationen für die Vertretung der Arbeitgeber- oder Arbeitnehmerinteressen im Bundesgebiet. Dabei können etwa die bekannten Verfahren demokratischer Repräsentation wie d'Hondt, Hare-Niemeyer oder Sainte Laguë zugrunde gelegt werden (BR-Drs. 147/14, S. 38f.).

5 Der oder die **Vorsitzende** wird auf gemeinsamen Vorschlag der Spitzenorganisationen der Arbeitgeber und der Arbeitnehmer durch die Bundesregierung berufen (§ 6 Abs. 1). Wird von den Spitzenorganisationen kein gemeinsamer Vorschlag unterbreitet, beruft die Bundesregierung jeweils eine Vorsitzende oder einen Vorsitzenden auf Vorschlag der Spitzenorganisationen der Arbeitgeber und der Arbeitnehmer und es wird ein alternierender Vorsitz eingeführt (§ 6 Abs. 2).

6 Die beiden **beratenden Mitglieder aus der Wissenschaft** werden ebenfalls auf Vorschlag der Spitzenorganisationen der Arbeitgeber und Arbeitnehmer (je ein Mitglied) durch die Bundesregierung berufen (§ 7 Abs. 1 S. 1). Um die Unabhängigkeit der beratenden Mitglieder zu gewährleisten, dürfen sie gem. § 7 Abs. 1 S. 3 in keinem Beschäftigungsverhältnis zu einer der Spitzenorganisationen, einer Gewerkschaft oder einer Arbeitgebervereinigung oder einer von den Akteuren auf Arbeitgeber- bzw. Arbeitnehmerseite getragenen Vereinigung stehen.

7 Die Mitglieder der Mindestlohnkommission unterliegen bei der Wahrnehmung ihrer Tätigkeit keinen Weisungen (§ 8 Abs. 1). Dadurch wird die politische **Unabhängigkeit** abgesichert. Ihre Tätigkeit ist ehrenamtlich (§ 8 Abs. 2), sie erhalten aber nach § 8 Abs. 3 S. 1 eine angemessene Entschädigung für den ihnen bei der Wahrnehmung ihrer Tätigkeit erwachsenden Verdienstausfall und Aufwand sowie Ersatz der Fahrtkosten entsprechend den für ehrenamtliche Richterinnen und Richter der Arbeitsgerichte geltenden Vorschriften.

§ 9 Beschluss der Mindestlohnkommission

(1) [1]**Die Mindestlohnkommission hat über eine Anpassung der Höhe des Mindestlohns erstmals bis zum 30. Juni 2016 mit Wirkung zum 1. Januar 2017 zu beschließen.** [2]**Danach hat die Mindestlohnkommission alle zwei Jahre über Anpassungen der Höhe des Mindestlohns zu beschließen.**

(2) [1]**Die Mindestlohnkommission prüft im Rahmen einer Gesamtabwägung, welche Höhe des Mindestlohns geeignet ist, zu einem angemessenen Mindestschutz der Arbeitnehmerinnen und Arbeitnehmer beizutragen, faire und funktionierende Wettbewerbsbedingungen zu ermöglichen sowie Beschäftigung nicht zu**

gefährden. [2]Die Mindestlohnkommission orientiert sich bei der Festsetzung des Mindestlohns nachlaufend an der Tarifentwicklung.

(3) **Die Mindestlohnkommission hat ihren Beschluss schriftlich zu begründen.**

(4) **Die Mindestlohnkommission evaluiert laufend die Auswirkungen des Mindestlohns auf den Schutz der Arbeitnehmerinnen und Arbeitnehmer, die Wettbewerbsbedingungen und die Beschäftigung im Bezug auf bestimmte Branchen und Regionen sowie die Produktivität und stellt ihre Erkenntnisse der Bundesregierung in einem Bericht alle zwei Jahre gemeinsam mit ihrem Beschluss zur Verfügung.**

§ 10 Verfahren der Mindestlohnkommission

(1) **Die Mindestlohnkommission ist beschlussfähig, wenn mindestens die Hälfte ihrer stimmberechtigten Mitglieder anwesend ist.**

(2) **[1]Die Beschlüsse der Mindestlohnkommission werden mit einfacher Mehrheit der Stimmen der anwesenden Mitglieder gefasst. [2]Bei der Beschlussfassung hat sich die oder der Vorsitzende zunächst der Stimme zu enthalten. [3]Kommt eine Stimmenmehrheit nicht zustande, macht die oder der Vorsitzende einen Vermittlungsvorschlag. [4]Kommt nach Beratung über den Vermittlungsvorschlag keine Stimmenmehrheit zustande, übt die oder der Vorsitzende ihr oder sein Stimmrecht aus.**

(3) **[1]Die Mindestlohnkommission kann Spitzenorganisationen der Arbeitgeber und Arbeitnehmer, Vereinigungen von Arbeitgebern und Gewerkschaften, öffentlich-rechtliche Religionsgesellschaften, Wohlfahrtsverbände, Verbände, die wirtschaftliche und soziale Interessen organisieren, sowie sonstige von der Anpassung des Mindestlohns Betroffene vor Beschlussfassung anhören. [2]Sie kann Informationen und fachliche Einschätzungen von externen Stellen einholen.**

(4) **[1]Die Sitzungen der Mindestlohnkommission sind nicht öffentlich; der Inhalt ihrer Beratungen ist vertraulich. [2]Die übrigen Verfahrensregelungen trifft die Mindestlohnkommission in einer Geschäftsordnung.**

I. Zweijähriger Turnus

1 Die Mindestlohnkommission hat gem. § 9 Abs. 1 S. 1 über eine Anpassung der Höhe des Mindestlohns **erstmals** nach Ablauf der in § 24 genannten Übergangsfrist bis zum 30.6.2016 **mit Wirkung zum 1.1.2017** zu beschließen. Danach hat sie alle zwei Jahre über weitere Anpassungen zu beschließen (§ 9 Abs. 1 S. 2). Im Regierungsentwurf war zunächst eine jährliche Anpassung vorgesehen (s. BT-Drs. 18/1558, S. 10), dies wurde aber am Ende des Gesetzgebungsverfahrens geändert. Ein zweijährlicher Rhythmus entspricht den üblichen tariflichen Entgeltanpassungen und trägt nach Angaben des Gesetzgebers dem Umstand Rechnung, dass entsprechende Daten zur Lohnentwicklung derzeit nicht jährlich zur Verfügung stehen (BT-Drs. 18/2010, S. 22).

II. Beschlussfassung

2 Die Kommission ist beschlussfähig, wenn mindestens die Hälfte ihrer stimmberechtigten Mitglieder anwesend ist, also drei oder mehr (§ 10 Abs. 1). Die beiden beratenden Mitglieder (Vertreter der Wissenschaft) sind nicht stimmberechtigt. Die Beschlüsse der Mindestlohnkommission werden in nicht öffentlicher Sitzung (§ 10 Abs. 4) mit einfacher Mehrheit der anwesenden Mitglieder gefasst (§ 10 Abs. 2 S. 1). Da die **einfache Mehrheit** der Stimmen ausreicht, werden Enthaltungen nicht als Nein-Stimmen gewertet (ErfK/*Franzen,* § 10 MiLoG Rn. 1; Düwell/Schubert/*Heilmann,* § 10 MiLoG Rn. 3).

3 Der **Vorsitzende** hat sich zunächst der Stimme zu enthalten. Kommt keine Stimmenmehrheit zustande, macht der Vorsitzende einen Vermittlungsvorschlag. Kommt nach der Beratung über den Vermittlungsvorschlag keine Stimmenmehrheit zustande, übt der Vorsitzende sein Stimmrecht aus (§ 10 Abs. 2 S. 2–4). Er kann also im Falle einer Pattsituation den Ausschlag geben.

4 Um externen Sachverstand einzuholen, kann die Kommission gem. § 10 Abs. 3 MiLoG Spitzenorganisationen der Arbeitgeber und Arbeitnehmer, Vereinigungen von Arbeitgebern und Gewerkschaften, öffentlich-rechtliche Religionsgesellschaften, Wohlfahrtsverbände, Verbände, die wirtschaftliche und soziale Interessen organisieren, sowie sonstige von der Anpassung des Mindestlohns Betroffene vor Beschlussfassung **anhören** oder Informationen und fachliche Einschätzungen von externen Stellen einholen. § 10 Abs. 3 ist spät im Gesetzgebungsverfahren noch durch Beschlussempfehlung des Ausschusses für Arbeit und Soziales geändert worden. Zuvor war eine Anhörung aller „Betroffenen" vorgesehen (vgl. BT-Drs. 18/2010, S. 4). Nach dem klaren Wortlaut („kann") der Norm ist die Kommission nicht verpflichtet, eine der genannten Organisationen anzuhören. Ein subjektives Recht auf Anhörung beinhaltet § 10 Abs. 3 also nicht (BT-Drs. 18/2010, S. 23).

III. Entscheidungsrelevante Kriterien

5 Bei der Beschlussfassung sind eine Reihe von sozio-ökonomischen Aspekten zu berücksichtigen: Nach § 9 Abs. 2 S. 1 prüft die Mindestlohnkommission im Rahmen einer **Gesamtabwägung,** welche Höhe des Mindestlohns geeignet ist, zu einem angemessenen Mindestschutz der Arbeitnehmerinnen und Arbeitnehmer beizutragen, faire und funktionierende Wettbewerbsbedingungen zu ermöglichen sowie Beschäftigung nicht zu gefährden. Diese Parameter für die Entscheidungsfindung verdeutlichen die schwierige Aufgabe, vor der die Kommission steht. So besteht ein **Zielkonflikt** zwischen einem möglichst effektiven Arbeitnehmerschutz einerseits und der Vermeidung negativer Beschäftigungseffekte andererseits (vgl. ErfK/*Franzen,* § 9 MiLoG Rn. 2). Ferner soll sich die Kommission gem. § 9 Abs. 2 S. 2 nachlaufend an der Tarifentwicklung orientieren. Ausweislich der Gesetzesbegründung bilden die Tariflöhne in der Vergangenheit einen wichtigen Richtwert für die Anpassung des Mindestlohns (BT-Drs. 18/1558, S. 45).

6 Die Entscheidungskriterien sind also insgesamt sehr vage und lassen der Kommission einen denkbar **weiten Spielraum.** Es ist durchaus klug gewesen, keine festen Vorgaben wie eine automatische Nachvollziehung der Inflation aufzunehmen, da hierdurch wirtschaftliche Perspektiven (voraussichtlicher Konjunkturaufschwung oder -abschwung etc.) nicht hinreichend berücksichtigt werden.

7 Zumindest theoretisch ist auch die Beschlussempfehlung über eine **Absenkung** des Mindestlohns möglich (ebenso Düwell/Schubert/*Heilmann,* § 9 MiLoG Rn. 8; diff. ErfK/*Franzen,* § 9 MiLoG Rn. 1: jedenfalls kein Absenken unter 8,50 Euro). Dies ergibt sich bereits aus dem Wortlaut des Gesetzes, das durchgehend von einer „Anpassung" und nicht von einer Erhöhung spricht. Ebenso ist natürlich denkbar, dass die Kommission empfiehlt, den aktuellen Mindestlohnsatz unverändert zu lassen.

IV. Evaluation

8 Nach § 9 Abs. 4 ist die Mindestlohnkommission verpflichtet, laufend die Auswirkungen des Mindestlohns zu evaluieren und dabei vor allem die Auswirkungen auf den „Schutz der Arbeitnehmerinnen und Arbeitnehmer, die Wettbewerbsbedingungen und die Beschäftigung im Bezug auf bestimmte Branchen und Regionen sowie die Produktivität" zu untersuchen. Hierzu soll sie ihre Erkenntnisse der Bundesregierung in einem Bericht alle zwei Jahre gemeinsam mit ihrem Beschluss über die Anpassung des Mindestlohns (§ 9 Abs. 1) zur Verfügung stellen. Durch die Koppelung an den Beschluss ist der erste Bericht bereits bis zum 30. 6. 2016 zu erstellen.

§ 11 Rechtsverordnung

(1) [1]**Die Bundesregierung kann die von der Mindestlohnkommission vorgeschlagene Anpassung des Mindestlohns durch Rechtsverordnung ohne Zustimmung des Bundesrates für alle Arbeitgeber sowie Arbeitnehmerinnen und Arbeitnehmer verbindlich machen.** [2]**Die Rechtsverordnung tritt am im Beschluss der Mindestlohnkommission bezeichneten Tag, frühestens aber am Tag nach Verkündung in Kraft.** [3]**Die Rechtsverordnung gilt, bis sie durch eine neue Rechtsverordnung abgelöst wird.**

(2) [1]**Vor Erlass der Rechtsverordnung erhalten die Spitzenorganisationen der Arbeitgeber und Arbeitnehmer, die Vereinigungen von Arbeitgebern und Gewerkschaften, die öffentlich-rechtlichen Religionsgesellschaften, die Wohlfahrtsverbände sowie die Verbände, die wirtschaftliche und soziale Interessen organisieren, Gelegenheit zur schriftlichen Stellungnahme.** [2]**Die Frist zur Stellungnahme beträgt drei Wochen; sie beginnt mit der Bekanntmachung des Verordnungsentwurfs.**

I. Anpassung des Mindestlohns per Rechtsverordnung

1 Der von der Kommission alle zwei Jahre zu fassende Beschluss über eine Anpassung der Höhe des Mindestlohns wird nicht automatisch Gesetz, sondern muss von der **Bundesregierung** im Wege einer **Verordnung** übernommen werden (§ 11 Abs. 1). Die Regierung ist **ausschließlich** dazu befugt, den Beschluss **anzunehmen oder abzulehnen,** ein Ausgestaltungs- oder Änderungsspielraum steht ihr nicht zu (vgl. BT-Drs. 18/1558, S. 39). Auch hinsichtlich des Zeitpunkts des Inkrafttretens der Anpassung ist die Bundesregierung gem. § 11 Abs. 1 S. 2 an die Vorgabe der Mindestlohnkommission gebunden.

2 Für den Fall, dass die Regierung die vorgeschlagene Anpassung ablehnt, trifft § 11 keine konkrete Regelung. Anders noch der Gesetzesentwurf des Bundesrats: Hiernach konnte das Bundesministerium für Arbeit und Soziales den Mindestlohn nach Ablehnung des Vorschlags mit Zustimmung der Bundesregierung selbst durch Rechtsverordnung festsetzen (so § 4 Abs. 5 des vorgelegten Entwurfs für ein Mindestlohngesetz, s. BR-Drs. 136/13, S. 3; vgl. *Barczak,* RdA 2014, 290, 292). Das Schweigen der bestehenden gesetzlichen Regelung kann mit Blick auf die Entstehungsgeschichte nur bedeuten, dass im Falle der Ablehnung des Vorschlags für die nächsten zwei Jahre keine Veränderung des Mindestlohns möglich ist.

3 Ein **Entscheidungsspielraum** des **Verordnungsgebers** besteht also allein bei der Frage, ob er den Beschluss übernehmen will oder nicht (s. auch BeckOK ArbR/*Greiner,* § 11 MiLoG Rn. 2). Auch wenn in § 11 keine Kriterien für das gesetzgeberische Ermessen genannt werden, so wird man davon ausgehen müssen, dass die Regierung hierbei nicht völlig frei ist. Die in § 9 Abs. 2 genannten Aspekte für die von der Kommission vorzunehmende Gesamtabwägung wird sie entsprechend in einer eigenen Abwägungsentscheidung nachvollziehen müssen. Insofern bestehen gewisse Parallelen zu den Mindestlohninstrumenten des AEntG und AÜG. Auch hier ist das **Abwägungsmaterial** für die gesetzgeberische Entscheidung (verfassungsrechtlich und einfachrechtlich) vorgeprägt (ausführlich hierzu *Pötters/Stiebert,* RdA 2013, 101).

4 Vor Erlass der Rechtsverordnung erhalten außerdem gem. § 11 Abs. 2 die Spitzenorganisationen der Arbeitgeber und Arbeitnehmer, die Vereinigungen von Arbeitgebern und Gewerkschaften, die öffentlich-rechtlichen Religionsgesellschaften, die Wohlfahrtsverbände sowie die Verbände, die wirtschaftliche und soziale Interessen organisieren, Gelegenheit zur schriftlichen **Stellungnahme.** Die Frist zur Stellungnahme beträgt drei Wochen; sie beginnt mit der Bekanntmachung des Verordnungsentwurfs.

5 Der Kreis der zur Stellungnahme berechtigten Institutionen wurde erst recht spät im Gesetzgebungsverfahren um die Religionsgesellschaften erweitert. Es ging dem Gesetzgeber darum, das verfassungsrechtlich gewährleistete **Selbstbestimmungsrecht der Kirchen** zu wahren. Eine Anpassung des Mindestlohns beeinträchtigt das Recht der Kirchen, ihre Arbeitsbedingungen im Rahmen des sog. Dritten Weges selbst zu regeln (BT-Drs. 18/2010, S. 23). Ob eine schriftliche Stellungnahme indes irgendetwas bewirken kann, ist zweifelhaft. Da die Bundesregierung den Kommissionsbeschluss nur unverändert übernehmen oder ablehnen kann, besteht keine Möglichkeit mehr, auf den Inhalt Einfluss zu nehmen (vgl. ebenfalls kritisch *Spielberger/Schilling,* NJW 2014, 2897, 2902). Die Anhörung während des Beschlussverfahrens ist – wie dargelegt (oben, §§ 9, 10 Rn. 4) – ins Ermessen der Kommission gestellt und nicht als subjektives Recht ausgestaltet. Vor allem für die Kirchen, die anders als die Vereinigungen von Arbeitgebern und Gewerkschaften nicht in der Mindestlohnkommission vertreten sind, bedeutet dies, dass sie bei der Entscheidung über die Anpassung kaum Einflussmöglichkeiten haben.

6 **Rechtschutz** gegen die so zustande gekommenen Verordnungen muss vor den Verwaltungsgerichten gesucht werden, *e contrario* §§ 2a Abs. 1 S. 5, 98 Abs. 2 ArbGG n. F. (vgl. *Schubert/Jerchel/Düwell,* Das neue Mindestlohngesetz, 2015, Rn. 265; ErfK/*Franzen,* § 11 MiLoG Rn. 2; BeckOK ArbR/*Greiner,* § 11 MiLoG Rn. 4; a.A. *Riechert/Nimmerjahn,* § 11 MiLoG Rn. 50).

II. Rechtsfolgen einer Anpassung des Mindestlohns

7 Nicht ausdrücklich geregelt ist, welche Konsequenzen eine Anpassung des Mindestlohnsatzes für die einzelnen hiervon betroffenen Arbeitsverhältnisse hat. Es muss daher auf allgemeine Vorschriften zurückgegriffen werden. Eine ursprünglich wirksame **Lohnabrede,** die nach einer Erhö-

hung des Mindestlohns nun unter der Grenze des § 1 Abs. 2 S. 2 i. V. m. der jeweiligen Anpassungsverordnung liegt, wird mit Inkrafttreten der Verordnung grundsätzlich ***ex nunc*** **unwirksam** (§ 3 S. 1). Die Parteien werden sich jedoch meist auf eine entsprechende Anhebung der Vergütung einigen, was natürlich auch konkludent durch Auszahlung des angehobenen Mindestlohns erfolgen kann.

8 Von einer **„automatischen" Anpassung** wird man hingegen – ggf. auch im Wege **ergänzender Vertragsauslegung** (§§ 133, 157 BGB) – ausgehen können, wenn aus der Formulierung der Lohnabrede hinreichend deutlich die Absicht erkennbar ist, dass stets genau der jeweils gültige gesetzliche Mindestlohn gezahlt werden soll.

§ 12 Geschäfts- und Informationsstelle für den Mindestlohn; Kostenträgerschaft

(1) [1]**Die Mindestlohnkommission wird bei der Durchführung ihrer Aufgaben von einer Geschäftsstelle unterstützt.** [2]**Die Geschäftsstelle untersteht insoweit fachlich der oder dem Vorsitzenden der Mindestlohnkommission.**

(2) **Die Geschäftsstelle wird bei der Bundesanstalt für Arbeitsschutz und Arbeitsmedizin als selbständige Organisationeinheit eingerichtet.**

(3) **Die Geschäftsstelle informiert und berät als Informationsstelle für den Mindestlohn Arbeitnehmerinnen und Arbeitnehmer sowie Unternehmen zum Thema Mindestlohn.**

(4) **Die durch die Tätigkeit der Mindestlohnkommission und der Geschäftsstelle anfallenden Kosten trägt der Bund.**

Abschnitt 2. Zivilrechtliche Durchsetzung

§ 13 Haftung des Auftraggebers

§ 14 des Arbeitnehmer-Entsendegesetzes findet entsprechende Anwendung.

Inhaltsübersicht

I. Überblick

1 § 13 MiLoG regelt die Haftung des Arbeitgebers. Die Vorschrift verweist auf § 14 AEntG: *„§ 14 des Arbeitnehmer-Entsendegesetzes findet entsprechende Anwendung"*.

2 Und § 14 AEntG hat folgenden Wortlaut: *„Ein Unternehmer, der einen anderen Unternehmer mit der Erbringung von Werk- oder Dienstleistungen beauftragt, haftet für die Verpflichtungen dieses Unternehmers, eines Nachunternehmers oder eines von dem Unternehmer oder einem Nachunternehmer beauftragten Verleihers zur Zahlung des Mindestentgelts an Arbeitnehmer oder Arbeitnehmerinnen oder zur Zahlung von Beiträgen an eine gemeinsame Einrichtung der Tarifvertragsparteien nach § 8 wie ein Bürge, der auf die Einrede der Vorausklage verzichtet hat. Das Mindestentgelt im Sinne des Satzes 1 umfasst nur den Betrag, der nach Abzug der Steuern und der Beiträge zur Sozialversicherung und zur Arbeitsförderung oder entsprechender Aufwendungen zur sozialen Sicherung an Arbeitnehmer oder Arbeitnehmerinnen auszuzahlen ist (Nettoentgelt)"*.

3 Der Gesetzgeber begründet den Verweis mit der Ausgestaltung der Haftung in § 14 AEntG, wie sie insbesondere durch die Rechtsprechung stattfand und sich über Jahre bewährt hat. Die Evaluation der nach dem AEntG festgesetzten Branchenmindestlöhne im Jahr 2013 hat keinen Änderungsbedarf gezeigt (BT-Drs. 18/2010 (neu), S. 23 Bs. f). Durch den Verweis auf § 14 AEntG gilt also auch im Anwendungsbereich des MiLoG die verschuldensunabhängige Generalunternehmerhaftung. Der Generalunternehmer haftet für die Verpflichtungen zur Zahlung des Mindestlohns eines Sub- oder Nachunternehmers, sowie eines vom Sub- oder Nachunternehmer beauftragten Verleihers. Jedoch bezieht sich diese Haftung nicht auf den Bruttolohn, wie er in § 1 Abs. 1 und 2 MiLoG geregelt ist, sondern nur auf den Nettolohn, das Entgelt nach Abzug der Steuern und Sozialversicherungsabgaben. Die Haftung ist der eines Bürgen gleichgestellt, der auf die Einrede der Vorausklage gemäß § 771 BGB verzichtet. Durch diese Regelung steht dem Arbeitnehmer ein Wahlrecht bezüglich des in Anspruch zu nehmenden Schuldners zu. So soll der Lohnanspruch des Arbeitnehmers abgesichert werden. Der Arbeitnehmer hat nicht nur einen, sondern mehrere Haftungsschuldner, was die erfolgreiche Durchsetzung seines Mindestlohnanspruchs wahrscheinlicher macht (BVerfG v. 20.3.2007, NZA 2007, 609, 610). Der Unternehmer kann aber gemäß § 768 BGB alle dem Arbeitgeber des Arbeitnehmers zustehenden Einreden und Einwendungen gegen die Forderung geltend machen (*Grau/Sittard*, KSzW 2014, 227, 230). Beachtenswert ist, dass die Regelung in § 14 AEntG über die Zahlung von Beiträgen an eine gemeinsame Einrichtung der Tarifvertragsparteien im Anwendungsbereich des MiLoG irrelevant ist. Daher ist der uneingeschränkte Verweis in § 13 MiLoG auf § 14 AEntG insoweit nicht konsistent. *De lege ferenda* würde sich eine Klarstellung empfehlen.

II. Entstehungsgeschichte

4 Im Gesetzesentwurf des MiLoG war eine eigenständige Haftung des Auftraggebers mit Exkulpationsmöglichkeit und damit eine im Verhältnis zum AEntG mildere Haftung vorgesehen (BT-Drs. 18/1558 S. 47). Für den Gesetzgeber war es dann aber nicht nachvollziehbar, warum im Anwendungsbereich des MiLoG eine andere Haftungsregelung gelten soll als für das Mindestentgelt nach dem AEntG. Dabei wurde maßgeblich darauf abgestellt, dass die verschuldensunabhängige Haftung nach § 14 AEntG nach Ansicht des BVerfG keinen verfassungsrechtlichen Bedenken begegnet (*Bissels/Falter*, DB 2015, 65). Darüber hinaus spricht für die parallele Gestaltung des Haftungsregimes in § 13 MiLoG und § 14 AEntG die Gefahr, dass sich Tarifvertragsparteien mit dem, i. d. R. niedrigen, allgemeinen gesetzlichen Mindestlohn begnügen, anstatt ergänzend die Möglichkeit branchenspezifischer Mindestentgeltsätze zu nutzen (BR-Drs. 147/1/14 S. 6). Durch die Gleichsetzung soll dies verhindert werden. Durch die Einführung eines allgemein verbindlichen Mindestlohns soll ein angemessener Mindestschutz für Arbeitnehmer sichergestellt werden (Koalitionsvertrag 18. Legislaturperiode S. 67, 68). Die Gewährleistung und Sicherstellung dieses Mindestschutzes spielt auch für die Auftraggeberhaftung eine wichtige Rolle. Ein Auftraggeber soll sich nicht hinter dem Subunternehmer verstecken können.

III. Ziel und Funktion der Generalunternehmerhaftung

5 Die Generalunternehmerhaftung im MiLoG hat primär das Ziel, angemessene Arbeitsbedingungen sicherzustellen. Dagegen richtet sich das Haftungsregime des § 14 AEntG vorrangig gegen eine sogenannte „Schmutzkonkurrenz" und soll so dem Schutz kleinerer und mittlerer Unternehmen dienen, die ansonsten vom Markt verdrängt würden (Thü-

sing/*Mohr,* AEntG § 14 Rn. 4). Die Umsetzung erweist sich jedoch als teilweise ineffektiv, weil die Anwendbarkeit des AEntG nur auf die im Gesetz geregelten Branchen begrenzt ist. Deshalb soll durch das MiLoG und die Erweiterung des AEntG auf weitere Branchen unter Beibehaltung der Tarifautonomie ein effektiver Schutz des Arbeitnehmers begründet werden (*Insam/Hinrichs/Tacou,* NZA-RR 2014, 569). Das hat zur Folge, dass das MiLoG unabdingbar ist und die branchenbezogenen Mindestlöhne den gesetzlichen Mindestlohn nicht unterschreiten dürfen (*Däubler,* NJW 2014, 1924, 1927). Dem Erreichen dieser Ziele soll gerade die Bürgenhaftung des Generalunternehmers dienen. Nur der Generalunternehmer kann darauf hinwirken, dass die Sub- und Nachunternehmer sich an den Mindestlohn halten. Der Generalunternehmer kann auf die Sub- und Nachunternehmer einwirken und sie veranlassen, sich so zu verhalten, dass keine Haftung des Auftraggebers eintritt. Der Generalunternehmer könnte seine Haftung weniger streng gestalten, indem er mit dem Sub- und Nachunternehmer Regressvereinbarungen abschließt. Eine solche Abrede könnte vorsehen, dass der Auftragnehmer zu Gunsten des Auftraggebers alle Kosten als/aus Garantie übernimmt, die durch die Inanspruchnahme nach § 13 MiLoG entstehen (*Spielberger/Schilling,* NJW 2014, 2897, 2901). Darüber hinaus soll der Generalunternehmer veranlasst werden, bei Vergabe der Aufträge auf die Zuverlässigkeit seiner Auftragnehmer zu achten (BAG 16.5.2012, NZA 2012, 980). Mit diesem Wissen kann der Generalunternehmer das Risiko seiner Bürgenhaftung dadurch verringern, dass er nach sorgfältiger Überprüfung Unternehmen beauftragt, die zuverlässig und vertragstreu sind und den Mindestlohn nach dem MiLoG zahlen (BVerfG v. 20.3.2007, NZA 2007, 609, 610). Sucht der Auftraggeber diese Unternehmen sorgfältig aus, ist die Wahrscheinlichkeit gering, dass sie gegen das MiLoG verstoßen. Die Funktion der Generalunternehmerhaftung liegt also auch darin, den Generalunternehmer durch die Beauftragung anderer Unternehmen nicht aus der Pflicht der Enthaltung des Mindestlohns zu entlassen. Daher sollen alle Unternehmer, Auftraggeber und Auftragnehmer gleichermaßen haften. Der Arbeitnehmer erhält durch diese Haftung mehrere Anspruchsschuldner, damit der Mindestlohn als Existenzminimum sichergestellt ist (*Lakies,* MiLoG § 13 Rn. 3).

IV. Wirkungsweise

6 Nach dem Wortlaut des § 13 MiLoG i. V. m. § 14 AEntG haftet der Generalunternehmer gegenüber den Arbeitnehmern der Sub- oder Nachunternehmer auf die Zahlung des Mindestlohns wie ein Bürge, der auf die Einrede der Vorausklage verzichtet hat (§§ 765, 771, 773 Abs. 1 Nr. 1 BGB) (*Grau/Sittard,* ArbRB 11/2014, 336, 338). Danach hat der Arbeitnehmer, der den Mindestlohn geltend macht, mit dem

Auftraggeber einen weiteren Schuldner neben seinem Arbeitgeber. Dem Arbeitnehmer steht ein Wahlrecht bzgl. des in Anspruch zu nehmenden Schuldners zu (*Koberski/Asshoff/Eustrap/Winkler*, AEntG § 14 Rn. 35). Das hat zur Folge, dass der Generalunternehmer unmittelbar in Anspruch genommen werden und sich der Haftung nicht einmal durch fehlendes Verschulden, welches er eventuell nachweisen könnte, entziehen kann (Thüsing/*Mohr*, AEntG § 14 Rn. 6). Durch diese Regelung wird der Schutzzweck der Norm, die Sicherung des Mindestlohns für Arbeitnehmer, erreicht. Der Auftraggeber wird dazu veranlasst, im eigenen Interesse zu prüfen, ob die von ihm beauftragten Unternehmen der Verpflichtung aus dem MiLoG nachkommen. Das entspricht der älteren Rechtsprechung zur Bürgenhaftung bei Arbeitnehmerentsendung (BAG 12.1.2005 – 5 AZR 617/01). Auftraggeber die von der potentiellen Haftung betroffen sind, können auf das Haftungsrisiko durch geeignete Gestaltung ihrer Verträge reagieren und eine Art Mindestlohn-Compliance etablieren (*Grau/Sittard*, ArbRB 11/2014, 336, 338). So wird der Normzweck der Bürgenhaftung aus dem AEntG auch im MiLoG verfolgt. Dem Auftraggeber soll der Anreiz gegeben werden, nur mit rechtstreuen Unternehmen zusammenzuarbeiten (*Bonanni/Otto*, ArbRB 11/2014, 349, 350). Auf diese Weise dient die Auftraggeberhaftung im MiLoG dem Gesetzesziel des Arbeitnehmerschutzes.

V. Ergänzende Rechtsvorschriften

7 Die Bürgenhaftung des Auftraggebers in § 13 MiLoG erstreckt sich wie in § 14 AEntG nur auf den Nettolohn. Der Nettolohn ergibt sich nach Abzug der Steuern und der Beiträge zur Sozialversicherung (Thüsing/*Mohr*, AEntG § 14 Rn. 7). Der Gesetzgeber hat sich ursprünglich, als er die Generalunternehmerhaftung einführte, an § 28e SGB IV orientiert. Nach § 28e Abs. 3b SGB IV besteht für Generalunternehmer im Baugewerbe die Möglichkeit der Exkulpation im Fall einer Haftung für den Gesamtsozialversicherungsbeitrag. Wenn der Generalunternehmer nachweisen kann, dass ihn kein Verschulden trifft, kann eine Haftung entfallen. Von einer solchen Enthaftungsmöglichkeit wurde für § 14 AEntG und dann auch für § 13 MiLoG Abstand genommen.

8 Die Bürgenhaftung im MiLoG ist an § 349 HGB, der Regelung für Bürgenhaftung bei Handelsgeschäften, angelehnt. Auch danach steht dem Bürgen die Einrede der Vorausklage nicht zu. Damit entsteht eine Durchgriffshaftung zulasten des Generalunternehmers (*Lakies*, MiLoG § 13 Rn. 4).

9 Die Generalunternehmerhaftung ist anwendbar, wenn eine Werkleistung (§ 631 BGB) oder Dienstleistung (§ 611 BGB) in Auftrag gegeben wird. Dadurch wird ein großer Anteil der Vertragsverhältnisse im wirtschaftlichen Verkehr erfasst (*Hilgenstock,* Mindestlohngesetz Rn. 182). Fraglich ist, ob das MiLoG und sein Haftungsregime bei typengemischten Verträgen mit Auslandsbezug anwendbar ist. Hier kann eine Rolle spielen, dass z. B. Lieferverträge mit Montageleistungen nach den allgemeinen zivilrechtlichen Rechtsgrundsätzen als Kaufverträge einzuordnen sind, wenn die Montageleistung bei der Vertragserfüllung nur eine untergeordnete Bedeutung hat. Beim Überwiegen der kaufvertraglichen Elemente gem. §§ 433ff. BGB soll § 13 MiLoG nicht anwendbar sein (*Insam/Hinrichs/Tacou,* NZA-RR, 2014, 569, 570). Das Gegenteil gilt, wenn der Vertrag insgesamt als Werkvertrag zu qualifizieren ist und so nach den allgemeinen Grundsätzen die kaufvertraglichen Vorschriften nicht anwendbar wären. Als weitere Frage stellt sich, ob durch die Einführung des MiLoG der Tatbestand des Lohnwuchers gem. § 138 BGB gegenstandslos geworden ist. Nach der Rechtsprechung soll sich die Sittenwidrigkeit von Entgelten im Arbeitsverhältnis nach der Branchenüblichkeit richten (BAG v. 17.10.2012, NZA 2013, 266). Demnach können auch Entgelte, die über dem gesetzlichen Mindestlohn liegen, sittenwidrig sein. Gilt für ein Unternehmen ein Tarifvertrag mit deutlich über dem Mindestlohn nach dem MiLoG liegenden Entgelten, kann eine Reduzierung des Entgelts um mehr als ein Drittel sittenwidrig sein. Der Arbeitgeber schuldet dem Arbeitnehmer dann den tariflichen Mindestlohn (*Insam/Hinrichs/Tacou,* NZA-RR, 2014, 569, 573). Da aber die Summe des gesetzlichen Mindestlohns überschritten wurde, haftet der Auftraggeber selbst nicht aus § 13 MiLoG i. V. m. § 14 AEntG. Eine Haftung des Auftraggebers bei branchenüblichem Mindestlohn kommt allerdings dann in Betracht, wenn das AEntG Anwendung findet (*Bayreuther,* NZA 2014, 865, 866).

VI. Rechtswirksamkeit der Vorschrift

1. Vereinbarkeit mit dem Grundgesetz

10 Durch das MiLoG hat Deutschland den bisher eingeschlagenen Weg der branchenspezifischen Mindestentgelte verlassen und, wie weitere 21 EU-Staaten und die USA, eine gesetzliche Lohnuntergrenze eingeführt (*Barczak,* RdA 2014, 290). Das MiLoG als Teil des Arbeitsrechts fällt gem. § 74 Abs. 1 Nr. 12 GG in die konkurrierende Gesetzgebung des Bundes. Nach Art. 72 Abs. 1 GG haben die Länder im Bereich der konkurrierenden Gesetzgebung die Gesetzgebungsbefugnis, bis der Bund von seiner Kompetenz Gebrauch macht. Dies hat der Bund durch die Festsetzung des Mindestlohns getan. Der Bayrische Verfassungsgerichtshof sah keine Notwendigkeit für eine beabsichtigte landesrechtliche Mindestlohnregelung. Seine Gesamtwürdigung der im Gesetz über die Festsetzung von Mindestarbeitsbedingungen und im AEntG enthaltenen Bestimmungen ergab, dass Art. 72 Abs. 1 GG für eine landesrechtliche Regelung keinen Raum lässt (BayVerfGH 3.2.2009 – Vf. 111 IX/08). Ein Verstoß des MiLoG gegen Verfassungsrecht liegt nicht vor. Die Bedenken, dass das MiLoG gegen Art. 9 und 12 GG verstößt, tragen nach richtiger Auffassung nicht: Zwar steht das Koalitionsrecht in Art. 9 GG unter dem Vorbehalt der Einschränkung durch kollidierendes Verfassungsrecht. Jedoch steht dem Gesetzgeber die Regelung in den Schranken des Schutzbereichs des Grundrechts zu. Eine gesetzliche Regelung ist immer dann notwendig, wenn das Verhältnis der Tarifvertragsparteien zueinander berührt wird. Art. 9 Abs. 3 S. 1 GG verleiht den Tarifvertragsparteien zwar ein Normsetzungsrecht, aber kein Normsetzungsmonopol (*Barczak,* RdA 2014, 290, 296). Eine Notwendigkeit der Regelung von Mindestarbeitsbedingungen ergab sich aus dem Sozialstaatsprinzip des Art. 20 Abs. 1 GG. Es soll dem Schutz der finanziellen Stabilität der sozialen Sicherungssysteme dienen. Die finanzielle Stabilität ist ein Gemeinwohlbelang von überragender Bedeutung und kann Eingriffe in die Tarifautonomie rechtfertigen (*Lakies,* MiLoG Einl. Rn. 30). Weiteres Ziel des Gesetzes ist das Erhalten von sozialversicherungspflichtiger Beschäftigung und die Arbeitslosigkeit zu bekämpfen (*Lakies,* MiLoG Einl. Rn. 30). Die Beschäftigung soll durch Mindestarbeitsbedingungen, die zwingend gelten, gesichert werden. Das Ziel, sozialversicherungspflichtige Beschäftigung zu erhalten und die Arbeitslosigkeit zu bekämpfen, hat Verfassungsrang (BVerfG v. 20.3.2007, NZA 2007, 609). Auch wird wegen der empirisch nachweisbar abnehmenden Tarifbindung der Beschäftigten eine subsidiäre Schutzfunktion des Gesetzgebers erwartet (*Lakies,* ArbRAktuell 2014, 3, 5). Daneben wird durch das MiLoG auch nicht die in Art. 12 Abs. 1 GG garantierte Berufsfreiheit verletzt. Es handelt sich nur um einen verfassungsrechtlich zulässigen Eingriff in das Grundrecht der Berufsfreiheit. Bei dem hier vorliegenden Eingriff handelt es sich nach der Drei-Stufen-Theorie des BVerfG (vgl. BVerfG v. 8.12.2010, 1 BvR 1163/09) um eine Berufsausübungsregelung. Die Berufsausübungsregelung ist ein Eingriff von milder Intensität, der bereits durch jede vernünftige Erwägung des Gemeinwohls legitimiert wird (*Zeising/Weigert,* NZA 2015, 15, 20). Also bedarf es hier nicht, wie bei der subjektiven und objektiven Berufswahlbeschränkung, überragend wichtiger Gemeinwohlbelange. Als vernünftige Erwägung des Gemeinwohls im Rahmen des Gesetzesvorbehalts des Art. 12 Abs. 1 S. 2 GG werden die sozialpolitischen Ziele, wie die Entlastung der sozialen Sicherungssysteme, anerkannt (*Barczak,* RdA 2014, 290, 296). Darüber hinaus sollen Lohnunterbietungen zwischen konkurrierenden Arbeitgebern vermieden und die Arbeitnehmer geschützt werden. Ein Eingriff durch § 13 MiLoG in die Berufsfreiheit ist damit verfassungsrechtlich gerechtfertigt. Die Generalunternehmerhaftung verfolgt ein arbeits- und sozialpolitisches Ziel. Der Gesetzgeber wollte mit dem Haftungsregime jede potentielle Lücke schließen, durch die der Mindestlohn umgangen werden könnte. Ein Generalunternehmer, der eine für ihn vorteilhafte Flexibilität bei der Auftragsvergabe genießt, kann verfassungsrechtlich zulässig für das Verschulden des Dritten ohne eigenes Verschulden vergleichbar der zivilrechtlichen Regelung des § 278 BGB in Anspruch genommen werden. Wenn der Sub- oder Nachunternehmer den Mindestlohn nicht zahlt, fällt das in die Risikosphäre des Generalunternehmers. Denn der Generalunternehmer hat diese Situation gerade durch die Beauftragung des Unternehmens geschaffen. Er hätte die vereinbarte Leistung auch durch eigene Arbeitnehmer erbringen können. Dann wäre er unmittelbar nach § 1 Abs. 1 MiLoG verpflichtet, den Mindestlohn zu zahlen. Aus diesem Grund ist es verfassungsrechtlich zulässig, dem Generalunternehmer die Mitverantwortung für die Erfüllung der Mindestlohnansprüche zuzuweisen (Thüsing/*Mohr,* AEntG § 14 Rn. 11). Für die verfassungsrechtlich erforderliche Verhältnismäßigkeit des Haftungsregimes spricht auch, dass der Generalunternehmer Ausgleichsansprüche gegen den Sub- oder Nachunternehmer gem. §§ 769, 774 BGB geltend machen kann. Zusätzlich kann er sich dadurch absichern, dass er 50% des Werklohns bis zur endgültigen Abnahme einbehält (BVerfG v. 20.3.2007, NZA 2007, 609).

2. Vereinbarkeit mit Europarecht

11 Es bestehen keine europarechtlichen Bedenken gegen die Generalunternehmerhaftung des § 13 MiLoG. Der EuGH hat die Generalunternehmerhaftung des AEntG mit dem europäischen Recht, insbesondere mit der Dienstleistungsfreiheit des Art. 56 AEUV, für vereinbar erklärt. Der EuGH stützt sich dabei darauf, dass die Einschränkung der Dienstleistungsfreiheit durch zwingende Gründe des Arbeitnehmerschutzes gerechtfertigt ist (EuGH v. 12.10.2004 – C-60/03, AP Nr. 9 zu Art. 49 EG). Ein Verstoß gegen Art. 56 AEUV wird auch damit verneint, dass § 13 MiLoG für In- und Ausländer gleichermaßen gelten soll. Es soll keine unmittelbare oder mittelbare Diskriminierung entstehen (*Lakies,* MiLoG § 13 Rn. 6).

12 Zweifel an der Vereinbarkeit mit europäischem Recht kamen in letzter Zeit bei der Haftung der Transportunternehmen auf, die Deutschland auf Transitfahrten durchqueren. Hier stellt sich die Frage, ob die kurze Verweildauer in Deutschland bei einer Transitfahrt die Anwendung von § 13 MiLoG rechtfertigt. Denn § 20 MiLoG setzt voraus, dass eine Beschäftigung im Inland stattfindet. Nur für diese Beschäftigung ist der Mindestlohn zu zahlen. Dies ergibt sich aus den §§ 16, 17 MiLoG. Danach hat der ausländische Arbeitgeber eine Melde- und Dokumentationspflicht. Das heißt, der Arbeitgeber muss die Arbeitnehmer bei Beschäftigung im Inland bei der Zollverwaltung anmelden und den Beginn, Dauer und Ende der täglichen Arbeitszeiten dokumentieren. Für die relativ kurze Zeit einer Transitfahrt könnte dies einen zu großen wirtschaftlichen und bürokratischen Aufwand darstellen (vgl. *Moll/Katerndahl,* DB 2015, 555,

556). In diesem Zusammenhang wird auch auf praktische Probleme hingewiesen. So könnten deutsche Fahrer im Ausland den Anspruch auf den Mindestlohn verlieren, da sich die Beschäftigung im Inland nach dem jeweiligen Fahrzeugaufenthalt richtet. Darüber hinaus könnten bei Fahrten durch mehrere EU-Staaten verschiedene Mindestlöhne gelten, was wiederum einen hohen Aufwand begründet (*Moll/Katerndahl,* DB 2015, 555, 557). Eine spezielle Regelung enthält § 2 Nr. 1 AEntG. Danach sind deutsche Mindestentgeltsätze auch auf Arbeitnehmer, die im Inland für einen im Ausland ansässigen Arbeitgeber beschäftigt sind, anwendbar. Befürworter einer Verletzung der Dienstleistungsfreiheit nach Art. 56 AEUV durch die Anwendung des MiLoG mit seinem Haftungsregime auf Transitfahrten sind der Ansicht, dass die Zahlung des Mindestlohnes eine zusätzliche wirtschaftliche Belastung der ausländischen Unternehmen darstellt, die geeignet ist, die Erbringung von Dienstleistungen zu behindern. Das ausländische Transportunternehmen könnte wegen dieser Regelung nicht mehr wettbewerbsfähig sein, weil der Mindestlohn höher ist als das Arbeitsentgelt im Ursprungsland (*Moll/Katerndahl,* DB 2015, 555, 558). Nach der Rechtsprechung des EuGH dürfen Mindestlöhne auch zulasten von EU-Ausländern festgesetzt werden, wenn sie im Inland tätig sind. Der Mitgliedsstaat darf auf dem eigenen Hoheitsgebiet für alle Beschäftigten Mindestlöhne vorschreiben. Dafür muss der ausländische Arbeitnehmer nur im Inland beschäftigt sein (EuGH v. 3.2.1982, NJW 198 2, 1935). Das ist aber gerade bei Arbeitnehmern, die auf der Durchfahrt sind, problematisch. Diese sind wegen der Durchfahrt gerade nicht dauerhaft im Inland beschäftigt. Daher besteht auch keine Gefahr des Sozialdumpings und der Arbeitnehmerschutz in Deutschland wird nicht umgangen (*Moll/Katerndahl,* DB 2015, 555, 559). In die gleiche Richtung weist die neuere EuGH-Rspr. zur Gewährung eines Mindestlohnanspruchs für Arbeitnehmer eines ausländischen Unternehmens. Nach dieser Rspr. darf bei der Vergabe öffentlicher Aufträge in Deutschland ein vorgeschriebenes Mindestentgelt nicht auf Unternehmen in anderen Mitgliedstaaten erstreckt werden, da der deutsche Mindestlohn in keinem Zusammenhang mit den Lebenshaltungskosten in dem Mitgliedsstaat stehe, in dem die Arbeitnehmer ansässig sind (EuGH v. 18.9.2014 – Rs. C-549/13). Die Anwendung der in dieser Rspr. entwickelten Grundsätze auf Transitfahrer liegt nahe. Wieso sollen EU-ausländische Transitfahrer den deutschen Mindestlohn erhalten, wenn doch deren Lebenshaltungskosten im Heimatland wesentlich niedriger sind? Aufgrund der regelmäßig sehr kurzen Zeit einer Transitfahrt erscheint es als unverhältnismäßig, die Auftraggeber im Heimatland nach § 13 MiLoG haftbar zu machen.

VII. Tatbestandsmerkmale der Vorschrift

1. Adressaten der Haftung

13 Adressat des § 13 MiLoG i.V. m. § 14 AEntG ist der Unternehmer, der einen anderen Unternehmer mit der Erbringung von Werk- oder Dienstleistungen beauftragt. Der Unternehmer i. S. d. § 13 MiLoG bestimmt sich im Ausgangspunkt nach dem Maßstab des § 14 Abs. 1 BGB (*Insam/Hinrichs/Tacou,* NZA-RR 2014, 569, 570). Unternehmer i. S. d. § 14 Abs. 1 BGB ist jede natürliche oder juristische Person oder rechtsfähige Personengesellschaft, die bei Abschluss und Durchführung des Dienst- bzw Werkvertrags in Ausübung ihrer selbstständigen beruflichen Tätigkeit handelt. Darunter fallen auch Freiberufler, Handwerker, Landwirte und Kleinstgewerbetreibende (BAG v. 16.5.2012, NZA 2012, 980).

14 § 13 MiLoG gilt allerdings nach Sinn und Zweck nicht für die öffentliche Hand (*Lakies,* MiLoG § 13 Rn. 11). Hier ist jedoch eine differenzierte Betrachtung notwendig: Handelt die öffentliche Hand zur Erfüllung der Daseinsvorsorge, etwa durch Erlass einer Abrissverfügung, gegen unrechtmäßige Baumaßnahmen, wird die Behörde durch die Beauftragung eines Privaten mit der Ausführung nicht zum Unternehmer i. S. d. § 13 MiLoG (*Insam/Hinrichs/Tacou,* NZA-RR 2014, 569, 571). Etwas anderes dürfte dagegen für solche Unternehmen gelten, die privatrechtlich organisiert sind, dennoch staatlich beherrscht werden, wie etwa die Deutsche Bahn AG oder privatrechtlich organisierte Stadtwerke (*Hilgenstock,* Rn. 181). Der Unternehmer nach § 13 MiLoG ist der Generalunternehmer, der sich selbst gegenüber seinem Vertragspartner zur Erbringung von Werk- und Dienstleistungen verpflichtet hat. Der Unternehmer lässt aber die Leistung durch Sub- und Nachunternehmer erbringen, um seiner eigenen vertraglichen Pflicht nachzukommen (BAG v. 28.3.2007, AP AEntG 1 Nr. 27). Danach unterfallen dem Unternehmerbegriff keine Privatpersonen. Diese vergeben keine Aufträge an Subunternehmen und kommen so einer Pflicht gegenüber einem Dritten nach.

15 Eine Besonderheit ist die Haftung des Auftraggebers bei der Verwaltung von Wohneigentum. Die Haftung trifft gewerbliche Verwalter von Wohneigentum, nicht aber nicht-gewerbliche Verwalter, private Wohnungseigentümer oder Wohnungseigentümergemeinschaften (*Rudkowski,* ZWE 2015, 12, 14). Nach § 13 MiLoG i.V. m. § 14 AEntG kann Auftraggeber nur derjenige sein, der sich zur Erfüllung seiner Vertragspflichten gegenüber einem Dritten eines Unternehmers bedient (BAG v. 28.3.2007, AP AEntG 1 Nr. 27). Das Haftungsregime des § 13 MiLoG ist ausnahmsweise bei gewerblich tätigen Verwaltern nicht anwendbar, wenn die Leistung, die sie in Anspruch nehmen, der Befriedigung ihres betrieblichen Eigenbedarfs dient. Wenn ein gewerblich tätiger Verwalter einen Reinigungsauftrag für eigene Räume vergibt, dann ist er kein Auftraggeber nach § 13 MiLoG. Beauftragt er jedoch für den Einsatz bei einem

Kunden einen Unternehmer, ist er Auftraggeber nach dem MiLoG. Somit tritt eine Haftung des Auftraggebers immer ein, wenn ihm eigene wirtschaftliche Vorteile zugutekommen. Diese liegen hier darin, dass er keine eigenen Arbeitnehmer einsetzen muss und trotzdem ein Entgelt erhält (*Rudkowski,* a. a. O.).

16 Die Begünstigten dieser Haftung sind die Arbeitnehmer (§ 22 Abs. 1 MiLoG) der Sub- und Nachunternehmer. Arbeitnehmer ist jede Person, die auf Grund eines privatrechtlichen Vertrages im Dienste des Auftragnehmers zur Leistung weisungsgebundener, fremdbestimmter Arbeit in persönlicher Abhängigkeit verpflichtet ist (*Insam/Hinrichs/Tacou,* NZA-RR 2014, 569, 571). Jedoch werden nur die Arbeitnehmer erfasst, die tatsächlich mit der Erbringung dieser Leistung beschäftigt sind. Ansonsten würde ein Auftraggeberunternehmen für alle Arbeitnehmer des Subunternehmens haften. Dies entspricht dem Sinn und Zweck der Vorschrift (*Hilgenstock,* Rn. 184). Vom Mindestlohn sind die Tätigkeiten nach § 22 Abs. 3 MiLoG nicht erfasst (Berufsausbildung, ehrenamtliche Tätigkeiten). Soweit die Ausnahmen vom § 22 Abs. 1 S. 2 MiLoG nicht greifen, sind auch Praktikanten vom Anwendungsbereich des MiLoG erfasst. Gemäß § 115 SGB X erlangt der Sozialleistungsträger den Anspruch des Arbeitnehmers, wenn der Arbeitnehmer Sozialleistungen bezieht (*Lakies,* MiLoG § 13 Rn. 20). Darüber hinaus trägt der Auftraggeber das Insolvenzrisiko der von ihm beauftragten Subunternehmer. Wenn aber der Sub- oder Nachunternehmer Insolvenz angemeldet und daraufhin die Bundesagentur für Arbeit Insolvenzgeld gezahlt hat, erlischt die Haftung des Hauptunternehmers. Das wird damit begründet, dass in diesem Fall der Schutzzweck des § 14 AEntG erreicht wird (BAG v. 8.12.2010, BeckRS 2011, 70642).

2. Reichweite der Haftung

17 Die Auftraggeberhaftung erstreckt sich auf die Ansprüche gegen die gesamte Nachunternehmerkette, also auch auf solche gegen einen (Sub-) Subunternehmer (*Lakies,* MiLoG § 13 Rn. 12; *Grobys/Steinau-Steinbrück,* NJW-Spezial 2014, 690). Nach dem Wortlaut des § 13 MiLoG i.V.m. § 14 AEntG haftet der Unternehmer gegenüber dem Arbeitnehmer auf die Zahlung des Mindestlohnes wie ein Bürge, der auf die Einrede der Vorausklage verzichtet hat (§§ 765, 771, 773 Abs. 1 Nr. 1 BGB). Verzichtet der Bürge auf die Einrede der Vorausklage, kann er den Gläubiger nicht auf den Hauptschuldner verweisen. Für den Auftraggeber i. S. d. § 13 MiLoG bedeutet das, dass er für den Lohnanspruch des Arbeitnehmers einstehen muss, ohne ihn auf den Arbeitgeber verweisen zu können (*Hilgenstock,* Rn. 188). Daraus ergibt sich, dass der Arbeitnehmer ein Wahlrecht bzgl. des in Anspruch zu nehmenden Schuldners hat (*Koberski/Asshoff/Eustrap/Winkler,* AEntG § 14 Rn. 35). Allerdings kann der Unternehmer gem. § 768 BGB die dem Hauptschuldner zustehenden

Einreden und Einwendungen geltend machen. Dazu zählt insbesondere die Einrede der Verjährung, für die die regelmäßige Verjährungsfrist von drei Jahren gemäß §§ 195ff. BGB einschlägig ist. Dem Unternehmer steht auch die Einrede der unzulässigen Rechtsausübung zu, wenn z. B. der Arbeitgeber und der Arbeitnehmer sich dazu verabreden, den Bürgschaftsfall herbeizuführen, indem der Arbeitgeber sich weigert, die Vergütung zu zahlen (*Hilgenstock,* Rn. 189). Die Haftung des Auftraggebers ist von der Hauptschuld abhängig, sodass die Schuld akzessorisch ist. Wenn die Hauptschuld nicht mehr besteht, entfällt auch die Haftung. Die Hauptschuld ist hier der Anspruch auf den Mindestlohn (*Lakies,* MiLoG § 13 Rn. 18). Bei Erfüllung des Mindestlohnanspruchs durch den Auftraggeber als Bürgen geht der Anspruch des Arbeitnehmers gegen seinen Arbeitgeber im Wege der Legalzession nach §§ 774, 401, 412 BGB auf den bürgenden Unternehmer über (*Grau/Sittard,* KSzW 2014, 227, 230). Jedoch haften der bürgende Auftraggeber und der Arbeitgeber nicht als Gesamtschuldner gemäß § 426 BGB (Thüsing/*Mohr,* AEntG § 14 Rn. 20). Eine Gesamtschuldnerschaft liegt nur vor, wenn mehrere Auftraggeber tätig sind. Also wenn ein Unternehmen ein Subunternehmen beauftragt und dieses wiederum ein Nachunternehmen beauftragt. Dann kann der Anspruchsinhaber, das ist der Arbeitnehmer des Nachunternehmers, zunächst einen Unternehmer seiner Wahl in Anspruch nehmen. Dieser kann dann im Wege der Gesamthaftung im Innenverhältnis gegen den Subunternehmer vorgehen, aber nicht gegen den Arbeitgeber, der hier Nachunternehmer ist (*Bissels/Falter,* DB 2015, 65, 67). Somit kann der Unternehmer durch die Gesamtschuld gemäß § 426 BGB die Hälfte der Forderung gegen den Subunternehmer geltend machen. Aufgrund des Schutzzwecks des MiLoG wäre es aber konsequenter, im Innenverhältnis zu den mithaftenden Subunternehmern denjenigen Subunternehmer allein haften zu lassen, der den Nachunternehmer ausgesucht und beauftragt hat. Die Befürworter dieser Meinung stellen darauf ab, dass der Subunternehmer auch die Pflicht dafür trägt, dass der Nachunternehmer den gesetzlichen Mindestlohn einhält. Sie fragen, wieso in dieser Situation der Generalunternehmer haften sollte, denn gerade der Subunternehmer, der den Arbeitgeber beauftragt hat, habe diesen zu kontrollieren (*Grau/Sittard,* KSzW a. a. O.). Dieser Ansatz ist mit dem Wortlaut und Sinn und Zweck des § 13 MiLoG i. V. m. § 14 AEntG nicht vereinbar. Der § 13 MiLoG regelt gerade eine Haftungskette. Der Generalunternehmer soll danach für die Verpflichtungen des Unternehmers haften, den er beauftragt hat und auch für Nachunternehmer, die von diesem engagiert wurden. Der Wortlaut ist eindeutig. Der Generalunternehmer soll haftbar sein. Aus dem Telos der Vorschrift ist herzuleiten, dass der Arbeitnehmerschutz umfassend zu gewährleisten ist. Um den Arbeitnehmerschutz zu sichern, ist es geboten, dem Arbeitnehmer mehrere potentielle Anspruchsschuldner gegenüber zu stellen.

3. Haftungsumfang

18 Der Haftungsumfang ergibt sich aus § 14 Abs. 1 S. 2 AEntG. Danach umfasst der Mindestlohn grds. das Nettoentgelt. Das ist der Betrag, der nach Abzug der Steuern und der Beiträge zur Sozialversicherung auszuzahlen ist. Das heißt, der Arbeitnehmer erhält im Haftungsfall nicht den in § 1 MiLoG vorgeschriebenen Bruttomindestlohn, sondern die entsprechende Netto-Auszahlung. Das BAG hat entschieden, dass der Mindestlohn nach AEntG auch im Haftungsfall nur für tatsächlich geleistete Arbeit gezahlt werden soll. Das ergibt sich aus der Akzessorietät der Haftung. Nicht erfasst sind vom Mindestlohn Annahmeverzugsansprüche des Arbeitnehmers gegen den Arbeitgeber und Ansprüche auf Verzugszinsen wegen verspäteter Lohnzahlung (BAG v. 12.1.2005, NZA 2005, 627). Darüber hinaus sind auch Ansprüche auf Entgeltfortzahlung an Feiertagen und Krankheitsfall, auf Urlaubsentgelt und Aufwendungsersatzansprüche (Reisekosten) nicht erfasst (*Lakies,* MiLoG § 13 Rn. 27). Schließlich schützt § 13 MiLoG nur den Mindestlohn i. S. d. MiLoG und nicht einen höheren Lohn, den die Parteien vertraglich vereinbart haben (*Lakies,* MiLoG § 13 Rn. 26). In diesem Fall kann der Arbeitnehmer nur aus vertraglichen Anspruchsgrundlagen gegen den Arbeitgeber vorgehen. Ein vertraglicher Verzicht auf den Mindestlohn ist nicht möglich. Der Verzicht kann nur durch gerichtlichen Vergleich gem. § 3 S. 2 MiLoG wirksam erklärt werden. An der Wirksamkeit von diesbezüglichen Abgeltungsklauseln in Form von sog. Tatsachenvergleichen wird in der Literatur gezweifelt (*Bayreuter,* NZA 2015, 385). Im Anwendungsbereich des § 9 AEntG werden sie dagegen als Mittel der Wahl zur Beilegung eines Streits über die tatsächlichen Anspruchsvoraussetzungen empfohlen (Thüsing/*Thüsing,* AEntG § 9 Rn. 5). Die Verwirkung des Mindestlohnanspruchs ist gem. § 3 S. 3 MiLoG ausgeschlossen. Lediglich die dreijährige Verjährungsfrist gem. §§ 195, 199 BGB ist anwendbar. Die Begrenzung auf den Nettolohn setzt voraus, dass das Arbeitsverhältnis dem deutschen Sozialversicherungsrecht unterliegt. Unterliegt der Arbeitnehmer dagegen ausländischem Sozialversicherungsrecht, sind die vom Arbeitnehmer zu tragenden Anteile zur ausländischen Sozialversicherung, nicht aber die fiktiven Beiträge zur deutschen Sozialversicherung zu berücksichtigen (*Insam/Hinrichs/Tacou,* NZA-RR 2014, 569, 572).

4. Crowdsourcing

19 Eine Besonderheit ist das *Crowdsourcing.* Fraglich ist, ob dieses sich sehr schnell entwickelnde Phänomen der modernen Arbeitswelt vom MiLoG zu regulieren ist. Crowdsourcing ist ein von Medien geprägter Begriff, der wohl zuerst um das Jahr 2006 auftauchte („The Rise of Crowdsourcing“, vgl. *Klebe/Neugebauer,* AuR 2014, 4). Nach einer gängigen Definition ist *Crowdsourcing* das Auslagern bestimmter Arbeitsaufgaben auf eine unbestimmte Masse von Erwerbstätigen. Dabei stellt der Auftraggeber die Arbeitsaufträge auf einer Online-Plattform mittels eines offenen Aufrufs an eine große Zahl unbekannter Erwerbstätiger ein. Der Auftraggeber und die Crowdworker erlangen durch die Erbringung der Aufgaben wirtschaftliche Vorteile. Hierbei arbeiten die Crowdworker entweder zusammen an den online-gestellten Arbeitsaufträgen oder sie stehen dabei sogar in einem Wettbewerbsverhältnis zueinander. Unternehmen, die diese Arbeitsaufträge online vergeben, können ihren Sitz überall auf der Welt haben. So können deutsche Unternehmen Crowdworker in Indien oder den USA beauftragen. Die Crowdworker erbringen die Tätigkeit dann von ihrem Heimatland aus und schicken die Arbeitsergebnisse wieder online an die auftraggebenden Unternehmen zurück. Durch das MiLoG könnte Crowdworkern ein Anspruch auf den Mindestlohn zustehen und das Haftungsregime des § 13 MiLoG anwendbar sein. Dann müsste der Crowdworker Arbeitnehmer i. S. d. § 1 MiLoG sein. Wichtiges Merkmal des Arbeitnehmerbegriffs ist die persönliche Abhängigkeit. Derjenige, der seine Tätigkeiten und Arbeitszeiten nicht frei bestimmen kann und einem Weisungsrecht des Arbeitsgebers unterliegt, ist Arbeitnehmer (BAG v. 25.1.2007, AP SGB II § 16 Nr. 1). Crowdworker werden regelmäßig nicht als Arbeitnehmer angesehen. Denn zum Wesen des online und oft anonym vergebenen Arbeitsauftrags gehört das selbstverantwortliche Bestimmen über Tätigkeitszeiten, die Dauer und den Ort der Tätigkeit und erst recht ein nicht vorhandenes Weisungsrecht. Das spricht alles für die Selbstständigkeit des Crowdworkers (*Hötte,* MMR 2014, 795, 796). Dann greift auch das MiLoG mit seinem Haftungsregime nicht.

20 Ist der Crowdworker aber weisungsabhängig, bei Crowdworkern im Ausland schwer nachweisbar, ist die Anwendbarkeit des MiLoG anhand der Grundsätze des Internationalen Privatrechts zu bestimmen. Dann ist zu fragen, ob das MiLoG im Ausland über die Rom-I-VO vom 17.7.2008 anzuwenden ist. Nach Art. 8 Abs. 1 der VO können die Parteien bei Individualarbeitsverträgen das Recht auswählen, welches sie für den Vertrag anwenden möchten. Haben die Parteien keine Vereinbarung getroffen, ist nach Art. 8 Abs. 2 Rom-I-VO das Recht des Staates anwendbar, aus dem heraus der Crowdworker gewöhnlich seine Tätigkeit verrichtet. Schließlich kann noch nach Art. 8 Abs. 3 Rom-I-VO das Recht des Staates anwendbar sein, in dem sich die Niederlassung des Unternehmens befindet, das den Crowdworker beauftragt. Nach Art. 9 Abs. 1 Rom-I-VO darf nicht durch eine Rechtswahl oder die objektiven Anknüpfungspunkte zugunsten einer ausländischen Rechtsordnung von international zwingend anwendbaren Vorschriften des inländischen Rechts abgewichen werden (*Bissels/Falter/Evers,* ArbRAktuell 2015, 4, 6). Somit kommt bei hinreichendem Inlandsbezug lediglich gemäß Art. 9 Rom-I-VO eine Überprüfung anhand der Eingriffsnorm in Betracht (*Klebe/Neugebauer,* AuR 2014, 4, 5). Eine Eingriffsnorm i. S. v. Art. 9 Rom-I-VO ist eine Regelung, die entweder ausdrücklich oder nach ihrem Sinn und Zweck ohne Rücksicht auf das nach den Kollisionsnormen anwendbare Recht zwingend gelten sollen (BAG v. 9.7.2003, BeckRS 2003, 41472). Nach dieser Definition ist auch § 20 MiLoG eine Eingriffsnorm, da sie die zentrale Zielrichtung des MiLoG festschreibt, alle in- und ausländische Arbeitgeber zu verpflichten, ihren im Inland beschäftigten Arbeitnehmern den gesetzlichen Mindestlohn zu zahlen. Zweifel an der Anwendbarkeit des MiLoG auf die Auftragsvergabe an Crowdworker ergeben sich aber weiter aus dem räumlich-sachlichen Anwendungsbereich des § 20 MiLoG. Denn es muss sich um eine Beschäftigung im Inland handeln. Hieran scheitert die Anwendung des MiLoG praktisch in der großen Mehrheit der *Crowdsourcing*-Fälle.

VIII. Sicherung des Regressanspruchs des Generalunternehmers – Vertragsgestaltung

21 Ursprünglich sollte § 13 MiLoG im Gegensatz zum § 14 AEntG eine Exkulpationsmöglichkeit beinhalten, die aber nicht Gesetz geworden ist (vgl. *Oltmann/Fuhlrott,* NZA 2015, 392, 394). Daher ist dem Generalunternehmer zu raten, sein Haftungsrisiko vertraglich zu begrenzen. Der Generalunternehmer hat zwar, wenn er vom Arbeitnehmer des Subunternehmers in Anspruch genommen wird, gegen den Subunternehmer einen Regressanspruch gem. § 774 Abs. 1 BGB. Jedoch trägt er auch das Insolvenzrisiko des Subunternehmers. In diesem Fall würde der Anspruch aus § 774 BGB ins Leere gehen (Thüsing/*Mohr,* AEntG § 14 Rn. 21). Der Generalunternehmer kann vertraglich vereinbaren, dass den Subunternehmer eine Auskunftserteilungspflicht trifft (vgl. *Oltmann/Fuhlrott,* NZA 2015, 392, 396f.). Der Subunternehmer wird dadurch verpflichtet, monatlich durch Vorlage entsprechender Unterlagen nachzuweisen, dass diese und ggf. von ihm beauftragte Nachunternehmer ihren Arbeitnehmern den Mindestlohn zahlen (*Bissels/Falter,* DB 2015, 65, 67). Darüber hinaus sollte sich der Generalunternehmer ein Recht zur Einsichtnahme in die Gehaltsliste vorbehalten (*Bissels/Falter,* DB 2015, 65, 68). Des Weiteren können bei Verstößen der Subunternehmer gegen das MiLoG Sanktionen verhängt werden. Denkbar sind hierbei Vertragsstrafen gemäß §§ 339ff. BGB oder ein außerordentliches Kündigungsrecht des Auftraggebers (*Grau/Sittard,* ArbRB 11/2014, 336, 339). Schließlich ist dem Generalunternehmer mit Blick auf das Insolvenzrisiko des Subunternehmers zu raten, vertraglich den Einbehalt von Vergütungsbestandteilen zu vereinbaren (*Hilgenstock,* Rn. 198). Dadurch kann der Generalunternehmer einen Regress sichern, wenn der Subunternehmer insolvent ist. Der Generalunternehmer kann dann mit diesem Betrag den Anspruch der Arbeitnehmer des Subunternehmens befriedigen, ohne selbst finanzielle Mittel aufzuwenden.

IX. Prozessuales

22 Im MiLoG gibt es keine Regelung über die Zuständigkeit der Arbeitsgerichte für Mindestlohnklagen der Arbeitnehmer. Dagegen existiert in § 15 AEntG eine Regelung über den Gerichtsstand. Danach sind die Arbeitsgerichte für Entgeltklagen zuständig. Die Vorschrift ist aber nicht auf das MiLoG anwendbar (*Lakies,* MiLoG § 13 Rn. 22). Im Ergebnis sind damit die Regeln der örtlichen Zuständigkeit anwendbar. Danach bestimmt sich die Zuständigkeit nach §§ 12 ZPO und § 48 ArbGG. Auf jeden Fall sind aber die Arbeitsgerichte zuständig (BAG v. 11.9.2002, NZA 2003, 62). Die Darlegungs- und Beweislast für den Anspruch auf Mindestlohn trägt der Arbeitnehmer, da für anspruchsbegründende Tatsachen derjenige die Beweislast trägt, der den Anspruch erhebt (vgl. BAG v. 18.5.2012, AP BGB § 611 Nr. 7). Bei vertraglich vereinbarten Arbeitszeiten wird der Beweis kein Problem darstellen. Probleme bereiten aber Arbeitsverträge, in denen keine Arbeitszeiten (schriftlich) vereinbart sind. Dann muss der Arbeitnehmer für jeden Arbeitstag die konkreten Arbeitszeiten dokumentieren, um der Beweislast vor Gericht nachzukommen (BAG v. 18.5.2012, AP BGB § 611 Nr. 7).

23 Da den Bürgen keine Erkundigungspflicht trifft, kann er sich in einem Rechtsstreit mit dem Arbeitnehmer über die anspruchsbegründenden Tatsachen nach § 138 Abs. 4 ZPO auf Nichtwissen berufen (Thüsing/*Mohr,* AEntG § 14 Rn. 25).

24 Aus dem Rechtsgedanken des § 767 Abs. 1 S. 3 BGB folgt, dass die Rechtskraft einer den Arbeitnehmer günstigen Entscheidung gegen den Arbeitgeber wirkt, aber nicht zulasten des Bürgen (Thüsing/*Mohr,* AEntG § 14 Rn. 24).

Abschnitt 3. Kontrolle und Durchsetzung durch staatliche Behörden

§ 14 Zuständigkeit

Für die Prüfung der Einhaltung der Pflichten eines Arbeitgebers nach § 20 sind die Behörden der Zollverwaltung zuständig.

I. Allgemeines und Normzweck

1 § 14 **leitet** den dritten Abschnitt des Gesetzes **ein,** der die Kontrolle und Durchsetzung des Mindestlohngesetzes durch staatliche Behörden zum Gegenstand hat. **Normzweck** der einleitenden Bestimmung in § 14 ist ein Effizienzschutz (dazu auch *Ramming,* NZA-Beilage 2014, 149ff., 149). Ein gesetzlicher Mindestlohn kann nur dann wirken, wenn er auch ausreichend überprüft und seine Durchführung, eben auch durch

staatliche Kontrollen, gewährleistet ist. Ansonsten profitierten diejenigen Unternehmen ungerechtfertigterweise, die den Mindestlohn nicht zahlten. Dies war dem Gesetzgeber so wichtig, dass er eine öffentlich-rechtlich gestaltete Kontrolle vorgesehen hat (zur möglichen Kontrolle durch den Betriebsrat *Kleinebrink,* DB 2015, 375ff.). Diese ist auch mit den Vorgaben des europäischen Rechts vereinbar (dazu näher *Riechert/Nimmerjahn* § 14 Rn. 7f.).

2 Die Kontrolle wird vom Gesetz in die Hände der **Zollverwaltung** gelegt. Damit setzt das MiLoG fort, was bereits vom MiArbG vorgesehen war. Dort war, in Anlehnung an die Bestimmungen zum AEntG, in § 11 die Zuordnung der Kontrolle zu den Zollbehörden geregelt. Dies hatte seinerzeit vor allem der Bundesrat verlangt, dem es primär darum ging, einen einheitlichen Vollzug beider Gesetze zu erreichen (vgl. die Stellungnahme vom 19.9.2008, BT-Drs. 16/10485, Anlage 3 Nr. 1a und b). An dieser Kontrollsystematik und -zuständigkeit hat der Gesetzgeber auch beim MiLoG festhalten wollen. Auch die Einhaltung der Bestimmungen des AÜG liegt in der Hand der Zollverwaltung.

II. Regelungsinhalt

3 § 14 enthält eine reine **Kompetenznorm.** Durch diese wird den Behörden der Zollverwaltung die Zuständigkeit für die Prüfung der Einhaltung der Pflichten eines Arbeitgebers nach § 20, das heißt seiner Pflichten zur Zahlung des Mindestlohns, übertragen. Operativ verantwortliche Einheiten sind für die Kontrolle die 41 Hauptzollämter (*Maschmann,* NZA 2014, 929ff., 929). Die Fach- sowie Rechtsaufsicht obliegt der jeweiligen Bundesfinanzdirektion.

4 § 14 entspricht inhaltlich und (nahezu) wörtlich § 2 Abs. 1 AEntG. Aufgrund der ähnlichen Regelungsinhalte und gesetzgeberischen Intentionen, die schon mit der Novellierung des MiArbG und des AEntG 2009 verfolgt wurden, ist diese **Parallelisierung** durchaus nachvollziehbar. Gleichwohl bestehen zum Teil deutliche Unterschiede in den konkreten Kontrollvorschriften zwischen §§ 15–18 MiLoG auf der einen und §§ 17–20 AEntG auf der anderen Seite (dazu im Einzelnen ErfK/*Franzen,* MiLoG § 14 Rn. 1).

5 Konkret liegt die Zuständigkeit innerhalb der Zollbehörden bei der **Abteilung Finanzkontrolle Schwarzarbeit (FKS),** die auch bereits die vergleichbaren Prüfungen nach dem AEntG sowie dem AÜG durchführt. Die einzelnen Befugnisse der Behörde ergeben sich dann aus den §§ 15–18 MiLoG. Aufgrund dieser Parallelen muss die FKS inhaltlich in weiter Hinsicht „kein Neuland betreten" (*Ramming,* NZA-Beilage 2014, 149ff., 149).

6 Umstritten ist nach wie vor, ob der Bund überhaupt über die **Kompetenz** verfügte, den Zoll, sozusagen als weitere „Bundespolizei", mit der

Kontrolle zu beauftragen (s. *Maschmann,* NZA 2914, 929ff., 929, m.w.N.). Dagegen spricht vor allem, dass der Bund nach Art. 74 Abs. 1 Nr. 12 GG die Gesetzgebungskompetenz für das Arbeitsrecht hat; das ist auch die Grundlage für die Einführung des Mindestlohns überhaupt. Doch kann er sich nicht zugleich auch derart undifferenziert und umfangreich Aufgaben der Polizei oder Ordnungsbehörden zusprechen, wie dies hier geschieht (in diesem Sinne auch *Rixen,* in: Rieble/Junker/Giesen, Mindestlohn als politische und rechtliche Herausforderung, 2011, 125ff.; *Maschmann,* NZA 2014, 929ff., 929).

§ 15 Befugnisse der Behörden der Zollverwaltung und anderer Behörden; Mitwirkungspflichten des Arbeitgebers

[1]Die §§ 2 bis 6, 14, 15, 20, 22 und 23 des Schwarzarbeitsbekämpfungsgesetzes sind entsprechend anzuwenden mit der Maßgabe, dass

1. **die dort genannten Behörden auch Einsicht in Arbeitsverträge, Niederschriften nach § 2 des Nachweisgesetzes und andere Geschäftsunterlagen nehmen können, die mittelbar oder unmittelbar Auskunft über die Einhaltung des Mindestlohns nach § 20 geben, und**
2. **die nach § 5 Absatz 1 des Schwarzarbeitsbekämpfungsgesetzes zur Mitwirkung Verpflichteten diese Unterlagen vorzulegen haben.**

[2]§ 6 Absatz 3 sowie die §§ 16 bis 19 des Schwarzarbeitsbekämpfungsgesetzes finden entsprechende Anwendung.

I. Allgemeines und Normzweck

1 § 15 **erläutert und gestaltet** inhaltlich die Befugnisse der Behörden der Zollverwaltung und anderer Behörden, die nach dem nunmehr neu gefassten § 14 für die Prüfung der Einhaltung der Pflichten eines Arbeitgebers nach dem MiLoG zuständig sind. Damit enthält § 15 die entscheidende Norm zur **staatlichen Durchsetzung** des gesetzlichen Mindestlohns im Wege des behördlichen Prüfverfahrens (*Maschmann,* NZA 2014, 929ff., 929). Ziel der Norm ist daher erkennbar, durch die Prüfbefugnisse eine wirksame Kontrolle der Einhaltung des Mindestlohns zu ermöglichen (*Riechert/Nimmerjahn* § 15 Rn. 4).

2 Der Gesetzgeber hat in diesem Zusammenhang, entsprechend der Parallelisierungsvorstellung (vgl. § 14 Rn. 4 und 5), die Befugnisnormen des § 17 AEntG und § 17a AÜG herangezogen und die Befugnisse im Rahmen des MiLoG gleich strukturiert. Diese identische Gesetzeslage vermeidet Kompetenzkonflikte bei der Erfüllung identischer Aufgaben. Da-

mit unterscheidet sich die Überwachungsstruktur nach dem MiLoG von der Systematik, die ursprünglich dem MiArbG zugrunde lag. Denn nach dieser war für die Überwachung im Rahmen des AEntG die Zollverwaltung, nach dem MiArbG jedoch die oberste Arbeitsbehörde des Landes zuständig gewesen. Dies hatte schon das MiArbG 2009 verändert.

II. Regelungsinhalt

3 § 15 regelt das Verfahren der staatlichen Überprüfung. Die Vorschrift enthält im Wesentlichen einen Verweis auf die bereits entsprechend geregelten Kompetenzen im Schwarzarbeitsbekämpfungsgesetz, macht aber zugleich auch deutlich, dass die Zuständigkeit der Behörden der Zollverwaltung nicht ausschließlich zu verstehen ist. Vielmehr haben neben den Behörden der Zollverwaltung **auch** die in §§ 2–6, 14, 15, 20, 22 und 23 des Schwarzarbeitsbekämpfungsgesetzes genannten **weiteren Behörden** unverändert ihre Befugnisse. Damit sind unter anderem diejenigen Behörden gemeint, die die Zollbehörden bei der Bekämpfung der Schwarzarbeit unterstützen, vor allem die Finanzbehörden, die Agenturen für Arbeit, die Beitragseinzugsstellen nach § 28i SGB IV sowie die Träger der Renten- und Unfallversicherung. Die Prüfkompetenz des Zolls besteht aber ihrerseits gegenüber allen Unternehmen (*Schubert/Jerchel/Düwell* Rn. 270). Sie ist gerichtet auf die Befragung der Arbeitnehmer sowie die Einsichtnahme in die von ihnen mitgeführten Unterlagen.

4 Den genauen **Prüfungsinhalt** können die Behörden weitgehend frei entscheiden (vgl. auch ErfK/*Schlachter,* AEntG § 2 Rn. 4). Dies folgt aus dem Verweis in Satz 1, der auf die entsprechenden Vorschriften des SchwarzArbG verweist. Die Prüfungskompetenz erstreckt sich auf drei Bereiche: Sie umfasst, allgemein gesprochen, das Recht zur Überprüfung und Befragung von Personen, ein Betretungsrecht sowie drittens das Recht zur Überprüfung von Geschäftsunterlagen.

5 Damit sind **im Einzelnen** unter anderem die Befugnisse zur Personenprüfung bzw. Identitätsfeststellung, zum Betreten von Geschäftsräumen und Grundstücken sowie zur Einsichtnahme in die Geschäftsunterlagen einschließlich entsprechender Fragerechte erfasst. Demgegenüber unterliegt die Prüfung, ob ein Arbeitgeber seine steuerrechtlichen Pflichten erfüllt, den zuständigen Landesfinanzbehörden, wobei aber die Behörden der Zollverwaltung berechtigt sind, an diesen Prüfungen mitzuwirken.

6 Nicht geregelt ist in § 15 sowie in den Normen aus dem Schwarzarbeitsbekämpfungsgesetz, auf die dieser verweist, unter welchen **Voraussetzungen** die jeweiligen Kontrollen stattfinden dürfen. Es spricht viel dafür, eine **konkrete Gefahr** im Hinblick darauf zu verlangen, dass die Vorschriften des MiLoG nicht eingehalten werden, eine bloß abstrakte Gefahr genügt demgegenüber nicht. Liegt eine konkrete Gefahr vor, ver-

fügt die Zollbehörde über ein Entschließungs- und Auswahlermessen bezüglich derjenigen Maßnahmen, die sie ausführt und die dann regelmäßig als **Verwaltungsakte** zu qualifizieren sind – sowohl die Prüfungsanordnung als auch die Einzelmaßnahmen (ausführlich gerade hierzu *Maschmann,* NZA 2014, 929ff.; *Riechert/Nimmerjahn* § 15 Rn. 7). Sie unterliegen dabei der entsprechenden Kontrolle durch die Finanzgerichte. Damit ist unter anderem gegen die Prüfungsanordnung ein Einspruch nach § 347 AO statthaft.

7 Zudem besteht nach Satz 3 eine **Unterrichtungspflicht:** Durch den Verweis auf § 6 Abs. 3 SchwarzArbG ist klar gestellt, dass die jeweils zuständige Behörde, möglicherweise auch die Ausländerbehörde, zu unterrichten ist, wenn sich bei den Prüfungen, die die Zollbehörde vorgenommen hat, Anhaltspunkte für Verstöße gegen bestimmte gesetzliche Bestimmungen ergeben, und zwar unter anderem gegen das Schwarzarbeitsbekämpfungsgesetz, gegen das AÜG, gegen Steuergesetze, das AufenthG, das AEntG und das MiLoG.

§ 16 Meldepflicht

(1) [1]Ein Arbeitgeber mit Sitz im Ausland, der eine Arbeitnehmerin oder einen Arbeitnehmer oder mehrere Arbeitnehmerinnen oder Arbeitnehmer in den in § 2a des Schwarzarbeitsbekämpfungsgesetzes genannten Wirtschaftsbereichen oder Wirtschaftszweigen im Anwendungsbereich dieses Gesetzes beschäftigt, ist verpflichtet, vor Beginn jeder Werk- oder Dienstleistung eine schriftliche Anmeldung in deutscher Sprache bei der zuständigen Behörde der Zollverwaltung nach Absatz 6 vorzulegen, die die für die Prüfung wesentlichen Angaben enthält. [2]Wesentlich sind die Angaben über

1. den Familiennamen, den Vornamen und das Geburtsdatum der von ihm im Geltungsbereich dieses Gesetzes beschäftigten Arbeitnehmerinnen und Arbeitnehmer,
2. den Beginn und die voraussichtliche Dauer der Beschäftigung,
3. den Ort der Beschäftigung,
4. den Ort im Inland, an dem die nach § 17 erforderlichen Unterlagen bereitgehalten werden,
5. den Familiennamen, den Vornamen, das Geburtsdatum und die Anschrift in Deutschland der oder des verantwortlich Handelnden und
6. den Familiennamen, den Vornamen und die Anschrift in Deutschland einer oder eines Zustellungsbevollmächtigten, soweit diese oder dieser nicht mit der oder dem in Nummer 5 genannten verantwortlich Handelnden identisch ist.

[3]Änderungen bezüglich dieser Angaben hat der Arbeitgeber im Sinne des Satzes 1 unverzüglich zu melden.

(2) **Der Arbeitgeber hat der Anmeldung eine Versicherung beizufügen, dass er die Verpflichtungen nach § 20 einhält.**

(3) **[1]Überlässt ein Verleiher mit Sitz im Ausland eine Arbeitnehmerin oder einen Arbeitnehmer oder mehrere Arbeitnehmerinnen oder Arbeitnehmer zur Arbeitsleistung einem Entleiher, hat der Entleiher in den in § 2a des Schwarzarbeitsbekämpfungsgesetzes genannten Wirtschaftsbereichen oder Wirtschaftszweigen unter den Voraussetzungen des Absatzes 1 Satz 1 vor Beginn jeder Werk- oder Dienstleistung der zuständigen Behörde der Zollverwaltung eine schriftliche Anmeldung in deutscher Sprache mit folgenden Angaben zuzuleiten:**

1. **den Familiennamen, den Vornamen und das Geburtsdatum der überlassenen Arbeitnehmerinnen und Arbeitnehmer,**
2. **den Beginn und die Dauer der Überlassung,**
3. **den Ort der Beschäftigung,**
4. **den Ort im Inland, an dem die nach § 17 erforderlichen Unterlagen bereitgehalten werden,**
5. **den Familiennamen, den Vornamen und die Anschrift in Deutschland einer oder eines Zustellungsbevollmächtigten des Verleihers,**
6. **den Familiennamen, den Vornamen oder die Firma sowie die Anschrift des Verleihers.**

[2]Absatz 1 Satz 3 gilt entsprechend.

(4) **Der Entleiher hat der Anmeldung eine Versicherung des Verleihers beizufügen, dass dieser die Verpflichtungen nach § 20 einhält.**

(5) **Das Bundesministerium der Finanzen kann durch Rechtsverordnung im Einvernehmen mit dem Bundesministerium für Arbeit und Soziales ohne Zustimmung des Bundesrates bestimmen,**

1. **dass, auf welche Weise und unter welchen technischen und organisatorischen Voraussetzungen eine Anmeldung, eine Änderungsmeldung und die Versicherung abweichend von Absatz 1 Satz 1 und 3, Absatz 2 und 3 Satz 1 und 2 und Absatz 4 elektronisch übermittelt werden kann,**
2. **unter welchen Voraussetzungen eine Änderungsmeldung ausnahmsweise entfallen kann, und**
3. **wie das Meldeverfahren vereinfacht oder abgewandelt werden kann, sofern die entsandten Arbeitnehmerinnen und Arbeitnehmer im Rahmen einer regelmäßig wiederkehrenden Werk- oder Dienstleistung eingesetzt werden oder sonstige Besonderheiten der zu erbringenden Werk- oder Dienstleistungen dies erfordern.**

(6) **Das Bundesministerium der Finanzen kann durch Rechtsverordnung ohne Zustimmung des Bundesrates die zuständige Behörde nach Absatz 1 Satz 1 und Absatz 3 Satz 1 bestimmen.**

I. Allgemeines und Normzweck

1 § 16 enthält nähere Ausführungsvorschriften über die einen Arbeitgeber mit Sitz im Ausland treffende **Meldepflicht,** die entsteht, wenn dieser Arbeitnehmerinnen oder Arbeitnehmer in den in § 2a Schwarzarbeitsbekämpfungsgesetz genannten Wirtschaftsbereichen oder -zweigen im Anwendungsbereich des MiLoG beschäftigt. **Erfasst** sind damit das Baugewerbe, das Gaststätten- und Beherbergungsgewerbe, das Personenbeförderungsgewerbe, das Speditions-, Transport- und damit verbundene Logistikgewerbe, das Schaustellergewerbe, Unternehmen der Forstwirtschaft, das Gebäudereinigungsgewerbe, Unternehmen, die sich am Auf- und Abbau von Messen und Ausstellungen beteiligen, sowie die Fleischwirtschaft. Geregelt ist ein **doppelter Tatbestand:** Zum einen erfasst die Norm die Anmeldepflicht eines Arbeitgebers mit dem Sitz im Ausland, der Arbeitnehmer innerhalb Deutschlands beschäftigt (Abs. 1 und 2), zum anderen die Anmeldepflicht eines inländischen Entleihers, dem seinerseits Arbeitnehmer von einem Verleiher mit Sitz im Ausland überlassen werden.

2 Die Vorschrift, die hinsichtlich der Meldepflichten derjenigen in § 18 AEntG nachgebildet ist, beabsichtigt, insbesondere den Aufsichtsbehörden ihre Überwachungsaufgabe besser zu ermöglichen (*Riechert/Nimmerjahn* § 16 Rn. 2); zudem soll dem Arbeitgeber – durch die Verpflichtung in Abs. 2 und 4 – deutlich werden, welche Pflichten ihn bei der Lohnfestsetzung treffen: nämlich vor allem diejenige, den gesetzlichen Mindestlohn zu beachten. Damit ist es vorrangiges Ziel der Meldepflichten, den Zollbehörden als den zuständigen Kontrollbehörden die **Überwachung** der Einhaltung des Mindestlohns bei grenzüberschreitenden Beschäftigungen **zu erleichtern** (*Sittard/Rawe,* ArbRB 2015, 80ff., 81; zu den Folgen des allgemeinen Mindestlohns auf die Arbeitnehmerentsendung kritisch *Hantel,* NJ 2014, 445ff.). Des Weiteren enthält Abs. 3, zusammen mit Abs. 4, eine Ergänzungsvorschrift für den Fall eines im Ausland tätigen Verleihers – auf diesen werden die Bestimmungen der Norm ausgedehnt. Schließlich wird dem Bundesministerium der Finanzen eine Verordnungsermächtigung erteilt, die diesem die Begründung zusätzlicher Meldepflichten eröffnet. Inhaltlich ist die Vorschrift, mit einigen Änderungen, stark an die Bestimmung des § 3 AEntG angeglichen (vgl. zum dortigen, vergleichbaren Normzweck die Kommentierung von *Waas* zu § 3 AEntG; s. auch HWK/*Tillmanns,* § 3 AEntG Rn. 1).

3 Ein **Verstoß gegen** die **Meldepflichten** aus § 16 stellt eine **Ordnungswidrigkeit** dar, die mit einer Geldbuße bis zu 30.000 Euro geahn-

det werden kann, wie aus § 21 Abs. 1 Nr. 4 bis 6 in Verbindung mit Abs. 3 MiLoG folgt.

II. Anmeldepflicht ausländischer Arbeitgeber nach Abs. 1 und Abs. 2

4 Die Vorschrift enthält ausdrückliche **(An-)Meldepflichten** für diejenigen Fälle, in denen es um den Einsatz von Arbeitnehmern durch ausländische Arbeitgeber in Deutschland geht. **Erfasst** sind lediglich die Branchen, die in § 2a Schwarzarbeitsbekämpfungsgesetz genannt sind (vgl. oben Rn. 1).

5 Inwieweit die Beschränkung auf diese Arbeitgeber mit **europarechtlichen Vorgaben** in Übereinstimmung zu bringen ist, ist Frage des Einzelfalls. Derartige zusätzliche Meldepflichten können, nach Einschätzung des EuGH, grundsätzlich diskriminierend wirken; sie sind dann ihrerseits nur gerechtfertigt, wenn die zur Verwirklichung des Gesetzesziels erforderlichen Kontrollen nicht auch schon durch die Unterlagen ermöglicht sind, die nach den Vorschriften des Heimatstaates zu erbringen sind (EuGH v. 25.10.2001 AP Nr. 8 zu § 1 AEntG; vgl. für die Parallelvorschrift ErfK/*Schlachter,* AEntG § 3 Rn. 1; *Lakies* § 16 Rn. 2). Jedenfalls nach Ansicht des OLG Düsseldorf (OLG Düsseldorf v. 16.3.2000 AP Nr. 1 zu § 3 AEntG) steht aber die parallel ausgestaltete Meldepflicht nach dem AEntG ohnehin im Einklang mit dem EU-Vertrag (s. auch BeckOKArbR/*Gussen,* AEntG § 3 Rn. 2). Dies wird auch für § 15 angenommen (*Riechert/Nimmerjahn* § 16 Rn. 6).

6 Meldepflichtig sind nur **wesentliche Angaben.** Was der Gesetzgeber darunter versteht, hat er in Abs. 1 S. 2 abschließend aufgeführt. Durch die Meldepflicht soll den Zollbehörden ermöglicht werden, effektiv die Einhaltung der in der Rechtsverordnung festgelegten Mindestarbeitsentgelte zu kontrollieren. Die Meldung hat schriftlich und in deutscher Sprache zu erfolgen. Meldungsempfänger ist die zuständige Behörde der Zollverwaltung.

7 Die Meldepflicht des Arbeitgebers, der im Ausland ansässig ist, besteht jedenfalls **vor Beginn** derjenigen Tätigkeit, über die gemeldet wird. Sie erschöpft sich aber nicht darin. Vielmehr muss er regelmäßig auch **Änderungen** bezüglich dieser Angaben unverzüglich melden, wie sich aus Abs. 1 S. 3 ergibt.

8 Abs. 2 enthält eine **weitere Pflicht** des Arbeitgebers, der der Anmeldung zusätzlich noch die schriftliche (aber nicht eidesstattliche) Versicherung in deutscher Sprache beilegen muss, dass er seine ihn aus § 20 treffenden Verpflichtungen einhält. Damit soll ihm deutlich gemacht werden, dass er bei der Beschäftigung von Arbeitnehmerinnen und Arbeitnehmern in Deutschland verpflichtet ist, diesen den Mindestlohn zu zahlen. Wie bei § 3 AEntG wird eine Tariftreueerklärung damit nicht ver-

langt sein (BeckOKArbR/*Gussen,* AEntG § 3 Rn. 4; ErfK/*Schlachter,* AEntG § 3 Rn. 3; s. auch BGH v. 18.1.2000 AP Nr. 1 zu § 20 GWB).

III. Anmeldepflicht inländischer Entleiher nach Abs. 3 und Abs. 4

9 **Abs. 3** befasst sich, inhaltlich sehr ähnlich aufgebaut wie Abs. 1, mit der **Anmeldepflicht** inländischer Entleiher. Erfasst sind damit die Fälle, in denen einem inländischen Entleiher Arbeitnehmerinnen oder Arbeitnehmer von einem Verleiher überlassen werden, der seinen Sitz im Ausland hat. Auch diese Vorschrift gilt allerdings nur für die Branchen, die in § 2a Schwarzarbeitsbekämpfungsgesetz genannt sind (vgl. die Auflistung oben in Rn. 1). Der Inhalt der Anmeldung ist identisch mit demjenigen, der in Abs. 2 geregelt ist (vgl. oben). Statt des Beginns und der voraussichtlichen Dauer der Beschäftigung ist jedoch eine Anmeldepflicht im Hinblick auf Beginn und Dauer der Überlassung aufgeführt.

10 Vor Beginn der Tätigkeit muss der deutsche Entleiher daher schriftlich und in deutscher Sprache diese Leiharbeitnehmer bei der zuständigen Zollbehörde anmelden. Zudem muss er, nach **Abs. 4,** der Anmeldung eine Versicherung des ausländischen Verleihers beifügen, dass dieser wiederum die Verpflichtung zur Zahlung des Mindestlohns einhält.

IV. Mindestlohnmeldeverordnung nach Abs. 5

11 Abs. 5 enthält eine **Verordnungsermächtigung,** die hier – anders als in der Parallelvorschrift des AEntG – nicht dem Arbeits- und Sozial-, sondern dem Finanzministerium eröffnet ist. Durch eine Rechtsverordnung, für die zwar nicht die Zustimmung des Bundesrates erforderlich ist, wohl aber das Einvernehmen mit dem Bundesministerium für Arbeit und Soziales, sollen allgemeine Verfahrensfragen der Meldepflicht geregelt sowie für bestimmte, in Nr. 3 näher eingegrenzte Bereiche **vereinfachte Meldeverfahren** ermöglicht werden. Dies gilt insbesondere für Arbeitnehmer, die regelmäßig im Rahmen einer wiederkehrenden Werk- oder Dienstleistung eingesetzt werden. Das Bundesministerium für Finanzen hat vor dem Hintergrund dieser Verordnungsermächtigung die **„Verordnung über Meldepflichten nach dem Mindestlohngesetz, dem Arbeitnehmer-Entsendegesetz und dem Arbeitnehmerüberlassungsgesetz – Mindestlohnmeldeverordnung (MiLoMeldV)"** am 26.11.2014 erlassen, in Kraft getreten ist sie wie das Gesetz am 1.1.2015 (BGBl. I S. 1825).

12 **Im Einzelnen** hat der Gesetzgeber **vorgesehen,** dass die Verordnung regeln kann, dass eine Anmeldung, eine Änderungsmeldung und die Versicherung nicht schriftlich erfolgen müssen, sondern auch elektronisch

übermittelt werden können. Zudem überträgt der Gesetz- dem Verordnungsgeber die Möglichkeit, die Art und Weise sowie die technischen und organisatorischen Voraussetzungen festzulegen. Des Weiteren kann die Verordnung regeln, unter welchen Voraussetzungen eine Änderungsmeldung ausnahmsweise entfallen kann und schließlich, wie in Rn. 11 angesprochen, welche Vereinfachungsmöglichkeiten gegebenenfalls vorgesehen werden können.

13 Die **Mindestlohnmeldeverordnung (MiLoMeldV)** enthält, nach einer Eingangsformel, **drei Regelungsparagraphen** sowie eine Bestimmung zum Inkrafttreten.

14 § 1 MiLoMeldV regelt nähere Bestimmungen zur Meldung selbst. Für diese sollen die betroffenen Arbeitgeber einen **Vordruck** verwenden. Dieser wird mittlerweile auf der Homepage des Zolls als Formular (Nr. 033035) angeboten (www.zoll.de).

15 § 2 MiLoMeldV regelt näher die verschiedenen Formen der **Abwandlung bei der Anmeldung.** Diese greifen vor allem bei besonderen Beschäftigungen, etwa in Nacht- oder Schichtarbeit, bei ausschließlich mobilen Beschäftigungen (etwa im Personen- oder Güterbeförderungsgewerbe) sowie bei Beschäftigungen mit wechselnden Beschäftigungsorten am selben Tag. In diesen Fällen kommt es zu den in § 2 MiLoMeldV vorgegebenen Besonderheiten bezüglich dessen, was im Einzelnen wie zu melden ist.

16 § 3 MiLoMeldV schränkt die Meldepflicht bezüglich **Änderungen** ein, die grundsätzlich unverzüglich zu erfüllen ist. Gerade bei Schichtarbeit ist eine Änderungsmeldung nur in besonderen, dort aufgeführten Fällen erforderlich.

V. Rechtsverordnung nach Abs. 6

17 Nach § 16 Abs. 6 kann das Bundesministerium für Finanzen die **zuständige Behörde** bestimmen, bei der die Meldepflicht nach Abs. 1 zu erfüllen ist. In der entsprechenden Rechtsverordnung vom Bundesministerium der Finanzen ist dies die Bundesfinanzdirektion West, die ihren Sitz in Köln hat.

§ 17 Erstellen und Bereithalten von Dokumenten

(1) [1]**Ein Arbeitgeber, der Arbeitnehmerinnen und Arbeitnehmer nach § 8 Absatz 1 des Vierten Buches Sozialgesetzbuch oder in den in § 2a des Schwarzarbeitsbekämpfungsgesetzes genannten Wirtschaftsbereichen oder Wirtschaftszweigen beschäftigt, ist verpflichtet, Beginn, Ende und Dauer der täglichen Arbeitszeit dieser Arbeitnehmerinnen und Arbeitnehmer spätestens bis zum**

Ablauf des siebten auf den Tag der Arbeitsleistung folgenden Kalendertages aufzuzeichnen und diese Aufzeichnungen mindestens zwei Jahre beginnend ab dem für die Aufzeichnung maßgeblichen Zeitpunkt aufzubewahren. [2]Satz 1 gilt entsprechend für einen Entleiher, dem ein Verleiher eine Arbeitnehmerin oder einen Arbeitnehmer oder mehrere Arbeitnehmerinnen oder Arbeitnehmer zur Arbeitsleistung in einem der in § 2a des Schwarzarbeitsbekämpfungsgesetzes genannten Wirtschaftszweige überlässt. [3]Satz 1 gilt nicht für Beschäftigungsverhältnisse nach § 8a des Vierten Buches Sozialgesetzbuch.

(2) **[1]Arbeitgeber im Sinne des Absatzes 1 haben die für die Kontrolle der Einhaltung der Verpflichtungen nach § 20 in Verbindung mit § 2 erforderlichen Unterlagen im Inland in deutscher Sprache für die gesamte Dauer der tatsächlichen Beschäftigung der Arbeitnehmerinnen und Arbeitnehmer im Geltungsbereich dieses Gesetzes, mindestens für die Dauer der gesamten Werk- oder Dienstleistung, insgesamt jedoch nicht länger als zwei Jahre, bereitzuhalten. [2]Auf Verlangen der Prüfbehörde sind die Unterlagen auch am Ort der Beschäftigung bereitzuhalten.**

(3) **Das Bundesministerium für Arbeit und Soziales kann durch Rechtsverordnung ohne Zustimmung des Bundesrates die Verpflichtungen des Arbeitgebers oder eines Entleihers nach § 16 und den Absätzen 1 und 2 hinsichtlich bestimmter Gruppen von Arbeitnehmerinnen und Arbeitnehmern oder der Wirtschaftsbereiche oder den Wirtschaftszweigen einschränken oder erweitern.**

(4) **Das Bundesministerium der Finanzen kann durch Rechtsverordnung im Einvernehmen mit dem Bundesministerium für Arbeit und Soziales ohne Zustimmung des Bundesrates bestimmen, wie die Verpflichtung des Arbeitgebers, die tägliche Arbeitszeit bei ihm beschäftigter Arbeitnehmerinnen und Arbeitnehmer aufzuzeichnen und diese Aufzeichnungen aufzubewahren, vereinfacht oder abgewandelt werden kann, sofern Besonderheiten der zu erbringenden Werk- oder Dienstleistungen oder Besonderheiten des jeweiligen Wirtschaftsbereiches oder Wirtschaftszweiges dies erfordern.**

Inhaltsübersicht

I. Allgemeines und Normzweck

1 § 17 bildet eine **zentrale Vorschrift zur Kontrolle** der Einhaltung des gesetzlichen Mindestlohns. Dazu enthält § 17, ähnlich wie die Vorschriften des § 19 AEntG sowie § 17c AÜG, zahlreiche Dokumentationspflichten des Arbeitgebers. Gerade diese Pflichten standen und stehen häufig im Mittelpunkt der Kritik an der gesetzlichen Ausgestaltung des Mindestlohns, da sie als überaus bürokratisch wahrgenommen werden (*Sittard/Rawe,* ArbRB 2015, 80ff., 82; *Weberling,* AfP 2014, 417ff., 419).

2 Ziel dieser, mit europäischen Vorgaben vereinbaren (*Riechert/Nimmerjahn* § 17 Rn. 5ff.) Pflicht zur Erstellung und Bereithaltung von Dokumenten ist es infolgedessen, eine **effiziente Kontrolle** der Einhaltung des gesetzlichen Mindestlohns in allen betroffenen Arbeitsverhältnissen zu garantieren (*Riechert/Nimmerjahn* § 17 Rn. 4), die ohne eine gewisse (vom Gesetz vorgesehene) Hilfestellung des Arbeitgebers nicht möglich wäre (so zur Parallelvorschrift im AEntG *Koberski/Asshoff/Hold,* AEntG § 2 Rn. 25). Die Kontrolle obliegt in erster Linie den zuständigen Behörden, dem Betriebsrat nur sehr eingeschränkt im Rahmen seiner ihm nach dem BetrVG zustehenden Kompetenzen (ausführlich zur Kontrolle des Mindestlohns durch den Betriebsrat *Kleinebrink,* DB 2015, 375ff.).

3 Die **Dokumentationspflichten** sind indes **beschränkt:** Sie treffen lediglich die Arbeitgeber bestimmter Arbeitnehmergruppen, nämlich der geringfügig Beschäftigten nach § 8 SGB IV sowie der Beschäftigten in den in § 2a Schwarzarbeitsbekämpfungsgesetz genannten Branchen. Gerade diese zuletzt genannten Gruppen, das heißt die in § 2a genannten Branchen, sind durch eine besondere arbeitszeitliche Fluktuation gekennzeichnet, sodass die Pflicht gerade hier aus Sicht des Gesetzgebers besonders angezeigt erschien (*Bayreuther,* NZA 2014, 865ff., 868; *Moll/Päßler/Reich,* MDR 2015, 125ff., 128). Ob ein Arbeitgeber dieser Gruppe zuzurechnen ist, bestimmt sich nach dem **„Überwiegensprinzip"**, das heißt danach, ob die Arbeitnehmer des betroffenen Betriebs arbeitszeitlich überwiegend dem jeweiligen Wirtschaftsbetrieb oder Wirtschaftszweig zugehörige Tätigkeiten verrichten (BAG v. 2.3.2006, NZA-RR 2006, 639ff.; v. 24.8.1994, NZA 1995, 1116ff.; *Riechert/Nimmerjahn* § 17 Rn. 13). Gehört ein Arbeitgeber einem der in § 2a Schwarzarbeitsbekämpfungsgesetz genannten Wirtschaftsbereiche an, hat er für alle seine Arbeitnehmer entsprechende Aufzeichnungen zu führen, nicht nur für diejenigen, die gewerblich beschäftigt oder „mindestlohnrelevant" tätig sind (BT-Drs. 18/2010, S. 23; *Riechert/Nimmerjahn* § 17 Rn. 14).

4 Die Dokumentationspflicht für die erste Gruppe, die **geringfügig Beschäftigten** nach dem SGB IV, beruht auf der Vorstellung, dass auf Grund der sozialversicherungsrechtlichen Rahmenbedingungen der Aufzeichnung der Arbeitszeit gerade bei diesem Personenkreis eine besondere Bedeutung zukomme (BT-Drs. 18/1558, S. 48). Dadurch soll mithin der Manipulation vorgebeugt werden, da die Arbeitszeit dieser Gruppe der

450-Euro-Jobber durch die Einführung des gesetzlichen Mindestlohns auf maximal 52,94 Stunden beschränkt ist (*Moll/Päßler/Reich,* MDR 2015, 125ff., 129).

5 **Fraglich** ist aber, ob in den Wirtschaftszweigen und Branchen im Sinne des § 2a Schwarzarbeitsbekämpfungsgesetz tatsächlich die entsprechenden **Daten aller Beschäftigten** zu erfassen sind. Insofern besteht jedenfalls eine Kollision zum AEntG. Man wird jedoch davon auszugehen haben, dass gemäß dem in § 1 Abs. 3 erkennbaren Grundprinzip die Regelungssystematik des AEntG Vorrang genießt. Daher gilt auch in diesen Branchen nur für diejenigen Arbeitnehmer eine Dokumentationspflicht, die vom kraft AEntG erstreckten Tarifvertrag erfasst ist. Nicht erfasst hingegen sind AT-Angestellte (so auch explizit *Sittard/Rawe,* ArbRB 2015, 80ff., 82; zu einer teleologischen Reduktion für Arbeitnehmer, bei denen die Zahlung des Mindestlohns ohnehin sichergestellt ist, das heißt bei Arbeitnehmern mit einem Jahresgehalt von mindestens 74.644 EUR brutto, auch *Bonanni/Hahne,* ArbRB 2014, 343ff., 344; so auch *Olbertz,* GWR 2014, 521ff., 524). Ebenfalls nicht von der Dokumentationspflicht erfasst sind geringfügig Beschäftigte in Privathaushalten, da § 8a SGB IV insofern ausdrücklich ausgenommen ist.

6 Ein fahrlässiger wie vorsätzlicher Verstoß gegen die Pflichten aus § 17 stellt einen **Bußgeldtatbestand** dar. Er kann nach § 21 Abs. 1 Nr. 7 und 8 mit einer Geldbuße von bis zu 30.000 EUR geahndet werden (s. auch *Schubert/Jerchel/Düwell,* Rn. 278f.)

II. Regelungsinhalte

7 Die Vorschrift gliedert sich in **unterschiedliche Regelungsinhalte.** Während Abs. 1 die Dokumentationspflichten selbst betrifft, bestimmt Abs. 2 eine Pflicht, die Unterlagen bereitzuhalten. Abs. 3 und Abs. 4 enthalten Ermächtigungen zum Erlass von Rechtsverordnungen.

1. Aufzeichnungs- und Aufbewahrungspflichten nach Abs. 1

8 Aufgrund der zutreffenden Vorstellung, dass eine wirksame Kontrolle der Einhaltung des gesetzlichen Mindestlohns jedenfalls bei den in der Vorschrift genannten Gruppen (vgl. oben Rn. 3) nur dann möglich ist, wenn Beginn, Ende und Dauer der täglichen Arbeitszeit gerade dieser Arbeitnehmerinnen und Arbeitnehmer exakt festgehalten sind, ordnet § 17 Abs. 1 eine Pflicht des Arbeitgebers an, diese Daten **aufzuzeichnen** und für mindestens zwei Jahre **aufzubewahren.** Die „tägliche Arbeitszeit" richtet sich auf die vom Arbeitnehmer tatsächlich geleistete Arbeitszeit, die mit dem Mindestlohn zu vergüten ist, einschließlich ggf. anfallender

Mehrarbeit und Überstunden (*Riechert/Nimmerjahn* § 17 Rn. 20). Zu dokumentieren sind diese Zeiten einschließlich der Pausen. Nicht zu dokumentieren sind – wie die Pausen – auch arbeitsfreie Tage sowie Fehlzeiten. Der aufzuzeichnende „Beginn" der Arbeitszeit meint denjenigen Zeitpunkt, an der der Arbeitnehmer tatsächlich seine Arbeitstätigkeit aufnimmt, „Ende" denjenigen, zu dem er konkret aufhört, und zwar nicht nur kurzzeitig.

9 Die Vorschrift gibt zudem den **Zeitpunkt** vor, zu dem die Dokumentation spätestens zu erfolgen hat, nämlich spätestens bis zum Ablauf des siebten auf den Tag der Arbeitsleistung erfolgenden Kalendertages. Für die Berechnung gelten die allgemeinen Vorschriften des BGB.

10 Diese Dokumentationspflicht ist **konsequent,** denn nur auf diesem Weg ist es den Kontrollbehörden möglich, die Stundenzahl, für die der gesetzliche Mindestlohn vom Arbeitgeber zu zahlen ist, zuverlässig festzustellen und mit Hilfe der Lohnabrechnungsunterlagen in jedem Einzelfall den tatsächlich gezahlten Stundenlohn zu ermitteln (*Lakies* § 17 Rn. 5; so auch schon Beschlussempfehlung Ausschuss Arbeit und Sozialordnung zu der Vorgängerregelung in § 14 MiArbBG BT-Drs. 13/8994; s. auch *Marschall,* NZA 1998, 633).

11 Die **Aufbewahrungsdauer,** die in Abs. 1 enthalten ist, entspricht derjenigen des § 16 Abs. 2 ArbZG, das heißt **mindestens zwei Jahre.** Dies ist zwar weniger als die für die verjährungsrechtliche Ordnungswidrigkeitsregelung entscheidenden drei Jahre. Doch durch diese verhältnismäßig lange Pflicht soll gleichwohl primär sichergestellt werden, dass die Zahlungsverpflichtung des Arbeitgebers ausreichend nachprüfbar ist. Beginn der zweijährigen Dauer ist der Zeitpunkt, zu dem der Arbeitgeber auch der Aufzeichnungspflicht selbst nachkommen muss.

12 Über die **Art und Weise der Aufbewahrung** enthält das Gesetz keine näheren Vorgaben. Insofern kann der Arbeitgeber entscheiden, wie er seiner Pflicht aus Abs. 1 nachkommen möchte. Entscheidend ist das Ziel der Pflicht, sodass davon auszugehen ist, dass die Aufbewahrung so erfolgen muss, dass die Dokumente in dem entscheidenden Zeitraum ausreichend geschützt und nachprüfbar sind bzw. bleiben. In Betracht kommen alle möglichen Aufzeichnungswege, auch elektronischer Art, das heißt digital ebenso wie analog (*Maschmann,* NZA 2014, 929ff., 936; *Bonanni/Hahne,* ArbRB 2014, 343ff., 344).

13 Da es sich nicht um eine höchstpersönliche Pflicht des Arbeitgebers handelt, ist es insbesondere zulässig, dass er die Erfüllung dieser Pflicht **überträgt,** auch auf den Arbeitnehmer selbst. Er kann ihn daher anweisen, seine Arbeitszeiten jeweils zu dokumentieren, wobei der Arbeitgeber dann jedoch eine **Überwachungs- und Kontrollpflicht** hat, was mit einem entsprechenden Haftungsrisiko einhergeht (*Spielberger/Schilling,* NJW 2014, 2897ff., 2903; *Moll/Päßler/Reich,* MDR 2015, 125ff., 129; *Bonanni/Hahne,* ArbRB 2014, 343ff., 345; etwas offener, aber i. Erg. auch bejahend *Schubert/Jerchel/Düwell* Rn. 276; unklar *Riechert/Nimmer-*

jahn § 17 Rn. 28: Arbeitgeber kann sie von Dritten, auch vom Arbeitnehmer aufzeichnen lassen, aber nicht delegieren). Der Haftung kann sich der Arbeitgeber dann, wenn er die Aufzeichnung (auf den Arbeitnehmer) überträgt, nur dann entziehen, wenn er die Aufzeichnung dann zumindest in Stichproben kontrolliert.

14 Nach § 17 Abs. 1 S. 2 ist die **Dokumentationsplicht in gleicher Weise** auch auf den **Entleiher** erstreckt, dem ein Verleiher einen oder mehrere Arbeitnehmer zur Arbeitsleistung in einem der in § 2a Schwarzarbeitsbekämpfungsgesetz genannten Wirtschaftszweige überlässt.

2. Bereithaltungspflicht nach Abs. 2

15 Nach Abs. 2 besteht zudem eine Pflicht des Arbeitgebers, die für eine Kontrolle **erforderlichen Unterlagen bereitzuhalten.** Nach Abs. 2 S. 2 kann die Prüfbehörde zudem verlangen, diese Unterlagen **auch am Ort** der Beschäftigung bereitzuhalten, damit auf diese Weise eine effizientere Kontrolle möglich ist. Die früher in den Parallelvorschriften des AEntG enthaltene Beschränkung auf Arbeitgeber mit Sitz im Ausland ist aufgegeben worden. Die Pflicht trifft somit alle Arbeitgeber, die von der Dokumentationspflicht des § 17 erfasst sind.

16 **Zu diesen Unterlagen,** die ein Arbeitgeber vorzulegen hat, **gehören** unter anderem die Niederschriften über die Arbeitsbedingungen nach § 2 NachwG, zudem Lohnlisten, Kontrolllisten, Arbeitszeitkonten, Arbeitszeitnachweise sowie Urlaubspläne, mithin alle Belege, die sich auf die Lohnzahlung und die Zusammensetzung des Lohns beziehen (*Moll/Päßler/Reich,* MDR 2015, 125 ff., 129; *Lakies* § 17 Rn. 11; *Bonanni/Hahne,* ArbRB 2014, 343 ff., 345). Die Behörde muss jedenfalls anhand der Unterlagen in die Lage versetzt werden, die Einhaltung der Mindestlohnzahlung zu ermitteln. Schließlich gehören zu den Unterlagen weiterhin auch Belege über die Überweisung von Beiträgen zu den Sozialkassen (zB an die Urlaubskasse und gegebenenfalls auch die Beitragszahlungen an eine Urlaubskasse im Heimatland) (so zum AEntG BeckOKArbR/*Gussen,* AEntG § 2 Rn. 6).

17 Die Bereithaltungspflicht **„in deutscher Sprache"** stellt für sich genommen keinen Verstoß gegen Art. 49 EG dar (EuGH v. 18.7.2007, NZA 2007, 917). Aus dieser Pflicht kann allerdings eine Übersetzungspflicht folgen (*Lakies* § 17 Rn. 13).

18 Die **Dauer** der Bereithaltungspflicht wird vom Gesetz auf die Dauer der tatsächlichen Beschäftigung des Arbeitnehmers in Deutschland erstreckt, mindestens aber auf die Dauer der gesamten Werk- oder Dienstleistung. Die Höchstbereithaltungsdauer ist auch hier zwei Jahre.

3. Verordnungsermächtigung nach Abs. 3

19 Nach Abs. 3 ist das Bundesministerium für Arbeit und Soziales **ermächtigt,** durch Rechtsverordnung, für die die Zustimmung des Bundesrates nicht erforderlich ist, die Verpflichtungen des Arbeitgebers oder eines Entleihers nach § 16 und § 17 Abs. 1 und 2 hinsichtlich bestimmter Gruppen von Arbeitnehmerinnen und Arbeitnehmern oder Wirtschaftsbereiche oder -zweige **einzuschränken oder zu erweitern.**

20 Diese Ermächtigung hat das Ministerium bereits in Anspruch genommen und auf der Grundlage des Abs. 3 die **„Verordnung zu den Dokumentationspflichten nach den §§ 16 und 17 des Mindestlohngesetzes in Bezug auf bestimmte Arbeitnehmergruppen – Mindestlohndokumentationsverordnung (MiLoDokV)"** am 18.12.2014 erlassen. Sie ist mit dem Gesetz am 1.1.2015 in Kraft getreten (BAnz AT 29.2.2014 V1). Die MiLoDokV erhält in ihrer einzigen Vorschrift eine **Einschränkung der Dokumentationspflicht** dahingehend, dass sie nicht für Arbeitnehmerinnen und Arbeitnehmer gilt, deren verstetigtes regelmäßiges Monatsentgelt brutto 2.958 Euro überschreitet und für die der Arbeitgeber seine nach § 16 Abs. 2 ArbZG bestehenden Verpflichtungen zur Aufzeichnung der Arbeitszeit und zur Aufbewahrung dieser Aufzeichnungen tatsächlich erfüllt. Die genaue Berechnung, ob die genannte Lohnsumme erreicht ist, ist in S. 2 und 3 des § 1 MiLoDokV näher geregelt.

4. Verordnungsermächtigung nach Abs. 4

21 In Abs. 4 schließlich ist eine **weitere Verordnungsermächtigung** enthalten, hier für das Bundesministerium für Finanzen. Die Ermächtigung kam erst im Laufe des Gesetzgebungsverfahren in die Vorschrift und ermöglicht es dem Ministerium, im Einvernehmen mit dem Bundesministerium für Arbeit und Soziales, die Art und Weise der Erfüllung der Dokumentationspflichten im Sinne größerer Flexibilität spezifischen Bedürfnissen der Praxis anzupassen, wenn Besonderheiten der Werk- oder Dienstleistungen oder Besonderheiten des jeweiligen Wirtschaftsbereichs oder Wirtschaftszweiges im Hinblick auf ihre Kontrollsituation dies erfordern (BT-Drs. 18/2010, S. 24; *Lakies* § 17 Rn. 15).

22 Auf der Grundlage dieser Verordnungsermächtigung hat das Bundesministerium für Finanzen am 26.11.2014 die **„Verordnung zur Abwandlung der Pflicht zur Arbeitszeitaufzeichnung nach dem Mindestlohngesetz und dem Arbeitnehmer-Entsendegesetz – Mindestlohnaufzeichnungsverordnung" (MiLoAufzV)** erlassen, die am 1.1.2015 in Kraft getreten ist (BGBl. I S. 1824). Neben der Regelung des Inkrafttretens enthält sie lediglich eine einzige Vorschrift, § 1, der eine Vereinfachung und Abwandlung der Pflicht zur Arbeitsaufzeichnung vorsieht und damit von den Vorgaben des § 17 Abs. 1 (sowie zugleich des § 19 Abs. 1 AEntG) abweicht. Ziel ist es, die Interessen der von der Auf-

zeichnungspflicht betroffenen Arbeitgeber und das Erfordernis wirksamer staatlicher Kontrolle zu einem Ausgleich zu bringen (Begründung zur MiLoAufzV, S. 7, im Internet unter div. Anschriften zu finden, nicht im Gesetzblatt; *Riechert/Nimmerjahn* § 17 Rn. 46).

23 Die wesentliche (mit dieser Einschätzung auch *Moll/Päßler/Reich,* MDR 2015, 125 ff., 129) Erleichterung ist in § 1 Abs. 1 MiLoAufzV enthalten, der sich an die vergleichbare Regelung in der AEntGMeldV vom 10.9.2010 anlehnt (BGBl. I S. 1304), und liegt darin, dass der Arbeitgeber in bestimmten Fällen seiner Aufzeichnungspflicht nach § 17 Abs. 1 schon dann genügt, wenn er **nur die Dauer der tatsächlichen Arbeitszeit** aufzeichnet. Dies ist der Fall, wenn er Arbeitnehmerinnen und Arbeitnehmer mit ausschließlich mobilen Tätigkeiten beschäftigt, diese keinen Vorgaben zu konkreten täglichen Arbeitszeit unterliegen und sich ihre tägliche Arbeitszeit eigenverantwortlich einteilen. Alle drei Voraussetzungen müssen, wie der Verordnungswortlaut deutlich macht („und") **kumulativ** vorliegen.

24 In Abs. 2 des § 1 hat der Verordnungsgeber – gesetzestechnisch interessant gelöst – die einzelnen Voraussetzungen des Abs. 1 näher **erläutert** und **mit Fallbeispielen** versehen. Deutlich wird, dass er unter den „mobilen" Tätigkeiten primär Post- und Zeitungszusteller, Abfallentsorger, Straßen- und Winterdienst sowie Gütertransportdienste verstanden wissen möchte, dies aber nur als Beispiele versteht („insbesondere"). Auch die zwei weiteren Vorgaben erläutert der Verordnungsgeber in Abs. 2 (näher hierzu *Weberling,* AfP 2014, 501 ff., 502).

§ 18 Zusammenarbeit der in- und ausländischen Behörden

(1) **Die Behörden der Zollverwaltung unterrichten die zuständigen örtlichen Landesfinanzbehörden über Meldungen nach § 16 Absatz 1 und 3.**

(2) [1]**Die Behörden der Zollverwaltung und die übrigen in § 2 des Schwarzarbeitsbekämpfungsgesetzes genannten Behörden dürfen nach Maßgabe der datenschutzrechtlichen Vorschriften auch mit Behörden anderer Vertragsstaaten des Abkommens über den Europäischen Wirtschaftsraum zusammenarbeiten, die diesem Gesetz entsprechende Aufgaben durchführen oder für die Bekämpfung illegaler Beschäftigung zuständig sind oder Auskünfte geben können, ob ein Arbeitgeber seine Verpflichtungen nach § 20 erfüllt.** [2]**Die Regelungen über die internationale Rechtshilfe in Strafsachen bleiben hiervon unberührt.**

(3) **Die Behörden der Zollverwaltung unterrichten das Gewerbezentralregister über rechtskräftige Bußgeldentscheidungen nach § 21 Absatz 1 bis 3, sofern die Geldbuße mehr als zweihundert Euro beträgt.**

I. Allgemeines

1 Die Vorschrift regelt die Zusammenarbeit verschiedener Behörden. Sie entspricht inhaltlich im Wesentlichen der Regelung des § 20 AEntG in der Fassung, die diese Norm durch Art. 6 Tarifautonomiestärkungsgesetz (BGBl. I 2014, 1348) erhalten hatte. Regelungszweck von § 18 ist eine effektive Kontrolle der Einhaltung des Gesetzes durch eine intensive behördliche Zusammenarbeit.

II. Unterrichtung der örtlichen Landesfinanzbehörden über Meldungen nach § 16 Abs. 1 und 3.

2 § 16 Abs. 1 und Abs. 3 erlegen Arbeitgebern und Entleihern im Sinne der Arbeitnehmerüberlassung in bestimmten Fällen mit Auslandsbezug besondere Informationspflichten auf. Inhaltlich sind diese Regelungen an § 18 Abs. 1 und 3 AEntG angelehnt. Nach § 16 Abs. 1 ist ein Arbeitgeber mit Sitz im Ausland, der seine Arbeitnehmer in den in § 2a SchwArbG genannten Branchen in Deutschland beschäftigt, vor Beginn jeder Werk- oder Dienstleistung zur schriftlichen Anmeldung unter Mitteilung bestimmter Angaben an die Behörden der Zollverwaltung verpflichtet. Änderungen der Angaben sind unverzüglich mitzuteilen. Dieselbe Pflicht trifft gemäß § 16 Abs. 3 einen Entleiher, dem ein Zeitarbeitnehmer von einem Verleiher mit Sitz im Ausland zur Arbeitsleistung im Inland überlassen wird. Die Informationspflicht wurde auf den Entleiher erstreckt, da dieser jederzeit Kenntnis von dem Einsatzort des Arbeitnehmers haben und damit im Vergleich zum Verleiher über aktuellere Kenntnisse verfügen soll, die er an die Behörden weitergeben kann (vgl. auch Däubler/Hjort/Schubert/Wolmerath/*Mayer,* 3. Auflage 2013, § 20 AEntG Rn. 8). Die Beschränkung auf die in § 2a SchwArbG genannten Wirtschaftsbereiche und Wirtschaftszweige begründet der Gesetzgeber damit, dass in diesen Branchen besonders mit Missbrauchssachverhalten zu rechnen sei (BR-Drs. 147/14, S. 44). Die Mitteilung durch Arbeitgeber, bzw. Entleiher ist an die Behörden der Zollverwaltung zu richten, die auf diese Weise schnell und wirkungsvoll die Einhaltung der Vorschriften überwachen können. Die Unterrichtung der zuständigen örtlichen Landesfinanzbehörden soll gewährleisten, dass sich weder Arbeitgeber bzw. Entleiher noch Arbeitnehmer der Abgabenpflicht entziehen (Koberski/*Asshoff*/Eustrup/Winkler, 3. Auflage 2011, § 20 AEntG Rn. 2). Die in das Inland entsandten bzw. überlassenen Arbeitnehmer sind vorbehaltlich anderweitiger Regelungen im Doppelbesteuerungsabkommen in der Regel beschränkt einkommensteuerpflichtig nach § 1 Abs. 4 i. V. m. § 49 Abs. 1 Nr. 4 lit. a) EStG. Entsprechendes gilt für die Arbeitgeber, wenn sie eine Betriebsstätte oder einen ständigen Vertreter im Inland haben, nach § 1

Abs. 4 i. V. m. § 49 Abs. 1 Nr. 2 lit a) EStG für natürliche Personen – und für Körperschaften i. V. m. § 2 Abs. 1 KStG. Die Unterrichtungspflicht schützt damit die fiskalischen Interessen des Staates.

III. Zusammenarbeit mit Behörden anderer Vertragsstaaten des Abkommens über den Europäischen Wirtschaftsraum, Abs. 2

3 Abs. 2 erlaubt eine Zusammenarbeit mit Behörden anderer Vertragsstaaten des Abkommens über den Europäischen Wirtschaftsraum. Diese Norm soll gewährleisten, dass die Vorschriften des MiLoG, insbesondere die Zahlung des flächendeckenden Mindestlohns, auch in grenzüberschreitenden Fällen effektiv durchgesetzt und illegale Beschäftigung wirksam bekämpft wird. Die Vorschrift ist inhaltlich an § 20 Abs. 2 AEntG angelehnt, der wiederum der Entsende-Richtlinie 96/71/EG entspricht. Art. 4 Abs. 2 der Entsende-Richtlinie sieht vor, dass die Mitgliedstaaten die Zusammenarbeit der Behörden erlauben, die für die Überwachung der in Art. 3 aufgeführten Arbeits- und Beschäftigungsbedingungen zuständig sind. Der deutsche Gesetzgeber geht über die Richtlinie hinaus, indem er die Zusammenarbeit nicht nur mit den EU-Mitgliedstaaten, sondern mit den Vertragsstaaten des Abkommens über den Europäischen Wirtschaftsraum vorsieht. Umfasst sind damit außerdem Island, Liechtenstein und Norwegen.

4 Was unter der **Zusammenarbeit** zu verstehen ist, ergibt sich aus der Entsenderichtlinie 96/71/EG. Dort heißt es: *„Diese Zusammenarbeit besteht insbesondere darin, begründete Anfragen dieser Behörden zu beantworten, die das länderübergreifende Zurverfügungstellen von Arbeitnehmern, einschließlich offenkundiger Verstöße oder Fälle von Verdacht auf unzulässige länderübergreifende Tätigkeiten, betreffen.“* Die deutschen Behörden werden also durch § 18 Abs. 2 zur **Erteilung von Auskünften** ermächtigt. Ihre Berechtigung zum **Einholen von Auskünften** ergibt sich dagegen bereits aus § 15 S. 1 i. V. m. § 2 Abs. 1 S. 1 Nr. 5 SchwArbG in der Fassung, die die Norm durch Art. 3 Tarifautonomiestärkungsgesetz (BGBl. I 2014, 1348) erhalten hat. Denn die Ermittlung auch über Staatsgrenzen hinweg gehört zur Prüfung der Einhaltung der Arbeitsbedingungen nach Maßgabe des MiLoG.

5 **Ermächtigt** werden neben den Behörden der Zollverwaltung auch die übrigen in § 2 SchwArbG genannten Behörden. Dies sind die Finanzbehörden, die Bundesagentur für Arbeit, die Bundesnetzagentur für Elektrizität, Gas, Telekommunikation, Post und Eisenbahnen, die Einzugsstellen nach § 28i SGB IV, die Träger der Rentenversicherung, die Träger der Unfallversicherung, die Träger der Sozialhilfe, die nach dem Asylbewerberleistungsgesetz zuständigen Behörden, die in § 71 Abs. 1 bis

3 AufenthG genannten Behörden, das Bundesamt für Güterverkehr, die für den Arbeitsschutz zuständigen Landesbehörden, die Polizeivollzugsbehörden der Länder, die nach Landesrecht für die Verfolgung und Ahndung von Ordnungswidrigkeiten nach dem SchwArbG zuständigen Behörden und die nach § 14 GewO für die Entgegennahme der Gewerbeanzeigen zuständigen Stellen.

6 **Datenschutzrechtlich** gelten nach § 15 S. 1 i. V. m. § 15 SchwArbG grundsätzlich die Vorschriften des 2. Kapitel des SGB X. Nach § 15 S. 2 sind die speziellen datenschutzrechtlichen Bestimmungen in §§ 16 bis 19 des SchwArbG zu beachten. Außerdem sind die allgemeinen datenschutzrechtlichen Bestimmungen des BDSG anwendbar (vgl. auch Hümmerich/Noecken/Düwell/*Kühn,* 2. Auflage 2010, § 20 AEntG Rn. 3).

IV. Unterrichtung des Gewerbezentralregisters, Abs. 3

7 Abs. 3 konkretisiert § 149 Abs. 2 S. 1 Nr. 3 GewO. Danach sind **rechtskräftige Bußgeldentscheidungen von mehr als EUR 200** in das Register einzutragen, wenn sie *„bei oder in Zusammenhang mit der Ausübung eines Gewerbes oder dem Betrieb einer sonstigen wirtschaftlichen Unternehmung"* begangen worden sind. Der Zweck der Eintragung ist in erster Linie, dass öffentliche Auftraggeber die Unternehmen, die sich ordnungswidrig verhalten haben, von der Vergabe nach § 19 ausschließen können (vgl. auch Hümmerich/Noecken/Düwell/*Kühn,* § 20 AEntG Rn. 4). Daneben können die zuständigen Behörden die Eintragungen im Gewerbezentralregister für die Versagung oder Rücknahme einer behördlichen Erlaubnis oder für die Untersagung nach § 35 GewO sowie bei der wiederholten Begehung einer Ordnungswidrigkeit heranziehen, wie sich aus § 150a GewO ergibt. Die Grenze von EUR 200 schließt Bagatellfälle aus (vgl. auch Koberski/*Asshoff*/Eustrup/Winkler, 3. Auflage 2011 § 20 AEntG Rn. 4).

§ 19 Ausschluss von der Vergabe öffentlicher Aufträge

(1) **Von der Teilnahme an einem Wettbewerb um einen Liefer-, Bau- oder Dienstleistungsauftrag der in § 98 des Gesetzes gegen Wettbewerbsbeschränkungen genannten Auftraggeber sollen Bewerberinnen oder Bewerber für eine angemessene Zeit bis zur nachgewiesenen Wiederherstellung ihrer Zuverlässigkeit ausgeschlossen werden, die wegen eines Verstoßes nach § 21 mit einer Geldbuße von wenigstens zweitausendfünfhundert Euro belegt worden sind.**

(2) **Die für die Verfolgung oder Ahndung der Ordnungswidrigkeiten nach § 21 zuständigen Behörden dürfen öffentlichen Auf-**

traggebern nach § 98 Nummer 1 bis 3 und 5 des Gesetzes gegen Wettbewerbsbeschränkungen und solchen Stellen, die von öffentlichen Auftraggebern zugelassene Präqualifikationsverzeichnisse oder Unternehmer- und Lieferantenverzeichnisse führen, auf Verlangen die erforderlichen Auskünfte geben.

(3) [1]**Öffentliche Auftraggeber nach Absatz 2 fordern im Rahmen ihrer Tätigkeit beim Gewerbezentralregister Auskünfte über rechtskräftige Bußgeldentscheidungen wegen einer Ordnungswidrigkeit nach § 21 Absatz 1 oder Absatz 2 an oder verlangen von Bewerberinnen oder Bewerbern eine Erklärung, dass die Voraussetzungen für einen Ausschluss nach Absatz 1 nicht vorliegen.** [2]**Im Falle einer Erklärung der Bewerberin oder des Bewerbers können öffentliche Auftraggeber nach Absatz 2 jederzeit zusätzlich Auskünfte des Gewerbezentralregisters nach § 150a der Gewerbeordnung anfordern.**

(4) **Bei Aufträgen ab einer Höhe von 30.000 Euro fordert der öffentliche Auftraggeber nach Absatz 2 für die Bewerberin oder den Bewerber, die oder der den Zuschlag erhalten soll, vor der Zuschlagserteilung eine Auskunft aus dem Gewerbezentralregister nach § 150a der Gewerbeordnung an.**

(5) **Vor der Entscheidung über den Ausschluss ist die Bewerberin oder der Bewerber zu hören.**

I. Allgemeines

1 Die Norm regelt den Ausschluss von Unternehmen von der Vergabe öffentlicher Aufträge wegen vorheriger Verstöße gegen das MiLoG. Die Vorschrift ordnet ebenso wie die Bußgeldvorschrift in § 21 **Sanktionen** an. § 19 entspricht inhaltlich § 21 AEntG, jedoch wurde § 21 Abs. 1 S. 2 AEntG nicht übernommen (vgl. dazu Rn. 7). § 21 AEntG sieht für den Bereich von Branchenmindestlöhnen nach dem AEntG vor, dass Unternehmen bei Verstößen unter bestimmten Voraussetzungen von der Vergabe öffentlicher Aufträge ausgeschlossen werden. § 19 übernimmt diese Regelung für Verstöße gegen das Mindestlohngesetz (BR.-Ds. 147/14, S. 45). Im Vergleich zu den Geldbußen nach § 21 handelt es sich bei dem Ausschluss von der Vergabe öffentlicher Aufträge um eine zwar zeitlich begrenzte Sanktion, die den Täter jedoch ggf. deutlich härter trifft (vgl. auch *Koberski*/Asshoff/Eustrup/Winkler, § 21 AEntG Rn. 5; Däubler/*Lakies,* § 21 AEntG Rn. 2).

2 Der Ausschluss aus einem Vergabeverfahren wegen eines Verstoßes gemäß § 21 stellt eine **Durchbrechung des vergaberechtlichen Grundsatzes** des § 97 Abs. 4 S. 1 GWB dar, nach dem Aufträge an fachkundige, leistungsfähige sowie gesetzestreue und zuverlässige Unternehmen verge-

ben werden. Zuverlässig im Sinne des § 97 Abs. 4 S. 1 GWB ist ein Unternehmen bereits dann, wenn es die Gewähr dafür bietet, den Auftrag ausschreibungsgemäß auszuführen und abzuwickeln sowie sich ordnungsgemäß an dem Vergabeverfahren zu beteiligen (vgl. nur Immenga/Mestmäcker/*Dreher,* § 97 GWB Rn. 204). Ein bußgeldpflichtiger Verstoß gemäß § 21 führt daher nicht zwangsläufig zu einer Unzuverlässigkeit im Sinne des § 97 Abs. 4 GWB (a. A. Däubler/*Lakies,* § 21 AEntG Rn. 4), zumal der den Auftrag ausführende Geschäftsbereich des Unternehmens gar nicht an dem Verstoß beteiligt gewesen sein muss (vgl. dazu unten Rn. 4). Die Durchbrechung ist aber nach § 97 Abs. 4 S. 3 GWB zulässig. Diese Regelung sieht vor, dass weitergehende Anforderungen an Bewerber durch Bundesgesetz gestellt werden können.

II. Gegenstand des Ausschlusses

3 § 19 betrifft den Ausschluss von der Teilnahme an einem Wettbewerb um einen Liefer-, Bau- oder Dienstleistungsauftrag der in § 98 GWB abschließend genannten Auftraggeber. Der Begriff des öffentlichen Auftraggebers knüpfte ursprünglich fast ausschließlich an die öffentlich-rechtliche Organisationsform an und umfasste damit lediglich den Staat und seine Untergliederungen (§ 98 Nr. 1 GWB). Vor dem Hintergrund der Entscheidung des EuGH im Jahr 1998 in der Rechtssache „Beentjes" (EuGH v. 20.9.1988, Rs. 31/87 – „Gebroeders Beentjes BV./. Niederländischer Staat Rn. 11) wurde der Begriff des öffentlichen Auftraggebers erweitert, um die unterschiedlichen Strukturen in den Mitgliedstaaten erfassen zu können (vgl. nur Langen/Bunte/*Wagner,* § 98 GWB Rn. 6; Hattig/Maibaum/*Dippel,* § 98 GWB Rn. 4ff.). **Öffentliche Auftraggeber** im Sinne des § 98 GWB sind daher alle Unternehmen, die Tätigkeiten auf der Grundlage besonderer oder ausschließlicher Rechte ausüben (funktionaler Auftraggeberbegriff). Somit sind auch private und öffentliche Unternehmen, die staatlich finanziert oder beherrscht sind (§ 98 Nr. 2 GWB), sowie rein private Unternehmen, die in bestimmten Sektoren tätig sind (§ 98 Nr. 4 GWB), und mit den genannten Fällen vergleichbare Konstellationen (§ 98 Nr. 3, 5 und 6 GWB) erfasst.

4 Der Ausschluss kann sich auf einen **Liefer-, Bau- oder Dienstleistungsauftrag** beziehen. Er ist stets unternehmensbezogen und knüpft an die Bußgeldbelegung des Bewerbers gemäß § 21 an. Ist ein ordnungswidrig handelnder Bewerber in mehreren Geschäftsbereichen tätig, führt der Verstoß auf einem Gebiet dazu, dass das Unternehmen als Ganzes von einem Wettbewerb ausgeschlossen wird (vgl. nur *Koberski*/Asshoff/Eustrup/Winkler, § 21 AEntG Rn. 10).

5 Liefer-, Bau- und Dienstleistungsaufträge sind in **§ 99 Abs. 2, 3 und 4 GWB** definiert. Da § 99 Abs. 4 GWB Dienstleistungsaufträge als Verträge über Leistungen definiert, die nicht unter § 99 Abs. 2 oder 3 GWB fallen

und keine Auslobungsverfahren sind, sind im Ergebnis alle Aufträge mit Ausnahme von Auslobungsverfahren erfasst (vgl. auch *Koberski*/Asshoff/Eustrop/Winkler, § 21 AEntG Rn. 9). Auslobungsverfahren sind in § 19 ohne Bedeutung, weil sie noch nicht direkt zu einer Auftragsvergabe führen, sondern nach ihrer Definition in § 99 Abs. 5 GWB der Auftragsvergabe lediglich vorgeschaltet sind (vgl. auch Langen/Bunte/*Wagner,* § 99 GWB Rn. 95).

III. Voraussetzungen des Ausschlusses

6 Anknüpfungspunkt für einen Ausschluss ist ein Verstoß gemäß § 21, der mit einer **Geldbuße von mindestens EUR 2.500** belegt worden ist. Dieser wird als Anhaltspunkt dafür gewertet, dass der Bewerber die Pflichten des MiLoG und des SchwArbG nicht zuverlässig einhält. Durch die vorausgesetzte Bußgeldhöhe von mindestens EUR 2.500 werden lediglich schwerwiegende Verstöße erfasst. Der Bußgeldbescheid muss nicht rechtskräftig sein, bereits die Festsetzung durch die Verwaltungsbehörde ist ausreichend (vgl. auch *Koberski*/Asshoff/Eustrup/Winkler, § 21 AEntG Rn. 14).

7 Nach § 21 Abs. 1 S. 2 AEntG ist ein Ausschluss bereits **vor der Durchführung eines Bußgeldverfahrens** möglich. Diese Vorschrift hat der Gesetzgeber in § 19 MiLoG nicht übernommen. Nach der Gesetzesbegründung soll der Ausschluss wegen der besonderen Tragweite dieser Sanktion auf die Fälle beschränkt werden, in denen das Ordnungsverfahren abgeschlossen ist (BT-Drs. 18/2010, S. 24). Der Gesetzgeber hat sich somit, anders als in § 21 Abs. 1 S. 2 AEntG, gegen eine Sanktion bereits vor Feststellung des Verstoßes entschieden. § 21 Abs. 1 S. 2 AEntG wurde wegen der damit verbundenen Durchbrechung des rechtstaatlichen Prinzips der Unschuldvermutung vielfach als bedenklich, zum Teil sogar als unverhältnismäßig eingestuft (vgl. nur *Koberski*/Asshoff/Eustrup/Winkler, § 21 AEntG Rn. 21; Däubler/*Lakies,* § 21 AEntG Rn. 7; für die Unverhältnismäßigkeit der Norm ErfK/*Schlachter,* § 21 AEntG Rn. 1; vgl. dazu auch Stellungnahmen der BDA und des HDE, Ausschussdrucksache 18(11)148, S. 6, 11 f.). Nach § 19 Abs. 5 ist die Bewerberin oder der Bewerber vor der Entscheidung stets anzuhören.

IV. Rechtsfolge

8 Bewerber „sollen" nach Abs. 1 S. 1 von der Auftragsvergabe für „eine angemessene Zeit bis zur nachgewiesenen Wiederherstellung ihrer Zuverlässigkeit" ausgeschlossen werden. Die Auftraggeber haben damit weitgehendes **Ermessen.** Ein Ausschluss darf lediglich nicht mehr nach dem Nachweis der Wiederherstellung der Zuverlässigkeit erfolgen. Eine

Höchstdauer des Ausschlusses von drei Jahren wie in § 21 Abs. 1 S. 1 SchwArbG ist nicht vorgesehen. Trotzdem erscheint es angemessen, sich an diesem Zeitraum bei den Ermessenserwägungen zu orientieren (vgl. auch ErfK/*Schlachter,* § 21 AEntG Rn. 1; *Koberski/Asshoff/Eustrup/Winkler,* § 21 AEntG Rn. 19).

9 **Ermessensgesichtspunkte** sind in erster Linie die Schwere des Verstoßes, eine etwaige Wiederholungsgefahr und die Frage, ob der Verstoß auf einen von mehreren Tätigkeitsbereichen des Unternehmens beschränkt ist. Daneben können auch die Folgen eines Ausschlusses im Unternehmen berücksichtigt werden, insbesondere die Auswirkungen auf die Arbeitsplätze. Schließlich ist einzubeziehen, inwieweit ein Ausschluss den Wettbewerb beeinträchtigt.

10 Das Gesetz gibt nicht vor, wie ein Bewerber den **Nachweis der Wiederherstellung** der Zuverlässigkeit erbringen kann. Eine Möglichkeit ist es, dass der Bewerber einen Auszug aus dem Gewerbezentralregister vorlegt, den er nach § 150 GewO selbst beantragen kann. Mit dem Auszug kann er nachweisen, dass er bei privatwirtschaftlichen Aufträgen seinen Verpflichtungen aus dem AEntG nach Rechtskraft des Bußgeldbescheids uneingeschränkt nachgekommen ist (vgl. auch *Koberski*/Asshoff/Eustrup/Winkler, § 21 AEntG Rn. 21 f.).

V. Verfahren

11 Für die öffentlichen Auftraggeber nach **§ 98 Nr. 1 bis 3 und 5 GWB** sieht der Gesetzgeber für ihre Vergabeentscheidungen in Abs. 3 und 4 ein zwingend zu befolgendes Verfahren vor. Ausgenommen sind öffentliche Auftraggeber nach § 98 Nr. 4 und 6 GWB, denn sie sind nach § 150a Abs. 1 S. 2 GewO nicht berechtigt, Auskünfte vom Gewerbezentralregister einzuholen. Bei ihnen handelt es sich um Sektorenauftragnehmer, die auf dem Gebiet der Trinkwasser- oder Energieversorgung oder des Verkehrs oder der Telekommunikation tätig sind, (Nr. 4) und um Baukonzessionäre (Nr. 6). Der Gesetzgeber hat das Datenschutzinteresse der Bewerber höher gewichtet als das Auskunftsinteresse dieser Auftraggeber.

12 Die öffentlichen Auftraggeber nach § 98 Nr. 1 bis 3 und 5 GWB haben die Wahl, entweder selbst eine **Auskunft beim Gewerbezentralregister** anzufordern oder von den Bewerbern eine **Eigenerklärung** zu verlangen. Die Eigenerklärung ist für alle öffentlichen Auftraggeber wesentlich kostengünstiger und schneller erreichbar.

13 Die Richtigkeit der Eigenerklärungen ist gewährleistet, weil die öffentlichen Auftraggeber jederzeit zusätzlich selbst Auskünfte des Gewerbezentralregisters nach § 150a GewO einholen können und dadurch zumindest das Risiko der Kontrolle besteht. Abs. 3 S. 2 stellt diese Befugnis deklaratorisch fest. Für **Aufträge ab einer Höhe von EUR 30.000** ordnet Abs. 4 sogar ausdrücklich an, dass der öffentliche Auftraggeber vor der

Zuschlagserteilung eine Auskunft aus dem Gewerbezentralregister anfordern muss. Der Bewerber, der den Zuschlag erhalten soll, wird ab dieser Bagatellgrenze auf jeden Fall kontrolliert. Die Abgabe einer unehrlichen Eigenerklärung ist daher nicht nur eine Straftat – in der Form des Betrugs –, sondern auch ohne Erfolgsaussichten. Ein aufwändig erstelltes Angebot hätte wegen dieser Prüfung doch keine Aussicht auf Erfolg. Hat der öffentliche Auftraggeber bereits von vornherein selbst Auskünfte eingeholt, muss er dies nach Abs. 4 vor der Zuschlagserteilung nicht wiederholen. Dies ergibt sich bereits aus dem Wortlaut des Gesetzes, das keine Anforderung direkt vor der Zuschlagserteilung fordert, sondern den gesamten Zeitraum vom ersten Kontakt mit dem Bewerber bis zur Zuschlagserteilung umfasst. Nach der Gesetzesbegründung ist die Pflicht zur Anforderung von Auskünften nicht darauf gerichtet, zwischenzeitlich rechtskräftig gewordene Bußgeldbescheide zu erfassen. Vielmehr geht es darum, die Bewerber zur Abgabe ehrlicher Eigenerklärungen anzuhalten. Der Aufwand gegenüber einer Anforderung der Auskünfte von vornherein ist für die öffentlichen Auftraggeber geringer, da sie die Auskünfte nach der Vorlage von Eigenerklärungen durch alle Bewerber nur noch für den an der Spitze liegenden Bewerber einholen müssen (vgl. BT-Drs. 16/5522, S. 41).

14 Öffentliche Auftraggeber nach § 98 Nr. 1 bis 3 und 5 GWB können daneben **Auskünfte von den Behörden der Zollverwaltung** verlangen, die nach § 21 Abs. 4 i. V. m. § 14 zuständig sind (vgl. § 19 Abs. 2). Neben den öffentlichen Auftraggebern dürfen weitere Stellen, die Präqualifikationsverzeichnisse oder Unternehmens- und Lieferantenverzeichnisse für diese führen, Auskunft verlangen. Bei einer Präqualifizierungsstelle handelt es sich um ein privates Unternehmen, das vom Verein für die Präqualifikation von Bauunternehmen beauftragt wird, die Präqualifikation unabhängig und kompetent durchzuführen (vgl. Ziffer 2 Abs. 3 der Leitlinie des BMVBS und ausführlich zu Präqualifizierungsstellen *Koberski*/Asshoff/Eustrup/Winkler, § 21 AEntG Rn. 26f).

15 Die Behörden der Zollverwaltung dürfen Auskunft über laufende und in Vorbereitung befindliche Bußgeldverfahren geben. Erforderlich ist ein ausdrückliches Auskunftsverlangen des öffentlichen Auftraggebers bzw. der Präqualifizierungsstelle. Ob dem nachgekommen wird, liegt im **Ermessen** der auskunftsfähigen Behörde der Zollverwaltung. Eine Verweigerung von Auskünften kommt unter Berücksichtigung des Verhältnismäßigkeitsgrundsatzes insbesondere dann in Betracht, wenn dadurch die Verfolgung der Ordnungswidrigkeit erschwert werden könnte oder wenn sie den Bewerber unverhältnismäßig belasten würde. Abgesehen von solchen Ausnahmefällen soll das Ermessen zumindest bei Vorliegen eines Anfangsverdachts regelmäßig auf Null reduziert sein. Durch die Auskunftserteilung ermöglichen die Behörden der Zollverwaltung den öffentlichen Auftraggebern einen präventiven Ausschluss nach Abs. 1 S. 2 und verhindern dadurch etwaige weitere Verstöße der unter Anfangsverdacht stehenden Bewerber (vgl. auch *Koberski*/Asshoff/Eustrup/Winkler, § 21 AEntG Rn. 25).

VI. Rechtsschutz für ausgeschlossene Bewerber

16 Die Rechtsschutzmöglichkeiten sind abhängig von dem Volumen des Auftrags. Werden die Schwellenwerte, auf die § 100 Abs. 1 GWB verweist, erreicht, stehen dem Bewerber die in §§ 102 bis 129 GWB genannten Rechtsschutzmöglichkeiten zur Verfügung (vgl. dazu auch *Riechert/Nimmerjahn,* Mindestlohngesetz, 1. Auflage 2015, § 19 MiLoG Rn. 47 ff.). Mit Wirkung zum 16. Oktober 2013 wurde in § 2 VGV eine dynamische Verweisung auf die EU-Schwellenwerte eingeführt (BGBl. I 2013, 3854). Diese passt die Europäische Kommission alle zwei Jahre an und das Bundesministerium für Wirtschaft und Technologie gibt sie im Bundesanzeiger bekannt. **Unterhalb dieser Schwellenwerte,** die etwa für Dienstleistungsaufträge der obersten Bundesbehörden EUR 134.000 und für Bauleistungen EUR 168.000 betragen (VO Nr. 1336/2013 der Europäischen Kommission v. 13.12.2013), besteht lediglich Rechtsschutz vor den ordentlichen Gerichten (*BVerwG* v. 2.5.2007 – 6 B 10.07, BVerwGE 129, 9). Nach einer von zahlreichen OLG vertretenen und in der Literatur verbreiteten Ansicht soll jedoch auch im Bereich der Unterschwellenvergabe, trotz Nichtanwendbarkeit der §§ 97 ff. GWB, Primärrechtsschutz im Wege des Erlasses einer einstweiligen Verfügung zulässig sein, wenn gegen bieterschützende, den transparenten und chancengleichen Wettbewerb betreffende Bestimmungen verstoßen wird (vgl. zur Verfassungsmäßigkeit der Primärrechtsschutzbeschränkungen auf oberschwellige Auftragsvergaben BVerfG v. 13.6.2006 – 1 BvR 1160/03; zur Bejahung eines Primärrechtsschutzes im Bereich der Unterschwellenvergabe Boyk, NJW 2014, 1492, 1497; OLG Schleswig-Holstein v. 8.1.2013 – 1 W 51/12, juris, Rn. 5; OLG Saarbrücken v. 28.1.2015 – 1 U 138/14 – juris, Rn. 33)

17 **Oberhalb der Schwellenwerte** kann der ausgeschlossene Bewerber vor den Vergabekammern einen Nachprüfungsantrag gemäß § 107 GWB stellen. Die Zustellung des Nachprüfungsantrags führt zur Aussetzung des Vergabeverfahrens nach § 115 Abs. 1 GWB. Schließt der Auftraggeber trotzdem einen Vertrag mit einem anderen Bewerber, ist dieser gemäß § 134 BGB nichtig (vgl. nur Hattig/*Maibaum,* § 115 GWB Rn. 13). Die Vergabekammer entscheidet gemäß § 114 Abs. 3 S. 1 GWB durch Verwaltungsakt. Gegen die Beschlüsse der Vergabekammer ist nach § 116 GWB die sofortige Beschwerde vor den Vergabesenaten der Oberlandesgerichte statthaft. Neben diesem im Gesetz primär vorgesehenen Vorgehen ist die form- und fristlose Beschwerde an die Rechts-, Fach- und Dienstaufsichtsbehörden, die Anrufung der Vergabeprüfstellen und der Kartellbehörden sowie die Geltendmachung von Schadensersatzansprüchen vor den ordentlichen Gerichten möglich (vgl. dazu nur Immenga/Mestmäcker/*Stockmann*, § 102 GWB Rn. 21).

VII. Tariftreueerklärungen

18 Einige Bundesländer und Gemeinden machen die Vergabe von Aufträgen davon abhängig, dass sich die Auftraggeber verpflichten, den von ihnen eingesetzten Beschäftigten mindestens die Arbeitsbedingungen zu gewähren, die in einem Tarifvertrag vorgesehen sind, obwohl dieser weder für allgemeinverbindlich erklärt noch durch Rechtsverordnung erstreckt wurde. Der BGH hält solche Tariftreueerklärungen für verfassungswidrig, da diese unter anderem gegen Art. 9 Abs. 3 GG verstoßen (BGH v. 18.1.2000, NZA 2000, 327). Dagegen hat das BVerfG das Berliner Vergabegesetz nicht beanstandet (BVerfG v. 11.7.2006, NZA 2007, 42). Im Verhältnis zu ausländischen Dienstleistern hat der EuGH in seinem **Urteil in der Rechtsache Rüffert** vom 3. April 2008 entschieden, dass die Tariftreueklauseln des niederländischen Vergaberechts gegen die Dienstleistungsfreiheit des Art. 56 AEUV verstoßen. Der EuGH hat festgestellt, dass Tariftreueerklärungen anders als generelle durch Rechts- oder Verwaltungsvorschrift festgelegte Mindestarbeitsbedingungen oder für allgemeinverbindlich erklärte Tarifverträge nicht unter den Anwendungsbereich des Art. 3 der Entsenderichtlinie 96/71/EG fallen (EuGH v. 3.4.2008 – Rs. C-356/06, NZA 2008, 537, Rn. 24ff.). Die Landesgesetzgeber haben im Hinblick auf die durch die Rüffert-Entscheidung aufgestellten Grundsätze die Tariftreueklauseln abgeschafft und durch einen „vergabespezifischen Mindestlohn" ersetzt. In der Rechtssache Bundesdruckerei vom 18. September 2014 hat der EuGH erneut eine durch die Stadt Dortmund und die Vergabekammer befürwortete Auslegung der Tariftreueklausel für unvereinbar mit der Dienstleistungs- und der Niederlassungsfreiheit erklärt (EuGH v. 18.9.2014 – Rs. C-549/13, juris). Ein weiteres Vorlageverfahren zu einer ähnlichen Regelung in Rheinland-Pfalz ist derzeit beim EuGH anhängig (OLG Koblenz v. 19.2.2014 – 1 Verg 8/13, NZBau 2014, 317). Letztlich ist jedoch die eigenständige Bedeutung vergabespezifischer Mindestlöhne aufgrund des durch das Tarifautonomiestärkungsgesetz (BGBl. I 2014, 1348) eingeführten flächendeckenden Mindestlohns gering geworden (vgl. nur *Forst*, NJW 2014, 3755, 3758). Denn der allgemeine Mindestlohn stellt einen von allen in Deutschland tätigen EU-Arbeitgebern zu beachtenden Mindestlohnsatz im Sinne von Art. 3 Abs. 1 Entsende-Richtlinie dar (vgl. *Hantel*, NJ 2010, 445, 449, *Riechert/Nimmerjahn*, Mindestlohngesetz, 1. Auflage 2015, § 19 MiLoG, Rn. 62ff.).

Vgl. hierzu **Tariftreue Rn. 1ff.**

§ 20 Pflichten des Arbeitgebers zur Zahlung des Mindestlohns

Arbeitgeber mit Sitz im In- oder Ausland sind verpflichtet, ihren im Inland beschäftigten Arbeitnehmerinnen und Arbeitnehmern ein Arbeitsentgelt mindestens in Höhe des Mindestlohns nach § 1 Absatz 2 spätestens zu dem in § 2 Absatz 1 Satz 1 Nummer 2 genannten Zeitpunkt zu zahlen.

Literatur: S. die Hinweise zu § 1.

1 Die Regelung des § 20 erweist sich nach der hier vertretenen Auffassung als überflüssig. Sie ist in § 1 mitkommentiert. Zur Vermeidung von Verdoppelungen sei auf die Erläuterungen zu § 1 verwiesen, insbesondere auf:

- Rn. 6: Rechtscharakter und Aussagegehalt der Regelung, kein eigenständiger individualrechtlicher Anspruch, Bedeutung für öffentliche Kontroll- und Sanktionsbefugnisse.
- Rn. 67 ff.: International-privatrechtliche Erstreckung des Mindestlohns; Begriff der Arbeitszeit, Ansprüche entsandter Arbeitnehmer auf den Mindestlohn für Zeiten der Nichtarbeit.
- Rn. 73 f.: Geltung des MiLoG bei Transit- und Kabotagefahrten ausländischer Spediteure.
- Rn. 75: Geltung des MiLoG bei einer Entsendung ins Ausland.
- Sowie § 22 Rn. 1 ff.: Arbeitnehmerbegriff.

§ 21 Bußgeldvorschriften

(1) **Ordnungswidrig handelt, wer vorsätzlich oder fahrlässig**

1. **entgegen § 15 Satz 1 in Verbindung mit § 5 Absatz 1 Satz 1 des Schwarzarbeitsbekämpfungsgesetzes eine Prüfung nicht duldet oder bei einer Prüfung nicht mitwirkt,**
2. **entgegen § 15 Satz 1 in Verbindung mit § 5 Absatz 1 Satz 2 des Schwarzarbeitsbekämpfungsgesetzes das Betreten eines Grundstücks oder Geschäftsraums nicht duldet,**
3. **entgegen § 15 Satz 1 in Verbindung mit § 5 Absatz 3 Satz 1 des Schwarzarbeitsbekämpfungsgesetzes Daten nicht, nicht richtig, nicht vollständig, nicht in der vorgeschriebenen Weise oder nicht rechtzeitig übermittelt,**
4. **entgegen § 16 Absatz 1 Satz 1 oder Absatz 3 Satz 1 eine Anmeldung nicht, nicht richtig, nicht vollständig, nicht in der vorgeschriebenen Weise oder nicht rechtzeitig vorlegt oder nicht, nicht richtig, nicht vollständig, nicht in der vorgeschriebenen Weise oder nicht rechtzeitig zuleitet,**
5. **entgegen § 16 Absatz 1 Satz 3, auch in Verbindung mit Absatz 3 Satz 2, eine Änderungsmeldung nicht, nicht richtig, nicht voll-**

ständig, nicht in der vorgeschriebenen Weise oder nicht rechtzeitig macht,
6. entgegen § 16 Absatz 2 oder 4 eine Versicherung nicht, nicht richtig oder nicht rechtzeitig beifügt,
7. entgegen § 17 Absatz 1 Satz 1, auch in Verbindung mit Satz 2, eine Aufzeichnung nicht, nicht richtig, nicht vollständig oder nicht rechtzeitig erstellt oder nicht oder nicht mindestens zwei Jahre aufbewahrt,
8. entgegen § 17 Absatz 2 eine Unterlage nicht, nicht richtig, nicht vollständig oder nicht in der vorgeschriebenen Weise bereithält oder
9. entgegen § 20 das dort genannte Arbeitsentgelt nicht oder nicht rechtzeitig zahlt.

(2) **Ordnungswidrig handelt, wer Werk- oder Dienstleistungen in erheblichem Umfang ausführen lässt, indem er als Unternehmer einen anderen Unternehmer beauftragt, von dem er weiß oder fahrlässig nicht weiß, dass dieser bei der Erfüllung dieses Auftrags**
1. entgegen § 20 das dort genannte Arbeitsentgelt nicht oder nicht rechtzeitig zahlt oder
2. einen Nachunternehmer einsetzt oder zulässt, dass ein Nachunternehmer tätig wird, der entgegen § 20 das dort genannte Arbeitsentgelt nicht oder nicht rechtzeitig zahlt.

(3) **Die Ordnungswidrigkeit kann in den Fällen des Absatzes 1 Nummer 9 und des Absatzes 2 mit einer Geldbuße bis zu fünfhunderttausend Euro, in den übrigen Fällen mit einer Geldbuße bis zu dreißigtausend Euro geahndet werden.**

(4) **Verwaltungsbehörden im Sinne des § 36 Absatz 1 Nummer 1 des Gesetzes über Ordnungswidrigkeiten sind die in § 14 genannten Behörden jeweils für ihren Geschäftsbereich.**

(5) **Für die Vollstreckung zugunsten der Behörden des Bundes und der bundesunmittelbaren juristischen Personen des öffentlichen Rechts sowie für die Vollziehung des dinglichen Arrestes nach § 111d der Strafprozessordnung in Verbindung mit § 46 des Gesetzes über Ordnungswidrigkeiten durch die in § 14 genannten Behörden gilt das Verwaltungs-Vollstreckungsgesetz des Bundes.**

Inhaltsübersicht

Literatur: Vgl. die Nachweise zu § 23 AEntG sowie ferner *Bissels/Falter,* Ordnungswidrigkeiten bei der Beauftragung von Subunternehmern nach § 21 Abs. 2 MiLoG BB 2015, 373; *Jöris/von Steinau-Steinrück,* Der gesetzliche Mindestlohn, BB 2014, 2101; *Kühn/Reich,* Haftung für die Zahlung des Mindestlohns an fremde Arbeitnehmer/innen, BB 2014, 2938; *Maschmann,* Mindestlohnjäger gehen auf die Jagd, BB 2014 Nr. 35, I.

I. Vorbemerkungen

1 § 21 enthält elf **verschiedene Ordnungswidrigkeitentatbestände,** von denen einzelne noch einmal mehrere Handlungsvarianten beinhalten. Abs. 1 beschreibt dabei unmittelbare Verstöße des Unternehmers gegen diverse im MiLoG (teils i. V. m. § 5 des Schwarzarbeitsbekämpfungsgesetzes [SchwarzArbG]) geregelte Pflichten, Abs. 2 gewissermaßen mittelbare Verstöße durch die Zusammenarbeit mit anderen (Sub-) Unternehmern, die zentrale Pflichten des MiLoG verletzen. **Inhaltlich ent-**

spricht § 21 nach seiner Regelungstechnik **ganz überwiegend § 23 AEntG** (vgl. zum expliziten Harmonisierungswunsch des Gesetzgebers in diesem Bereich zur Vorläuferregelung im MiArbG BT-Drs. 16/11669, S. 20), zumal das AEntG etwa zur Frage nach Kontrollen und Dokumentationspflichten im Wesentlichen identische Regelungen oder Verweisungen (insb. auf das SchwarzArbG) enthält. Im Folgenden wird daher auch bei der überblicksartigen Darstellung des Ordnungswidrigkeitenrechts (Rn. 4ff. und 20ff.) sowie bei der Einzelkommentierung der Bußgeldtatbstände (Rn. 13ff.) **im Wesentlichen auf die Kommentierung zu § 23 AEntG verwiesen,** soweit es um Regelungsdetails geht. Eigenständige Ausführungen erfolgen hier nur, soweit dies der Lesbarkeit und Orientierung in der Kommentierung geschuldet ist.

2 Weil das MiLoG selbst keine (Kriminal-)Strafnormen enthält, handelt es sich um die **einzigen spezifischen Sanktionierungen** von Verstößen gegen materielle und formelle Anforderungen aus diesem Gesetz. Thematisch können freilich im Einzelfall insb. § 291 StGB (Wucher, vgl. etwa zum Wucher durch Nichtzahlung des einschlägigen Tariflohns BGHSt 43, 54, BGH NJW 1997, 2689 = NZA 1997, 1166) oder im Zusammenhang mit einer Arbeitnehmerüberlassung auch § 15a Abs. 1 S. 1 AÜG (vgl. Thüsing/*Kudlich,* § 15a AÜG Rn. 14ff.) einschlägig sein (vgl. zu einem Überblick über den straf- und ordnungswidrigkeitenrechtlichen Schutz eines angemessenen Arbeitsentgelts für verschiedene Personengruppen und mit unterschiedlichen Mechanismen und Maßstäben auch *Schrell,* Sicherung angemessenen Arbeitslohns durch das Straf- und Ordnungswidrigkeitenrecht, passim); allerdings sind dafür Verstöße gegen das MiLoG weder hinreichende noch notwendige Voraussetzung. Während die Durchsetzung tarifvertraglicher Ansprüche üblicherweise den Arbeitsvertragsparteien überlassen ist, erfolgt durch § 21 eine **Durchsetzung durch den Staat** mit Hilfe ordnungswidrigkeitsrechtlicher Vorschriften (vgl. zu den insoweit vergleichbaren Bußgeldtatbeständen des AEntG *Böhm,* NZA 1999, 128,129). Gerade auch für Arbeitnehmervertreter können **Existenz und Kenntnis der Ordnungswidrigkeitentatbestände** ein Hilfsmittel sein, den Arbeitgeber davon zu überzeugen, insoweit nicht „fünf gerade sein zu lassen" (vgl. ähnlich zu den Sanktionsnormen des AÜG *Furier/Kaus,* AiB 2004, 360, 375).

3 Für die Ordnungswidrigkeitentatbestände des § 21 gilt gem. § 2 OWiG **ergänzend das OWiG;** vgl. insoweit zu den allgemeinen Fragen im Anschluss Rn. 4ff. (i. V. m. den Verweisen auf die Kommentierung zu § 23 AEntG) sowie zum Bußgeldverfahren Rn. 26 (i. V. m. den Verweisen auf die Kommentierung zu § 23 AEntG).

II. Allgemeine Strukturen des Ordnungswidrigkeitenrechts

1. Taugliche Täter der Bußgeldtatbestände

4 Die Tathandlungsbeschreibungen in § 21 sind zwar als Jedermannsdelikte formuliert, betreffen durch die Bezugnahme auf die in den §§ 15, 16 17 und 20 statuierten Pflichten und ihre Adressaten aber **zumeist den Arbeitgeber** (bzw. in einzelnen Fällen der Arbeitnehmerüberlassung auch Ent- oder Verleiher). Insbesondere die Pflichten nach § 15 i.V.m. dem SchwarzArbG richten sich – teilweise sogar explizit – auch an Dritte, § 21 Abs. 2 an Auftraggeber bzw. Generalunternehmer. Zu den Konsequenzen aus dem ordnungswidrigkeitenrechtlichen **Einheitstäterprinzip** (vgl. § 14 OWiG) vgl. auch zu § 23 AEntG Rn. 7. Ist der Arbeitgeber oder Verleiher eine **juristische Person bzw. eine Personenhandelsgesellschaft,** so können die entsprechenden Pflichten nach § 9 OWiG **vertretungsberechtigten Organen** einer juristischen Person oder vertretungsberechtigten Gesellschaftern einer Personenhandelsgesellschaft zugerechnet werden. Vgl. vertiefend auch § 23 AEntG Rn. 8. Zur Bebußung von **Aufsichtspflichtverletzungen nach § 130 OWiG** vgl. auch § 23 AEntG Rn. 9.

2. Vorsatz und Irrtum

5 Nach § 10 OWiG ist nur vorsätzliches Handeln bußgeldbewehrt, soweit im Gesetz nicht ausdrücklich fahrlässiges Handeln erwähnt ist. Dies ist indes bei **§ 21 Abs. 1 wie Abs. 2 in gleicher Weise** der Fall („wer vorsätzlich oder fahrlässig" bzw. „von dem er weiß oder fahrlässig nicht weiß"), so dass **vorsätzliches wie fahrlässiges Handeln** den Tatbestand erfüllt. Dabei ist freilich für fahrlässiges Handeln die Höhe der zulässigen Geldbuße nach § 17 Abs. 2 OWiG (vgl. unten Rn. 21) auf die Hälfte der in § 21 Abs. 3 genannten Höchstbeträge (vgl. Rn. 20) beschränkt. Soweit es deshalb gleichwohl darauf ankommt, ob Vorsatz (oder nur Fahrlässigkeit) vorliegt, genügt nach allgemeinen Grundsätzen bedingter Vorsatz (sog. *dolus eventualis*).

6 Zum **erforderlichen Inhalt des Vorsatzes** (insbesondere mit Blick auf die Feststellung der möglichen Bußgeldhöhe) vgl. § 23 AEntG Rn. 11, für die **Abgrenzung zwischen vorsatzrelevanten Tatbestandsirrtümern** nach § 11 Abs. 1 OWiG und (allenfalls vorwerfbarkeitsausschließenden) **Verbotsirrtümern** nach § 11 Abs. 2 OWiG vgl. § 23 AEntG Rn. 12ff. Insbesondere soweit die Reichweite der Bezugstatbestände europarechtlich gerade im Transitgeschäft noch der Klärung bedarf (vgl. § 1 Rn. 73f.), wird – wenn nicht bereits die Tatbestandsmäßigkeit im Bereich der Unklarheit der Norm verneint wird – ggf. von unvermeidbaren Verbotsirrtümern auszugehen sein. Soweit in anderen

Fällen nur ein Verbotsirrtum als **Irrtum über das Bestehen oder die Anwendbarkeit eines Ordnungswidrigkeitentatbestandes** angenommen wird, ist dieser nach § 11 Abs. 2 OWiG **unbeachtlich,** wenn der Täter ihn **vermeiden konnte.** Zu Maßstäben der und Anforderungen an die (Un-) Vermeidbarkeit vgl. § 23 AEntG Rn. 16.

3. Teilnahmefragen

7 Zu den möglichen Tätern der Ordnungswidrigkeiten vgl. bereits oben Rn. 4, zu Fällen der Teilnahme (insbesondere auch zur möglichen straflosen **notwendigen Beteiligung** der Arbeitnehmer sowie zur Möglichkeit einer **„neutralen Beihilfe" Dritter** bei der bloßen Abwicklung der vertraglichen Pflichten, z. B. durch Büro- oder Sekretariatsdienste) vgl. § 23 AEntG Rn. 18.

4. Rechtswidrigkeit und Verantwortlichkeit

8 Die Verwirklichung eines Ordnungswidrigkeitentatbestandes nach § 21 ist in der Regel rechtswidrig. Zu den denkbaren, aber letztlich vorliegend nur selten eingreifenden **Rechtfertigungsgründen** aus dem **OWiG** (vgl. §§ 15, 16 OWiG), aber auch aus **anderen Rechtsgebieten** vgl. § 23 AEntG Rn. 19; zur generellen Möglichkeit eines **rechtfertigenden Notstandes** (§ 16 OWiG) durch Gefährdung eines Betriebes und den damit verbundenen Fragen nach einer angemessenen Rettungshandlung vgl. § 23 AEntG Rn. 20. Ebenso wie bei § 23 AEntG wird schließlich auch im Bereich des MiLoG eine **rechtfertigende Einwilligung** (vgl. *Bohnert,* OWiG § 15 Rn. 20ff.; KK/OWiG-*Rengier,* Vorbem. zu den §§ 15, 16 Rn. 9ff.) des Arbeitnehmers in die Nichteinhaltung der Bedingungen aus Gründen der Struktur des MiLoG grundsätzlich nicht in Betracht kommen, da dadurch gerade die der Privatautonomie entzogenen Mindestbedingungen ausgehöhlt würden (grundsätzlich dazu *Bohnert,* OWiG § 15 Rn. 22; KK/OWiG-*Rengier,* Vorbem. zu den §§ 15, 16 Rn. 9).

9 Zur **Verantwortlichkeit im Übrigen** gelten die **allgemeinen Regeln** des § 12 Abs. 1 OWiG (keine bzw. eingeschränkte Verantwortlichkeit für Kinder bzw. Jugendliche) und § 12 Abs. 2 OWiG (fehlende Verantwortlichkeit entsprechend der Schuldunfähigkeit nach § 20 StGB), die für den Bereich des AEntG allerdings von keiner großen praktischen Bedeutung sein dürften.

5. Versuch

10 Mangels entsprechender Anordnung ist der **Versuch** der dort genannten Ordnungswidrigkeiten **nicht bußgeldbewehrt,** vgl. § 13 Abs. 2 OWiG, sowie ergänzend auch die Überlegungen zu § 23 AEntG Rn. 23 (keine strafbaren untauglichen Versuche).

III. Bestimmtheitsgrundsatz

11 Nach § 3 OWiG gilt **auch im Ordnungswidrigkeitenrecht der Bestimmtheitsgrundsatz** (vgl. dazu auch Ignor/Rixen-*Rzepka* § 7 Rn. 122) in einer Fassung, die der strafrechtlichen Nulla-Poena-Garantie in § 1 StGB, Art. 103 Abs. 2 GG nachempfunden ist. Demgegenüber ist das **Arbeitsrecht** (insbesondere, aber nicht nur im Arbeitskampfrecht und bei Risikoverteilungsfragen) **traditionell in hohem Maße durch Richterrecht geprägt** (vgl. z. B. ErfK/*Dieterich* GG Art. 9 Rn. 111, ErfK/*Preis* BGB § 611 Rn. 234f., ErfK/*Franzen* TVG § 1 Rn. 15, sowie zur Verfassungskonformität BVerfGE 84, 212ff. m. w. N.). Dabei wird teils eine nach strafrechtlichen Maßstäben hinreichend bestimmte Gesetzeslage in einer ihren Wortlaut überschreitenden Weise interpretiert, teils werden Rechtsätze neu geschaffen.

12 Daher sind etwaige pauschalierende Verweisungen auf die Kommentierung der entsprechenden Vorschriften (hier bzw. auch in den in Bezug genommenen Kommentierungen zu § 23 AEntG) wie folgt zu lesen: Nur soweit dort der Gesetzestext selbst interpretiert (und das Recht nicht etwa unter nur vager bzw. nomineller Anknüpfung am Normtext aus allgemeinen ungeschriebenen Grundsätzen abgeleitet) wird, hat dies für die Ordnungswidrigkeit Bedeutung. Der arbeitsrechtliche Anwendungsbereich der Bezugsnorm kann also weiter sein als die Sanktionsdrohung für den Fall ihrer Verletzung reicht (sog. **Normspaltung**).

IV. Die tatbestandlichen Verhaltensweisen des § 21 Abs. 1

13 Während bei den Ordnungswidrigkeiten nach § 21 Abs. 1 Nrn. 1–8 formale Verstöße gegen Mitwirkungs-, Mitteilungs- und Dokumentationspflichten im Vordergrund stehen, enthält § 21 Abs. 1 Nr. 9 die **zentrale materielle Bußgeldnorm:**

1. Nichtgewährung vorgeschriebener Mindestarbeitsentgelte (Nr. 9)

14 Ordnungswidrig nach § 21 Abs. 1 Nr. 9 handelt, wer **entgegen § 20** das dort genannte Arbeitsentgelt nicht oder nicht rechtzeitig zahlt (vgl. zur bewussten Entscheidung der Einordnung einer verspäteten Zahlung des Mindestlohns als Bußgeldtatbestand auch BT-Drs. 18/1588, S. 34). Zur Frage, welche Zahlungen hier im Einzelfall in die Berechnung einzubeziehen sind (und bei welchen es sich etwa um bloße Aufwandsentschädigungen handelt) dürften die Kriterien entsprechend gelten, die von der Rechtsprechung auch bereits zum Mindestlohn nach dem AEntG entwickelt worden sind, vgl. daher § 23 AEntG Rn. 27 (unter dem möglichen

Vorbehalt, dass sich in den gesetzlichen Regeln hier gegenüber Tarifverträgen möglicherweise eindeutigere Vorgaben entwickeln werden).

15 **Taugliche Täter** sind alle Adressaten der gesetzlichen Regelungen (Verordnungen). **Tathandlung** ist jeweils das Unterlassen der Gewährung einer solchen Arbeitsbedingung, insbesondere also das Unterlassen bestimmter Leistungen. Da mithin der Bußgeldtatbestand selbst an das Unterlassen anknüpft, bedarf es keiner Anwendung von § 8 OWiG und damit auch keiner Prüfung einer Garantenstellung. Zu Grenzen von Zahlungspflichten aus allgemeinen Grundsätzen der strafrechtlichen Verantwortlichkeit vgl. § 23 AEntG Rn. 28.

2. Verstöße gegen Mitwirkungspflichten gem. § 15 S. 1 (Kontrolle und Durchsetzung durch staatliche Behörden, Nrn. 1–3)

16 Die Ordnungswidrigkeitentatbestände des § 21 Abs. 1 **Nrn. 1–3 knüpfen an der in § 15 S. 1 statuierten Mitwirkungspflicht** bei der **Kontrolle** und Durchsetzung der Einhaltung des Gesetzes durch staatliche Behörden an. Dabei verweist § 15 S. 1 auf die den Behörden nach dem Schwarzarbeitsbekämpfungsgesetz zustehenden Befugnisse zur Kontrolle und Durchsetzung, welche über weite Strecken entsprechende Anwendung finden (vgl. § 15 Rn. 3 ff.). Vgl. hierzu im Einzelnen die Kommentierung zu § 23 AEntG Rn. 31 f.

3. Verstöße gegen Meldepflichten (Nrn. 4–6)

17 § 16 legt **ausländischen Arbeitgebern diverse Meldepflichten** auf, wenn diese Arbeitnehmer im Geltungsbereich des MiLoG beschäftigen (vgl. im Einzelnen § 16 Rn. 4 ff.). Verstöße gegen diese formalen Anforderungen können nach § 21 Abs. 1 Nrn. 4–6 bei verschiedenen Formen des Zuwiderhandelns als Ordnungswidrigkeiten geahndet werden. Im Einzelnen gelten hier die Ausführungen in § 23 AEntG Rn. 34 ff. entsprechend.

4. Verstöße gegen die Aufbewahrungs- und Bereithaltungspflicht von Dokumenten (Nrn. 7, 8)

18 Nach § 17 Abs. 1 hat ein Arbeitgeber **Beginn, Ende und Dauer der täglichen Arbeitszeit der Arbeitnehmer aufzuzeichnen** und diese Aufzeichnungen mindestens zwei Jahre **aufzubewahren.** Darüber hinaus statuiert § 17 Abs. 2 **Bereithaltungspflichten der für die Kontrolle der Einhaltung der Verordnung erforderlichen Unterlagen.** Verstöße gegen diese Pflichten in Gestalt einer fehlenden, unrichtigen oder unvollständigen Erstellung bzw. einer nicht ausreichend langen Aufbewahrung der Unterlagen erfüllen die Ordnungswidrigkeitentatbestände

des § 21 Abs. 1 Nr. 7 bzw. Nr. 8 (ablehnend dazu *Maschmann* BB 2014 Nr. 35, I). Zur Frage, wie eng diese Anforderungen – nicht zuletzt auch aus Verhältnismäßigkeitsgründen – verstanden werden dürfen, gelten die Überlegungen in § 23 AEntG Rn. 38 ff. entsprechend.

V. Die tatbestandlichen Verhaltensweisen des § 21 Abs. 2

19 Die in § 21 Abs. 1 geregelten Ordnungswidrigkeitentatbestände betreffen zunächst denjenigen Arbeitgeber, der unmittelbar in Kontakt mit dem Arbeitnehmer steht. Um darüber hinaus noch weiter vor Umgehungshandlungen zu schützen und die Stellung der Arbeitnehmer zusätzlich zu verbessern, statuiert **§ 21 Abs. 2** auch Ordnungswidrigkeitentatbestände für Unternehmer, die sich **bei der Ausführung von Werk- oder Dienstleistungen eines Subunternehmers bedienen,** also nur mittelbar in Kontakt zu den Arbeitnehmern stehen (eingehend dazu *Bissels/Falter* BB 2015, 373 ff.). Zu diesen Fällen sowie auch zur Abgrenzung zwischen einer Anwendung des Abs. 2 und den konstruktiv durchaus denkbaren Fällen mittelbarer Täter- und Mittäterschaft vgl. § 23 AEntG Rn. 41 ff. Auch hier ist – ebenso wie bei der parallelen Regelung des AEntG – Zurückhaltung bei der Annahme eines „erheblichen Umfangs" geboten (vgl. auch *Kühn/Reich* BB 2014, 2938 2941); insbesondere ist darauf zu achten, dass der mittelbar vorenthaltene Betrag nicht außer jedem Verhältnis zum drohenden Bußgeld steht; deshalb sollte für die „Erheblichkeit" nicht allein auf das Auftragsvolumen geblickt werden, sondern als (wenn auch vom Wortlaut der Norm nicht nahe gelegtes) Korrektiv auch die Höhe der Mindestlohnunterschreitung berücksichtigt werden. Handlungsempfehlungen zur Vermeidung eines etwaigen Fahrlässigkeitsvorwurfs („weiß oder fahrlässig nicht weiß") bei *Bissels/Falter* BB 2015, 373, 375.

VI. Höhe des Bußgeldes, § 21 Abs. 3, und andere Rechtsfolgen

1. Ober- und Untergrenzen des Bußgeldes

20 Soweit nicht nur eine Verwarnung nach § 56 OWiG erteilt wird (was hier trotz des teilweise hohen Bußgeldrahmens eine nicht rein theoretische Möglichkeit darstellen sollte, vgl. auch Rn. 32, weil es Grenzfälle insb. nur sehr geringer Unterschreitung des Mindestentgelts bei Abs. 1 Nr. 9 oder eines nur „gerade so eben" erheblichen Umfangs bei Abs. 2 geben kann), richtet sich die **Höhe des Bußgelds,** das für eine Ordnungswidrigkeit nach § 21 Abs. 1 oder Abs. 2 verhängt werden kann, nach **§ 21 Abs. 3** i. V. m. der allgemeinen Vorschrift des **§ 17 OWiG.** Die **Untergrenze** beträgt dabei nach § 17 Abs. 1 OWiG 5 Euro. Die **Obergrenze** wird (abweichend von § 17 Abs. 1 OWiG) in § 21 Abs. 3 für die verschiedenen Ordnungswidrigkeitentatbestände unterschiedlich festgesetzt, was auch für die Verfolgungsverjährung von Bedeutung ist, vgl. unten Rn. 27. Vorbehaltlich der Regelungen des § 17 Abs. 4 S. 2 OWiG (vgl. § 23 AEntG Rn. 51) wird wie folgt nach dem **Unrechtsgehalt** differenziert (unzutreffende Zuordnung und damit Zusammenstellung bei *Hilgenstock,* Mindestlohngesetz, Rn. 280 ff.):

- Die Obergrenze für die „inhaltlichen" (tatsächlich schlechtere Arbeitsbedingungen bewirkenden) Taten nach **Abs. 1 Nr. 9 und Abs. 2** beträgt **500.000 Euro.**
- Die Obergrenze für die übrigen (gleichsam nur formale Anforderungen betreffenden und damit gewissermaßen die Gewährung der Arbeitsbedingungen nur abstrakt gefährdenden) Handlungen beträgt **30.000 Euro.**

2. Höchstbeträge bei fahrlässigem Handeln

21 Handelt der Täter **fahrlässig,** so kann die Ordnungswidrigkeit nach § 17 Abs. 2 OWiG im Höchstmaß **nur mit der Hälfte** des angedrohten Höchstbetrages der Geldbuße (also 250.000 bzw. 15.000 Euro) geahndet werden.

3. Bemessung der konkreten Geldbuße

22 Die **konkrete Geldbuße** innerhalb des jeweiligen Bußgeldrahmens bemisst sich nach **§ 17 Abs. 3 S. 1 OWiG** vorrangig nach der **Bedeutung der Ordnungswidrigkeit** und dem **Vorwurf,** der den Täter trifft. Vgl. hierzu sowie auch zur Berücksichtigung der **wirtschaftlichen Verhältnisse** des Täters sowie zur Abschöpfung des wirtschaftlichen Vorteils die Ausführungen in § 23 AEntG Rn. 49 ff.

4. Verfall

23 Findet **keine Gewinnabschöpfung nach § 17 Abs. 4 OWiG** statt – insbesondere weil gar keine Geldbuße verhängt wird, etwa da der Täter nicht vorwerfbar gehandelt hat, ein Dritter den Vermögensvorteil erlangt hat oder aus sonstigen Gründen die Festsetzung einer Geldbuße wenig Erfolg versprechend wäre (vgl. auch LG Saarbrücken BeckRS 2005, 14877) –, so kann nach § 29 a OWiG der **Verfall** eines Geldbetrages bis zu der Höhe angeordnet werden, welcher der aus der Tat erlangten Summe entspricht (vgl. *Göhler,* § 29 a OWiG Rn. 4). Zur Berechnung dieses Betrags nach dem sog. **Bruttoprinzip,** zu denkbaren Wertungswidersprüchen zwischen § 29 a und § 17 OWiG und zur Berücksichtigung

von **Ersatzansprüchen des Verletzten vgl.** die Ausführungen zu § 23 AEntG Rn. 54.

5. Ausschluss vom Wettbewerb

24 Ab einer Geldbuße von 2500 EUR sieht § 19 Abs. 1 zudem den zeitweiligen Ausschluss vom Wettbewerb um öffentliche Auftragsvergaben vor (näher dazu die Kommentierung zu § 19 und *Jöris/von Steinau-Steinrück* BB 2014, 2101, 2105).

6. Geldbußen gegen juristische Personen

25 Wird die Ordnungswidrigkeit von einem **vertretungsberechtigten Organ einer juristischen Person,** vom Mitglied eines Vorstandes eines nicht rechtsfähigen Vereins, von einem vertretungsberechtigten Gesellschafter einer Personenhandelsgesellschaft oder von bestimmten rechtsgeschäftlich bevollmächtigten Vertretern solcher Vereinigungen in Ausübung ihrer Funktion begangen, so kann nach **§ 30 Abs. 1 OWiG** – auch parallel zu einer Geldbuße gegen den Handelnden selbst – eine **Geldbuße gegen die juristische Person** bzw. Vereinigung verhängt werden. Vgl. dazu auch die Ausführungen in § 23 AEntG Rn. 55.

VII. Das Bußgeldverfahren, insbes. § 21 Abs. 4 und 5 (Zuständigkeit, Verhängung und Vollstreckung)

1. Allgemeines und Systematik

26 § 21 selbst enthält für das Bußgeldverfahren in seinen Absätzen 4 und 5 Vorschriften über die Zuständigkeit sowie über die Vollstreckung. Daneben gelten die **allgemeinen Vorschriften der §§ 35 ff. OWiG** sowie über § 46 Abs. 1 OWiG die **allgemeinen Vorschriften über das Strafverfahren,** insbesondere also die StPO und das GVG, vgl. dazu § 23 AEntG Rn. 57 f.

27 Ein Ordnungswidrigkeitenverfahren darf nur durchgeführt werden, solange keine **Verfolgungsverjährung** eingetreten ist (vgl. § 31 Abs. 1 S. 1 OWiG). Die Verjährungsfrist richtet sich dabei gemäß § 31 Abs. 2 OWiG nach dem **Höchstmaß der angedrohten Geldbuße.** Daraus ergibt sich für alle vorsätzlichen Taten sowie auch für fahrlässige Taten nach § 21 Abs. 1 Nr. 9 und Abs. 2 eine Verjährungsfrist von drei Jahren (vgl. § 31 Abs. 2 Nr. 1 OWiG), für die übrigen Taten (d. h. für fahrlässige Taten nach Abs. 1 Nr. 1–8) eine Verjährungsfrist von zwei Jahren (vgl. § 31 Abs. 2 Nr. 2 OWiG). Regelungen über das Ruhen und die Unterbrechung der Verfolgungsverjährung finden sich in §§ 32 f. OWiG. Auch nach Eintritt der Verjährung kann die Anordnung eines Verfalls zulässig sein (§ 31 Abs. 1 S. 2 OWiG).

2. Zuständigkeit, § 21 Abs. 4

28 **Zuständig** für die Verfolgung und Ahndung von Ordnungswidrigkeiten sind nach § 35 Abs. 1, 2 OWiG die Verwaltungsbehörden. **Sachlich** zuständige Behörden i. S. d. § 36 Abs. 1 Nr. 1 OWiG sind nach § 21 Abs. 4 i. V. m. § 14 die Behörden der **Zollverwaltung. Örtlich** zuständig ist nach § 37 Abs. 1 OWiG die Verwaltungsbehörde, in deren Bezirk die Ordnungswidrigkeit begangen oder entdeckt worden ist bzw. der Betroffene zur Zeit der Einleitung des Bußgeldverfahrens seinen Wohnsitz hat.

29 Zur Entscheidung bei örtlicher **Zuständigkeit mehrerer Behörden** sowie zu Notzuständigkeiten bei Gefahr im Verzug vgl. die Ausführungen in § 23 AEntG Rn. 63f.

3. Verfahrensablauf

30 a) **Einleitung und Durchführung** des Ordnungswidrigkeitenverfahrens obliegt den in § 21 Abs. 4 genannten Behörden bei Vorliegen eines **Anfangsverdachts** (§ 46 Abs. 1 OWiG i. V. m. § 152 StPO). Dabei gilt für das gesamte Verfahren nach § 47 OWiG das **Opportunitätsprinzip.** Eventuell erforderliche **Ermittlungshandlungen** richten sich insbesondere nach den entsprechenden Vorschriften der StPO. Vgl. vertiefend sowie zur ausnahmsweisen Zuständigkeit der Staatsanwaltschaft und zum Rechtsschutz Dritter gegen Ermittlungshandlungen nach § 62 OWiG die Ausführungen in § 23 AEntG Rn. 65ff.

31 b) Der **Abschluss des Ordnungswidrigkeitenverfahrens** erfolgt durch eine **Einstellung** (§ 47 Abs. 1 S. 2, Abs. 2, 3 OWiG), durch eine **Verwarnung** ohne oder mit Verwarnungsgeld (vgl. § 56 OWiG) oder durch einen **Bußgeldbescheid** (§§ 65f. OWiG).

32 Eine Verwarnung kann nach § 56 OWiG nur bei „geringfügigen Ordnungswidrigkeiten" ausgesprochen werden. Mit Blick auf die jeweilige Höchstgrenze der Bußgeldandrohung wird dies bei Taten nach § 21 Abs. 1 Nr. 9 und Abs. 2 in der Regel nicht in Betracht kommen. Weil die Verletzungen gerade in Fällen dieser Vorschriften quantifiziert sind, besteht aber auch bei ihnen die Möglichkeit geringfügiger Fälle (vgl. auch Rn. 20).

33 c) **Gegen einen Bußgeldbescheid** kann der Betroffene nach § 67 Abs. 1 OWiG binnen zwei Wochen nach Zustellung **Einspruch** einlegen. Näher zum Einspruchsverfahren m. w. N. vgl. § 23 AEntG Rn. 73.

4. Beitreibung der Geldbuße, § 21 Abs. 5

34 Zahlt der Betroffene das in einem rechtskräftig gewordenen Bußgeldbescheid festgesetzte Bußgeld nicht, kann aus dem Bescheid vollstreckt werden. Vgl. hierzu sowie zur **Vollstreckungsverjährungsfrist** nach § 34 OWiG die Ausführungen in § 23 AEntG Rn. 74f. Zur Sicherung der Vollstreckung durch Anordnung einer **Sicherheitsleistung** sowie zur Möglichkeit der Anordnung eines **dinglichen Arrestes** nach § 46

OWiG i. V. m. § 111 d StPO vgl. § 23 AEntG Rn. 76 ff. Beide Möglichkeiten sind nicht zuletzt vor dem Hintergrund der Tatsache zu sehen, dass die **Rechtshilfe** im Ordnungswidrigkeitenbereich und die Vollstreckung daraus erwachsender Geldforderungen **im Ausland** noch vielfach auf unsicheren Füßen stehen.

Abschnitt 4. Schlussvorschriften

§ 22 Persönlicher Anwendungsbereich

(1) [1]**Dieses Gesetz gilt für Arbeitnehmerinnen und Arbeitnehmer.** [2]**Praktikantinnen und Praktikanten im Sinne des § 26 des Berufsbildungsgesetzes gelten als Arbeitnehmerinnen und Arbeitnehmer im Sinne dieses Gesetzes, es sei denn, dass sie**

1. **ein Praktikum verpflichtend auf Grund einer schulrechtlichen Bestimmung, einer Ausbildungsordnung, einer hochschulrechtlichen Bestimmung oder im Rahmen einer Ausbildung an einer gesetzlich geregelten Berufsakademie leisten,**
2. **ein Praktikum von bis zu drei Monaten zur Orientierung für eine Berufsausbildung oder für die Aufnahme eines Studiums leisten,**
3. **ein Praktikum von bis zu drei Monaten begleitend zu einer Berufs- oder Hochschulausbildung leisten, wenn nicht zuvor ein solches Praktikumsverhältnis mit demselben Ausbildenden bestanden hat, oder**
4. **an einer Einstiegsqualifizierung nach § 54 a des Dritten Buches Sozialgesetzbuch oder an einer Berufsausbildungsvorbereitung nach §§ 68 bis 70 des Berufsbildungsgesetzes teilnehmen.**

[3]**Praktikantin oder Praktikant ist unabhängig von der Bezeichnung des Rechtsverhältnisses, wer sich nach der tatsächlichen Ausgestaltung und Durchführung des Vertragsverhältnisses für eine begrenzte Dauer zum Erwerb praktischer Kenntnisse und Erfahrungen einer bestimmten betrieblichen Tätigkeit zur Vorbereitung auf eine berufliche Tätigkeit unterzieht, ohne dass es sich dabei um eine Berufsausbildung im Sinne des Berufsbildungsgesetzes oder um eine damit vergleichbare praktische Ausbildung handelt.**

(2) **Personen im Sinne von § 2 Absatz 1 und 2 des Jugendarbeitsschutzgesetzes ohne abgeschlossene Berufsausbildung gelten nicht als Arbeitnehmerinnen und Arbeitnehmer im Sinne dieses Gesetzes.**

(3) **Von diesem Gesetz nicht geregelt wird die Vergütung von zu ihrer Berufsausbildung Beschäftigten sowie ehrenamtlich Tätigen.**

(4) [1]**Für Arbeitsverhältnisse von Arbeitnehmerinnen und Arbeitnehmern, die unmittelbar vor Beginn der Beschäftigung langzeitarbeitslos im Sinne des § 18 Absatz 1 des Dritten Buches Sozialgesetz-**

buch waren, gilt der Mindestlohn in den ersten sechs Monaten der Beschäftigung nicht. [2]Die Bundesregierung hat den gesetzgebenden Körperschaften zum 1. Juni 2016 darüber zu berichten, inwieweit die Regelung nach Satz 1 die Wiedereingliederung von Langzeitarbeitslosen in den Arbeitsmarkt gefördert hat, und eine Einschätzung darüber abzugeben, ob diese Regelung fortbestehen soll.

Inhaltsübersicht

Literatur: *Bayreuther,* Der gesetzliche Mindestlohn, NZA 2014, 865; *ders.,* Rechtsfragen des Mindestlohns in der betrieblichen und anwaltlichen Praxis – ein Update, NZA 2015, 385; *Düwell,* Neue Regeln für Praktikanten: Qualitätsrahmen der EU, Mindestlohngesetz und Änderung des Nachweisgesetzes, DB 2014, 2047; *Greiner,* Mindestlohn und Ehrenamt, NZA 2015, 285; *Koch-Rust/Kolb/Rosentreter,* Mindestlohn auch für dual Studierende?, NZA 2015, 402; *Natzel,* Der Praktikant als Mindestlöhner, BB 2014, 2490; *Maties,* Generation Praktikum – Praktika, Einfühlungsverhältnisse und ähnliche als umgangene Arbeitsverhältnisse?, RdA 2007, 135; *Orlowski,* Praktikantenverträge – transparente Regelung notwendig!, RdA 2009, 38; *Picker/Sausmikat,* Ausnahmsweise Mindestlohn? – Das MiLoG und die Praktikanten, NZA 2014, 942; *Rudkowski,* Mindestlohn bei der Verwaltung von Wohnungseigentum, ZWE 2015, 11;

Schade, Der Student im Pflichtpraktikum – ein rechtloses Wesen?, NJW 2013, 1039; *Sagan/Witschen,* Mindestlohn für alle? – Zum Anwendungsbereich des Mindestlohngesetzes und dessen Kollision mit vertraglichen Entgeltabreden, JM 2014, 372; *L. Schmitt,* Die Rechtsstellung des Praktikanten de lege lata und de lege ferenda, in: Fütterer/Pötters/Stiebert/Traut, Arbeitsrecht – für wen und wofür?, 2015, S. 37 ff.; *Ulber,* Arbeitsmarktpolitische Steuerung durch Ausnahmen vom Mindestlohn?, in: Fütterer/Pötters/Stiebert/Traut, Arbeitsrecht – für wen und wofür?, 2015, S. 159 ff.; *ders.,* Personelle Ausnahmen und Einschränkungen im MiLoG, AuR 2014, 404.

I. Grundsatz: Geltung des MiLoG für alle Arbeitnehmer

1. Arbeitnehmerbegriff

1 Der persönliche Anwendungsbereich des MiLoG umfasst gem. § 22 Abs. 1 S. 1 grundsätzlich alle Arbeitnehmer. Eine allgemeingültige Legaldefinition des **Arbeitnehmerbegriffs** gibt es nicht, die Rechtsprechung hat aber eine im Kern einheitliche Begriffsumschreibung entwickelt. Danach ist Arbeitnehmer, wer weisungsgebunden eine vertraglich geschuldete Leistung (keine Arbeitnehmer sind z.B. Strafgefangene, OLG Hamburg v. 15.7.2015 – 3 Ws 59/15 Vollz., n.v.). im Rahmen einer von seinem Vertragspartner bestimmten Arbeitsorganisation erbringt (exemplarisch BAG v. 19.11.1997 – 5 AZR 653/96, BAGE 87, 129 = NZA 1998, 364, 365 m.w.N. zur st. Rspr.; ferner BAG v. 20.8.2003 – 5 AZR 610/02, NZA 2004, 39; v. 12.12.2001 – 5 AZR 253/00, NZA 2002, 787; v. 13.3.2008 – 2 AZR 1037/06, NZA 2008, 878, 879). Die Fremdbestimmtheit ist wiederum bei einer **persönlichen Abhängigkeit** gegeben, die sich insbesondere daran zeigt, dass der Beschäftigte einem Weisungsrecht seines Vertragspartners bzgl. Inhalt, Durchführung, Zeit und Ort der zu erbringenden Tätigkeit unterliegt. Auch der Begriff der persönlichen Abhängigkeit ist freilich wenig trennscharf. Eine nähere Umschreibung dieses Merkmals wird von der Rechtsprechung typologisch vorgenommen. Es gibt also kein Kriterium, das unverzichtbar vorliegen muss (BAG v. 15.3.1978 – 5 AZR 819/76, AP BGB § 611 Abhängigkeit Nr. 26), sondern es ist vielmehr eine Gesamtbetrachtung aller Indizien des Einzelfalls vorzunehmen (BAG v. 23.4.1980 – 5 AZR 429/79, AP BGB § 611 Abhängigkeit Nr. 34; vgl. zum Beschäftigtenbegriff BSG v. 30.10.2013 – B 12 KR 17/11 R, n. v., Rn. 23).

2 Wer Arbeitnehmer ist, bestimmt sich dabei nach den **tatsächlichen Gegebenheiten.** Wenn jemand eine Tätigkeit ausübt, die den Merkmalen des Arbeitnehmerbegriffs entspricht, so ist er Arbeitnehmer; eine anderslautende Vertragsbezeichnung ändert hieran nichts (s. nur BAG v. 20.7.1994 – 5 AZR 627/93, NZA 1995, 161; v. 18.1.2012 – 7 AZR 723/10, NZA-RR 2012, 455). Dies wird von § 22 Abs. 1 S. 3 ausdrücklich für die Abgrenzung des Arbeitnehmers vom (Schein-) Praktikanten festgeschrieben, gilt aber natürlich für alle Konstellationen, insbesondere auch bei der Abgrenzung zum (Schein-) Selbständigen.

2. Der Mindestlohn als Sockelanspruch

3 Das MiLoG gilt **nicht nur im Niedriglohnbereich,** sondern betrifft grundsätzlich alle Arbeitsverhältnisse unabhängig von der Höhe der Vergütung. Der sog. Minijobber ist also ebenso erfasst (*Riechert/Nimmerjahn,* § 72 MiLoG Rn. 21) wie besserverdienende Arbeitnehmer. Für diese Sichtweise streitet zunächst der Wortlaut des Gesetzes: Gem. §§ 1 Abs. 1, 22 Abs. 1 S. 1 hat „jeder" Arbeitnehmer gegen seinen Arbeitgeber einen Anspruch auf Zahlung eines Arbeitsentgelts „mindestens in Höhe des Mindestlohns". Nach § 3 S. 1 sind Vereinbarungen, die den Anspruch auf Mindestlohn unterschreiten oder seine Geltendmachung beschränken oder ausschließen „insoweit" unwirksam. Aus teleologischer Sicht kann zwar durchaus bezweifelt werden, ob „Besserverdiener" wirklich des Schutzes durch das MiLoG bedürfen, jedoch ließe sich kaum eine rechtssichere Grenze ziehen. Außerdem zeigt die Mindestlohndokumentationspflichten-Verordnung, die Erleichterungen hinsichtlich der Melde- und Dokumentationspflichten (§§ 16, 17) ab einem verstetigten regelmäßigen Monatsentgelt von mehr als brutto 2.958 Euro vorsieht, dass die Arbeitgeberpflichten nach dem MiLoG prinzipiell für alle Arbeitsverhältnisse gelten. Der Mindestlohn stellt also einen Sockelanspruch dar – mit anderen Worten: Der **Mindestlohn steckt in jedem Lohn** (so auch *Sagan/Witschen,* jM 2014, 372, 374; *Bayreuther,* NZA 2014, 865, 866; *Preis/Ulber,* Ausschlussfristen und Mindestlohngesetz, 2014, vgl. auch *Viethen,* NZA-Beilage 2014, 143, 145; **a. A.** *Spielberger/Schilling,* NZA 2014, 414, 416).

II. Die Ausnahmen im Überblick

4 Von dieser grundsätzlich allumfassenden Geltung des MiLoG für alle Arbeitnehmer sehen § 22 Abs. 1 S. 2 bis Abs. 4 MiLoG Ausnahmen vor. Eine etwas unübersichtliche Regelung ist zunächst in § 22 Abs. 1 S. 2, 3 für **Praktikanten** normiert. Danach unterfallen unter bestimmten Voraussetzungen Pflichtpraktika (Nr. 1), Orientierungspraktika (Nr. 2), studienbegleitende Praktika (Nr. 3) und Praktika zur Einstiegsqualifizierung (Nr. 4) nicht dem Mindestlohn. Eine für die Praxis bedeutsame Vorschrift stellt sodann die Ausnahme für **Personen unter 18 Jahren** ohne Berufsausbildung dar (Abs. 2). Eine rein deklaratorische Regelung enthält Abs. 3 für Beschäftigte in **Berufsausbildung** sowie **ehrenamtlich Tätige.** Für **Langzeitarbeitslose** (§ 18 Abs. 1 SGB III) gilt der Mindestlohn erst nach den ersten sechs Monaten der Beschäftigung (Abs. 4).

5 Für alle Ausnahmetatbestände hat sich der Gesetzgeber jeweils einer anderen Regelungstechnik bedient oder zumindest unterschiedliche Formulierungen verwendet. Praktikantenverhältnisse unterliegen regelmäßig dem MiLoG, es sei denn es greift einer der vier Tatbestände und die Voraussetzungen der Definition in § 22 Abs. 1 S. 3 sind erfüllt. Kinder und Jugendliche ohne abgeschlossene Berufsausbildung „gelten" (Fiktion) nicht

als Arbeitnehmer, bei Auszubildenden und ehrenamtlich Tätigen wird „die Vergütung nicht von diesem Gesetz geregelt" und bei Langzeitarbeitslosen „gilt der Mindestlohn in den ersten sechs Monaten der Beschäftigung nicht." Diese unterschiedlichen Formulierungen suggerieren unterschiedliche Rechtsfolgen, im Ergebnis aber ist bei allen Fällen jeweils – ggf. zeitlich begrenzt – die Anwendbarkeit des **MiLoG insgesamt** und nicht nur der Mindestlohnanspruch **ausgeschlossen.**

III. Praktikanten

1. Systematik und Beweislast

6 Die Ausnahme für Praktikanten greift bei weitem nicht für jedes Praktikumsverhältnis, wie die Systematik des § 22 Abs. 1 S. 2 deutlich macht. Danach „gelten" **(Fiktion)** zunächst Praktikanten i. S. d. § 26 BBiG als **Arbeitnehmer** i. S. d. MiLoG. Daher haben grundsätzlich auch alle „echten" Praktikanten, bei denen der Lern- und Ausbildungszweck im Vordergrund steht, einen Anspruch auf Mindestlohn. Die Regelung soll nach der Vorstellung des Gesetzgebers den Missbrauch des sinnvollen Instruments des Praktikums einschränken (BT-Drs. 18/1558, S. 42; zu Recht kritisch hierzu *Picker/Sausmikat,* NZA 2014, 942; *L. Schmitt,* Die Rechtsstellung des Praktikanten *de lege lata* und *de lege ferenda,* in: Fütterer/Pötters/Stiebert/Traut, Arbeitsrecht – für wen und wofür?, 2015, S. 37 ff.; *Ulber,* Arbeitsmarktpolitische Steuerung durch Ausnahmen vom Mindestlohn?, in: Fütterer/Pötters/Stiebert/Traut, Arbeitsrecht – für wen und wofür?, 2015, S. 159 ff.; *Natzel,* BB 2014, 2490, 2492 f). Es geht aber wohl eher darum, Vollzugsdefizite zu beseitigen, denn ein Missbrauch durch Scheinpraktika, bei denen in Wirklichkeit ein Arbeitsverhältnis vorliegt, war natürlich schon vor Einführung des MiLoG rechtswidrig.

7 Das MiLoG geht hierüber hinaus: Nur wenn einer der in § 22 Abs. 1 S. 2 MiLoG aufgezählten vier **Ausnahmetatbestände** greift („es sei denn"), muss kein Mindestlohn gezahlt werden. Diese **Aufzählung** ist **abschließend:** *enumeratio ergo limitatio.*

8 Das in § 22 Abs. 1 S. 2 MiLoG verwendete Regel-Ausnahme-Schema hat eine beweisrechtliche Funktion: Die **Darlegungs- und Beweislast** trifft den Arbeitgeber (BT-Drs. 18/2010 [neu], S. 24). Der Praktikant muss im Grunde nur darlegen, dass er als „echter" Arbeitnehmer oder als Praktikant i. S. d. § 26 BBiG tätig geworden ist. Möchte sich ein Arbeitgeber hingegen auf eine der Ausnahmen berufen, hat er deren tatsächliche Voraussetzungen darzulegen und notfalls zu beweisen (*Riechert/Nimmerjahn,* § 22 MiLoG Rn. 87; *Lembke,* NZA 2015, 70, 73; *Ulber,* AuR 2014, 404).

9 Mit § 22 Abs. 1 S. 2 ergänzt der Gesetzgeber die bisherige Regelung zur Vergütung nach § 17 BBiG (**a. A.** *Picker/Sausmikat,* NZA 2014, 942, 945: Das MiLoG verdrängt § 17 BBiG im Wege der Spezialität), wonach eine „angemessene" Entlohnung geschuldet wird. Regelmäßig wird der

Mindestlohn aber über der angemessenen Vergütung nach § 17 BBiG liegen, denn diese orientiert sich nicht an der branchenüblichen Vergütung von Arbeitnehmern, sondern an derjenigen für andere Auszubildende. Maßgeblich für die Ermittlung der angemessenen Vergütung ist die Verkehrsanschauung. Vorrangig ist dabei auf die einschlägigen Tarifverträge abzustellen, ergänzend kann zur Bestimmung der Verkehrsanschauung auf Empfehlungen der Industrie- und Handelskammern oder der Handwerksinnungen zurückgegriffen werden (vgl. ErfK/*Schlachter,* § 17 BBiG Rn. 3). Bleibt die vereinbarte Ausbildungsvergütung um mehr als 20% hinter der nach der Verkehrsanschauung angemessenen zurück, wird die Unangemessenheit vermutet (BAG v. 16.7.2013 – 9 AZR 784/11, NZA 2013, 1202; 23.8.2011 – 3 AZR 575/09, NZA 2012, 211).

2. Nachweispflicht gem. § 2 Abs. 1a NachwG

10 Im Zusammenhang mit § 22 Abs. 1 S. 2 ist auch die neue Regelung in § 2 Abs. 1a NachwG zu beachten, die gemeinsam mit dem MiLoG durch das Tarifautonomiestärkungsgesetz eingeführt wurde (ausführlich *Düwell,* DB 2014, 2047, 2049). Hiernach ist der Arbeitgeber bei der Einstellung von Praktikanten verpflichtet, „unverzüglich nach Abschluss des Praktikumsvertrages, spätestens vor Aufnahme der Praktikantentätigkeit, die wesentlichen **Vertragsbedingungen schriftlich niederzulegen,** die Niederschrift zu unterzeichnen und dem Praktikanten auszuhändigen." Die einzelnen zwingenden Bestandteile der Niederschrift sind in § 2 Abs. 1a S. 2 NachwG aufgelistet.

11 **Unverzüglich** bedeutet ohne schuldhaftes Zögern (§ 121 Abs. 1 S. 1 BGB). Regelmäßig wird der Arbeitgeber nicht länger als eine Woche zuwarten können. In zeitlicher Hinsicht ist diese Regelung somit deutlich strenger als die allgemeine Nachweispflicht, die der Arbeitgeber gem. § 2 Abs. 1 S. 1 NachwG noch bis einen Monat nach dem vereinbarten Beginn des Arbeitsverhältnisses erfüllen kann. Diese Verschärfung soll wohl dem Missbrauch von Praktikumsverhältnissen vorbeugen, denn im Rahmen der Niederschrift sind u. a. gem. § 2 Abs. 1 S. 2 Nr. 2 NachwG die mit dem Praktikum verfolgten Lern- und Ausbildungsziele aufzunehmen, sodass für den (Schein-) Praktikanten nachvollziehbar wird, ob sich die Tätigkeit in der tatsächlichen Durchführung hieran orientiert oder sich in Wirklichkeit als ein Arbeitsverhältnis entpuppt.

12 Der Nachweis muss **schriftlich** erfolgen, er muss also den Anforderungen des § 126 BGB genügen. Die elektronische Form ist gem. § 2 Abs. 1 S. 3, Abs. 1a S. 3 NachwG ausdrücklich ausgeschlossen. Entsprechend anwendbar ist § 2 Abs. 4 NachwG, es genügt also, wenn ein schriftlicher Praktikumsvertrag mit den geforderten Inhalten ausgefertigt wird (ErfK/*Preis,* § 2 NachwG Rn. 27b).

13 Eine strikte Befolgung der Nachweispflichten ist dem Arbeitgeber schon im Hinblick auf die **Beweislastverteilung** anzuraten (vgl. *Ulber,* AuR 2014,

404). Die Nachweispflicht umfasst Aspekte, die zugleich Voraussetzungen der unterschiedlichen Ausnahmetatbestände für Praktikanten sind. Werden etwa die Lern- und Ausbildungsziele nicht festgelegt, spricht vieles für ein bloßes Scheinpraktikum. Die Behauptung des „Praktikanten“, er sei in Wirklichkeit Arbeitnehmer, wird der Arbeitgeber dann nur schwer widerlegen können. Die Nichterteilung des Nachweises stellt außerdem eine Beweisvereitelung durch den Arbeitgeber dar, die im Rahmen der Beweiswürdigung durch den Richter nach § 286 ZPO zu berücksichtigen ist (ErfK/*Preis,* Einf. zum NachwG Rn. 23; ausführlich *Bergwitz,* BB 2001, 2316).

14 Die Nachweispflicht stellt eine selbständig einklagbare **Nebenpflicht** (§ 241 Abs. 2 BGB) des Arbeitgebers dar. Eine Verletzung kann prinzipiell Schadensersatzansprüche aus § 280 Abs. 1 BGB begründen (ErfK/*Preis,* Einf. zum NachwG Rn. 13).

3. Begriff des Praktikanten

15 § 22 Abs. 1 S. 2 bezieht sich begrifflich zunächst ausdrücklich auf die Vorschrift des § 26 BBiG. Nach der hierzu entwickelten Definition sind Praktikanten solche Personen, die sich, ohne eine systematische Berufsausbildung zu absolvieren, zeitweilig einer bestimmten betrieblichen Tätigkeit und Ausbildung im Rahmen einer Gesamtausbildung unterziehen (ErfK/*Schlachter,* § 26 BBiG Rn. 3; BeckOK ArbR/*Hagen,* § 26 BBiG Rn. 4). Der Begriff des Praktikanten wird nun aber auch in § 22 Abs. 1 S. 3 **legaldefiniert** (krit. zur misslungenen Systematik BeckOK ARbR/*Greiner,* § 22 MiLoG Rn. 12). Praktikant ist demnach „unabhängig von der Bezeichnung des Rechtsverhältnisses, wer sich nach der tatsächlichen Ausgestaltung und Durchführung des Vertragsverhältnisses für eine begrenzte Dauer zum Erwerb praktischer Kenntnisse und Erfahrungen einer bestimmten betrieblichen Tätigkeit zur Vorbereitung auf eine berufliche Tätigkeit unterzieht, ohne dass es sich dabei um eine Berufsausbildung im Sinne des Berufsbildungsgesetzes oder um eine damit vergleichbare praktische Ausbildung handelt.“ Die Definition in § 22 Abs. 1 S. 3 grenzt den Kreis der Praktikanten über die Ausnahmetatbestände der Nummern 1–4 hinaus weiter ein (*Picker/Sausmikat,* NZA 2014, 942, 945).

16 Es fällt auf, dass die Legaldefinition auf den bisher für Praktikanten i. S. d. BBiG geläufigen Bezug zu einer Gesamtausbildung verzichtet. Im Ergebnis dürfte aber kaum ein Unterschied bestehen, allenfalls bei den Orientierungspraktika (Nr. 3) könnte es am Bezug zu einer Gesamtausbildung fehlen. Glaubt man den Gesetzesmaterialien, sind **Rechtsverhältnisse i. S. d. § 26 BBiG** weder Arbeitsverhältnisse noch Praktikumsverhältnisse (BT-Drs. 18/2010 (neu), S. 24). Gemeint war wohl, das andere Vertragsverhältnisse i. S. d. § 26 BBiG, die kein Praktikumsverhältnis darstellen, nicht vom Mindestlohn erfasst werden. Auch Praktikumsverhältnisse i. S. d. MiLoG sind schließlich regelmäßig andere Vertragsverhältnisse i. S. d. § 26 BBiG. Als Beispiel für Personen, die eine vergleichbare praktische Ausbildung absolvieren und nicht

Praktikanten sind, nennt die Gesetzesbegründung Volontariate (BT-Drs. 18/2010 [neu], S. 24; vgl. hierzu BeckOK ARbR/*Greiner*, § 22 MiLoG Rn. 16). **Volontäre** können sich nach dem BAG sowohl in einem Arbeitsverhältnis als auch in einem anderen Vertragsverhältnis i. S. v. § 26 BBiG befinden (BAG v. 1.12.2004 – 7 AZR 129/04, NZA 2005, 779). Ein Volontariatsverhältnis als anderes Vertragsverhältnis nach § 26 BBiG liegt vor, wenn auf Grund Ausbildungsvertrag und einschlägigen tariflichen Vorschriften ein geordneter Ausbildungsgang vorgeschrieben ist und die Dauer der Ausbildung der gesetzlichen Mindestanforderung für staatlich anerkannte Ausbildungsberufe von mindestens zwei Jahren nach § 5 Abs. 1 Nr. 2 BBiG entspricht (BAG v. 1.12.2004 – 7 AZR 129/04, NZA 2005, 779; ErfK/*Schlachter*, § 26 BBiG Rn. 2; BeckOK ArbR/*Hagen*, § 26 BBiG Rn. 7). Neben den Volontären sind noch sog. **Anlernlinge** als eine weitere Personengruppe, die einem anderen Vertragsverhältnis i. S. d. § 26 BBiG stehen, zu nennen. Anlernlinge erhalten in einem engeren Fachgebiet eine planmäßige Spezialausbildung.

17 Keine Praktikanten sind nach § 22 Abs. 1 S. 3 ferner **Auszubildende.** Die Geltung des MiLoG ist bei ihnen gem. § 22 Abs. 3 ausgeschlossen. Im Gegensatz zum Auszubildenden liegt beim Praktikanten keine systematische und eine zeitlich regelmäßig kürzere Ausbildung vor (vgl. § 1 BBiG).

18 Schließlich sind „echte" **Arbeitnehmer** keine Praktikanten (*arg. e* § 22 Abs. 1 S. 1 MiLoG). Für die **Abgrenzung** eines **Arbeitsverhältnisses** vom Praktikumsverhältnis kommt es – wie auch sonst bei der Bestimmung der Arbeitnehmereigenschaft (oben, Rn. 2) – gem. § 22 Abs. 1 S. 3 nicht auf die von den Vertragspartnern gewählte Bezeichnung des Rechtsverhältnisses an, sondern entscheidend ist die tatsächliche Ausgestaltung und Durchführung des Vertragsverhältnisses. Bei Arbeitnehmern steht im Gegensatz zum Praktikum die Arbeitsleistung im Vordergrund und nicht die Ausbildung (zur Abgrenzung *Burkard-Pötter/Sura,* NJW 2015, 517, 519). Praktikant ist nur, wer „für eine begrenzte Dauer zum Erwerb praktischer Kenntnisse und Erfahrungen einer bestimmten betrieblichen Tätigkeit zur Vorbereitung auf eine berufliche Tätigkeit unterzieht." Der klassische Missbrauchsfall der sog. Generation Praktikum, bei dem jungen Absolventen ein Ersteinstieg in den Arbeitsmarkt durch ein gering vergütetes angebliches Praktikum angeboten wird, stellt eine rechtswidrige Umgehung des Arbeitsrechts dar. Auch vor Einführung des MiLoG war es nicht möglich, ein solches Arbeitsverhältnis als anderes Rechtsverhältnis i. S. v. § 26 BBiG auszugestalten (ErfK/*Schlachter,* § 26 BBiG Rn. 4).

4. Pflichtpraktika (§ 22 Abs. 1 S. 2 Nr. 1 MiLoG)

19 Nach Nr. 1 werden zunächst Pflichtpraktika aufgrund einer schulrechtlichen Bestimmung, einer Ausbildungsordnung, einer hochschulrechtlichen Bestimmung oder im Rahmen einer Ausbildung an einer gesetzlich geregelten Berufsakademie ausgenommen. Pflichtpraktika sind gem. § 3 Abs. 2 Nr. 1 BBiG keine Praktika i. S. d. § 26 BBiG (s. bereits BAG v. 19.6.1974 –

4 AZR 436/73, AP BAT § 3 Nr. 3; ferner BAG v. 3.9.1998 – 8 AZR 14/97, BeckRS 1998, 30371274; *Natzel,* BB 2014, 2490, 2491), sodass der Ausnahmetatbestand nur **deklaratorisch** ist (vgl. *Burkard-Pötter/Sura,* NJW 2015, 517, 519; *Riechert/Nimmerjahn,* § 22 MiLoG Rn. 43).

20 Der **Begriff** der (hoch-)schulrechtlichen Bestimmungen ist weit zu verstehen. Er umfasst neben den Hochschulgesetzen der Länder alle Studien- und Prüfungsordnungen sowie Zulassungsordnungen, welche die Absolvierung eines Praktikums als Voraussetzung zur Aufnahme eines bestimmten Studiums verpflichtend vorschreiben (BT-Drs. 18/2010 (neu), S. 24). Ebenfalls vom Mindestlohn ausgenommen sind Praktika, die im Rahmen der Ausbildung an einer gesetzlich geregelten Berufsakademie geleistet werden. Die Wendung „Bestimmung" verdeutlicht, dass keine Regelung im Rahmen eines Gesetzes im materiell-rechtlichen Sinne gegeben sein muss, sondern es genügt etwa auch, dass ein Praktikum im Rahmen von Kooperationsverträgen zwischen Hochschulen und Unternehmen erfolgt. Damit können insbesondere auch Praktika, die im Rahmen von dualen Studiengängen absolviert werden, vom Anwendungsbereich des Mindestlohns ausgenommen sein (BT-Drs. 18/2010 (neu), S. 24; vgl. BeckOK ArbR/*Greiner,* § 22 MiLoG Rn. 25; Düwell/Schubert/*Schubert/Jerchel,* § 22 MiLoG Rn. 32).

21 Eine **verpflichtende Vorschrift** ist auch dann gegeben, wenn nach einer hochschulrechtlichen Bestimmung ein Praktikum alternativ zu einer anderen Studienleistung wie einer Klausur oder einem Seminar absolviert werden kann.

22 Erfasst sind nicht nur Praktika **während** der Ausbildung, sondern auch solche, die aufgrund einer schulrechtlichen oder hochschulrechtlichen Bestimmung als Eintrittsvoraussetzung für den Bildungsweg verlangt werden (sog. **Vorpraktika;** *Burkard-Pötter/Sura,* NJW 2015, 517, 519). Im ursprünglichen Gesetzesentwurf sollten nur Praktika ausgenommen sein, die „im Rahmen" einer Schul-, Ausbildungs- oder Studienordnung geleistet werden (*Ulber,* Arbeitsmarktpolitische Steuerung durch Ausnahmen vom Mindestlohn?, in: Fütterer/Pötters/Stiebert/Traut, Arbeitsrecht – für wen und wofür?, 2015, S. 159ff., 162).

23 Eine **zeitliche Begrenzung** besteht im Umkehrschluss zu § 22 Abs. 1 S. 2 Nr. 2 und Nr. 3 MiLoG **nicht.** Auch umfangreiche Praktika im Rahmen von dualen Studiengängen oder das praktische Jahr im Medizinstudium sind nach Nr. 1 privilegiert. Duale Studiengänge sind teilweise auch so ausgestaltet, dass ein Ausbildungsverhältnis vorliegt. In diesem Fall greift nicht Abs. 1 S. 2 Nr. 2, sondern Abs. 3 (ausführlich hierzu *Koch-Rust/Kolb/Rosentreter,* NZA 2015, 402) – letztlich ist dies aber eine rein dogmatische Frage.

24 Die Notwendigkeit des Praktikums und die jeweilige Dauer sollte sich der Arbeitgeber – schon aus **Beweisgründen** – durch Vorlage der einschlägigen schulrechtlichen oder hochschulrechtlichen Vorschrift bescheinigen lassen. Ist die Dauer nicht genau bestimmt, wird man auf eine übliche Länge abstellen müssen.

Weil Pflichtpraktika kein Praktikum i. S. v. § 26 BBiG darstellen (Rn. 19), gilt für sie nach h. M. **nicht einmal** der Anspruch auf eine **angemessene Vergütung** nach § 17 BBiG (*Orlowski,* RdA 2009, 38, 39; *Maties,* RdA 2007, 135, 139; **a. A.** *Schade,* NJW 2013, 1039). **25**

5. Orientierungspraktika/„Schnupperpraktika" (§ 22 Abs. 1 S. 2 Nr. 2 MiLoG)

Eine weitere Ausnahme sieht Nr. 2 für Orientierungspraktika (auch „Schnupperpraktika" genannt) vor. Hierunter versteht das Gesetz Praktika von bis zu drei Monaten zur Orientierung für eine Berufsausbildung oder für die Aufnahme eines Studiums. Der Begriff der **Berufs- und Hochschulausbildung** ist dabei weit zu verstehen (BT-Drs. 18/1558, S. 42). Mit der Berufsausbildung ist die Berufsbildung gemeint, es geht also nicht um eine berufliche Orientierung für einen Einstieg in den Arbeitsmarkt, sondern um das Kennenlernen eines Berufsbildes für die Entscheidung für ein bestimmtes Studium oder eine Ausbildung. **26**

Sehr schwammig ist die Wendung **„zur Orientierung"**. Eine konkrete Absicht oder der anschließende Beginn einer entsprechenden Ausbildung ist gerade nicht erforderlich, denn einerseits müssen die Voraussetzungen für einen der Ausnahmetatbestände aus Gründen der Rechtssicherheit nur zum Zeitpunkt des Praktikumsverhältnisses vorliegen und zum anderen kann es ja auch gerade Ergebnis des Schnupperpraktikums seins, dass dem Praktikanten das jeweilige Berufsfeld nicht gefallen hat. Im Grunde dient also jedes Praktikum einer Studien- oder Ausbildungsorientierung, solange kein unmittelbarer Ausbildungskontext besteht und der Betroffene eine entsprechende Zugangsberechtigung besitzt (*Burkard-Pötter/Sura,* NJW 2015, 517, 521). Eindeutig ausgeschlossen ist ein Orientierungspraktikum daher vor allem, wenn nach abgeschlossenem Studium oder Berufsbildung eine Tätigkeit aufgenommen wird, die der Ausbildung entspricht (vgl. *Riechert/Nimmerjahn,* § 22 MiLoG Rn. 60). Hier liegt aber ohnehin regelmäßig ein bloßes Scheinpraktikum vor. **27**

Ein Überschreiten der **Drei-Monats-Grenze** führt nicht dazu, dass rückwirkend das Praktikum mindestlohnpflichtig wird (ebenso *Bayreuther,* NZA 2015, 385, 388; diff. *Ulber,* Arbeitsmarktpolitische Steuerung durch Ausnahmen vom Mindestlohn?, in: Fütterer/Pötters/Stiebert/Traut, Arbeitsrecht – für wen und wofür?, 2015, S. 159 ff., 163; **a. A.** *Lakies,* MiLoG, § 22 Rn. 37; BeckOK ArbR/*Greiner,* § 22 MiLoG Rn. 28; *Riechert/Nimmerjahn,* § 22 MiLoG Rn. 63; *Jöris/Steinau-Steinrück,* BB 2014, 2101, 2102). Die Gegenmeinung führt als Argument die Wendung in § 22 Abs. 4 an, wonach Langzeitarbeitslose „in den ersten sechs Monaten der Beschäftigung" keinen Mindestlohn erhalten. Hätte der Gesetzgeber Entsprechendes für Orientierungspraktika (und für begleitende Praktika zur Berufs- oder Hochschulausbildung, vgl. unten Rn. 32) gewollt, hätte er eine ähnliche Formulierung verwendet. Ob der Gesetzgeber derartige Feinheiten bedacht hat, darf be- **28** zweifelt werden, zumal § 22 insgesamt nicht gerade das gesetzesästhetische Glanzstück des MiLoG darstellt. Der Wortlaut ist vielmehr offen. Der Zweck der Regelung ist nicht konterkariert, wenn im Anschluss an eine berufliche Orientierung von drei Monaten eine längerfristige Beschäftigung geboten wird. Die Gründe für die gesetzliche Privilegierung greifen vielmehr auch in diesem Fall. Es stellt auch keinen Missbrauch dar, wenn von vornherein ein längeres Praktikum geplant ist, denn für die ersten drei Monate liegen die Voraussetzungen vor, für die weitere Zeit eben nicht. Nach drei Monaten dürfte der „Praktikant" ohnehin regelmäßig verwertbare Arbeitsergebnisse erzielen, sodass die Ausbildungskomponente abnimmt und ein fließender Übergang in ein Arbeitsverhältnis stattfindet. Die Drei-Monats-Grenze wirkt sich insofern als eine Pauschalierung aus.

29 Schwieriger ist die Frage zu beantworten, ob gegen die zeitliche Grenze verstoßen wird, wenn nach einer **Unterbrechung** erneut ein dreimonatiges Schnupperpraktikum vereinbart wird (vgl. *Riechert/Nimmerjahn,* § 22 MiLoG Rn. 66). Hier wird man einzelfallspezifisch überprüfen müssen, ob eine Umgehung vorliegt. Mehrere dreimonatige Praktika bei demselben Arbeitgeber werden meist nicht möglich sein, es sei denn es werden völlig unterschiedliche Berufsfelder kennengelernt, sodass erneut von einer **Orientierungsfunktion** ausgegangen werden kann. Auf die Dauer der Unterbrechung kommt es hingegen – anders als bei einer Kettenbefristung – allenfalls nachrangig an. Das Orientierungsziel sollte daher klar vereinbart werden, zumal der Arbeitgeber hierzu ohnehin gem. § 2 Abs. 1a NachwG verpflichtet ist (vgl. ausf. Rn. 10ff.).

30 Nicht erfasst sind Praktika **nach** Abschluss eines Studienabschnitts. So fallen beispielsweise die häufig nach Beendigung des Bachelor- und vor Aufnahme des Masterstudiums abgeleisteten Praktika nicht unter die Ausnahme des § 22 Abs. 1 S. 2 Nr. 2 MiLoG, können aber von Nr. 3 erfasst sein (ebenso *von Steinau-Steinrück/Burkard-Pötter,* NJW-Spezial 2014, 754, 755; a.A. BeckOK ArbR/*Greiner,* § 22 MiLoG Rn. 29).

31 Anders als die Pflichtpraktika nach Nr. 1 sind die Schnupperpraktika vom BBiG erfasst, sodass zumindest eine **angemessene Vergütung** nach § 17 BBiG zu zahlen ist.

6. Begleitendes Praktikum zur Berufs- oder Hochschulausbildung (§ 22 Abs. 1 S. 2 Nr. 3 MiLoG)

32 Mit der Regelung für Orientierungspraktika vergleichbar ist die Ausnahme für freiwillige Praktika begleitend zu einer Berufs- oder Hochschulausbildung nach Nr. 3. **„Begleitend"** erfolgt ein Praktikum nur, wenn es zeitlich und inhaltlich einen Bezug zur der Ausbildung aufweist (*Burkard-Pötter/Sura,* NJW 2015, 517, 519). Das Schnupperpraktikum ist ebenso wie das Orientierungspraktikum auf drei Monate begrenzt. Auch hier gilt das MiLoG bei Überschreiten der **Drei-Monats-Grenze** lediglich *ex nunc* (ausf. oben, Rn. 28).

33 Zudem darf nicht zuvor „ein solches Praktikumsverhältnis mit demselben Ausbildenden" bestanden haben. Dieses **Vorbeschäftigungsverbot** ist strikt auszulegen (ebenso BeckOK ArbR/*Greiner,* § 22 MiLoG Rn. 38), die Rechtsprechung des BAG zu § 14 Abs. 2 S. 2 TzBfG ist nicht auf § 22 Abs. 2 S. 1 Nr. 3 MiLoG übertragbar (*Bayreuther,* NZA 2015, 385, 388; *Lakies,* MiLoG, § 22 Rn. 39). Unschädlich wäre etwa eine vorherige Ferienbeschäftigung als Schüler bei demselben Unternehmen (*Natzel,* BB 2014, 2490, 2491). Auch ein vorheriges Orientierungs- oder ein Pflichtpraktikum stellen nicht „ein solches Praktikumsverhältnis" dar (ebenso *Riechert/Nimmerjahn,* § 22 MiLoG Rn. 71).

34 Nach dem eindeutigen Wortlaut („begleitend") sind Praktika **nach** Abschluss des gesamten Studiums nicht erfasst. Für sie ist somit in jedem Fall das MiLoG anwendbar (ebenso *Picker/Sausmikat,* NZA 2014, 942, 947; *Ulber,* Arbeitsmarktpolitische Steuerung durch Ausnahmen vom Mindestlohn?, in: Fütterer/Pötters/Stiebert/Traut, Arbeitsrecht – für wen und wofür?, 2015, S. 159ff., 164), es sei denn es besteht eine Orientierungsfunktion (Nr. 2), weil es sich um ein anderes Berufsfeld handelt.

35 Bei den begleitenden Praktika gilt die Pflicht zur **angemessenen Vergütung** nach § 17 BBiG.

7. Einstiegsqualifizierung oder Berufsbildungsvorbereitung (§ 22 Abs. 1 S. 2 Nr. 4 MiLoG)

36 Nicht unter den Anwendungsbereich des MiLoG fallen zudem nach Nr. 4 Praktikanten, die an einer Einstiegsqualifizierung nach § 54a SGB III oder an einer Berufsausbildungsvorbereitung nach §§ 68 bis 70 BBiG teilnehmen. Die Regelung ist rein deklaratorisch, weil die betroffene Personengruppe ohnehin nicht von § 22 Abs. 2 S. 3 MiLoG erfasst wird (ebenso *Natzel,* BB 2014, 2490, 2492).

37 Arbeitgeber, die eine betriebliche **Einstiegsqualifizierung** durchführen, können gem. § 54a Abs. 1 S. 1 SGB III durch Zuschüsse zur Vergütung bis zu einer Höhe von 216 Euro monatlich zuzüglich eines pauschalierten Anteils am durchschnittlichen Gesamtsozialversicherungsbeitrag der oder des Auszubildenden gefördert werden. Diese Förderung hängt u. a. davon ab, dass sie gem. § 54a Abs. 2 Nr. 1 SGB III auf der Grundlage eines Vertrags im Sinne des § 26 BBiG mit der oder dem Auszubildenden durchgeführt wird. Die Einstiegsqualifizierung stellt somit ein „anderes Vertragsverhältnis" i. S. d. § 26 BBiG dar (Brand/*Brandts,* SGB III, 6. Auflage 2012, § 54a Rn. 17). Mithin ist auch eine **angemessene Vergütung** i. S. v. § 17 BBiG zu zahlen.

38 Im laufenden Gesetzgebungsverfahren ist klargestellt worden, dass auch Personen, die eine **Berufsausbildungsvorbereitung** nach §§ 68–70 BBiG absolvieren, keinen Mindestlohn erhalten. Dies leuchtet ein: Wenn schon Berufsausbildungsverhältnisse nicht vom Mindestlohn erfasst werden (§ 22 Abs. 3), muss dies erst recht für Rechtsverhältnisse gelten, welche eine solche Berufsausbildung lediglich vorbereiten sollen (ErfK/*Franzen,* § 22 MiLoG Rn. 13). Die Berufsausbildungsvorbereitung dient dem Ziel, durch die Vermittlung von Grundlagen für den Erwerb beruflicher Handlungsfähigkeit an eine Berufsausbildung in einem anerkannten Ausbildungsberuf heranzuführen (§ 1 Abs. 2 BBiG). Es geht darum, behebbare Defizite für die Ausbildungsfähigkeit zu beseitigen (*Ulber,* Arbeitsmarktpolitische Steuerung durch Ausnahmen vom Mindestlohn?, in: Fütterer/Pötters/Stiebert/Traut, Arbeitsrecht – für wen und wofür?, 2015, S. 159ff., 165).

8. Vergütung von sonstigen Praktikanten i. S. d. § 26 BBiG

39 Greift keiner der vier Ausnahmetatbestände ein und liegt dennoch ein echtes Praktikum vor, stellt sich die Frage, wonach sich die Vergütungshöhe bestimmt. Dies betrifft etwa Praktikanten, die länger als drei Monate oder erneut bei demselben Arbeitgeber ein Orientierungspraktikum oder ein studienbegleitendes Praktikum absolvieren. Ebenso fallen Praktika nach einem abgeschlossenen Studium regelmäßig unter keine der Ausnahmen (vgl. *Burkard-Pötter/Sura,* NJW 2015, 517, 520). Solche Praktikanten gelten gem. § 22 Abs. 1 S. 2 als Arbeitnehmer, ihnen muss also wenigstens der gesetzliche Mindestlohn gezahlt werden.

40 Die **Reichweite der Fiktion** ist nach dem eindeutigen Wortlaut aber auf das MiLoG beschränkt, sodass kein Anspruch darauf besteht, entsprechend den „echten" Arbeitnehmern vergütet zu werden. Im Rahmen des **Lohnwuchertatbestands (§ 138 BGB)** kann nicht auf andere Arbeitnehmer abgestellt werden, sondern Vergleichsgröße ist regelmäßig die Auszubildendenvergütung.

41 Zumindest theoretisch denkbar ist, dass ein Anspruch auf eine **angemessene Vergütung i. S. v. § 17 BBiG, der neben dem MiLoG anwendbar** ist, über dem gesetzlichen Mindestlohn liegt. Maßgeblich für die Ermittlung der angemessenen Vergütung ist die Verkehrsanschauung. Vorrangig ist dabei auf die einschlägigen Tarifverträge abzustellen, ergänzend kann zur Bestimmung der Verkehrsanschauung auf Empfehlungen der Industrie- und Handelskammern oder der Handwerksinnungen zurückgegriffen werden (vgl. ErfK/*Schlachter,* § 17 BBiG Rn. 3). Bleibt die vereinbarte Ausbildungsvergütung um mehr als 20% hinter der nach der Verkehrsanschauung angemessenen zurück, wird die Unangemessenheit vermutet (BAG v. 16.7.2013 – 9 AZR 784/11, NZA 2013, 1202; BAG v. 23.8.2011 – 3 AZR 575/09, NZA 2012, 211).

IV. Jugendliche ohne abgeschlossene Berufsausbildung (§ 22 Abs. 2 MiLoG)

42 Vollständig von der Anwendung des MiLoG ausgenommen sind neben den Praktikanten auch Kinder und Jugendliche bis zum Alter von **18 Jah-**

ren (§ 2 Abs. 1, 2 JArbSchG) **ohne** abgeschlossene **Berufsausbildung.** Nach § 22 Abs. 2 MiLoG gelten sie „nicht als Arbeitnehmerinnen und Arbeitnehmer im Sinne dieses Gesetzes." Die Regelung ist auf eine nachhaltige Integration junger Menschen in den Arbeitsmarkt gerichtet. Durch die Ausnahme soll sichergestellt werden, dass der Mindestlohn keinen Anreiz setzt, zugunsten einer mit dem Mindestlohn vergüteten Beschäftigung auf eine Berufsausbildung zu verzichten (BT-Drs. 18/1558, S. 42).

43 In der Literatur wird verbreitet die **Verfassungs- und Unionsrechtskonformität** dieser Regelung bezweifelt (s. etwa *Brors,* NZA 2014, 938, 941; *Schubert/Jerchel/Düwell,* Das neue Mindestlohngesetz, 2015, Rn. 174ff.; *Ulber,* AuR 2014, 404; zweifelnd auch ErfK/*Franzen,* § 22 MiLoG Rn. 5; *Riechert/Nimmerjahn,* § 22 MiLoG Rn. 97ff.). In der Tat stellt die Regelung eine unmittelbare Diskriminierung aufgrund des Alters dar. Eine solche benachteiligende Regelung muss ein legitimes Ziel verfolgen und es angemessen und in erforderlicher Weise umsetzen. Vorliegend steht ein sozialpolitisches Anliegen aus dem Bereich der beruflichen Bildung (vgl. Art. 6 Abs. 1 RL 2000/78/EG) – namentlich der beabsichtigte Anreiz zur Aufnahme einer Berufsausbildung – im Vordergrund. Ob dies zur Rechtfertigung ausreicht, bleibt abzuwarten.

44 Im Falle der Unionsrechtswidrigkeit droht die Unanwendbarkeit (vgl. EuGH v. 19.1.2010 – C-555/07 – Kücükdeveci, NZA 2010, 85), im Falle der Verfassungswidrigkeit die Nichtigkeit von § 22 Abs. 2 MiLoG. Dies könnte zu einer rückwirkenden Geltung des MiLoG führen.

45 Keine Auswirkungen hat § 22 Abs. 2 MiLoG auf **andere Lohnuntergrenzen.** Jugendliche unter 18 Jahren haben also, sofern sie als Arbeitnehmer beschäftigt sind, ggf. einen Anspruch auf branchenspezifische Mindestlöhne nach dem AEntG oder AÜG (vgl. § 1 Abs. 3 MiLoG). Ebenfalls ist die Lohnwucher-Rechtsprechung des BAG (BAG v. 18.4.2012 – 5 AZR 630/10, NZA 2012, 978; BAG v. 22.4.2009 – 5 AZR 436/08, NZA 2009, 837; BAG v. 26.4.2006 – 5 AZR 549/05, NZA 2006, 1354) zu beachten: Liegt die Vergütung unterhalb von zwei Dritteln eines in der betreffenden Branche und Wirtschaftsregion üblicherweise gezahlten Tariflohns, ist die entsprechende Lohnabrede regelmäßig gem. § 138 BGB nichtig.

V. Auszubildende (§ 22 Abs. 3. Alt. 1 MiLoG)

46 Nach § 22 Abs. 3 MiLoG sind zu ihrer Berufsausbildung Beschäftigte vom Mindestlohn ausgenommen. Diese Ausnahme ist rein deklaratorischer Natur, da Auszubildende ohnehin nicht Arbeitnehmer sind. Erneut gilt es zu beachten, dass ein Anspruch auf angemessene Vergütung nach § 17 BBiG besteht.

VI. Ehrenamtlich Tätige (§ 22 Abs. 3. Alt. 2 MiLoG)

47 Eine nur klarstellende Funktion hat wohl auch die Ausnahme für ehrenamtlich Tätige, denn diese werden meist ohnehin nicht in einem Arbeitsverhältnis beschäftigt (BAG v. 29.8.2012 – 10 AZR 499/11, NZA 2012, 1433 (Leitsatz): „Durch die Ausübung unentgeltlicher ehrenamtlicher Tätigkeit wird kein Arbeitsverhältnis begründet."). Was ein ehrenamtlich Beschäftigter ist, wird im Gesetz nicht definiert. Aus unterschiedlichen sozialrechtlichen Vorschriften (§ 73 SGB VIII, § 2 Abs. 1 Nr. 9, 10 sowie § 6 S. 1 Nr. 3 SGB VII) kann abgeleitet werden, dass beim Ehrenamt das **bürgerschaftliche Engagement** im Mittelpunkt steht und dieses regelmäßig in gemeinnütziger Struktur ausgeübt wird (so treffend *Bayreuther,* NZA 2014, 865, 872; ebenso *Schubert/Jerchel/Düwell,* Das neue Mindestlohngesetz, 2015, Rn. 184; *Greiner,* NZA 2015, 285, 286). Ein „echtes Ehrenamt" ist jedenfalls dann gegeben, wenn die Tätigkeit unentgeltlich und ohne Vergütungserwartung als karitative Arbeit geleistet wird (BAG v. 29.8.2012 – 10 AZR 499/11, NZA 2012, 1433, 1435).

48 Problematisch ist die Einordnung von bezahlten Sportlern, Trainern, Betreuern und sonstigen Helfern im **nicht professionellen Sport.** Vor allem im Amateurfußball werden regelmäßig nicht unerhebliche **Vergütungen** gezahlt. Würde man allein auf die Entgeltlichkeit einer Tätigkeit abstellen, wäre das MiLoG stets anwendbar. Eine solche Abgrenzung wäre indes zu schematisch und würde der typologischen Bestimmung des Arbeitnehmerbegriffs nicht gerecht. In der Gesetzesbegründung werden Amateur- und Vertragssportler daher zu Recht als ein Beispiel dafür genannt, dass eine Vergütung den ehrenamtlichen Charakter nicht per se ausschließt (BT-Drs. 18/2010 (neu), S. 15). Es muss daher im Rahmen einer **Gesamtbetrachtung** aller Umstände des Einzelfalls geprüft werden, ob weiterhin der Freizeitcharakter, der sportliche Wettkampf oder der Einsatz für das Gemeinwohl im Vordergrund steht. Es muss zunächst überprüft werden, ob ein Amateursportler überhaupt rechtsverbindlich zu einer Leistung verpflichtet ist oder ob er vielmehr nur für den Fall, dass er Zeit und Lust zum Spielen hat, eine Prämie erhält. Sonst liegt schon kein Vertrag vor. Eine feste monatliche Vergütung spricht eher für eine vertragliche Verpflichtung als bloße Antrittsprämien. Ist eine vertragliche Bindung gewollt, muss der Arbeitsvertrag vom selbständigen Dienstvertrag abgegrenzt werden. Dabei ist eine feste monatliche Vergütung sicherlich ein starkes Indiz für das Vorliegen einer Arbeitnehmerstellung, selbst bei einer recht hohen und regelmäßigen Vergütung kann aber die Arbeitnehmereigenschaft ausscheiden (BAG v. 10.5.1990 – 2 AZR 607/89, AP BGB § 611 Abhängigkeit Nr. 51; LAG Rheinland-Pfalz v. 27.1.2000 – 7 Ta 195/99, BeckRS 2000, 30466621). Entscheidend ist, ob von einem umfassenden arbeitsvertraglichen **Weisungsrecht** des Vereins, das über die bereits durch die Vereinsmitgliedschaft begründete Weisungsgebundenheit hinausgeht, ausgegangen werden kann.

49 Ein starkes Indiz gegen die für die Arbeitnehmereigenschaft erforderliche persönliche Abhängigkeit ist regelmäßig, dass die Verträge ohne Einhaltung einer Kündigungsfrist jederzeit gekündigt werden können. In der Rechtsprechung ist daher anerkannt, dass **Vertragsamateure regelmäßig nicht als Arbeitnehmer tätig** werden (BAG v. 10.5.1990 – 2 AZR 607/89, AP BGB § 611 Abhängigkeit Nr. 51; LAG Rheinland-Pfalz v. 27.1.2000 – 7 Ta 195/99, BeckRS 2000, 30466621; LAG Nürnberg v. 28.7.1998 – 2 Ta 55/98, BeckRS 1998, 30858420; vgl. auch BFH v. 23.10.1992 – VI R 59/91, DStR 1993, 507). Ob der Amateursportler dann unter die Ausnahme für ehrenamtlich Beschäftigte fällt oder aber als Selbständiger nicht nach dem MiLoG vergütet werden muss, ist letztlich eine rein dogmatische Frage. Ebenso wird man bei **Übungsleitern** regelmäßig von einem Ehrenamt ausgehen können. Hierfür spricht die Wertung des § 3 Nr. 26 EStG, wonach Einnahmen als Übungsleiter bis zur Höhe von insgesamt 2 400 Euro im Jahr steuerfrei sind. Dies soll gerade der Förderung des Ehrenamts dienen; der Freibetrag ist zuletzt durch das Gesetz zur weiteren Stärkung des bürgerschaftlichen Engagements v. 10.10.07 (BGBl. I 2007, S. 2332) erhöht worden. Zudem können Übungsleiter meist ebenso wie Vertragsamateure ihre Verträge ohne Einhaltung einer Kündigungsfrist jederzeit kündigen, sodass regelmäßig starke Indizien gegen eine Arbeitnehmerstellung gegeben sind.

50 Entscheidend kommt es hingegen auf die Reichweite von § 22 Abs. 3 MiLoG an, wenn ein Arbeitsverhältnis gegeben ist. In der Praxis ist dies etwa häufig bei **geringfügig beschäftigten Aushilfskräften** in Vereinen (z. B. Platzwarte) der Fall. Sind diese Tätigkeiten als dauerhafte (Neben-)Berufe ausgestaltet, ist nicht ersichtlich, warum kein Anspruch auf den gesetzlichen Mindestlohn bestehen soll. Hier steht nicht mehr das bürgerschaftliche Engagement im Vordergrund, auch wenn die Verbundenheit zu einem Verein ein zusätzlicher Beweggrund für die Tätigkeit sein mag.

51 Die Abgrenzungsproblematik besteht ebenso in anderen Bereichen bürgerschaftlichen Engagements außerhalb des Sports, etwa bei ehrenamtlicher Mitarbeit in Kirchengemeinden oder Sozialeinrichtungen (ErfK/*Franzen,* § 22 MiLoG Rn. 49). Auch hier wird aber meist bereits kein Arbeitsverhältnis vorliegen.

52 Im Vereinswesen ist ferner die **Vorstandstätigkeit** i. e. S. von der Anwendbarkeit des MiLoG befreit. Nach § 27 Abs. 3 S. 2 BGB sind Mitglieder des Vorstands unentgeltlich tätig. Hiervon kann zwar per Satzung gem. § 40 S. 1 BGB abgewichen werden, die Vergütung ist aber auf 720 Euro jährlich begrenzt (vgl. § 3 Nr. 26a EStG; *Bruschke,* SteuK 2013, 243). Wird der Vorstand hingegen erwerbswirtschaftlich tätig oder übernimmt er Aufgaben, die über die satzungsmäßigen Verpflichtungen hinausgehen, kann das MiLoG – eine Arbeitnehmerstellung vorausgesetzt – anwendbar sein (vgl. *Plagemann/Plagemann/Hesse,* NJW 2015, 439, 442).

53 Zu den ehrenamtlich Tätigen zählen ausweislich der Gesetzesbegründung auch Personen, die ein **freiwilliges soziales oder ökologisches Jahr** oder den **Bundesfreiwilligendienst** ableisten (vgl. § 32 Abs. 4 S. 1

Nr. 2 lit. d EStG; BT-Drs. 18/1558, S. 43). Diese sind aber ohnehin keine Arbeitnehmer. Ihre Rechtsverhältnisse werden durch spezialgesetzliche Vorschriften reguliert. Freiwillige nach dem Bundesfreiwilligendienstgesetz erhalten etwa ein Taschengeld und keinen Mindestlohn (§ 2 BFDG; *Schubert/Jerchel/Düwell,* Das neue Mindestlohngesetz, 2015, Rn. 185).

VII. Befristete Bereichsausnahme für Langzeitarbeitslose (§ 22 Abs. 4 S. 1 MiLoG)

1. Telos

54 § 22 Abs. 4 S. 1 sieht eine Bereichsausnahme für Langzeitarbeitslose i. S. v. § 18 Abs. 1 SGB III vor. Rein zahlenmäßig ist dies ein durchaus bedeutsamer Ausnahmetatbestand: Nach Angaben des statistischen Bundesamts waren im Januar 2015 von insgesamt knapp über drei Millionen Arbeitslosen in Deutschland ungefähr eine Millionen langzeitarbeitslos (Arbeitsmarktstatistik, abrufbar unter https://www.destatis.de/DE/ZahlenFakten/Indikatoren/Konjunkturindikatoren/Arbeitsmarkt/arb110.html [Stand: Januar 2015]). Die Schlechterstellung dieser Personengruppe im Vergleich zu den übrigen Arbeitnehmern ist verfassungskonform, insbesondere ist die Ungleichbehandlung (Art. 3 Abs. 1 GG) durch ein legitimes Ziel gerechtfertigt. Ausweislich der Gesetzesbegründung soll durch die Ausnahmeregelung der Wiedereinstieg von Langzeitarbeitslosen ins Berufsleben erleichtert und deren Beschäftigungschancen verbessert werden (BT-Drs. 18/1558, S. 43; vgl. hierzu *Eichenhofer,* AuR 2014, 450). Ob das **gesetzgeberische Ziel** erreicht wird, soll nach § 22 Abs. 4 S. 2 durch die Bundesregierung evaluiert werden. Sie muss dem Gesetzgeber zum 1. Juni 2016 berichten, ob die Regelung tatsächlich die Integration Langzeitarbeitsloser in den Arbeitsmarkt verbessert hat und ob sie fortbestehen soll.

2. Voraussetzungen

55 **Langzeitarbeitslose** sind gem. § 18 Abs. 1 S. 1 SGB III Arbeitslose, die ein Jahr und länger arbeitslos sind. Der Langzeitarbeitslose muss neben der lang andauernden Arbeitslosigkeit auch die übrigen im § 16 SGB III näher bestimmten Voraussetzungen, die an den Begriff des Arbeitslosen geknüpft werden, erfüllen (*Timme,* in: Hauck/Noftz, SGB III K § 18 Rn. 6). Dies ist insbesondere die Suche einer versicherungspflichtigen Beschäftigung bei gleichzeitiger Verfügbarkeit und Arbeitslosmeldung bei der Arbeitsagentur. Mit dem Verweis auf § 18 Abs. 1 SGB III soll klargestellt werden, dass die Regelung des § 18 Abs. 2 SGB III zu Unterbrechungstatbeständen bei der Berechnung der einjährigen Arbeitslosigkeit für das MiLoG keine Anwendung findet, da § 18 Abs. 2 SGB III sich nur auf Leistungen des SGB III oder des SGB II bezieht, die Langzeitarbeits-

losigkeit voraussetzen (BT-Drs. 18/2010 (neu), S. 25). Die Teilnahme an einer Maßnahme nach § 45 SGB III (Maßnahmen zur Aktivierung und beruflichen Eingliederung) sowie Zeiten einer Erkrankung oder sonstigen Nicht-Erwerbstätigkeit bis zu sechs Wochen unterbrechen hingegen die Dauer der Arbeitslosigkeit gem. § 18 Abs. 1 S. 2 SGB III nicht. Diese Vorschrift ist eigens mit Einführung des MiLoG durch das Tarifautonomiestärkungsgesetz in § 18 SGB III aufgenommen worden und somit eindeutig auch vom Verweis des § 22 Abs. 4 erfasst.

56 Die **Arbeitslosigkeit** muss gem. § 22 Abs. 4 S. 1 bis **„unmittelbar vor Beginn der Beschäftigung"** bestanden haben, mit anderen Worten: Der Ausnahmetatbestand greift nur für dasjenige Arbeitsverhältnis, durch das die Arbeitslosigkeit beendet wird.

57 Aus dem Verweis auf das SGB geht hervor, dass **Langzeitarbeitslose,** die Sozialleistungen in einem **anderen Mitgliedstaat** beziehen, nicht von § 22 Abs. 4 erfasst sind. Dadurch wird die Arbeitnehmerfreizügigkeit (Art. 45 AEUV) beeinträchtigt, weil der Zugang zum Arbeitsmarkt für die betroffenen Arbeitnehmer erschwert wird. Die unterschiedliche Behandlung ist aber gerechtfertigt (*Eichenhofer,* AuR 2014, 450, 452; a.A. BeckOK ArbR/*Greiner,* § 22 MiLoG Rn. 64). Die Regelung dient u. a. der Entlastung der Sozialversicherung durch die Reintegration von Langzeitarbeitslosen in den Arbeitsmarkt. Diese positiven Effekte bestehen allein bei Leistungsbeziehern nach dem SGB III.

3. Beweisfragen

58 Zur Feststellung der Voraussetzungen für die Befreiung nach §§ 22 Abs. 4, 18 Abs. 1 SGB III steht dem Arbeitgeber ein **Fragerecht** zu (ErfK/*Franzen,* § 22 MiLoG Rn. 15). Ihm wird außerdem geraten, auf einer Bescheinigung der Agentur für Arbeit über die Dauer der Arbeitslosigkeit zu bestehen (*Sittard/Sassen,* ArbRB 2014, 142, 144; BeckOK ArbR/*Greiner,* § 22 MiLoG Rn. 62; vgl. auch *Sagan/Witschen,* jM 2014, 372, 374, 373). Eine gesetzliche Anspruchsgrundlage für eine solche Bescheinigung gibt es zwar nicht, die Bundesagentur für Arbeit hat aber zugesagt, dass sie auf Antrag des Arbeitnehmers durch die Arbeitsagenturen erteilt wird. Details sind hierzu noch nicht bekannt (Stand: Oktober 2015). Der Arbeitgeber selbst wird hingegen keine Auskunft bekommen, weil die Arbeitsagentur Datenübermittlungen an Dritte nur nach § 395 SGB III vornehmen darf.

4. Rechtsfolge: Nur befristete Ausnahme

59 Nach Ablauf von **sechs Monaten** muss der Arbeitgeber den Mindestlohn nach §§ 1, 20 bezahlen – oder besser gesagt: Erst nach sechs Monaten gilt das MiLoG auch für Langzeitarbeitslose. Vorher kann nicht nur von der Lohnuntergrenze des § 1 Abs. 2 nach unten abgewichen werden, sondern auch die zahlreichen ergänzenden Vorgaben wie insbesondere die

Melde- und Dokumentationspflichten greifen erst nach Ablauf der Frist. Die Frist beginnt mit der nach dem Arbeitsvertrag vorgesehenen Arbeitsaufnahme (ErfK/*Franzen,* § 22 MiLoG Rn. 15).

5. Zumutbarkeit der Beschäftigung nach § 140 SGB III

60 Das angebotene Arbeitsverhältnis muss der Arbeitssuchende grundsätzlich annehmen. Die Beschäftigung ist ihm insbesondere trotz der Vergütung unterhalb des Mindestlohnniveaus zumutbar i. S. v. **§ 140 SGB III.** Liegt die Vergütung über der Grenze der Sittenwidrigkeit (2/3 des üblichen Lohns), dann ist die Beschäftigung zumindest nicht aus allgemeinen Gründen wegen Verstoßes gegen gesetzliche Bestimmungen unzumutbar (§ 140 Abs. 2 SGB III), weil insofern gerade eine gesetzeskonforme Beschäftigung angeboten wird. Eine Unzumutbarkeit kann sich dann nur noch aus personenbezogenen Gründen (§ 140 Abs. 3, 4 SGB III) ergeben. Insofern wird man bei Vergütungen, die deutlich unter dem Mindestlohn liegen, im Einzelfall eine Unzumutbarkeit annehmen können.

§ 23 Evaluation

Dieses Gesetz ist im Jahr 2020 zu evaluieren.

I. Gegenstand der Evaluation

1 Nach § 23 ist das Gesetz im Jahr 2020 zu evaluieren. So soll ausweislich der Gesetzesbegründung insbesondere überprüft werden, ob die für die Arbeit der Mindestlohnkommission geschaffenen Regelungen geeignet sind, einen angemessenen Mindestlohn für alle Arbeitnehmer zu gewährleisten (BT-Drs. 18/1558, S. 43). Weiter heißt es in der **Gesetzesbegründung** zu § 23: „Evaluiert werden soll, inwieweit der Mindestlohn geeignet ist, zu einem angemessenen Mindestschutz der Arbeitnehmerinnen und Arbeitnehmer beizutragen sowie faire und funktionierende Wettbewerbsbedingungen zu ermöglichen. Dabei sind die Auswirkungen auf die Beschäftigung zu überprüfen, wozu auch die Förderung von Ausbildung zur langfristigen Sicherung des Fachkräftepotenzials zählt. Außerdem sollen die Auswirkungen auf die Integration von Langzeitarbeitslosen in den Arbeitsmarkt untersucht werden. Zudem soll die Entwicklung von Scheinselbständigkeit und Schwarzarbeit betrachtet werden."

2 Die Aufnahme einer Pflicht zur retrospektiven Bewertung der Auswirkungen des Gesetzes ist grundsätzlich zu begrüßen, zumal die **wirtschaftlichen Folgen eines allgemeinen gesetzlichen Mindestlohns** (vgl. Einl. Rn. 61 ff.), insbesondere etwaige **Beschäftigungseffekte** (hierzu im Überblick *Schöb/Stein/Fischer,* DB 2014, 1937), nicht sicher vorhergesagt werden können.

Die Umsetzung in § 23 ist jedoch missraten. Weder aus dem Gesetz noch aus den Materialien ergibt sich, wer für die Überprüfung des Gesetzes **zuständig** ist. Damit ist **offen,** ob es sich um eine Aufgabe des Bundesministeriums für Arbeit und Soziales, der Bundesregierung insgesamt oder sogar des Bundestages bzw. seiner Wissenschaftlichen Dienste handelt. Die Norm nennt außerdem **keinen Adressaten** der Evaluationspflicht. In Betracht kommen sowohl die Bundesregierung als auch der Bundestag und/oder der Bundesrat. Des Weiteren bestimmt § 23 nicht, in welcher **Form** die Evaluation stattfinden soll. Ein förmlicher Bericht ist nicht ausdrücklich vorgeschrieben. Schließlich regelt die Bestimmung auch nicht, ob die Evaluation unter Hinzuziehung wissenschaftlicher Sachverständiger durchzuführen ist. All dies sind durchaus regelbare Fragen, Vorbilder zu gelungenen Evaluationspflichten in anderen Gesetzen hätte es gegeben (s. etwa §§ 61 EEG, 17i EnWG, 4b StVG, 8 MediationsG). 3

II. Zeitpunkt

Der gewählte Zeitpunkt („im Jahr **2020**") ist sehr großzügig. Er soll nach der Gesetzesbegründung „die Verfügbarkeit einer breiten Erfahrungsbasis sicherzustellen." Außerdem sei eine Evaluation erst sinnvoll, nachdem erstmalig ein Beschluss der Mindestlohnkommission Wirkung entfaltet habe (BT-Drs. 18/1558, S. 43). 4

Dies überzeugt kaum (a.A. Düwell/Schubert/*Trümmer,* § 23 MiLoG Rn. 2). So dürften etwa negative Beschäftigungseffekte im Niedriglohnbereich entweder relativ zeitnah nach Inkrafttreten des MiLoG auftreten oder eben nicht. Auch sind sie nicht zwingend davon abhängig, ob zuvor bereits die Kommission über eine Anpassung des Mindestlohns beschlossen hat oder nicht. Gleiches gilt für die Entwicklung von Scheinselbständigkeit und Schwarzarbeit, die ebenfalls Gegenstand der Evaluation ist. 5

Ferner ist nicht geregelt, was nach der Evaluation im Jahr 2020 geschehen soll. Man wird nicht annehmen können, dass dann alle Fragen ein für alle Mal geklärt sind, zumal sich die wirtschaftlichen Rahmenbedingungen ändern können. Ein Verzicht auf eine laufende Überprüfung der Gesetzesfolgen ist zudem verfassungsrechtlichen Bedenken ausgesetzt. In der Rechtsprechung des BVerfG finden sich Ansätze einer Pflicht zur Gesetzesfolgenabschätzung (vgl. *Wagner,* ZRP 1999, 480, 482). So hat das BVerfG dem Gesetzgeber in unterschiedlichen Zusammenhängen wiederholt eine Beobachtungs- und Nachbesserungspflicht in Bezug auf seine gesetzlichen Regelungen auferlegt (vgl. z. B. BVerfG v. 1.3.1979 – 1 BvR 532/77, BVerfGE 50, 290, 335f., 377f.; BVerfG v. 28.5.1993 – 2 BvF 2/90, BVerfGE 88, 203, 269, 309ff.; BVerfG v. 8.4.1997 – 1 BvR 48/94, BVerfGE 95, 267, 314f.; BVerfG v. 26.4.2004 – 1 BvR 911/00, BVerfGE 111, 333, 355f., 360f.). Sollte den Gesetzgeber qua Verfassung eine Beobachtungs- und Nachbesserungspflicht treffen, handelt es sich 6 um eine laufende Pflicht. Dieser genügt er nicht mit einer einmaligen, sondern nur mit einer **wiederholten Überprüfung** des Regelwerks.

III. Verhältnis zu anderen Vorschriften des MiLoG

7 Ergänzend zu § 23 sieht **§ 9 Abs. 4** vor, dass die **Mindestlohnkommission** laufend die Auswirkungen des Mindestlohns evaluiert und dabei vor allem die Auswirkungen auf den Arbeitnehmerschutz, die Wettbewerbsbedingungen und die Beschäftigung untersucht. Das Verhältnis von §§ 9 Abs. 4 und 23 ist nicht klar geregelt. Man wird annehmen können, dass durch den regelmäßigen Bericht der Mindestlohnkommission bereits frühzeitig eine erste Evaluation gewährleistet werden soll (vgl. BT-Drs. 18/2010 (neu), S. 23), während eine wirklich umfassende Evaluation des gesamten MiLoG, die sich nicht nur auf die Höhe des Mindestlohns beschränkt, durch den Gesetzgeber oder die Bundesregierung selbst erst 2020 erfolgt.

8 Eine weitere Evaluation verlangt schließlich **§ 22 Abs. 4 S. 2.** Die Bundesregierung hat den gesetzgebenden Körperschaften bereits zum 1.6.2016 darüber zu berichten, inwieweit die Ausnahmeregelung für Langzeitarbeitslose des § 22 Abs. 4 S. 1 die Wiedereingliederung von Langzeitarbeitslosen in den Arbeitsmarkt gefördert hat, und eine Einschätzung darüber abzugeben, ob diese Regelung fortbestehen soll.

§ 24 Übergangsregelung[1]

(1) [1]**Bis zum 31. Dezember 2017 gehen abweichende Regelungen eines Tarifvertrages repräsentativer Tarifvertragsparteien dem Mindestlohn vor, wenn sie für alle unter den Geltungsbereich des Tarifvertrages fallenden Arbeitgeber mit Sitz im In- oder Ausland sowie deren Arbeitnehmerinnen und Arbeitnehmer verbindlich gemacht worden sind; ab dem 1. Januar 2017 müssen abweichende Regelungen in diesem Sinne mindestens ein Entgelt von brutto 8,50 Euro je Zeitstunde vorsehen.** [2]**Satz 1 gilt entsprechend für Rechtsverordnungen, die auf der Grundlage von § 11 des Arbeitnehmer-Entsendegesetzes sowie § 3 a des Arbeitnehmerüberlassungsgesetzes erlassen worden sind.**

(2) [1]**Zeitungszustellerinnen und Zeitungszusteller haben ab dem 1. Januar 2015 einen Anspruch auf 75 Prozent und ab dem 1. Januar 2016 auf 85 Prozent des Mindestlohns nach § 1 Absatz 2 Satz 1.** [2]**Vom 1. Januar 2017 bis zum 31. Dezember 2017 beträgt der Mindestlohn für Zeitungszustellerinnen und Zeitungszusteller brutto 8,50 Euro**

[1] § 24 tritt gem. Art. 15 Abs. 2 G v. 11.8.2014 (BGBl. I S. 1348) mit Ablauf des 31.12.2017 außer Kraft.

je Zeitstunde. [3]Zeitungszustellerinnen und Zeitungszusteller im Sinne der Sätze 1 und 2 sind Personen, die in einem Arbeitsverhältnis ausschließlich periodische Zeitungen oder Zeitschriften an Endkunden zustellen; dies umfasst auch Zustellerinnen und Zusteller von Anzeigenblättern mit redaktionellem Inhalt.

Inhaltsübersicht

Literatur: *Di Fabio,* Mindestlohn und Pressefreiheit, Rechtsgutachten, 2014; *Henssler,* Mindestlohn und Tarifrecht, RdA 2015, 43; *Lembke,* Das Mindestlohngesetz und seine Auswirkungen auf die arbeitsrechtliche Praxis, NZA 2015, 70; *Pieroth/Barcazk,* Mindestlohnausnahme für Zeitungszusteller, 2014; *Preis/Ulber,* Die Verfassungsmäßigkeit des allgemeinen gesetzlichen Mindestlohns, 2014, S. 140ff.; *Sperling,* Der Mindestlohn bei Zeitungszustellern, ZUM 2015, 793; *Zeising/Weigert,* Verfassungsmäßigkeit des Mindestlohngesetzes, NZA 2015, 15.

1 Der gesetzliche Mindestlohn gilt gem. § 1 Abs. 2 ab dem 1.1.2015. Erfasst sind grundsätzlich alle Arbeitsverhältnisse (§ 22 Abs. 1 S. 1) unabhängig vom Zeitpunkt ihres Abschlusses und einer eventuellen Befristung. § 24 sieht von diesem simplen Prinzip zwei Ausnahmen vor: Nach Abs. 1 dieser Norm gehen abweichende Regelungen eines auf alle Arbeitgeber **erstreckten Tarifvertrages** dem Mindestlohn vor und nach Abs. 2 wird eine schrittweise Annäherung an den Mindestlohn für **Zeitungszusteller** bewirkt. Durch beide Ausnahmen wird die Geltung des Mindestlohns i. H. v. 8,50 Euro je Zeitstunde bis spätestens Ende 2017 hinausgezögert. § 24 MiLoG tritt insgesamt gem. Art. 15 Abs. 2 des Tarifautonomiestärkungsgesetzes (BGBl. I S. 1348) mit Ablauf des 31.12.2017 außer Kraft.

I. Übergangsphase für abweichende Regelungen in erstreckten Tarifverträgen (§ 24 Abs. 1 MiLoG)

1. Systematik

2 Die Funktion der Übergangsregelung des § 24 Abs. 1 erschließt sich im Kontext von § 1 Abs. 3, wonach Rechtsverordnungen nach dem AEntG und AÜG sowie bestimmte allgemeinverbindlich erklärte Tarifverträge dem MiLoG vorgehen, „soweit die Höhe der auf ihrer Grundlage festgesetzten Branchenmindestlöhne die Höhe des Mindestlohns nicht unterschreitet." Diese Vorschrift bringt zum Ausdruck, dass die Lohnuntergrenze des § 1 Abs. 2 von brutto 8,50 Euro je Zeitstunde im wahrsten Sinne einen **Mindestlohn** darstellt, der nur **durch günstigere Regelungen verdrängt** wird. Hiervon macht § 24 Abs. 1 S. 1 für den Zeitraum bis zum 31. Dezember 2017 eine **Ausnahme:** Auch zu ungunsten des Arbeitnehmers abweichende Regelungen eines Tarifvertrages (bewusst überspitzt *Lakies,* MiLoG, 2015, § 24 Rn. 4: „Ermächtigung zu Lohndumping durch Tarifverträge") repräsentativer Tarifvertragsparteien gehen dem Mindestlohn vor, wenn sie für alle unter den Geltungsbereich des Tarifvertrages fallenden Arbeitgeber mit Sitz im In- oder Ausland sowie deren Arbeitnehmerinnen und Arbeitnehmer verbindlich gemacht worden sind. Für Verordnungen nach dem AEntG wird § 24 Abs. 1 durch die Übergangsregelung des § 24a AEntG ergänzt.

3 Nach § 24 Abs. 1, 2. Halbsatz müssen die abweichenden tariflichen Regelungen spätestens ab dem 1. Januar 2017 mindestens ein Entgelt von brutto 8,50 Euro je Zeitstunde vorsehen. Auf den ersten Blick gilt somit bereits für 2017 der allgemeine gesetzliche Mindestlohn. Diese Regelung muss im Zusammenhang mit einer **möglichen Erhöhung des Mindestlohns** nach §§ 4ff. gesehen werden (vgl. *Henssler,* RdA 2015, 43, 48; *Schubert/Jerchel/Düwell,* Das neue Mindestlohngesetz, 2015, Rn. 200). Gem. § 9 Abs. 1 S. 1 hat die Mindestlohnkommission über eine Anpassung der Höhe des Mindestlohns erstmals bis zum 30. Juni 2016 mit Wirkung zum 1. Januar 2017 zu beschließen. Sofern dieser Beschluss eine Erhöhung vorsieht und die Bundesregierung ihn gem. § 11 per Rechtsverordnung übernimmt, gilt zum Jahr 2017 bereits ein Mindestlohn über 8,50 Euro. Von diesem kann dann noch bis Ende 2017 nach § 24 Abs. 1 abgewichen werden, jedoch nur in einem Korridor zwischen 8,50 Euro und dem neuen Mindestlohnsatz.

2. Voraussetzungen

4 Die Ausnahme des § 24 Abs. 1 betrifft nur bundesweit geltende, **auf alle Arbeitgeber im In- und Ausland erstreckte Branchentarifverträge.** Dies sind zunächst Tarifverträge, die durch Verordnungen nach §§ 7, 7a AEntG erstreckt wurden. Nach § 24 Abs. 1 S. 2 gilt dies entsprechend für Rechtsverordnungen, die auf der Grundlage von § 11 AEntG sowie § 3a AÜG erlassen wurden. Die auf Grundlage des AEntG oder

AÜG geschaffenen Branchenmindestlöhne gelten gem. § 2 Nr. 1 AEntG auch für einen im Ausland ansässigen Arbeitgeber und seine im Inland beschäftigten Arbeitnehmer. Im Hinblick auf für allgemeinverbindlich erklärte Tarifverträge ist § 3 AEntG einschlägig, wonach Arbeitgeber im Ausland nur bei einem Tarifvertrag i. S. v. § 4 Abs. 1 Nr. 1 AEntG (Baugewerbe) oder eben bei einer Erstreckung nach §§ 7, 7a AEntG gebunden sind. Die Übergangsregelung des § 24 Abs. 1 gilt nicht nur für bereits existierende Tarifverträge, sondern ebenso für solche, die noch während der Übergangszeit bis Ende 2017 erstreckt werden.

5 Ferner greift § 24 Abs. 1 nur bei Tarifverträgen, die von repräsentativen Tarifvertragsparteien abgeschlossen wurden (kritisch zu diesem Erfordernis *Henssler,* RdA 2015, 43, 49; BeckOK ArbR/*Greiner,* § 24 MiLoG Rn. 11 m. w. N.). Der Begriff der **Repräsentativität** ist im MiLoG nicht näher definiert, man wird aber **entsprechend** auf **§ 7 Abs. 2 AEntG** (vgl. auch § 3a Abs. 4 S. 2 AÜG) zurückgreifen können (ebenso ErfK/*Franzen,* 15. Aufl. 2015, § 24 MiLoG Rn. 1; Düwell/Schubert/*Düwell,* § 24 MiLoG Rn. 11). Danach ist vorrangig auf die Zahl der von den jeweils tarifgebundenen Arbeitgebern beschäftigten und unter den Geltungsbereich des Tarifvertrages fallenden Arbeitnehmer sowie die Zahl der jeweils unter den Geltungsbereich des Tarifvertrages fallenden Mitglieder der Gewerkschaft, die den Tarifvertrag geschlossen hat, abzustellen. Es kommt also zunächst auf den Verbreitungsgrad an. Hier wird man – wie bei § 5 TVG a. F. – jedenfalls ab einer Tarifbindung von 50% eine hinreichende Repräsentativität annehmen können. Zudem sieht § 7 Abs. 2 AEntG als weiteres Kriterium die Mitgliedsstärke der tarifschließenden Gewerkschaft vor. Diese Voraussetzung dient als Korrektiv für eine Situation, in der große Arbeitgeber Tarifverträge einer Gewerkschaft abschließen, die selbst im Tarifgebiet kaum Mitglieder besitzt, sodass die Akzeptanz des Tarifvertrags auf Arbeitnehmerseite trotz der weiten Verbreitung gering sein könnte (ErfK/*Schlachter,* 15. Aufl. 2015, § 7 AEntG Rn. 8).

6 Dadurch werden jedoch Tarifverträge **großer Gewerkschaften bevorzugt.** Konsequent ist dies nicht. Das Ziel der Übergangsregelung nach § 24 Abs. 1 liegt ausweislich der Gesetzesbegründung darin, den „sachnahen und für die Branche repräsentativen Tarifpartnern [die Möglichkeit einzuräumen], für ihre Branche eine abweichende Mindestlohnhöhe zu bestimmen und so der spezifischen Ertragskraft der Unternehmen in ihrer Branche Rechnung zu tragen." Mit anderen Worten: Sollten sich die Tarifparteien einig sein, dass sich der Mindestlohn in ihrer Branche wirtschaftlich negativ auswirken sollte, können sie diesen Effekt für eine Übergangszeit vermeiden. Dabei geht es vor allem auch um die Vermeidung von Arbeitsplatzverlusten, wie die **ergänzende Übergangsregelung des § 24a AEntG** deutlich macht. Danach ist eine Unterschreitung des Mindestlohns zulässig, wenn sie erforderlich ist, „um in der betreffenden Branche eine schrittweise Heranführung des Lohnniveaus an die Vorgaben des Mindestlohngesetzes zu bewirken und dabei faire und funktionierende Wettbewerbsbedingungen und den Erhalt sozialversicherungspflichtiger Beschäftigung zu berücksichtigen." Der Gesetzgeber stützt sich dabei auf die **Richtigkeitsgewähr des Tarifvertrags** (vgl. hierzu BAG v. 25.9.2013 – 4 AZR 173/12, BAGE 146, 133; BAG v. 18.3.2009 – 4 AZR 64/08, NZA 2009, 1028; Wiedemann/*Thüsing*, TVG § 1 Rn. 246). Dann wäre es aber nur folgerichtig, auch auf die Angemessenheit der Tarifverträge kleiner Gewerkschaften zu vertrauen.

3. Auf § 24 Abs. 1 beruhende Branchenmindestlöhne

7 Auf Grundlage von § 24 Abs. 1 gelten aktuell (Stand: Oktober 2015) in folgenden Branchen abweichende, unter dem Niveau des § 1 Abs. 2 liegende Lohnuntergrenzen (vgl. *Schubert/Jerchel/Düwell*, Das neue Mindestlohngesetz, 2015, Rn. 203; *Lakies*, MiLoG, 2015, § 24 Rn. 11; eine aktuelle Übersicht zu allen Branchenmindestlöhnen [über und unter dem gesetzlichen Niveau] bietet das BMAS unter http://www.der-mindestlohn-gilt.de/ml/DE/Alle-Fakten/Branchenuebersicht/mindestlohn-branchenuebersicht.html.):

- **Fleischwirtschaft** (ab 1.12.2014: 8,00 Euro und dann ab 1.10.2015 8,60 Euro sowie ab 1.12.2016: 8,75 Euro);
- **Gebäudereinigung** (Ost – Lohngruppe 1: ab 1.11.2013 7,56 Euro, ab 1.1.2014 7,60 Euro, ab 1.1.2015 8,21 Euro; West mit Berlin – Lohngruppe 1: ab 1.11.2013 9,00 Euro, ab 1.1.2014 9,31 Euro, ab 1.1.2015 9,55 Euro);
- **Leiharbeit** (Ost mit Berlin: ab 1.4.2014 7,86 Euro, ab 1.4.2015 8,20 Euro, ab 1.6.2016 8,50 Euro; West: ab 1.4.2014 8,50 Euro, ab 1.4.2015 8,80 Euro, ab 1.6.2016: 9,00 Euro);
- **Land- und Forstwirtschaft sowie Gartenbau** (Ost mit Berlin: ab 1.1.2015 7,20 Euro, ab 1.1.2016 7,90 Euro, ab 1.1.2017 8,60 Euro, ab 1.11.2017 9,10 Euro; West: ab 1.1.2015 7,40 Euro, ab 1.1.2016 8,00 Euro, ab 1.1.2017 8,60 Euro, ab 1.11.2017 9,10 Euro);
- **Textil- und Bekleidungsindustrie** (West mit Berlin West: ab 1.1.2015 8,50 Euro, ab 1.1.2017 gesetzlicher Mindestlohn bzw. mindestens 8,75 Euro, abhängig von Anpassung des Mindestlohns nach §§ 4ff.; Ost mit Berlin Ost: ab 1.1.2015 7,50 Euro, ab 1.1.2016 8,25 Euro, ab 1.11.2016 8,75 Euro, ab 1.1.2017 ab 1.1.2017 gesetzlicher Mindestlohn bzw. mindestens 8,75 Euro, abhängig von Anpassung des Mindestlohns nach §§ 4ff.);
- **Wäschereidienstleistungen** (Ost: ab 1.2.2014 7,50 Euro, ab 1.10.2014 8,00 Euro, ab 1.7.2016 8,75 Euro; West: ab 1.2.2014 8,25 Euro, ab 1.10.2014 8,50 Euro, ab 1.7.2016 8,75 Euro).

8 Für das **Friseurhandwerk** gibt es einen allgemeinverbindlichen Tarifvertrag (Bekanntmachung über die Allgemeinverbindlicherklärung eines Tarifvertrags für das Friseurhandwerk vom 9. Dezember 2013, BAnz AT 13.12.2013 B1), der für den Osten einen Stundenlohn von 7,50 Euro ab

dem 1.8.2014 und 8,50 Euro ab dem 1.8.2015 sowie für den Westen 8,00 Euro ab dem 1.8.2014 und 8,50 Euro ab dem 1.8.2015 vorsieht. Diese Lohnuntergrenzen waren zunächst nicht von § 24 Abs. 1 MiLoG erfasst (zutreffend *Henssler,* RdA 2015, 43, 48), weil ein allgemeinverbindlicher Tarifvertrag nicht für ausländische Arbeitgeber gilt. Jedoch wurde kurz vor Inkrafttreten des MiLoG zusätzlich noch eine Erstreckung per Verordnung nach § 7a AEntG erzielt (Verordnung über zwingende Arbeitsbedingungen im Friseurhandwerk Friseurarbeitsbedingungenverordnung – FriseurArbbV vom 9.12.2014, BAnz AT 10.12.2014 V1), sodass auch für das Friseurhandwerk eine Übergangsphase bis zum Mindestlohn gilt. Die Verordnung tritt aber bereits zum 31.7.2015 wieder außer Kraft, sodass die vom Geltungszeitraum der Verordnung nicht erfassten Stundenlöhne des Tarifvertrags nicht mehr dem MiLoG vorgehen werden.

9 Ferner gibt es noch zahlreiche weitere **Branchenmindestlöhne,** die deutlich **über** dem **Niveau des MiLoG** liegen. So gilt etwa im Baugewerbe in der Lohngruppe 2 ab dem 1.1.2015 ein Mindestlohn von 14,20 Euro im Westen und 14,05 im Osten (Neunte Verordnung über zwingende Arbeitsbedingungen im Baugewerbe, Bundesanzeiger v. 16.10.2013 = BAnz. AT 18.10.2013 V1), im Maler- und Lackiererhandwerk erhalten gelernte Arbeitnehmer im Westen ab dem 1.5.2015 mindestens 12,80 Euro und im Osten mindestens 10,90 Euro (Achte Verordnung über zwingende Arbeitsbedingungen im Maler- und Lackiererhandwerk, Bundesanzeiger v. 14.7.2014 = BAnz. AT 18.7.2014 V1). Diese branchenbezogenen Verordnungen gehen dem MiLoG auch nach Auslaufen der Übergangsregelungen weiterhin gem. **§ 1 Abs. 3** vor, solange sie über dem Niveau des allgemeinen gesetzlichen Mindestlohns liegen.

II. Spezielle Übergangsregelung für Zeitungszusteller (§ 24 Abs. 2)

1. Gesetzgebungsgeschichte und Telos

10 § 24 Abs. 2 sieht eine weitere Übergangsregelung speziell für Zeitungszusteller vor. Diese Vorschrift wurde erst im laufenden Gesetzgebungsverfahren eingefügt (*Lakies,* MiLoG, 2015, § 24 Rn. 3). Gesetzgeberisches Anliegen für diese Ausnahmevorschrift ist der **Schutz der Pressefreiheit** aus Art. 5 Abs. 1 S. 2 GG. Ausweislich der Gesetzesbegründung hielt man eine stufenweise Annäherung (neudeutsch: „Einphasung“) des Mindestlohns für die Zeitungszustellung für erforderlich, weil die mit der Einführung des Mindestlohns einhergehenden Mehrkosten insbesondere in ländlichen und strukturschwachen Regionen die Trägerzustellung beeinträchtigen würden (BT-Drs. 18/2010 (neu), S. 25). Die Zustellung sei notwendige Bedingung für das Funktionieren der freien Presse. Die verlässliche Trägerzustellung von Zeitungen und Zeitschriften am Tag ihres

Erscheinens an den Endkunden sei eine wesentliche Säule für den Vertrieb dieser Printprodukte (BT-Drs. 18/2010 (neu), S. 25).

2. „Einphasung" des Mindestlohns für Zeitungszusteller

11 Es sei einmal dahingestellt, ob die Übergangsregelung des § 24 Abs. 2 nun tatsächlich verfassungsrechtlich gefordert war (so insbes. *Di Fabio,* Mindestlohn und Pressefreiheit, Rechtsgutachten, 2014; mit guten Gründen a. A. hingegen *Zeising/Weigert,* NZA 2015, 15, 21; *Pieroth/Barcazk,* Mindestlohnausnahme für Zeitungszusteller, 2014; *Preis/Ulber,* Die Verfassungsmäßigkeit des allgemeinen gesetzlichen Mindestlohns, 2014, S. 140ff., abrufbar unter http://www.boeckler.de/pdf/gf_gutachten_mindestlohn_preis_lang_2014.pdf [Stand: Oktober 2015]) – es gibt sie jedenfalls und sie wirft viele Fragen auf. Der Reglungsinhalt ist auf den ersten Blick recht klar: § 24 Abs. 2 S. 1 MiLoG sieht eine schrittweise Annäherung an den allgemeinen Satz vor: Zunächst haben die Zeitungszusteller ab 2015 nur einen Anspruch auf 75 Prozent (6,38 Euro) und ab 2016 auf 85 Prozent (7,23 Euro) des Mindestlohns, bis dann schließlich ab 2017 ebenfalls 8,50 Euro pro Zeitstunde zu zahlen sind (§ 24 Abs. 2 S. 2). Damit käme es zu einer **Angleichung im Jahr 2017, sofern nicht** bereits zuvor der allgemeine Mindestlohn nach §§ 1 Abs. 2 S. 1, 4ff. **erhöht** wird (vgl. hierzu die Kommentierung zu §§ 4ff. MiLoG). Danach, also ab dem 1.1.2018, endet die Übergangsregelung (ErfK/*Franzen,* 15. Aufl. 2015, § 24 MiLoG Rn. 2).

3. Begriff des Zeitungszustellers (§ 24 Abs. 2 S. 3)

12 Wer Zeitungssteller ist, definiert § 24 Abs. 2 S. 3: „Zeitungszustellerinnen und Zeitungszusteller im Sinne der Sätze 1 und 2 sind Personen, die in einem Arbeitsverhältnis ausschließlich periodische Zeitungen oder Zeitschriften an Endkunden zustellen; dies umfasst auch Zustellerinnen und Zusteller von Anzeigenblättern mit redaktionellem Inhalt."

13 Bei dieser Definition beginnen jedoch die Auslegungsschwierigkeiten. Man wird unterstellen können, dass der Gesetzgeber den Begriff der **periodischen Zeitung oder Zeitschrift** bewusst gewählt hat, um im Vergleich zum weiten verfassungsrechtlichen Pressebegriff eine Einschränkung vorzunehmen. Zur Presse i. S. v. Art. 5 Abs. 1 S. 2 GG gehören alle zur Verbreitung geeigneten und bestimmten Druckerzeugnisse, auch Werbematerialien sind geschützt (BVerfGE 107, 275, 280). Die **Verteilung von Werbung** soll daher gerade nicht in den Genuss der Übergangsregelung kommen. Lediglich **Anzeigenblätter mit redaktionellem Inhalt** werden privilegiert. Der Gesetzgeber sagt damit implizit, dass bestimmte Arten von Presse weniger wertvoll und daher weniger schutzbedürftig sind als andere. Dass dies verfassungsrechtlich fragwürdig ist, bedarf keiner näheren Erläuterung. Ebensowenig überzeugt die Einengung auf **„periodisch"** erscheinende Druckerzeugnisse.

14 Weiterhin darf der Zusteller nach § 24 Abs. 2 S. 3 **„ausschließlich"** mit dem Zustellen von Zeitungen und Zeitschriften befasst sein. Somit greift die Übergangsregelung nicht für den **Briefzusteller,** der neben der Brief- und Paketpost auch Zeitschriften oder Zeitungen zustellt (vgl. *Sperling,* ZUM 2015, 793; *Schweibert/Leßmann,* DB 2014, 1866, 1868). Der Wortlaut verbietet hier auch eindeutig eine Aufspaltung der Arbeitszeit nach dem Anteil der jeweils zugestellten Zeitungen und Zeitschriften (vgl. *Krause,* in Mückl/Pöttes/Krause, Das Mindestlohngesetz in der betrieblichen Praxis, 2015, Rn. 280).

15 Einen schwierigen Grenzfall stellen Zusteller von Zeitschriften oder Zeitungen mit **Werbebeilagen** dar. Dass ein gewisser Werbeanteil per se unschädlich ist, wird schon daran deutlich, dass die ganz überwiegend mit werbendem Inhalt gefüllten Anzeigenblätter mit redaktionellem Inhalt ebenfalls ausgenommen werden. Es stellt sich somit die Frage, ob es wirklich darauf ankommen kann, dass die Werbung nicht in den redaktionellen Inhalt integriert, sondern separat beigelegt wird. Dies wird man verneinen müssen (ebenso BeckOK ARbR/*Greiner,* § 24 MiLoG Rn. 14). Werbebeilagen bilden mit dem redaktionellen Teil der Zeitung ein Gesamtwerk. Hiervon geht die Rechtsprechung auch bei anderen Rechtsfragen aus: So können Abonnementen einer Zeitung nicht die Zustellung ohne Beilage verlangen. Gegenstand des Abonnementvertrags sei die jeweilige Zeitungsausgabe als eine vom Verleger in eigener Verantwortung fertiggestellte Ware (OLG Karlsruhe v. 12.7.1991 – 15 U 76/91, NJW 1991, 2913f; LG Bonn v. 9.1.1992 – 15 O 341/91, NJW 1992, 1112). Außerdem bejaht die Rechtsprechung die Störereigenschaft des Verlegers bei rechtsverletzenden Veröffentlichungen in Beilagen (grundlegend: BGH v. 26.10.1951 – I ZR 8/51, BGHZ 3, 270 – *Constanze I*). Dies macht deutlich, dass es auf rein formelle Unterschiede bei der Art der Verbindung von Werbung und redaktionellem Inhalt nicht ankommt. Nach Ansicht des ArbG Nienburg (v. 13.8.2015 – 2 Ca 151/15, n. v. – Berufung anhängig!) soll hingegen ein Zeitungszusteller, der vor dem Austeilen der Zeitungen oder Zeitschriften in jedes Exemplar eine Werbebeilage einlegt, nicht unter § 24 Abs. 2 fallen (ebenso *Riechert/Nimmerjahn,* § 24 MiLoG Rn. 61). Das **Einsortieren** sei nicht Teil der Zustelltätigkeit, denn es könne auch durch dritte Personen ausgeübt werden. Der Begriff „ausschließlich" beziehe sich auf Produkt *und* Tätigkeit. Diese Position ist abzulehnen (vgl. BeckOK ArbR/*Greiner,* § 24 MiLoG Rn. 16f.). Die Gegenansicht ist widersprüchlich, sofern sie ein Auflegen von Werbeprospekten während des Austeilens der Zeitung als privilegierte Tätigkeit i. S. v. § 24 Abs. 2 MiLoG ansieht (*Riechert/Nimmerjahn,* § 24 MiLoG Rn. 68), nicht aber ein Einlegen. Warum im einen Sachverhalt die Pressefreiheit mehr tangiert sein soll als im anderen, leuchtet nicht ein. In beiden Fällen wird der Zusteller mit der Tätigkeit betraut, Werbebeilage und Presseerzeugnis aus zwei getrennten Stapeln zusammenzuführen; beides sind typische Erscheinungsformen der Trägerzustellung. Es kann keinen Unterschied machen, ob Werbebeilagen eingeschweißt, festgetackert, gleichzeitig eingeworfen, eingelegt oder aufgelegt werden – in allen Fällen greift § 24 Abs. 2 MiLoG.

Außerdem überzeugt es nicht, das Ausschließlichkeitserfordernis auf alle Tätigkeiten des Arbeitnehmers im Rahmen des Arbeitsverhältnisses zu beziehen. Das Wort „ausschließlich" wurde vom Gesetzgeber hinter „in einem Arbeitsverhältnis" gesetzt. Es liegt somit nahe, dass es sich nur auf das Zustellen von periodischen Zeitungen oder Zeitschriften an Endkunden bezieht. Eine andere Interpretation würde nur zu Umgehungen einladen: Durch ein Aufspalten des Arbeitsverhältnisses in zwei Vertragsverhältnisse bei unterschiedlichen Arbeitgebergesellschaften ließe sich die Anwendbarkeit des § 24 Abs. 2 MiLoG erreichen. Zudem wirft das Urteil die Folgefrage auf, ob ein Arbeitnehmer, der an einem Tag Zustelldienste übernimmt und an anderen Tagen völlig andere Tätigkeiten, insgesamt Anspruch auf Zahlung des Mindestlohns hat. Gerade weil die Zustellung schlechter bezahlt wird, wird jeder Arbeitnehmer gerne auch andere Tätigkeiten ausüben, für die er den Mindestlohn oder sogar mehr erhält. Dass dies nur bei einem anderen Arbeitgeber möglich sein soll, leuchtet nicht ein.

4. Flankierende Erleichterungen durch die Mindestlohnaufzeichnungsverordnung

16 Im Zusammenhang mit der Privilegierung in § 24 Abs. 2 ist auch noch eine weitere **Erleichterung** für Arbeitgeber von Zeitungszustellern bei der **Dokumentation** nach § 17 zu beachten. Gestützt auf § 17 Abs. 4 erließen das BMF und das BMAS die „Verordnung zur Abwandlung der Pflicht zur Arbeitszeitaufzeichnung nach dem Mindestlohngesetz und dem Arbeitnehmer-Entsendegesetz" (Mindestlohnaufzeichnungsverordnung – **MiLoAufzV,** BGBl. I S. 1824), die wie das MiLoG selbst bereits zum 1. Januar 2015 in Kraft getreten ist.

17 Diese Verordnung sieht u. a. eine Vereinfachung der Aufzeichnungspflicht für ausschließlich **mobile Tätigkeiten** (§ 1 Abs. 1 Nr. 1 MiLoAufzV) vor: Der Arbeitgeber genügt seiner Aufzeichnungspflicht, wenn für diese Arbeitnehmer nur die Dauer der tatsächlichen täglichen Arbeitszeit aufgezeichnet wird. Zu den mobilen Tätigkeiten gehört gem. § 1 Abs. 2 S. 2 MiLoAufzV auch die Zustellung von Briefen, Paketen und Druckerzeugnissen. Weitere Voraussetzungen für die Privilegierung ist nach § 1 Abs. 1 Nr. 2 MiLoAufzV, dass die Arbeitnehmer keinen Vorgaben zur konkreten täglichen Arbeitszeit unterliegen und sich ihre tägliche Arbeitszeit eigenverantwortlich einteilen. Nach § 1 Abs. 2 S. 3 MiLoAufzV ist dies der Fall, wenn die Arbeit lediglich innerhalb eines bestimmten zeitlichen Rahmens geleistet werden muss, ohne dass die konkrete Lage (Beginn und Ende) der Arbeitszeit durch den Arbeitgeber festgelegt wird. Schließlich verlangt § 1 Abs. 1 Nr. 3 MiLoAufzV, dass sich die Arbeitnehmer ihre tägliche Arbeitszeit eigenverantwortlich einteilen können. Hierzu bestimmt wiederum § 1 Abs. 2 S. 4 und 5 MiLoAufzV, dass von einer eigenverantwortlichen Einteilung auszugehen ist, „wenn Arbeitnehmerinnen oder Arbeitnehmer während ihrer täglichen Arbeitszeit regelmäßig nicht durch ihren Arbeitgeber oder Dritte Arbeitsaufträge entgegennehmen oder für entsprechende Arbeitsaufträge zur Verfügung stehen müssen. Die zeitliche Ausführung des täglichen Arbeitsauftrages muss in der Verantwortung der Arbeitnehmerinnen und Arbeitnehmer liegen."

18 Auch die beiden weiteren Voraussetzungen sind bei Zeitungszustellern evident gegeben, ihre Tätigkeit war geradezu das Leitbild der Verordnung (Begründung zur MiLoAufzV, S. 7 f.). Bei Zeitungszustellern muss also i. E. gem. § 1 Abs. 1 MiLoAufzV **nur** die **Dauer der tatsächlichen täglichen Arbeitszeit aufgezeichnet** werden, nicht aber Beginn und Ende (§ 17 Abs. 1 S. 1). Wie genau die Aufzeichnung zu erfolgen hat, ist nicht geregelt. Es ist davon auszugehen, dass der Gesetzgeber insofern den Vertragsparteien freie Hand lassen wollte. Denkbar ist also vor allem eine Aufzeichnung durch den Arbeitnehmer.

19 Zulässig ist auch die Vereinbarung einer **Sollarbeitszeit** (Begründung zur MiLoAufzV, S. 7). Bei Zeitungszustellern ließe sich dies etwa mit einer bestimmten Zeitvorgabe pro Zeitung oder für bestimmte Routen bewerkstelligen. Die Zeitvorgaben müssen realistisch den voraussichtlichen Zeitbedarf abdecken und ggf. angepasst werden. Außerdem dient die Erfassung per Sollarbeitszeit nur der Erleichterung der Aufzeichnung der tatsächlich geleisteten Arbeitszeit, der Arbeitnehmer kann also jederzeit die Zeit korrigieren, falls er tatsächlich länger gebraucht hat. Dies kann auch zur Folge haben, dass bei nicht stundenbasierten Vergütungsmodellen wie z. B. einem Stücklohn, ggf. die Sätze angepasst werden müssen, damit i. E. bei jedem Arbeitnehmer ein Stundenlohn entsprechend den gesetzlichen Vorgaben des § 24 Abs. 2 gezahlt wird.

20 Ein **Stücklohn** pro zugestellter Zeitung ist weiterhin zulässig, solange gewährleistet ist, dass der Mindestlohn entsprechend der aufgezeichneten Dauer der täglichen Arbeitszeit gezahlt wird. In der Praxis freilich wird ein Stücklohn künftig wohl nur noch sinnvoll sein, wenn im Ergebnis deutlich mehr als der Mindestlohn gezahlt wird. Denn ein Stücklohn, der bei einem durchschnittlich schnell arbeitenden Zeitungszusteller nur zu einer Vergütung auf Mindestlohnniveau führt, würde bewirken, dass „Lowperformer", die deutlich mehr Zeit pro ausgetragener Zeitung benötigen, besser bezahlt werden müssten als schnellere Kollegen.

Gesetz über zwingende Arbeitsbedingungen für grenzüberschreitend entsandte und für regelmäßig im Inland beschäftigte Arbeitnehmer und Arbeitnehmerinnen (Arbeitnehmer-Entsendegesetz – AEntG)

Vom 20. April 2009
(BGBl. I S. 799)

FNA 810-20

geänd. durch Art. 25 G zur Verbesserung der Eingliederungschancen am Arbeitsmarkt v. 20.12.2011 (BGBl. I S. 2854), Art. 5 Abs. 11 G zur Neuordnung des Kreislaufwirtschafts- und Abfallrechts v. 24.2.2012 (BGBl. I S. 212), Art. 1c G zum Vorschlag für eine VO des Rates über die Erweiterung des Geltungsbereichs der VO (EU) Nr. 1214/2011 über den gewerbsmäßigen grenzüberschreitenden Straßentransport von Euro-Bargeld zwischen Mitgliedstaaten des Euroraums v. 25.11.2012 (BGBl. II S. 1381), Art. 1 Erstes G zur Änd. des Arbeitnehmer-EntsendeG v. 24.5.2014 (BGBl. I S. 538), Art. 6 TarifautonomiestärkungsG v. 11.8.2014 (BGBl. I S. 1348)

Der Bundestag hat mit der Mehrheit seiner Mitglieder und mit Zustimmung des Bundesrates das folgende Gesetz beschlossen:

Abschnitt 1. Zielsetzung

§ 1 Zielsetzung

[1]Ziele des Gesetzes sind die Schaffung und Durchsetzung angemessener Mindestarbeitsbedingungen für grenzüberschreitend entsandte und für regelmäßig im Inland beschäftigte Arbeitnehmer und Arbeitnehmerinnen sowie die Gewährleistung fairer und funktionierender Wettbewerbsbedingungen durch die Erstreckung der Rechtsnormen von Branchentarifverträgen. [2]Dadurch sollen zugleich sozialversicherungspflichtige Beschäftigung erhalten und die Ordnungs- und Befriedungsfunktion der Tarifautonomie gewahrt werden.

Abschnitt 2. Allgemeine Arbeitsbedingungen

§ 2 Allgemeine Arbeitsbedingungen

Die in Rechts- oder Verwaltungsvorschriften enthaltenen Regelungen über

1. die Mindestentgeltsätze einschließlich der Überstundensätze,
2. den bezahlten Mindestjahresurlaub,

3. die Höchstarbeitszeiten und Mindestruhezeiten,
4. die Bedingungen für die Überlassung von Arbeitskräften, insbesondere durch Leiharbeitsunternehmen,
5. die Sicherheit, den Gesundheitsschutz und die Hygiene am Arbeitsplatz,
6. die Schutzmaßnahmen im Zusammenhang mit den Arbeits- und Beschäftigungsbedingungen von Schwangeren und Wöchnerinnen, Kindern und Jugendlichen und
7. die Gleichbehandlung von Männern und Frauen sowie andere Nichtdiskriminierungsbestimmungen

finden auch auf Arbeitsverhältnisse zwischen einem im Ausland ansässigen Arbeitgeber und seinen im Inland beschäftigten Arbeitnehmern und Arbeitnehmerinnen zwingend Anwendung.

Abschnitt 3. Tarifvertragliche Arbeitsbedingungen

§ 3 Tarifvertragliche Arbeitsbedingungen

[1]Die Rechtsnormen eines bundesweiten Tarifvertrages finden unter den Voraussetzungen der §§ 4 bis 6 auch auf Arbeitsverhältnisse zwischen einem Arbeitgeber mit Sitz im Ausland und seinen im räumlichen Geltungsbereich dieses Tarifvertrages beschäftigten Arbeitnehmern und Arbeitnehmerinnen zwingend Anwendung, wenn der Tarifvertrag als Tarifvertrag nach § 4 Absatz 1 Nummer 1 für allgemeinverbindlich erklärt ist oder eine Rechtsverordnung nach § 7 oder § 7a vorliegt. [2]Eines bundesweiten Tarifvertrages bedarf es nicht, soweit Arbeitsbedingungen im Sinne des § 5 Nr. 2 oder 3 Gegenstand tarifvertraglicher Regelungen sind, die zusammengefasst räumlich den gesamten Geltungsbereich dieses Gesetzes abdecken.

§ 4 Branchen

(1) § 3 gilt für Tarifverträge

1. des Bauhauptgewerbes oder des Baunebengewerbes im Sinne der Baubetriebe-Verordnung vom 28. Oktober 1980 (BGBl. I S. 2033), zuletzt geändert durch die Verordnung vom 26. April 2006 (BGBl. I S. 1085), in der jeweils geltenden Fassung einschließlich der Erbringung von Montageleistungen auf Baustellen außerhalb des Betriebssitzes,
2. der Gebäudereinigung,
3. für Briefdienstleistungen,
4. für Sicherheitsdienstleistungen,
5. für Bergbauspezialarbeiten auf Steinkohlebergwerken,
6. für Wäschereidienstleistungen im Objektkundengeschäft,
7. der Abfallwirtschaft einschließlich Straßenreinigung und Winterdienst,

8. für Aus- und Weiterbildungsdienstleistungen nach dem Zweiten oder Dritten Buch Sozialgesetzbuch und
9. für Schlachten und Fleischverarbeitung.

(2) § 3 gilt darüber hinaus für Tarifverträge aller anderen als der in Absatz 1 genannten Branchen, wenn die Erstreckung der Rechtsnormen des Tarifvertrages im öffentlichen Interesse geboten erscheint, um die in § 1 genannten Gesetzesziele zu erreichen und dabei insbesondere einem Verdrängungswettbewerb über die Lohnkosten entgegen zu wirken.

§ 5 Arbeitsbedingungen

[1]Gegenstand eines Tarifvertrages nach § 3 können sein

1. Mindestentgeltsätze, die nach Art der Tätigkeit, Qualifikation der Arbeitnehmer und Arbeitnehmerinnen und Regionen differieren können, einschließlich der Überstundensätze,
2. die Dauer des Erholungsurlaubs, das Urlaubsentgelt oder ein zusätzliches Urlaubsgeld,
3. die Einziehung von Beiträgen und die Gewährung von Leistungen im Zusammenhang mit Urlaubsansprüchen nach Nummer 2 durch eine gemeinsame Einrichtung der Tarifvertragsparteien, wenn sichergestellt ist, dass der ausländische Arbeitgeber nicht gleichzeitig zu Beiträgen zu der gemeinsamen Einrichtung der Tarifvertragsparteien und zu einer vergleichbaren Einrichtung im Staat seines Sitzes herangezogen wird und das Verfahren der gemeinsamen Einrichtung der Tarifvertragsparteien eine Anrechnung derjenigen Leistungen vorsieht, die der ausländische Arbeitgeber zur Erfüllung des gesetzlichen, tarifvertraglichen oder einzelvertraglichen Urlaubsanspruchs seines Arbeitnehmers oder seiner Arbeitnehmerin bereits erbracht hat, und
4. Arbeitsbedingungen im Sinne des § 2 Nr. 3 bis 7.

[2]Die Arbeitsbedingungen nach Satz 1 Nummer 1 bis 3 umfassen auch Regelungen zur Fälligkeit entsprechender Ansprüche einschließlich hierzu vereinbarter Ausnahmen und deren Voraussetzungen.

§ 6 Besondere Regelungen

(1) [1]Dieser Abschnitt findet keine Anwendung auf Erstmontage- oder Einbauarbeiten, die Bestandteil eines Liefervertrages sind, für die Inbetriebnahme der gelieferten Güter unerlässlich sind und von Facharbeitern oder Facharbeiterinnen oder angelernten Arbeitern oder Arbeiterinnen des Lieferunternehmens ausgeführt werden, wenn die Dauer der Entsendung acht Tage nicht übersteigt. [2]Satz 1 gilt nicht für Bauleistungen im Sinne des § 101 Abs. 2 des Dritten Buches Sozialgesetzbuch und nicht für Arbeitsbedingungen nach § 5 Nr. 4.

(2) Im Falle eines Tarifvertrages nach § 4 Absatz 1 Nr. 1 findet dieser Abschnitt Anwendung, wenn der Betrieb oder die selbstständige Be-

triebsabteilung im Sinne des fachlichen Geltungsbereichs des Tarifvertrages überwiegend Bauleistungen gemäß § 101 Abs. 2 des Dritten Buches Sozialgesetzbuch erbringt.

(3) Im Falle eines Tarifvertrages nach § 4 Absatz 1 Nr. 2 findet dieser Abschnitt Anwendung, wenn der Betrieb oder die selbstständige Betriebsabteilung überwiegend Gebäudereinigungsleistungen erbringt.

(4) Im Falle eines Tarifvertrages nach § 4 Absatz 1 Nr. 3 findet dieser Abschnitt Anwendung, wenn der Betrieb oder die selbstständige Betriebsabteilung überwiegend gewerbs- oder geschäftsmäßig Briefsendungen für Dritte befördert.

(5) Im Falle eines Tarifvertrages nach § 4 Absatz 1 Nr. 4 findet dieser Abschnitt Anwendung, wenn der Betrieb oder die selbstständige Betriebsabteilung überwiegend Dienstleistungen des Bewachungs- und Sicherheitsgewerbes oder Kontroll- und Ordnungsdienste erbringt, die dem Schutz von Rechtsgütern aller Art, insbesondere von Leben, Gesundheit oder Eigentum dienen.

(6) Im Falle eines Tarifvertrages nach § 4 Absatz 1 Nr. 5 findet dieser Abschnitt Anwendung, wenn der Betrieb oder die selbstständige Betriebsabteilung im Auftrag eines Dritten überwiegend auf inländischen Steinkohlebergwerken Grubenräume erstellt oder sonstige untertägige bergbauliche Spezialarbeiten ausführt.

(7) [1]Im Falle eines Tarifvertrages nach § 4 Absatz 1 Nr. 6 findet dieser Abschnitt Anwendung, wenn der Betrieb oder die selbstständige Betriebsabteilung gewerbsmäßig überwiegend Textilien für gewerbliche Kunden sowie öffentlich-rechtliche oder kirchliche Einrichtungen wäscht, unabhängig davon, ob die Wäsche im Eigentum der Wäscherei oder des Kunden steht. [2]Dieser Abschnitt findet keine Anwendung auf Wäschereidienstleistungen, die von Werkstätten für behinderte Menschen im Sinne des § 136 des Neunten Buches Sozialgesetzbuch erbracht werden.

(8) Im Falle eines Tarifvertrages nach § 4 Absatz 1 Nr. 7 findet dieser Abschnitt Anwendung, wenn der Betrieb oder die selbstständige Betriebsabteilung überwiegend Abfälle im Sinne des § 3 Absatz 1 Satz 1 des Kreislaufwirtschaftsgesetzes sammelt, befördert, lagert, beseitigt oder verwertet oder Dienstleistungen des Kehrens und Reinigens öffentlicher Verkehrsflächen und Schnee- und Eisbeseitigung von öffentlichen Verkehrsflächen einschließlich Streudienste erbringt.

(9) [1]Im Falle eines Tarifvertrages nach § 4 Absatz 1 Nr. 8 findet dieser Abschnitt Anwendung, wenn der Betrieb oder die selbstständige Betriebsabteilung überwiegend Aus- und Weiterbildungsmaßnahmen nach dem Zweiten oder Dritten Buch Sozialgesetzbuch durchführt. [2]Ausgenommen sind Einrichtungen der beruflichen Rehabilitation im Sinne des § 35 Abs. 1 Satz 1 des Neunten Buches Sozialgesetzbuch.

(10) [1]Im Falle eines Tarifvertrages nach § 4 Absatz 1 Nr. 9 findet dieser Abschnitt Anwendung in Betrieben und selbstständigen Betriebsabteilungen, in denen überwiegend geschlachtet oder Fleisch verarbeitet wird (Betriebe der Fleischwirtschaft) sowie in Betrieben und selbstständigen Betriebsabteilungen, die ihre Arbeitnehmer und Arbeitnehmerinnen überwiegend in Betrieben der Fleischwirtschaft einsetzen. [2]Das Schlachten umfasst dabei alle Tätigkeiten des Schlachtens und Zerlegens von Tieren mit Ausnahme von Fischen. [3]Die Verarbeitung umfasst alle Tätigkeiten der Weiterverarbeitung von beim Schlachten gewonnenen Fleischprodukten zur Herstellung von Nahrungsmitteln sowie deren Portionierung und Verpackung. [4]Nicht erfasst ist die Verarbeitung, wenn die Behandlung, die Portionierung oder die Verpackung beim Schlachten gewonnener Fleischprodukte direkt auf Anforderung des Endverbrauchers erfolgt.

§ 7 Rechtsverordnung für die Fälle des § 4 Absatz 1

(1) Auf gemeinsamen Antrag der Parteien eines Tarifvertrages im Sinne von § 4 Absatz 1 sowie §§ 5 und 6 kann das Bundesministerium für Arbeit und Soziales durch Rechtsverordnung ohne Zustimmung des Bundesrates bestimmen, dass die Rechtsnormen dieses Tarifvertrages auf alle unter seinen Geltungsbereich fallenden und nicht an ihn gebundenen Arbeitgeber sowie Arbeitnehmer und Arbeitnehmerinnen Anwendung finden, wenn dies im öffentlichen Interesse geboten erscheint, um die in § 1 genannten Gesetzesziele zu erreichen.

(2) [1]Kommen in einer Branche mehrere Tarifverträge mit zumindest teilweise demselben fachlichen Geltungsbereich zur Anwendung, hat der Verordnungsgeber bei seiner Entscheidung nach Absatz 1 im Rahmen einer Gesamtabwägung ergänzend zu den in § 1 genannten Gesetzeszielen die Repräsentativität der jeweiligen Tarifverträge zu berücksichtigen. [2]Bei der Feststellung der Repräsentativität ist vorrangig abzustellen auf

1. die Zahl der von den jeweils tarifgebundenen Arbeitgebern beschäftigten unter den Geltungsbereich des Tarifvertrages fallenden Arbeitnehmer und Arbeitnehmerinnen,
2. die Zahl der jeweils unter den Geltungsbereich des Tarifvertrages fallenden Mitglieder der Gewerkschaft, die den Tarifvertrag geschlossen hat.

(3) Liegen für mehrere Tarifverträge Anträge auf Allgemeinverbindlicherklärung vor, hat der Verordnungsgeber mit besonderer Sorgfalt die von einer Auswahlentscheidung betroffenen Güter von Verfassungsrang abzuwägen und die widerstreitenden Grundrechtsinteressen zu einem schonenden Ausgleich zu bringen.

(4) Vor Erlass der Rechtsverordnung gibt das Bundesministerium für Arbeit und Soziales den in den Geltungsbereich der Rechtsverordnung

fallenden Arbeitgebern sowie Arbeitnehmern und Arbeitnehmerinnen, den Parteien des Tarifvertrages sowie in den Fällen des Absatzes 2 den Parteien anderer Tarifverträge und paritätisch besetzten Kommissionen, die auf der Grundlage kirchlichen Rechts Arbeitsbedingungen für den Bereich kirchlicher Arbeitgeber zumindest teilweise im Geltungsbereich der Rechtsverordnung festlegen, Gelegenheit zur schriftlichen Stellungnahme innerhalb von drei Wochen ab dem Tag der Bekanntmachung des Entwurfs der Rechtsverordnung.

(5) [1]Wird in einer Branche nach § 4 Absatz 1 erstmals ein Antrag nach Absatz 1 gestellt, wird nach Ablauf der Frist nach Absatz 4 der Ausschuss nach § 5 Absatz 1 Satz 1 des Tarifvertragsgesetzes (Tarifausschuss) befasst. [2]Stimmen mindestens vier Ausschussmitglieder für den Antrag oder gibt der Tarifausschuss innerhalb von zwei Monaten keine Stellungnahme ab, kann eine Rechtsverordnung nach Absatz 1 erlassen werden. [3]Stimmen zwei oder drei Ausschussmitglieder für den Antrag, kann eine Rechtsverordnung nur von der Bundesregierung erlassen werden. [4]Die Sätze 1 bis 3 gelten nicht für Tarifverträge nach § 4 Absatz 1 Nummer 1 bis 8.

§ 7a Rechtsverordnung für die Fälle des § 4 Absatz 2

(1) Auf gemeinsamen Antrag der Parteien eines Tarifvertrages im Sinne von § 4 Absatz 2 sowie §§ 5 und 6 Absatz 1 kann das Bundesministerium für Arbeit und Soziales durch Rechtsverordnung ohne Zustimmung des Bundesrates bestimmen, dass die Rechtsnormen dieses Tarifvertrages auf alle unter seinen Geltungsbereich fallenden und nicht an ihn gebundenen Arbeitgeber sowie Arbeitnehmer und Arbeitnehmerinnen Anwendung finden, wenn dies im öffentlichen Interesse geboten erscheint, um die in § 1 genannten Gesetzesziele zu erreichen und dabei insbesondere einem Verdrängungswettbewerb über die Lohnkosten entgegenzuwirken.

(2) § 7 Absatz 2 und 3 findet entsprechende Anwendung.

(3) [1]Vor Erlass der Rechtsverordnung gibt das Bundesministerium für Arbeit und Soziales den in den Geltungsbereich der Rechtsverordnung fallenden und den möglicherweise von ihr betroffenen Arbeitgebern sowie Arbeitnehmern und Arbeitnehmerinnen, den Parteien des Tarifvertrages sowie allen am Ausgang des Verfahrens interessierten Gewerkschaften, Vereinigungen der Arbeitgeber und paritätisch besetzten Kommissionen, die auf der Grundlage kirchlichen Rechts Arbeitsbedingungen für den Bereich kirchlicher Arbeitgeber festlegen, Gelegenheit zur schriftlichen Stellungnahme innerhalb von drei Wochen ab dem Tag der Bekanntmachung des Entwurfs der Rechtsverordnung. [2]Die Gelegenheit zur Stellungnahme umfasst insbesondere auch die Frage, inwieweit eine Erstreckung der Rechtsnormen des Tarifvertrages geeignet ist, die in § 1 genannten Gesetzesziele zu erfüllen und dabei insbesondere einem Verdrängungswettbewerb über die Lohnkosten entgegenzuwirken.

(4) [1]Wird ein Antrag nach Absatz 1 gestellt, wird nach Ablauf der Frist nach Absatz 3 der Ausschuss nach § 5 Absatz 1 Satz 1 des Tarifvertragsgesetzes (Tarifausschuss) befasst. [2]Stimmen mindestens vier Ausschussmitglieder für den Antrag oder gibt der Tarifausschuss innerhalb von zwei Monaten keine Stellungnahme ab, kann eine Rechtsverordnung nach Absatz 1 erlassen werden. [3]Stimmen zwei oder drei Ausschussmitglieder für den Antrag, kann eine Rechtsverordnung nur von der Bundesregierung erlassen werden.

§ 8 Pflichten des Arbeitgebers zur Gewährung von Arbeitsbedingungen

(1) [1]Arbeitgeber mit Sitz im In- oder Ausland, die unter den Geltungsbereich eines für allgemeinverbindlich erklärten Tarifvertrages nach § 4 Absatz 1 Nummer 1 sowie §§ 5 und 6 Absatz 2 oder einer Rechtsverordnung nach § 7 oder § 7a fallen, sind verpflichtet, ihren Arbeitnehmern und Arbeitnehmerinnen mindestens die in dem Tarifvertrag für den Beschäftigungsort vorgeschriebenen Arbeitsbedingungen zu gewähren sowie einer gemeinsamen Einrichtung der Tarifvertragsparteien die ihr nach § 5 Nr. 3 zustehenden Beiträge zu leisten. [2]Satz 1 gilt unabhängig davon, ob die entsprechende Verpflichtung kraft Tarifbindung nach § 3 des Tarifvertragsgesetzes oder kraft Allgemeinverbindlicherklärung nach § 5 des Tarifvertragsgesetzes oder aufgrund einer Rechtsverordnung nach § 7 oder oder § 7a besteht.

(2) Ein Arbeitgeber ist verpflichtet, einen Tarifvertrag nach § 4 Absatz 1 Nummer 1 sowie §§ 5 und 6 Absatz 2, der durch Allgemeinverbindlicherklärung sowie einen Tarifvertrag nach §§ 4 bis 6, der durch Rechtsverordnung nach § 7 oder § 7a auf nicht an ihn gebundene Arbeitgeber sowie Arbeitnehmer und Arbeitnehmerinnen erstreckt wird, auch dann einzuhalten, wenn er nach § 3 des Tarifvertragsgesetzes oder kraft Allgemeinverbindlicherklärung nach § 5 des Tarifvertragsgesetzes an einen anderen Tarifvertrag gebunden ist.

(3) Wird ein Leiharbeitnehmer oder eine Leiharbeitnehmerin vom Entleiher mit Tätigkeiten beschäftigt, die in den Geltungsbereich eines für allgemeinverbindlich erklärten Tarifvertrages nach § 4 Absatz 1 Nummer 1 sowie §§ 5 und 6 Absatz 2 oder einer Rechtsverordnung nach § 7 oder § 7a fallen, hat der Verleiher zumindest die in diesem Tarifvertrag oder in dieser Rechtsverordnung vorgeschriebenen Arbeitsbedingungen zu gewähren sowie die der gemeinsamen Einrichtung nach diesem Tarifvertrag zustehenden Beiträge zu leisten; dies gilt auch dann, wenn der Betrieb des Entleihers nicht in den fachlichen Geltungsbereich dieses Tarifvertrages oder dieser Rechtsverordnung fällt.

§ 9 Verzicht, Verwirkung

[1]Ein Verzicht auf den entstandenen Anspruch auf das Mindestentgelt nach § 8 ist nur durch gerichtlichen Vergleich zulässig; im Übrigen ist ein Verzicht ausgeschlossen. [2]Die Verwirkung des Anspruchs der Arbeitnehmer und Arbeitnehmerinnen auf das Mindestentgelt nach § 8 ist ausgeschlossen. [3]Ausschlussfristen für die Geltendmachung des Anspruchs können ausschließlich in dem für allgemeinverbindlich erklärten Tarifvertrag nach den §§ 4 bis 6 oder dem der Rechtsverordnung nach § 7 zugrunde liegenden Tarifvertrag geregelt werden; die Frist muss mindestens sechs Monate betragen.

Abschnitt 4. Arbeitsbedingungen in der Pflegebranche

§ 10 Anwendungsbereich

[1]Dieser Abschnitt findet Anwendung auf die Pflegebranche. [2]Diese umfasst Betriebe und selbstständige Betriebsabteilungen, die überwiegend ambulante, teilstationäre oder stationäre Pflegeleistungen oder ambulante Krankenpflegeleistungen für Pflegebedürftige erbringen (Pflegebetriebe). [3]Pflegebedürftig ist, wer wegen einer körperlichen, geistigen oder seelischen Krankheit oder Behinderung für die gewöhnlichen und regelmäßig wiederkehrenden Verrichtungen im Ablauf des täglichen Lebens vorübergehend oder auf Dauer der Hilfe bedarf. [4]Keine Pflegebetriebe im Sinne des Satzes 2 sind Einrichtungen, in denen die Leistungen zur medizinischen Vorsorge, zur medizinischen Rehabilitation, zur Teilhabe am Arbeitsleben oder am Leben in der Gemeinschaft, die schulische Ausbildung oder die Erziehung kranker oder behinderter Menschen im Vordergrund des Zweckes der Einrichtung stehen, sowie Krankenhäuser.

§ 11 Rechtsverordnung

(1) Das Bundesministerium für Arbeit und Soziales kann durch Rechtsverordnung ohne Zustimmung des Bundesrates bestimmen, dass die von einer nach § 12 errichteten Kommission vorgeschlagenen Arbeitsbedingungen nach § 5 Nr. 1 und 2 auf alle Arbeitgeber sowie Arbeitnehmer und Arbeitnehmerinnen, die unter den Geltungsbereich einer Empfehlung nach § 12 Abs. 4 fallen, Anwendung finden.

(2) Das Bundesministerium für Arbeit und Soziales hat bei seiner Entscheidung nach Absatz 1 neben den in § 1 genannten Gesetzeszielen die Sicherstellung der Qualität der Pflegeleistung sowie den Auftrag kirchlicher und sonstiger Träger der freien Wohlfahrtspflege nach § 11 Abs. 2 des Elften Buches Sozialgesetzbuch zu berücksichtigen.

(3) Vor Erlass einer Rechtsverordnung gibt das Bundesministerium für Arbeit und Soziales den in den Geltungsbereich der Rechtsverordnung fallenden Arbeitgebern und Arbeitnehmern und Arbeitnehmerinnen

sowie den Parteien von Tarifverträgen, die zumindest teilweise in den fachlichen Geltungsbereich der Rechtsverordnung fallen, und paritätisch besetzten Kommissionen, die auf der Grundlage kirchlichen Rechts Arbeitsbedingungen für den Bereich kirchlicher Arbeitgeber in der Pflegebranche festlegen, Gelegenheit zur schriftlichen Stellungnahme innerhalb von drei Wochen ab dem Tag der Bekanntmachung des Entwurfs der Rechtsverordnung.

§ 12 Kommission

(1) [1]Das Bundesministerium für Arbeit und Soziales errichtet eine Kommission zur Erarbeitung von Arbeitsbedingungen oder deren Änderung. [2]Die Errichtung erfolgt im Einzelfall auf Antrag einer Tarifvertragspartei aus der Pflegebranche oder der Dienstgeberseite oder der Dienstnehmerseite von paritätisch besetzten Kommissionen, die auf der Grundlage kirchlichen Rechts Arbeitsbedingungen für den Bereich kirchlicher Arbeitgeber in der Pflegebranche festlegen.

(2) [1]Die Kommission besteht aus acht Mitgliedern. [2]Das Bundesministerium für Arbeit und Soziales benennt je zwei geeignete Personen sowie jeweils einen Stellvertreter aufgrund von Vorschlägen

1. der Gewerkschaften, die in der Pflegebranche tarifzuständig sind,
2. der Vereinigungen der Arbeitgeber in der Pflegebranche,
3. der Dienstnehmerseite der in Absatz 1 genannten paritätisch besetzten Kommissionen sowie
4. der Dienstgeberseite der in Absatz 1 genannten paritätisch besetzten Kommissionen.

(3) [1]Die Sitzungen der Kommission werden von einem oder einer nicht stimmberechtigten Beauftragten des Bundesministeriums für Arbeit und Soziales geleitet. [2]Die Kommission kann sich eine Geschäftsordnung geben.

(4) [1]Die Kommission beschließt unter Berücksichtigung der in den §§ 1 und 11 Abs. 2 genannten Ziele Empfehlungen zur Festsetzung von Arbeitsbedingungen nach § 5 Nr. 1 und 2. [2]Sie kann eine Ausschlussfrist empfehlen, die den Anforderungen des § 9 Satz 3 entspricht. [3]Empfehlungen sind schriftlich zu begründen.

(5) [1]Die Kommission ist beschlussfähig, wenn alle Mitglieder anwesend oder vertreten sind. [2]Ein Beschluss der Kommission bedarf jeweils einer Mehrheit von drei Vierteln der Mitglieder

1. der Gruppe der Mitglieder nach Absatz 2 Nr. 1 und 2,
2. der Gruppe der Mitglieder nach Absatz 2 Nr. 3 und 4,
3. der Gruppe der Mitglieder nach Absatz 2 Nr. 1 und 3 sowie
4. der Gruppe der Mitglieder nach Absatz 2 Nr. 2 und 4.

[3]Die Sitzungen der Kommission sind nicht öffentlich; der Inhalt ihrer Beratungen ist vertraulich.

§ 13 Rechtsfolgen

Eine Rechtsverordnung nach § 11 steht für die Anwendung der §§ 8 und 9 sowie der Abschnitte 5 und 6 einer Rechtsverordnung nach § 7 gleich.

Abschnitt 4a. Arbeitsbedingungen im Gewerbe des grenzüberschreitenden Straßentransports von Euro-Bargeld

§ 13a Gleichstellung

Die Verordnung (EU) Nr. 1214/2011 des Europäischen Parlaments und des Rates vom 16. November 2011 über den gewerbsmäßig grenzüberschreitenden Straßentransport von Euro-Bargeld zwischen den Mitgliedstaaten des Euroraums (ABl. L 316 vom 29.11.2011, S. 1) steht für die Anwendung der §§ 8 und 9 sowie der Abschnitte 5 und 6 einer Rechtsverordnung nach § 7 gleich.

Abschnitt 5. Zivilrechtliche Durchsetzung

§ 14 Haftung des Auftraggebers

[1]Ein Unternehmer, der einen anderen Unternehmer mit der Erbringung von Werk- oder Dienstleistungen beauftragt, haftet für die Verpflichtungen dieses Unternehmers, eines Nachunternehmers oder eines von dem Unternehmer oder einem Nachunternehmer beauftragten Verleihers zur Zahlung des Mindestentgelts an Arbeitnehmer oder Arbeitnehmerinnen oder zur Zahlung von Beiträgen an eine gemeinsame Einrichtung der Tarifvertragsparteien nach § 8 wie ein Bürge, der auf die Einrede der Vorausklage verzichtet hat. [2]Das Mindestentgelt im Sinne des Satzes 1 umfasst nur den Betrag, der nach Abzug der Steuern und der Beiträge zur Sozialversicherung und zur Arbeitsförderung oder entsprechender Aufwendungen zur sozialen Sicherung an Arbeitnehmer oder Arbeitnehmerinnen auszuzahlen ist (Nettoentgelt).

§ 15 Gerichtsstand

[1]Arbeitnehmer und Arbeitnehmerinnen, die in den Geltungsbereich dieses Gesetzes entsandt sind oder waren, können eine auf den Zeitraum der Entsendung bezogene Klage auf Erfüllung der Verpflichtungen nach den §§ 2, 8 oder 14 auch vor einem deutschen Gericht für Arbeitssachen erheben. [2]Diese Klagemöglichkeit besteht auch für eine gemeinsame Einrichtung der Tarifvertragsparteien nach § 5 Nr. 3 in Bezug auf die ihr zustehenden Beiträge.

Abschnitt 6. Kontrolle und Durchsetzung durch staatliche Behörden

§ 16 Zuständigkeit

Für die Prüfung der Einhaltung der Pflichten eines Arbeitgebers nach § 8, soweit sie sich auf die Gewährung von Arbeitsbedingungen nach § 5 Satz 1 Nummer 1 bis 3 beziehen, sind die Behörden der Zollverwaltung zuständig.

§ 17 Befugnisse der Behörden der Zollverwaltung und anderer Behörden

[1]Die §§ 2 bis 6, 14, 15, 20, 22 und 23 des Schwarzarbeitsbekämpfungsgesetzes sind entsprechend anzuwenden mit der Maßgabe, dass

1. die dort genannten Behörden auch Einsicht in Arbeitsverträge, Niederschriften nach § 2 des Nachweisgesetzes und andere Geschäftsunterlagen nehmen können, die mittelbar oder unmittelbar Auskunft über die Einhaltung der Arbeitsbedingungen nach § 8 geben, und
2. die nach § 5 Abs. 1 des Schwarzarbeitsbekämpfungsgesetzes zur Mitwirkung Verpflichteten diese Unterlagen vorzulegen haben.

[2]Die §§ 16 bis 19 des Schwarzarbeitsbekämpfungsgesetzes finden Anwendung. [3]§ 6 Abs. 3 des Schwarzarbeitsbekämpfungsgesetzes findet entsprechende Anwendung. [4]Für die Datenverarbeitung, die dem in § 16 genannten Zweck oder der Zusammenarbeit mit den Behörden des Europäischen Wirtschaftsraums nach § 20 Abs. 2 dient, findet § 67 Abs. 2 Nr. 4 des Zehnten Buches Sozialgesetzbuch keine Anwendung.

§ 18 Meldepflicht

(1) [1]Soweit die Rechtsnormen eines für allgemeinverbindlich erklärten Tarifvertrages nach § 4 Absatz 1 Nummer 1, § 5 Satz 1 Nummer 1 bis 3 und § 6 Absatz 2 oder einer Rechtsverordnung nach § 7 oder § 7a, soweit sie Arbeitsbedingungen nach § 5 Satz 1 Nummer 1 bis 3 vorschreibt, auf das Arbeitsverhältnis Anwendung finden, ist ein Arbeitgeber mit Sitz im Ausland, der einen Arbeitnehmer oder eine Arbeitnehmerin oder mehrere Arbeitnehmer oder Arbeitnehmerinnen innerhalb des Geltungsbereichs dieses Gesetzes beschäftigt, verpflichtet, vor Beginn jeder Werk- oder Dienstleistung eine schriftliche Anmeldung in deutscher Sprache bei der zuständigen Behörde der Zollverwaltung vorzulegen, die die für die Prüfung wesentlichen Angaben enthält. [2]Wesentlich sind die Angaben über

1. Familienname, Vornamen und Geburtsdatum der von ihm im Geltungsbereich dieses Gesetzes beschäftigten Arbeitnehmer und Arbeitnehmerinnen,
2. Beginn und voraussichtliche Dauer der Beschäftigung,

3. Ort der Beschäftigung, bei Bauleistungen die Baustelle,
4. Ort im Inland, an dem die nach § 19 erforderlichen Unterlagen bereitgehalten werden,
5. Familienname, Vornamen, Geburtsdatum und Anschrift in Deutschland des oder der verantwortlich Handelnden,
6. Branche, in die die Arbeitnehmer und Arbeitnehmerinnen entsandt werden sollen, und
7. Familienname, Vornamen und Anschrift in Deutschland eines oder einer Zustellungsbevollmächtigten, soweit dieser oder diese nicht mit dem oder der in Nummer 5 genannten verantwortlich Handelnden identisch ist.

[3]Änderungen bezüglich dieser Angaben hat der Arbeitgeber im Sinne des Satzes 1 unverzüglich zu melden.

(2) Der Arbeitgeber hat der Anmeldung eine Versicherung beizufügen, dass er seine Verpflichtungen nach § 8 einhält.

(3) [1]Überlässt ein Verleiher mit Sitz im Ausland einen Arbeitnehmer oder eine Arbeitnehmerin oder mehrere Arbeitnehmer oder Arbeitnehmerinnen zur Arbeitsleistung einem Entleiher, hat der Entleiher unter den Voraussetzungen des Absatzes 1 Satz 1 vor Beginn jeder Werk- oder Dienstleistung der zuständigen Behörde der Zollverwaltung eine schriftliche Anmeldung in deutscher Sprache mit folgenden Angaben zuzuleiten:

1. Familienname, Vornamen und Geburtsdatum der überlassenen Arbeitnehmer und Arbeitnehmerinnen,
2. Beginn und Dauer der Überlassung,
3. Ort der Beschäftigung, bei Bauleistungen die Baustelle,
4. Ort im Inland, an dem die nach § 19 erforderlichen Unterlagen bereitgehalten werden,
5. Familienname, Vornamen und Anschrift in Deutschland eines oder einer Zustellungsbevollmächtigten des Verleihers,
6. Branche, in die die Arbeitnehmer und Arbeitnehmerinnen entsandt werden sollen, und
7. Familienname, Vornamen oder Firma sowie Anschrift des Verleihers.

[2]Absatz 1 Satz 3 gilt entsprechend.

(4) Der Entleiher hat der Anmeldung eine Versicherung des Verleihers beizufügen, dass dieser seine Verpflichtungen nach § 8 einhält.

(5) Das Bundesministerium der Finanzen kann durch Rechtsverordnung im Einvernehmen mit dem Bundesministerium für Arbeit und Soziales ohne Zustimmung des Bundesrates bestimmen,

1. dass, auf welche Weise und unter welchen technischen und organisatorischen Voraussetzungen eine Anmeldung, Änderungsmeldung und Versicherung abweichend von Absatz 1 Satz 1 und 3, Absatz 2 und 3 Satz 1 und 2 und Absatz 4 elektronisch übermittelt werden kann,

2. unter welchen Voraussetzungen eine Änderungsmeldung ausnahmsweise entfallen kann, und
3. wie das Meldeverfahren vereinfacht oder abgewandelt werden kann, sofern die entsandten Arbeitnehmer und Arbeitnehmerinnen im Rahmen einer regelmäßig wiederkehrenden Werk- oder Dienstleistung eingesetzt werden oder sonstige Besonderheiten der zu erbringenden Werk- oder Dienstleistungen dies erfordern.

(6) Das Bundesministerium der Finanzen kann durch Rechtsverordnung ohne Zustimmung des Bundesrates die zuständige Behörde nach Absatz 1 Satz 1 und Absatz 3 Satz 1 bestimmen.

§ 19 Erstellen und Bereithalten von Dokumenten

(1) [1]Soweit die Rechtsnormen eines für allgemeinverbindlich erklärten Tarifvertrages nach § 4 Absatz 1 Nummer 1, § 5 Satz 1 Nummer 1 bis 3 und § 6 Absatz 2 oder einer entsprechenden Rechtsverordnung nach § 7 oder § 7a über die Zahlung eines Mindestentgelts oder die Einziehung von Beiträgen und die Gewährung von Leistungen im Zusammenhang mit Urlaubsansprüchen auf das Arbeitsverhältnis Anwendung finden, ist der Arbeitgeber verpflichtet, Beginn, Ende und Dauer der täglichen Arbeitszeit der Arbeitnehmer und Arbeitnehmerinnen spätestens bis zum Ablauf des siebten auf den Tag der Arbeitsleistung folgenden Kalendertages aufzuzeichnen und diese Aufzeichnungen mindestens zwei Jahre beginnend ab dem für die Aufzeichnung maßgeblichen Zeitpunkt aufzubewahren. [2]Satz 1 gilt entsprechend für einen Entleiher, dem ein Verleiher einen Arbeitnehmer oder eine Arbeitnehmerin oder mehrere Arbeitnehmer oder Arbeitnehmerinnen zur Arbeitsleistung überlässt.

(2) [1]Jeder Arbeitgeber ist verpflichtet, die für die Kontrolle der Einhaltung eines für allgemeinverbindlich erklärten Tarifvertrages nach § 4 Absatz 1 Nummer 1, § 5 Satz 1 Nummer 1 bis 3 und § 6 Absatz 2 oder einer entsprechenden Rechtsverordnung nach § 7 oder § 7a erforderlichen Unterlagen im Inland für die gesamte Dauer der tatsächlichen Beschäftigung der Arbeitnehmer und Arbeitnehmerinnen im Geltungsbereich dieses Gesetzes, mindestens für die Dauer der gesamten Werk- oder Dienstleistung, insgesamt jedoch nicht länger als zwei Jahre in deutscher Sprache bereitzuhalten. [2]Auf Verlangen der Prüfbehörde sind die Unterlagen auch am Ort der Beschäftigung bereitzuhalten, bei Bauleistungen auf der Baustelle.

(3) Das Bundesministerium für Arbeit und Soziales kann durch Rechtsverordnung ohne Zustimmung des Bundesrates die Verpflichtungen des Arbeitgebers oder eines Entleihers nach § 18 und den Absätzen 1 und 2 hinsichtlich einzelner Branchen oder Gruppen von Arbeitnehmern und Arbeitnehmerinnen einschränken.

(4) Das Bundesministerium der Finanzen kann durch Rechtsverordnung im Einvernehmen mit dem Bundesministerium für Arbeit und So-

ziales ohne Zustimmung des Bundesrates bestimmen, wie die Verpflichtung des Arbeitgebers, die tägliche Arbeitszeit bei ihm beschäftigter Arbeitnehmer und Arbeitnehmerinnen aufzuzeichnen und diese Aufzeichnungen aufzubewahren, vereinfacht oder abgewandelt werden kann, sofern Besonderheiten der zu erbringenden Werk- oder Dienstleistungen oder Besonderheiten der Branche dies erfordern.

§ 20 Zusammenarbeit der in- und ausländischen Behörden

(1) Die Behörden der Zollverwaltung unterrichten die zuständigen örtlichen Landesfinanzbehörden über Meldungen nach § 18 Abs. 1 und 3.

(2) [1]Die Behörden der Zollverwaltung und die übrigen in § 2 des Schwarzarbeitsbekämpfungsgesetzes genannten Behörden dürfen nach Maßgabe der datenschutzrechtlichen Vorschriften auch mit Behörden anderer Vertragsstaaten des Abkommens über den Europäischen Wirtschaftsraum zusammenarbeiten, die diesem Gesetz entsprechende Aufgaben durchführen oder für die Bekämpfung illegaler Beschäftigung zuständig sind oder Auskünfte geben können, ob ein Arbeitgeber seine Verpflichtungen nach § 8 erfüllt. [2]Die Regelungen über die internationale Rechtshilfe in Strafsachen bleiben hiervon unberührt.

(3) Die Behörden der Zollverwaltung unterrichten das Gewerbezentralregister über rechtskräftige Bußgeldentscheidungen nach § 23 Abs. 1 bis 3, sofern die Geldbuße mehr als zweihundert Euro beträgt.

§ 21 Ausschluss von der Vergabe öffentlicher Aufträge

(1) [1]Von der Teilnahme an einem Wettbewerb um einen Liefer-, Bau- oder Dienstleistungsauftrag der in § 98 des Gesetzes gegen Wettbewerbsbeschränkungen genannten Auftraggeber sollen Bewerber oder Bewerberinnen für eine angemessene Zeit bis zur nachgewiesenen Wiederherstellung ihrer Zuverlässigkeit ausgeschlossen werden, die wegen eines Verstoßes nach § 23 mit einer Geldbuße von wenigstens zweitausendfünfhundert Euro belegt worden sind. [2]Das Gleiche gilt auch schon vor Durchführung eines Bußgeldverfahrens, wenn im Einzelfall angesichts der Beweislage kein vernünftiger Zweifel an einer schwerwiegenden Verfehlung im Sinne des Satzes 1 besteht.

(2) Die für die Verfolgung oder Ahndung der Ordnungswidrigkeiten nach § 23 zuständigen Behörden dürfen öffentlichen Auftraggebern nach § 98 Nr. 1 bis 3 und 5 des Gesetzes gegen Wettbewerbsbeschränkungen und solchen Stellen, die von öffentlichen Auftraggebern zugelassene Präqualifikationsverzeichnisse oder Unternehmer- und Lieferantenverzeichnisse führen, auf Verlangen die erforderlichen Auskünfte geben.

(3) [1]Öffentliche Auftraggeber nach Absatz 2 fordern im Rahmen ihrer Tätigkeit beim Gewerbezentralregister Auskünfte über rechtskräftige Bußgeldentscheidungen wegen einer Ordnungswidrigkeit nach § 23

Abs. 1 oder 2 an oder verlangen von Bewerbern oder Bewerberinnen eine Erklärung, dass die Voraussetzungen für einen Ausschluss nach Absatz 1 nicht vorliegen. [2]Im Falle einer Erklärung des Bewerbers oder der Bewerberin können öffentliche Auftraggeber nach Absatz 2 jederzeit zusätzlich Auskünfte des Gewerbezentralregisters nach § 150a der Gewerbeordnung anfordern.

(4) Bei Aufträgen ab einer Höhe von 30.000 Euro fordert der öffentliche Auftraggeber nach Absatz 2 für den Bewerber oder die Bewerberin, der oder die den Zuschlag erhalten soll, vor der Zuschlagserteilung eine Auskunft aus dem Gewerbezentralregister nach § 150a der Gewerbeordnung an.

(5) Vor der Entscheidung über den Ausschluss ist der Bewerber oder die Bewerberin zu hören.

§ 22 *(aufgehoben)*

§ 23 Bußgeldvorschriften

(1) Ordnungswidrig handelt, wer vorsätzlich oder fahrlässig

1. entgegen § 8 Abs. 1 Satz 1 oder Abs. 3 eine dort genannte Arbeitsbedingung nicht oder nicht rechtzeitig gewährt oder einen Beitrag nicht oder nicht rechtzeitig leistet,
2. entgegen § 17 Satz 1 in Verbindung mit § 5 Abs. 1 Satz 1 des Schwarzarbeitsbekämpfungsgesetzes eine Prüfung nicht duldet oder bei einer Prüfung nicht mitwirkt,
3. entgegen § 17 Satz 1 in Verbindung mit § 5 Abs. 1 Satz 2 des Schwarzarbeitsbekämpfungsgesetzes das Betreten eines Grundstücks oder Geschäftsraums nicht duldet,
4. entgegen § 17 Satz 1 in Verbindung mit § 5 Abs. 3 Satz 1 des Schwarzarbeitsbekämpfungsgesetzes Daten nicht, nicht richtig, nicht vollständig, nicht in der vorgeschriebenen Weise oder nicht rechtzeitig übermittelt,
5. entgegen § 18 Abs. 1 Satz 1 oder Abs. 3 Satz 1 eine Anmeldung nicht, nicht richtig, nicht vollständig, nicht in der vorgeschriebenen Weise oder nicht rechtzeitig vorlegt oder nicht, nicht richtig, nicht vollständig, nicht in der vorgeschriebenen Weise oder nicht rechtzeitig zuleitet,
6. entgegen § 18 Abs. 1 Satz 3, auch in Verbindung mit Absatz 3 Satz 2, eine Änderungsmeldung nicht, nicht richtig, nicht vollständig, nicht in der vorgeschriebenen Weise oder nicht rechtzeitig macht,
7. entgegen § 18 Abs. 2 oder 4 eine Versicherung nicht, nicht richtig oder nicht rechtzeitig beifügt,
8. entgegen § 19 Absatz 1 Satz 1, auch in Verbindung mit Satz 2, eine Aufzeichnung nicht, nicht richtig, nicht vollständig oder nicht recht-

zeitig erstellt oder nicht oder nicht mindestens zwei Jahre aufbewahrt oder

9. entgegen § 19 Abs. 2 eine Unterlage nicht, nicht richtig, nicht vollständig oder nicht in der vorgeschriebenen Weise bereithält.

(2) Ordnungswidrig handelt, wer Werk- oder Dienstleistungen in erheblichem Umfang ausführen lässt, indem er als Unternehmer einen anderen Unternehmer beauftragt, von dem er weiß oder fahrlässig nicht weiß, dass dieser bei der Erfüllung dieses Auftrags

1. entgegen § 8 Abs. 1 Satz 1 oder Abs. 3 eine dort genannte Arbeitsbedingung nicht oder nicht rechtzeitig gewährt oder einen Beitrag nicht oder nicht rechtzeitig leistet oder
2. einen Nachunternehmer einsetzt oder zulässt, dass ein Nachunternehmer tätig wird, der entgegen § 8 Abs. 1 Satz 1 oder Abs. 3 eine dort genannte Arbeitsbedingung nicht oder nicht rechtzeitig gewährt oder einen Beitrag nicht oder nicht rechtzeitig leistet.

(3) Die Ordnungswidrigkeit kann in den Fällen des Absatzes 1 Nr. 1 und des Absatzes 2 mit einer Geldbuße bis zu fünfhunderttausend Euro, in den übrigen Fällen mit einer Geldbuße bis zu dreißigtausend Euro geahndet werden.

(4) Verwaltungsbehörden im Sinne des § 36 Abs. 1 Nr. 1 des Gesetzes über Ordnungswidrigkeiten sind die in § 16 genannten Behörden jeweils für ihren Geschäftsbereich.

(5) Für die Vollstreckung zugunsten der Behörden des Bundes und der bundesunmittelbaren juristischen Personen des öffentlichen Rechts sowie für die Vollziehung des dinglichen Arrestes nach § 111 d der Strafprozessordnung in Verbindung mit § 46 des Gesetzes über Ordnungswidrigkeiten durch die in § 16 genannten Behörden gilt das Verwaltungs-Vollstreckungsgesetz des Bundes.

Abschnitt 7. Schlussvorschriften

§ 24 Evaluation

Die nach § 7 festgesetzten Mindestentgeltsätze sind im Hinblick auf ihre Beschäftigungswirkungen, insbesondere auf sozialversicherungspflichtige Beschäftigung sowie die Schaffung angemessener Mindestarbeitsbedingungen, fünf Jahre nach Inkrafttreten des Gesetzes zu überprüfen.

§ 24a Übergangsregelung

In der Zeit vom 1. Januar 2015 bis zum 31. Dezember 2017 gilt § 1 mit der Maßgabe, dass eine Unterschreitung des nach dem Mindestlohngesetz vorgeschriebenen Mindestlohns mit den Zielen des § 1 vereinbar ist, wenn diese Unterschreitung erforderlich ist, um in der betreffenden Branche eine schrittweise Heranführung des Lohnniveaus an die Vorgaben des Mindestlohngesetzes zu bewirken und dabei faire und funktionierende Wettbewerbsbedingungen und den Erhalt sozialversicherungspflichtiger Beschäftigung zu berücksichtigen.

§ 25 Inkrafttreten, Außerkrafttreten

[1]Dieses Gesetz tritt am Tag nach der Verkündung[1] in Kraft. [2]Gleichzeitig tritt das Arbeitnehmer-Entsendegesetz vom 26. Februar 1996 (BGBl. I S. 227), zuletzt geändert durch das Gesetz vom 21. Dezember 2007 (BGBl. I S. 3140), außer Kraft.

---

[1] Verkündet am 23. 4. 2009.

Erläuterungen zum Arbeitnehmer-Entsendegesetz

Vor § 1 AEntG

Inhaltsübersicht

Literatur: *Badura,* Verfassungsfragen der Entsendung ausländischer Arbeitnehmer nach Deutschland, in: Europas universale rechtsordnungspolitische Aufgabe im Recht des dritten Jahrtausends, in: FS Söllner, 2000, S. 111; *Bieback,* Rechtliche Probleme von Mindestlöhnen, insbesondere nach dem Arbeitnehmer-Entsendegesetz, RdA 2000, 207; *Böhm,* Arbeitnehmer-Entsendegesetz als „Ermächtigungsgesetz", NZA 1999, 128; *Borgmann,* Die Entsendung von Arbeitnehmern in der europäischen Gemeinschaft – Wechselwirkungen zwischen Kollisionsrecht, Grundfreiheiten und Spezialgesetzen, Diss. 2001; *Büdenbender,* Die Erklärung der Allgemeinverbindlichkeit von Tarifverträgen nach dem Arbeitnehmer-Entsendegesetz, RdA 2000, 193; *Cornelissen,* Die Entsendung von Arbeitnehmern innerhalb der europäischen Gemeinschaft und die soziale Sicherheit, RdA 1996, 329; *von Danwitz,* Die Rechtsprechung des EuGH zum Entsenderecht – Bausteine für eine Wirtschafts- und Sozialverfassung der EU, EuZW 2002, 237; *Däubler;* Die Entsende-Richtlinie und ihre Umsetzung in das deutsche Recht, EuZW 1997, 613; *Faber,* Die verfassungs- und europarechtliche Bewertung von Tariftreue- und Mindestentgeltregelungen in Landesvergabegesetzen, NVwZ 2015, 257; *Franzen,* Arbeitskollisionsrecht und sekundäres Gemeinschaftsrecht: Die EG-Entsenderichtlinie, ZEuP 1997, 1055; *Fritzsche,* Die Vereinbarkeit des Arbeitnehmer-Entsendegesetzes sowie der erfassten Tarifverträge mit höherrangigem Recht, Diss. 2001; *Gerken/Löwisch/Rieble,* Der Entwurf eines Arbeitnehmer-Entsendegesetzes in ökonomischer und rechtlicher Sicht, BB 1995, 2370; *Görres,* Grenzüberschreitende Arbeitnehmerentsendung in der EU, Diss. 2003; *Graue,* Die geplante Richtlinie über Dienstleistungen im Binnenmarkt und das Europäische Arbeitsrecht, EuroAS 2005, 126; *Hromadka,* Wiederherstellung der Tarifeinheit – Die Quadratur des Dreiecks, NZA 2014, 1105; *Hütter,* Reprise der Rs. Rüffert? – Der Vergabemindestlohn vor dem EuGH, ZESAR 2015, 168; *Junker,* Arbeitnehmerentsendung aus deutscher und europäischer Sicht, JZ 2005, 481; *Kocher,* Mindestlöhne und Tarifautonomie – Festlegung allgemeiner Mindestentgelte – durch Verbindlicherklärung nach AEntG?, NZA 2007, 600; *Kort,* Die Bedeutung der europarechtlichen Grundfreiheiten für die Arbeitnehmerentsendung und die Arbeitnehmerüberlassung, NZA 2002, 1248; *Krebber,* Die Bedeutung von Entsenderichtlinie und Arbeitnehmer-Entsendegesetz für das Arbeitskollisionsrecht, IPRax 2001, 22; *Möschel,* BB-Forum: Lohndumping und Entsendegesetz, BB 2005, 1164; *Nettekoven,* Die Erstreckung tariflicher Mindestlöhne in allgemeinverbindlichen Tarifverträgen auf entsandte Arbeitnehmer im Baugewerbe, 2000; *Ossenbühl/Cornils,* Tarifautonomie und staatliche Gesetzgebung – Verfassungsmäßigkeit von § 1 Abs. 3a des Arbeitnehmer-Entsendegesetzes, Rechtsgutachten erstattet dem Bundesministerium für Arbeit und Sozialordnung, Forschungsbericht Sozialforschung 280, 2000; *Pohl,* Grenzüberschreitender Einsatz von Personal und Führungskräften, NZA 1998, 735; *Rieble/Lessner,* Arbeitnehmer-Entsendegesetz, Nettolohnhaftung und EG-Vertrag, ZfA 2002, 29; *Ritgen,* Entschließungs- und Inhaltsfreiheit des Verordnungsgebers bei Rechtsverordnungen nach § 1 III a AEntG, NZA 2005, 673; *Sahl/Stang,* Das Arbeitnehmer-Entsendegesetz und die Europäische Entsenderichtlinie, AiB 1996, 652; *Schlachter,* Grenzüberschreitende Dienstleistungen: Die Arbeitnehmerentsendung zwischen Dienstleistungsfreiheit und Verdrängungswettbewerb, NZA 2002, 1242; *Schwab,* Das neue Arbeitnehmer-Entsendegesetz, NZA-RR 2010, 225; *Sittard,* Neue Mindestlohngesetze in Deutschland, NZA 2009, 346; *Stoll,* Eingriffsnormen im internationalen Privatrecht – Dargestellt am Beispiel des Arbeitsrechts, Diss. 2002; *Strybny,* Mindestlohn und Entsendegesetz in Deutschland – unter Berücksichtigung europarechtlicher Entwicklungen, FS Leinemann, 2006, S. 795; *Thüsing/Lembke,* Zeitarbeit im Spannungsverhältnis von Dienstleistungsfreiheit und Tarifautonomie – Zum Vorschlag der Ausdehnung des AEntG auf die Zeitarbeitsbranche, ZfA 2007, 87; *Weber,* Die Reichweite des Arbeitnehmerentsendegesetzes, DZWir 1999, 499.

I. Ziele und Entwicklung des Gesetzes

1. Sachverhalt der Arbeitnehmerentsendung als Ausgangspunkt des Gesetzes

1 Grenzüberschreitende Arbeitnehmermobilität existiert zum einen in der Form, dass ein Arbeitnehmer sein Herkunftsland verlässt und in einem anderen Staat einen Arbeitsplatz annimmt, wobei er sich vollständig in das dortige Arbeitsrechtssystem integriert. Dieser Sachverhalt stellt den typischen Anwendungsfall der Arbeitnehmerfreizügigkeit (Art. 45 AEUV) dar. Es gibt allerdings auch Formen grenzüberschreitender Arbeitnehmermobilität, bei denen die Verbindung zum Herkunftsstaat erhalten bleibt und die Integration in das Arbeitsrechtssystem des Aufnahmestaates entsprechend geringer ist. Derartige Konstellationen sind etwa gegeben, wenn ein Unternehmen bei der Durchführung eines Auslandsprojektes seine eigenen Arbeitnehmer mitbringt oder ein Zeitarbeitsunternehmen Arbeitnehmer an ein ausländisches Unternehmen verleiht. Dies eben sind die Fälle der **Arbeitnehmerentsendung, die das Gesetz ursprünglich ausschließlich und nun weiterhin erfassen will.**

2. Herkunftsland- und Arbeitsortprinzip

2 Das Gesetz reagiert damit auf ein spezifisches, kollisionsrechtliches Problem. In Entsendefällen stellt sich stets die Frage, nach welchem Recht sich die Arbeitsbedingungen des entsandten Arbeitnehmers richten. Hier sind **zwei Grundprinzipien** zu unterscheiden: Nach dem Herkunftslandprinzip richten sich die Arbeitsbedingungen nach den Verhältnissen des Staates, aus dem der Arbeitnehmer entsandt wird. Nach dem Arbeitsortprinzip sind die Rechtsnormen des Staates, in den entsandt wird, maßgeblich. Bei Sachverhalten, die – wie der Entsendefall – Bezüge zu mehreren Staaten aufweisen, ist das anzuwendende Recht grundsätzlich nach den Regeln des Internationalen Privatrechts zu bestimmen. Das Internationale Arbeitsrecht richtet sich in Deutschland nach Art. 3ff. Rom-I-VO (hierzu *Deinert,* RdA 2009, 144; vor dem: 17.12.2009 Art. 27ff. EGBGB). Sofern keine Rechtswahl nach Art. 3 Rom-I-VO getroffen wurde, ist eine objektive Anknüpfung nach Art. 8 Rom-I-VO vorzunehmen. Danach unterliegt das Arbeitsverhältnis dem Recht des Staates, in dem der Arbeitnehmer gewöhnlich seine Arbeit verrichtet, selbst wenn er vorübergehend in einen anderen Staat entsandt ist (Art. 8 Abs. 2 Rom-I-VO), hilfsweise dem des Staates der Einstellungsniederlassung (Art. 8 Abs. 3 Rom-I-VO), sofern nicht eine engere Verbindung zu einem anderen Staat besteht (Art. 8 Abs. 3 Rom-I-VO). Alle Kriterien sprechen in Entsendefällen für eine Anknüpfung an den Herkunftsstaat. Rechtsvorschriften des Staates des Arbeitsortes sind lediglich anzuwenden, soweit es sich um international zwingende Eingriffsnormen i. S. d. Art. 9 Rom-I-VO handelt. Ob eine Vorschrift international zwingenden Charakter hat, ist durch Auslegung zu ermitteln. Entscheidend ist, ob die Norm zumindest auch im Interesse des Gemeinwohls und nicht nur im Individualinteresse besteht (BAG v. 18.4.2012 – 10 AZR 200/11, BAGE 141, 129; BAG v. 12.12.2001 – 5 AZR 255/00, NZA 2002, 734, 737; ErfK/*Schlachter,* Art. 27, 30, 34 EGBGB Rn. 16). Bei tarifvertraglichen Lohnvereinbarungen handelt es sich nach zutreffender herrschender Meinung selbst dann nicht um international zwingende Normen, wenn der Tarifvertrag für allgemeinverbindlich erklärt wurde (vgl. BAG v. 21.1.2005 – 5 AZR 617/01, NZA 2005, 627, 629; ErfK/*Schlachter,* Art. 9 Rom-I-VO, Rn. 20; *Gerken/Löwisch/Rieble,* BB 1995, 2370, 2374; s. ausführlich *Thüsing/Müller,* BB 2004, 1333).

3 Das Herkunftslandprinzip führt dazu, dass Dienstleistungsunternehmen aus Staaten mit niedrigem Lohnniveau und geringen Sozialabgaben

gegenüber Unternehmen aus Ländern mit höheren Standards Wettbewerbsvorteile genießen, da sie ihre Leistungen zu niedrigeren Preisen anbieten können (der in diesem Zusammenhang häufig benutzte (Kampf-) Begriff des **„Sozialdumpings“** sollte vorsichtig gebraucht werden und nur die rechtswidrige Lohn- und Arbeitsgestaltung bezeichnen, vgl. *H/S/W/Tillmanns,* § 15 Rn. 464). Dies entspricht der **Wettbewerbslage im Warenverkehr:** Auch dort sind Produzenten aus Niedriglohnländern hinsichtlich des Preises im Vorteil. Für das Herkunftslandprinzip spricht daher unter Wettbewerbsaspekten die Gleichbehandlung mit der Situation im Warenverkehr (vgl. Sachverständigenrat zur Begutachtung der gesamtwirtschaftlichen Entwicklung, Gutachten v. 20.11.1989, BT-Drs. 11/5786, Rn. 465). Das Herkunftslandprinzip vermeidet weiterhin Doppelbelastungen von grenzüberschreitend tätigen Dienstleistungsunternehmen, die aus dem Zwang zur Berücksichtigung mehrerer Rechtsordnungen entstehen.

4 Das Herkunftslandprinzip hat allerdings auch gravierende Nachteile. Den Wettbewerbsvorteilen von Unternehmen aus Ländern mit niedrigeren Lohn- und Sozialstandards entsprechen spiegelbildlich erhebliche Wettbewerbsnachteile der Unternehmen in Hochlohnländern wie Deutschland. Mittel- und langfristig führt dies entweder zu einer Absenkung des Lohnniveaus und der Sozialstandards in Deutschland oder zur Verdrängung deutscher Unternehmen mit der Folge steigender Arbeitslosigkeit. Die Problematik stellt sich in besonderer Weise in der Baubranche, in der die Lohnkosten ca. 50% der Gesamtkosten ausmachen (*Graue,* EuroAS 2005, 126, 127; *Junker,* JZ 2005, 480, nennt sogar einen Anteil von bis zu 80%). Kritiker sprechen von der Gefahr des Sozialdumpings. Darüber hinaus besteht die **Gefahr sozialer Spannungen in Folge eines „gespaltenen Arbeitsmarktes“**, in dem entsandte Arbeitnehmer zu schlechteren Bedingungen arbeiten als ihre inländischen Kollegen. Letztlich würde die Gestaltungsmacht des Gesetzgebers und der Tarifvertragsparteien bezüglich der sozialen Bedingungen in Deutschland untergraben, wenn in großer Anzahl entsandte Arbeitnehmer außerhalb der deutschen Standards arbeiten würden. All dies unterscheidet den Import von Dienstleistungen maßgeblich vom Warenimport und kann es rechtfertigen, unterschiedliche Sozialstandards in dem einen Fall als legitimen Wettbewerbsvorteil zu akzeptieren, in dem anderen Fall hingegen einem Unterbietungswettbewerb aktiv entgegenzuwirken.

3. Vom Entsendegesetz zum allgemeinen Schutzgesetz

5 Dieser Gefahr der Unterbietung durch entsandte Arbeitnehmer zu begegnen war das ursprüngliche ausschließliche Anliegen des AEntG. Angesichts der Nachteile des Herkunftslandprinzips hatten sich sowohl der deutsche als auch der europäische Gesetzgeber entschlossen, im Bereich der Arbeitnehmerentsendung spezialgesetzlich tätig zu werden und dem

Arbeitsortprinzip einen höheren Stellenwert einzuräumen. Der deutsche Gesetzgeber hat zu diesem Zweck im Jahr 1996 das **Arbeitnehmerentsendegesetz (AEntG)** geschaffen, das zunächst auf den Bereich des Baugewerbes und der Seeschifffahrtsassistenz beschränkt war. Im selben Jahr hat der europäische Gesetzgeber mit der **RL 96/71/EG (Arbeitnehmerentsenderichtlinie – AEntRL)** gestützt auf die damaligen Art. 55, 47 Abs. 2 EG (jetzt Art. 62 und 53 AEUV) eine ähnliche Regelung geschaffen, die allerdings nicht auf das Baugewerbe beschränkt ist, hierfür aber weitergehende Sonderregelungen vorsieht.

6 Ausgangspunkt für die Entstehung beider Regelwerke ist der **Vorschlag der EG-Kommission** für eine Richtlinie des Rates über die Entsendung von Arbeitnehmern im Rahmen der Erbringung von Dienstleistungen vom 28.6.1991 (ABl. EG Nr. C 225 v. 30.8.1991, S. 6ff.). Dieser wurde in Folge der Stellungnahmen des Wirtschafts- und Sozialausschusses (ABl. EG Nr. C 49 v. 24.2.1992, S. 41f.) und des Europäischen Parlaments (ABl. EG Nr. C 72 v. 15.3.1993, S. 85) überarbeitet und sodann von der EG-Kommission am 16.6.1993 in **geänderter Fassung** vorgelegt (ABl. EG Nr. C 187 v. 9.7.1993, S. 5ff.). Im Rat fand der Kommissionsentwurf jedoch zunächst **keine Mehrheit.** Widerstand leisteten das Vereinigte Königreich und Portugal aus grundsätzlichen Erwägungen sowie Griechenland, Irland und Italien wegen des konkreten Entwurfs (*Koberski/Sahl/Hold,* AEntG, Einleitung Rn. 18). Daraufhin entschlossen sich mehrere Mitgliedstaaten, eigene Regelungen zur Arbeitnehmerentsendung zu erlassen. Neben Belgien, Frankreich und Österreich zählte dazu auch Deutschland (vgl. *Beisiegel/Mosbacher/Lepante,* JZ 1996, 668, 669).

7 Nach mehreren vergeblichen Versuchen des Bundestags, das AEntG auch im Bundesrat zu bestätigen, entschied sich schließlich der Vermittlungsausschuss (BR-Drs. 823/95) für einen vermittelnden Vorschlag. Im folgenden **Vermittlungsverfahren** einigte man sich auf einen neu gefassten Gesetzentwurf (Beschlussempfehlung des Ausschusses nach Art. 77 des Grundgesetzes (Vermittlungsausschuss), BT-Drs. 13/3663). Diesem stimmte am 8.2.1996 der Bundestag und am 9.2.1996 der Bundesrat zu (vgl. BR-Drs. 83/96). Das AEntG wurde daraufhin am 26.2.1996 im Bundesgesetzblatt verkündet (BGBl. I 1996, S. 227ff.). Es trat am 1.3.1996 in Kraft und sollte zunächst am 1.9.1999 wieder außer Kraft treten. Diese Befristung wurde jedoch später durch Art. 10 des Gesetzes zu Korrekturen in der Sozialversicherung und zur Sicherung der Arbeitnehmerrechte vom 19.12.1998 (BGBl. I 1998, S. 3843ff.) aufgehoben.

8 Bereits kurze Zeit nach Inkrafttreten des AEntG, wurde auch auf europäischer Ebene unter italienischer Ratspräsidentschaft eine **Verständigung über die AEntRL** erzielt. Nachdem es im Rat am 29.3.1996 zu einer politischen Einigung kam, nahm er am 3.6.1996 einen gemeinsamen Standpunkt an (ABl. EG Nr. C 220 v. 29.7.1996, S. 1ff.). Auf dessen Grundlage verabschiedeten das Europäische Parlament am 18.9.1996 und der Rat am 24.9.1996 die Richtlinie 96/71/EG des Europäischen Parlaments und des Rates über die Entsendung von Arbeitnehmern im Rahmen der Erbringung von Dienstleistungen. Diese wurde am 16.12.1996 von ihnen unterzeichnet und am 27.1.1997 verkündet (vgl. ABl. EG Nr. L 18 v. 27.1.1997, S. 1ff.). Sie ist bis heute unverändert geblieben.

9 Das **AEntG** wurde dagegen nach seinem Inkrafttreten **mehrfach geändert.** Besonders hervorzuheben sind die Änderungen durch Art. 10 des Ersten Gesetzes zur Änderung des Dritten Buches Sozialgesetzbuch und anderer Gesetze vom 16.12.1997 (BGBl. I 1997, S. 2970ff.; vgl. dazu *Gaul,* NJW 1998, 644ff.), Art. 10 des bereits erwähnten Gesetzes zu Korrekturen in der Sozialversicherung und zur Sicherung der Arbeitnehmerrechte vom 19.12.1998 (s. Rn. 7; vgl. dazu *Däubler,* NJW 1999, 601ff.; *Meyer,* NZA 1999, 121ff.) und Art. 92 des Dritten Gesetzes für moderne Dienstleistungen am Arbeitsmarkt vom 23.12.2003 (BGBl. I 2003, S. 2848ff.) sowie das Erste und das Zweite Gesetz zur Änderung des Arbeitnehmer-Entsendegesetzes vom 25.4.2007 bzw. vom 21.12.2007 (BGBl. I 2007, S. 576f. und S. 3140). Die letzten beiden Änderungsgesetze waren schon von der Mindestlohndiskussion gekennzeichnet. Durch sie wurden das Gebäudereinigerhandwerk und die Briefdienstleistungen in den sachlichen Anwendungsbereich des AEntG einbezogen.

10 Die Mindestlohndiskussion war schließlich auch Auslöser für die **Neuausrichtung des Systems des AEntG** im Jahr 2008. Der Koalitionsausschuss beschloss am 18.6.2007 eine Neufassung des Regelwerks (s. Einleitung Rn. 49). Das Bundesministerium für Arbeit und Soziales legte daraufhin am 10.1.2008 einen ersten Referentenentwurf für die Änderung des AEntG vor. Am 16.7.2008 verabschiedete die Bundesregierung schließlich den Entwurf eines Gesetzes über zwingende Arbeitsbedingungen für grenzüberschreitend entsandte und für regelmäßig im Inland beschäftigte Arbeitnehmer und Arbeitnehmerinnen (Arbeitnehmer-Entsendegesetz – AEntG), den sie am 8.8.2008 dem Bundesrat zuleitete (BR-Drs. 542/08). Dieser beriet den Entwurf am 19.9.2008 und forderte lediglich kleine Änderungen (BR-Drs. 542/08 [Beschluss]). Die Regierungskoalition verständigte sich dann im Ausschuss für Arbeit und Soziales auf einige dieser Anregungen (BT-Drs. 16/11669 v. 21.1.2009).

10a Die jüngste Reform erfolgt durch das **Tarifautonomiestärkungsgesetz vom 11.8.2014.** Die Erstreckung von Tarifverträgen gem. § 3 wird nach dem neuen § 4 Abs. 2 über die im bisherigen § 4 aufgeführten Branchen hinaus auf alle Branchen erweitert, bei denen die Erstreckung „im öffentlichen Interesse geboten erscheint", um die Gesetzesziele zu erreichen „und dabei insbesondere einem Verdrängungswettbewerb über die Lohnkosten entgegenzuwirken." An dieser Regelung wird deutlich, dass es keinen Verdrängungswettbewerb der unterschiedlichen Mindestlöhne geben soll, sondern der allgemeine gesetzliche Mindestlohn nach dem MiLoG und die branchenspezifischen Mindestlöhne parallel fortbestehen sollen. Weiter noch: Die Mindestlöhne nach dem AEntG werden durch die gesetzliche Neufassung sogar ausgebaut und gewinnen damit an Bedeutung. Allerdings führt ein solches Nebeneinander nicht dazu, dass ein Verdrängungswettbewerb eintreten würde; die Mindestgrenze stellen die Regelungen des MiLoG dar. Dennoch zeigt sich an der Neuregelung die gestiegene Bedeutung des branchenbezogenen Mindestlohns.

4. Regelungsansatz: Arbeitsortprinzip bzgl. eines „harten Kerns" der Arbeitsbedingungen

11 Der Regelungsansatz von AEntG und AEntRL liegt darin, hinsichtlich eines „harten Kerns" (Erwägungsgrund 14 zur AEntRL) von Arbeitsbedingungen das Arbeitsortprinzip einzuführen. Rechtstechnisch erfolgt dies dadurch, dass bestimmte Arbeitsbedingungen zu international zwingenden Eingriffsnormen erklärt werden (ErfK/*Schlachter,* § 1 AEntG Rn. 2; aus der Perspektive der Verordnung 593/2008 lässt sich die AEntRL auch als ein Rechtsakt der Gemeinschaft begreifen, der gemäß Art. 23 Vorrang hat, vgl. zum ehemaligen EVÜ Fuchs/Marhold-*Friedrich,* Europäisches Arbeitsrecht, S. 318).

II. Vereinbarkeit von AEntG und AEntRL mit europäischem Recht

1. Vereinbarkeit von AEntG und AEntRL mit dem europäischem Primärrecht

12 Die Vereinbarkeit von AEntRL und AEntG mit europäischem Primärrecht ist umstritten, von der überwiegenden Ansicht wird sie aber bejaht (für die Rechtmäßigkeit der Regelungen im Grundsatz: *Däubler,* EuZW 1997, 613, 615f.; *Hanau,* NJW 1996, 1369, 1372; *Hickl,* NZA 1997, 513, 515; *Schiek,* Europäisches Arbeitsrecht, S. 286; a. A. *Nettekoven,* Erstreckung, S. 152 – jedenfalls in Bezug auf tarifliche Mindestlöhne). Der *EuGH* hat mittlerweile eine Anzahl von Rechtssachen im Bereich der Arbeitnehmerentsendung entschieden (zuletzt prominent EuGH v. 12.2.2015 – C-396/13, NZA 2015, 345; EuGH v. 18.9.2014 – C-549/13, NZA 2014, 1129; zuvor s. u. a. EuGH v. 15.3.2001 – Rs. C-165/96, Slg. 2001 I, 2189 – Mazzoleni; EuGH v. 25.10.2001 – Verb. Rs. C-49/98, C-50/98, C-52/98 bis C-54/98 und C-68/98 bis C-71/98, Slg. 2001 I, 7831 – Finalarte Sociedade de Construção; EuGH v. 24.1.2002 – Rs. C-164/99, Slg. 2002 I, 787 – Portugaia Construções; EuGH v. 12.10.2004 – Rs. C-60/03, Slg. 2004 I, 9553 – Wolff & Müller; EuGH v. 14.4.2005 – Rs. C-341/02, Slg. 2005 I, 2733 – Kommission/Deutschland; EuGH v. 18.7.2007 – Rs. C-490/04, Slg. 2007 I, 6095 – Kommission/Deutschland; EuGH v. 18.12.2007 – Rs. C-341/05, Slg. 2007 I, 11767 – Laval; EuGH v. 3.4.2008 – Rs. C-346/06, NZA 2008, 537 –

Rüffert; EuGH v. 19.6.2008 – Rs. C-319/06, NZA 2008, 865 – Kommission/Luxemburg), ohne die Rechtmäßigkeit der Richtlinie in Frage zu stellen. Jedenfalls für die Praxis ist daher eindeutig von der Rechtmäßigkeit der AEntRL auszugehen (vgl. MünchArbR/*Birk*, § 19 Rn. 122). Ob man aus dogmatischer Sicht dennoch die gegenteilige Ansicht teilt, hängt sicherlich zu einem gewissen Teil davon ab, inwieweit man einen sozialen Unterbietungswettbewerb für legitim oder sogar wünschenswert hält (vgl. *Däubler*, EuZW 1997, 613, 615f.; *Schiek*, S. 154ff.). Auf der Grundlage der Rechtsprechung des EuGH ist davon auszugehen, dass der Regelungsansatz grundsätzlich mit Primärrecht vereinbar ist. Regelungen, die einen grenzüberschreitend tätigen Unternehmer dazu zwingen, seinen Arbeitnehmern, die er vorübergehend ins Ausland entsendet, die dortigen Arbeitsbedingungen zu gewähren, können zwar eine Beschränkung des freien Dienstleistungsverkehrs darstellen, weil sie mit zusätzlichen wirtschaftlichen Belastungen verbunden sind (HWK/*Tillmanns*, Vorb. AEntG Rn. 8). Die Beschränkung kann jedoch gerechtfertigt werden. Der EuGH hat mehrfach entschieden, dass das Gemeinschaftsrecht die Mitgliedsstaaten nicht daran hindert, ihre Rechtsvorschriften oder die von den Sozialpartnern geschlossenen Tarifverträge auf sämtliche Personen anzuwenden, die – wenn auch nur vorübergehend – in ihrem Hoheitsgebiet als Arbeitnehmer beschäftigt werden, und ihre Einhaltung durchzusetzen (s. EuGH v. 27.3.1990 – Rs. C-113/89, Slg. 1990 I, 1417 – Rush Portuguesa [obiter]; EuGH v. 23.11.1999 – Rs. C-369 u. 276/96 Slg. 1999 I, 8453 – Arblade; EuGH v. 24.1.2002 – Rs. C-164/99, Slg. 2002 I, 787 – Portugaia Construções; vgl. auch Erwägungsgrund 12 zur RL 96/71; *Kort*, NZA 2002, 1248, 1253, hält insbesondere die Erstreckung von Mindestlohnregelungen unter Wettbewerbsaspekten für primärrechtlich problematisch).

13 Als problematisch wurde allerdings angesehen, dass als **Rechtfertigung für die Beschränkung einer Grundfreiheit nur zwingende Gründe des Allgemeininteresses** in Betracht kommen, während das AEntG, wie aus § 1 ersichtlich, wohl auch dem Schutz vor Wettbewerb durch Billiglohnunternehmen aus dem Ausland und dem Abbau von Arbeitslosigkeit auf dem deutschen Arbeitsmarkt dient (§ 1 Rn. 17). Eben das wäre aber unzulässig (s. § 1 Rn. 18).

14 Die europäische Richtlinie selbst wurde vom *EuGH* zwar noch nicht ausdrücklich auf ihre Rechtmäßigkeit überprüft, es liegen jedoch Entscheidungen zur Arbeitnehmerentsendung vor, in denen mitgliedsstaatliches Handeln am Maßstab der Richtlinie zu überprüfen war und der *EuGH* daher Gelegenheit gehabt hätte, zur Rechtmäßigkeit Stellung zu nehmen (EuGH v. 12.10.2004 – Rs. C-60/03, Slg. 2004 I, 9553 – Wolff & Müller; EuGH v. 14.4.2005 – Rs. C-341/02, Slg. 2005 I, 2733 – Kommission/Deutschland). Aus dem Schweigen des *EuGH* kann man schließen, dass er diesbezüglich keine Bedenken hat (*Preis/Teming*, Anm. zu BAG EzA § 1 AEntG Nr. 3, 40). Im Hinblick darauf, dass sich das

AEntG mittlerweile in weiten Teilen als zwingende Umsetzung der AEntRL darstellt, dürften subjektive Beweggründe des deutschen Gesetzgebers jede Bedeutung verlieren.

15 Als die Grundfreiheiten beschränkende Regelung muss die Erstreckung inländischer Vorschriften auf entsandte Arbeitnehmer zur Erreichung des Ziels des Arbeitnehmerschutzes geeignet und erforderlich sein (EuGH v. 25.10.2001 – Rs. C-49/98 u. a., Slg. 2001 I, 7831 – Finalarte). Weiterhin dürfen Unternehmen aus anderen Mitgliedsstaaten nicht diskriminiert werden.

16 An der Erforderlichkeit mangelt es insbesondere dann, wenn nach den Regeln des Herkunftsstaates ein gleicher oder im Wesentlichen vergleichbarer Schutz gewährt wird (EuGH v. 25.10.2001 – Rs. C-49/98 u. a., Slg. 2001 I, 7831 – Finalarte). Die Erstreckung der Regeln des Empfangsstaates auf das Entsendearbeitsverhältnis stellt dann eine überflüssige **Doppelregelung** dar (*Kort,* NZA 2002, 1248, 1252). In solchen Fällen liegt außerdem häufig eine diskriminierende und daher unzulässige **Doppelbelastung** (EAS/*Feuerborn,* B 2500 Rn. 70; *Kort,* NZA 2002, 1248, 1252; Fuchs/Marhold/*Friedrich,* Europäisches Arbeitsrecht, S. 318) des entsendenden Unternehmens vor. Wenn die soziale Sicherung des entsandten Arbeitnehmers also schon durch Beitragsleistungen im Herkunftsstaat gewährleistet wird, darf der Unternehmer nicht im Empfangsstaat zu Leistungen, die denselben Zweck verfolgen, herangezogen werden (EuGH v. 3.2.1982 – Rs. 62/81 u. a., Slg. 1982, 223 – Seco; EuGH v. 28.3.1996 – Rs. C-272/94, Slg. 1996 I, 1905 – Guiot; EuGH v. 23.11.1999 – Rs. C-369 u. 276/96, Slg. 1999 I, 8453 – Arblade).

17 Eine unzulässige Diskriminierung liegt auch vor, wenn ein für allgemeinverbindlich erklärter Tarifvertrag auch auf entsandte Arbeitnehmer anzuwenden ist, der in diesem Tarifvertrag festgesetzte Mindestlohn aber durch Abschluss eines inländischen Firmentarifvertrages unterschritten werden darf, was ausländischen Dienstleistungsunternehmen nicht möglich ist (EuGH v. 24.1.2002 – Rs. C-164/99, Slg. 2002 I, 787 – Portugaia Construções).

2. Arbeitnehmerentsendung und Dienstleistungsrichtlinie

18 Am 12.12.2006 wurde die politisch umstrittene und im Laufe des Rechtssetzungsverfahrens nicht zuletzt auf Druck des Europäischen Parlaments geänderte Dienstleistungsrichtlinie 2006/123/EG verabschiedet (**Richtlinie 2006/123/EG** des Europäischen Parlaments und des Rates vom 12.12.2006 über Dienstleistungen im Binnenmarkt [ABl.Nr. L 376, S. 36–68 v. 27.12.2006]; zu den Hintergründen der europapolitischen Auseinandersetzung insbesondere um das Herkunftslandsprinzip siehe *Kugelmann,* EuZW 2005, 327). Die Richtlinie lässt die Regelungen der AEntRL unberührt. Gemäß Art. 1 Abs. 6 berührt die Richtlinie generell nicht das Arbeitsrecht. Weiterhin ordnet Art. 3 Abs. 1a) den Vorrang der Regelungen der AEntRL an. Schließlich bestimmt Art. 17 Nr. 2, dass Art. 16 als eine zentrale Vorschrift über die Dienstleistungsfreiheit auf Angelegenheiten, die unter die AEntRL fallen, keine Anwendung findet.

III. Verfassungsrechtliche Erwägungen

19 Von Anfang an sind gegen das AEntG **verfassungsrechtliche Bedenken** geäußert worden (vgl. bereits *Gerken/Löwisch/Rieble,* BB 1995, 2370, 2374f.). Diese bezogen sich hauptsächlich auf die Verordnungsermächtigung des § 1 Abs. 3a AEntG a. F. Teile der Literatur sahen hierin vor allem einen Verstoß gegen Art. 9 Abs. 3 GG (u. a. *v. Danwitz,* RdA 1999, 322, 326; *Scholz,* SAE 2000, 266, 267ff.). Daneben wurde eine Verletzung von Art. 12 Abs. 1, Art. 2 Abs. 1, Art. 3 Abs. 1 (MünchArbR/*Löwisch/Rieble,* § 268 Rn. 115ff.; *dies.,* TVG, § 5 TVG Rn. 154ff.) und Art. 80 Abs. 1 GG (*v. Danwitz,* RdA 1999, 322, 325f.; *Scholz,* SAE 2000, 266, 270f.) geltend gemacht. Sowohl das **BVerfG** als auch das **BAG** haben sich dem nicht angeschlossen und die Verordnungsermächtigung für **verfassungsgemäß** erklärt (BVerfG v. 18.7.2000 – 1 BvR 948/00, AP Nr. 4 zu § 1 AEntG; BAG v. 25.6.2002 – 9 AZR 405/00, AP Nr. 12 zu § 1 AEntG; BAG v. 25.6.2002 – 9 AZR 439/01, AP Nr. 15 zu § 1 AEntG). Beide Gerichte verneinten einen Verstoß gegen die Koalitionsfreiheit gem. Art. 9 Abs. 3 GG. Im Wesentlichen verwiesen sie dabei auf die Erwägungen des Bundesverfassungsgerichts zur Vereinbarkeit der Allgemeinverbindlicherklärung von Tarifverträgen mit Art. 9 Abs. 3 GG (vgl. BVerfG v. 24.5.1977 – 2 BvL 11/74, AP Nr. 15 zu § 5 TVG; BVerfG v. 15.7.1980 – 1 BvR 24/74, 1 BvR 439/79, AP Nr. 17 zu § 5 TVG). Allein die Wahl einer anderen Rechtsform für die Erstreckung eines Tarifvertrags auf Außenseiter ändere an Inhalt und Ergebnis dieser Erwägungen nichts. Bei der Auswahl dieser Rechtsform sei der Gesetzgeber vielmehr frei. Des Weiteren erkannte das BAG auch keine Verletzung des allgemeinen Gleichheitssatzes gem. Art. 3 Abs. 1 GG. Dieser sei weder durch die Gleichbehandlung von Arbeitgebern mit Sitz im Ausland, die Arbeitnehmer in die Bundesrepublik Deutschland entsenden, mit Arbeitgebern mit Sitz in der Bundesrepublik Deutschland noch durch die damalige Beschränkung des AEntG auf die Baubranche verletzt. Schließlich lehnte das BVerfG auch einen Verstoß gegen Art. 80 Abs. 1 Satz 2 GG ab, da die Verordnungsermächtigung des § 1 Abs. 3a AEntG hinreichend bestimmt sei. Vor diesem Hintergrund ist nicht zu erwarten, dass die Gerichte die Neufassung des AEntG unter dem Aspekt der Tariferstreckung für verfassungswidrig erklären. Etwas anderes dürfte aber im Hinblick auf **einzelne Neuregelungen des AEntG** der Fall sein. S. hierzu Einl. Rn. 31ff.

IV. Entsendung inländischer Arbeitnehmer in das EG-Ausland

20 Entsenderechtliche Fragestellungen treten nicht nur auf, wenn ausländische Arbeitnehmer nach Deutschland entsandt werden, sondern ebenso im Fall der Entsendung von Arbeitnehmern aus Deutschland in einen anderen Mitgliedsstaat. Deutsche Arbeitgeber müssen für die Zeit der Entsendung die in der AEntRL genannten, im Ausland geltenden Mindestarbeitsbedingungen beachten. Es kommt damit auf die **Umsetzung der Richtlinie im Ausland** an (zur Umsetzung der AEntRL in den verschiedenen europäischen Staaten s. die Umsetzungsberichte der Kommission, abrufbar unter http://ec.europa.eu/social/main.jsp?catId=471 – dort auch zahlreiche weitere Berichte zum europäischen Rechtsrahmen der Arbeitnehmerentsendung.

Abschnitt 1. Zielsetzung

§ 1 Zielsetzung

[1]Ziele des Gesetzes sind die Schaffung und Durchsetzung angemessener Mindestarbeitsbedingungen für grenzüberschreitend entsandte und für regelmäßig im Inland beschäftigte Arbeitnehmer und Arbeitnehmerinnen sowie die Gewährleistung fairer und funktionierender Wettbewerbsbedingungen durch die Erstreckung der Rechtsnormen von Branchentarifverträgen. [2]Dadurch sollen zugleich sozialversicherungspflichtige Beschäftigung erhalten und die Ordnungs- und Befriedungsfunktion der Tarifautonomie gewahrt werden.

Inhaltsübersicht

Literatur: *Bayreuther,* Tarifautonomie als kollektiv ausgeübte Privatautonomie, 2005; *Donges,* Deregulierung am Arbeitsmarkt und Beschäftigung, 1992; *Franz,* Arbeitsmarktökonomik, 8. Aufl. 2013; *Säcker/Oetker,* Grundlagen und Grenzen der Tarifautonomie, 1992.

I. Allgemeines

1 Die Vorschrift benennt die Gesetzesziele. Diese Festschreibung des Gesetzesziels im Regelwerk selber entspricht einem Gesetzgebungsstil, der an französische und **anglo-amerikanische Traditionen** anknüpft. Für den deutschen Gesetzgeber ist eine solche Technik zumindest außerhalb des öffentlichen Rechts recht neu, auch wenn entsprechende Gestaltungen in jüngerer Zeit auch im Arbeitsrecht zu beobachten sind, insbesondere dort, wo dem nationalen Gesetz europarechtliche Vorschriften zugrunde liegen (s. etwa § 1 AGG, § 1 TzBfG). Eine solche Festlegung des „Willens des Gesetzgebers" zu Beginn des Gesetzes selbst hat für den Rechtsanwender den Vorteil, dass er das Hauptanliegen des Gesetzgebers unmittelbar vor Augen hat. Zwar kann eine Regelung zuweilen nur einen einzigen Zweck haben, meist verfolgt sie jedoch nicht nur einen, sondern mehrere Zwecke in unterschiedlichem Maße. Ist das Ziel des Gesetzes selbst kodifiziert, so kann der Rechtsanwender das dem Gesetzgeber wichtigste Ziel auch ohne Studium der Entwürfe, Protokolle und Begründungen des Gesetzgebungsverfahrens ermitteln und bei seiner Auslegung würdigen (s. *Larenz* Methodenlehre, S. 330f.).

2 Das Gesetz zielt nach seiner **Neufassung 2009** nun gleichermaßen auf die Regelung rein innerstaatlicher wie grenzüberschreitender Sachverhalte ab. Das ist – entgegen anderslautender Ausführungen in der Begründung des Regierungsentwurfs (s. Vor § 1 Rn. 10) – neu. Es will die **eierlegende Wollmilchsau** sein: Ziele nach Satz 1 sind so unterschiedliche Absichten wie die Schaffung und Durchsetzung angemessener Arbeitsbedingungen, die Gewährleistung fairer Wettbewerbsbedingen für die Unternehmen, der Erhalt sozialversicherungspflichtiger Beschäftigung, die Bekämpfung von Arbeitslosigkeit sowie die Wahrung der Ordnungs- und Befriedungsfunktion der Tarifautonomie. Diese Topoi sind oftmals gegenläufig und müssen im Einzelfall abgewogen werden, wobei die Verfolgung des einen Ziels auf Kosten des anderen gehen wird. Zweck des Gesetzes ist daher eher der Ausgleich, nicht die Optimierung der in § 1 genannten Ziele.

2a Durch das **Tarifautonomiestärkungsgesetz** (BGBl. I S. 1348) wurde § 1 m.W.v. 16.8.2014 leicht geändert, indem die Wendung „durch die Erstreckung der Rechtsnormen von Branchentarifverträgen" eingefügt wurde. Hierdurch soll nach der Gesetzesbegründung in Abgrenzung zum einheitlichen gesetzlichen Mindestlohn des MiLoG „der Branchenbezug der gewählten Lösung unterstrichen" werden (BT-Drs. 18/1558, S. 50) – eine überflüssige Änderung ohne Bedeutung.

3 Die Ziele, die nun § 1 benennt, wurden vorher bereits in den **Rechtsverordnungen zur Tariferstreckung nach § 1 Abs. 3a AEntG a. F.** beschworen. Zur Begründung des Mindestlohns in der Briefdienstleisterbranche verwies man seitens der Regierung auf die „Sicherstellung eines fairen Wettbewerbs und angemessener Arbeitsbedingungen", sowie „das

Ziel, für alle Arbeitnehmer in einem bestimmten Tätigkeitsbereich ein gleiches soziales Schutz- und Lohnniveau sicherzustellen", sowie „zugleich die Ziele ..., finanzielle Stabilität des Systems der sozialen Sicherung zu schaffen, Arbeitslosigkeit infolge eines Verdrängungswettbewerbs durch ausländische Anbieter aus Niedriglohnländern oder Billiganbieter aus dem Inland zu bekämpfen und schließlich die Ordnungsfunktion des Tarifvertrags in der Branche Briefdienstleistung zu unterstützen" (VG Berlin v. 7.3.2008 – 4 A 439.07, NZA 2008, 482).

4 Für das Verständnis des AEntG folgt aus der Fixierung des gesetzgeberischen Zieles letztlich wenig. Man mag zu einer **graduellen Stärkung des teleologischen Arguments** kommen, dahingehend, dass die Auslegung einer Norm diesem Ziel nicht widersprechen darf (zum Stellenwert des teleologischen Arguments s. *Larenz,* S. 333ff.). Die Rechtsprechung hat jedoch bislang – soweit ersichtlich – zu Recht zumindest nicht abschließend auf gesetzgeberisch festgeschriebene Ziele abgestellt. Ganz im Gegenteil: Das AEntG diente bis zu seiner Novellierung 2009 ausweislich der Gesetzesbegründung (BT-Drs. 13/2414, S. 6f.), vor allem dem Schutz der deutschen Bauwirtschaft vor angeblich unfairem Wettbewerb durch Billiglohnunternehmen aus dem Ausland und dem Abbau von Arbeitslosigkeit auf dem deutschen Arbeitsmarkt. Eben dies wäre aber europarechtlich unzulässig gewesen, denn hiernach bedarf es zur Einschränkung der Dienstleistungsfreiheit zwingender Gründe des Allgemeininteresses. Wie der EuGH in den Rs. Finalarte und Portugaia Construções bekräftigt hat, lassen sich Maßnahmen, die eine Beschränkung der Dienstleistungsfreiheit darstellen, aber nicht durch Ziele wirtschaftlicher Art wie den Schutz der inländischen Unternehmen rechtfertigen (EuGH v. 25.10.2001 – Rs. C-49/98 u.a., Slg. 2001 I, 7831 – Finalarte; EuGH v. 24.1.2002 – Rs. C-164/99, Slg. 2002 I, 787 – Portugaia Construções; zustimmend *Kort,* NZA 2002, 1248, 1251). Ein zwingendes Allgemeininteresse stellt aber der Schutz von Arbeitnehmern dar (EuGH v. 23.11.1999 – Rs. C-369 u. 276/96 Slg. 1999 I, 8453 – Arblade; EuGH v. 25.10.2001 – Rs. C-49/98 u.a., Slg. 2001, I, 7841 – Finalarte). Der *EuGH* ließ es genügen, dass die Beschränkung *objektiv* diesem Ziel dient. Die subjektiven Absichten und Ziele des Gesetzgebers stellten zwar einen Anhaltspunkt dar, letztlich komme es darauf aber nicht entscheidend an (EuGH v. 25.10.2001 – Rs. C-49/98 u.a., Slg. 2001 I, 7831 – Finalarte; EuGH v. 24.1.2002 – Rs. C-164/99, Slg. 2002 I, 787 – Portugaia Construções). Nochmals bekräftigt wurde dieser Ansatz in der Entscheidung C-60/03 (EuGH v. 12.10.2004, Slg. 2004 I, 9553 – Wolff & Müller). Dies gilt dann auch für die nationale Rechtsprechung und auch für Festschreibungen von Zielen nicht nur wie damals in der Gesetzesbegründung, sondern wie nun im Gesetzestext selber.

II. Die einzelnen Ziele

1. Schaffung angemessener Arbeitsbedingungen

5 Erstes Ziel des AEntG ist die Sicherung angemessener Arbeitsbedingungen. Was „Angemessenheit" bedeutet, definiert der Gesetzgeber nicht – und dies zu Recht. In einer Marktwirtschaft ist der Preis angemessen, den der Markt ermittelt (ähnlich *Lücke,* NZG 2005, 692, 694). Das gilt allerdings nur so lange, wie kein Marktversagen vorliegt. Gerade hier liegt die Krux des AEntG: Es wurde geschaffen, Arbeitsbedingungen zu verhindern, die der Markt ohne staatliche Einflussnahme aufgrund des internationalen Konkurrenzdruckes produzieren würde. Der Gesetzgeber geht also davon aus, dass im Niedriglohnsektor ein **partielles Marktversagen** vorliegt, dem er entgegenwirken will (s. auch Einl. Rn. 3ff.).

6 Der Begriff der Angemessenheit begegnet nicht nur im AEntG, er ist auch aus anderen Rechtsgebieten bekannt (zu weiteren Beispielen s. *Lücke,* NZG 2005, 692, 695; *Thüsing,* ZGR 2003, 457ff.): Nach § 87 Abs. 1 AktG müssen die Bezüge eines Vorstandsmitgliedes in einem angemessenen Verhältnis zu den Aufgaben des Vorstandsmitglieds und zur Lage der Gesellschaft stehen (dazu Fleischer/*Thüsing,* Handbuch des Vorstandsrechts, § 6 Rn. 4ff.). Ebenso verhält es sich nach § 113 Abs. 1 S. 3 AktG mit den Aufsichtsratsbezügen. Im öffentlichen Recht begegnet der Rechtsbegriff der Angemessenheit an verschiedener Stelle, die Gerichte behandeln diesen als unbestimmten Rechtsbegriff, der der vollen gerichtlichen Nachprüfbarkeit unterliegt (besonders klar OVG Rheinland-Pfalz v. 7.8.2008 – 7 A 10142/08, juris Abschn. 18).

7 Überall stellt sich dasselbe Problem: Die Angemessenheit beurteilt sich nach der **Lage des Einzelfalls,** sie ist gesetzlicher Festlegung entzogen, da sie den Gesetzen des Marktes gehorcht, dem zeitlichen Wandel unterworfen ist und sich einer abschließenden generell-abstrakten Beurteilung entzieht (ebenso *Lücke,* NZG 2005, 692, 696). Möglich ist es daher nur, Kriterien für die Beurteilung der Angemessenheit einer Regelung oder einer Entlohnungsabrede zu entwickeln. Die Kriterien können ausdrücklich genannt sein, wie dies im Aktiengesetz der Fall ist – oder nicht, wie im AEntG. Dann ist auf den klassischen Auslegungskanon zurückzugreifen, um die maßgeblichen Kriterien zu extrapolieren. In jedem Fall können die maßgeblichen Kriterien von Gesetzesmaterie zu Gesetzesmaterie erheblich variieren. Hier hilft es, auf die hinter der Regelung stehenden Interessenkonflikte zu achten, weil der Gesetzgeber diese im Zweifel einer Lösung zuführen wollte. Im AEntG stehen sich das Interesse des Arbeitnehmers daran, von seiner Arbeitskraft leben zu können einerseits und das Interesse des Arbeitgebers an günstiger Arbeitskraft andererseits gegenüber.

8 Hinter diesem Interessengegensatz verbirgt sich nichts anderes als der klassische **Sozialkonflikt.** Dieser freilich ist nicht neu, er bildet den

Nährboden für die jahrzehntealte Entwicklung des kollektiven Arbeitsrechts durch Spruchpraxis und Wissenschaft. Dabei hat sich der Tarifvertrag als das klassische Instrument erwiesen, angemessene Arbeitsbedingungen durch die Sozialpartner festlegen zu lassen. Die Angemessenheit des § 1 AEntG knüpft damit direkt an die **Angemessenheitsvermutung der Tarifverträge an:** Aufgrund des Prozesses ihres Zustandekommens wird hier die Angemessenheit vermutet durch Gesetzgeber und Rechtsprechung (s. Einl. Rn. 38).

9 Das Ziel der Schaffung angemessener Arbeitsbedingungen ist das einzige, welches der Gesetzgeber überzeugend darzulegen vermag: Der Gesetzgeber ist der Auffassung, dass ausländische Konkurrenz zu einem unangemessenen Lohnniveau im Inland führt. Er greift daher in Marktfindungsprozesse ein, um im Ergebnis Löhne und sonstige Arbeitsbedingungen zu erzielen, die aus staatlicher Sicht „angemessen" sind. Hierin liegt das **vordringliche Anliegen** des AEntG.

2. Gewährleistung fairer Wettbewerbsbedingungen

10 Ein weiteres Ziel des Gesetzes stellt die **Gewährleistung fairer Wettbewerbsbedingungen** dar. Dass der deutsche Gesetzgeber sich eines Anglizismus bedient, um seine Zielsetzung zu umschreiben, ist rechtstechnisch zu kritisieren, findet jedoch Vorbilder in der Rechtsprechung des BVerfG, hier unter dem Aspekt des „fairen Verfahrens" (BVerfG v. 3.6.1969 – 1 BvL 7/68, BVerfGE 26, 66, 71). Auch das europäische Sekundärrecht kennt den Begriff des „fairen Wettbewerbs", er findet sich außer in Erwägungsgrund 5 EntsendeRL, und zudem noch in zahlreichen anderen Rechtsakten, s. etwa Erwägungsgrund 6 RL 2005/32/EG, Art. 32 EnergieVertr; Art. 12 RL 2002/19/EG; Erwägungsgrund 18 RL 2005/89/EG.

11 Der Anglizismus „fair" lässt sich in deutsche Synonyme übersetzen wie ehrenhaft, einwandfrei, anständig oder gebührlich (Duden Band 5, Fremdwörterbuch). Zu Recht wird hieran in der Literatur kritisiert, dass eine solche bloße Übersetzung von englischen Begriffen nicht die rechtliche Bedeutung des Wortes zu erfassen vermag (*Tettinger,* Fairneß und Waffengleichheit, 1984, S. 4). Vorgeschlagen wird deshalb, in Anlehnung an das Begriffsverständnis der mittelenglischen Sprachzeit (12.–15. Jh.) den Begriff als Umschreibung der an die Gerichte zu stellenden Anforderungen zu verstehen, also im Sinne von *„free from bias, fraud, injustice"* (*Tettinger,* aaO, S. 4). Das mag im Prozessrecht, welches sich primär mit den Gerichten und dem von ihnen einzuhaltenden Verfahren befasst, überzeugen, jedoch nicht im hiesigen Kontext. Der Gesetzgeber spricht von fairem Wettbewerb und damit von den an die **Marktteilnehmer zu stellenden Mindestanforderungen.** Er wendet sich also gerade nicht an staatliche Stellen, sondern an Private.

12 Wendet sich der Gesetzgeber an Private, könnte folgende prozedurale Analyse den Weg zum Verständnis erleichtern: Der Begriff ist aus der Sicht des Adressaten zu interpretieren, die Intention des Absenders aus dessen Verhältnis zum Empfänger zu ermitteln. Im Wirtschaftsverkehr ist fairer Wettbewerb ein solcher, der nicht um jeden Preis geführt wird, in dem bestimmte Gewinnerhöhungschancen aus sittlichen Gründen nicht genutzt werden, weil höhere, in der Moral verwurzelte Ziele ein solches Verhalten verbieten. Der Marktteilnehmer in einem ungeregelten Markt strebt nach möglichst hohem Gewinn. Der Staat als die den Markt zügelnde Instanz will dagegen seine eigenen Ziele verwirklichen und schränkt den Wettbewerb daher ein, soweit er diesen Zielen abträglich ist. Fair ist ein Verhalten im Wettbewerb demnach, wenn es **kein Gewinnstreben um jeden Preis** gibt.

13 Bei der Arbeitnehmerentsendung steht der Schutz der Arbeitnehmer im Vordergrund, Dumpinglöhne werden als unanständig empfunden, da sie es dem Arbeitnehmer nicht ermöglichen, von seiner Hände Arbeit zu leben und damit seine Menschenwürde in Frage stellen (s. Einl. Rn. 15). Nicht umsonst definiert auch § 4 Nr. 1 UWG ein Wettbewerbsverhalten als unlauter, welches die Entscheidungsfreiheit von Marktteilnehmern in menschenverachtender Weise beeinflusst. Auch hier spielt die Menschenwürde also eine Rolle. Will man einerseits die Arbeitnehmer schützen, andererseits den Wettbewerb bewahren, ist Fairness gerade dann gegeben, wenn Konkurrenten nicht dadurch aus dem Markt gedrängt werden, dass Arbeitnehmer ausgebeutet werden. Es geht mithin um die **Verhinderung eines Auszehrungs- und Verdrängungswettbewerbs** auf Kosten der Arbeitnehmer und Wettbewerber (so auch BVerfG v. 20.3.2007 – 1 BvR 1047/05, NZA 2007, 609, 611). Fairer Wettbewerb liegt also dann vor, wenn der Konkurrenzkampf nicht über unwürdige Löhne geführt, wenn Kostenvorteile nicht durch die Ausbeutung von Arbeitnehmern realisiert werden.

14 Dass der Gesetzgeber dieses Ziel in seinen Kanon aufgenommen hat, überrascht – das AEntG ist ein **wettbewerbsminderndes Gesetz,** das marktimmanente Preisfindungsprozesse durch Setzung externer Faktoren behindert. Es geht gerade nicht um die Gewährleistung von Wettbewerb, sondern um die Beschränkung von Wettbewerb. Der Gesetzgeber wäre ehrlicher gewesen, wenn er sich zum Ziel gesetzt hätte, den Wettbewerb zum Schutz der Arbeitnehmer einzuschränken.

3. Erhalt sozialversicherungspflichtiger Beschäftigung und Bekämpfung von Arbeitslosigkeit

15 Sodann sieht der Gesetzgeber als ein Ziel des AEntG den Schutz sozialversicherungspflichtiger Beschäftigung und die Bekämpfung der Arbeitslosigkeit an. Der Gesetzgeber fasst hier **zwei verschiedene Ziele** zusammen, die gesondert zu beurteilen sind.

16 Die Sozialversicherungspflicht gilt grundsätzlich auch für im Inland beschäftigte Ausländer, § 3 Nr. 1 SGB IV, nicht aber nur für kurzfristig

aus dem Ausland nach Deutschland entsandte Arbeitnehmer, § 5 SGB IV. Sofern der Gesetzgeber den **Schutz sozialversicherungspflichtiger Beschäftigung** anstrebt, will er verhindern, dass ausländische Billigarbeitskräfte die einheimischen Arbeitnehmer verdrängen. Indem § 2 Nr. 1 die Regelungen für Mindestentgeltsätze auch auf Ausländer für anwendbar erklärt und die §§ 3ff. eine Erstreckung von Tarifverträgen auf Ausländer ermöglichen, besteht die Möglichkeit, Lohndumping entgegenzuwirken und so die Arbeitgeberseite zu zwingen, ausländische Arbeitskräfte zu Löhnen zu beschäftigen, die eine Unterbietung durch ausländischen Wettbewerb erschweren. Insofern mag das AEntG geeignet sein, zum Erhalt sozialversicherungspflichtiger Arbeitsplätze beizutragen. Zu bedenken ist freilich, dass gerade dies Anreize zu Standortverlagerungen setzt: Wo der Faktor Arbeit unflexibel wird, wird ein sonst unflexibler Faktor wie der Standort zu einer variablen Größe.

17 Soweit der Gesetzgeber sich das Ziel setzt, **Arbeitslosigkeit** zu bekämpfen, steht dahinter die parallele Erwägung, dass dadurch, dass auf einen Ausländer zwingend die inländischen Arbeitsbedingungen Anwendungen finden, der Anreiz sinkt, ausländische Arbeitskräfte einzusetzen, da diese nicht zu schlechteren Konditionen eingesetzt werden können als Inländer. Zugleich erhofft sich der Gesetzgeber, dass inländische Arbeitgeber freiwerdende Stellen dann mit inländischen Arbeitssuchenden besetzen und so die Arbeitslosigkeit verringern. Diese Vorstellung muss sich noch bewahrheiten – erstens blendet der Gesetzgeber auch hier die Gefahr von Standortverlagerungen aus, welche eine viel größere Zahl von Arbeitsplätzen gefährden als durch die Regelung geschützt werden. Zweitens ist ungewiss, ob ein Unternehmen freiwerdende Stellen tatsächlich zu denselben Konditionen mit inländischen Arbeitskräften neu besetzt, wenn Kostensenkungsdruck besteht. Wo der Arbeitgeber aus Kostengründen das Arbeitsverhältnis beendet, wird er nicht zu denselben Bedingungen Arbeitslose einstellen. Zu den beschäftigungspolitischen Wirkungen des Mindestlohns ausführlicher Einl. Rn. 61 ff.

18 Beide Regelungsziele sehen sich zudem **europarechtlichen Bedenken** ausgesetzt: Soweit der Gesetzgeber inländische sozialversicherungspflichtige Beschäftigung schützen will, findet eine Marktabschottung statt, die einen Eingriff in die Dienstleistungsfreiheit (Art. 56 AEUV) darstellt und deshalb rechtfertigungsbedürftig ist (zur Rechtsprechung des EuGH oben Vor § 1 Rn. 12f.). Sofern er die Arbeitslosigkeit bekämpfen will, setzt der Gesetzgeber die nationale Brille auf: Ein ausländischer Arbeitnehmer, der in Deutschland arbeitet, wird in seinem Heimatland keine anderweitige Beschäftigung finden. Wenn der deutsche Gesetzgeber den Arbeitsmarkt durch künstliche Erhöhung des Lohnniveaus abschottet, wird der ausländische Arbeitgeber, der keine Aufträge aus Deutschland mehr erhält, den ausländischen Arbeitnehmer nicht einstellen. Dadurch erhöht sich die Arbeitslosigkeit im Ausland. Der Gesetzgeber mag dies damit rechtfertigen, dass er nur Einfluss auf den inländischen

Arbeitsmarkt nehmen kann und will. Dann verwundert es aber, die ganze Neuregelung mit dem Zusammenwachsen des EG-Binnenmarktes für Arbeitskräfte zu begründen (so der Referentenentwurf des BMAS, S. 1; Bearbeitungsstand 11.1.2008). Alles in allem erweist sich die Zielsetzung damit als wenig überzeugend.

4. Ordnungs- und Befriedungsfunktion der Tarifautonomie

19 Weiter soll die Wahrung der **Ordnungsfunktion** von Tarifverträgen ein Ziel des AEntG darstellen. Die Ordnungsfunktion von Tarifverträgen ist in Rechtsprechung und Literatur anerkannt (BVerfG v. 1.3.1979 – 1 BvR 532/77 u. a. BVerfGE 50, 290, 371; BAG v. 27.11.2002 – 7 AZR 414/01, NZA 2003, 812; AP § 87 BetrVG 1972 Nr. 34 Tarifvorrang; Hueck/*Nipperdey,* Arbeitsrecht, Bd. II/1, § 14 I; *Säcker/Oetker,* Tarifautonomie, S. 65; *Waltermann,* RdA 1993, 209; kritisch *Löwisch,* ZfA 1996, 293, 300), in der vorgeschlagenen Neufassung des TVG durch das Tarifeinheitsgesetz (BT-Drs. 18/4062) wird sie ausdrücklich benannt (§ 4 a Abs. 1 TVG).

20 Jeder Vertrag erfüllt eine Ordnungsfunktion, indem er die Rechtsbeziehungen zwischen den Parteien regelt, was im französischen Recht sogar ausdrücklich anerkannt wird, vgl. Art. 1134 Abs. 1 Code civil: *„Les conventions légalement formées tiennent lieu de loi à ceux qui les ont faites."* Das gilt nicht nur für relativ wirkende schuldrechtliche Verträge, sondern erst recht für den Tarifvertrag als einen Normenvertrag. Besteht ein Tarifvertrag, können sich die Individualverträge der einzelnen Arbeitnehmer auf die Einstellung des Arbeitnehmers und auf ergänzende Abreden hinsichtlich über- oder außertariflicher Leistungen beschränken. Der Tarifvertrag erzielt einen **Rationalisierungserfolg,** der dem Rationalisierungserfolg erprobter AGB vergleichbar ist. Die Arbeitsvertragsparteien können auf erprobte Regelungen Bezug nehmen, andere Kollektivvertragsparteien können sie übernehmen (Wiedemann/*Wiedemann,* Einl. Rn. 13). Weiter beinhaltet ein Tarifvertrag Rahmenbestimmungen, die mangels Arbeitsgesetzbuches für die geordnete Durchführung des Arbeitslebens notwendig sind (*Bayreuther,* S. 91).

21 Die Ordnungsfunktion wird **von den Koalitionen akzeptiert:** Für die Unternehmensseite senkt der Tarifvertrag die Transaktionskosten; dies ist in der Arbeitsmarktökonomik anerkannt (*Donges,* S. 50). Darüber hinaus bietet der Tarifvertrag während seiner Laufzeit eine verlässliche Kalkulationsgrundlage für alle tarifgebundenen Unternehmen bezüglich ihrer Personalkosten. Die Gewerkschaften unterstützen flächendeckende Tarifverträge, weil sie ihren Anspruch verstärken, als Vertreter der gesamten Arbeitnehmerschaft aufzutreten und Lohnkonkurrenz unter Arbeitnehmern zu verhindern (Wiedemann/*Wiedemann,* Einl. Rn. 15).

22 Schließlich soll das AEntG dem Schutz der **Befriedungsfunktion** des Tarifvertrages dienen. Welchen Beitrag das AEntG zur Befriedung des Arbeitslebens leisten soll, lässt der Gesetzgeber offen, er begnügt sich mit dem Hinweis, das BVerfG messe dem Schutz der Befriedungsfunktion Verfassungsrang bei (BR-Drs. 542/08, S. 14). Tatsächlich sieht das BVerfG den Zweck des AEntG a. F. darin, die Tarifautonomie und hier die **ausgehandelten Arbeitsbedingungen** zu schützen (BVerfG v. 20.3.2007 – 1 BvR 1047/05, NZA 2007, 609, 611). Wird der Tarifvertrag jedoch nach § 7 für zwingend erklärt, dann wird die Tarifautonomie genauso geschwächt, wie sie gestärkt wird, werden doch konkurrierende Tarifverträge verdrängt. Auch ist die Möglichkeit, vor allem drittgerichtete Tarifverträge abzuschließen, die ihren Schwerpunkt außerhalb der mitgliedschaftlichen Legitimation haben, mit dem traditionellen Verständnis von Tarifautonomie nur schwer zu vereinbaren (s. auch *Thüsing/von Hoff*, ZfA 2008, S. 77).

III. Das Verhältnis der einzelnen Ziele zueinander

23 Unklar bleibt, wie so verschiedene – ja völlig gegensätzliche (s. oben Rn. 2) – Ziele wie die Schaffung angemessener Arbeitsbedingungen einerseits und die Gewährleistung fairen Wettbewerbs andererseits in Einklang zu bringen sind, also um das **Konkurrenzverhältnis** der verschiedenen Zielsetzungen. Der Gesetzgeber beantwortet diese Frage nicht. In seinem Streben nach einem politischen Kompromiss verkennt er, dass die verfolgten Ziele miteinander unvereinbar sind – wer angemessene Löhne durch staatlichen Gestaltungsakt festlegt, ignoriert die Autonomie der Tarifvertragsparteien. Wer Löhne durch Rechtsverordnung oktroyiert, nimmt ein Stück Wettbewerb und gefährdet Arbeitsplätze, indem er Standortverlagerungen attraktiver erscheinen lässt.

24 Geht man von **Wortlaut und Systematik** des § 1 aus, könnte man meinen, dass die beiden vorrangigen Ziele des Gesetzes die Schaffung angemessener Arbeitsbedingungen sowie die Gewährleistung fairer Wettbewerbsbedingungen für die Unternehmen sind, weil diese beiden Ziele in Satz 1 vorangestellt werden und die übrigen Ziele nur „zugleich" verwirklicht werden sollen – geradezu nach dem Grundsatz *accessio cedit principali*. Indes würde eine solche Auslegung verkennen, dass letztlich überzeugend **nur ein Ziel** durch die Regelungen des AEntG verwirklicht wird: dasjenige, Arbeitnehmer vor unangemessen niedriger Entlohnung zu bewahren. Alle anderen Ziele sind entweder mit dem im AEntG enthaltenen Instrumentarium nicht zu verwirklichen, sehen sich europarechtlichen Bedenken ausgesetzt oder werden durch das AEntG konterkariert, wie dies bei der Gewährleistung des Wettbewerbs der Fall ist.

Abschnitt 2. Allgemeine Arbeitsbedingungen

§ 2 Allgemeine Arbeitsbedingungen

Die in Rechts- oder Verwaltungsvorschriften enthaltenen Regelungen über
1. die Mindestentgeltsätze einschließlich der Überstundensätze,
2. den bezahlten Mindestjahresurlaub,
3. die Höchstarbeitszeiten und Mindestruhezeiten,
4. die Bedingungen für die Überlassung von Arbeitskräften, insbesondere durch Leiharbeitsunternehmen,
5. die Sicherheit, den Gesundheitsschutz und die Hygiene am Arbeitsplatz,
6. die Schutzmaßnahmen im Zusammenhang mit den Arbeits- und Beschäftigungsbedingungen von Schwangeren und Wöchnerinnen, Kindern und Jugendlichen und
7. die Gleichbehandlung von Männern und Frauen sowie andere Nichtdiskriminierungsbestimmungen

finden auch auf Arbeitsverhältnisse zwischen einem im Ausland ansässigen Arbeitgeber und seinen im Inland beschäftigten Arbeitnehmern und Arbeitnehmerinnen zwingend Anwendung.

I. Allgemeines

1 Die Vorschrift entspricht fast exakt dem § 7 Abs. 1 AEntG a. F., allerdings hat der Gesetzgeber die Positionen von Nr. 1 a. F. und Nr. 3 a. F. getauscht. Dadurch stehen die Mindestentgeltsätze nunmehr an prominenterer Stelle, ohne dass dies inhaltlich zu Änderungen führte. Die Norm ordnet an, dass die in den Nummern 1 bis 7 einzeln aufgeführten Arbeitsbedingungen, soweit sie in Rechts- oder Verwaltungsvorschriften geregelt sind, auch auf aus dem Ausland entsandte Arbeitnehmer Anwendung finden. Es handelt sich also um Eingriffsnormen i. S. v. Art. 9 Rom-I-VO. Entsprechend Art. 3 Abs. 1, 1. Spiegelstrich EntsendeRL (96/71/EG) finden diese Arbeitsbedingungen unabhängig davon Anwendung, in welcher Branche die Arbeitnehmer beschäftigt sind (BR-Drs. 542/08, S. 14; ErfK/*Schlachter,* § 2 AEntG Rn. 1; BeckOK ArbR/*Gussen,* § 2 AEntG Rn. 3). Durch das Tarifautonomiestärkungsgesetz vom 11.8.2014 wurde hieran nichts geändert. Die Erstreckung von Mindestentgeltsätzen auf ausländische Arbeitgeber gilt ebenso für die neu geschaffene Verordnungsermächtigung des § 7a AEntG sowie für den allgemeinen gesetzlichen Mindestlohn des MiLoG (ErfK/*Schlachter,* § 2 AEntG Rn. 2; vgl. ausf. die Kommentierung zu § 20 MiLoG).

II. Zwingende Anwendung

2 Mit dem Begriff „zwingend" wird klargestellt, dass es sich bei § 2 um eine Vorschrift i. S. d. **Art. 9 Rom-I-VO** handelt (zu den Voraussetzungen s. BAG v. 18.4.2012 – 10 AZR 200/11, NZA 2012, 1152), die nach den Grundsätzen des Internationalen Privatrechts auch dann einzuhalten ist, wenn das Arbeitsverhältnis eines entsandten Arbeitnehmers oder einer entsandten Arbeitnehmerin im Übrigen dem Recht eines anderen Staates, z. B. seines oder ihres Herkunftsstaates, unterliegt (ebenso ErfK/*Schlachter,* § 7 AEntG Rn. 1; *Junker,* JZ 2005, 481, 486; zu Art. 34 EGBGB *Thüsing,* Europäisches Arbeitsrecht, § 9 Rn. 10).

III. Rechts- oder Verwaltungsvorschriften

3 Zu den **Rechtsvorschriften** zählen landläufiger Auffassung nach alle materiellen Gesetze i. S. d. Art. 2 EGBGB (dazu MüKoBGB/*Säcker,* Art. 2 EGBGB Rn. 1; i. E. ebenso Däubler/*Lakies,* § 7 AEntG Rn. 5). Das ist sicherlich zu weit gefasst, insb. dahingehend, dass der Gesetzgeber des AEntG hier – anders als bei Art. 2 EGBGB – nicht auf Gewohnheitsrecht verweist. Man wird vielmehr an der normativen Außenwirkung anknüpfen müssen und dem staatlichen Geltungsgrund. **Verwaltungsvorschriften** entfalten zwar regelmäßig keine Außenwirkung (zu Ausnahmen s. etwa BVerwG v. 28.5.2008 – 1 WB 19/07, juris Rn. 23), sind aber durch § 2 den Rechtsvorschriften gleichgestellt und deshalb ebenfalls erfasst. Ferner sollen Runderlasse der Bundesagentur für Arbeit oder Verwaltungsakte der Aufsichtsbehörden von der Regelung erfasst sein (BeckOK ArbR/*Gussen,* § 2 AEntG Rn. 4; Däubler/*Lakies,* § 7 AEntG Rn. 5). Dafür spricht vor allem, dass Runderlasse funktional mit einer Verwaltungsvorschrift vergleichbar sind, während Verwaltungsakte Außenwirkung entfalten (§ 35 VwVfG [Bund]) und für den individuell Betroffenen verbindlich sind, mithin für diesen in ihrer Wirkung einer Rechtsnorm ähneln.

4 Auch für allgemeinverbindlich erklärte **Tarifverträge** findet § 2 grundsätzlich keine Anwendung, obwohl auch sie Gesetze i. S. d. Art. 2 EGBGB sind. Das folgt im Umkehrschluss aus der Regelung in § 3, die überflüssig wäre, wenn allgemeinverbindliche Tarifverträge bereits von § 2 erfasst wären (vgl. BeckOK ArbR/*Gussen,* § 2 AEntG Rn. 4). Nach § 3 AEntG sind Arbeitgeber im Ausland nur bei einem Tarifvertrag i. S. v. § 4 Abs. 1 Nr. 1 AEntG (Baugewerbe) oder eben bei einer Erstreckung nach §§ 7, 7a AEntG gebunden, in allen übrigen Fällen also gerade nicht.

IV. Katalog der Nrn. 1–7

1. Mindestentgeltsätze einschließlich der Überstundensätze

5 Die einzige Neuerung in § 2 gegenüber dem § 7 Abs. 1 AEntG a. F. findet sich in den Nrn. 1 und 3. Zugleich stellt die neue Nr. 1 das einzige **Problemkind** der Regelung dar – denn bis 2014 existierte in Deutschland weder ein gesetzlicher Mindestlohn noch eine gesetzliche Regelung zu Überstundensätzen (Däubler/*Lakies,* § 7 AEntG Rn. 9; *Junker,* JZ 2005, 481, 483). Dies war europarechtskonform, denn Art. 3 EntsendeRL verpflichtet die Mitgliedstaaten lediglich dazu, die Arbeitsbedingungen zu garantieren, die einheimischen Arbeitnehmern zugutekommen, nicht aber zum Erlass eines gesetzlichen Mindestlohns (HWK/*Tillmanns,* § 7 AEntG Rn. 5). Es stellt sich allerdings die Frage, welche Rechts- oder Verwaltungsvorschriften von der Norm erfasst sein sollen.

6 Für Teilbereiche hatte der Gesetzgeber gesetzliche Regelungen erlassen, die die Angemessenheit der Vergütung betreffen (dazu § 138 BGB Rn. 5). Allerdings enthalten diese Regelungen **keine ausdrücklichen Mindestentgeltsätze.** Gleichwohl wird man sie zu den erfassten Rechtsvorschriften zählen können (ebenso Däubler/*Lakies,* § 7 AEntG Rn. 9; ErfK/*Schlachter,* § 7 AEntG Rn. 2; HWK/*Tillmanns,* § 7 AEntG Rn. 5; a.A. *Bayreuther,* NZA 2010, 1157). Schaut man auf die Praxis der europäischen Nachbarn, so werden unter die Mindestentgeltsätze zuweilen auch Regelungen zum Ort der Auszahlung und zum Wie der Auszahlung gezählt (s. Vor § 1 Rn. 20). Den Wortlaut des deutschen Gesetzes würde dies überspannen.

7 Erfasst sind jedenfalls auch alle **Branchenmindestlöhne,** die als Rechtsverordnung auf Grundlage von §§ 7, 7a, 11 AEntG oder § 3a AÜG erlassend wurden. Für allgemeinverbindlich erklärte Tarifverträge gilt § 3 AEntG, wonach Arbeitgeber im Ausland nur bei einem Tarifvertrag i. S. v. § 4 Abs. 1 Nr. 1 AEntG (Baugewerbe) ebenfalls gebunden sind. Praktisch relevant ist als Rechtsvorschrift i. S. d. Nr. 1 nun vor allem das **MiLoG.** Ausweislich der Regierungsbegründung handelt es sich bei dem gesetzlichen Mindestlohn um einen Mindestlohnsatz i. S. v. § 2 Nr. 1 AEntG, Art. 3 Abs. 1 Unterabsatz 1 lit. c. Richtlinie 96/71/EG (BT-Drs. 18/1558, S. 42; vgl. ErfK/*Franzen,* § 20 MiLoG Rn. 1; *Lakies,* MiLoG, § 20 Rn. 1, 10; *Viethen,* NZA Beilage 4/2014, 143, 146). Die Pflicht zur Zahlung des Mindestlohns gem. §§ 1, 20 MiLoG gilt unabhängig von der auf den einzelnen Arbeitsvertrag anwendbaren Rechtsordnung für jede Beschäftigung von Arbeitnehmern im Inland, sofern diese auch in den persönlichen Anwendungsbereich des MiLoG fällt (vgl. ErfK/*Franzen,* § 20 MiLoG Rn. 1; *Lakies,* MiLoG, § 20 Rn. 1, 10; *Schubert/Jerchel/Düwell, MiLoG,* Rn. 135; *Sittard,* NZA 2015, 78, 79).

2. Bezahlter Mindestjahresurlaub

8 Die Regelung in Nr. 2 erfasst den **Mindesturlaub** nach § 3 BUrlG und § 125 SGB IX sowie den Landesgesetzen, etwa die Urlaubsregelungen für Referendare, soweit diese nicht mehr in ein öffentlich-rechtliches Dienstverhältnis bestellt werden oder die in manchen Bundesländern erlassenen Bildungsurlaubsgesetze (HWK/*Tillmanns,* § 7 AEntG Rn. 5; *Junker,* JZ 2005, 481, 483). Ferner erfasst die Vorschrift § 11 Abs. 1 S. 1 BUrlG, der das Mindesturlaubsentgelt festlegt (ErfK/*Schlachter,* § 2 AEntG Rn. 3).

3. Höchstarbeitszeiten und Mindestruhezeiten

9 Von der Regelung der Nr. 3, die § 7 Abs. 1 Nr. 1 AEntG a. F. entspricht, über **Höchstarbeitszeiten und Mindestruhezeiten** erfasst sind die Regelungen in ArbZG; FahrpersonalG; LSchlG und im SeemannsG (ErfK/*Schlachter,* § 7 AEntG Rn. 3; *Junker,* JZ 2005, 481, 483). Regelmäßig ergibt sich deren Anwendbarkeit schon aus Art. 12 Abs. 2 Rom-I-VO (*Thüsing,* Europäisches Arbeitsrecht, § 9 Rn. 10).

4. Bedingungen für die Überlassung von Arbeitskräften, insbesondere durch Leiharbeitsunternehmen

10 Unter den Katalog der Nr. 4 fällt in erster Linie das **AÜG** (ErfK/*Schlachter,* § 2 AEntG Rn. 3; *Thüsing,* AÜG, Einl. Rn. 62). Der Begriff „Bedingungen" umfasst dabei alle gewerbe-, vermittlungs- und erlaubnisrechtlichen Bestimmungen zur Arbeitnehmerüberlassung. Die Norm umfasst aber nicht ausschließlich das AÜG, wie sich aus der Formulierung „insbesondere" ergibt. Sie ist immer anwendbar, wenn es um die Überlassung von Arbeitnehmern geht. Erfasst wird deshalb auch die erlaubnisfreie Arbeitnehmerüberlassung gemäß § 1 Abs. 3 AÜG sowie die nicht gewerbsmäßige Arbeitnehmerüberlassung (ebenso HWK/*Tillmanns,* § 7 AEntG Rn. 5; Däubler/*Lakies,* § 7 AEntG Rn. 10; *Rieble/Lessner,* ZfA 2002, 29, 32).

5. Sicherheit, Gesundheitsschutz und Hygiene am Arbeitsplatz

11 Von der Nr. 5 wird das **klassische Arbeitnehmerschutzrecht** zur Abwehr von Gefahren für den Körper bzw. die Gesundheit des Arbeitnehmers abgedeckt. Hierunter fallen – in alphabetischer Reihenfolge – etwa: ArbSchG; ASiG; AtomG; BImSchG; BinSchG; BundesbergG; ChemG; EMVG; GenTG; GewO; GSG; HAG; MedProdG; ProdSG; SGB VII; SprengG und Seeaufgabengesetz. Allerdings galten diese Normen auch vor Inkrafttreten des AEntG über Art. 38 EGBGB (jetzt Art. 10 Rom-I-VO) bereits als international zwingende Normen (ErfK/

Schlachter, § 7 AEntG Rn. 3; HWK/*Tillmanns,* § 7 AEntG Rn. 5). Auch eine Berücksichtigung über Art. 8 Abs. 2, 3 Rom-I-VO ist regelmäßig möglich und geboten (s. auch *Thüsing,* Europäisches Arbeitsrecht, § 9 Rn. 10).

6. Schutzmaßnahmen im Zusammenhang mit den Arbeits- und Beschäftigungsbedingungen von Schwangeren und Wöchnerinnen, Kindern und Jugendlichen

12 Die Nr. 6 erfasst Regelungen zum **Schutz von Frauen und Kindern,** namentlich MuschG; JarbSchG und KindArbSchV (ErfK/*Schlachter,* § 2 AEntG Rn. 3; HWK/*Tillmanns,* § 7 AEntG Rn. 5).

7. Gleichbehandlung von Männern und Frauen sowie andere Nichtdiskriminierungsbestimmungen

13 Unter den Katalog der Nr. 7 fällt vor allem das **Allgemeine Gleichbehandlungsgesetz** (ErfK/*Schlachter,* § 2 AEntG Rn. 3; HWK/*Tillmanns,* § 7 AEntG Rn. 5), aber auch andere Antidiskriminierungsbestimmungen wie etwa §§ 81 ff. SGB IX; Art. 157 ABUV, Art. 9 Abs. 3 GG, § 4 Abs. 1 und 2 TzBfG, das *Equal-Pay*-Gebot des AÜG sowie § 25 GenDG. Nicht darunter fällt der allgemeine arbeitsrechtliche Gleichbehandlungsgrundsatz, der keine Diskriminierungsvorschrift, sondern eine Konkretisierung der Verteilungsgerechtigkeit darstellt.

V. Rechtsfolgen

14 Rechtsfolge der Regelung ist, dass das Arbeitsverhältnis entsandter Arbeitnehmer einem **Mischrecht** unterliegt (vgl. *Sittard,* NZA 2015, 78, 79), welches aus dem IPR-rechtlich maßgeblichen Recht einerseits und den durch § 2 AEntG für international zwingend erklärten deutschen Normen andererseits besteht.

15 Das Gesetz enthält keine Bestimmungen über die staatliche **Kontrolle** der Einhaltung oder **Sanktionen** bei Nichtbeachtung der Regelung. Diese folgen vielmehr aus dem jeweiligen Normwerk, in dem die gesetzlichen Arbeitsbedingungen bereits zuvor geregelt waren. Das Arbeitnehmerentsendegesetz verweist insoweit auf die bestehenden spezialgesetzlichen Regelungen und beschränkt sich allein auf die Klarstellung der international zwingenden Wirkung der Normen (BR-Drs. 542/08, S. 14).

Abschnitt 3. Tarifvertragliche Arbeitsbedingungen

Literatur: *Bayreuther,* Tariftreue vor dem Aus – Konsequenzen der Rüffert-Entscheidung des EuGH für die Tariflandschaft, NZA 2008, 626; *ders.*, Die Novellen des Arbeitnehmerentsende- und des Mindestarbeitsbedingungsgesetzes, DB 2009, 678; *ders.*, Mindestlohnwirksame Leistungen im Geltungsbereich des Entsenderechts, EuZA 2014, 189; *Blanke,* Die Tarifverträge im Briefdienstleistungsbereich und ihre Allgemeinverbindlicherklärung – Gutachterliche Stellungnahme, 2007; *Deckers,* Der Mindestentgeltbegriff in § 1 a AEntG, NZA 2008, 321; *Deinert,* Arbeitnehmerentsendung im Rahmen der Erbringung von Dienstleistungen innerhalb der europäischen Union – Rechtsprobleme der Sonderanknüpfung eines „harten Kerns" arbeitsrechtlicher Vorschriften des Arbeitsortes, RdA 1996, 339; *Franzen,* Entwicklungstendenzen im europäischen und nationalen Recht des Betriebsübergangs, DZWir 1996, 397; *Fritzsche:* Die Vereinbarkeit des Arbeitnehmer-Entsendegesetzes sowie der erfassten Tarifverträge mit höherrangigem Recht, 2001; *Greiner:* Das VG Berlin und der Post-Mindestlohn, BB 2008, 840; *Hanau,* Die Einbeziehung der Tarifverträge der Zeitarbeit in das System des Arbeitnehmerentsendegesetzes (AEntG), in: Bieback, Karl-Jürgen/Dieterich, Thomas/Hanau, Peter/Kocher, Eva/Schäfer, Claus (Hg.): Tarifgestützte Mindestlöhne, 2007, S. 127ff.; *Hantel,* Der allgemeine Mindestlohn und seine Auswirkung auf die Arbeitnehmerentsendung, NJ 2014, 445; *ders,* Aus- und Weiterbildungsdienstleistungen nach dem SGB und der tarifliche Mindestlohn, NJ 2014, 57; *Hohenstatt/Schramm,* Tarifliche Mindestlöhne: Ihre Wirkungsweise und ihre Vermeidung am Beispiel des Tarifvertrags zum Post-Mindestlohn, NZA 2008, 433; *Hunnekuh/zu Dohna-Jaeger,* Ausweitung des Arbeitnehmer-Entsendegesetzes auf die Zeitarbeitsbranche – Im Einklang mit der Verfassung?, NZA 2007, 954; *Kämmerer/Thüsing,* Tariferstreckung in der Postdienstleistungsbranche – Arbeitsrechtliche, verfassungsrechtliche und europarechtliche Schranken – gutachtliche Stellungnahme auf Anfrage des BIEK e.V., 2007; *Klebeck,* Grenzen staatlicher Mindestlohntariferstreckung, | NZA 2008, 446;; *Maier,* Verletzt die Tariferstreckung kraft Rechtsverordnung (§ 1 III a 1 AEntG) die positive Koalitionsfreiheit (Art. 9 III GG) anderweitig Tarifgebundener?, NVwZ 2008, 746; *Preis/Greiner,* Rechtsgutachten zur Allgemeinverbindlicherklärung (§ 5 TVG) oder Geltungserstreckung (§ 1 Abs. 3a AEntG) eines Mindestlohn-Tarifvertrags in der Postdienstleistungsbranche im Auftrag des Arbeitgeberverbandes Postdienste e.V., Bonn, 2007; *Preis/Temming,* Die Urlaubs- und Lohnausgleichskasse im Kontext des Gemeinschaftsrechts, 2005; *Sellin,* Arbeitnehmermobilität und Entsenderecht – Tarif- und kollisionsrechtliche Autonomiebegrenzungen als Wettbewerbschranken, 2006; *Theelen,* Das Arbeitnehmerentsendegesetz: Entwicklung und Rechtskonformität, Diss. iur, 1999; *Thüsing/Lembke,* Zeitarbeit im Spannungsverhältnis von Dienstleistungsfreiheit und Tarifautonomie, ZfA 2007, 88; *Wank/Börgmann,* Die Einbeziehung ausländischer Arbeitnehmer in das deutsche Urlaubskassenverfahren, NZA 2001, 177; *Wank,* Gutachten zur Gültigkeit der Verordnung über zwingende Arbeitsbedingungen für die Branche Briefdienstleistungen, 2007.

Vor § 3

1 Abschnitt 3 handelt von den „Tarifvertraglichen Arbeitsbedingungen". Anders als in dem mit „Allgemeine Arbeitsbedingungen" überschriebenen Abschnitt 2, der die in „Rechts- und Verwaltungsvorschriften" enthaltenen Vorschriften zum Gegenstand hat, geht es somit in der in Abschnitt 3 enthaltenen Regelung um die Frage, unter welchen Voraussetzungen und mit welchen Wirkungen **Regelungen eines Tarifvertrags** auf nach Deutschland entsandte Arbeitnehmer erstreckt werden können.

2 § 3 stellt die **Grundnorm für tarifvertragliche Vorschriften** dar. § 4 enthält eine Regelung über die einbezogenen Branchen. § 5 bestimmt über die Arten von Arbeitsbedingungen, die Gegenstand eines nach dem AEntG relevanten Tarifvertrags sein können. § 6 enthält besondere Regelungen. § 7 handelt von der Rechtsverordnung für die Fälle des § 4 Abs. 1, § 7a von der Rechtsverordnung für die Fälle des § 4 Abs. 2. § 8 schließlich enthält eine Regelung über die Pflichten des Arbeitgebers zur Gewährung der Arbeitsbedingungen.

3 Zuletzt geändert wurden die genannten Bestimmungen mWv 16.8.2014 durch das **Gesetz zur Stärkung der Tarifautonomie (Tarifautonomiestärkungsgesetz)** v. 11.8.2014 (BGBl. I S. 1348). Inhaltlich wird auf die Änderungen im Zusammenhang mit den jeweiligen Einzelkommentierungen eingegangen.

§ 3 Tarifvertragliche Arbeitsbedingungen

[1]Die Rechtsnormen eines bundesweiten Tarifvertrages finden unter den Voraussetzungen der §§ 4 bis 6 auch auf Arbeitsverhältnisse zwischen einem Arbeitgeber mit Sitz im Ausland und seinen im räumlichen Geltungsbereich dieses Tarifvertrages beschäftigten Arbeitnehmern und Arbeitnehmerinnen zwingend Anwendung, wenn der Tarifvertrag als Tarifvertrag nach § 4 Absatz 1 Nummer 1 für allgemeinverbindlich erklärt ist oder eine Rechtsverordnung nach § 7 oder § 7a vorliegt. [2]Eines bundesweiten Tarifvertrages bedarf es nicht, soweit Arbeitsbedingungen im Sinne des § 5 Nr. 2 oder 3 Gegenstand tarifvertraglicher Regelungen sind, die zusammengefasst räumlich den gesamten Geltungsbereich dieses Gesetzes abdecken.

I. Allgemeines

1 § 3 stellt die **Parallelvorschrift zu § 2** für den Bereich der in Tarifverträgen geregelten Arbeitsbedingungen dar. Während § 2 bestimmt, dass die in den Nummern 1 bis 7 einzeln aufgeführten Arbeitsbedingungen (Mindestentgeltsätze einschließlich der Überstundensätze; bezahlter Mindestjahresurlaub; Höchstarbeitszeiten und Mindestruhezeiten; Bedingungen für die Überlassung von Arbeitskräften, insbesondere durch Leiharbeitsunternehmen; Sicherheit, Gesundheitsschutz und Hygiene am Arbeitsplatz; Schutzmaßnahmen im Zusammenhang mit den Arbeits- und Beschäftigungsbedingungen von Schwangeren und Wöchnerinnen, Kindern und Jugendlichen; Gleichbehandlung von Männern und Frauen sowie andere Nichtdiskriminierungsbestimmungen) auch auf aus dem Ausland entsandte Arbeitnehmer und Arbeitnehmerinnen Anwendung finden, soweit sie in Rechts- oder Verwaltungsvorschriften geregelt sind, bestimmt § 3 die zwingende Anwendung der in Tarifverträgen geregelten Arbeitsbedingungen.

2 Zur Begründung verweist der Gesetzgeber darauf, dass wegen des **unionsrechtlichen Verbots der Diskriminierung von Dienstleistungserbringern** mit Sitz in einem anderen Staat des Europäischen Wirtschaftsraums von einem dort ansässigen Arbeitgeber, der Arbeitnehmer und Arbeitnehmerinnen nach Deutschland entsendet, die Einhaltung tarifvertraglicher Arbeitsbedingungen nur verlangt werden dürfe, wenn auch alle entsprechenden inländischen Arbeitgeber der Branche, d. h. seine potentiellen hiesigen Konkurrenten, diese Bedingungen zwingend einhalten müssten. Diese Gleichbehandlung lasse sich nur dann erreichen, wenn die Einhaltung der entsprechenden Tarifverträge sowohl im Fall einer Allgemeinverbindlicherklärung als auch im Fall einer Rechtsverordnung für alle inländischen Arbeitgeber der betreffenden Branchen zwingend vorgeschrieben werde (vgl. RegE AEntG v. 16.7.2008, S. 16).

3 § 3 setzt die in **Art. 3 Abs. 1, 2. Spiegelstrich RL 96/71/EG** (Richtlinie 96/71/EG des Europäischen Parlaments und des Rates vom 16. Dezember 1996 über die Entsendung von Arbeitnehmern im Rahmen der Erbringung von Dienstleistungen, ABl. EG 1997 Nr. L 18 S. 1) enthaltene Regelung um. Danach haben die Mitgliedstaaten dafür Sorge zu tragen, dass die betreffenden Unternehmen den in ihr Hoheitsgebiet entsandten Arbeitnehmern bezüglich bestimmter Aspekte die Arbeits- und Beschäftigungsbedingungen garantieren, die in dem Mitgliedstaat „durch für allgemein verbindlich erklärte Tarifverträge oder Schiedssprüche" festgelegt sind. Zu beachten ist, dass die RL 96/71/EG (mittelbar) auch Drittstaaten erfasst, da nach Art. 1 Abs. 4 der RL Unternehmen mit Sitz in einem Nichtmitgliedstaat keine günstigere Behandlung zuteil werden darf als Unternehmen mit Sitz in einem Mitgliedstaat. Dem trägt § 3 Rechnung, indem er (allgemein) von „Arbeitgebern mit Sitz im Ausland" spricht.

4 Zuletzt geändert wurde § 3 durch das **Gesetz zur Stärkung der Tarifautonomie (Tarifautonomiestärkungsgesetz)** v. 11.8.2014 (BGBl. I S. 1348). Dabei wurden in § 3 Satz 1 nach dem Wort „Tarifvertrag" die Wörter „als Tarifvertrag nach § 4 Absatz 1 Nummer 1" und nach der Angabe „§ 7" die Angabe „oder § 7a" eingefügt. Den Hintergrund für diese Änderungen bildet der Umstand, dass – zur besseren Abgrenzung der unterschiedlichen gesetzlichen Regelungen und ihrer zentralen Erstreckungsmechanismen – künftig im Rahmen des AEntG die **Erstreckung durch Rechtsverordnung im Vordergrund** stehen soll. Das Instrument der Allgemeinverbindlicherklärung soll im Rahmen des Gesetzes auf einen Einsatz in der Baubranche (§ 4 Abs. 1 Nr. 1) beschränkt werden. Die Einfügung des Verweises auf den neuen § 7a ist eine redaktionelle Anpassung an die Einfügung des 7a in das AEntG (vgl. RegE Tarifautonomiestärkungsgesetz, S. 60).

5 § 3 bewirkt, dass auch Arbeitgeber, die ihren Sitz im Ausland haben, bestimmte tarifvertragliche Arbeitsbedingungen einhalten müssen, wenn sie Arbeitnehmer in Deutschland beschäftigen. Die Vorschrift enthält die **Grundnorm,** dass die im AEntG geregelten tarifvertraglichen Arbeitsbedingungen ebenfalls international zwingende Normen i. S. d. Artikels 34 des Einführungsgesetzes zum Bürgerlichen Gesetzbuchs sind (so RegE AEntG v. 16.7.2008, S. 16; vgl. insoweit auch BAG v. 20.7.2004 – 9 AZR 343/03, AP § 1 AEntG Nr. 18; BAG v. 25.6.2002 – 9 AZR 405/00, BAGE 101, 357, 359 = AP § 1 AEntG Nr. 12). In der Literatur wird gelegentlich die Auffassung vertreten, dass allgemeinverbindliche Tarifverträge per se zwingende Vorschriften i. S. d. Art. 34 EGBGB bzw. Art. 9 Abs. 1 Rom-I-VO seien (so etwa *Franzen,* DZWiR 1996, 89, 91; weitere Nachw. zum Meinungsstand etwa bei Däubler/*Lakies,* Anhang 2 zu § 5 TVG, § 1 AEntG Rn. 32). Folgt man dieser Auffassung, mag man § 3 als lediglich klarstellende Vorschrift betrachten (vgl. nur *Deinert,* RdA 1996, 339, 348).

II. Der Inhalt des § 3 AEntG im Einzelnen

1. Bundesweiter Tarifvertrag

6 § 3 Satz 1 stellt klar, dass die Anwendung eines Tarifvertrags auf nach Deutschland entsandte Arbeitnehmer (zum Begriff der Entsendung vor § 1 Rn. 1) grundsätzlich die **bundesweite Geltung** dieses Tarifvertrags zur Voraussetzung hat. Dementsprechend können Tarifverträge mit eingeschränktem geographischen Geltungsbereich, die aber das gesamte Staatsgebiet abdecken, nicht Gegenstand einer Allgemeinverbindlicherklärung oder Erstreckung kraft Rechtsverordnung sein. Eine Ausnahme gilt nach Satz 2 nur, soweit Arbeitsbedingungen i. S. d. § 5 Nr. 2 oder 3 Gegenstand tarifvertraglicher Regelungen sind, die zusammengefasst räumlich den gesamten Geltungsbereich dieses Gesetzes abdecken. Damit

sollte auf die Urlaubsregelungen des Baugewerbes Rücksicht genommen werden (vgl. nur ErfK/*Schlachter,* § 3 AEntG Rn. 4; näher *Bayreuther* DB 2009, 678).

2. Voraussetzungen der §§ 4 bis 6 AEntG

7 § 3 S. 1 macht eine Anwendung von Bestimmungen eines Tarifvertrags auf nach Deutschland entsandte Arbeitnehmer ausdrücklich von der Erfüllung der **„Voraussetzungen der §§ 4 bis 6"** abhängig.

8 Dies bedeutet zunächst, dass insoweit nur Regelungen in Betracht kommen, die sich auf eine der **in § 4 genannten Branchen,** also Bauhaupt- oder Baunebengewerbe, Gebäudereinigung, Briefdienstleistungen, Sicherheitsdienstleistungen etc. beziehen. Dies bedeutet sodann, dass die Anwendbarkeit dieser Tarifverträge auf die nach Deutschland entsandten Arbeitnehmer auf die **in § 5 genannten Arbeitsbedingungen,** also Mindestentgeltsätze, Dauer des Erholungsurlaubs, das Urlaubsentgelt oder ein zusätzliches Urlaubsgeld, die Einziehung von Beiträgen und die Gewährung von Leistungen im Zusammenhang mit Urlaubsansprüchen durch eine gemeinsame Einrichtung der Tarifvertragsparteien sowie Arbeitsbedingungen i. S. d. § 2 Nr. 3 bis 7 beschränkt ist. Der Verweis auf die Voraussetzungen der §§ 4 bis 6 bedeutet schließlich, dass bei der Beantwortung der Frage nach der Anwendbarkeit von Tarifverträgen auf nach Deutschland entsandte Arbeitnehmer die **besonderen Regelungen des § 6** Beachtung finden müssen.

3. Allgemeinverbindlicherklärung oder Rechtsverordnung

9 § 3 macht die Anwendbarkeit eines Tarifvertrags auf nach Deutschland entsandte Arbeitnehmer alternativ von einer Allgemeinverbindlicherklärung oder dem Vorliegen einer Rechtsverordnung nach § 7 oder § 7a abhängig. Das Instrument der Allgemeinverbindlicherklärung soll im Rahmen des AEntG künftig auf einen Einsatz in der Baubranche (§ 4 Abs. 1 Nr. 1) beschränkt werden; damit wird dortigen Branchenbesonderheiten Rechnung getragen (u. a. der Tradition der Allgemeinverbindlicherklärung im Bereich der Sozialkassen der Bauwirtschaft). Die Einfügung des Verweises auf den neuen § 7a ist eine redaktionelle Anpassung an die Einfügung dieser Vorschrift (Rechtsverordnung für die Fälle des Abs. 2) in das AEntG (vgl. RegE Tarifautonomiestärkungsgesetz, S. 60).

4. Betroffene Arbeitsverhältnisse

10 Unter den in § 3 genannten Voraussetzungen findet ein Tarifvertrag „auch auf Arbeitsverhältnisse zwischen einem **Arbeitgeber mit Sitz im Ausland** und seinen im räumlichen Geltungsbereich dieses Tarifvertrages beschäftigten Arbeitnehmern und Arbeitnehmerinnen" Anwendung. Mit der Verwendung des Wörtchens „auch" macht der Gesetzgeber deutlich, dass das AEntG auch für Arbeitgeber mit Sitz im Inland gilt.

11 Die Bestimmungen des AEntG gelten, abgesehen von den inländischen Arbeitgebern, für **alle Arbeitgeber mit Sitz im Ausland** unter Einschluss von Arbeitgebern mit Sitz in einem Drittstaat, also mit Sitz außerhalb der EU (vgl. Däubler/*Lakies,* Anhang 2 zu § 5 TVG, § 8 AEntG Rn. 3).

12 Zugleich gilt das AEntG für alle Arbeitnehmer, die in einem in den Anwendungsbereich des AEntG fallenden Betrieb in Deutschland beschäftigt werden. Dies bedeutet, dass **ausländisches Recht durch die zwingenden Bestimmungen des AEntG durchbrochen** wird, wenn nach deutschem internationalem Arbeitsrecht bei einer Entsendung nach Deutschland das Recht eines anderen Staates Anwendung findet (vgl. Däubler/*Lakies,* Anhang 2 zu § 5 TVG, § 8 AEntG Rn. 5; näher *Theelen,* Das Arbeitnehmerentsendegesetz: Entwicklung und Rechtskonformität, Diss. iur. 1999, S. 61 f.). Allerdings bestimmt § 3 ausdrücklich, dass ein Tarifvertrag auf diese Arbeitnehmer nur dann zur Anwendung gelangt, wenn die Arbeitnehmer in den räumlichen Geltungsbereich des Tarifvertrags fallen. Ob die in Deutschland Beschäftigten als Arbeitnehmer oder als Selbständige zu qualifizieren sind, bestimmt sich nach deutschem Recht (vgl. Art. 2 Abs. 2 RL 96/71/EG).

5. Zwingende Wirkung

13 Unter den in § 3 genannten Voraussetzungen findet ein Tarifvertrag auf nach Deutschland entsandte Arbeitnehmer „zwingend Anwendung". Die im Tarifvertrag enthaltenen Normen sind somit unabhängig von der mit den Arbeitnehmern getroffenen Rechtswahl zu beachten (vgl. nur *Koberski/Asshoff/Hold/Eustrup/Winkler,* § 3 AEntG Rn. 65).

§ 4 Branchen

(1) § 3 gilt für Tarifverträge

1. **des Bauhauptgewerbes oder des Baunebengewerbes im Sinne der Baubetriebe-Verordnung vom 28. Oktober 1980 (BGBl. I S. 2033), zuletzt geändert durch die Verordnung vom 26. April 2006 (BGBl. I S. 1085), in der jeweils geltenden Fassung einschließlich der Erbringung von Montageleistungen auf Baustellen außerhalb des Betriebssitzes,**
2. **der Gebäudereinigung,**
3. **für Briefdienstleistungen,**
4. **für Sicherheitsdienstleistungen,**
5. **für Bergbauspezialarbeiten auf Steinkohlebergwerken,**

6. für Wäschereidienstleistungen im Objektkundengeschäft,
7. der Abfallwirtschaft einschließlich Straßenreinigung und Winterdienst,
8. für Aus- und Weiterbildungsdienstleistungen nach dem Zweiten oder Dritten Buch Sozialgesetzbuch und
9. für Schlachten und Fleischverarbeitung.

(2) **§ 3 gilt darüber hinaus für Tarifverträge aller anderen als der in Absatz 1 genannten Branchen, wenn die Erstreckung der Rechtsnormen des Tarifvertrages im öffentlichen Interesse geboten erscheint, um die in § 1 genannten Gesetzesziele zu erreichen und dabei insbesondere einem Verdrängungswettbewerb über die Lohnkosten entgegen zu wirken.**

Inhaltsübersicht

I. Allgemeines

1 In § 4 Abs. 1 Nrn. 1–9 werden die Branchen aufgeführt, in denen Tarifverträge geschlossen werden können, die für eine Erstreckung nach § 3 in Betracht kommen. Mit dem Tarifautonomiestärkungsgesetz wurde der bisherige Branchenkatalog des § 4 in einen **eigenständigen Absatz 1** überführt. Dieser umfasst alle bereits einbezogenen Branchen und soll auch künftig weitere Branchen aufnehmen, die – wie z. B. die Fleischwirtschaft – auf eine ausdrücklich ins Gesetz aufgenommene Definition ihrer Branche mit den daran anknüpfenden Konsequenzen für das Verfahren der Erstreckung von Tarifverträgen Wert legen. Die gesetzliche Definition einer solchen Branche schließt für die Tarifvertragsparteien dieser Branche nicht aus, tarifvertragliche Regelungen auch nur für einen Aus-

schnitt dieser Branche zu vereinbaren (vgl. RegE Tarifautonomiestärkungsgesetz, S 60).

2 Darüber hinaus sollte das **AEntG für alle Branchen geöffnet** werden. Hierfür wurden die bestehenden Regelungen über bereits in das Gesetz einbezogene Branchen ergänzt um Regelungen, die alle weiteren, nicht gesetzlich definierten Branchen betreffen. Diesem Nebeneinander von ausdrücklich einbezogenen und sonstigen Branchen wurde durch eine Anpassung der Überschrift zu § 4 Rechnung getragen, wo nur noch von „Branchen", nicht mehr von „einbezogenen Branchen", die Rede ist (vgl. RegE Tarifautonomiestärkungsgesetz, S 60). Das für die im (neuen) Absatz 1 aufgeführten Branchen in § 6 Abs. 2ff. verankerte sog. Überwiegensprinzip ist für die nicht ausdrücklich im Gesetz definierten Branchen in gleicher Weise zu beachten (vgl. ebenfalls RegE Tarifautonomiestärkungsgesetz, S. 60).

II. Bauhaupt- und Baunebengewerbe

3 § 4 Abs. 1 Nr. 1 verweist zur näheren Bestimmung dessen, was unter „Bauhaupt- und Baunebengewerbe" gemeint ist, pauschal auf die **Baubetriebe-Verordnung** (Verordnung über die Betriebe des Baugewerbes, in denen die ganzjährige Beschäftigung zu fördern ist (Baubetriebe-Verordnung) v. 28.10.1980, zuletzt geändert durch Art. 1 Dritte ÄndVO vom 26.4.2006 (BGBl. I S. 1085), BGBl. I S. 2033) in der jeweils geltenden Fassung.

1. Vorgaben der Baubetriebe-Verordnung

4 § 1 Baubetriebe-Verordnung nennt in einem **Positivkatalog** Betriebe und Betriebsabteilungen, die gewerblich – d. h. auf Dauer angelegt und mit der Absicht der Gewinnerzielung verbunden – (vgl. hierzu nur *Gagel,* SGB III § 175 Rn. 40) überwiegend Bauleistungen erbringen. § 2 enthält einen **Negativkatalog.** Doch handelt es sich auch insoweit um Betriebe des Bauhaupt- oder Baunebengewerbes, so dass hier ebenfalls die Regelungen des AEntG eingreifen (vgl. Däubler/*Lakies,* Anhang 2 zu § 5 TVG, § 4 AEntG Rn. 8; *Koberski/Asshoff/Hold/Eustrup/Winkler,* § 4 AEntG Rn. 8).

5 Der Begriff der Bauleistungen ist in § 101 Abs. 2 S. 2 SGB III näher umschrieben. Bauleistungen sind danach alle **Leistungen, die der Herstellung, Instandsetzung, Instandhaltung, Änderung oder Beseitigung von Bauwerken dienen** (näher Däubler/*Lakies,* Anhang 2 zu § 5 TVG, § 4 AEntG Rn. 14). Zur Konkretisierung dieser Umschreibung ist auf die Baubetriebe-Verordnung vom 28.10.1980 zurückzugreifen. Betriebe, die die in § 1 Abs. 2 bis 4 Baubetriebe-Verordnung aufgezählten Arbeiten ausführen, gelten mithin als „Betriebe des Baugewerbes" (Einzelheiten bei Däubler/*Lakies,* Anhang 2 zu § 5 TVG, § 4 AEntG Rn. 9 ff.). Hinsichtlich des Kriteriums „Betrieb des Baugewerbes" legt der Gesetzgeber die entspre-

chende **Anschauung der Tarifparteien** zugrunde. Dementsprechend kommt deren Verständnis, wie auch § 6 Abs. 2 klarstellt, ausschlaggebende Bedeutung zu (näher *Gagel,* SGB III § 101 Rn. 21, 34 m.w.N.; vgl. auch Däubler/*Lakies,* Anhang 2 zu § 5 TVG, § 4 AEntG Rn. 8).

6 Die in § 1 Abs. 2 bis 4 Baubetriebe-Verordnung aufgelisteten Bauleistungen müssen, wie § 6 Abs. 2 ausdrücklich klarstellt, **überwiegend** erbracht werden. Ob in diesem Sinne „überwiegend" Bauleistungen erbracht werden, ist auf der Grundlage eines Vergleichs zwischen der regelmäßigen Gesamtarbeitszeit (i. S. eines Arbeitsstundenvolumens) derjenigen Voll- und Teilzeitarbeitnehmer, die mit Bauleistungen beschäftigt sind, und der Gesamtarbeitszeit der sonstigen, nicht mit Bauleistungen beschäftigten Arbeitnehmer zu bestimmen (auch Däubler/*Lakies,* Anhang 2 zu § 5 TVG, § 4 AEntG Rn. 15; aus der Rechtsprechung BAG v. 24.8.1994 – 10 AZR 980/93, AP Nr. 181 zu § 1 TVG Tarifverträge: Bau; vgl. zuletzt auch BAG v. 21.1.2015 – 10 AZR 55/4, BeckRS 2015, 68234). Auf wirtschaftliche Kriterien wie z. B. den Anteil von Bauleistungen am Umsatz oder Ertrag kommt es demgegenüber nicht an; ebenso wenig auf handels- oder gewerberechtliche Kriterien (so etwa BAG, v. 25.1.2005 – 9 AZR 258/04 u. 9 AZR 164/04, AP § 1 AEntG Nr. 20 u. 21; auch BAG v. 18.10.2006 – 10 AZR 576/05, AP § 1 TVG Tarifverträge: Bau Nr. 287). Bei Mischbetrieben, also Betrieben, in denen z. T. Arbeiten i. S. d. Baubetriebe-Verordnung, z. T. aber auch andere Leistungen erbracht werden, treten insoweit immer wieder Schwierigkeiten auf (näher *Gagel,* SGB III § 101 Rn. 42 m. w. N).

7 § 4 Nr. 1 bezieht die **Erbringung von Montageleistungen auf Baustellen** (wegen der Beschränkung auf Baustellen besteht insoweit kein Widerspruch zu Art. 1 Abs. 2 der RL 96/71/EG) außerhalb des Betriebssitzes mit ein (vgl. hierzu *Koberski/Asshoff/Hold/Eustrup/Winkler,* § 4 AEntG Rn. 10 ff.).

8 Ein Betrieb ist eine **organisatorische Einheit, innerhalb der ein Unternehmer/Arbeitgeber mit Hilfe sächlicher und sonstiger Betriebsmittel bestimmte arbeitstechnische Zwecke fortgesetzt verfolgt** (näher *Gagel,* SGB III § 101 Rn. 23 ff.; auch Däubler/*Lakies,* Anhang 2 zu § 5 TVG, § 4 AEntG Rn. 13 m. w. N.). Eine Betriebsabteilung ist entsprechend der Definition in § 97 S. 2 SGB III ein **räumlich, personell und durch eine eigene technische Leitung organisatorisch vom Gesamtbetrieb abgegrenzter Betriebsteil,** der mit eigenen technischen Mitteln einen eigenen Betriebszweck verfolgt (näher *Gagel,* SGB III § 101 Rn. 28; zu einer „Gesamtheit von Arbeitnehmern" als Betriebsabteilung i. S. v. § 1 Abs. 2 Abschn. VI Unterabs. 1 S. 3 VTV BAG v. 19.11.2014 – 10 AZR 787/13, BeckRS 2015, 65738). Das entscheidende Kriterium für die rechtliche Selbständigkeit einer Betriebsabteilung ist die deutliche organisatorische und auf Dauer angelegte Abgrenzbarkeit ihres Arbeitsbereichs von dem des Gesamtbetriebes und – ebenso wie beim Betriebsbegriff – eine auf die Abteilung bezogene selbständige

personalpolitische Entscheidungspraxis (vgl. *Gagel,* SGB III § 101 Rn. 27 m.w.N.; vgl. in diesem Zusammenhang auch BAG v. 25.1.2005 – 9 AZR 146/04, AP § 1 AEntG Nr. 21, wo es das Gericht dahinstehen ließ, ob angenommen werden könne, dass für das Bestehen einer eigenen Leitungsebene in Fällen der Arbeitnehmerentsendung eine tatsächliche Vermutung spreche). Das erstreckte Tarifrecht der Bauwirtschaft erfasst, wie auch aus § 6 Abs. 2 hervorgeht, nicht nur Betriebe des Baugewerbes, sondern auch „selbstständige Betriebsabteilungen" (vgl. Däubler/*Lakies,* Anhang 2 zu § 5 TVG, § 4 AEntG Rn. 21). Würde mit Blick auf Arbeitgeber mit Sitz im Ausland für die Erstreckung von Tarifverträgen ausschließlich auf den gesamten Betrieb abgestellt, würde dies letztlich zu einer Besserstellung der ausländischen Arbeitgeber gegenüber inländischen Arbeitgebern führen. Diese will das AEntG indes gerade verhindern (vgl. insoweit insbes. BAG v. 25.6.2002 – 9 AZR 322/01, NZA 2003, 519; vgl. auch Däubler/*Lakies,* Anhang 2 zu § 5 TVG, § 4 AEntG Rn. 20).

9 Keine organisatorisch abgegrenzten Betriebsteile sind **Baustellen** eines Bauunternehmens, auch wenn auf jeder ein fester Arbeitnehmerstamm tätig ist, der zwischen den verschiedenen Baustellen jedenfalls für deren Dauer nicht ausgetauscht wird (BAG v. 26.9.2007 – 10 AZR 415/06, NZA 2007, 1442). Eine selbständige Betriebsabteilung liegt dagegen vor, wenn der ausländische Arbeitgeber in Deutschland eine **Niederlassung** unterhält, von der aus er den Einsatz der von ihm entsandten Arbeitnehmer koordiniert. Die Voraussetzung einer für Außenstehende wahrnehmbaren räumlichen und organisatorischen Abgrenzung vom Gesamtbetrieb ist in einem solchen Fall erfüllt (so BAG v. 25.6.2002 – 9 AZR 322/1, NZA 2003, 519; BAGE 113, 247 = AP § 1 AEntG Nr. 22; BAG v. 21.11.2007 – 10 AZR 786/06, AP § 1 TVG Tarifverträge: Bau Nr. 297; vgl. auch Däubler/*Lakies,* Anhang 2 zu § 5 TVG, § 4 AEntG Rn. 19).

2. Tarifverträge im Bauhaupt- und Baunebengewerbe

10 Für allgemeinverbindlich erklärt wurde mit Bekanntmachung über die **Allgemeinverbindlicherklärung von Tarifvertragswerken für das Baugewerbe vom 29.5.2013** der Bundesrahmentarifvertrag für Arbeiter einschließlich Anhang (Einstellungsbogen) vom 4.7.2002 in der Fassung der Änderungstarifverträge vom 17.12.2003, 14.12.2004, 29.7.2005, 19.5.2006, 20.8.2007 und 31.5.2012; der Bundesrahmentarifvertrag für Arbeiter einschließlich Anhang (Einstellungsbogen) vom 4.7.2002 i. d. F. der Änderungstarifverträge vom 17.12.2003, 14.12.2004, 29.7.2005, 19.5.2006, 20.8.2007, 31.5.2012 und 17.12.2012 sowie der Tarifvertrag über das Sozialkassenverfahren vom 18.12.2009 in der Fassung der Änderungstarifverträge vom 21.12.2011 und 17.12.2012 abgeschlossen zwischen der Industriegewerkschaft Bauen-Agrar-Umwelt einerseits sowie dem Zentralverband des Deutschen Baugewerbes e.V. und dem Hauptverband der Deutschen Bauindustrie e.V. andererseits.

11 Aufgrund der **Neunten Verordnung über zwingende Arbeitsbedingungen im Baugewerbe** (Neunte Baugewerbearbeitsbedingungenverordnung – 9. BauArbbV) vom 16.10.2013 gilt überdies ein **Mindestlohn für das Baugewerbe.** Die in der Anlage 1 zu dieser Verordnung aufgeführten Rechtsnormen des Tarifvertrags zur Regelung der Mindestlöhne im Baugewerbe im Gebiet der Bundesrepublik Deutschland (TV Mindestlohn) vom 3.5.2013, abgeschlossen zwischen dem Zentralverband des Deutschen Baugewerbes e.V und dem Hauptverband der Deutschen Bauindustrie e.V. einerseits sowie der Industriegewerkschaft Bauen-Agrar-Umwelt andererseits, finden auf alle nicht an ihn gebundenen Arbeitgeber sowie Arbeitnehmer und Arbeitnehmerinnen Anwendung, die unter seinen am 1.1.2014 gültigen Geltungsbereich fallen, wenn der Betrieb oder die selbständige Betriebsabteilung überwiegend Bauleistungen i. S. d. § 101 Abs. 2 SGB III erbringt. Die Rechtsnormen des Tarifvertrags gelten auch für Arbeitsverhältnisse zwischen einem Arbeitgeber mit Sitz im Ausland und seinen im Geltungsbereich der Verordnung beschäftigten Arbeitnehmern und Arbeitnehmerinnen. Wird ein Leiharbeitnehmer oder eine Leiharbeitnehmerin von einem Entleiher mit Tätigkeiten beschäftigt, die in den Geltungsbereich dieser Verordnung fallen, so hat der Verleiher ihm oder ihr nach § 8 Abs. 3 AEntG zumindest die nach dieser Verordnung vorgeschriebenen Arbeitsbedingungen zu gewähren (§ 1 VO).

12 **§ 1 Abs. 3 MiLoG** bestimmt, dass die nach § 4 Abs. 1 Nr. 1 durch Rechtsverordnung für allgemeinverbindlich erklärten Tarifverträge des Bauhaupt- und des Baunebengewerbes vorrangig zur Anwendung kommen. Gleiches gilt für einen nach § 5 TVG für allgemeinverbindlich erklärten Tarifvertrag des Bauhaupt- und des Baunebengewerbes. Die sich aus diesen Tarifverträgen ergebenden höheren Mindestlöhne sind daher für alle inländischen und ausländischen Arbeitgeber verbindlich. Art. 3 Abs. 1 Unterabs. 1, 2. Spiegelstrich RL 96/71/EG i. V. m. § 1 Abs. 3 MiLoG stellt eine zulässige Einschränkung der Dienstleistungsfreiheit dar (*Hantel,* NJ 2014, 445, 448).

13 Mindestlöhne bestehen darüber hinaus derzeit im **Maler- und Lackiererhandwerk** (Achte Verordnung über zwingende Arbeitsbedingungen im Maler- und Lackiererhandwerk vom 14.7.2014), im **Dachdeckerhandwerk** (Siebte Verordnung über zwingende Arbeitsbedingungen im Dachdeckerhandwerk v. 9.12.2013; vgl. darüber hinaus auch die Bekanntmachung über die Allgemeinverbindlicherklärung eines Tarifvertragswerks für das Dachdeckerhandwerk v. 10.12.2013) und im **Steinmetz- und Steinbildhauerhandwerk** (Verordnung über zwingende Arbeitsbedingungen im Steinmetz- und Steinbildhauerhandwerk v. 24.9.2013). Zuletzt wurde auch das **Gerüstbauerhandwerk** (Zweite Verordnung über zwingende Arbeitsbedingungen im Gerüstbauerhandwerk v. 18.8.2014) in das AEntG einbezogen.

III. Gebäudereinigerhandwerk

14 Mit dem Ersten Gesetz zur Änderung des AEntG vom 25.4.2007 (BGBl. I 2007, S. 576), in Kraft getreten am 1.7.2007, wurde das **Gebäudereinigerhandwerk** in das AEntG aufgenommen (§ 4 Abs. 1 Nr. 2). Das Gesetz spricht allerdings von der „Gebäudereinigung" als einbezogener Branche.

15 Begründet wurde die Einbeziehung des Gebäudereinigerhandwerks in das AEntG mit einer weitgehenden **Vergleichbarkeit der Bau- und der Gebäudereinigerbranche.** Diese ergibt sich aus Sicht des Gesetzgebers i.W. aus drei Umständen: Für beide Branchen sei die Arbeit an ständig wechselnden Einsatzorten und ein daraus resultierendes verstärktes Schutzbedürfnis für die in dieser Branche beschäftigten Arbeitnehmer und Arbeitnehmerinnen typisch. Das Gebäudereinigerhandwerk sei – ebenso wie das Baugewerbe – eine lohnkostenintensive Branche, die in besonderer Weise im Wettbewerb mit Anbietern aus Ländern mit deutlich niedrigerem Lohnniveau stehe. Die Branche erfülle schließlich, ebenso wie die Baubranche, wichtige für eine praktische Anwendung des Gesetzes erforderliche Voraussetzungen. Sie verfüge über bundeseinheitliche Tarifvertragsstrukturen und zwischen den Parteien dieses Tarifvertrages bestehe Einigkeit über die Aufnahme der Branche in das AEntG sowie die Durchsetzung der vorgeschriebenen Arbeitsbedingungen auf der Grundlage dieses Gesetzes (vgl. BT-Drs. 16/3064, S. 7).

16 Mit der **Fünften Verordnung über zwingende Arbeitsbedingungen in der Gebäudereinigung** (Fünfte Gebäudereinigungsarbeitsbedingungenverordnung – 5. GebäudeArbbV) v. 18.12.2014 finden die in der Anlage zu dieser Verordnung aufgeführten Rechtsnormen des Tarifvertrags zur Regelung der Mindestlöhne für gewerbliche Arbeitnehmer in der Gebäudereinigung im Gebiet der Bundesrepublik Deutschland vom 8.7.2014, abgeschlossen zwischen dem Bundesinnungsverband des Gebäudereiniger-Handwerks einerseits sowie der Industriegewerkschaft Bauen-Agrar-Umwelt andererseits, auf alle nicht an ihn gebundenen Arbeitgeber sowie Arbeitnehmer und Arbeitnehmerinnen Anwendung, die unter seinen am 1.1.2015 gültigen Geltungsbereich fallen, wenn der Betrieb oder die selbstständige Betriebsabteilung überwiegend Gebäudereinigungsleistungen erbringt.

17 Mit Wirkung v. 1.1.2012 wurde überdies der **Rahmentarifvertrag für die gewerblichen Beschäftigten in der Gebäudereinigung** v. 28.6.2011 für allgemeinverbindlich erklärt (vgl. Bekanntmachung über die Allgemeinverbindlicherklärung eines Tarifvertrags für die Gebäudereinigung v. 7.5.2012).

IV. Briefdienstleistungen

18 Mit dem Zweiten Gesetz zur Änderung des AEntG vom 21.12.2007 (BGBl. I 2007, S. 3140), in Kraft getreten am 28.12.2007, wurde auch der **Bereich der Briefdienstleistungen** in das AEntG aufgenommen (§ 4 Abs. 1 Nr. 3).

19 Begründet wurde die Einbeziehung des Bereichs der Postdienstleistungen in das AEntG vom Gesetzgeber einerseits mit **„besonderen Strukturmerkmalen" dieses Bereichs** und andererseits mit der **Liberalisierung der Postmärkte auf europäischer Ebene** (verbunden mit dem Wegfall des Postmonopols zum 1.1.2008). Beides lasse die Nutzung des Instrumentariums des AEntG ratsam erscheinen. Diese Einschätzung werde „von Sozialpartnern aus der Branche" geteilt. Die Tarifvertragsparteien hätten sich für die Aufnahme in das AEntG ausgesprochen (BT-Drs. 16/6735, S. 6).

20 Unter **Briefdienstleistungen** ist das Befördern von Briefsendungen zu verstehen. Befördern ist das Einsammeln, Weiterleiten oder Ausliefern von Briefsendungen an den Empfänger. Es umfasst die gesamte Wertschöpfungskette vom Absender bis zum Empfänger (BT-Drs. 16/6735, S. 6).

21 Mit Wirkung vom 1.1.2008 waren aufgrund der **Verordnung über zwingende Arbeitsbedingungen für die Branche Briefdienstleistungen v. 28.12.2007** die in der Anlage zu dieser Verordnung aufgeführten Rechtsnormen des zwischen dem Arbeitgeberverband Postdienste e.V. und der Vereinten Dienstleistungsgewerkschaft (ver.di) abgeschlossenen Tarifvertrags v. 29.11.2007 über Mindestlöhne für die Branche Briefdienstleistungen für allgemeinverbindlich erklärt worden (vgl. § 1 S. 1 VO). Sie galten auch für Arbeitgeber mit Sitz im Ausland und ihre im Geltungsbereich der Verordnung beschäftigten Arbeitnehmer (vgl. § 1 S. 2 VO).).

22 Mit Urteil v. 28.1.2010 hatte das BVerwG die **staatliche Tariferstreckung durch Rechtsverordnung nach § 1 Abs. 3a AEntG a. F. auf die Branche Briefdienstleistung für rechtswidrig erklärt** (BVerwG v. 28.1.2010 – 8 C 19/09, NZA 2010, 718; grds. zust. etwa *Klebeck,* NZA 2008, 446; vgl. auch *Greiner,* BB 2008, 840; vgl. aus der Rechtsprechung zuletzt auch BAG v. 17.4.2013 – 4 AZR 692/11, BeckRS 2013, 71597). Auch in der Literatur wurden vielfach Bedenken gegen die Rechtmäßigkeit der Erstreckung von Tariflöhnen in den Bereich der Postbranche geäußert (vgl. nur *Sittard,* NZA 2007, 1090; auch *Kämmerer/Thüsing,* Tariferstreckung in der Postdienstleistungsbranche – Arbeitsrechtliche, verfassungsrechtliche und europarechtliche Schranken – Gutachtliche Stellungnahme auf Anfrage des BIEK e.V., 2007; a.A. *Preis/Greiner,* Rechtsgutachten zur Allgemeinverbindlicherklärung (§ 5 TVG) oder Geltungserstreckung (§ 1 Abs. 3a AEntG) eines Mindestlohn-Tarifvertrags in der Postdienstleistungsbranche im Auftrag des Arbeitgeberverbandes Postdienste e.V., Bonn, 2007; *Wank,* Gutachten zur Gültigkeit der

Verordnung über zwingende Arbeitsbedingungen für die Branche Briefdienstleistungen, 2007; *Blanke,* Die Tarifverträge im Briefdienstleistungsbereich und ihre Allgemeinverbindlicherklärung – Gutachterliche Stellungnahme, 2007; vgl. zum Ganzen etwa auch *Hohenstatt/Schramm,* NZA 2008, 433).

V. Weitere Branchen, Abs. 1

23 Über die oben genannten Branchen hinaus hatten **acht weitere Branchen** zum Stichtag 31.3.2008 ihr Interesse an einer Aufnahme in das AEntG bekundet. Bei den acht Branchen handelte es sich um: Arbeitnehmerüberlassung (Leih-/Zeitarbeit), Pflegedienste (Altenpflege), Wach- und Sicherheitsgewerbe, Abfallwirtschaft, Weiterbildung, forstliche Dienstleistungen, textile Dienstleistungen im Objektkundenbereich sowie Bergbauspezialarbeiten.

24 Auf der Grundlage einer entsprechenden Beschlussempfehlung des Ausschusses für Arbeit und Soziales v. 21.1.2009 (BT-Drs. 16/11669) hatte der Gesetzgeber dann in der Tat **weitere Branchen in das AEntG mit einbezogen.** Die durchgängig dem Dienstleistungsbereich zuzuordnenden Branchen sind durch einen hohen Personalkostenanteil gekennzeichnet. Charakteristisches Merkmal ist nach der Einschätzung durch den Ausschuss eine „starke Prägung der Arbeitsbedingungen in den betroffenen Branchen durch tarifvertragliche Regelungen". Die Ergänzungen gehen auf gemeinsame Anträge von Tarifvertragsparteien aus diesen Branchen zurück und knüpfen dabei „insbesondere an satzungs- und tarifautonom definierte Organisations- und Tarifstrukturen an". Soweit möglich, soll – nach dem Vorbild der Baubranche – auf „vorhandene Definitionen in branchentypischen gesetzlichen Vorschriften zurückgegriffen" werden (BT-Drs. 16/11669, S. 21).

1. Sicherheitsdienstleistungen

25 Nach § 4 Abs. 1 Nr. 4 ist auch der Bereich der „Sicherheitsdienstleistungen" in das AEntG einbezogen. Dabei beschränken sich derartige Dienstleistungen nach der Auffassung des Gesetzgebers nicht mehr auf das traditionelle Bewachen von Leben und Eigentum fremder Personen i. S. d. § 34a GewO. Sie umfassten inzwischen vielmehr neben Objekt- und Wachschutz einschließlich Geld- und Wertdiensten, Schutz von kerntechnischen Anlagen, Schutz- und Sicherheitsaufgaben in Verkehrsflughäfen, City-Streifen, Bewachung militärischer Liegenschaften, Überwachung des öffentlichen Personenverkehrs und dem Personenschutz auch Pfortenempfangsdienste und Ordnungsdienste, Revier- und Interventionsdienste, Sicherungsposten bei Gleisarbeiten, Notruf- und Service-Leitstellen, in Übereinstimmung mit Landesrecht ausgegliederte

Werkfeuerwehren sowie sonstige sicherheitsrelevante Serviceaufgaben (BT-Drs. 16/11669, S. 21).

2. Bergbauspezialarbeiten auf Steinkohlebergwerken

26 In das AEntG einbezogen sind auch **„Bergbauspezialarbeiten auf Steinkohlebergwerken"** (§ 4 Abs. 1 Nr. 5). Bergbauspezialarbeiten sind von Drittfirmen erbrachte Serviceleistungen im Steinkohlebergbau, die im Auftrag eines Unternehmens dessen Rohstoffgewinnung unterstützen, etwa durch die Erstellung von Grubenräumen, einschließlich Schacht- und Streckenbauarbeiten (BT-Drs. 16/11669, S. 21).

3. Wäschereidienstleistungen im Objektkundengeschäft

27 Einbezogen in das AEntG ist auch der Bereich der „Wäschereidienstleistungen im Objektkundengeschäft" (§ 4 Abs. 1 Nr. 6). Wäschereien, die im Objektkundengeschäft tätig sind, reinigen waschbare Textilien für gewerbliche Kunden (z. B. Hotels) und für öffentlich-rechtliche oder kirchliche Einrichtungen (z. B. Krankenhäuser) und bereiten sie wieder auf. Die Branche grenzt sich von der chemischen Reinigung ab, bei der nichtwaschbare Textilien gereinigt werden. Nicht erfasst sind Wäschereiabteilungen, die für die eigene Organisationseinheit Wäsche waschen (z. B. Krankenhauswäschereien) und Wäschereidienstleistungen, die in Werkstätten für behinderte Menschen erbracht werden (BT-Drs. 16/11669, S. 21).

28 Nach der **Zweiten Verordnung über zwingende Arbeitsbedingungen für Wäschereidienstleistungen im Objektkundengeschäft** vom 27.1.2014 finden die in der Anlage zu dieser Verordnung aufgeführten Rechtsnormen des Mindestlohn-Tarifvertrags für Wäschereidienstleistungen im Objektkundengeschäft vom 25.9.2013, abgeschlossen zwischen dem Industrieverband Textil Service – intex – e.V., der Tarifpolitischen Arbeitsgemeinschaft Textilreinigung (TATEX) im Deutschen Textilreinigungsverband e.V. einerseits sowie der Industriegewerkschaft Metall andererseits auf alle unter seinen Geltungsbereich fallenden und nicht an ihn gebundenen Arbeitgeber sowie Arbeitnehmer und Arbeitnehmerinnen Anwendung, wenn der Betrieb oder die selbständige Betriebsabteilung gewerbsmäßig überwiegend Textilien für gewerbliche Kunden sowie öffentlich-rechtliche oder kirchliche Einrichtungen wäscht; dies gilt unabhängig davon, ob die Wäsche im Eigentum der Wäscherei oder des Kunden steht (§ 1 S. 1 VO).

4. Abfallwirtschaft einschließlich Straßenreinigung und Winterdienst

29 Einbezogen in das AEntG ist auch der Bereich der „Abfallwirtschaft einschließlich Straßenreinigung und Winterdienst" (§ 4 Abs. 1 Nr. 7). Abfallwirtschaft umfasst als Branche das Sammeln, Transportieren, Sortieren, Verarbeiten, Verbrennen und Deponieren von Abfällen und das Wiedergewinnen von Rohstoffen aus Abfall (z. B. Papier, Metalle, Kunststoffe), das Reinigen von öffentlichen Straßen und Plätzen und das Beseitigen von Schnee und Eis auf solchen Straßen und Plätzen, einschließlich des Einsatzes von Streugut (BT-Drs. 16/11669, S. 21).

30 Nach der **Sechsten Verordnung über zwingende Arbeitsbedingungen für die Abfallwirtschaft einschließlich Straßenreinigung und Winterdienst** (Sechste Abfallarbeitsbedingungenverordnung – 6. AbfallArbbV) vom 26.9.2014 finden die in der Anlage zu dieser Verordnung aufgeführten Rechtsnormen des Mindestlohntarifvertrags für die Branche Abfallwirtschaft vom 7.1.2009 in der Fassung der Änderungstarifverträge vom 12.8.2009, 19.8.2010, 16.6.2011, 6.3.2012, 15.10.2012 und 24.6.2014, abgeschlossen zwischen der Vereinigung der kommunalen Arbeitgeberverbände und dem BDE Bundesverband der Deutschen Entsorgungs-, Wasser- und Rohstoffwirtschaft e. V. einerseits sowie der Vereinten Dienstleistungsgewerkschaft (ver.di) andererseits auf alle unter seinen Geltungsbereich fallenden und nicht an ihn gebundenen Arbeitgeber sowie Arbeitnehmer und Arbeitnehmerinnen Anwendung, wenn der Betrieb oder die selbstständige Betriebsabteilung überwiegend Abfälle i. S. d. § 3 Abs. 1 S. 1 des Kreislaufwirtschaftsgesetzes sammelt, befördert, lagert, beseitigt oder verwertet oder Dienstleistungen des Kehrens und Reinigens öffentlicher Verkehrsflächen und Schnee- und Eisbeseitigung von öffentlichen Verkehrsflächen einschließlich Streudienste erbringt (§ 1 S. 1 VO).

31 Durch die AbfallArbbV hat der Verordnungsgeber den Anwendungsbereich des Mindestlohntarifvertrags für die Branche Abfallwirtschaft nicht erweitert. Der Geltungsbereich nach § 1 AbfallArbbV entspricht inhaltlich dem in § 2 Abs. 2 des Mindestlohntarifvertrags festgelegten betrieblichen Geltungsbereich (so BAG v. 16.4.2014 – 4 AZR 802/11, NZA 2014, 1277).

5. Aus- und Weiterbildungsdienstleistungen nach dem Zweiten oder Dritten Buch Sozialgesetzbuch

32 Einbezogen in das AEntG sind auch Aus- und Weiterbildungsdienstleistungen nach dem Zweiten oder Dritten Buch Sozialgesetzbuch (§ 4 Abs. 1 Nr. 8). Aus- und Weiterbildungsmaßnahmen umfassen alle Qualifizierungsmaßnahmen, die nach dem SGB II und SGB III durchgeführt werden (z. B. berufsvorbereitende Bildungsmaßnahmen und Trainingsmaßnahmen).

33 Nach der **Zweiten Verordnung über zwingende Arbeitsbedingungen für Aus- und Weiterbildungsdienstleistungen nach dem Zweiten oder Dritten Buch Sozialgesetzbuch** vom 26.6.2013 finden die in der Anlage zu dieser Verordnung aufgeführten Rechtsnormen des Tarifvertrags zur Regelung des Mindestlohns für pädagogisches Personal vom 15.11.2011 in der Fassung des Änderungstarifvertrages Nr. 1 vom 14.2.2013, abgeschlossen zwischen der Zweckgemeinschaft des Bundesverbandes der Träger beruflicher Bildung einerseits, sowie der Vereinten Dienstleistungsgewerkschaft (ver.di) und der Gewerkschaft Erziehung und Wissenschaft (GEW) andererseits auf alle unter seinen Geltungsbereich fallenden und nicht an ihn gebundenen Arbeitgeber sowie Arbeitnehmer und Arbeitnehmerinnen Anwendung, wenn der Betrieb oder die selbstständige Betriebsabteilung überwiegend Aus- und Weiterbildungsmaßnahmen nach dem Zweiten oder Dritten Buch Sozialgesetzbuch durchführt; ausgenommen sind Einrichtungen der beruflichen Rehabilitation nach § 35 Abs. 1 S. 1 SGB IX (§ 1 S. 1 VO; näher hierzu *Hantel,* NJ 2014, 57).

6. Fleischbranche

34 Durch das **Erste Gesetz zur Änderung des Arbeitnehmer-Entsendegesetzes vom 24.5.2014** (BGBl. I S. 538) wurde **auch die Fleischbranche in das AEntG aufgenommen** (§ 4 Abs. 1 Nr. 9). In der Fleischbranche ist unter anderem eine erhebliche Zahl von Arbeitnehmerinnen und Arbeitnehmern tätig, die von Arbeitgebern mit Sitz im Ausland für eine vorübergehende Tätigkeit nach Deutschland entsandt worden sind. Dadurch sind die Arbeitsbedingungen, insbesondere die Entgelte, unter Druck geraten. Tarifstrukturen waren bislang nur eingeschränkt vorhanden. Das AEntG soll einen Rechtsrahmen bieten, um tarifvertragliche Mindestlöhne für alle Arbeitnehmerinnen und Arbeitnehmer dieser Branche verbindlich zu machen, unabhängig davon, ob der Arbeitgeber seinen Sitz im In- oder Ausland hat (vgl. BT-Drs. 18/919, S. 6).

VI. Alle anderen Branchen, Abs. 2

35 Mit dem Tarifautonomiestärkungsgesetz wurde in § 4 ein Absatz 2 eingefügt, wonach § 3 auch für **Tarifverträge aller anderen als der in Absatz 1 genannten Branchen** gilt, wenn die Erstreckung der Rechtsnormen des Tarifvertrages im öffentlichen Interesse geboten erscheint, um die in § 1 genannten Gesetzesziele zu erreichen und dabei insbesondere einem Verdrängungswettbewerb über die Lohnkosten entgegen zu wirken.

36 Diese Neuregelung bewirkt die Öffnung des AEntG auch für die nicht im Katalog des neuen § 4 Abs. 1 aufgeführten Branchen. Damit steht die Möglichkeit zur Erstreckung von Branchentarifverträgen künftig allen Branchen offen. Das für die im neuen § 4 Abs. 1 aufgeführten Branchen in § 6 Abs. 2ff. verankerte und an die entsprechenden Tarifbestimmungen der Praxis angelehnte Prinzip, dass tarifliche Arbeitsbedingungen grundsätzlich nur auf diejenigen Betriebe bzw. diejenigen selbständigen Betriebsabteilungen erstreckt werden, in denen überwiegend branchenspezifische Tätigkeiten verrichtet werden (sog. Überwiegensprinzip), ist für die nicht ausdrücklich im Gesetz definierten Branchen in gleicher Weise zu beachten. (RegE Tarifautonomiestärkungsgesetz, S. 61).

37 Aufgrund der Verordnung über zwingende Arbeitsbedingungen im **Friseurhandwerk** (Friseurarbeitsbedingungenverordnung – Friseur-ArbbV) v. 9.12.2014 finden die in der Anlage 1 zu dieser Verordnung aufgeführten Rechtsnormen des Tarifvertrags vom 31.7.2013 zur Regelung der Mindestentgelte im Friseurhandwerk im Gebiet der Bundesrepublik Deutschland, abgeschlossen zwischen den Mitgliedern der Tarifgemeinschaft des deutschen Friseurhandwerks einerseits und der Vereinten Dienstleistungsgewerkschaft (ver.di) andererseits, auf alle nicht an ihn gebundenen Arbeitgeber sowie Arbeitnehmer und Arbeitnehmerinnen Anwendung, wenn der Betrieb oder die selbständige Betriebsabteilung überwiegend Tätigkeiten erbringt, die unter den Geltungsbereich dieses Tarifvertrags fallen (§ 1 S. 1 VO).

38 Aufgrund der Verordnung über zwingende Arbeitsbedingungen in der **Land- und Forstwirtschaft sowie im Gartenbau** (Landwirtschaftsarbeitsbedingungenverordnung – LandwArbbV) v. 18.12.2014 finden die in der Anlage zu dieser Verordnung aufgeführten Rechtsnormen des Tarifvertrags zur Regelung der Mindestentgelte für Arbeitnehmer in der Land- und Forstwirtschaft sowie im Gartenbau der Bundesrepublik Deutschland (TV Mindestentgelt) vom 29.8.2014, abgeschlossen zwischen dem Gesamtverband der Deutschen Land- und Forstwirtschaftlichen Arbeitgeberverbände e.V. und der Arbeitsgemeinschaft der gärtnerischen Arbeitgeberverbände e.V. einerseits sowie der Industriegewerkschaft Bauen-Agrar-Umwelt andererseits auf alle nicht an ihn gebundenen Arbeitgeber sowie Arbeitnehmer und Arbeitnehmerinnen Anwendung, wenn der Betrieb oder die selbstständige Betriebsabteilung überwiegend Tätigkeiten erbringt, die unter den Geltungsbereich dieses Tarifvertrags fallen (§ 1 S. 1 VO).

39 Ein Mindestlohn gilt auch in den **Elektrohandwerken** (vgl. die Bekanntmachung über die Allgemeinverbindlicherklärung eines Tarifvertrages für die Elektrohandwerke vom 16.12.2013).

§ 5 Arbeitsbedingungen

[1]Gegenstand eines Tarifvertrages nach § 3 können sein
1. **Mindestentgeltsätze, die nach Art der Tätigkeit, Qualifikation der Arbeitnehmer und Arbeitnehmerinnen und Regionen differieren können, einschließlich der Überstundensätze,**
2. **die Dauer des Erholungsurlaubs, das Urlaubsentgelt oder ein zusätzliches Urlaubsgeld,**
3. **die Einziehung von Beiträgen und die Gewährung von Leistungen im Zusammenhang mit Urlaubsansprüchen nach Nummer 2 durch eine gemeinsame Einrichtung der Tarifvertragsparteien, wenn sichergestellt ist, dass der ausländische Arbeitgeber nicht gleichzeitig zu Beiträgen zu der gemeinsamen Einrichtung der Tarifvertragsparteien und zu einer vergleichbaren Einrichtung im Staat seines Sitzes herangezogen wird und das Verfahren der gemeinsamen Einrichtung der Tarifvertragsparteien eine Anrechnung derjenigen Leistungen vorsieht, die der ausländische Arbeitgeber zur Erfüllung des gesetzlichen, tarifvertraglichen oder einzelvertraglichen Urlaubsanspruchs seines Arbeitnehmers oder seiner Arbeitnehmerin bereits erbracht hat, und**
4. **Arbeitsbedingungen im Sinne des § 2 Nr. 3 bis 7.**

[2]Die Arbeitsbedingungen nach Satz 1 Nummer 1 bis 3 umfassen auch Regelungen zur Fälligkeit entsprechender Ansprüche einschließlich hierzu vereinbarter Ausnahmen und deren Voraussetzungen.

Inhaltsübersicht

I. Allgemeines

1 § 5 benennt die **Arbeitsbedingungen, die Gegenstand eines nach dem AEntG relevanten Tarifvertrags sein können.** Durch das Tarifautonomiestärkungsgesetz neu eingefügt wurde Satz 2, wonach die Arbeitsbedingungen nach Satz 1 Nr. 1 bis 3 auch Regelungen zur Fälligkeit entsprechender Ansprüche einschließlich hierzu vereinbarter Ausnahmen und deren Voraussetzungen umfassen.

II. Die Arbeitsbedingungen im Einzelnen

1. Mindestentgeltsätze einschließlich der Überstundensätze (§ 5 Nr. 1)

2 § 5 Nr. 1 bestimmt ausdrücklich, dass **Mindestentgeltsätze** „nach Art der Tätigkeit, Qualifikation der Arbeitnehmer und Arbeitnehmerinnen und Regionen differieren können" (vgl. in diesem Zusammenhang Art. 3 Abs. 1 letzter Satz der RL 96/71/EG, wonach der „Begriff der Mindestlohnsätze durch die Rechtsvorschriften und/oder Praktiken des Mitgliedstaats bestimmt (wird), in dessen Hoheitsgebiet der Arbeitnehmer entsandt wird"). Damit sollen **„Differenzierungsmöglichkeiten bei Mindestentgeltsätzen"** aufgegriffen werden, die sich nach Einschätzung des Gesetzgebers „in der bisherigen Praxis ausdrücklich bewährt haben". Nach dem Willen des Gesetzgebers sollen die Tarifvertragsparteien „unterschiedliche Entgeltsätze in Bezug auf die ausgeübte Tätigkeit (z. B. Innen- und Unterhaltsreinigung/Glas- und Fassadenreinigung; Dachdecker/Maler und Lackierer), das Qualifikationsniveau (z. B. gelernt/ungelernt) oder regionale Besonderheiten" vereinbaren können (näher ErfK/*Schlachter,* § 5 AEntG Rn. 2 m. w. N., die die Regelung ausdrücklich als „mit Unionsrecht vereinbar" bewertet). Die „Erstreckung eines gesamten Lohngitters" soll demgegenüber ausgeschlossen sein (vgl. zur Problematik auch *Bayreuther,* NZA 2008, 628, 629 in Auseinandersetzung mit der Entscheidung des EuGH in der Rechtssache Rüffert).

3 Bei der **Berechnung des Mindestentgelts** sind ungeachtet ihrer Bezeichnung alle Zahlungen des Arbeitgebers an den Arbeitnehmer zu berücksichtigen, die nicht nur Aufwandsentschädigung, sondern Teil der Arbeitsvergütung sind (BAG v. 8. 10. 2008 – 5 AZR 8/08, NZA 2009, 98; näher zum Ganzen zuletzt *Deckers,* NZA 2008, 321, 323; auch ErfK/*Schlachter,* § 4 AEntG Rn. 2 f. m. w. N.). Vom Arbeitgeber gezahlte Zulagen oder Zuschläge (Überstundenzuschläge, Nachtzuschläge, Sonn- und Feiertagszuschläge etc.) bilden indes grundsätzlich keine Bestandteile des Mindestlohns (so *Koberski/Asshoff/Hold/Eustrup/Winkler,* § 5 AEntG Rn. 13; vgl. zum Ganzen auch Däubler/*Lakies,* Anhang 2 zu § 5 TVG, § 5 AEntG Rn. 8 f.). Die RL 96/71/EG enthält keine eigene inhaltliche Bestimmung des Mindestlohns. Nach der Rechtsprechung des EuGH bestimmt sich nach den Rechtsvorschriften und den nationalen Gepflogenheiten des Mitgliedsstaates, ob Zulagen und Zuschläge Bestandteil eines tariflich geregelten Mindestlohns sind (EuGH, NZA 2013, 1359; vgl. auch BAG v. 16. 4. 2014 – 4 AZR 802/11, NZA 2014, 1277). Zu beachten ist allerdings Art. 3 Abs. 7 Unterabs. 2 der RL 96/71/EG, wonach Entsendungszulagen als Bestandteil des Mindestlohns gelten, soweit sie nicht als Erstattung für infolge der Entsendung tatsächlich entstandene Kosten wie z. B. Reise-, Unterbringungs- und Verpflegungskosten gezahlt werden.

Bei der Erfüllungswirkung von Leistungen des Arbeitgebers auf Mindestlohnansprüche des Arbeitnehmers ist darauf abzustellen, welche (Gegen-)Leistung des Arbeitnehmers durch die Leistung des Arbeitgebers ihrem Zweck nach vergütet werden soll. Besteht zwischen dem Zweck der tatsächlich erbrachten Leistung und dem Zweck des tariflichen Mindestlohns, den der Arbeitnehmer als unmittelbare Leistung für die zu verrichtende Tätigkeit begehrt, eine **funktionale Gleichwertigkeit,** ist die erbrachte Leistung auf den zu erfüllenden Anspruch anzurechnen. Bestimmt ein aufgrund Rechtsverordnung verbindlicher Tarifvertrag einen Mindestlohnanspruch „je Stunde" unabhängig von der zeitlichen Lage der Arbeitszeit, können vom Arbeitgeber aufgrund anderer Rechtsgrundlagen geleistete Zulagen für erbrachte Spätschichten vorbehaltlich anderslautender gesetzlicher oder tariflicher Regelungen auf einen Mindestlohnanspruch angerechnet werden. Dies gilt jedenfalls dann, wenn dem Mindestlohntarifvertrag nicht entnommen werden kann, dass die Arbeitsleistung unter den Bedingungen einer Spätschicht einer gesonderten Vergütungsregelung vorbehalten worden ist (BAG v. 16.4.2014 – 4 AZR 802/11, NZA 2014, 1277; vgl. zum Ganzen auch ErfK/*Schlachter,* § 5 AEntG Rn. 3 m. w. N.). Nach einer zur Verordnung über zwingende Arbeitsbedingungen für die Pflegebranche (PflegeArbbV) vom 15.7.2010 ergangenen Entscheidung ist der Mindestlohn nicht nur für Vollarbeit, sondern auch für Arbeitsbereitschaft und Bereitschaftsdienst zu zahlen (BAG v. 19.11.2014 – 5 AZR 1101/12, BeckRS 2014, 74316). 4

Überstundensätze müssen nicht notwendigerweise in demselben Tarifvertrag geregelt sein wie die Mindestentgeltsätze. Sie können auch in einem anderen Tarifvertrag geregelt sein (BAG v. 19.5.2004 – 5 AZR 449/03, AP § 1 AEntG Nr. 16, wo das Gericht überdies unter Hinweis auf eine am Grundsatz des „effet utile" ausgerichtete Auslegung der RL 96/71/EG feststellt, dass „die Entsenderichtlinie jedenfalls nicht nationalen Vorschriften entgegensteht, die eine Regelung des Mindestlohns und der Überstundenzuschläge für entsandte Arbeitnehmer in verschiedenen allgemeinverbindlichen Tarifverträgen zulassen"; vgl. auch Däubler/*Lakies,* Anhang 2 zu § 5 TVG, § 5 AEntG Rn. 14). Überstunden liegen vor, wenn die vom Arbeitnehmer geleistete Arbeitszeit die nach dem Arbeitsvertrag geltende oder die am Arbeitsort übliche regelmäßige tägliche oder wöchentliche Arbeitszeit überschreitet (vgl. Däubler/*Lakies,* Anhang 2 zu § 5 TVG, § 5 AEntG Rn. 14). Nicht maßgeblich sind die tariflichen Bestimmungen zur regelmäßigen Arbeitszeit und zu Überstunden, da im AEntG nur Regelungen über Überstundenzuschläge, nicht aber die Vorschriften von Tarifverträgen über die regelmäßige Arbeitszeit und Überstunden in Bezug genommen werden (BAG v. 19.5.2004 – 5 AZR 449/03, AP § 1 AEntG Nr. 16). 5

Mit Blick auf nach Deutschland entsandte Arbeitnehmer stellt sich die Frage, ob diesen die Mindestentgeltsätze i. S. d. § 5 Nr. 1 zukommen. Insoweit ist dann ein **Vergleich zwischen dem Mindestentgeltsatz nach deutschem Recht und dem von dem ausländischen Arbeitgeber tatsächlich gezahlten Lohn** anzustellen (eingehend zur Problematik *Bayreu-* 6 *ther,* EuZA 2014, 189). Hierzu hat der EuGH ausgeführt, dass die Zulagen und Zuschläge, die durch die nationalen Rechtsvorschriften oder Praktiken des Mitgliedstaats, in dessen Hoheitsgebiet der Arbeitnehmer entsandt wird, nicht als Bestandteile des Mindestlohns definiert werden und die das Verhältnis zwischen der Leistung des Arbeitnehmers auf der einen und der ihm erbrachten Gegenleistung auf der anderen Seite verändern, nicht auf Grund der Bestimmungen der RL 96/71/EG als derartige Bestandteile betrachtet werden können (EuGH, NZA 2005, 573). Nach Ansicht des EuGH ist es nämlich normal, dass der Arbeitnehmer, der auf Verlangen des Arbeitgebers Mehrarbeit oder Arbeitsstunden unter besonderen Bedingungen leistet, einen Ausgleich für die zusätzliche Leistung erhält, ohne dass dieser bei der Berechnung des Mindestlohns berücksichtigt wird (EuGH, NZA 2005, 573). Daher können nur Bestandteile der Vergütung, die das Verhältnis zwischen der Leistung des Arbeitnehmers auf der einen und der ihm hierfür erbrachten Gegenleistung auf der anderen Seite nicht verändern, bei der Bestimmung des Mindestlohns i. S. d. RL 96/71/EG berücksichtigt werden. Pauschalzahlungen zur Lohnerhöhung sind somit zu berücksichtigen, nicht aber vermögenswirksame Leistungen, da diese nicht zur Sicherstellung des aktuellen Lebensunterhalts verfügbar sind und somit nicht als Komponente des üblichen Verhältnisses zwischen der Arbeitsleistung und der hierfür vom Arbeitgeber zu erbringenden finanziellen Gegenleistung angesehen werden können (EuGH, NZA 2013, 1359).

7 Nach einer zur Verordnung über zwingende Arbeitsbedingungen für Aus- und Weiterbildungsdienstleistungen nach dem Zweiten oder Dritten Buch Sozialgesetzbuch (MindestlohnVO) ergangenen Entscheidung finden §§ 2 Abs. 1, 3 iVm. § 4 Abs. 1 EFZG auch dann Anwendung, wenn sich die Höhe des Arbeitsentgelts nach einer Mindestlohnregelung richtet, die – wie hier die MindestlohnVO – keine Bestimmungen zur **Entgeltfortzahlung** und zum **Urlaubsentgelt** enthält. Ein Rückgriff des Arbeitgebers auf eine vertraglich vereinbarte niedrigere Vergütung ist in diesen Fällen deshalb unzulässig. Die Höhe des Urlaubsentgelts und einer Urlaubsabgeltung bestimmt sich gem. § 11 BUrlG nach der durchschnittlichen Vergütung der letzten dreizehn Wochen (BAG v. 13.5.2015 – 10 AZR 191/14, BeckRS 2015, 70071).

2. Dauer des Erholungsurlaubs, Urlaubsentgelt oder zusätzliches Urlaubsgeld (§ 5 Nr. 2)

8 Was die **Dauer des Erholungsurlaubs** anbelangt, so kann diese sowohl vom gesetzlichen Mindesturlaub als auch von den Vorgaben der RL 93/104/EG (Richtlinie 93/104/EG des Rates v. 23.11.1993 über bestimmte Aspekte der Arbeitszeitgestaltung, ABl. Nr. L 307 v. 13.12.1993, S. 18) abweichen (vgl. Däubler/*Lakies,* Anhang 2 zu § 5 TVG, § 5 AEntG Rn. 17 m. w. N.). Den Mitgliedstaaten steht es frei, für die Arbeitnehmer günstigere Regelungen anzuwenden bzw. zu erlassen. Das jeweilige Schutzniveau kann

auch auf nach Deutschland entsandte Arbeitnehmer ausgedehnt werden (EuGH v. 25.10.2001 – Rs. 49/98 – Finalarte), NZA 2001, 1377, wonach es „Sache jedes Mitgliedstaats (ist), die Urlaubslänge zu bestimmen, die im Allgemeininteresse erforderlich ist").

9 Die tariflichen Urlaubsregelungen können sich nach der ausdrücklichen Bestimmung im Gesetz, neben der Dauer des Erholungsurlaubs und dem Urlaubsentgelt, auch auf ein **„zusätzliches Urlaubsgeld"** beziehen (vgl. insoweit § 8 Nr. 4.12 BRTV-Bau i. V. m. den dazugehörigen Sozialkassentarifverträgen über ein eigenes Urlaubskassenverfahren; näher hierzu Däubler/*Lakies*, Anhang 2 zu § 5 TVG, § 5 AEntG Rn. 15).

10 § 5 Nr. 2 schließt auch den **Urlaubsabgeltungsanspruch** und den **Entschädigungsanspruch** mit ein. Letzteres leitet die Rechtsprechung aus der Notwendigkeit ab, das gesamte tarifliche System des Urlaubsverfahrens am selben Arbeitsort einheitlich zur Anwendung zu bringen (so zum alten Recht BAG v. 14.8.2007 – 9 AZR 167/07, NZA 2008, 236; vgl. auch ErfK/*Schlachter*, § 5 AEntG Rn. 1).

3. Urlaubskassen

11 § 5 Nr. 3 strafft den früheren § 1 Abs. 3 des AEntG (Urlaubskassenverfahren) in Wortlaut und Gliederung. Inhaltliche Änderungen sollten damit aber nach dem Willen des Gesetzgebers nicht verbunden sein (vgl. RegE AEntG v. 16.7.2008, S. 17; vgl. zur Einbeziehung des Urlaubskassenverfahrens nach altem Recht *Preis/Temming*, Die Urlaubs- und Lohnausgleichskasse im Kontext des Gemeinschaftsrechts, 2006, S. 185 ff.). Ebenso wie § 1 Abs. 3 AEntG a. F. begründet auch § 5 Nr. 3 eine gesetzliche Rechtspflicht zur Beitragsleistung (vgl. *Koberski/Asshoff/Hold/Eustrup/Winkler*, § 5 AEntG Rn. 31 ff., 49). Die **tarifvertraglichen Regelungen zur Leistung von Beiträgen,** die für Arbeitgeber mit Sitz im Inland kraft Tarifrechts gelten, gelten für Arbeitgeber mit Sitz im Ausland kraft gesetzlicher Anordnung (Däubler/*Lakies*, Anhang 2 zu § 5 TVG, § 5 AEntG Rn. 20).

12 **Verfassungsrechtliche und europarechtliche Bedenken** bestehen gegen die Erstreckung der Urlaubskassentarifverträge nach der Rechtsprechung nicht (st. Rspr.; vgl. BAG v. 20.7.2004 – 9 AZR 343/03, BAGE 111, 247 = AP AEntG § 1 Nr. 18; BAG v. 20.7.2004 – 9 AZR 345/03, AP § 1 AEntG Nr. 19; BAG v. 25.6.2002 – 9 AZR 405/00, BAGE 101, 357 = AP § 1 AEntG Nr. 12; BAG v. 25.6.2002 – 9 AZR 439/01, BAGE 102, 1 = AP § 1 AEntG Nr. 15; BAG v. 3.5.2006 – 10 AZR 344/05, AP § 1 AEntG Nr. 25). Insbesondere verletzt die Erstreckung allgemeinverbindlicher Tarifverträge nicht die negative Koalitionsfreiheit, sondern ist durch die den Koalitionen nach Art. 9 Abs. 3 GG zugewiesene Aufgabe gerechtfertigt, die Arbeits- und Wirtschaftsbedingungen aus eigener Verantwortung zu gestalten (BVerfG v. 18.7.2000 – 1 BvR 948/00, BVerfG, AP AEntG § 1 Nr. 4). Der Eingriff in die Tarifautonomie ist vom Gestaltungsspielraum des Gesetzgebers gedeckt (so BAG v. 3.5.2006 – 10 AZR 344/00, AP § 1

AEntG Nr. 25 unter Hinweis auf BAG v. 25.6.2002 – 9 AZR 405/00, BAGE 101, 357 = AP § 1 AEntG Nr. 12; dezidiert **a. A.** *Sellin,* Arbeitnehmermobilität und Entsenderecht, 2006, S. 313ff.).

13 Ausdrücklich festgeschrieben hat der Gesetzgeber die **Geltung des sog. Doppelbelastungsverbots.** Dies bedeutet, dass die Rechtsnormen von Tarifverträgen, die im Zusammenhang mit der Gewährung von Urlaubsansprüchen die Einziehung von Beiträgen und die Gewährung von Leistungen einer gemeinsamen Einrichtung der Tarifvertragsparteien übertragen, nur dann auf einen ausländischen Arbeitgeber und seinen im räumlichen Geltungsbereich des Tarifvertrags beschäftigten Arbeitnehmer zwingend Anwendung finden, wenn dies nicht zu einer Doppelbelastung aufgrund von entsprechenden Verpflichtungen im Heimatstaat führt.

14 Die Beitragspflicht besteht gem. § 5 Nr. 3 gegenüber der durch den allgemeinverbindlichen Tarifvertrag errichteten gemeinsamen Einrichtung der Tarifvertragsparteien. Um eine solche Einrichtung handelt es sich bei der Urlaubs- und Lohnausgleichskasse (ULAK) der deutschen Bauwirtschaft. Die **Einzelheiten des Beitrags- und Leistungsverfahrens** ergeben sich nicht aus dem Gesetz, sondern aus dem in Bezug genommenen allgemeinverbindlichen Tarifvertrag (näher Däubler/*Lakies,* Anhang 2 zu § 5 TVG, § 5 AEntG Rn. 23). Dabei begegnet es keinen Bedenken, Regelungen anzuwenden, die die Tarifvertragsparteien speziell für Arbeitgeber mit Sitz im Ausland und für entsandte Arbeitnehmer getroffen haben, sofern die entsprechenden tarifvertraglichen Bestimmungen der sicheren Umsetzung des AEntG gerade gegenüber ausländischen Arbeitgebern dienen und an die Besonderheiten des Auslandsbezugs anknüpfen (so jedenfalls BAG v. 25.6.2002 – 9 AZR 405/00, BAGE 101, 357 = AP § 1 AEntG Nr. 12 für BRTV-Bau und VTV/1999 einerseits und § 1 Abs. 3 AEntG andererseits; ebenso *Wank/Börgmann,* NZA 2001, 177, 185; vgl. in diesem Zusammenhang auch BVerfG v. 22.12.2000 – 1 BvR 2043/00, NZA 2001, 491: Nichtannahme der Verfassungsbeschwerde eines ausländischen Unternehmens, mit der dieses gegen die Auferlegung einer Beitragspflicht zur Urlaubskasse der Bauwirtschaft vorging). Nach dem Verfahrenstarifvertrag (Tarifvertrag über das Sozialkassenverfahren im Baugewerbe – VTV – v. 3.5.2013 idF v. 3.12.2013 u. 10.12.2014) besteht allerdings keine Trennung von in- und ausländischen Arbeitgebern in der Betrags- und Leistungsgewährung.

15 Das Doppelbelastungsverbot greift nach § 5 Nr. 3 nur bei **vergleichbaren Einrichtungen** ein. Entsprechende Rahmenvereinbarungen über die gegenseitige Freistellung sind mit einer Reihe von Staaten geschlossen worden. Vergleichbare Urlaubskassensysteme gibt es in Österreich, Belgien, Frankreich, Dänemark, Italien und den Niederlanden (Quelle: http://www.soka-bau.de).

16 Der **niederländische Zeitsparfonds der Bauwirtschaft,** der ab 1.1.2006 an die Stelle des vorherigen Urlaubskassenverfahrens getreten ist, erfüllt nicht die Voraussetzungen, die der EuGH für eine Freistellung

vom deutschen Urlaubskassenverfahren aufgestellt hat. Eine Freistellung niederländischer Entsendebetriebe kann daher nicht mehr erfolgen. SOKA-BAU und das niederländische Technisch Bureau Bouwnijverheid haben sich allerdings „im Interesse einer guten nachbarschaftlichen Zusammenarbeit" geeinigt, dass niederländische Bauarbeitgeber, die unter die Regelungen des Zeitsparfonds der Bauwirtschaft (Tijdspaarfonds voor het Bouwbedrijf) fallen, erst ab 1.1.2009 am deutschen Urlaubskassenverfahren teilnehmen müssen. Darüber hinaus hat SOKA-BAU (Urlaubs- und Lohnausgleichskasse der Bauwirtschaft) mit A & O Services – Dienstcentrum Afbouw Huis BV eine Rahmenvereinbarung über die gegenseitige Freistellung von Arbeitgebern mit Betriebssitz in Deutschland und den Niederlanden vom Urlaubskassenverfahren bei Entsendungen in den jeweils anderen Staat geschlossen (Quelle: http://www.soka-bau.de).

17 Das zwischen SOKA-BAU und dem **Paritätischen Vollzugsfonds des Schweizerischen Bauhauptgewerbes** und den deutschen und den Schweizer Sozialpartnern geschlossene Abkommen über die Freistellung entsendender Arbeitgeber des Baugewerbes des jeweils anderen Staates wurde von Schweizer Seite gekündigt. Seit dem 1.1.2008 entfällt damit die Möglichkeit, sich über SOKA-BAU von der Verpflichtung, die Schweizer Bedingungen in Bezug auf Urlaub einzuhalten, freistellen zu lassen (Quelle: http://www.soka-bau.de).

18 Das Doppelbelastungsverbot schließt auch das **Verbot bloßer faktischer Doppelbelastungen** ein (näher Däubler/*Lakies,* Anhang 2 zu § 5 TVG, § 5 AEntG Rn. 25). Dabei ist die gemeinsame Einrichtung im Anwendungsbereich des AEntG verpflichtet, zur Vermeidung einer Ungleichbehandlung von Arbeitgebern mit Sitz im Ausland gegenüber Arbeitgebern mit Sitz im Inland die Tarifvorschriften „flexibel" anzuwenden (BAG v. 25.1.2005 – 9 AZR 146/04, AP § 1 AEntG Nr. 21, BAG v. 25.6.2002 – 9 AZR 405/00, BAGE 101, 357 = AP § 1 AEntG Nr. 12).

4. Weitere Arbeitsbedingungen

19 § 5 Nr. 4 verweist auf die **Arbeitsbedingungen i. S. d. § 2 Nr. 3 bis 7,** also Höchstarbeitszeiten und Mindestruhezeiten (Nr. 3), Bedingungen für die Überlassung von Arbeitskräften, insbesondere durch Leiharbeitsunternehmen (Nr. 4), die Sicherheit, den Gesundheitsschutz und die Hygiene am Arbeitsplatz (Nr. 5), Schutzmaßnahmen im Zusammenhang mit den Arbeits- und Beschäftigungsbedingungen von Schwangeren und Wöchnerinnen, Kindern und Jugendlichen (Nr. 6) und die Gleichbehandlung von Männern und Frauen sowie andere Nichtdiskriminierungsbestimmungen (Nr. 7). Damit schafft § 5 Nr. 4 die Voraussetzungen für eine Anwendung dieser Bestimmungen in Entsendefällen. Soweit entsprechende tarifvertragliche Regelungen fehlen, finden gem. § 2 die einschlägigen in Rechts- oder Verwaltungsvorschriften enthaltenen Regelungen Anwendung.

III. Fälligkeitsregelungen, Satz 2

20 Mit dem neuen Satz 2 wird klargestellt, dass tarifvertragliche Regelungen zur Fälligkeit der Ansprüche auf Arbeitsbedingungen nach § 5 S. 1 von der jeweiligen Definition dieser Arbeitsbedingungen mit umfasst werden. Das Gleiche gilt für tarifvertragliche Regelungen, die wie z. B. Arbeitszeitkontenregelungen Ausnahmen von der Fälligkeitsregelung zulassen, sowie die hierfür gegebenenfalls vorgesehenen Voraussetzungen (RegE Tarifautonomiestärkungsgesetz, S. 60).

§ 6 Besondere Regelungen

(1) [1]**Dieser Abschnitt findet keine Anwendung auf Erstmontage- oder Einbauarbeiten, die Bestandteil eines Liefervertrages sind, für die Inbetriebnahme der gelieferten Güter unerlässlich sind und von Facharbeitern oder Facharbeiterinnen oder angelernten Arbeitern oder Arbeiterinnen des Lieferunternehmens ausgeführt werden, wenn die Dauer der Entsendung acht Tage nicht übersteigt.** [2]**Satz 1 gilt nicht für Bauleistungen im Sinne des § 101 Abs. 2 des Dritten Buches Sozialgesetzbuch und nicht für Arbeitsbedingungen nach § 5 Nr. 4.**

(2) **Im Falle eines Tarifvertrages nach § 4 Absatz 1 Nr. 1 findet dieser Abschnitt Anwendung, wenn der Betrieb oder die selbstständige Betriebsabteilung im Sinne des fachlichen Geltungsbereichs des Tarifvertrages überwiegend Bauleistungen gemäß § 101 Abs. 2 des Dritten Buches Sozialgesetzbuch erbringt.**

(3) **Im Falle eines Tarifvertrages nach § 4 Absatz 1 Nr. 2 findet dieser Abschnitt Anwendung, wenn der Betrieb oder die selbstständige Betriebsabteilung überwiegend Gebäudereinigungsleistungen erbringt.**

(4) **Im Falle eines Tarifvertrages nach § 4 Absatz 1 Nr. 3 findet dieser Abschnitt Anwendung, wenn der Betrieb oder die selbstständige Betriebsabteilung überwiegend gewerbs- oder geschäftsmäßig Briefsendungen für Dritte befördert.**

(5) **Im Falle eines Tarifvertrages nach § 4 Absatz 1 Nr. 4 findet dieser Abschnitt Anwendung, wenn der Betrieb oder die selbstständige Betriebsabteilung überwiegend Dienstleistungen des Bewachungs- und Sicherheitsgewerbes oder Kontroll- und Ordnungsdienste erbringt, die dem Schutz von Rechtsgütern aller Art, insbesondere von Leben, Gesundheit oder Eigentum dienen.**

(6) **Im Falle eines Tarifvertrages nach § 4 Absatz 1 Nr. 5 findet dieser Abschnitt Anwendung, wenn der Betrieb oder die selbstständige Betriebsabteilung im Auftrag eines Dritten überwiegend**

auf inländischen Steinkohlebergwerken Grubenräume erstellt oder sonstige untertägige bergbauliche Spezialarbeiten ausführt.

(7) [1]**Im Falle eines Tarifvertrages nach § 4 Absatz 1 Nr. 6 findet dieser Abschnitt Anwendung, wenn der Betrieb oder die selbstständige Betriebsabteilung gewerbsmäßig überwiegend Textilien für gewerbliche Kunden sowie öffentlich-rechtliche oder kirchliche Einrichtungen wäscht, unabhängig davon, ob die Wäsche im Eigentum der Wäscherei oder des Kunden steht.** [2]**Dieser Abschnitt findet keine Anwendung auf Wäschereidienstleistungen, die von Werkstätten für behinderte Menschen im Sinne des § 136 des Neunten Buches Sozialgesetzbuch erbracht werden.**

(8) **Im Falle eines Tarifvertrages nach § 4 Absatz 1 Nr. 7 findet dieser Abschnitt Anwendung, wenn der Betrieb oder die selbstständige Betriebsabteilung überwiegend Abfälle im Sinne des § 3 Absatz 1 Satz 1 des Kreislaufwirtschaftsgesetzes sammelt, befördert, lagert, beseitigt oder verwertet oder Dienstleistungen des Kehrens und Reinigens öffentlicher Verkehrsflächen und Schnee- und Eisbeseitigung von öffentlichen Verkehrsflächen einschließlich Streudienste erbringt.**

(9) [1]**Im Falle eines Tarifvertrages nach § 4 Absatz 1 Nr. 8 findet dieser Abschnitt Anwendung, wenn der Betrieb oder die selbstständige Betriebsabteilung überwiegend Aus- und Weiterbildungsmaßnahmen nach dem Zweiten oder Dritten Buch Sozialgesetzbuch durchführt.** [2]**Ausgenommen sind Einrichtungen der beruflichen Rehabilitation im Sinne des § 35 Abs. 1 Satz 1 des Neunten Buches Sozialgesetzbuch.**

(10) [1]**Im Falle eines Tarifvertrages nach § 4 Absatz 1 Nr. 9 findet dieser Abschnitt Anwendung in Betrieben und selbstständigen Betriebsabteilungen, in denen überwiegend geschlachtet oder Fleisch verarbeitet wird (Betriebe der Fleischwirtschaft) sowie in Betrieben und selbstständigen Betriebsabteilungen, die ihre Arbeitnehmer und Arbeitnehmerinnen überwiegend in Betrieben der Fleischwirtschaft einsetzen.** [2]**Das Schlachten umfasst dabei alle Tätigkeiten des Schlachtens und Zerlegens von Tieren mit Ausnahme von Fischen.** [3]**Die Verarbeitung umfasst alle Tätigkeiten der Weiterverarbeitung von beim Schlachten gewonnenen Fleischprodukten zur Herstellung von Nahrungsmitteln sowie deren Portionierung und Verpackung.** [4]**Nicht erfasst ist die Verarbeitung, wenn die Behandlung, die Portionierung oder die Verpackung beim Schlachten gewonnener Fleischprodukte direkt auf Anforderung des Endverbrauchers erfolgt.**

I. Allgemeines

1 § 6 regelt die für die einzelnen Branchen geltenden **Besonderheiten** und fasst diese aus Gründen der besseren Übersichtlichkeit in einer einheitlichen Norm zusammen.

II. Der Inhalt der Regelung im Einzelnen

1. Erstmontage- oder Einbauarbeiten

2 In Abs. 1 S. 1 wird angeordnet, dass das AEntG während einer Frist von acht Tagen für bestimmte tarifvertragliche Arbeitsbedingungen (Mindestlohn/Urlaub) nicht angewendet wird, wenn es sich um näher beschriebene **Montage- oder Einbauarbeiten im Zusammenhang mit Lieferverträgen** handelt, die nicht dem Baubereich zuzurechnen sind. Diese Vorschrift dient der Umsetzung des Art. 3 Abs. 2 der RL 96/71/EG. Nach dieser Bestimmung bleibt in Sonderfällen die Anwendbarkeit des Rechts am Betriebssitz erhalten. Art. 3 Abs. 2 der RL ist auf den Bereich außerhalb der Baubranche beschränkt (vgl. daher auch § 6 Abs. 1 S. 2). Praktische Relevanz hat die Bestimmung deshalb erst durch die Ausweitung der Erstreckung von Tarifverträgen nach dem AEntG auf andere Bereiche gewonnen.

2. Überwiegensprinzip im Baugewerbe

3 Absatz 2 beschränkt die Anwendung des Gesetzes für tarifvertragliche Arbeitsbedingungen des Baugewerbes auf den Fall, dass der Betrieb oder die nach der Definition des einschlägigen Tarifvertrags zu beurteilende selbstständige Betriebsabteilung auch **tatsächlich überwiegend Bauleistungen** erbringt.

3. Überwiegensprinzip im Bereich von Gebäudereinigung und Briefdienstleistungen

4 Die Absätze 3 und 4 regeln das **Überwiegensprinzip für Tarifverträge der Gebäudereinigung und für Briefdienstleistungen.** Für die Gebäudereinigungsbranche wurde in Absatz 3 die frühere tarifvertragliche und verordnungsrechtliche Praxis in das Gesetz übernommen.

4. Überwiegensprinzip in den anderen Branchen

5 § 6 Abs. 5 bis 9 regeln **Abgrenzungen und Anwendungsausnahmen,** die auf die **Besonderheiten der später in das AEntG einbezogenen Branchen** zugeschnitten sind. Hierzu zählt auch die regelmäßig branchenspezifisch formulierte Festschreibung des Überwiegensprinzips.

Die Regelungen folgen damit dem Vorbild der Absätze 2 bis 4, die die erforderlichen Sonderregelungen für die schon zuvor in das AEntG einbezogenen Branchen enthalten (vgl. auch BT-Drs. 16/11669, S. 21).

5. Betriebe der Fleischwirtschaft

6 Durch das Erste Gesetz zur Änderung des Arbeitnehmer-Entsendegesetzes vom 24. 5. 2014 (BGBl. I S. 538) wurde Absatz 10 eingefügt. In Absatz 10 S. 1 wird klargestellt, dass es die Tarifvertragsparteien im Rahmen der gesetzlichen Branchendefinition in der Hand haben, durch die Gestaltung des fachlichen Geltungsbereichs ihrer Mindestlohntarifverträge auch dem verstärkten Einsatz von Werkverträgen in der Branche Rechnung zu tragen, jedenfalls soweit die Werkverträge im Rahmen von Betrieben oder selbstständigen Betriebsabteilungen erbracht werden, die unter den Geltungsbereich des Tarifvertrages fallen (Betriebe der Fleischwirtschaft). Hierzu formuliert das Gesetz, dass es auch in solchen Betrieben und selbstständigen Betriebsabteilungen zur Anwendung kommt, die ihre Arbeitnehmer und Arbeitnehmerinnen überwiegend in Betrieben der Fleischwirtschaft einsetzen (BT-Drs. 18/910, S. 8).

7 Für beide Bereiche regelt Absatz 10 das **sog. Überwiegensprinzip** für Tarifverträge für die Branche „Schlachten und Fleischverarbeitung" und enthält eine **nähere Begriffsbestimmung der Branchenbezeichnung.** Unter „Schlachten und Fleischverarbeitung" wird der Vorgang des Schlachtens von Tieren (außer Fischen) und der Gewinnung von daraus entstehenden Fleischprodukten sowie die Weiterverarbeitung der durch die Schlachtung gewonnenen Fleischprodukte zu Nahrungsmitteln gefasst. Dabei sind nach dem Gesetzestext unter „Schlachten" alle Tätigkeiten des Schlachtens und Zerlegens von Tieren zu verstehen, etwa von Rindern, Schweinen, Geflügel, Schafen, Kamelen und anderen Tieren, nicht aber von Fischen. Eine Verarbeitung i. S. d. Gesetzes liegt dabei nicht vor, wenn durch den Verarbeitungsprozess das durch Schlachtung gewonnene Fleischprodukt als eine von mehreren Zutaten seinen Charakter als eigenständiges Produkt einbüßt. Dadurch werden nicht etwa Mischbetriebe anhand einer produktbezogenen Betrachtungsweise schlechthin aus dem Anwendungsbereich herausgenommen. Vielmehr kommt es auch hier betriebsbezogen nur darauf an, ob insgesamt in dem Betrieb überwiegend Fleisch verarbeitet wird (Abs. 10 S. 1). Bei dieser Prüfung sollen Verarbeitungsprozesse, bei denen das durch Schlachtung gewonnene Fleischprodukt als eine von mehreren Zutaten seinen Charakter als eigenständiges Produkt einbüßt, nicht berücksichtigt werden. Die Verarbeitung ist nach dem Gesetzestext dann nicht erfasst, wenn die Behandlung, die Portionierung oder die Verpackung beim Schlachten gewonnener Tierprodukte direkt auf Anforderung des Endverbrauchers erfolgt (BT-Drs. 18/910, S. 8 f.).

§ 7 Rechtsverordnung für die Fälle des § 4 Absatz 1

(1) Auf gemeinsamen Antrag der Parteien eines Tarifvertrages im Sinne von § 4 Absatz 1 sowie §§ 5 und 6 kann das Bundesministerium für Arbeit und Soziales durch Rechtsverordnung ohne Zustimmung des Bundesrates bestimmen, dass die Rechtsnormen dieses Tarifvertrages auf alle unter seinen Geltungsbereich fallenden und nicht an ihn gebundenen Arbeitgeber sowie Arbeitnehmer und Arbeitnehmerinnen Anwendung finden, wenn dies im öffentlichen Interesse geboten erscheint, um die in § 1 genannten Gesetzesziele zu erreichen.

(2) [1]Kommen in einer Branche mehrere Tarifverträge mit zumindest teilweise demselben fachlichen Geltungsbereich zur Anwendung, hat der Verordnungsgeber bei seiner Entscheidung nach Absatz 1 im Rahmen einer Gesamtabwägung ergänzend zu den in § 1 genannten Gesetzeszielen die Repräsentativität der jeweiligen Tarifverträge zu berücksichtigen. [2]Bei der Feststellung der Repräsentativität ist vorrangig abzustellen auf
1. **die Zahl der von den jeweils tarifgebundenen Arbeitgebern beschäftigten unter den Geltungsbereich des Tarifvertrages fallenden Arbeitnehmer und Arbeitnehmerinnen,**
2. **die Zahl der jeweils unter den Geltungsbereich des Tarifvertrages fallenden Mitglieder der Gewerkschaft, die den Tarifvertrag geschlossen hat.**

(3) Liegen für mehrere Tarifverträge Anträge auf Allgemeinverbindlicherklärung vor, hat der Verordnungsgeber mit besonderer Sorgfalt die von einer Auswahlentscheidung betroffenen Güter von Verfassungsrang abzuwägen und die widerstreitenden Grundrechtsinteressen zu einem schonenden Ausgleich zu bringen.

(4) Vor Erlass der Rechtsverordnung gibt das Bundesministerium für Arbeit und Soziales den in den Geltungsbereich der Rechtsverordnung fallenden Arbeitgebern sowie Arbeitnehmern und Arbeitnehmerinnen, den Parteien des Tarifvertrages sowie in den Fällen des Absatzes 2 den Parteien anderer Tarifverträge und paritätisch besetzten Kommissionen, die auf der Grundlage kirchlichen Rechts Arbeitsbedingungen für den Bereich kirchlicher Arbeitgeber zumindest teilweise im Geltungsbereich der Rechtsverordnung festlegen, Gelegenheit zur schriftlichen Stellungnahme innerhalb von drei Wochen ab dem Tag der Bekanntmachung des Entwurfs der Rechtsverordnung.

(5) [1]Wird in einer Branche nach § 4 Absatz 1 erstmals ein Antrag nach Absatz 1 gestellt, wird nach Ablauf der Frist nach Absatz 4 der Ausschuss nach § 5 Absatz 1 Satz 1 des Tarifvertragsge-

setzes (Tarifausschuss) befasst. [2]Stimmen mindestens vier Ausschussmitglieder für den Antrag oder gibt der Tarifausschuss innerhalb von zwei Monaten keine Stellungnahme ab, kann eine Rechtsverordnung nach Absatz 1 erlassen werden. [3]Stimmen zwei oder drei Ausschussmitglieder für den Antrag, kann eine Rechtsverordnung nur von der Bundesregierung erlassen werden. [4]Die Sätze 1 bis 3 gelten nicht für Tarifverträge nach § 4 Absatz 1 Nummer 1 bis 8.

§ 7a Rechtsverordnung für die Fälle des § 4 Absatz 2

(1) **Auf gemeinsamen Antrag der Parteien eines Tarifvertrages im Sinne von § 4 Absatz 2 sowie §§ 5 und 6 Absatz 1 kann das Bundesministerium für Arbeit und Soziales durch Rechtsverordnung ohne Zustimmung des Bundesrates bestimmen, dass die Rechtsnormen dieses Tarifvertrages auf alle unter seinen Geltungsbereich fallenden und nicht an ihn gebundenen Arbeitgeber sowie Arbeitnehmer und Arbeitnehmerinnen Anwendung finden, wenn dies im öffentlichen Interesse geboten erscheint, um die in § 1 genannten Gesetzesziele zu erreichen und dabei insbesondere einem Verdrängungswettbewerb über die Lohnkosten entgegenzuwirken.**

(2) **§ 7 Absatz 2 und 3 findet entsprechende Anwendung.**

(3) **[1]Vor Erlass der Rechtsverordnung gibt das Bundesministerium für Arbeit und Soziales den in den Geltungsbereich der Rechtsverordnung fallenden und den möglicherweise von ihr betroffenen Arbeitgebern sowie Arbeitnehmern und Arbeitnehmerinnen, den Parteien des Tarifvertrages sowie allen am Ausgang des Verfahrens interessierten Gewerkschaften, Vereinigungen der Arbeitgeber und paritätisch besetzten Kommissionen, die auf der Grundlage kirchlichen Rechts Arbeitsbedingungen für den Bereich kirchlicher Arbeitgeber festlegen, Gelegenheit zur schriftlichen Stellungnahme innerhalb von drei Wochen ab dem Tag der Bekanntmachung des Entwurfs der Rechtsverordnung. [2]Die Gelegenheit zur Stellungnahme umfasst insbesondere auch die Frage, inwieweit eine Erstreckung der Rechtsnormen des Tarifvertrages geeignet ist, die in § 1 genannten Gesetzesziele zu erfüllen und dabei insbesondere einem Verdrängungswettbewerb über die Lohnkosten entgegenzuwirken.**

(4) **[1]Wird ein Antrag nach Absatz 1 gestellt, wird nach Ablauf der Frist nach Absatz 3 der Ausschuss nach § 5 Absatz 1 Satz 1 des Tarifvertragsgesetzes (Tarifausschuss) befasst. [2]Stimmen mindestens vier Ausschussmitglieder für den Antrag oder gibt der Tarif-**

ausschuss innerhalb von zwei Monaten keine Stellungnahme ab, kann eine Rechtsverordnung nach Absatz 1 erlassen werden. [3]Stimmen zwei oder drei Ausschussmitglieder für den Antrag, kann eine Rechtsverordnung nur von der Bundesregierung erlassen werden.

Inhaltsübersicht

Literatur: *Andelewski*, Staatliche Mindestarbeitsbedingungen, 2001; *ders.*, Staatliche Mindestentgeltregelungen, DStR 2008, 2114; *Bader*, § 98 ArbGG nF und die Frage der Aussetzung, NZA 2015, 644; *Badura*, Verfassungsfragen der Entsendung ausländischer Arbeitnehmer nach Deutschland, in: FS Söllner (2000), 111; *Barlage-Melber/Lexa*, Neuerungen für die Arbeitnehmerentsendung und für in mehreren EU-Staaten Beschäftigte, ZESAR 2010, 471; *Bayreuther*, Die Novellen des Arbeitnehmerentsende- und des Mindestarbeitsbedingungsgesetzes, DB 2009, 678; Inländerdiskriminierung bei Tariftreueerklärungen im Vergaberecht, EuZW 2009, 102; *ders.*, Einige Anmerkungen zur Verfassungsmäßigkeit des Arbeitnehmer-Entsendegesetzes und des Mindestarbeitsbedingungsgesetzes 2009, NJW 2009, 2006; *ders.*, Tariftreue vor dem Aus – Konsequenzen der Rüffert-Entscheidung des EuGH für die Tariflandschaft, NZA 2008, 626; *ders.* Gesetzlicher Mindestlohn und sittenwidrige Arbeitsbedingungen, NJW 2007, 2022; *ders.*, Tarifpolitik im Spiegel der verfassungsgerichtlichen Rechtsprechung, NZA 2005, 341; *Behrend,* Soziale Rechte entsandter Arbeitnehmer aus den EU-Mitgliedstaaten, ZESAR 2012, 55; *Bepler,* Gutachten zum 70. DJT (2014); *ders.*, Problematische Arbeitsverhältnisse und Mindestlohn, in: FS Richardi (2007), 189; *Bieback,* Rechtliche Probleme von Mindestlöhnen, insbesondere nach dem Arbeitnehmer-Entsendegesetz, RdA 2000, 207; *Bieback/Dieterich/Hanau/Kocher/Schäfer,* Tarifgestützte Mindestlöhne (2007); *Bietmann,* Gesetzliche Wege zu einem systemkonformen Mindestlohn, 2010, 116; *Blanke,* Die Neufassung des Arbeitnehmer-Entsendegesetzes: Arbeitsmarktregulierung im Spannungsverhältnis von Dienstleistungsfreiheit, Arbeitnehmerschutz und Tarifautonomie, AuR 1999, 417; *Böhm,* Arbeitnehmer-Entsendegesetz als „Ermächtigungsgesetz"?, NZA 1999, 128; *Büdenbender,* Die Erklärung der Allgemeinverbindlichkeit von Tarifverträgen nach dem Arbeitnehmer-Entsendegesetz, RdA 2000, 193; *Csaki/Freundt,* Europarechtskonformität von vergabegesetzlichen Mindestlöhnen? KommJur 2012, 246; *Dannwitz v.*, Das neugefaßte Arbeitnehmer-Entsendegesetz auf dem Prüfstand: Europa- und verfassungsrechtliche Schranken einer Neuorientierung im Arbeitsrecht, RdA 1999, 322; *Däubler,* Tariftreue statt Sozialkostenwettbewerb?, ZIP 2000, 681; *Däubler (Hrsg.),* Tarifvertragsgesetz mit Arbeitnehmer-Entsendegesetz, 3. Auflage (2012); *Däubler/Kittner/Lörcher,* Internationale Arbeits- und Sozialordnung, 2. Auflage (1994); *Deckers,* Der Mindestentgeltbegriff in § 1a AEntG, NZA 2008, 321; *Deinert,* Arbeitnehmerentsendung im Rahmen der Erbringung von Dienstleistungen innerhalb der Europäischen Union, RdA 1996, 339; *Düwel,* Große Koalition: Mindestlohn und Autonomie der Tarifvertragsparteien, DB 2014, 121; *ders.*, Lohnuntergrenzen bei vorübergehender Arbeitnehmerüberlassung, DB 2013, 756; *ders.*, Die gerichtliche Überprüfung der Allgemeinverbindlicherklärung von Tarifverträgen, NZA-Beil. 2011, 80; *M. Fischer,* Gesetzlicher Mindestlohn – Verstoß gegen die Koalitionsfreiheit?, ZRP 2007, 20; *Forst,* Die Allgemeinverbindlicherklärung von Tarifverträgen nach dem sogenannten Tarifautonomiestärkungsgesetz, RdA 2015, 25; *Franzen,* Mindestlohn und tarifliche Vergütungsbestandteile, NZA 2015, 338; *Fritzsche,* Die Vereinbarkeit des Arbeitnehmer-Entsendegesetzes sowie der erfassten Tarifverträge mit höherrangigem Recht (2001); *Gerken/Löwisch/Rieble,* Der Entwurf des Arbeitnehmer-Entsendegesetzes in ökonomischer und rechtlicher Sicht, BB 1995, 2370; *Giesen,* Staatsneutralität bei der Verbindlicherklärung von Tarifverträgen, ZfA 2008, 355; *Greiner,* Repräsentativität des Tarifvertrags als Vergabekriterium, ZfA 2012, 483; *ders.*, Rechtsfragen der Koalitions-, Tarif- und Arbeitskampfpluralität, 2. Auflage (2012); *ders.* Das VG Berlin und der Mindestlohn, BB 2008, 840; *Gronert,* Die Entsendung von Arbeitnehmern im Rahmen der grenzüberschreitenden Erbringung von Dienstleistungen (2001); *Gülker,* Die Geltungserstreckung günstigerer Tarifverträge im Anwendungsbereich des AentG – eine verfassungsrechtliche Analyse, 2012; *Hanau,* Anforderungen an ein modernes kollektives Arbeitsrecht, FS Kempen (2013); *ders.*, Die Anwendung des Arbeitnehmer-Entsendegesetzes auf inländische Arbeitgeber, NZA 1998, 1249; *Hantel,* Der allgemeine Mindestlohn und seine Auswirkung auf die Arbeitnehmerentsendung, NJ 2014, 445; *ders.*, Der Schutz arbeitsrechtlicher Mindeststandards bei einem grenzüberschreitendem Arbeitnehmereinsatz innerhalb der EU, ZESAR 2014, 261 (Teil 1), 313 (Teil 2); *Herschel,* Festsetzung von Mindestarbeitsbedingungen, BArbBl. 1952, 36; *Hohenstatt/Schramm,* Tarifliche Mindestlöhne: Ihre Wirkungsweise und ihre Vermeidung am Beispiel des Tarifvertrags zum Post-Mindestlohn, NZA 2008, 433; *Höfling/Rixen,* Tariftreue oder Verfassungstreue?, RdA 2007, 360; *Jacobs,* Tarifpluralität statt Tarifeinheit, NZA 2008, 325; *ders.,* Entgeltfindung zwischen Markt und Staat – Bemerkungen zur aktuellen Diskussion um einen gesetzlichen Mindestlohn, in: GS Walz (2008), 289; *Joussen,* Die Neufassung des Arbeitnehmerentsendegesetzes – ein Überblick, ZESAR 2009, 355; *Jöris,* Die Allgemeinverbindlicherklärung von Tarifverträgen nach dem neuen § 5 TVG, NZA 2014, 1313; *Junker/Wichmann,* Das Arbeitnehmer-Entsendegesetz – Doch ein Verstoß gegen Europäisches Recht?, NZA 1996, 505, 511; *Kamanabrou,* Erga-Omnes-Wirkung von Tarifverträgen, 2011; *Kämmerer/Thüsing,* Tariftreue im Vergaberecht, ZIP 2002, 596; *Klebeck,* Grenzen staatlicher Mindestlohntariferstreckung, NZA 2008, 446; *ders.* Mindestlohn-Rechtsverordnung nach dem AEntG, SAE 2009, 159; *Kling,* Tariftreue und Dienstleistungsfreiheit, EuZW 2002, 229; *Kocher,* Mindestlöhne und Tarifautonomie – Festlegung allgemeiner Mindestentgelte durch Verbindlicherklärung nach AEntG?, NZA 2007, 600; *Koenigs,* Zum Verhältnis Dienstleistungsfreiheit – sozialer Arbeitnehmerschutz, DB 2002, 1270; *ders.,* Lohngleichheit am Bau? – Zu einem Arbeitnehmer-Entsendegesetz, DB 1995, 1710; *Konzen,* Europäische Dienstleistungsfreiheit und nationaler Arbeitnehmerschutz, NZA 2002, 781; *Kort,* Die Bedeutung der europarechtlichen Grundfreiheiten für die Arbeitnehmerentsendung und die Arbeitnehmerüberlassung, NZA 2002, 1248; *Kortstock,* Zulässige Länge von einzelvertraglichen Ausschlussfristen – Berücksichtigung der Neuregelung im Arbeitnehmerentsendegesetz und im Mindestarbeitsbedingungengesetz, NZA 2010, 311; *Krebber,* Vergabegesetze der Länder und Dienstleistungsfreiheit, EuZA 2013, 435; *Kreiling,* Tariflohn kraft staatlicher Anordnung?, NZA 2001, 1118; *Latzel/Serr,* Rechtsschutz gegen Mindestlöhne, ZfA 2011, 391; *Löwisch,* Die neue Mindestlohngesetzgebung, RdA 2009, 215; *ders.,* Das Arbeitnehmer-Entsendegesetz – ein ordnungspolitischer und rechtlicher Irrweg, in: Gedenkband zur Erinnerung an Walter Eucken (Freiheit und wettbewerbliche Ordnung), 2000, 221; *Löwisch/Rieble,* Tarifvertragsgesetz, 3. Auflage (2012); *Maier,* Unterbietung des Mindestlohns durch Tarifverträge, NZA 2009, 351; *ders.* Verletzt die Tariferstreckung kraft Rechtsverordnung (§ 1 III a 1 AEntG) die positive Koalitionsfreiheit (Art. 9 III GG) anderweitig Tarifgebundener?, NVwZ 2008, 746; *Maul-Sartori,* Der neue 98 ArbGG, Das Beschlussverfahren vor dem LAG zur Wirksamkeitsprüfung von Allgemeinverbindlicherklärungen und Branchenmindestlöhnen im Praxistest, NZA 2014, 1305; *C. Meyer,* Gesetzliche Neuregelungen im Renten- und Arbeitsförderungsrecht einschließlich des Arbeitnehmer-Entsendegesetzes, NZA 1999, 121; *Moll,* Staatliche Vergütungsregulierung zwischen Tarifautonomie und Gemeinschaftsrecht, RdA 2010, 321; *Neumann,* Legislative Einschätzungsprärogative und gerichtliche Kontrolldichte bei Eingriffen in die Tarifautonomie, RdA 2007, 71; *Nermerich,* Mindestlohn – eine kritische Einordnung, 2009; *Nielebock,* Stärkung der Tarifautonomie, AiB 2014, 34; *ders.,* in: FS Kempen (2013), 181; *Ossenbühl/Cornils,* Tarifautonomie und staatliche Gesetzgebung, Rechtsgutachten erstattet dem Bundesministerium für Arbeit und Sozialordnung, Forschungsbericht Sozialforschung (280), 2000; *Oetker,* Tarifkonkurrenz und Tarifpluralität bei Tarifverträgen über Gemeinsame Einrichtungen (§ 4 Abs. 2 TVG), NZA-Beil. 2010, 13; *Papier/Krönke,* Gesetzliche Regelung der Tarifeinheit aus verfassungsrechtlicher

Sicht, ZfA 2011, 807; *Peter,* Gesetzlicher Mindestlohn, 1995; *dies.,* Rechtsschutz für „Niedriglöhner" durch Mindestlohn, AuR 1999, 289; *Picker,* Niedriglohn und Mindestlohn, RdA 2014, 25; *Preis/Greiner,* Die staatliche Geltungserstreckung nach dem alten und neu gefassten AentG, insbesondere bei Vorliegen konkurrierender Tarifverträge, ZfA 2009, 825; *Preis/Greiner/Hanau,* Die Sicherung der Allgemeinverbindlichkeit bei gemeinsamen Einrichtungen der Tarifvertragsparteien, SR Sonderausgabe 2014, 2; *Preis/Temming,* Die Urlaubs- und Lohnausgleichskasse im Kontext des Gemeinschaftsrechts (2006); *Preis/Ulber,* Tariftreue als Verfassungsproblem, NJW 2007, 465; *Pünder/Klafki:* Rechtsprobleme des Arbeitnehmerschutzes in den neuen Landesvergabegesetzen, NJW 2014, 429; *Richardi,* Verbandsmitgliedschaft und Tarifgeltung als Grundprinzip der Tarifautonomie, NZA 2013, 408; *Rieble,* Mindestlohnflucht durch Zeitarbeit, DB 2011, 356; *ders.,* Tariftreue vor dem BVerfG, NZA 2007, 1; *ders.,* Staatshilfe für Gewerkschaften, ZfA 2005, 245; *Rieble/Klebeck,* Gesetzlicher Mindestlohn?, ZIP 2006, 829; *Rieble/Leitmeier,* Landesgesetze über tarifliche Arbeitsbedingungen?, ZTR 2008, 237; *Rieble/Lessner,* Arbeitnehmer-Entsendegesetz, Nettolohnhaftung und EG-Vertrag, ZfA 2002, 29; *Ritgen,* Entschließungs- und Inhaltsfreiheit des Verordnungsgebers bei Rechtsverordnungen nach § 1 III a AEntG, NZA 2005, 673; *Sagan,* Das Gemeinschaftsgrundrecht auf Kollektivmaßnahmen (2008); *Schlachter,* Grenzüberschreitende Dienstleistungen: Die Arbeitnehmerentsendung zwischen Dienstleistungsfreiheit und Verdrängungswettbewerb, NZA 2002, 1242; *dies.,* Sozialkassenverfahren – Vereinbarung italienischen Rechts, RdA 2004, 179; *Schmidt,* Tarifpluralität im System der Arbeitsrechtsordnung, Berlin 2011; *Schneider/Sievers,* Freizügigkeit für Arbeitnehmer und Unternehmen – der nationale Blickwinkel, RdA 2012, 277; *Scholz,* Rechtsverordnungsermächtigung des Arbeitnehmerentsendegesetzes – Nichtannahme einer Verfassungsbeschwerde, SAE 2000, 266; *ders.,* Vergabe öffentlicher Aufträge nur bei Tarifvertragstreue?, RdA 2001, 193; *ders.,* Rechtsgutachten erstattet im Auftrag der Bundesvereinigung der Deutschen Arbeitgeberverbände, Mai 1999; *Schubert,* Ist der Außenseiter vor der Normsetzung durch die Tarifvertragsparteien geschützt?, RdA, 2001, 199; *Schwab,* Das neue Arbeitnehmer-Entsendegesetz, NZA-RR 2010, 225; *ders.,* Probleme des Arbeitnehmer-Entsendegesetzes, FS 25 Jahre Arbeitsgemeinschaft Arbeitsrecht im deutschen Anwaltsverein (2006), 1357; *Schwarze,* Kooperative Regulierung im Arbeitsrecht, ZfA 2011, 867; *Seifert,* Rechtliche Probleme von Tariftreueerklärungen, ZfA 2001, 1; *Sellin,* Arbeitnehmermobilität und Entsenderecht, 2006; *Selmayr,* Die gemeinschaftsrechtliche Entsendungsfreiheit und das deutsche Entsendegesetz, ZfA 1996, 615; *Sittard,* Anm. zu EuGH 7.11.2013 – C-522/12, EuZW 2014, 102; *ders.,* Im Dschungel der Mindestlöhne – ein Versuch der Systematisierung, RdA 2013, 301; *ders.,* Keine Nachwirkung von Mindestlohntarifverträgen, NZA 2012, 299; *ders.,* Neue Tendenzen bei der gerichtlichen Überprüfung von Allgemeinverbindlicherklärungen – Anmerkung zum Urteil des VG Düsseldorf v. 16.11.2010 – 3K 8653/08, ZTR 2011, 131; *ders.,* Voraussetzungen und Wirkungen der Tarifnormerstreckung nach § 5 TVG und dem AentG (2010); *ders.,* Neue Mindestlohngesetze in Deutschland, NZA 2009, 346; *Sittard/Lampe,* Der Entwurf eines Arbeitsvertragsgesetzes und die Lösung sog. Zukunftsfragen, RdA 2008, 249; *Sodan/Zimmermann,* Die Beseitigung des Tarifvorrangs gegenüber staatlich festgelegten Mindestarbeitsentgelten auf dem Prüfstand der Koalitionsfreiheit, ZfA 2008, 526; *dies.,* Tarifvorrangige Mindestlöhne versus Koalitionsfreiheit – Die Neufassungen des Mindestarbeitsbedingungsgesetzes und des Arbeitnehmer-Entsendegesetzes,

NJW 2009, 2001; *Stiebert/Pötters,* Spielräume der Exekutive bei Mindestlöhnen durch Rechtsverordnung, RdA 2013, 101; *Strohmeier,* Die Verfassungswidrigkeit des Arbeitnehmerentsendegesetzes, RdA 1998, 339; *Strybny,* Mindestlohn und Entsendegesetz in Deutschland – unter Berücksichtigung europarechtlicher Entwicklungen, in: FS für Leinemann (2006), 795; *Theelen,* Das Arbeitnehmerentsendegesetz: Entwicklung und Rechtskonformität (1999); *Thüsing,* Mindestlohn im Spannungsverhältnis staatlicher und privatautonomer Regelung, ZfA 2008, 526; *ders.,* Geklärtes und Ungeklärtes im Internationalen Tarifrecht, BB 2004, 1333; *Thüsing/Lembke,* Zeitarbeit im Spannungsverhältnis von Dienstleistungsfreiheit und Tarifautonomie, ZfA 2007, 87; *Ulber,* Die Erfüllung von Mindestlohnansprüchen, RdA 2014, 176; *ders.,* Arbeitnehmerüberlassungsgesetz und Arbeitnehmer-Entsendegesetz, 2. Auflage (2002); *Treber,* Gerichtliche Kontrolle von Allgemeinverbindlicherklärungen und Rechtsverordnungen nach dem AEntG, in FS Bepler (2012), 557; *Waltermann,* Gesetzliche und tarifvertragliche Gestaltung im Niedriglohnsektor, NZA 2013, 1041; *ders.,* Gesetzliche und tarifvertragliche Gestaltung im Niedriglohnsektor, NZA 2013, 1041; *Weiss/Schmidt,* Einkommenserhöhung per Gesetz?, NZA 2008, 18; *Willemsen/Sagan,* Mindestlohn und Grundgesetz, NZA 2008, 1216; *Wiedemann,* Tarifautonomie heute, BB 2013, 1397; *Windeln/Schäffer,* Arbeitsrechtliche Verpflichtungen in den Tariftreuegesetzen der Länder, ArbRB 2013, 279; *Zachert,* Neue Kleider für die Allgemeinverbindlichkeitserklärung?, NZA 2003, 132; *Zipperling,* Zum Postmindestlohn, BB 2008, 1790.

I. Regelungsziel und -systematik

1 Die Regelungen der §§ 7 und 7a geben dem BMAS die Möglichkeit durch Rechtsverordnung tariflich geregelte Mindestarbeitsbedingungen iSd. § 5 auf alle nicht tarifgebundenen Arbeitgeber und Arbeitnehmer zu erstrecken. Sie ersetzen die frühere Bestimmung des § 1 Abs. 3a AEntG 1996/1998. In seiner heutigen Fassung entstammt § 7 dem AEntG 2009 (BGBl. I 2009, 799), allerdings wurde die Regelung mit dem Tarifautonomiestärkungsgesetz vom 11.8.2014 (BGBl. I 1348) nochmals geringfügig novelliert. § 7a wurde mit diesem Gesetz erstmalig in das AEntG aufgenommen. Beide Bestimmungen sind eng miteinander verknüpft und in entscheidenden Punkten deckungsgleich. Daher werden sie hier gemeinsam kommentiert werden und – soweit zwischen ihnen keine Unterschiede bestehen – auch zusammenfassend im Singular angesprochen werden.

2 Die Regelung erweist sich als der Dreh- und Angelpunkt des Entsenderechts. Schon seit längerer Zeit stellt das Entsenderecht nur noch teilweise (s. §§ 2 und 3) einen Bestandteil des internationalen Privatrechts dar. Rein tatsächlich hat es sich mehr und mehr zu einem Instrument entwickelt, um tarifliche Arbeitsbedingungen auf bislang nicht oder anderweitig tarifgebundene Arbeitsvertragsparteien erstrecken zu können, ohne das Verfahren einer Allgemeinverbindlicherklärung beschreiten zu müssen. Faktisch ist das AEntG so zu einem umfassenden Branchenmindestlohngesetz geworden (*Henssler,* RdA 2015, 43, 53). Dies geschah zunächst, um die „Blockademöglichkeit" (so wörtlich: *Koberski,* Rn. 13; vgl. auch: *Witteler,* BB 2007, 1620) des Tarifausschusses – und damit namentlich der BdA – aufzuheben. Damit wäre es freilich in systematischer Hinsicht vorzugswürdig, wenn die Regelung dem TVG zugeordnet werden würde. Die Frage, auf welche Art und Weise der nationale Gesetzgeber Tarifrecht auf Außenseiter erstreckt, ist keine Frage des Entsende- sondern eine solche des Tarifrechts. So zeichnet sich das deutsche Tarifrecht nach wie vor durch einen sperrigen Dualismus von zwei unterschiedlichen Erstreckungsformen aus. Rechnet man noch die Festsetzung von Arbeitsbedingungen im Pflegebereich (§§ 10ff.), die Vorgabe von Mindestlöhnen nach § 3a AÜG, die verbliebenen Landestariftreueverlangen und erst recht natürlich das MiLoG hinzu, ergibt sich ein mehr oder weniger undurchsichtiges Konglomerat von höchst unterschiedlichen Mechanismen der staatlichen Lohnfestsetzung (s. auch *Sittard,* RdA 2013, 301: „Dschungel der Mindestlöhne"; *Moll,* RdA 2010, 322, 322).

II. Voraussetzungen der Rechtsverordnung

1. Einbezogene Branchen (§ 7 Abs. 1 und § 7a Abs. 1)

3 Eine Rechtsverordnung nach § 7 darf für Tarifverträge erlassen werden, deren fachlicher Geltungsbereich sich auf eine ausdrücklich in das AEntG aufgenommene Branche (§ 4) bezieht. Komplementär dazu ermöglicht §§ 7a, 4 Abs. 2 dem BMAS Tarifverträge aller anderen als der in § 4 Abs. 1 genannten Branchen zu erstrecken. Nicht ganz klar wird dabei allerdings das Verhältnis zu §§ 10ff. AEntG. Da der Gesetzeswortlaut keine Einschränkungen enthält, scheinen die Verordnungsinstrumentarien der §§ 7a und 10ff. parallel zueinander zu bestehen. Daher könnte nunmehr auch in der Pflegebranche eine Verordnung nach §§ 7a, 8 erlassen werden, wofür im Übrigen auch die Erwähnung der kirchlichen Dienstgeber in § 7a Abs. 2 spricht. Insgesamt hat die Erstreckung von Tarifverträgen durch Rechtsverordnungen nach dem AEntG mittlerweile eine lange Tradition. Die erste Verordnung über zwingende Arbeitsbedingungen im Baugewerbe datiert vom 25. August 1999 (BGBl. I 1999, 1894). Mit der schrittweisen Ausweitung des AEntG insbesondere in den Jahren 2007, 2009 und, kurz vor dem Tarifautonomiestärkungsgesetz, im Mai 2014 wurden immer mehr branchenspezifische Mindestlohntarifverträge erstreckt. So finden sich derzeit (Stand: Juli 2015) für fast alle der in § 4 genannten Branchen AEntG-Tarifverträge (Ausnahmen: Brief- und Sicherheitsdienstleistungen, § 4 Abs. 1 Nrn. 3 u. 4). In der 2. Jahreshälfte 2014 wurde dann erstmals auch von § 7a Gebrauch gemacht und es wurden Mindestarbeitsbedingungen für weitere Branchen vorgeben, so für das Friseurhandwerk (1. VO, BAnz v. 10.12.2014), die Land- und Forstwirtschaft, sowie den Gartenbau (1. VO, BAnz. v. 19.12.2014) und die Textil- und Bekleidungsindustrie (1. VO, BAnz. v. 31.12.2014). Letztere unterschreiten allerdings überwiegend das Niveau des gesetzlichen Mindestlohns nach § 1 MiLoG; bei ihnen handelt es sich also vornehmlich um Übergangsregelungen iSv. § 24 MiLoG iVm. § 24a AEntG.

2. Erstreckbare Arbeitsbedingungen, räumlicher Geltungsbereich des Tarifvertrags

4 Der Tarifvertrag darf im Ergebnis sämtliche der in § 2 genannten **Arbeitsbedingungen** enthalten. In der Praxis werden zwar vorrangig Mindestbedingungen nach **§ 5 Nrn. 1 bis 3** zum Gegenstand einschlägiger Tarifverträge gemacht (Mindestentgeltsätze, einschließlich Überstundensätze; Dauer des Erholungsurlaubs; Urlaubsentgelt; zusätzliches Urlaubsgeld; Beitragspflicht zu Urlaubskassen). Mit der Neufassung des AEntG durch das Tarifautonomiestärkungsgesetz dürfen nunmehr über § 5 Nr. 4 aber auch die in § 2 Nrn. 4 bis 7 aufgeführten Arbeitsbedingungen erstreckt werden (BT-Drs. 18/1558, S. 51). Dies war bislang ausgeschlossen. Die Öffnung des AEntG auch für diese Arbeitsbedingungen erklärt sich mit der Rückführung des Instruments der Allgemeinverbindlicherklärung im AEntG auf die Baubranche (§ 4 Abs. 1 Nr. 1). Enthält der Tarifvertrag dagegen andere, nicht in § 2 genannte Arbeitsbedingungen, darf er nicht erstreckt werden. Eine **Teilverweisung** auf einen Tarifvertrag kommt nicht in Betracht (s. unten, Rn. 27).

5 Abgesehen vom Sonderfall der Beitragspflicht zu Urlaubskassen (Rn. 6) darf eine Rechtsverordnung nur für Tarifverträge erlassen werden, deren räumlicher Geltungsbereich sich auf das **gesamte Bundesgebiet** erstreckt (*Ulber,* Rn. 15 u. § 3 Rn. 9ff.; *Bayreuther,* DB 2009, 678; s. auch § 3 Rn. 6). Das folgt mittelbar aus § 3, wonach nur bundesweit zwingende Tarifverträge auf ausländische Arbeitsvertragsparteien erstreckt werden dürfen. Zwar enthalten die §§ 7, 7a und 8 nicht ausdrücklich eine derartige Einschränkung, so dass theoretisch auch ein örtlich begrenzt wirkender Tarifvertrag zum Gegenstand einer Rechtsverordnung gemacht werden könnte. Indes würde dies zu kaum auflösbaren Widersprüchen führen. In § 8 Abs. 1 S. 1 bestimmt der Gesetzgeber nämlich nochmals ausdrücklich, dass auch Arbeitgeber mit Sitz im Ausland, die unter den Geltungsbereich einer Rechtsverordnung fallen, verpflichtet sind, ihren Arbeitnehmern mindestens die Arbeitsbedingungen des fraglichen Tarifvertrags zu gewähren. Erstreckte man also einen regional beschränkten Tarifvertrag durch eine Rechtsverordnung auf Dritte, wären hiervon nach § 8 auch Ausländer erfasst, obwohl § 3 bestimmt, dass dies gerade nicht der Fall sein soll. Würde man dagegen annehmen, dass von einer Verordnung mit regional beschränktem Geltungsbereich entgegen dem Wortlaut des § 8 alleine Inländer, nicht aber Ausländer erfasst sind, ge-

langte man zu einer Inländerdiskriminierung, die dem Regelungszweck des Gesetzes diametral entgegen gesetzt wäre. Schließlich ging der Gesetzgeber des Jahres 2009 davon aus, dass das neue Gesetz die bisherige Praxis der Verbindlicherklärung bundesweiter Tarifverträge „fortschreiben" soll (Begr. RegE, BT-Drs. 16/10485, S. 14). Das heißt freilich nicht, dass der Tarifvertrag auch einheitliche Arbeitsbedingungen für das gesamte Bundesgebiet vorgeben müsste.

6 Rein **regional geltende Tarifverträge** dürfen allerdings dann erstreckt werden, wenn sie die Dauer des Urlaubs, das Urlaubsentgelt, ein zusätzliches Urlaubsgeld oder urlaubsbezogene Sozialkassenverfahren zum Gegenstand haben (§ 3 S. 2). Diese Regelung ist auf Empfehlung des Bundesrats (BT-Drs. 16/10486, Anl. 3 Nr. 6) sowie des Ausschusses für Arbeit und Soziales (BT-Drs. 16/11669) in das Gesetz eingefügt worden. Sie dient vor allem dazu, sicherzustellen, dass das Urlaubskassenverfahren der Bauwirtschaft in das Gesetz einbezogen wird, was die kombinierte Anwendung regionaler Tarifverträge erforderlich werden lässt (s. dazu: § 3 Rn. 6 u. die Äußerung des Hauptverbands der Deutschen Bauindustrie, Ausschuss-Drs. 16[11]1138, S. 47). Allerdings müssen die Tarifverträge zusammengefasst das gesamte Bundesgebiet abdecken und entsprechend auch insgesamt für zwingend erklärt werden.

3. Antrag auf Erlass einer Rechtsverordnung

7 Der Erlass einer Rechtsverordnung setzt einen **gemeinsamen Antrag** der Parteien eines Tarifvertrags **auf Erlass einer Rechtsverordnung** nach §§ 7 bzw. 7a voraus. Die Regelung stellt zunächst klar, dass der Bundesminister eine Rechtsverordnung nicht ohne vorherige Antragstellung, also nicht „von Amts wegen", erlassen darf (s. auch: Däubler/*Lakies,* § 1 AEntG [Anh. 2 zu § 5], Rn. 99). Der Antrag bedarf keiner Begründung. Zur Antragstellung sind nur die Parteien des Tarifvertrags, der erstreckt werden soll, berechtigt. Im Gegensatz zum vormaligen AVE-Verfahren des § 5 TVG, aber auch zum früheren AEntG 1996/1998 (§ 1 Abs. 3a S. 1) genügt es dabei nicht, wenn alleine eine Tarifvertragspartei einen solchen Antrag stellt (zur Entwicklungsgeschichte und zum Grund des Erfordernisses eines gemeinsamen Antrags, s. Vorauflage: Rn. 6).

8 Anders als dies bis zum Tarifautonomiestärkungsgesetz der Fall war, ist es weder erforderlich, noch genügend, dass die Tarifparteien den Erlass einer Allgemeinverbindlicherklärung beantragen. Das ist begrüßenswert. Denn bislang waren die Tarifvertragsparteien gehalten, etwas zu beantragen, was sie im Regelfall eigentlich gar nicht wollen. Häufig stand nämlich von vorneherein fest, dass der fragliche Tarifvertrag nicht für allgemeinverbindlich erklärt werden wird, weshalb die Antragsteller nichts weiter anstrebten als den Erlass einer Rechtsverordnung nach §§ 7 oder 7a. Beantragen sie nunmehr allerdings eine Allgemeinverbindlicherklärung und wird daraufhin das Verfahren nach § 5 TVG durchlaufen, bleibt

der Antrag aber erfolglos, kann nicht mehr einfach zu einem Erlassverfahren nach §§ 7 und 7a übergegangen werden. Vielmehr bedarf es eines neuerlichen Antrags, eben auf Erlass einer Rechtsverordnung nach §§ 7 oder 7a.

4. Materielle Voraussetzungen

9 Mit der Neufassung des AEntG durch das Tarifautonomiestärkungsgesetz hat sich der frühere Streitstand erledigt, ob der Erlass einer Rechtsverordnung davon abhängt, dass die Voraussetzungen erfüllt sind, die § 5 TVG an die Allgemeinverbindlicherklärung von Tarifverträgen stellt. Dies ist nicht der Fall (ErfK/*Schlachter,* Rn. 4). Die neuen §§ 7 und 7a setzen noch nicht einmal einen Antrag der Tarifpartner auf Erlass einer Allgemeinverbindlicherklärung voraus (Rn. 8) und auch ansonsten nehmen die Regelungen in keiner Weise mehr Bezug auf § 5 TVG. Vielmehr legen sie autonom die Voraussetzungen fest, unter denen eine Verordnung ergehen darf. Damit steht das Verfahren zur Geltungserstreckung eines Tarifvertrages nach dem AEntG selbstständig neben dem der Allgemeinverbindlicherklärung. Ohnehin hat dieser Streit aber auch deshalb an Bedeutung verloren, weil in dessen Mittelpunkt vor allem die Frage stand, ob das 50%-Quorum des § 5 Abs. 1 S. 1 Nr. 1 TVG a. F. auch im Geltungsbereich der §§ 7 und 7a heranzuziehen ist. Dieses ist indes mit dem Tarifautonomiestärkungsgesetz aus § 5 TVG gestrichen worden.

10 Das BMAS darf nur dann eine Rechtsverordnung nach §§ 7 bzw. 7a erlassen, wenn die Erstreckung des fraglichen Tarifvertrags **im öffentlichen Interesse** geboten erscheint. Dabei konkretisiert sich der Begriff des „öffentlichen Interesses" nicht durch die in § 5 Abs. 1 S. 2 TVG aufgeführten Tatbestandsmerkmale (s. Rn. 9). Vielmehr stellen §§ 7 Abs. 1 und 7a Abs. 1 klar, dass zu prüfen ist, ob die Rechtsverordnung dazu beitragen wird, die in § 1 genannten Gesetzesziele zu erreichen.

11 Aus dem Recht der Allgemeinverbindlicherklärung lässt sich allerdings die Formel entnehmen, wonach ein öffentliches Interesse bereits dann gegeben ist, wenn durch die Dritterstreckung des Tarifvertrags ein **anerkanntes Interesse des Gesetzgebers** nachvollzogen wird (BAG v. 28.3.1990 – 4 AZR 536/89, NZA 1990, 781 = AP Nr. 25 zu § 5 TVG). Dies ist insbesondere der Fall, wenn die Rechtsverordnung drohende wesentliche Nachteile für eine erhebliche Anzahl von Arbeitnehmern abwenden kann (*Ulber,* Rn. 20; Wiedemann/*Wank,* § 5 Rn. 71; Däubler/*Lakies,* § 5 Rn. 103; KeZa/*Kempen,* § 5 Rn. 31; *Bayreuther,* DB 2009, 678). Insoweit genügt, wenn das BMAS Mindestarbeitsentgelte im Durchschnittsniveau anderer Berufszweige sichern oder **soziale Arbeitsbedingungen** herstellen will (ErfK/*Schlachter,* Rn. 5; *Zachert,* NZA 2003, 132; *Waltermann,* NZA-Beil. 3/2009, 110, 117 f.). Keinesfalls ist erforderlich, dass ohne den Verordnungserlass ein sozialer Notstand iSd. § 5 Abs. 1 S. 2 TVG eintreten würde (vgl. BAG v. 24.1.1979 – 4 AZR 377/77,

BAGE 31, 241 = AP Nr. 16 zu § 5 TVG). Da das AEntG anders als § 5 TVG auch wettbewerbliche Zwecke verfolgt, kann die Rechtsverordnung auch erlassen werden, um einen **Unterbietungswettbewerb durch Außenseiterarbeitgeber** zu unterbinden (*Henssler,* RdA 2015, 43, 54; *Koberski,* Rn. 25ff.; *Ulber,* Rn. 21; *Kocher,* NZA 2007, 600; *Bieback,* RdA 2000, 214; vgl. auch: Begr. RegE, BT-Drs. 16/10486, S. 12f., S. 15; Begr. RegE AEntG 1996, BT-Drs. 13/2414, S. 7; anders – aber eben zu § 5 TVG: ErfK/*Franzen,* § 5 TVG Rn 2; *Löwisch/Rieble,* § 5 Rn. 99ff.; BeckOKArbR/*Giesen,* § 5 TVG Rn. 9). Gerade in der Anfangszeit des AEntG dienten Verordnungen nach dem AEntG dazu, in der Bauwirtschaft Betriebe aufrechtzuerhalten, Arbeitsplätze zu sichern und ein Ausbluten tariftreuer Betriebe zu verhindern. Weiter rechnet es zum öffentlichen Interesse, wenn der Verordnungsgeber die Ordnungsfunktion der Tarifautonomie stärken möchte. Schon für § 5 TVG hatte das BVerfG es für legitim befunden, wenn der Staat versucht, über eine Normerstreckung *„die Effektivität der tarifvertraglichen Normsetzung gegen die Folgen wirtschaftlicher Fehlentwicklungen (zu sichern)"* (BVerfG v. 24.5.1977 – 2 BvL 11/74, BVerfGE 44, 322 [325, 342] = AP Nr. 15 zu § 5 TVG = NJW 1977, 2255). Was **gemeinsame Einrichtungen** der Tarifvertragsparteien angeht, ist es überdies ein anerkennenswertes Ziel, wenn die Subventionierung der nicht tarifgebundenen Unternehmen durch tarifgebundene Wettbewerber verhindert werden soll (BAG v. 28.3.1990 – 4 AZR 536/89, NZA 1990, 781, s. ausführlich: *Oetker,* NZA-Beilage 1/2010, 13; *Preis/Greiner/Hanau,* SR Sonderausgabe 2014, 2). Schließlich können Urlaubskassenverfahren erstreckt werden, um Arbeitnehmern einen zusammenhängenden Urlaub zu eröffnen und zu Gunsten der Arbeitgeber zu vermeiden, dass dieser abgegolten werden muss (BAG v. 22.9.1993 – 10 AZR 371/92, NZA 1994, 323).

12 Abschließend bedarf es einer **Interessenabwägung** zwischen den Vor- und Nachteilen der Erstreckung des Tarifvertrags. Das Interesse an der Dritterstreckung des fraglichen Tarifvertrags ist den Belangen der von der Normerstreckung angesprochenen Arbeitsvertragsparteien und dabei vor allem der betroffenen Arbeitgeber gegenüber zu stellen. Ein Kriterium dabei kann – unter anderem – auch das der „Repräsentativität" des in Frage stehenden Tarifvertrags sein (*Sittard,* NZA 2009, 346, 348; *ders.,* Tarifnormerstreckung, S. 430ff.) und zwar auch außerhalb des „Auswahlverfahrens" nach § 7 Abs. 2 und 3. Die Dritterstreckung eines Tarifvertrags auf Außenseiter lässt sich generell umso mehr rechtfertigen, als sich dieser in der Branche durchgesetzt hat. Umgekehrt handelt es sich dabei um kein Ausschlusskriterium (strenger aber: *Schwarze,* ZfA 2011, 867, 898: entscheidendes Kriterium; in diese Richtung auch *Kolbe/Rieble,* ZfA 2015, 125, 152), so dass weder ausschlaggebend, noch erforderlich ist, dass der Tarifvertrag überwiegende Bedeutung iSd. § 5 Abs. 1 S. 2 Nr. 1 TVG erlangt hat. Erst recht kommt es nicht darauf an, ob das frühere 50% Quorum des § 5 Abs. 1 S. 2 Nr. 1 TVG a. F. erfüllt ist.

13 Über diese Voraussetzungen hinaus, ist der Erlass einer **Rechtsverordnung nach § 7a** zusätzlich daran gebunden, dass durch die Erstreckung tariflicher Mindestarbeitsbedingungen einem Verdrängungswettbewerb über die Lohnkosten entgegengewirkt wird. Der Gesetzgeber wollte damit an die Entscheidungen des BVerfG v. 11.7.2006 (1 BvL 4/00, BVerfGE 116, 202 = NZA 2007, 42 [Berliner Tariftreugesetz]) und v. 20.3.2007 (1 BvR 1047/05, NZA 2007, 609 [Generalunternehmerhaftung nach § 14]) anknüpfen (BT-Drs. 18/1558, S. 52). Groß ist der Unterschied zum Regeltatbestand des § 7 Abs. 1 freilich nicht. Denn dieses Merkmal schwingt natürlich auch bei allen anderen Gesichtspunkten mit, die ein öffentliches Interesse an der Erstreckung eines Tarifvertrags begründen können. Überdies ist dieses Tatbestandsmerkmal noch nicht einmal zwingend *(„insbesondere")*. Mit ihm soll vielmehr im Grunde nur verdeutlicht werden, dass im Fall des § 7a innerhalb der erforderlichen Abwägung, der Herstellung angemessener und akzeptabler Mindestarbeitsbedingungen ein hervorgehobener Stellenwert einzuräumen ist (BT-Drs. 18/1558, S. 52, spricht sogar von einer *„zentralen* Stellung"). Dieses Kriterium schließt daher nicht aus, dass in einer Branche des § 4 Abs. 2 über § 7a etwa ein Tarifvertrag über gemeinsame Einrichtungen erstreckt wird.

14 Dem BMAS kommt bei seiner Entscheidung, wie bei der Allgemeinverbindlicherklärung von Tarifverträgen auch, ein **weiter Beurteilungs- und Ermessensspielraum** zu. Sie ist nur dann angreifbar, wenn dem Ministerium bei der Feststellung des öffentlichen Interesses wesentliche Fehler unterlaufen sind (*Koberski,* Rn. 28f.; *Ulber,* Rn. 18 *[„Mindestmaß an Repräsentativität"];* ErfK/*Schlachter,* Rn. 6; *Sittard,* RdA 2013, 301, 303; zur Allgemeinverbindlicherklärung von Tarifverträgen: BAG v. 22.9.1993 – 10 AZR 371/92, NZA 1994, 323; v. 8.3.1990 – 4 AZR 536/89, NZA 1990, 781 = AP Nr. 25 zu § 5 TVG; v. 24.1.1979 – 4 AZR 377/77, BAGE 31, 251 = AP Nr. 16 zu § 5 TVG; v. 11.6.1975 – 4 AZR 395/74, BAGE 27, 175, 185 = AP Nr. 29 zu § 2 TVG; v. 3.2.1965 – 4 AZR 385/63, BAGE 17, 59, 70 = AP Nr. 12 zu § 5 TVG; BVerwG v. 3.11.1988 – 7 C 115.86, NZA 1989, 364 = AP Nr. 23 zu § 5 TVG; etwas enger allerdings noch: BVerfG v. 24.5.1977 – 2 BvL 11/74, BVerfGE 44, 322 [325, 342] = AP Nr. 15 zu § 5 TVG = NJW 1977, 2255; strenger allerdings: *Stiebert/Pötters* RdA 2013, 101, 103; in diese Richtung auch: *Kolbe/Rieble,* ZfA 2015, 125, 153f. [für Tarifverträge über gemeinsame Einrichtungen und mit Bezug zu § 5 Abs. 1a TVG]).

15 Der Rechtsverordnungserlass dient nicht nur dem öffentlichen Interesse, sondern auch dem der Tarifvertragsparteien. Daher haben die antragstellenden Tarifvertragsparteien einen **Anspruch auf rechtsfehlerfreie Entscheidung** über ihren Antrag (ErfK/*Schlachter,* Rn. 5; **a. A.** aber: *Ritgen,* NZA 2005, 673, 674; *Löwisch/Rieble,* § 5 Rn. 265; für die hier vertretene Ansicht spricht: BVerwG v. 4.7.2002 – 2 C 13/01, NVwZ 2002, 1505; und in der Tendenz auch: BVerwG v. 3.11.1988 – 7

C 115/86, NZA 1989, 364; *Mäßen/Mauer,* NZA 1996, 121). Angesichts des erheblichen Beurteilungs- und Ermessensspielraums des BMAS wird sich dieser aber nur bei Verfahrensfehlern realisieren und auch dann nur eine Neubescheidung des Antrags zur Konsequenz haben können.

5. Anhörungs- und Beteiligungsrechte (§ 7 Abs. 1 S. 1, Abs. 4 u. 5, § 7a Abs. 3 und 4)

16 **a) Keine Zustimmung des Bundesrats.** Eine Rechtsverordnung nach §§ 7 bzw. 7a bedarf nicht der Zustimmung des Bundesrats.

17 **b) Anhörung der von der Rechtsverordnung Betroffenen und interessierter Kreise. aa) Verordnung nach § 7 (§ 7 Abs. 4).** Im Verfahren zum Erlass einer Rechtsverordnung nach § 7 hat das BMAS den in den Geltungsbereich der Verordnung fallenden Arbeitnehmern und Arbeitgebern, den Parteien des Tarifvertrages, sowie in den Fällen des Abs. 2 und 3 den Parteien konkurrierender Tarifverträge vor Verordnungserlass Gelegenheit zur Stellungnahme zu geben.

18 **bb) Verordnung nach § 7a (§ 7a Abs. 3).** Für das Verfahren nach § 7a finden weitgehend dieselben Grundsätze wie bei dem nach § 7 Anwendung. Allerdings wird der Kreis der zur Stellungnahme berechtigten Personen erweitert. Noch keinen großen Unterschied zu § 7 Abs. 4 wird es in der Praxis machen, dass nicht alleine die unter die Rechtsverordnung *„fallenden"* Arbeitgeber und Arbeitnehmer, sondern auch die von ihr nur *„möglicherweise (...) betroffenen"* Arbeitsvertragsparteien anzuhören sind. In der Tat eine Erweiterung erfährt das Anhörungsverfahren aber dadurch, dass alle am Ausgang des Verfahrens interessierten Gewerkschaften, Vereinigungen der Arbeitgeber und paritätisch besetzten Kommissionen, die auf der Grundlage kirchlichen Rechts Arbeitsbedingungen für den Bereich kirchlicher Arbeitgeber festlegen, zu beteiligen sind. Dadurch soll eventuellen Überschneidungen mit benachbarten Branchen vorgebeugt werden (BT-Drs. 18/1558, S. 52). Im Vergleich dazu ist der Gesetzeswortlaut freilich recht weit geraten. Denn nunmehr kann jede am Ausgang des Verfahrens interessierte Gewerkschaft, Arbeitgebervereinigung oder paritätische Kommission Stellung beziehen, unabhängig davon, ob diese Tarifverträge mit einem wenigstens teilweise identischen fachlichen Geltungsbereich abgeschlossen haben oder dies zukünftig beabsichtigen (ErfK/*Schlachter,* § 7a Rn. 4). Rein theoretisch könnte also die IG Metall sich zur Erstreckung der Mindestarbeitsbedingungen im Friseurhandwerk äußern.

19 Die Gelegenheit zur Stellungnahme umfasst insbesondere auch die Frage, inwieweit eine Erstreckung der Rechtsnormen des Tarifvertrages geeignet ist, die in § 1 genannten Gesetzesziele zu erfüllen und dabei insbesondere einem Verdrängungswettbewerb über die Lohnkosten entgegenzuwirken. Verfahrensrechtlich erscheint diese Aussage eher weniger

bedeutend, weil auch in Anhörungsverfahren die Meinungsfreiheit des Art. 5 GG Geltung beansprucht. Allerdings wird dadurch nochmals hervorgehoben, dass nach dem Willen des Gesetzgebers diesem Kriterium in der Abwägungsentscheidung ein besonderes Gewicht einzuräumen ist (Rn. 13). Entsprechend hat das BMAS sich mit einschlägigen Äußerungen der angehörten Personen oder Verbände besonders sorgfältig auseinander zu setzen.

20 **cc) Fristen und Formalia (beide Verfahren).** Die Anhörung wird durch die Bekanntmachung des Verordnungsentwurfs im Bundesanzeiger eingeleitet. An diese knüpft eine dreiwöchige Frist zur Stellungnahme an. Deren Berechnung richtet sich nach §§ 31 Abs. 1 VwVfG, 187 Abs. 1, 188 Abs. 2 Alt. 1 BGB. Nach dem Gesetzeswortlaut sind Stellungnahmen schriftlich einzureichen. In der Gesetzesbegründung zu § 7a Abs. 3 wird allerdings ausgeführt, dass für eine schriftliche Stellungnahme im Sinne der Vorschrift bereits die Textform (§ 126b BGB) genüge (BT-Drs. 18/1558, S. 52), so dass es nicht der Schriftform des § 126 BGB bedürfe. Auch wenn dies keinen direkten Niederschlag im Gesetzestext gefunden hat, ist dem für beide Verordnungsarten zu folgen. Die Schriftform mit ihrer Warn- und Beweisfunktion ist hier fehl am Platze. Entscheidend ist, dass die Betroffenen ein hinreichendes rechtliches Gehör finden. Mündlich übermittelte Stellungnahmen genügen indes nicht (BT-Drs. 18/1558, S. 52).

21 **dd) Rechtsfolgen einer unterbliebenen Anhörung (beide Verfahren).** Ein wesentlicher Verstoß gegen Anhörungs- und Beteiligungsrechte führt zur Unwirksamkeit der Verordnung (BAG v. 18.4.2012 – 5 AZR 630/10, BAGE 141, 137 = NZA 2012, 978; BVerwG 28.1.2010 – 8 C 19/09, BVerwGE 136, 54 = NZA 2010, 718). Ein solcher liegt jedenfalls dann vor, wenn der Verordnungsentwurf nicht im Bundesanzeiger bekannt gemacht (BAG v. 18.4.2012 – 5 AZR 630/10, BAGE 141, 137 = NZA 2012, 978; BVerwG 28.1.2010 – 8 C 19/09, BVerwGE 136, 54 = NZA 2010, 718) oder die dreiwöchige Stellungnahmefrist nicht abgewartet wurde. Ansonsten ist zu prüfen, ob eine Verfahrensvorschrift, die der Gesetzgeber im Interesse sachrichtiger Normierungen statuiert hat, in funktionserheblicher Weise verletzt wurde. Das indes ist nur dann der Fall, wenn den Betroffenen ein Recht zur Anhörung versagt wird oder deren Stellungnahmen erst gar nicht angenommen oder zur Kenntnis genommen werden. Dies wiederum trifft nur auf die Anhörung der (möglicherweise) in den Geltungsbereich der Rechtsverordnung fallenden Arbeitgeber und Arbeitnehmer zu, auf die antragstellenden Tarifpartner, sowie auf die Vertragspartner konkurrierender Tarifverträge bzw. kirchlicher Arbeitsbedingungen. Dagegen führt es nicht zwingend zur Nichtigkeit der Verordnung, wenn im Geltungsbereich des § 7a die „sonstigen interessierten Kreise" nicht vorschriftsmäßig beteiligt wurden. Sowohl das BAG als auch das BVerwG arbeiten in den angesprochenen Entscheidungen näm-

lich heraus, dass sich die Nichtigkeitsfolge daraus ergibt, dass die Anhörung den Betroffenen die Möglichkeit einräumen soll, ihre Rechte geltend zu machen. Die Geltungserstreckung eines Tarifvertrags per Rechtsverordnung wirke sich nämlich unmittelbar gestaltend auf die jeweiligen Arbeitsverhältnisse und Arbeitsplätze aus und schränke die wirtschaftliche bzw. unternehmerische Disposition der von ihr angesprochenen Unternehmen ein. Daher solle deren Beteiligung gewährleisten, dass der Verordnungsgeber deren Interessen in seine Entscheidung einbezieht.

c) Beteiligung des Tarifausschusses bei „erstmaliger" Antragstellung (§§ 7 Abs. 5, 7a Abs. 4). Nach §§ 7 Abs. 5 bzw. 7a Abs. 4 ist vor Verordnungserlass der nach § 5 Abs. 1 S. 1 TVG beim BMAS eingerichtete Tarifausschusses zu beteiligen. Dadurch sollen gesamtwirtschaftliche Erwägungen in den Entscheidungsprozess eingebracht werden (Begr. RegE, BT-Drs. 16/10486, S. 16). Was dessen Beteiligung betrifft, bestehen allerdings erhebliche Unterschiede zwischen einem Verordnungserlass nach § 7 einerseits und § 7a andererseits. Für den **Geltungsbereich des § 7** bestimmt Abs. 5 S. 1, dass der Tarifausschuss nur dann zu beteiligen ist, wenn in einer **Branche,** die zwar in das AEntG einbezogen worden ist, für die es aber bislang noch keinen Tarifvertrag über Mindestarbeitsbedingungen gab, **erstmalig** ein Antrag auf Erstreckung eines Tarifvertrags gestellt wird. Er ist also nicht etwa vor jeder erneuten Erstreckung eines Tarifvertrags zu beteiligen (Begr. RegE, BT-Drs. 16/10486, S. 16; ErfK/*Schlachter,* Rn. 12; *Ulber,* Rn. 41; offener für eine Beteiligung bei jedem Erstreckungsakt: *Joussen,* ZESAR 2009, 355, 361; *Sittard,* NZA 2009, 346, 347 – so auch die Vorauflage, Rn. 41 – diese Ansicht wird aufgegeben). War ein *„erstmaliger"* Antrag auf Verordnungserlass allerdings gescheitert, bedarf es bei einer erneuten Antragstellung einer neuerlichen Beteiligung des Tarifausschusses und zwar auch dann, wenn der gleiche Tarifvertrag wieder zum Verfahrensgegenstand gemacht wird. Zudem bestimmt § 7 Abs. 5 S. 4, dass die Regelung schon ganz grundsätzlich nicht für Tarifverträge greift, die in den in § 4 Abs. 1 Nr. 1 bis 8 genannten Branchen gelten. Damit hat die Regelung **faktisch keinen Anwendungsbereich** mehr. Es bleiben nämlich – einmal abgesehen von Tarifverträgen in Branchen, die in Zukunft ergänzend in § 4 Abs. 1 aufgenommen werden könnten – nur Tarifverträge für das Schlachten und die Fleischverarbeitung (§ 4 Abs. 1 Nr. 9). Für diese wurde zum 1. August 2014 allerdings bereits ein Mindestlohn eingeführt. Davor wurde das Verfahren nach § 7 Abs. 5 AEntG in der Tat durchlaufen. Nun spielt es selbst in dieser Branche keine Rolle mehr. **22**

Dagegen ist der Tarifausschuss bei jedem Verordnungserlass nach § 7a Abs. 4 AEntG zu beteiligen. Der Gesetzgeber geht davon aus, dass eine durchgängige Beteiligung wegen des erhöhten Bedarfs an Klarheit bei der Branchenabgrenzung erforderlich ist (BT-Drs. 15/1558, S. 52, *Henssler,* RdA 2015, 43, 54f.). **23**

24 Der Tarifausschuss ist anzuhören, nachdem die Stellungnahmefristen nach §§ 7 Abs. 4 bzw. 7a Abs. 3 (Rn. 20) abgelaufen sind. Die Frist zur Abgabe einer Stellungnahme durch den Tarifausschuss beträgt zwei Monate. Die Fristberechnung richtet sich nach §§ 31 Abs. 1 VwVfG, 187 Abs. 1, 188 Abs. 2 Alt. 1 BGB. Dem Tarifausschuss stehen nach der fast biblisch formulierten (s. Matthäus 18, 20) Bestimmung des §§ 7 Abs. 5 S. 2 u. 7a Abs. 4 S. 2 AEntG vier Reaktionsmöglichkeiten offen:

- Lässt der Tarifausschuss die Stellungnahmefrist ungenutzt verstreichen, kann das BMAS die beantragte Rechtsverordnung erlassen.
- Stimmen mindestens vier der sechs Mitglieder des Tarifausschusses für den Erlass der Rechtsverordnung, erreicht der Antrag also eine Mehrheit, ist für das BMAS ebenfalls der Weg zum Erlass einer Rechtsverordnung offen.
- Stimmen zwei oder drei Mitglieder für den Antrag, so dass er jedenfalls nicht mehr als vier Gegenstimmen erhält, kann eine Rechtsverordnung zwar erlassen werden, indes nicht durch den Bundesminister, sondern nur durch die Bundesregierung.
- Der Antrag ist gescheitert, wenn er im Tarifausschuss keine oder nur eine Stimme erhält (Begr. RegE, BT-Drs. 16/10486, S. 16). In diesem Fall ist der Erlass einer Rechtsverordnung unzulässig.

25 Der Verordnungserlass scheitert also nur, wenn im Ausschuss mit einer 5/6-Mehrheit gegen ihn gestimmt wird. Damit kann keine Seite (insbesondere also nicht die Arbeitgeberbank) die Erstreckung einseitig verhindern, wie es im Anwendungsbereich des § 5 Abs. 1 TVG möglich ist (§ 3 Abs. 2 DVO-TVG). Eine Verordnung kann also auch gegen den Willen sämtlicher Arbeitgeber- und eines Arbeitnehmervertreters erlassen werden.

26 Unterbleibt das Anhörungsverfahren nach §§ 7 Abs. 5 bzw. 7a Abs. 4 oder wird es nicht korrekt durchgeführt, ist eine dennoch erlassene Rechtsverordnung nichtig, vgl. die Erwägungen bei Rn. 21.

6. Inhalt der Rechtsverordnung, Bekanntmachung, Inkrafttreten, Rechtswirkungen

27 Die Rechtsverordnung muss nach dem Wortlaut des § 7 („... die Rechtsnormen des Tarifvertrags ...") den Tarifvertrag vollständig übernehmen (*Ritgen,* NZA 2005, 673, 676). Enthält etwa ein Tarifvertrag eine Ausschlussfrist, die kürzer als sechs Monate ist (§ 9 S. 4), ist von einer Erstreckung abzusehen und nicht etwa der Tarifvertrag ohne Ausschlussfrist für zwingend zu erklären. Auch kommt eine **Erweiterung** des fachlichen **Geltungsbereichs** des zu erstreckenden Tarifvertrags nicht in Betracht. Möglich ist aber eine Verkürzung des personellen Geltungsbereichs. Es können daher bestimmte Betriebstypen ausgenommen werden, um Überschneidungen mit anderen Tarifverträgen zu vermeiden (*Stiebert/Pötters,* RdA 2013, 101, 105; so auch die h. M. im Hinblick zu § 5 TVG:

BAG v. 2.7.2008 – 10 AZR 386/07, NZA 2009, 145; v. 20.3.1991 – 4 AZR 455/90, NZA 1991, 736; v. 26.10.1983 – 4 AZR 219/81, AP Nr. 3 zu § 3 TVG; ErfK/*Franzen,* § 5 TVG Rn. 9; *Löwisch/Rieble,* § 5 Rn. 57 ff.). Unproblematisch ist es, wenn eine Rechtsverordnung erst erlassen wird bzw. in Kraft tritt, nachdem der Tarifvertrag bereits in Kraft getreten war. Umgekehrt kann eine Verordnung befristet werden; ihr Auslaufen muss nicht mit dem Ende des Tarifvertrags korrelieren (*Stiebert/ Pötters,* RdA 2013, 101, 106). Die Verordnung ist im Bundesgesetzblatt oder im Bundesanzeiger zu verkünden (Art. 82 Abs. 1 S. 2 GG i. V. m. § 1 Abs. 1 RVVerkG). Letzteres war bislang der Regelfall. Enthält sie keine Bestimmung zu ihrem Inkrafttreten, tritt sie mit dem 14. Tag nach Ablauf des Tages in Kraft, an dem das jeweilige Bundesgesetzblatt (der Bundesanzeiger) ausgegeben wurde (Art. 82 Abs. 2 S. 2 GG). Mit diesem Tag entfaltet sie auch ihre Rechtswirkungen. Zu diesen, s. § 8 Rn. 1 ff.

7. Außerkrafttreten, „Nachwirkung"

28 Eine Rechtsverordnung nach § 7 tritt mit Änderung, Aufhebung oder – im Fall einer Befristung – durch Zeitablauf außer Kraft. Für eine vorzeitige Aufhebung bedarf es eines überwiegenden öffentlichen Interesses und der Anhörung der Tarifpartner (*Ulber,* Rn. 52).

29 Die erstreckten Mindestarbeitsbedingungen sind vom Fortbestand des betreffenden Tarifvertrags unabhängig. Entscheidend ist grundsätzlich allein die Geltungsdauer der betreffenden Verordnung (BAG v. 20.4.2011 – 4 AZR 467/09, NZA 2011, 1105; Begr. AEntG 1998, BT-Drs. 14/45, S. 26; ErfK/*Schlachter,* Rn. 7; *Ulber,* Rn. 52; Däubler/*Lakies,* TVG § 5 Anh. 2, § 1 AEntG Rn. 110; *Ritgen,* NZA 2005, 673). Das BMAS ist jedoch gehalten, die Verordnung aufzuheben, wenn sich der Inhalt des erstreckten Tarifvertrags ändert oder dieser außer Kraft tritt. Das gilt insbesondere, wenn die Änderung des Tarifvertrags zu einer Absenkung der bisherigen Standards führt.

30 Endet die Verordnung, fallen die mit ihr erstreckten Mindestarbeitsbedingungen ersatzlos weg (BAG v. 20.4.2011 – 4 AZR 467/09, BAGE 138, 1 = NZA 2011, 1105; *Sittard,* Tarifnormerstreckung, S. 399; *ders,* NZA 2012, 299, 302 [wenngleich mit anderer Begründung als das BAG]; **a. A.** ErfK/*Schlachter,* Rn. 7; *Ulber,* Rn. 52;). Sie müssen von den Vertragsparteien nicht mehr beachtet werden (es sei denn, sie waren kraft beiderseitiger Organisationszugehörigkeit normativ an den Tarifvertag gebunden; dann gilt § 4 Abs. 5 TVG). Eine „Nachwirkung" der Verordnung wird durch das Gesetz nämlich nicht angeordnet. Einer analogen Anwendung des § 4 Abs. 5 TVG steht schon entgegen, dass der Verordnungserlass ein aliud zur Allgemeinverbindlicherklärung des § 5 TVG ist. Anders als dort wird hier keine Tarifgebundenheit der Normunterworfenen herbeigeführt. Vielmehr werden die Rechtsnormen des von der Verordnung erfassten Tarifvertrags zu unmittelbar staatlichem Recht (s. § 8 Rn. 1 f.).

III. Auswahl unter mehreren Tarifverträgen (§ 7 Abs. 2 und 3, sowie § 7a Abs. 3 iVm. § 7 Abs. 2 und 3)

1. Rechtstatsächlicher Hintergrund

31 § 7 Abs. 2 und 3 enthält Kollisionsregelungen für den Fall, dass in einer Branche mehrere Tarifverträge existieren, die zur Erstreckung in Betracht kommen. Sie finden über die Verweisung des Abs. 3 auch im Erstreckungsverfahren nach § 7a Anwendung.

32 Die Bestimmung hatte zum Zeitpunkt ihres Erlasses im Rahmen der AEntG-Novelle 2009 einige Aufmerksamkeit auf sich gezogen (s. dazu insb., Vorauflage: Rn. 25f.). Ihre Wurzeln findet sie im Streit um die Erstreckung des Postmindestlohns im Jahr 2008 (Einzelheiten: *Greiner,* BB 2008, 840; *Maier,* NVwZ 2008, 746; *Klebeck,* NZA 2008, 446; *Klebeck/Wenninger,* SAE 2009, 159; *Zipperling,* BB 2008, 1790; gutachterliche Stellungnahmen hierzu: Monopolkommission, Wettbewerbsentwicklungen bei der Post, 2007; Anfrage der FDP-Fraktion im deutschen Bundestag „Monopolsichernde Maßnahmen im Bereich des Postgewerbes", BT-Drs. 16/7740; Antwort der Bundesregierung, BT-Drs. 16/7740; *Giesen,* ZfA 2008, 355ff.; *Preis/Greiner,* Rechtsgutachten zur [...] Geltungserstreckung eines Mindestlohn-Tarifvertrags in der Postdienstleistungsbranche, BT-Ausschussdrucksache 16[11]771, S. 15ff.; *Blanke,* Die Tarifverträge im Briefdienstleistungsbereich und ihre Allgemeinverbindlicherklärung; *Wank,* Rechtsgutachten; *Kämmerer/Thüsing,* Tariferstreckung in der Postdienstleistungsbranche). Dem BMAS lagen seinerzeit zwei Anträge konkurrierender Organisationen auf Erstreckung „ihres" Tarifvertrags vor (einerseits: TV Arbeitgeberverband Postdienste e. V./ver. di v. 29.11.2007, Mindestlohn: 8 Euro bis 9,80 Euro; andererseits: Arbeitgeberverband Neue Brief- und Zustelldienste [AGV NBZ]/Gewerkschaft der Neuen Brief- und Zustelldienste [GNBZ] v. 11.12.2007, Mindestlohn: 6,50 Euro bis 7,50 Euro). Das BMAS gab dem zwischen dem Arbeitgeberverband Postdienste e. V., dessen Mitgliederbestand sich im Wesentlichen in der Deutschen Post AG und ihren Tochterunternehmen erschöpft und ver.di im November 2007 abgeschlossenen Mindestlohntarifvertrag den Vorzug (VO v. 28.12.2007, BAnz S. 8410). Zwei im AGV NBZ organisierte Konkurrentinnen der Deutschen Post AG (PIN Mail-AG, TNT Post Regioservice GmbH) erhoben daraufhin Klage (Verfahren: BVerwG 28.1.2010 – 8 C 19/09, BVerwGE 136, 54 = NZA 2010, 718; OVG Berlin v. 18.12.2008 – 1 B 13.08, ZTR 2009, 207; VerwG Berlin v. 7.3.2008 – 4 A 439/07, NZA 2008, 428). Diese Verfahren schlugen hohe Wellen, woraufhin sich der Gesetzgeber zur Aufnahme der Absätze 2 und 3 in das AEntG veranlasst sah.

33 Erwartungsgemäß ist die Regelung aber bedeutungslos geblieben. Im Bereich von Mindestarbeitsbedingungen fehlt es an der von ihr vorausgesetzten Konkurrenz erstreckbarer Tarifverträge. Das wiederum liegt daran, dass es in Deutschland allenfalls in Randbereichen einen Gewerkschafts- bzw. Koalitionspluralismus gibt. Dieser ist nur in Form von Berufsgruppen- und Spartengewerkschaften vorhanden. Die aber fokussieren sich auf sog. „Funktionseliten", für die sie betont günstige Tarifabschlüsse erreichen wollen und die von Mindestarbeitsbedingungen meist weit entfernt sind. Dass im Postbereich 2007 konkurrierende Tarifverträge vorhanden waren, lag an der kurz zuvor vollzogenen Liberalisierung des Marktes und der damit verbundenen Neugründung von Briefdienstleistern. Diese „gründeten" ihre eigenen Arbeitgeberverbände und Gewerkschaften, um der sich am Horizont abzeichnenden Mindestlohnverordnung durch das damals auch im AEntG noch für anwendbar gehaltene Spezialitätsprinzip zu entgehen. Wie sich rasch zeigte, war das eine weitgehend missbräuchliche Gestaltung. Die tarifschließende Gewerkschaft GNBZ war weder gegnerunabhängig noch ausreichend sozial mächtig. Sie war daher zu keinem Zeitpunkt tariffähig (LAG Köln v. 20.5.2009, 9 TaBV 105/08, ArbuR 2009, 269), wohl war sie noch nicht einmal eine Koalition iSd. Art. 9 Abs. 3 GG. Gegen sie wurden Vorwürfe erhoben, sie sei auf Initiative der Arbeitgeberseite gegründet worden bzw. habe von dieser finanzielle Zuwendungen erhalten (ein durch die Gewerkschaft ver.di daraufhin angestrengtes strafrechtliches Ermittlungsverfahren verlief allerdings ergebnislos: Handelsblatt v. 20.3.2008 u. 21.3.2008; FAZ v. 10.3.2008, 20.3.2008 u. 8.7.2008). Damit bleibt das Postverfahren als einziger denkbarer Anwendungsfall der Abs. 2 und 3 ein eigenartiger Sonderfall.

2. Das Auswahlverfahren nach den Absätzen 2 und 3

34 **a) Allgemeines.** § 7 sieht für den Fall, dass in einer Branche mehrere Tarifverträge vorhanden sind, die zum Gegenstand einer Rechtsverordnung gemacht werden könnten, ein gestuftes Auswahlverfahren vor. Da dies maximal zwei Tarifverträge sein werden, wird zum Zweck der sprachlichen Vereinfachung im Weiteren von *„zwei"* oder *„den beiden Tarifverträgen"* gesprochen werden. Ist nur für einen Tarifvertrag ein Antrag auf Verordnungserlass gestellt, bestimmt Abs. 2, dass das BMAS nicht nur die generellen Voraussetzungen eines Verordnungserlasses zu prüfen, sondern in seine Entscheidung auch die Repräsentativität der beiden Tarifverträge und der tarifschließenden Gewerkschaften einzubeziehen hat. Diese Grundsätze gelten im Prinzip auch, wenn für beide Tarifverträge ein Antrag auf Verordnungserlass vorliegt. Abs. 3 verpflichtet für diesen Fall den Bundesminister aber, bei seiner Auswahlentscheidung *„besondere Sorgfalt"* walten zu lassen und die widerstreitenden Grundrechtsinteressen der beteiligten Tarifparteien bzw. ihrer Mitglieder zu einem schonenden Ausgleich zu bringen.

35 Bei genauerem Hinsehen erweist sich die Bestimmung des Abs. 3 dann doch als recht eigenartig (kritisch auch: *Sittard,* NZA 2009, 348, freundlicher dagegen: *Ulber,* Rn. 34ff.). So bleibt abzuwarten, ob es überhaupt je zu einem „einfachen Auswahlverfahren" nach Abs. 2 kommen wird. Sollten in einer Branche tatsächlich zwei konkurrierende Tarifverträge über Mindestarbeitsbedingungen existieren, wird in aller Regel für jeden Tarifvertrag ein Antrag auf Erstreckung gestellt werden. Tarifverträge über Mindestarbeitsbedingungen werden meist alleine im Hinblick auf ihre spätere entsenderechtliche Erstreckung abgeschlossen. Nicht selten verfolgen die Tarifvertragsparteien dabei auch arbeitsmarktpolitische und verbandstaktische Interessen, so dass sie ein besonderes Interesse daran haben, dass möglichst ihr Tarifvertrag zum Anknüpfungspunkt einer Rechtsverordnung gemacht wird, die den Tarifvertrag bundesweit verpflichtend werden lässt. Etwas überraschend erscheint auch, dass Abs. 2 den Bundesminister verpflichtet, bei seiner Auswahlentscheidung die Gesetzesziele zu berücksichtigen. Die Verwaltung hat sich bei ermessensgebundenen Eingriffsakten stets am Zweck der zu Grunde liegenden Ermächtigungsnorm zu orientieren. Das BMAS müsste seine Entscheidung auch dann unter Berücksichtigung der Zielsetzung des AEntG treffen, wenn in der fraglichen Branche neben dem Tarifvertrag, der für zwingend erklärt werden soll, kein weiterer vorhanden ist, also eine Erstreckungsentscheidung nach Abs. 1 vorliegt. Eigenartig erscheint schließlich die Bestimmung, wonach der Bundesminister im „qualifizierten Auswahlverfahren" nach Abs. 3 zwar im Prinzip wie im Geltungsbereich des „einfachen Auswahlverfahrens" nach Abs. 2 zu verfahren hat, insoweit aber mit „besonderer Sorgfalt" vorgehen und die mit einer Erstreckung betroffenen Grundrechtsbelastungen beachten soll. Jede Dritterstreckung von Tarifverträgen führt zu einer Grundrechtsbelastung der vormals nicht oder anders tarifgebundenen Arbeitsvertragsparteien bzw. ihrer Verbände. Das BMAS hat auch im Rahmen der „einfachen" Erstreckungsverfahren nach Abs. 1 die Grundrechte nicht- und andersgebundener Arbeitsvertragsparteien bzw. die konkurrierender Koalitionen zu berücksichtigen und diese in einen möglichst schonenden Ausgleich mit den Interessen zu bringen, die für die Tariferstreckung sprechen.

36 **b) Das Kriterium der Repräsentativität.** Bei einer erforderlichen Auswahlentscheidung hat das BMAS vorrangig auf die „Repräsentativität" der konkurrierenden Tarifverträge und der tarifschließenden Gewerkschaften abzustellen. Dabei stellt die zahlenmäßig vermittelte Tarifbindung zwar ein gewichtiges, aber keineswegs ein unwiderlegbares Indiz für die Repräsentativität des Tarifvertrags dar (BT-Drs. 16/10486, S. 15; so auch: *Greiner,* ZfA 2012, 483, 490f.; enger: *Schwarze,* ZfA 2011, 867, 898: entscheidendes Kriterium). Insgesamt sollte die Regelung in ihrer derzeitigen Fassung aufgegeben und an den veränderten Wortlaut des § 5 Abs. 1 S. 1 Nr. 1 TVG angepasst werden.

37 Maßgeblich ist auf der einen Seite die Zahl der von den tarifgebundenen Arbeitgebern beschäftigten Arbeitnehmer und Arbeitnehmerinnen,

die unter den Geltungsbereich des Tarifvertrags fallen: Abs. 2 S. 2 Nr. 1. Dieses Kriterium ist der früheren Quorenregelung des § 5 Abs. 1 S. 1 Nr. 1 TVG a. F. nachgebildet. Das BMAS hat die jeweiligen Organisationszahlen von Amts wegen zu prüfen (Wiedemann/*Wank,* § 5 Rn. 65f. zu § 5 Abs. 1 S. 1 Nr. 1 TVG). Die Feststellung der „arbeitgeberseitigen Tarifbindung" dürfte in der Praxis auch gelingen, weil es hier nur darauf ankommt, dass die Arbeitgeber offenlegen, an welchen Tarifvertrag sie gebunden sind. Ergänzend dazu können Zahlenmaterialien der statistischen Ämter, der Handwerkskammern, der Industrie- und Handelskammern oder der Bundesagentur für Arbeit herangezogen werden (Wiedemann/*Wank,* § 5 Rn. 65).

38 Auf der anderen Seite kommt es auf die Zahl der unter den Geltungsbereich des Tarifvertrags fallenden Mitglieder der tarifschließenden Gewerkschaft an (Abs. 2 S. 2 Nr. 2). Nicht ganz klar wird allerdings, ob danach nur solche Gewerkschaftsmitglieder zu zählen sind, die bei tarifgebundenen Arbeitgebern angestellt sind, so dass ihr Arbeitsverhältnis normativ durch den Tarifvertrag erfasst wird. Richtigerweise werden indes alle Gewerkschaftsmitglieder zu berücksichtigen sein, die dem Tarifvertrag unterfallen oder eben diesem unterfallen würden, wenn ihr Arbeitgeber tarifgebunden wäre (ErfK/*Schlachter,* Rn. 8; *Ulber,* Rn. 31; i. E. auch: *Dieterich/Ulber,* ZTR 2013, 179; *Langenbrinck,* ZTR 2013, 411; **a. A.** Vorauflage, Rn. 30 – die aufgegeben wird; *Gülker,* S. 141; *Sittard,* Tarifnormerstreckung, S. 433). Entscheidend ist nämlich, dass dem Tarifvertrag aufgrund der Stärke der tarifschließenden Gewerkschaft eine erhöhte Autorität zukommt. Freilich wird sich diese Zahl, wie der Streit um die Tariffähigkeit der CGM, aber auch um die Praktikabilität des neuen § 4a TVG 2015 lehrt, kaum verlässlich feststellen lassen.

39 Beide Kriterien stehen **gleichrangig** nebeneinander; sie müssen nicht notwendiger Weise miteinander kongruent gehen.

Beispiel: Arbeitgeberverband A hat mit der Gewerkschaft B Tarifvertrag T 1 abgeschlossen, Arbeitgeberverband C mit der Gewerkschaft D den Tarifvertrag T 2. Die Mitglieder des A-Verbands beschäftigen 40%, die des C-Verbands 10% der in der Branche tätigen Arbeitnehmer. In der Gewerkschaft B sind nur 3% der branchenweit tätigen Arbeitnehmer, in der Gewerkschaft D hingegen 22% organisiert. Während nach § 7 Abs. 2 S. 2 Nr. 1 dem Tarifvertrag T 1 der Vorzug einzuräumen wäre, gelangt man nach § 7 Abs. 2 S. 2 Nr. 2 zur Erstreckung des Tarifvertrags T 2.

40 Die **Verfassungsmäßigkeit** des Auswahlverfahrens nach Abs. 2 und 3, aber auch des in Abs. 2 enthaltenen Repräsentativitätskriteriums, wird vielfach in Zweifel gezogen. Siehe dazu § 8, dort Rn. 40ff.

IV. Rechtsschutz gegen Erstreckungsakte

1. Zuständigkeit der Landesarbeitsgerichte

41 Der Rechtsschutz gegen Verordnungen nach § 7 hat sich mit dem Tarifautonomiestärkungsgesetz des Jahres 2014 erheblich vereinfacht. Nach § 2a Abs. 1 Nr. 5 ArbGG sind für Angriffe gegen eine Rechtsverordnung nach dem AEntG, wie nunmehr auch gegen eine AVE nach § 5 TVG alleine die Arbeitsgerichte zuständig. Einschlägige Verfahrensart ist das arbeitsgerichtliche Beschlussverfahren. Eine unmittelbare Verfassungsbeschwerde nach Art. 93 Abs. 1 Nr. 4a GG scheitert an der Möglichkeit, gegen die VO zunächst vor den Arbeitsgerichten vorgehen zu können.

42 Damit ist die frühere Zuständigkeit der Verwaltungsgerichte nach § 40 Abs. 1 S. 1 VwGO abschließend entfallen. Diese hielten vormals eine Rechtskontrolle im Wege der Feststellungsklage nach § 43 VwGO für möglich (BVerwG 23.9.2014 – 8 B 43.14, BeckRS 2014, 57164; BVerwG 28.1.2010 – 8 C 19/09, NZA 2010, 718; BVerwG 28.1.2010 – 8 C 38/09, NZA 2010, 1137; zur bisherigen, wenig glücklichen Rechtslage s. Vorauflage: Rn. 33ff. u. *Latzel/Serr,* ZfA 2011, 391; *Treber,* FS Bepler, 557ff.). Dies führte zu wenig befriedigenden Ergebnissen, zumal sich die Arbeitsgerichte nicht an die verwaltungsgerichtliche Feststellung der Unwirksamkeit der Verordnung gebunden fühlten (s. etwa: BAG v. 18.4.2012 – 5 AZR 630/10, NZA 2012, 978; BAG 26.10.2009 – 3 AZB 24/09, NZA 2009, 1436). Seit dem Inkrafttreten des Tarifautonomiestärkungsgesetzes sind dennoch beim VerwG erhobene Klagen nach §§ 173 VwGO, 17a Abs. 2 S. 1 GVG an die Landesarbeitsgerichte zu verweisen (**a.A:** VG Berlin, 13.2.2015 – 4 K 252.12: es fehlt einer beim VerwG erhobenen Klage am Rechtsschutzbedürfnis, so dass diese als unzulässig abzuweisen ist). Hier kann auch nicht argumentiert werden, dass der Streitgegenstand eines Beschlussverfahrens und der einer Klage auf Feststellung, dass ein normunterworfener Arbeitgeber durch die Erstreckung in seinen Rechten verletzt sei, nicht identisch wäre (allerdings offen gelassen durch BVerwG 23.9.2014, 8 B 43.14, BeckRS 2014, 57164, Rn. 5). Wille und Aussage des Gesetzgebers sind eindeutig (BT-Drs. 18/1558, S. 29 *„einheitliches Verfahren"*). Allerdings bleibt die Verwaltungsgerichtsbarkeit für Verfahren zuständig, die vor dem Inkrafttreten des Tarifautonomiestärkungsgesetzes (16.8.2014) anhängig gemacht wurden (BVerwG 23.9.2014 – 8 B 43.14, BeckRS 2014, 57164).

43 Die Einzelheiten des Überprüfungsverfahrens regelt § 98 ArbGG. Danach ist bereits in der 1. Instanz das Landesarbeitsgericht zur Entscheidung berufen, in dessen Bezirk die Behörde ihren Sitz hat, die die Rechtsverordnung erlassen hat. Da das BMAS seinen ersten Dienstsitz in Berlin hat (Bekanntmachung über die Sitzentscheidung der BReg, BGBl. I 1999, 1725, Nr. 3), ist dies für sämtliche Angriffe gegen Rechtsverordnungen nach §§ 7 und 7a das LAG Berlin. Der rechtskräftige Beschluss über die Wirksamkeit einer Rechtsverordnung hat erga-omnes Wirkung: § 98 Abs. 4 ArbGG. Was § 98 ArbGG aber überraschenderweise nicht regelt, sind die Folgen für den gegenteiligen Fall, also dass die Unwirksamkeit der Verordnung festgestellt wird. Das BAG hatte einer solchen Feststellung durch die Verwaltungsgerichte keine Wirkung für den Individualrechtsstreit beigemessen (BAG v. 18.4.2012 – 5 AZR 630/10, NZA 2012, 978; 26.10.2009 – 3 AZB 24/09, NZA 2009, 1436). Mit Rücksicht auf die vom Gesetzgeber angestrebte Verfahrenskonzentration wird sich das für den neuen § 98 ArbGG nicht mehr vertreten lassen. Vielmehr haben die Arbeitsgerichte die Verordnung entsprechend § 47 Abs. 5 S. 2 VwGO für ungültig zu erklären, zumindest aber verliert sie mit der Feststellung ihrer Unwirksamkeit jegliche Rechtswirkungen. Zur Bekanntmachung sämtlicher Entscheidungen der Arbeitsgerichte, s. § 98 Abs. 4 S. 2 ArbGG.

2. Antragsbefugnis

44 Antragsbefugt ist nach § 98 Abs. 1 ArbGG jede natürliche oder juristische Person, Gewerkschaft oder Arbeitgebervereinigung, die nach Bekanntmachung der Rechtsverordnung geltend macht, in ihren Rechten verletzt zu sein oder in absehbarer Zeit verletzt zu werden. Eine Verfahrenseinleitung durch die Parteien des erstreckten Tarifvertrags scheidet notwendigerweise aus, da der Erlass einer Rechtsverordnung einen gemeinsamen Antrag beider Tarifvertragsparteien voraussetzt, so dass diese durch die Verordnung nicht in ihren Rechten verletzt sein können. Antragsbefugt sind indes konkurrierende Verbände (vgl. BVerwG v. 28.1.2010 – 8 C 19/09, BVerwGE 136, 54 = NZA 2010, 718; BVerwG v. 28.1.2010 – 8 C 38/09, BVerwGE 136, 75 = NZA 2010, 1137; *Düwell,* NZA-Beil. 2011, 80; *Treber,* FS Bepler, 557, 559ff.) und zwar auch dann, wenn sie keinen Antrag auf Erstreckung „ihres" Tarifvertrags gestellt haben.

45 Bislang noch nicht eindeutig geklärt ist, inwieweit auch die Normunterworfenen selbst, also einzelne Arbeitgeber und Arbeitnehmer das Kontrollverfahren einleiten können. Dagegen scheint deren Antragsbefugnis nach § 98 Abs. 6 S. 2 ArbGG zu sprechen (gegen eine Antragsbefugnis zur alten Rechtslage, sowie mit Bezug zu § 5 TVG: BAG v. 12.10.1988 – 4 AZR 244/88, ZTR 1989, 108; 22.9.1993 – 10 AZR 371/92, NZA 1994, 323 [jeweils zur AVE nach § 5 TVG]; v. 5.5.1992 – 9 AZR 447/90, NZA 1993, 315 = AP Nr. 14 zu § 19 HAG [zur bindenden Festsetzung der Heimarbeitsausschüsse]; ErfK/*Franzen,* § 5 TVG Rn. 27f.; *Greiner,* BB 2008, 840, 840;. *Löwisch/Rieble,* § 5 Rn. 141; Däubler/*Lakies,* § 5 Rn. 222; Wiedemann/*Wank,* § 5 Rn. 180; *Klebeck/Weninger,* SAE 2009, 159, 160f.; *Zipperling,* BB 2008, 1790, 1790f.; **a. A.** aber schon zur alten Rechtslage das BVerwG, s. Rn. 46). Auch erscheint bedenklich, dass einschlägige Beschlussverfahren mit der Eröffnung einer „Popularklage" erheblich überlastet werden könnten und angesichts der großen Anzahl möglicher Beteiligter zu befürchten ist, dass mehr oder weniger jeder Verordnungserlass gerichtlich angegriffen werden könnte.

46 Dennoch sprechen, zumindest was die Arbeitgeberseite angeht, die gewichtigeren Gründe für deren Antragsbefugnis (allgemein für eine Antragsbefugnis der Normunterworfenen: *Forst,* RdA 2015, 25, 35; GK-ArbGG/*Ahrendt,* 98 Rn. 33; ErfK/*Koch,* § 98 ArbGG Rn. 5; BeckOK-ArbR/*Posche* § 98 ArbGG Rn. 3; für eine solche der Arbeitgeber: *Maul-Satori,* NZA 2014, 1305, 1310; BVerwG v. 28.1.2010 – 8 C 19/09, BVerwGE 136, 54 = NZA 2010, 718; BVerwG v. 28.1.2010 – 8 C 38/09, BVerwGE 136, 75 = NZA 2010, 1137). Bereits der Wortlaut des Abs. 1 legt nahe, dass alle von der Verordnung möglicherweise betroffenen Arbeitsvertragsparteien ein Beschlussverfahren einleiten dürfen. Vor allem aber droht Arbeitgebern bei Nichtbeachtung der Verordnung nach § 23 Abs. 1 Nr. 1 die Verhängung eines Bußgelds. Entsprechend kann ihnen nicht zugemutet werden, erst einmal abzuwarten, um dann gegen den Bußgeldbescheid vorzugehen (s. auch Rn. 47 a. E.). Darüber hinaus wäre es für die betroffenen Arbeitgeber aber auch misslich, wenn sie sich erst zahlreichen arbeitsgerichtlichen Klagen stellen müssten, bevor es zur Rechtskontrolle einer Verordnung kommt. Dagegen sind Arbeitnehmer alleine auf die Inzidentkontrolle nach § 98 Abs. 6 ArbGG zu verweisen. Diese werden die ihnen fast ausnahmslos günstigen Rechtsverordnungen aber ohnehin nicht angreifen wollen.

3. Klage auf Erlass einer Rechtsverordnung

47 Bedauerlicherweise lassen die §§ 2a Abs. 1 Nr. 5, 98 ArbGG ungeregelt, ob und in welchem Verfahren die Tarifvertragsparteien vorgehen können, wenn das BMAS ihren Antrag abgelehnt hat. Aufgrund dieser Regelungslücke wird es daher bei den althergebrachten Grundsätzen verbleiben müssen, wonach hierfür der **Verwaltungsrechtsweg** gem. § 40 Abs. 1 S. 1 VwGO eröffnet ist (BVerwG v. 3.11.1988 – 7 C 115/86, NJW 1989, 1495 = AP Nr. 23 zu § 5 TVG [zur Allgemeinverbindlicherklärung]; in anderem Zusammenhang ebenfalls für die Zulässigkeit einer Normerlassklage: BVerwG v. 4.7.2002 – 2 C 13/01, NVwZ 2002, 1505). Zulässige Klageart ist die Feststellungsklage nach § 43 VwGO. Wenn der Nichterlass einer Allgemeinverbindlicherklärung angegriffen werden kann, muss umgekehrt auch Rechtsschutz gegen den Erlass einer solchen bestehen (Wiedemann/*Wank,* § 5 Rn. 170ff.; ErfK/*Franzen,* § 5 TVG Rn. 27; *Löwisch/Rieble,* § 5 Rn. 138; *Löwisch,* RdA 2009, 215, 223; *Mäßen/Mauer,* NZA 1996, 121, 123; offen hingegen Däubler/*Lakies,* § 5 Rn. 230). Eine Ausnahme ist hiervon aber zu machen, wenn eine konkurrierende Tarifvertragspartei ebenfalls einen Antrag auf Erstreckung ihres Tarifvertrags gestellt hat und diesem stattgegeben wurde. Die „verlierende" Tarifvertragspartei ist dann zunächst auf einen Angriff gegen die Erstreckung des konkurrierenden Tarifvertrags verwiesen.

4. Aussetzung des Verfahrens nach § 97 Abs. 5 ArbGG, Fehlen einer gesetzlichen Gesamtregelung

48 Hängt die Entscheidung eines Rechtsstreits – etwa einer Lohnzahlungsklage – davon ab, ob eine Rechtsverordnung nach §§ 7 bzw. 7a wirksam ist, so hat das Gericht das Verfahren bis zur Erledigung des Beschlussverfahrens nach § 2a Abs. 1 Nr. 5 ArbGG **auszusetzen.** Der Rechtsstreit darf also nicht ohne eine Vorabentscheidung über die Wirksamkeit der Rechtsverordnung entschieden werden; die früher befürwortete **Inzidentkontrolle** durch die Arbeitsgerichte kommt danach nicht mehr in Betracht. Wird dieser ausgesetzt, sind beide Parteien im bzw. für ein Beschlussverfahren nach § 2a Abs. 1 Nr. 5 ArbGG antragsberechtigt: § 98 Abs. 6 ArbGG. Eine Aussetzung setzt allerdings voraus, dass das vorlegende Gericht hinreichend substantiierte Zweifel an der Rechtmäßigkeit der Erstreckung darlegt (so BAG v. 7.1.2015 – 10 AZB 109/14, NZA 2015, 237; ähnlich: *Treber,* FS Bepler (2012), 557 ff., 563). Die Schwelle darf dabei indes nicht zu hoch angesetzt werden (noch weitergehend: *Bader,* NZA 2015, 644: es genügt, dass die Unwirksamkeit der Rechtsverordnung nicht offensichtlich und eindeutig nach jeder Betrachtungsweise ausscheidet). Nicht eindeutig ist leider, ob § 98 Abs. 6 ArbGG im ordentlichen Rechtsweg in einem Einspruchs- bzw. Rechtsmittelverfahren gegen einen Bußgeldbescheid nach den §§ 67 ff. OWiG, in einem Rechtsstreit vor den Sozialgerichten oder in einem nach § 23 SchwarzarbG wegen einer Anordnung der Zollverwaltung vor den Finanzgerichten geführten Verfahren anwendbar ist. Hier stellt sich die Frage, ob weiterhin eine Inzidentkontrolle durch diese Gerichte möglich ist (s. *Latzel/Serr,* ZfA 2011, 391, 426 f.; *Greiner,* BB 2008, 840, 840). Dafür spricht, dass nicht alle an diesen Verfahren Beteiligten nach § 98 Abs. 6 ArbGG antragsbefugt sind (Sozialversicherungsträger, Zollverwaltung, Staatsanwaltschaft usw.).

§ 8 Pflichten des Arbeitgebers zur Gewährung von Arbeitsbedingungen

(1) [1]**Arbeitgeber mit Sitz im In- oder Ausland, die unter den Geltungsbereich eines für allgemeinverbindlich erklärten Tarifvertrages nach § 4 Absatz 1 Nummer 1 sowie §§ 5 und 6 Absatz 2 oder einer Rechtsverordnung nach § 7 oder § 7a fallen, sind verpflichtet, ihren Arbeitnehmern und Arbeitnehmerinnen mindestens die in dem Tarifvertrag für den Beschäftigungsort vorgeschriebenen Arbeitsbedingungen zu gewähren sowie einer gemeinsamen Einrichtung der Tarifvertragsparteien die ihr nach**

§ 5 Nr. 3 zustehenden Beiträge zu leisten. [2]Satz 1 gilt unabhängig davon, ob die entsprechende Verpflichtung kraft Tarifbindung nach § 3 des Tarifvertragsgesetzes oder kraft Allgemeinverbindlicherklärung nach § 5 des Tarifvertragsgesetzes oder aufgrund einer Rechtsverordnung nach § 7 oder oder § 7a besteht.

(2) **Ein Arbeitgeber ist verpflichtet, einen Tarifvertrag nach § 4 Absatz 1 Nummer 1 sowie §§ 5 und 6 Absatz 2, der durch Allgemeinverbindlicherklärung sowie einen Tarifvertrag nach §§ 4 bis 6, der durch Rechtsverordnung nach § 7 oder § 7a auf nicht an ihn gebundene Arbeitgeber sowie Arbeitnehmer und Arbeitnehmerinnen erstreckt wird, auch dann einzuhalten, wenn er nach § 3 des Tarifvertragsgesetzes oder kraft Allgemeinverbindlicherklärung nach § 5 des Tarifvertragsgesetzes an einen anderen Tarifvertrag gebunden ist.**

(3) **Wird ein Leiharbeitnehmer oder eine Leiharbeitnehmerin vom Entleiher mit Tätigkeiten beschäftigt, die in den Geltungsbereich eines für allgemeinverbindlich erklärten Tarifvertrages nach § 4 Absatz 1 Nummer 1 sowie §§ 5 und 6 Absatz 2 oder einer Rechtsverordnung nach § 7 oder § 7a fallen, hat der Verleiher zumindest die in diesem Tarifvertrag oder in dieser Rechtsverordnung vorgeschriebenen Arbeitsbedingungen zu gewähren sowie die der gemeinsamen Einrichtung nach diesem Tarifvertrag zustehenden Beiträge zu leisten; dies gilt auch dann, wenn der Betrieb des Entleihers nicht in den fachlichen Geltungsbereich dieses Tarifvertrages oder dieser Rechtsverordnung fällt.**

Inhaltsübersicht

Literatur: s. Angaben zu § 7

I. Verpflichtung zur Gewährung von Mindestarbeitsbedingungen (Abs. 1)

1. Wirkung einer Rechtsverordnung nach §§ 7, 7a

1 § 8 Abs. 1 S. 1 bestimmt im Zusammenspiel mit §§ 7 Abs. 1 und 7a Abs. 1 zunächst die **Wirkung einer Rechtsverordnung** nach § 7. Ist ein Tarifvertrag nach diesen Regelungen erstreckt, finden dessen Rechtsnormen auf alle Arbeitgeber sowie Arbeitnehmer und Arbeitnehmerinnen Anwendung, die unter den Geltungsbereich des Tarifvertrags fallen. Anders als § 5 Abs. 4 TVG führen die §§ 7, 7a und 8 AEntG nicht zu einer entsprechenden Anwendung des § 4 Abs. 1 S. 1 u. Abs. 3 Var. 2 TVG. Die normunterworfenen Arbeitgeber sind zwar verpflichtet, ihren Arbeitnehmern mindestens die in dem Tarifvertrag für den Beschäftigungsort vorgeschriebenen Arbeitsbedingungen zu gewähren. Dies folgt aber nicht aus einer direkten Anwendung des Tarifvertrags. Rechtstechnisch folgt das alleine aus staatlichem Recht, auch wenn die Verordnung selbst keinerlei Arbeitsbedingungen vorgibt, sondern nur auf den erstreckten Tarifvertrag verweist, der ihr als Anlage beigegeben ist (BAG v. 20.4.2011 – 4 AZR 467/09, NZA 2011, 1105; a. A.: *Wank,* RdA 2015, 88, 93; *Sittard,* Tarifnormerstreckung, S. 363ff.). Das hat auch zur Folge, dass die Regelungen des TVG über die unmittelbare und zwingende Geltung allgemeinverbindlicher Tarifverträge nicht anwendbar sind. Die fraglichen Arbeitsbedingungen sind daher ohne Rücksicht auf den Tarifvertrag maßgeblich, solange die Rechtsverordnung nicht außer Kraft gesetzt wurde. Umgekehrt fallen diese ersatzlos weg, sobald die Rechtsverordnung ausläuft oder aufgehoben wird (s. BAG v. 20.4.2011 – 4 AZR 467/09, NZA 2011, 1105). Weitere Einzelheiten und Nachweise dazu bei § 7 Rn. 30.

2 Rein tatsächlich hat eine Erstreckung von Arbeitsbedingungen nach den §§ 7, 7a und 8 Abs. 1 S. 1 aber gleiche Wirkungen wie die normative Tarifgeltung. Der Arbeitgeber hat die im Tarifvertrag festgelegten Arbeitsbedingungen einzuhalten, ohne dass diese in das Arbeitsverhältnis überführt werden müssten. Von diesen darf nicht – und zwar auch nicht auf Grund einer einvernehmlichen Abrede zwischen den Vertragspar-

teien – zu Ungunsten des Arbeitnehmers abgewichen werden. Selbstredend darf der Arbeitgeber die festgesetzten Mindestarbeitsbedingungen überschreiten, so dass im Grunde auch eine Art Günstigkeitsprinzip entsprechend des § 4 Abs. 3 Var. 2 TVG greift (Begr. RegE, BT-Drs. 16/10485, S. 11; ErfK/*Schlachter,* § 8 Rn. 2; *Sittard,* Tarifnormerstreckung, S. 235 ff.). S. aber auch Rn. 19 u 31.

3 Im Grunde verdoppeln sich die Rechtsfolgenanordnungen der §§ 7 und 7a einerseits und die des § 8 Abs. 1 andererseits. Bereits die §§ 7 und 7a legen fest, dass nach Erlass der Rechtsverordnung die Rechtsnormen des erstreckten Tarifvertrages auf alle unter seinen Geltungsbereich fallenden und nicht an ihn gebundenen Arbeitgeber sowie Arbeitnehmer und Arbeitnehmerinnen Anwendung finden. Wenn § 8 Abs. 1 S. 1 ausführt, dass der durch Rechtsverordnung erstreckte Tarifvertrag auch für Arbeitgeber aus dem Ausland verbindlich ist, soweit diese Arbeitnehmer ins Inland entsenden, ist das ebenfalls unnötig, weil sich das bereits aus § 3 ergibt. Auch der Regelung des § 8 Abs. 1 S. 2 bedarf es nicht. Denn Arbeitgeber sind naturgemäß zur Einhaltung von Tarifverträgen über Mindestarbeitsbedingungen verpflichtet, wenn sie an diese nach §§ 3 und 4 TVG normativ gebunden sind oder wenn diese für allgemeinverbindlich erklärt wurden (§§ 4 Abs. 1 und 5 Abs. 4 TVG). Die Regelung erklärt sich alleine historisch. Sie ist aus dem AEntG 1998, (dort: § 1 Abs. 1 S. 3) übernommen worden. In dieses war sie 1998 lediglich deshalb aufgenommen worden, weil vorsorglich nochmals klargestellt werden sollte, dass auch ein originär tarifgebundener inländischer Arbeitgeber bzw. ein Arbeitgeber, dessen Betrieb in den Geltungsbereich eines nach dem AEntG für zwingend erklärten Tarifvertrags fällt, den **Sanktionsnormen** der §§ 14 bis 23 unterliegt. Der Gesetzgeber des Jahres 1998 fürchtete, der betreffende Arbeitgeber könnte einwenden, dass er ja gar nicht durch das AEntG, sondern durch die (im Vergleich hierzu möglicherweise vorrangigen) Regelungen des TVG zur Einhaltung des Tarifvertrags verpflichtet sei (so in der Tat: OLG Düsseldorf v. 3.7.1998 – 5 Ss [OWi] 225/98, NZA 1998, 1286). Das war zu keiner Zeit überzeugend: s. *Hanau,* NZA 1998, 1249; OLG Karlsruhe v. 5.2.2002 – 2 Ss 162/00, NStZ-RR 2002, 277. Dessen ungeachtet hat der Gesetzgeber diese Bestimmung nicht nur über alle Novellen des AEntG beibehalten, sondern mit § 20 MiLoG sogar eine Parallelvorschrift in das neue Mindestlohnrecht eingeführt (s. § 1 MiLoG Rn. 6 u. 67).

2. Gewährung von Mindestlöhnen

4 **a) Einheitlicher Mindestlohn oder Lohnraster?** Was Entgelttarifverträge betrifft, bezieht sich das AEntG nur auf solche Tarifverträge, die Regelungen über „Mindestentgeltsätze einschließlich der Überstundensätze" (§§ 8 Abs. 1, 7 Abs. 1, 7a Abs. 1, 5 Nr. 1 bzw. §§ 3 i. V. m. 2 Nr. 1) enthalten. Das heißt aber nicht, dass deshalb nur eine **absolute,** für alle

Arbeitnehmer geltende **Lohnuntergrenze** vorgegeben werden dürfte. Vielmehr stellt § 5 Nr. 1, 2. Hs. klar, dass die Entgeltsätze nach der **Art der Tätigkeit, der Qualifikation der Arbeitnehmer und Arbeitnehmerinnen und nach Regionen** differieren können. Weiter ergibt sich aus der Systematik des Gesetzes, dass nicht ein Mindestlohn für alle im Inland tätigen Arbeitnehmer eingeführt werden soll, sondern die Mindestlöhne jeweils branchenbezogen ausgestaltet werden sollen. Darüber hinaus dürfen auch innerhalb einer Branche Untergliederungen vorgenommen werden (so auch Begr. RegE, BT-Drs. 16/10486, S. 14 mit den Beispielen Innen- und Unterhaltsreinigung; Glas- und Fassadenreinigung; Maler und Lackierer). Ausweislich der Gesetzesbegründung ist allerdings die Erstreckung eines **„gesamten" Lohngitters** über §§ 7 oder 7a nicht möglich (RegE, BT-Drs. 16/10486, S. 14; viel großzügiger aber noch das Korrekturgesetz 1998: s. BGBl. I 1998, S. 3843, 3850; Begr., BT-Drs. 14/45, S. 25; zur Novelle 1998: ErfK/*Hanau,* 2. Aufl. 2001, § 1 AEntG Rn. 5 u. 10).

5 In der Praxis hat sich überwiegend die Vorgabe eines **Lohnquartetts** herausgebildet. Entsprechend wird räumlich zwischen den **alten und neuen Bundesländern,** sowie fachlich/personell zwischen **Qualifizierten und Unqualifizierten** unterschieden. Einige wenige erstreckte Tarifverträge geben in fachlicher Hinsicht einen einheitlichen Mindestlohn vor und differenzieren nur zwischen den neuen und den alten Bundesländern. Der Mindestlohn für das Gebäudereinigerhandwerk hingegen unterscheidet nach zwei Tätigkeitsgruppen (einerseits: Innen- und Unterhaltsreinigung; andererseits: Glas- und Fassadenreinigung; der früher für allgemeinverbindlich erklärte Tarifvertrag kannte 6 Lohnstufen: s. *Maier,* NZA 2008, 1170).

6 **b) Europarechtliche Zulässigkeit der Erstreckung von Mindestentgelten und Lohnrastern.** Die Erstreckung von Mindestentgelten ist europarechtlich **zulässig.** Die Erstreckung von inländischen Mindestlöhnen auf ausländische Diensterbringer behindert diese zwar in der Ausübung ihrer Dienstleistungsfreiheit nach Art. 56 AEUV. Doch hat der EuGH über nunmehr zwei Dekaden und in ständiger Rechtsprechung entschieden, dass dieser Eingriff **gerechtfertigt** ist. Der **Schutz von Arbeitnehmern** gehört zu den zwingenden Gründen des Allgemeininteresses, die eine Beschränkung der Grundfreiheit des Art. 56 AEUV rechtfertigen. Der EuGH leitet dies überwiegend daraus her, dass entsandte Arbeitnehmer durch die Erstreckung der besseren Arbeitsbedingungen im Entsendestaat in den Genuss eines zusätzlichen Vorteils gelangen können (EuGH v. 12.2.2015 – C-396/13 [Sähköalojen ammattiliitto, im Weiteren nach der beklagten Arbeitgeberin kurz als „Elektrobudowa" bezeichnet], NZA 2015, 345; v. 18.9.2014 – C-549/13 [Bundesdruckerei GmbH/Stadt Dortmund], NZA 2014, 1129; v. 19.6.2008 – C-319/06 [Kommission/Luxemburg], Slg. 2008, I-4323 = NZA 2008, 865; v.

3.4.2008 – C-346/06 [Rüffert], Slg. 2008, I-1989 = NZA 2008, 537; v. 18.12.2007 – C-341/05 [Laval], Slg. 2007, I-11767 = NZA 2008, 159; v. 18.7.2007 – C-490/04 [Kommission/Deutschland], Slg. 2007, I-6095 = NZA 2007, 917; v. 12.10.2004 – C-60/03 [Wolff & Müller], Slg. 2004, I-9553 = NZA 2004, 1211; v. 24.1.2002 – C-164/99 [Portugaia], Slg. 2002, I-787 = NZA 2002, 207; v. 25.10.2001 – C-49/98 [Finalarte], Slg. 2001, I-7831 = NZA 2001, 1377; v. 15.3.2001 – C-165/98 [Mazzoleni und ISA], Slg. 2001, I-2189 = NZA 2001, 554, Rn. 28f.; v. 20.2.2001 – C-205/99 [Analir u. a.], Slg. 2001, I-1271, Rn. 25; v. 23.11.1999 – C-369/96 [Arblade u. a.], Slg. 1999, I-8453 = NZA 2000, 85, Rn. 60; v. 27.3.1990 – C-113/89 [Rush Portuguesa], Slg. 1990, I-1417 = NZA 1990, 653, Rn. 14; v. 3.2.1982 – C-62/81 [Seco], Slg. 1982, 223 = NJW 1982, 1935, Rn. 14). Neuerdings hält es der Gerichtshof aber auch für möglich, dass sich der nationale Gesetzgeber auf **wettbewerbs- und sozialpolitische Motive** berufen darf, um die Erstreckung von Mindestlöhnen auf ausländische Diensterbringer zu rechtfertigen (EuGH v. 12.2.2015 – C-396/13 [Elektrobudowa], NZA 2015, 345). Die Ende der 90er und zu Beginn der 2000er Jahre engagiert und kontrovers geführte Debatte, inwieweit entsenderechtliche Mindestlöhne europarechtskonform sind, hat sich damit erledigt. Sie soll hier daher auch nicht mehr näher dargestellt werden (s. dazu etwa die Stellungnahmen von: *Preis/Temming,* Die Urlaubs- und Lohnausgleichskasse im Kontext des Gemeinschaftsrechts, 2006; *Schlachter,* RdA 2004, 179, 179f.; *Kämmerer/Thüsing,* ZIP 2002, 596, 599; *Kort,* NZA 2002, 1248, 1252; *Konzen,* NZA 2002, 781; *Kling,* EuZW 2002, 229, 235; *Koenigs,* DB 2002, 1270, 1271; *ders.,* DB 1997, 225; *Wank/Börgmann,* NZA 2001, 177, 179f.; *Fritzsche,* Die Vereinbarkeit des Arbeitnehmer-Entsendegesetzes sowie der erfassten Tarifverträge mit höherrangigem Recht, 2001, 86ff.; *Borgmann,* Die Entsendung von Arbeitnehmern in der Europäischen Gemeinschaft, 2001, 155ff.; *Gronert,* Die Entsendung von Arbeitnehmern im Rahmen der grenzüberschreitenden Erbringung von Dienstleistungen, 2001, 86ff.; *Büdenbender,* RdA 2000, 193, 205f.; *Bieback,* RdA 2000, 207, 212ff.; *Böhm,* NZA 1999, 128; *Löwisch,* Gedenkband Eucken, 2000, 221ff., insb. 234ff.; *v. Danwitz,* RdA 1999, 323f.; *Strohmeier,* RdA 1998, 339; *Däubler,* EuZW, 1997, 613; *ders.,* DB 1995, 726; *ders.,* EuZW 1993, 370; *Hickl,* NZA 1997, 513, 514f.; *Selmayr,* ZfA 1996, 627; *Hanau,* FS Everling, 415ff.; *ders.,* NJW 1996, 1369, 1371ff.; *Junker/Wichmann,* NZA 1996, 505, 511; *Gerken/Löwisch/Rieble,* BB 1995, 2370, 2374).

7 Die Rechtsetzungskompetenz der Mitgliedstaaten ist dabei **nicht auf die Vorgabe grundständiger Basislöhne beschränkt** („one size fits all"): EuGH v. 12.2.2015 – C-396/13 [Elektrobudowa], NZA 2015, 345, insb. Rn. 32ff.; so auch: *Franzen,* NZA 2015, 338, 340; *Bayreuther,* EuZA 2015, 346; *ders.,* EuZW 2015, 312. Der Zielstaat muss es also nicht mit der Vorgabe einer absoluten, für alle Arbeitnehmer gleichermaßen

geltenden Lohnuntergrenze sein Bewenden haben lassen. Damit gehen jedenfalls die **„Lohnquartette“ des deutschen Entsenderechts** in Ordnung, wohl könnten die Tarifpartner bzw. das BMAS hierüber auch hinausgehen und – in Grenzen – weiter diversifizieren.

8 Der EuGH leitet dies daraus her, dass Art. 3 Abs. 1 lit. c der Entsenderichtlinie ausdrücklich davon spricht, dass die Mitgliedstaaten *„Mindestlohnsätze“* zu erstrecken haben. Abgesehen davon, dass der europäische Gesetzgeber hier den Plural verwendet, obliegt es den Mitgliedstaaten, den Begriff des „Mindestlohnsatzes“ für ihr Hoheitsgebiet auszufüllen. Der Union steht **keine Rechtsetzungskompetenz im Bereich des Arbeitsentgelts** zu (Art. 153 Abs. 5 AEUV; gegen diesen Rückschluss ließe sich allerdings einwenden, dass es hier weniger um die Bestimmung der Arbeitslöhne im Inland geht, sondern vielmehr um die Frage, unter welchen Voraussetzungen und in welchen Grenzen vorhandene inländische Löhne auf EU-Ausländer erstreckt werden dürfen). Vor allem aber deutet der EuGH in seiner aktuellen Rechtsprechung auch an, dass sich der nationale Gesetzgeber zur **Rechtfertigung** einer Lohnerstreckung gegebenenfalls auch auf **wettbewerbs- und sozialpolitische Motive** berufen darf und sich insbesondere die Sicherstellung eines *„lauteren Wettbewerbs“* als eine legitime Zielsetzung bei der Festsetzung von Mindestlöhnen erweist (EuGH v. 12.2.2015 – C-396/13 [Elektrobudowa], NZA 2015, 345, Rn. 30). Auch das deutet darauf hin, dass sich die Erstreckung von Mindestarbeitsbedingungen nicht zwangsläufig auf die Vorgabe einer untersten Lohnstufe beschränken muss, sondern dass bei der Festsetzung von Mindestlöhnen – in den Grenzen der Verhältnismäßigkeit – auch partiell eine Korrespondenz mit der jeweiligen Tätigkeit hergestellt werden kann.

9 Die Reichweite der mitgliedstaatlichen Rechtsetzungskompetenz bei der international-privatrechtlichen Lohnerstreckung war bis zu der damit erfolgten Klarstellung durch den EuGH umstritten (für eine Vorgabe auch von Lohnrastern: ErfK/*Schlachter,* § 5 Rn. 2; *Koberski/Asshoff/Eustrup/Winkler,* § 5 Rn. 3, einschränkend aber Rn. 6; Däubler/*Lakies,* § 5 TVG Anh. 2, § 5 AEntG Rn. 5f.; *Bayreuther,* NZA 2008, 626, 629; *ders.,* EuZW 2001, 764, 764f.; *Deckers,* NZA 2008, 321, 322; *Reichert,* Vergaberechtlicher Zwang, 2007, 212f.; *Schlachter,* NZA 2002, 1242, 1246ff.; dagegen: *Kämmerer/Thüsing,* ZIP 2002, 596, 599; *Konzen,* NZA 2002, 781; *Kling,* EuZW 2002, 229, 235). In der Rechtsprechung des EuGH war die Frage, was genau unter „Mindestlöhnen“ zu verstehen ist, lange Zeit unklar geblieben. In frühen Entscheidungen sprach der EuGH stets nur von *„dem Mindestlohn“*, ohne diesem Begriff aber irgendeine bestimmte Bedeutung zuzumessen. Als dann die Frage nach der **Europarechtskonformität der Erstreckung von nationalen Arbeitsbedingungen auf Dienstleister aus anderen Mitgliedstaaten** Anfang der 2000er Jahre richtig latent wurde, nahm der EuGH zunächst eine ausgesprochen großzügige Haltung ein. In der Rechtssache Finalarte (EuGH v. 25.10.2001 – C-49/98 [Finalarte], Slg. I-7831 = NZA 2001, 1377) akzeptierte er die entsen-

derechtliche Erstreckung des „Mindesturlaubs" des BRTV, der den gesetzlichen Mindesturlaub des § 3 BUrlG, aber auch den des Art. 7 der UrlaubsRiL 2003/88/EG (ABl. 2003 L 299, 9) deutlich übertrifft. Bereits das deutete auf die Befugnis der Mitgliedstaaten hin, Arbeitsbedingungen auch dann für zwingend erklären zu dürfen, wenn sie über Mindestvorgaben in einem engeren Wortsinn hinausgehen. Dafür sprach auch, dass der EuGH die Erstreckung inländischer Arbeitsbedingungen damit rechtfertigt, dass entsandte Arbeitnehmer durch die Erstreckung einen „zusätzlichen Vorteil" erlangen könnten. Diese Linie bekräftigte der EuGH in den nachfolgenden Entscheidungen Wolff & Müller und Portugaia (EuGH v. 12.10.2004 – C-60/03 [Wolff & Müller], Slg. 2004, I-9553 = NZA 2004, 1211; v. 24.1.2002 – C-164/99 [Portugaia], Slg. 2002, I-787 = NZA 2002, 207; ähnlich bereits: EuGH v. 23.11.1999 – C-369/96 [Arblade u. a.], Slg. 1999, I-8453 = NZA 2000, 85).

10 Gesichert erschien das aber bislang nicht. Denn nur theoretisch erhalten die entsandten Arbeitnehmer einen desto höheren „Vorteil", je höher sich der nationale Mindestlohn bemisst. Ab einer bestimmten Lohnhöhe werden Dienstleister aus Ländern mit niedrigem Lohnniveau ihre Leistungen in „Hochlohnländern" nicht mehr anbieten können, weil ihnen durch die Lohnfestsetzung ihr Wettbewerbsvorteil verloren geht. Auch wäre es merkwürdig, dass eine die Dienstleistungsfreiheit beschränkende nationale Vorschrift desto eher gerechtfertigt wäre, je protektionistischer sie im Ergebnis ausfällt. Und schließlich betonte der EuGH stets, dass die **Erstreckung** der jeweiligen Mindestarbeitsbedingungen **insgesamt angemessen und verhältnismäßig** sein muss. Weiter darf die Erfüllung der fraglichen Verpflichtung den Anbietern keinen unverhältnismäßigen Verwaltungsaufwand bereiten, weshalb die fraglichen Lohnvorgaben so hinreichend transparent gefasst sein müssen, dass diese einigermaßen unkompliziert ermittelt werden können. Welche Konsequenzen sich daraus dann genau ergeben, hat der EuGH aber eben offen gelassen (pointiert: *Koenigs,* DB 2002, 1270, 1271: *„Orakel von Delphi"*), weshalb den Urteilen sämtliche denkbaren Varianten entnommen wurden.

11 Weitere Unsicherheiten gingen von den **arbeitskampf- und vergaberechtlichen Entscheidungen** gegen Ende der 2000er Jahre aus. Im Urteil Laval (EuGH v. 18.12.2007 – C-341/05 [Laval], Slg. 2007, I-11767 = NZA 2008, 159) verwarf der Gerichthof das schwedische Entsenderecht, nachdem dieses (verkürzt dargestellt) inländischen Gewerkschaften erlaubt hatte, von ausländischen Diensterbringern für jeden einzelnen Auftrag den Abschluss von Lohntarifverträgen unter Berücksichtigung der Qualifikationen der Arbeitnehmer und der von ihnen wahrgenommenen Aufgaben abzufordern. In der Rechtssache Rüffert (EuGH v. 3.4.2008 – C-346/06 [Rüffert], Slg. 2008, I-1989 = NZA 2008, 537) erklärte er die im niedersächsischen Vergabegesetz enthaltene Tariftreueregelung für europarechtswidrig. In beiden Urteilen erwähnte der Gerichtshof mehrfach, dass die Arbeitslöhne, die durch die jeweils angegriffene Regelung erstreckt wurden, nicht als *„Mindestlohnsatz"* iSd. Entsenderichtlinie angesehen werden könnten. Der Aufnahmestaat dürfe keine Arbeitsbedingungen vorgeben, die über *„ein Mindestmaß an Schutz"* hinausgehen. Im Verfahren Kommission gegen Luxemburg (EuGH v. 19.6.2008 – C-319/06 [Kommission/Luxemburg], Slg. 2008, I-4323 = NZA 2008, 865) beanstandete der EuGH das luxemburgische Entsenderecht, das die Entlohnung von nach Luxemburg entsandten Arbeitnehmern automatisch an die Entwicklung der Lebenshaltungskosten in Luxemburg gekoppelt hatte. Ihn störte daran, dass diese Indexierung *„sämtliche Löhne (betrifft,) einschließlich derjenigen, die nicht in die Kategorie der Mindestlöhne fallen."* Schließlich nahm der EuGH in der Sache Bundesdruckerei GmbH gegen Stadt Dortmund nochmals eine kritische Haltung zu vergaberechtlichen Mindestlöhnen ein (EuGH v. 18.9.2014 – C-549/13 [Bundesdruckerei GmbH/Stadt Dortmund], NZA 2014, 1129), weil diese nicht für alle Arbeitnehmer gelten, sondern nur für solche, die mit der Ausführung eines öffentlichen Auftrags betraut werden. Das alles schien darauf hinzudeuten, dass die Mitgliedstaaten ausländischen Anbietern nur die Einhaltung einheitlicher Basislöhne vorschreiben dürfen. Sah man freilich näher hin, fielen auch diese vermeintlich restriktiven Entscheidungen alles andere als eindeutig aus und zwar schon deshalb, weil sich die jeweiligen Sachverhalte durch **Besonderheiten** auszeichneten, die einer Verallgemeinerung der jeweiligen Überlegungen des EuGH entgegenstanden. Das schwedische Entsenderecht erlaubte Gewerkschaften, ausländische Dienstleister vor Ort und von Fall zu Fall zum Abschluss von Tarifverträgen mit „vollständigen" Tarifgittern zu verpflichten. Soweit diese nicht abschlussbereit waren, konnten die Gewerkschaften diese bestreiken, ihre eigenen Mitglieder zum Sympathiestreik aufrufen, Boykottmaßnahmen einleiten oder die Leistungserbringung sogar mit Blockaden verhindern. Im Vordergrund stand also nicht, dass in Schweden ganze Tarifgitter erstreckt wurden, sondern dass dies in einem völlig ungeordneten und intransparenten Verfahren erfolgte, dessen Ausgang für den Anbieter bei Angebotsabgabe nicht annähernd vorhersehbar war. Nachdem für jedes einzelne Vorhaben vor Ort ein eigenständiger Tarifvertrag abzuschließen war, barg dieses System überdies die Gefahr in sich, dass dabei von ausländischen Anbietern Löhne verlangt werden, die höher sind als die im Inland ansonsten üblichen. Das luxemburgische Entsenderecht führte zu einer Erstreckung der inländischen Reallohnentwicklung auf ausländische Diensterbringer. Auch der Fall Bundesdruckerei gegen Stadt Dortmund sprach eine Sonderkonstellation an, weil der zu vergebende Auftrag ausschließlich im Ausland erbracht werden sollte, die Arbeitnehmer des betroffenen Dienstleisters also alleine in ihrem Heimatstaat tätig geworden wären (dagegen für eine Anwendung der in der Entscheidung genannten Grundsätze auf „reine" Inlandssachverhalte: *Faber,* NVwZ 2015, 257, 261).

12 Neben der Vorgabe diversifizierter Lohngitter lässt das Entsenderecht es auch zu, dass eine tarifvertragliche Urlaubsvergütung bzw. ein tarifvertragliches Urlaubsgeld (s. Rn. 19) oder Pauschalen für Wege- und Tagegelder (EuGH v. 12.2.2015 – C-396/13 [Elektrobudowa], NZA 2015, 345) auch auf entsandte Arbeitnehmer erstreckt werden.

13 **c) Gewährung von Mindestentgelten – mindestlohnwirksame Leistungen des Arbeitgebers.** Der Arbeitgeber ist verpflichtet, dem Arbeitnehmer **mindestens** den im Tarifvertrag benannten **Bruttolohn** zu gewähren. Die **Fälligkeit** der Ansprüche regelt sich nach dem jeweiligen Mindestlohntarifvertrag. Meist ist dort bestimmt, dass das Entgelt am 15. des Monats fällig wird, der auf den Monat folgt, für den der Mindestlohn zu zahlen ist (s. etwa § 2 Abs. 4 S. 1 MindestlohnTV Bau). Fehlt es ausnahmsweise daran, ist der Mindestlohn zu dem Zeitpunkt auszubezahlen, zu dem das Gehalt nach dem Arbeitsvertrag oder einem anwendbaren Tarifvertrag fällig wird, ansonsten greift § 614 BGB. Eine Abweichung von der einschlägigen Fälligkeitsregelung, insbesondere durch Einbuchung von Plus-, ggf. aber auch den Vortrag von Minusstunden auf ein **Arbeitszeitkonto** ist nur möglich, wenn der Tarifvertrag eine Öffnungsklausel für entsprechende Arbeitszeitkonten enthält (so etwa: §§ 2 Abs. 4 S. 2 MindestlohnTV Bau iVm. 3 Nummer 1.4 BRTV Bau).

14 Im Übrigen sind die an die Zahlungspflicht des Arbeitgebers anknüpfenden Rechtsfragen weitgehend identisch mit denen, die sich insoweit bei § 1 MiLoG stellen. Zur Vermeidung von Doppelungen sei daher auf die Kommentierung des § 1 MiLoG verwiesen, in die die Besonderheiten des Entsenderechts auch weitgehend eingearbeitet wurden. Das sind unter anderem:

- Arbeitszeit: Rn. 33 u. 34.
- Durchschnittsvergütung für die im Referenzmonat geleistete Arbeit: Rn. 77 ff.
- Mindestlohn für Zeiten der Nichtarbeit: Rn. 57 ff., insb. 60 f. u. v. a. 69 ff.
- Stücklohnabreden: Rn. 42.
- Bereitschaftsdienst, Rufbereitschaft: Rn. 43 ff., insb. 44 u. 47 (Bereitschaftsdienst in der Pflegebranche).
- Wegezeiten, Wegegelder: Rn. 52 ff., Rn. 122.
- Mindestlohnwirksame Leistungen des Arbeitgebers Rn. 87 ff.
- Leistungen des Arbeitgebers unter Vorbehalt: Rn. 89.
- Anrechnung von Urlaubs- und Weihnachtsgeld: Rn. 90 ff.
- Berücksichtigung von Zulagen und Zuschlägen: Rn. 98 ff.
- Mindestlohnrechtliches Äquivalenzprinzip: Rn. 98 ff., insb. 99.
- Gegenstand der „Normalleistung" nach dem AEntG: Rn. 105.
- Zulagen für quantitative oder qualitative Mehrarbeit und für Arbeiten zu besonderen Zeiten, für besonders beschwerliche, belastende oder gefährliche Arbeit. Allgemeines: Rn. 107 f.
- Erschwerniszulagen: Rn. 109.
- Spätschichtzulagen: Rn. 111.

- Nachtarbeitszuschläge: Rn. 112ff.
- Überstundenzuschläge: s. hier sogleich Rn. 15ff.
- Tagegelder: Rn. 123.
- (Echte) Entsendezulagen: Rn. 124ff.; Leistungen für Kost und Logis: Rn 127. Hier ist nochmals zu beachten, dass in Entsendefällen die Anrechnung von Entsendezulagen, sowie von Sachbezügen und damit auch von Leistungen für Kost und Logis grundsätzlich nicht zulässig ist. Die in Rn. 132ff. dazu (ohnehin nur hilfsweise) getroffenen Ausführungen haben für das AEntG keine Bedeutung.

d) Überstundensätze. Auch was die Vergütungspflicht von Überstunden betrifft, gelten prinzipiell die insoweit für das Mindestlohnrecht herausgearbeiteten Grundsätze, s. § 1 MiLoG Rn. 38ff. Anders als im MiLoG kann der verbindliche Tarifvertrag allerdings nach § 5 Nr. 1 letzter Hs. auch ein erhöhtes Mindestentgelt für die Leistung von Überstunden vorgeben. Das geschieht vor allem in der Baubranche. Die einschlägige Regelung des § 3 Nr. 6.1 BRTV Bau (Zuschlag von 25%) ist nach § 5 TVG für allgemeinverbindlich erklärt, daher für sämtliche Arbeitsvertragsparteien beachtlich und gem. §§ 4 Abs. 1 Nr. 1, 5 und 6 Abs. 2 AEntG entsenderechtlich zwingend. **15**

Überstundensätze müssen nicht in demselben Tarifvertrag geregelt sein, in dem die Mindestentgeltsätze vereinbart sind (BAG v. 19.5.2004 – 5 AZR 449/03, BAGE 111, 1 = NZA 2004, 1170). **16**

Umstritten ist, nach welchem Recht sich in Entsendefällen bestimmt, ob bzw. wie viele Überstunden ein Arbeitnehmer geleistet hat. Nach der Rechtsprechung des BAG beurteilt sich das nach dem Heimatrecht der Vertragsparteien, es sei denn auf den Arbeitsvertrag wäre deutsches Recht anwendbar, weil die Parteien dessen Geltung vereinbart haben oder dieses nach Art. 8 Abs. 2 Rom-I-VO mangels Rechtswahl auf Grund objektiver Anknüpfung anwendbar ist oder bei fehlender Rechtswahl anwendbar wäre (BAG v. 19.5.2004 – 5 AZR 449/03, BAGE 111, 1 = NZA 2004, 1170; ebenso: § 5 Rn. 4; Vorauflage: Rn. 16 [diese Ansicht wird aufgegeben]; ErfK/*Schlachter,* § 5 Rn. 3; Däubler/*Lakies,* § 5 TVG Anh. 2, § 5 AEntG Rn. 14, sowie § 1 AEntG, Rn. 28ff.). Das BAG argumentiert, dass Bestimmungen inländischer Tarifverträge, wie etwa die Dauer der Arbeitszeit, außerhalb des Anwendungsbereichs der §§ 2 und 3 keine international zwingenden Eingriffsnormen i. S. d. Art. 9 u. 23 VO (EG) 593/2008 (Rom I) i. V. m. Art. 3 RiL 96/71/EG sein können (s. auch BAG v. 9.7.2003 – 10 AZR 593/02, NZA 2003, 1424 [zu § 24 VTV Sozialkasse Bau]; v. 6.11.2002 – 5 AZR 617/01 [A], BAGE 103, 240 = NZA 2003, 490 [zu § 16 BauRTV]). Daher könnten die Regelungen des BRTV-Bau dazu, ab wann Arbeitszeit überstundenpflichtig ist, keine Anwendung auf einen nach Deutschland entsandten ausländischen Arbeitnehmer finden, wenn dieser mit seinem ausländischen Arbeitgeber nicht die Geltung des BRTV vereinbart hat. Auch aus § 2 Nr. 3 folge nichts anderes, weil danach nur die **17**

Vorschriften über die Höchstarbeitszeiten international-privatrechtlich zwingendes Recht sind. Richtigerweise wird man indes berücksichtigen müssen, dass die Anordnung einer Vergütungspflicht für Überstunden und die Bestimmung, was Überstunden sind, untrennbar miteinander verbunden sind **und diese daher insgesamt dem deutschen Recht bzw. dem erstreckten Tarifvertrag folgen.** Beide Regelungen unterfallen § 5 Nr. 1 letzter Hs. (*Koberski/Asshoff/Eustrup/Winkler,* § 5 Rn. 25; *Ulber,* § 5 Rn. 16). Es geht nicht um eine abstrakte tarifliche Festlegung der Regelarbeitszeit. Vielmehr fungiert die einschlägige Tarifregelung hier nur als Definitionsmerkmal dessen, was als Überstunde gilt und löst folglich den Anspruch des Arbeitnehmers auf Zahlung des Zuschlags aus. Folgt man dagegen dem BAG, besteht die Gefahr, dass die Regelung gegenüber ausländischen Diensterbringern leer läuft, weil diese mit dem Arbeitnehmer lediglich eine Vereinbarung treffen müssten, mit der dessen regelmäßige Arbeitszeit während seines Einsatzsatzes in Deutschland entsprechend erhöht wird, um der Verpflichtung zur Zahlung von Überstundensätzen zu entgehen.

18 Sind Überstundenzuschläge verbindlich vorgegeben, müssen einschlägige Zahlungen des Arbeitgebers ohne Rücksicht auf den in § 1 MiLoG Rn. 87ff., 98ff., 107ff. dargestellten Streitstand als mindestlohnwirksame Leistungen anerkannt werden.

3. Beiträge zu gemeinsamen Einrichtungen, Gewährung von Urlaub

19 Nach § 8 Abs. 1 S. 1 letzter Hs. hat der Arbeitgeber Beiträge zu gemeinsamen Einrichtungen der Tarifvertragsparteien zu leisten, soweit das im fraglichen Tarifvertrag vorgesehen ist. Insoweit erlangt die Regelung des § 8 Abs. 2 besondere Bedeutung, die ein Abweichen von der Beitragspflicht auf Grund anderweitiger Tarifbindung ausschließt (s. auch §§ 5 Abs. 1a u. 4 S. 2 TVG iVm. §§ 3 Hs. 2, 4 Nr. 1, 5 Nr. 3, 8 Abs. 2 AEntG, hierzu: Rn. 31ff.). Die Bestimmung hat vor allem die Zusatzversorgungs- (ZVK) und Urlaubskasse (ULAK) der Bauwirtschaft im Auge, die nach außen als Sozialkassen der Bauwirtschaft (SOKA-BAU) auftreten (dazu: § 5 Rn. 9 u. 12). § 8 Abs. 1 erfasst dabei nicht nur die in einem Tarifvertrag geregelten Urlaubs-, Urlaubsvergütungs-, Urlaubsabgeltungs- und Entschädigungsansprüche, sondern auch eine etwaige tarifliche Befristung der einschlägigen Ansprüche (BAG v. 14.8.2007 – 9 AZR 167/07, NZA 2008, 236; vgl. dazu aber auch die Regelung des § 9; anders dagegen, was die allgemeine Ausschlussfrist des § 15 BRTV betrifft: BAG v. 19.5.2004 – 5 AZR 449/03, BAGE 111, 1 = NZA 2004, 1170). Für die Berechnung der Höhe des Urlaubskassenbeitrags ist die vom Arbeitgeber geschuldete und nicht die von ihm tatsächlich gezahlte Bruttolohnsumme maßgebend (BAG v. 14.2.2007 – 10 AZR 63/06, NZA 2007, 1456). Der Arbeitgeber kann sich seiner Beitragspflicht auch nicht mit der Behauptung entziehen, dass Urlaubsansprüche der Arbeitnehmer bereits vollständig abgewickelt worden sind (BAG v. 25.1.2005 – 9 AZR 621/03, NZA 2005, 1376). Die einschlägigen Tarifverträge übertragen nämlich regelmäßig der Urlaubskasse und nicht dem Arbeitgeber die Sicherung der Urlaubsansprüche der Arbeitnehmer (§ 15 Nr. 1 BauRTV). Zahlt ein ausländischer Arbeitgeber nur unter dem Vorbehalt des Bestehens einer entsprechenden Verpflichtung Urlaubskassenbeiträge an die Urlaubs- und Lohnausgleichskasse der Bauwirtschaft und stellt sich heraus, dass Beitragspflichten mangels überwiegender Durchführung baulicher Tätigkeiten durch diesen Arbeitgeber tatsächlich nicht bestanden haben, so kann die Urlaubs- und Lohnausgleichskasse dem Rückzahlungsanspruch des Arbeitgebers aus § 812 BGB nicht erfolgreich einen Wegfall der Bereicherung wegen Zahlung von Urlaubsabgeltungsbeträgen an die entsandten Arbeitnehmer in Höhe der unter Vorbehalt erfolgten Zahlungen entgegenhalten (LAG Hessen v. 16.8.2004 – 16 Sa 198/04, DB 2004, 2645). Hat ein Arbeitgeber die Sozialkassenbeiträge an die Zusatzversorgungskasse des Baugewerbes (ZVK) im Sinne von § 812 Abs. 1 S. 1 Alt. 1 BGB geleistet und hat die ZVK die der Urlaubskasse zustehenden Beitragsanteile gemäß § 667 BGB herausgegeben, kann der Arbeitgeber auf Grund des Vorrangs der Leistungskondiktion bei der Rückabwicklung des Leistungsverhältnisses ausschließlich die ZVK als Empfängerin einer grundlosen Beitragsleistung in Anspruch nehmen (BAG v. 23.4.2008 – 10 AZR 1057/06). Die Heranziehung auch ausländischer Unternehmer zum Urlaubskassenverfahren ist europarechtskonform (EuGH v. 25.10.2001 – C-49/98 [Finalarte], Slg. 2001, I-7831 = NZA 2001, 1377), steht aber unter dem Vorbehalt des **Doppelbelastungsverbots,** das nunmehr in § 5 Nr. 3 geregelt ist (zu den Einzelheiten, s. § 5 Rn. 11 bis 16). Daraus folgt auch, dass, wenn der Arbeitgeber bereits anderweitig zur Beitragsabführung an eine deckungsgleiche gemeinsame Einrichtung verpflichtet sein sollte (was außerordentlich unwahrscheinlich ist), das in Rn. 2 beschriebene Günstigkeitsprinzip Anwendung findet (*Greiner/Hanau/Preis,* SR 2014, Sonderausgabe, 2, 16f.; Oetker, NZA 2010 Beil. 1, 13, 22f.). Zur Verpflichtung zur Gewährung des **tariflichen Mindesturlaubs:** s. § 5 Rn. 6ff.

II. Gleiche Pflichten für Verleiher

20 Nach Abs. 3 haben Verleiher, und zwar auch solche aus dem Ausland, die nach §§ 4, 5 Nr. 1 bis 3, 6 u. 7 AEntG zwingenden Arbeitsbedingungen einzuhalten, wenn ein Entleiher ihre Arbeitnehmer mit Arbeiten beschäftigt, die in den Geltungsbereich eines entsprechenden Tarifvertrags fallen. Sie müssen diesen also mindestens das für die Zielbranche relevante Entgelt zahlen. Der erstreckte Tarifvertrag setzt sich daher auch gegen einen (schlechteren) Lohn durch, der in einem Tarifvertrag vorgesehen ist, an den der Verleiher nach §§ 3 oder 5 TVG normativ gebunden ist.

Ebenso wird die Lohnuntergrenze des § 3a AÜG durch einen (besseren) Mindestlohn der Einsatzbranche überspielt. Die Verpflichtung nach Abs. 3 gilt auch in Bezug auf die Pflicht zur Abführung von Beiträgen an Urlaubskassen (§§ 8 Abs. 1 S. 2, 5 Nr. 3). Intention des Gesetzgebers war es, sicher zu stellen, dass Arbeitgeber nicht auf den Einsatz von Leiharbeitnehmern ausweichen, um sich der Anwendung der nach dem AEntG zwingenden Arbeitsbedingungen zu entziehen (*Koberski/Asshoff/Eustrup/Winkler*, § 8 Rn. 13; *Wank*, NZA 2003, 14; *Däubler*, EuZW 1997, 613).

21 Diese Verpflichtung besteht nach dem durch das Tarifautonomiestärkungsgesetz 2014 in das Gesetz eingefügten § 8 Abs. 3 Hs. 2 auch dann, wenn der Betrieb des Entleihers nicht in den fachlichen Geltungsbereich des betreffenden Mindestlohntarifvertrages bzw. der ihn erstreckenden Rechtsverordnung fällt. Das BAG hatte genau gegenteilig entschieden. Es hielt es nicht für ausreichend, dass der Arbeitnehmer in einem Entleihbetrieb, der einer anderen Branche zugehört, lediglich mit Tätigkeiten befasst wird, die dem fachlichen Geltungsbereich des Mindestlohntarifvertrags unterfallen (BAG v. 21.10.2009 – 5 AZR 951/08, BAGE 132, 228 = NZA 2010, 237; s. auch LAG Hessen 15.8.2014 – 10 Sa 86/14).

22 Diese Regelung sieht sich einiger **Kritik** ausgesetzt. Sie führt zu einem Wertungswiderspruch, wenn zwar der Entleiher Arbeitnehmern, die bei ihm selbst angestellt sind, nicht den tariflichen Mindestlohn gewähren muss, wohl aber der Verleiher den Arbeitnehmern, die er dort einsetzt. Vor allem aber dürfte das Risiko, dass Unternehmen versuchen, über den Einsatz von Leiharbeit eigene Mindestlohnverpflichtungen zu umgehen, sehr überschaubar bleiben (anders aber: *Düwell*, DB 2011, 356, 357f.; wie hier: *Dreyer*, PuR 2014, 236). Seit Jahren geht die Entwicklung eher in die umgekehrte Richtung: Unternehmen vermeiden vermehrt den Einsatz von Leiharbeitnehmern und kaufen stattdessen die benötigten Leistungen bei freien Industriedienstleistern in Form von Dienst- und Werkverträgen ein. Überdies dürften sich die wenigen vernehmbaren Umgehungsversuche als wirkungslos erweisen. Eine „Anleitung" zu einer derartigen „Mindestlohnflucht" gibt etwa *Rieble*, DB 2011, 356: Ein Hoteldienstleister „schaltet" von der Teilerbringung von Hotelleistungen (Zimmerreinigung) „auf" Leiharbeit „um" und „verleiht" fortan sein Personal an Hotels. Richtig ist zwar, dass der Hotelbetrieb nicht dem Gebäudereinigertarifvertrag unterfällt, weil die Reinigungsarbeiten dort nur als betrieblicher Nebenzweck erbracht werden. Doch ist die entscheidende Frage, wer gegenüber den Arbeitnehmern das arbeitgeberseitige Direktionsrecht ausübt. Aller Voraussicht nach wird das weiterhin der Dienstleister sein. Dann handelt es sich bei seinem Betrieb aber nicht um einen solchen des Verleihgewerbes, sondern um einen der Gebäudereinigerbranche. Er schuldet daher den Lohn nach dem einschlägigen Mindestlohntarifvertrag. Für diesen hätte das Hotel nach § 14 einzustehen, weil es insoweit eine eigene Verpflichtung weitergibt und daher als Generalunternehmer in Haftung genommen werden kann (vgl. *Bayreuther*, NZA

2015, 961, 964). Soll dagegen tatsächlich das Weisungsrecht an den Hotelbetreiber übertragen werden, wird er sich gut überlegen müssen, ob er dieses Geschäftsmodell akzeptiert. Dann obliegt es nämlich alleine ihm, die fraglichen Leistungen zu organisieren und durchzuführen. Auch stehen ihm gegenüber dem Verleiher keinerlei Gewährleistungsansprüche zu, weil zwischen den Parteien nunmehr kein Werk-, sondern ein Dienstvertrag besteht. So oder so dürfte eine solche Gestaltung aber aus rein tatsächlichen Gründen in nur sehr wenigen Bereichen des Wirtschaftslebens überhaupt in Betracht kommen.

23 Auch verfängt der Hinweis des Gesetzgebers nur bedingt, dass mit der Novelle an die „frühere Kontrollpraxis" angeknüpft werden solle, wie sie bis zu der Entscheidung des BAG v. 21.10.2009 (5 AZR 951/08, BAGE 132, 228 = NZA 2010, 237) bestand. Dabei wird übersehen, dass Leiharbeitnehmern damals kein anderweitiger Schutz zukam, weil es seinerzeit weder den gesetzlichen Mindestlohn gab, noch die verleihrechtliche Lohnuntergrenze nach § 3a AÜG. Auch sahen viele Verleihtarifverträge einen relativ niedrigen Arbeitslohn vor, erteilten dem Arbeitgeber dessen ungeachtet aber einen Dispens vom equal-pay-Gebot. Die heutige Tariflandschaft ist eine völlig andere, der Tariflohn in der Zeitarbeitsbranche signifikant höher; für Einsätze in bestimmten Branchen erhalten Leiharbeitnehmer nach den so genannten Branchenzuschlagstarifverträgen besondere Zulagen. Vor allem aber galt das AEntG zur Zeit der Entscheidung des BAG nur für die Baubranche, in die eine Überlassung wegen § 1b S. 1 AÜG nur sehr eingeschränkt möglich ist (Baunebengewerbe, Entsendefälle nach § 1b S. 3 AÜG). Damit blieben die entsenderechtlichen Verpflichtungen für Verleiher überschaubar (s. *Koberski/Asshoff/Eustrup/Winkler,* § 8 Rn. 15). Nachdem das AEntG nunmehr aber für eine Vielzahl von Branchen gilt und Verleiher überdies einem eigenen Mindestlohnregime unterworfen sind, kommt es zu unübersichtlichen Gemengelagen, wenn der Arbeitnehmer immer wieder in eine andere Branche entsandt wird.

24 Die Regelung des § 8 Abs. 3 greift bei jeder Arbeitnehmerüberlassung. Sie gilt auch dann, wenn die Arbeitnehmerüberlassung nach § 1 Abs. 3 AÜG ausnahmsweise nicht erlaubnispflichtig ist. Unerheblich ist überdies, ob der Verleiher die zur Überlassung erforderliche Erlaubnis besaß oder ob nach § 10 Abs. 1 AÜG die Arbeitgeberstellung des Entleihers fingiert wird (LAG Hessen 15.8.2014 – 10 Sa 86/14; LAG Hessen 7.12.2011 – 18 Sa 928/11).

25 Anderweitige, höhere Lohnansprüche des Arbeitnehmers bleiben unberührt. Im Verhältnis zum Mindestlohn nach § 8 Abs. 3 gilt das Günstigkeitsprinzip (*„zumindest"*).

26 Wird der Arbeitnehmer in einen Betrieb verliehen, der selbst nicht dem Geltungsbereich eines Mindestlohntarifvertrags unterfällt, übt er dort aber eine einschlägige Tätigkeit aus, tun sich bei der Lohnberechnung nach Abs. 3 in der Praxis nicht unerhebliche Schwierigkeiten auf.

Das liegt zunächst daran, dass es vielen entsenderechtlichen Mindestlohntarifverträgen an einer Spezifizierung ihres persönlichen Geltungsbereichs fehlt (anders liegen die Dinge eben in der früher alleine durch das AEntG geregelten Baubranche, deren Mindestlohnverordnungen (-tarifverträge) fachlich und personell klar konturiert sind [§§ 1 Mindestlohnverordnung iVm. 101 Abs. 2 SGB III, Beschränkung auf gewerbliche Arbeitnehmer]). Der Mindestlohntarifvertrag für die Gebäudereinigung etwa spricht nur von „Gebäudereinigungsleistungen". Wird ein Leiharbeitnehmer also an ein Lohnbuchhaltungsunternehmen zur Aktenarchivierung verliehen, wendet er dort aber jeden Abend auch eine Viertelstunde auf, um im Archiv die Papierkörbe zu leeren, wäre die hierfür aufgebrachte Arbeitszeit nach der Mindestlohnverordnung für das Gebäudereinigerhandwerk lohnpflichtig. Entsprechend sind auch Überschneidungen unvermeidbar (s. *Dreyer,* PuR 2014, 236, 237). Baut ein Leiharbeitnehmer ein Gerüst auf, wird er von der Baumindestlohn-, der Malermindestlohn- und der Gerüstbauermindestlohnverordnung erfasst. Probleme bereiten auch zeitgleiche Mischtätigkeiten. Weiteres Beispiel:

Der in einer Kantine eingesetzte Leiharbeitnehmer A räumt Geschirr in die Spülmaschine, reinigt aber auch Küchengeräte. Während die erste Tätigkeit nicht dem Mindestlohn für das Gebäudereinigerhandwerk unterfällt (BAG v. 19.2.2003 – 4 AZR 118/02, NZA 2003, 1295), greift dieser sehr wohl für die Reinigung des Mobiliars.

27 An sich naheliegend wäre eine teleologische Reduktion des Abs. 3, die den Rechtszustand wieder an BAG v. 21.10.2009 – 5 AZR 951/08, BAGE 132, 228 = NZA 2010, 237 angleicht. Angesichts des eindeutigen Wortlauts der Bestimmung und des klar entgegenstehenden Willens des Gesetzgebers ist eine solche aber kaum möglich. Indes darf der Normzweck der Regelung bei ihrer Auslegung nicht völlig außer Acht gelassen werden. Es geht darum, zu verhindern, dass Unternehmen sich über den Einsatz von Leiharbeitnehmern ihrer Mindestlohnpflicht entziehen. Was dazu nicht erforderlich ist, ist, dass Arbeitgeber minutengenau jede einzelne Tätigkeit des Arbeitnehmers einem bestimmten Mindestlohntarif zurechnen. Daher ist in Gemengenlagen darauf abzustellen, welche **branchentypische, mindestlohnpflichtige Tätigkeit** bezogen auf den konkreten Kundeneinsatz rein **zeitlich überwogen** und **bei objektiver Betrachtung den Schwerpunkt der Tätigkeit** ausgemacht hat (*Dreyer,* PuR 2014, 236, 238).

28 Generell Schwierigkeiten bereiten die gerade für Verleiher außerordentlich wichtigen **Arbeitszeitkonten.** Diese können sich unabhängig von § 8 Abs. 3 Hs. 2 auftun, also auch dann, wenn der Arbeitnehmer an einen Betrieb verliehen wird, der dem Geltungsbereich eines Mindestlohntarifvertrags unterfällt, so dass die Mindestlohnpflicht bereits aus der Grundregelung des § 8 Abs. 3 Hs. 1 folgt. Der Verleiher ist nämlich, was den jeweils zu beachtenden Mindestlohn betrifft, der Fälligkeitsregelung des einschlägigen Tarifvertrags unterworfen, hilfsweise greift § 614 BGB.

Will er davon abweichen, muss er sich an die Vorgaben des Arbeitszeitkontenregimes des fraglichen Tarifvertrags orientieren. Damit stellt sich die Frage, inwieweit er dann sein „eigenes" Arbeitszeitkontenmodell noch fortführen kann. Diese Problematik wird für ihn natürlich umso latenter, je deutlicher sich dieses und das des jeweils anwendbaren Mindestlohntarifvertrags der Zielbranche voneinander unterscheiden.

Beispiel: § 2 Abs. 4 der 2. Verordnung für eine Lohnuntergrenze in der Arbeitnehmerüberlassung (BAnz AT 26.3.2014 V1) räumt Verleihern die Möglichkeit ein, zwischen 200 und 230 Arbeitsstunden auf ein Arbeitszeitkonto zu buchen (Insolvenzsicherungspflicht ab 150 Stunden). Dabei werden für den Zeitausgleich keine Grenzen vorgegeben. Eine Auszahlungspflicht besteht erst ab 105 Plusstunden und auch dies nur auf Verlangen des Arbeitnehmers. Nach §§ 1 der 8. Mindestlohnverordnung iVm. 4 Nr. 2 MindestlohnTV u. 9 BRTV für das Maler- und Lackiererhandwerk dürfen dagegen Plusstunden nur zur Vermeidung witterungsbedingter Entlassungen auf ein Arbeitszeitkonto eingestellt werden. Solche sind in der Verleiherbranche aber nicht vorstellbar. Wird also ein Leiharbeitnehmer an einen Maler- und Lackiererbetrieb verliehen oder im Entleiherbetrieb auch nur mit Malerarbeiten betraut, wird der auf diese Arbeiten entfallende Mindestlohn ohne weiteren Aufschub fällig. (Zur Übertragbarkeit dieses Tatbestandsmerkmals auf den Verleiher: ArbG Düsseldorf 30.11.2015, 4 Ca 4402/15 n.V.).

28a Die damit verbundenen Probleme potenzieren sich, wenn die anzuwendende Mindestlohnverordnung gar keine Arbeitszeitkontenregelung vorsieht, weil dann der gesamte Mindestlohn zum Fälligkeitszeitpunkt auszuzahlen ist.

29 Nach dem Gesetzeswortlaut ist dem Verleiher eine Fortführung eigener Arbeitszeitkonten nicht möglich, weil er dem Arbeitnehmer *„zumindest"* die im Mindestlohntarifvertrag vorgeschriebenen *„Arbeitsbedingungen"* gewähren muss. Es kommt hinzu, dass eine Querverbuchung dann zu einer Schieflage führen würde, wenn der Verleiher einen Lohn zahlt, der unter dem Mindestlohn in der Zielbranche liegt. Denn dann haben die im Entleiherbetrieb geleisteten Arbeitsstunden einen höheren Wert als Arbeitsstunden, die mit dem Verleihlohn vergütet werden. Würden diese also auf das eigene Arbeitszeitkonto gebucht, bleibt ein Zeitausgleich wirtschaftlich gesehen hinter der erbrachten Arbeitsleistung zurück. Selbst im gegenteiligen Fall wäre es nicht so, dass die beim Entleiher geleisteten Arbeitsstunden einfach in das eigene Arbeitszeitkonto eingebucht werden könnten. Zahlt der Verleiher dem Arbeitnehmer einen Lohn, der über dem Mindestentgelt der Zielbranche liegt, setzt sich das günstigere Lohnregime des Verleiherbetriebs nämlich nicht vollständig gegen den entsenderechtlichen Mindestlohn durch. Vielmehr ist – wie beim gesetzlichen Mindestlohn auch – der Mindestlohn der Zielbranche dann im Gesamtlohn des Arbeitnehmers mitenthalten. Damit greift für den Mindestlohnanteil die Kontenregelung des Mindestlohntarifvertrags, vgl. § 2 Abs. 3 MiLoG u. § 1 MiLoG Rn. 10ff. Von den eigenen Arbeitszeitregelungen kann der Verleiher daher nur für den überschießenden Gehaltsteil Gebrauch machen, vorausgesetzt freilich, dass dieser über der verleihrechtlichen Lohnuntergrenze liegt (denn ansonsten gilt § 2 Abs. 4 der 2. Verordnung für eine Lohnuntergrenze in der Arbeitnehmerüberlassung [BAnz AT 26.3.2014 V1]).

30 Für die Praxis ist das wenig bis gar nicht praktikabel. Wenngleich sich dies dogmatisch nicht von leichter Hand begründen lässt, sollte § 8 Abs. 3 daher teleologisch dahingehend reduziert werden, dass bei Überlassungen bis zum Umfang der verleihrechtlichen Lohnuntergrenze stets und alleine das Kontenregime des § 3a AÜG iVm. der jeweiligen Mindestlohnverordnung greift. Für alle Zahlungsansprüche, die darüber hinausgehen, sollte es sein Bewenden bei den eigenen arbeits- oder tarifvertraglichen Zeitmodellen des Verleihers haben. Alles andere führt zu nur schwer überwindbaren Schwierigkeiten.

III. Kein Tarifvorrang/Keine Geltung des Spezialitätsprinzips (Abs. 2)

1. Ausgangslage, Maßgaben der Dienstleistungsfreiheit des Art. 56 AEUV

31 Nach § 8 Abs. 2 ist der Arbeitgeber dazu verpflichtet, seinen Arbeitnehmern mindestens die in einem in den Anwendungsbereich des AEntG einbezogenen Tarifvertrag enthaltenen Arbeitsbedingungen auch dann zu gewähren, wenn er selbst nach § 3 TVG oder kraft Allgemeinverbindlicherklärung an einen anderen Tarifvertrag gebunden ist. Selbstredend darf er aber die festgesetzten Mindestarbeitsbedingungen überschreiten, s. Rn. 2. Dies gilt auch in Bezug auf gemeinsame Einrichtungen, s. Rn. 19.

32 Grundlage für die Regelung ist zunächst, dass, soweit es um die Beitragspflicht zu gemeinsamen Kassen geht, deren Funktionsfähigkeit gefährdet würde, wenn einzelne Arbeitgeber sich dieser über eine anderweitige Tarifbindung entziehen könnten (ausführlich dazu: *Greiner/Hanau/Preis,* SR 2014, Sonderausgabe, 2, insb. 5ff.). Freilich wird diese Problematik überwiegend über §§ 3 Hs. 2, 4 Nr. 1, 5 Nr. 3, 8 Abs. 2 AEntG, 5 Abs. 1a und 4 TVG aufgefangen, die bereits tarifrechtlich für die wichtigsten Einrichtungen, nämlich die Sozialkassen des Baugewerbes Tarifpluralität ausschließen. Weit darüber hinaus wäre es aber mit der **Dienstleistungsfreiheit des Art. 56 AEUV** nicht vereinbar, wenn ein inländischer Arbeitgeber die entsenderechtlich verbindlichen Mindestarbeitsbedingungen unterschreiten dürfte, sollte er an einen Firmen- oder Verbandstarifvertrag gebunden sein, der ein entsprechend niedrigeres Lohnniveau vorgibt, während einem ausländischen Arbeitgeber diese Möglichkeit verwehrt bliebe (EuGH v. 24.1.2002 – C-164/99 [Portugaia], Slg. 2002, I-787 = NZA 2002, 207, Ls. 2, Rn. 34f.; i. E. ähnlich:

EuGH v. 18.12.2007 – C-341/05 [Laval], Slg. 2007, I-11767 = NZA 2008, 159; v. 14.4.2005 – C-341/02 [Kommission/Deutschland] Slg. 2005, I-2733 = NZA 2005, 573). Genau dies wäre indes der Fall, würde man im Geltungsbereich des AEntG das Spezialitätsprinzip zur Anwendung kommen lassen. Ausländische Unternehmen können sich den ihnen nach dem AEntG auferlegten Verpflichtungen jedenfalls nicht durch Hinweis auf die nach ihrem Heimatrecht abgeschlossenen Tarifverträge entziehen (Art. 9 VO [EG] Nr. 593/2008 [Rom I] i. V. m. § 3; *Sittard,* NZA 2009, 346, 348; *Maier,* NZA 2009, 351, 352; *Klebeck,* NZA 2008, 446, 450; *Rieble/Klebeck,* ZIP 2007, 829, 832; *Rieble/Lessner,* ZfA 2002, 29, 68; *Junker/Wichmann,* NZA 1996, 505, 511; a. A. aber: *Thüsing,* ZfA 2008, 591, 621; *Gerken/Löwisch/Rieble,* BB 1995, 2370, 2374). Sie können aber auch nicht mit einer deutschen Gewerkschaft entsprechende Tarifverträge abschließen bzw. durch Beitritt in einen deutschen Arbeitgeberverband die Geltung von Verbandstarifverträgen erreichen. Im Verhältnis zwischen dem ausländischen Dienstleistungserbringer und den von ihm eingestellten Arbeitnehmern findet kein deutsches Tarifrecht Anwendung, da das **Tarifvertragsstatut** dem Arbeitsvertragsstatut folgt (BAG v. 20.8.2003 – 5 AZR 362/02, NZA 2004, 1295; v. 9.7.2003 – 10 AZR 593/02, NZA 2003, 1424; v. 25.6.2002 – 9 AZR 405/00, BAGE 101, 357 = NZA 2003, 275; *Löwisch/Rieble,* Grundl. Rn. 340 ff.; Wiedemann/*Thüsing,* § 1 Rn. 103 ff.; *Thüsing,* BB 2004, 1333, 1333 f.). Und selbst wenn man letzteres im Einklang mit nicht wenigen Stimmen (Däubler/*Däubler,* Einl. Rn. 617 ff.; MünchHdbArbR/*Rieble/Klumpp,* § 191 Rn. 12 f.; ErfK/*Schlachter,* Art. 9 Rom-I-VO Rn. 32 ff.; *Klebeck/Weninger,* SAE 2009, 159, 164 f.; *Klebeck,* NZA 2008, 446, 450; *Schlachter,* RdA 2004, 179, 179 f.; *Junker/Wichmann,* NZA 1996, 505, 511; *Hauschka/Henssler,* NZA 1988, 597, 599; *Birk,* RdA 1984, 134; *Rieble/Lessner,* ZfA 2002, 29, 67; ebenso, wenngleich etwas verwaschen: OVG Berlin v. 18.12.2008 – OVG 1 B 13.08; VerwG Berlin v. 7.3.2008 – 4 A 439/07, NZA 2008, 482, 488) anders sehen würde, erscheint es rein tatsächlich völlig unrealistisch, dass ein solcher je verabredet werden würde (so denn auch: *Junker/Wichmann,* NZA 1996, 505, 511). So bleibt nur, auch den inländischen Arbeitgeber ohne Rücksicht auf eine etwaige anderweitige Tarifbindung zur Einhaltung der nach dem AEntG verbindlichen Arbeitsbedingungen zu verpflichten.

2. Geltungsvorrang des erstreckten Tarifvertrags, keine Anwendung des § 4a TVG

33 Ein Arbeitgeber der in den Geltungsbereich eines in das AEntG einbezogenen Tarifvertrags über Mindestarbeitsbedingungen fällt, hat seinen Arbeitnehmern stets die dort aufgeführten Arbeitsbedingungen zu gewähren und zwar auch dann, wenn auf das Arbeitsverhältnis nach § 3 TVG oder kraft Allgemeinverbindlicherklärung ein anderer Tarifvertrag

Anwendung findet, der andere, für die Arbeitnehmer weniger günstige Arbeitsbedingungen vorsieht.

34 Damit entfaltet das **tarifrechtliche Spezialitätsprinzip,** das jedenfalls dem mitgliedschaftlich legitimierten Tarifvertrag den Vorrang vor einem nur auf Grund eines staatlichen Erstreckungsbefehls anwendbaren Tarifvertrag einräumen könnte, im Anwendungsbereich des AEntG keine Geltung (ebenso: Schaub/*Vogelsang,* § 162 Rn. 34; Schaub/*Treber,* § 203 Rn. 45; *Koberski/Asshoff/Eustrup/Winkler,* § 8 Rn. 9ff.). Bei genauer Betrachtung geht es vorliegend zwar – anders als im Anwendungsbereich des § 5 Abs. 4 TVG – um keine Tarifkonkurrenz im eigentlichen Sinn. Geltungsgrund des Mindestlohns ist alleine die erlassene Rechtsverordnung und nicht etwa der Tarifvertrag. Der mitgliedschaftlich legitimierte Tarifvertrag kollidiert also mit staatlichem Recht. Daher scheint das Spezialitätsprinzip auf den ersten Blick nicht anwendbar, weil vielmehr entscheidend sein könnte, dass staatliches Recht tariflichen Regelungen schlicht vorgeht. Bei enger Betrachtung würde die Frage mithin lauten, ob die Rechtsverordnung des § 8 tarifdispositiv ist bzw. ob sie tarifdispositiv hätte ausgestaltet werden müssen (so in der Tat: *Klebeck/Weninger,* SAE 2009, 159, 163; *Giesen,* ZfA 2008, 355, 363). Genau das ist eben nicht der Fall.

35 Für Regelungsgegenstände, zu denen der nach dem AEntG zwingende Tarifvertrag keine Bestimmungen enthält, findet allerdings der im Betrieb ansonsten geltende Tarifvertrag Anwendung. Dass dies zu einer Tarifmehrheit im Betrieb und sogar zu einer **Anwendung mehrerer Tarifverträge auf ein- und dasselbe Arbeitsverhältnis** führen kann, ist hinzunehmen (BAG v. 15.11.2006 – 10 AZR 665/05, BAGE 120, 182 = NZA 2007, 448; v. 18.10.2006 – 10 AZR 576/05, BAGE 120, 1 = NZA 2007, 111; v. 9.9.2003 – 9 AZR 478/02). Hieran ändert auch § 4a TVG nichts: s. sogleich Rn. 37.

36 Diese Regelung entspricht der früheren Rechtsprechung des BAG (BAG v. 15.11.2006 – 10 AZR 665/05, BAGE 120, 182 = NZA 2007, 448; v. 18.10.2006 – 10 AZR 576/05, BAGE 120, 1 = NZA 2007, 111; v. 20.7.2004 – 9 AZR 343/03, BAGE 111, 247 = NZA 2005, 114, Rn. 46; v. 13.5.2004 – 10 AS 6/04, IBR 2004, 462; v. 9.9.2003 – 9 AZR 478/02; und in der Tendenz auch bereits: BAG v. 25.6.2002 – 9 AZR 405/00, BAGE 101, 357 = NZA 2003, 275; s. zur Entwicklung der Rechtsprechung auch: RegE, BT-Drs. 16/10486, S. 17; *Oetker,* NZA Beil. 2010, 13). Darüber hinaus ergibt sich für das **Sozial- und Urlaubskassenverfahren** der Bauwirtschaft der Vorrang der einschlägigen, für allgemein verbindlich erklärten Tarifverträge jedenfalls gegenüber Arbeitgebern mit Sitz im Inland auch bereits aus §§ 5 Abs. 1a, Abs. 4 S. 2 TVG 2014, 3 Hs. 2, 4 Nr. 1, 5 Nr. 3, 8 Abs. 2 AEntG (noch offen gelassen durch: BAG v. 8.10.2008 – 5 AZR 8/08, BAGE 128, 119 = NZA 2009, 98).

37 § 8 Abs. 2 wird durch die Tarifeinheitsregelung des § 4a Abs. 2 TVG nicht tangiert. Der Tarifnormenkonflikt zwischen einem nach §§ 7 oder

7a erstreckten Tarifvertrag und einem im Betrieb kraft Mitgliedschaft geltenden Tarifvertrag ist nicht vom Wortlaut des § 4a Abs. 2 S. 1 TVG erfasst. Die Einheitsregelung setzt ausschließlich an eine Konkurrenz von nach § 3 TVG geltenden, also mitgliedschaftlich legitimierten Tarifverträgen an (so auch ausdrücklich: Begr. RegE, BT-Drs. 18/4062, S. 12; *Forst,* RdA 2015, 25, 34). Entsprechend war der Gesetzgeber der Ansicht, dass die Tarifeinheit nicht das Verhältnis eines nach § 5 TVG für allgemeinverbindlich erklärten Tarifvertrags zu einem Tarifvertrag, an den der Arbeitgeber nach § 3 TVG gebunden ist, betrifft. Das gilt hier erst recht. Dazu kommt der Regelungszweck des § 8 Abs. 2, die Europarechtskonformität des Entsenderechts sicherzustellen (s. Rn. 32). Das zwingt eben zu einer Durchbrechung einheitlicher Tarifstrukturen insoweit, als Arbeitgeber die erstreckten Mindestverpflichtungen auch dann gewähren müssen, wenn sie an einen anderen, für die Arbeitnehmer weniger günstigen Tarifvertrag gebunden sind (Schaub/*Vogelsang,* § 162 Rn. 34).

38 Die Konsequenzen verdeutlicht folgendes **Beispiel:**

Der an einen Metalltarifvertrag (M-TV) gebundene Metallarbeitgeber A erbringt überwiegend Arbeitsleistungen auf Baustellen (Deckenverkleidungen). 30% der Belegschaft sind Mitglieder der IG Metall, wohingegen kein Arbeitnehmer bei der IG Bau-Agrar-Umwelt organisiert ist. Obgleich sich der M-TV nach dem Repräsentationsprinzip des § 4a TVG gegenüber den Bautarifverträgen durchsetzen würde, ist A verpflichtet, allen Arbeitnehmern den Mindestlohn der Baubranche zu zahlen: §§ 7, 8 Abs. 1 u. 2. Überdies hat er nach § 5 Abs. 1a u. 4 S. 2 TVG bzw. §§ 3 Hs. 2, 4 Nr. 1, 5 Nr. 3, 8 Abs. 2 AEntG Beiträge an die Sozialkassen des Baugewerbes abzuführen.

39 Das BAG hatte diese vor allem in der Bauwirtschaft häufig auftretende Konstellation lange Zeit anders herum entschieden. Seinerzeit hatte das BAG an dieser Stelle Tarifeinheit hergestellt und dabei dem spezielleren, mithin dem fachnäheren, „eigenen" und folglich dem mitgliedschaftlichen Tarifwerk des Arbeitgebers den Vorrang eingeräumt (vgl. etwa BAG v. 4.12.2002 – 10 AZR 113/02, NZA 2003, 632; v. 26.1.1994 – 10 AZR 611/92, BAGE 75, 298 = NZA 1994, 1038; v. 5.9.1990 – 4 AZR 59/90, NZA 1991, 202; v. 24.1.1990 – 4 AZR 561/89, AP § 1 TVG Tarifverträge Bau Nr. 126; v. 14.6.1989 – 4 AZR 200/89, AP § 4 TVG Tarifkonkurrenz Nr. 16). Diese Rechtsprechung hatte das BAG indes – völlig unabhängig davon, dass es parallel dazu den früheren richterrechtlichen Grundsatz der Tarifeinheit auch insgesamt aufgegeben hatte (BAG v. 7.7.2010 – 4 AZR 549/08, BAGE 135, 80 = NZA 2010, 1068; v. 27.1.2010 – 4 AZR 549/08 [A], NZA 2010, 645) – für Sachverhalte mit Berührung zum AEntG seit 2004 nicht mehr weiter verfolgt (s. Rn. 36). Sie ist mit Aufnahme des § 8 Abs. 2 in das AEntG im Jahr 2009 und der Novelle des § 5 TVG 2015 endgültig obsolet geworden.

IV. Verfassungsmäßigkeit der §§ 7 Abs. 1 bis 3, 8 Abs. 1 u. 2

1. Allgemeines

40 Die §§ 7, 7a u. 8 sind **verfassungskonform.** Das allerdings ist nicht unumstritten. So war schon die Verfassungsmäßigkeit des AEntG 1996/1998, insbesondere die der Verordnungsermächtigung nach § 1 Abs. 3a AEntG 1998 (nunmehr §§ 7 Abs. 1, 8 Abs. 1), bezweifelt worden (s. *Koberski/Asshoff/Eustrup/Winkler,* § 7 Rn. 15; *Löwisch/Rieble,* 2. Aufl. 2004, § 5 Rn. 154ff.; *Löwisch,* GS Eucken, 221, 239ff.; *Badura,* FS Söllner, 111, 118; *Rieble/Lessner,* ZfA 2002, 29ff.; *v. Dannwitz,* RdA 1999, 322ff.; *Scholz,* Rechtsgutachten, passim; *ders.,* RdA 2001, 193, 197; *ders.,* SAE 2000, 266, 267ff.; *Böhm,* NZA 1999, 128; *Strohmeier,* RdA 1998, 339; *Selmayer,* ZfA 1996, 615, 634ff.; *Gerken/Löwisch/Rieble,* BB 1995, 2370; *Koenigs,* DB 1995, 1710). Auch gegen das neue AEntG sind – insbesondere im Hinblick auf die Auswahl- und Vorrangvorschriften der §§ 7 Abs. 2, 3 u. 8 Abs. 2 – erhebliche verfassungsrechtliche Bedenken vorgetragen worden (hierzu insb. *Thüsing,* in diesem Kommentar, Einl. Rn. 31ff. und Vor § 1 Rn. 19; sowie: *Thüsing,* ZfA 2008, 590; *Sodan/Zimmermann,* NJW 2009, 2001; *dies.,* ZfA 2008, 526; *Jacobs,* GS Walz, 2008, 289; *Willemsen/Sagan,* NZA 2008, 1216; *Fischer,* ZRP 2007, 20; offener bis a. A. aber: *Bayreuther,* NJW 2009, 2006; *Löwisch,* RdA 2009, 215, 220; *Bepler,* FS Richardi, 189, 201ff.; *Kocher,* NZA 2007, 600).

2. Grundrechtseingriffe, Eingriffsgewicht

41 Tatsächlich sind im Geltungsbereich der §§ 7 Abs. 1 bis 3, 8 Abs. 1 u. 2 vielfältige verfassungsrechtliche Eingriffsszenarien feststellbar (Vertiefender Überblick bei: *Sittard,* Tarifnormerstreckung, S. 38ff., 76ff., 315ff., 413ff.; *Oetker,* NZA Beil. 2010, 13, 20):

42 (a) Die Dritterstreckung eines Tarifvertrags durch eine Rechtsverordnung nach §§ 7, 7a tangiert die bislang nicht tarifgebundenen Außenseiter in ihrer Vertrags- und Berufsfreiheit. Überdies könnte auch ein Eingriff in deren negative Koalitionsfreiheit vorliegen.

43 (b) Der Staat tangiert die Tarifpartner in ihrer Koalitionsfreiheit aus Art. 9 Abs. 3 GG, soweit er selbst Mindestarbeitsbedingungen, insbesondere Mindestlöhne vorgibt, und zwar auch dann, wenn dies durch die Erstreckung von Tarifrecht geschieht. Dabei wiegt der Eingriff hier umso schwerer, als es um eine zweiseitig zwingende, weil nicht tarifdispositive, staatliche Regelung geht.

44 (c) Die Dritterstreckung eines Tarifvertrags durch eine Rechtsverordnung tangiert die Koalition, deren Tarifvertrag für zwingend erklärt wird, weil dieser seine werbende Kraft verliert. Insbesondere mag Arbeitnehmern ein Gewerkschaftsbeitritt uninteressant erscheinen, nachdem ihr

Arbeitgeber den Regelungen des fraglichen Tarifvertrags ohnehin entsprechen muss (*Seifert,* ZfA 2001, 1, 16). Im Extremfall könnte die Erstreckung ihres Tarifvertrags überdies eine Lohnspirale „nach unten" in Gang setzen (*Bepler,* FS Richardi, 189, 198).

45 (d) Der Auswahlvorgang nach § 7 Abs. 3 könnte die Koalitionen, deren Tarifvertrag nicht erstreckt wird, in ihrem Grundrecht aus Art. 9 Abs. 3 GG beeinträchtigen.

46 (e) Das in § 8 Abs. 2 angelegte „Hierarchieprinzip" (s. Rn. 31 u. 34) tangiert das Koalitionsgrundrecht der „verlierenden" Tarifvertragsparteien und ihrer Mitglieder, da ihnen die Geltung „ihres" Tarifvertrags versagt wird. Überdies werden sie in ihrer Berufs- und Vertragsfreiheit eingeschränkt. Schließlich könnte sich bei zukünftigen Tarifverhandlungen ein Ungleichgewicht zu Lasten der Arbeitgeberseite einstellen, weil die Gewerkschaft Verhandlungen nur noch oberhalb des durch den anderen Tarifvertrag vorgegebenen Sockels führen muss.

47 (f) Daneben könnten noch Bedenken „formeller" Art erhoben werden. Teilweise wurde der früheren Rechtsverordnungsermächtigung des § 1 Abs. 3a AEntG 1998 vorgehalten, sie stelle einen Formmissbrauch des Gesetzgebers dar (*v. Danwitz,* RdA 1999, 322). Dieser Vorwurf wurde mit Blick auf §§ 7, 7a im Zuge der Öffnung des AEntG auf alle Branchen 2014 (s. Vor § 1 Rn. 10a) erneut angebracht. Der Gesetzgeber verlagere demnach die ihm obliegende Prüfung, ob ein Anlass zur Durchsetzung der Ziele des AEntG in einer Branche besteht, auf die Exekutive (*Henssler,* RdA 2015, 43, 54; *Bepler,* Gutachten B zum 70. DJT, 2014, 109ff.; *Reichold,* NJW 2014, 2534, 2535). Auch wird die Verordnungsermächtigung für mit Art. 80 Abs. 1 S. 2 GG unvereinbar gehalten (*Henssler,* RdA 2015, 43, 54; *Scholz,* SAE 2000, 266, 270; *ders.,* Rechtsgutachten, S. 77; *Büdenbender,* RdA 2000, 193, 199; *v. Danwitz,* RdA 1999, 322, 326).

48 Doch gilt es, das Gewicht der mit dem AEntG einhergehenden Grundrechtsbeschränkungen ganz erheblich zu relativieren:

49 (a) Die Dritterstreckung von Tarifverträgen zu Lasten von Außenseitern tangiert zwar die Arbeitsvertragsparteien in ihrer Vertrags- und Berufsfreiheit. Was allerdings die Arbeitnehmer betrifft, muss unbedingt beachtet werden, dass diese durch die Tariferstreckung zunächst nur einen zusätzlichen Vorteil erhalten, was das Gewicht der Grundrechtsbeschränkung stark minimieren dürfte (ErfK/*Schlachter,* § 7 Rn. 9). Freilich darf die mögliche „Fernwirkung" der so bewirkten Verteuerung von Arbeit, nämlich der Verlust von Arbeitsplätzen, nicht unberücksichtigt bleiben. Insoweit gilt es allerdings, dem Einschätzungs- und Prognosespielraum des Gesetzgebers Rechnung zu tragen, der dieses Risiko offenbar negieren möchte. Dagegen wird man die Annahme, dass Außenseiter durch die Dritterstreckung fremden Tarifrechts in ihrer **negativen Koalitionsfreiheit** betroffen werden, gleich gänzlich ablehnen müssen. Nach der ständigen Rechtsprechung des BVerfG (Nachw. unten Rn. 57f.; s. dazu auch Vor § 1 Rn. 19 sowie Einl. Rn. 31ff.) geht von der Geltungserstreckung von Tarifverträgen lediglich ein mittelbarer Druck zum Beitritt in die tarifvertragsschließenden Parteien aus, der nicht so erheblich ist, dass die negative Koalitionsfreiheit verletzt würde (umfassend: *Schubert,* RdA 2001, 199; a. A.: *Scholz,* SAE 2000, 265, 269).

50 (b) Die Tarifvertragsparteien, vor allem die beteiligten Gewerkschaften, erlangen aus der Dritterstreckung ihres Tarifvertrags in aller Regel mehr Vor- als Nachteile. Mit der Dritterstreckung des Tarifvertrags relativiert sich der von den Außenseitern ausgehende Wettbewerbsdruck. Zumindest die Gewerkschaft befindet sich dadurch bei zukünftigen Verhandlungen in einer deutlich verbesserten Ausgangslage.

51 (c) Der Auswahlvorgang nach §§ 7a Abs. 2, 7 Abs. 2 und 3 lässt zwar einen „Verlierer" zurück. Indes haben weder die Koalitionen noch ihre Mitglieder ein Recht darauf, dass „ihr" Tarifvertrag auf Außenseiter erstreckt wird. Freilich stellt der Auswahlvorgang unweigerlich die Weichen dafür, dass der für zwingend erklärte, bessere Tarifvertrag den nicht ausgewählten Tarifvertrag verdrängt, soweit letzterer schlechtere Arbeitsbedingungen enthält als der obsiegende Tarifvertrag (§ 8 Abs. 2). Die damit verbundene Grundrechtsbeschränkung erlangt indes keine eigenständige Bedeutung neben dem Eingriff, der mit dem späteren Verdrängungsakt selbst verbunden ist.

52 Weiter versucht der Gesetzgeber, durch das in § 7 Abs. 2 verankerte Repräsentationsprinzip einen verhältnismäßigen Ausgleich zwischen dem staatlichen Interesse an der Erstreckung des einen Tarifvertrags und den hierdurch tangierten Grundrechten der „verlierenden" Koalitionen und ihrer Mitglieder herbeizuführen (Begr. RegE, Br Drs. 16/10486; ebenso: ErfK/*Schlachter,* § 7 Rn. 8f.; sehr kritisch: *Thüsing,* Einl. Rn. 40ff.; *ders.,* ZfA 2008, 590, 629; *Giesen,* ZfA 2008, 355, 373; *Willemsen/Sagan,* NZA 2008, 1216, 1220: *„unbrauchbar"*; *Sagan,* Das Gemeinschaftsgrundrecht auf Kollektivmaßnahmen, 2008, 160ff.). Die Repräsentativität, die ein Tarifvertrag erlangt hat, kann ein geeignetes Prüfungskriterium sein, wenn festgestellt werden soll, ob ein Tarifvertrag überhaupt auf Außenseiter erstreckt werden soll (s. § 5 Abs. 1 S. 2 Nr. 1 TVG 2014, § 5 Abs. 1 S. 1 Nr. 1 TVG a. F.; so dann auch: *Thüsing,* ZfA 2008, 590, 632). Sie ist folglich auch geeignet, wenn es in einer Branche mehrere konkurrierende Tarifverträge gibt und es festzustellen gilt, welchem der Vorzug eingeräumt werden soll (*Sittard,* NZA 2009, 346, 348; s. auch: § 4a TVG 2015). Insoweit ist in der Diskussion überraschend, dass einige der Autoren (insb. *Giesen,* ZfA 2011, 1; u. *Scholz,* ZfA 2010, 681), die in dem Umstand, dass Koalitionsmitglieder einen höheren Mindestlohn zahlen müssen, als der eigene Tarifvertrag anordnet, einen Eingriff in der Koalitionsgrundrecht von einigem Gewicht sehen, gegen die Wegnahme des ganzen Tarifwerks durch den Einheitsgrundsatz des § 4a TVG keinerlei Bedenken haben und hierin sogar nur eine nicht rechtfertigungsbedürfte Ausgestaltung des Art. 9 Abs. 3 GG erkennen (*Giesen/Kersten,* ZfA 2015, 201; *Scholz/Lingemann/Ruttloff,* NZA-Beil. 2015, 3; s. auch bereits: *Papier/Krönke,* ZfA 2011, 807; *Giesen,*

ZfA 2011, 1; *Scholz,* ZfA 2010, 681). Probleme könnten sich allenfalls dann ergeben, wenn der „führende" Tarifvertrag seine Repräsentativität daraus herleitet, dass die Mehrheit der in der Branche tätigen Arbeitnehmer bei einem oder wenigen „Monopolarbeitgebern" beschäftigt ist. Theoretisch denkbar ist auch, dass ein Tarifvertrag mit einem nur schwachen Durchsetzungsgrad für zwingend erklärt werden könnte, sollte der „Konkurrenztarifvertrag" noch weniger Akzeptanz gefunden haben. Diese Probleme sind indes allesamt rein hypothetischer Natur und daher vernachlässigbar.

53 Insgesamt hat sich herausgestallt, dass das Szenario, dass am Markt tatsächlich zwei konkurrierende Tarifverträge vorhanden sind und nur einer davon erstreckt wird, wenig latent ist. Dass die Tarifpartner eines Mindestlohntarifvertrags diesen unterbieten, ist schon auf Arbeitgeber-, erst recht aber auf Arbeitnehmerseite völlig unwahrscheinlich. Argumentiert wurde zwar, dass Tarifvertragsparteien zumindest mindestlohnabweichende Sanierungstarifverträge und beschäftigungssichernde Tarifverträge schließen können müssten (*Löwisch,* RdA 2009, 215, 220; ähnlich auch: *Thüsing,* ZfA 2008, 590). Indes erscheint mehr als fraglich, ob es dazu wirklich kommen würde. Gegenstand von Sanierungsabreden sind in aller Regel „weiterführende" Leistungen des Arbeitgebers, wie etwa Gratifikationen, Zulagen, Überstundenentgelte oder das 13. Gehalt bzw. das Urlaubsgeld. Soweit Sanierungsvereinbarungen darüber hinaus der Belegschaft einen Lohnverzicht auferlegen, würden diese wohl noch nicht einmal in Ausnahmefällen so massiv ausfallen, dass damit selbst in unteren Lohngruppen der Mindestlohn unterschritten werden würde (vgl. dazu die Konstellation der Holzmann-Entscheidung des BAG v. 8.10.2008 – 5 AZR 8/08, BAGE 128, 119 = NZA 2009, 98, wo der Sanierungstarifvertrag, obgleich er der Belegschaft große Opfer abverlangte, noch nicht einmal den signifikant höheren AEntG-Mindestlohn der Baubranche unterschritt). Ansonsten hat es bis zum heutigen Tag keinen Fall konkurrierender Tarifverträge gegeben. Einzig bei den Postmindestlöhnen hatte es 2007 den Anschein, als gäbe es divergierende Tarifwerke. Tatsächlich war dies aber nicht der Fall, weil der vermeintlich „unterlegene" Tarifvertrag nicht rechtswirksam war: s. § 7 Rn. 32f.

54 (d) Die pauschale Annahme, dass § 8 Abs. 2 den Arbeitsvertragsparteien die Anwendung „ihres" Tarifvertrags nimmt, übersieht, dass häufig nur die Arbeitgeber, nicht aber die bei ihnen beschäftigten Arbeitnehmer an den „anderen" Tarifvertrag gebunden sind. Vor allem in der Überlassungsbranche und im Niedriglohnsektor, findet dieser „andere" Tarifvertrag im Unternehmen meist nur auf Grund von **individualvertraglichen Bezugnahmeklauseln** Anwendung. Dem Arbeitgeber wird also nur die Chance verwehrt, dass „sein" Tarifvertrag im Betrieb normativ gelten könnte, sollten Belegschaftsmitglieder in die tarifschließende Gewerkschaft eintreten. Zwar liegt auch hierin ein Eingriff in die Koalitionsfreiheit des Arbeitgebers, indes handelt es sich dabei nur um einen ganz schwachen. Wirklich beachtlich ist in dieser Rechtsbeziehung daher letztlich „nur", dass derart (immerhin) in die Vertragsfreiheit des Arbeitgebers eingegriffen wird (ausf. *Bayreuther,* NJW 2009, 2006, 2007).

55 (e) Die gegen die Rechtsverordnungsermächtigung erhobenen „formellen" Bedenken scheinen durch den Kammerbeschluss des BVerfG vom 18.7.2000 (1 BvR 948/00, NZA 2000, 948 = NJW 2000, 3704) erledigt. Diese Entscheidung fällt zwar außerordentlich knapp und apodiktisch aus. Indes nimmt das Gericht immerhin zu diesen beiden Problemen relativ umfassend Stellung. Danach steht es dem Gesetzgeber frei, für die Dritterstreckung von Tarifrecht die Rechtsform zu wählen, die er für richtig hält. Überdies befindet das BVerfG die Rechtsverordnungsermächtigung des AEntG für mit Art. 80 Abs. 1 S. 2 GG vereinbar. Die vielfach diskutierte Frage, ob der Wortlaut des AEntG auch eine Erstreckung von Tarifverträgen auf anderweitig organisierte Vertragsparteien zulässt, hat sich mit der Neufassung des AEntG erledigt. Was den neuen § 7a betrifft, wird allerdings bemängelt, dass der Gesetzgeber nicht auf eine eigenständige Prüfung verzichten dürfe, ob ein hinreichender Anlass besteht für eine bestimmte Branche erstmalig Mindestarbeitsbedingungen vorzugeben und diese so faktisch in das AEntG aufzunehmen. Diesen Entscheidungsprozess dürfe er nicht in den Bereich der Exekutive verlagern (*Henssler,* RdA 2015, 43, 54; *Bepler,* Gutachten B zum 70. DJT, 2014, 109ff.; *Reichold,* NJW 2014, 2534, 2535). Angesichts des relativ eindeutigen Diktums des BVerfG fallen diese Bedenken indes nicht ins Gewicht. Es kommt hinzu, dass die Situation bei § 5 TVG keine andere ist. Auch dort legt ja nicht der Gesetzgeber, sondern das BMAS fest, ob für eine Branche (ggf. erstmalig) ein Tarifvertrag verbindlich gemacht werden soll oder nicht.

56 (f) Die erstreckten Tarifverträge enthalten (abgesehen von solchen über eine Beitragspflicht zu gemeinsamen Einrichtungen) meist nur Entgeltbestimmungen. Als solche geben sie aber nur *Mindest*löhne vor. Den Arbeits- und Tarifvertragsparteien wird die Freiheit der Lohngestaltung also nur ganz partiell genommen (*Bayreuther,* NJW 2009, 2006f.; *Meier,* NVwZ 2008, 746, 748; *Engels,* JZ 2008, 490, 494; *Kocher,* NZA 2007, 600, 601; anders aber mit Hinweis auf eine mögliche Verschiebung des Verhandlungsgleichgewichts: *Sodan/Zimmermann,* ZfA 2008, 526, 552ff.; *Rieble/Klebeck,* ZIP 2006, 831, 832). Auch aus der Erstreckung einer Beitragspflicht zu gemeinsamen Einrichtungen folgt nur ein punktueller Eingriff in die Tarifautonomie (s. *Greiner/Hanau/Preis,* SR 2014, Sonderausgabe 2, 15). Es kommt hinzu, dass beim AEntG kein staatlich geschaffenes, sondern privatautonom gesetztes Recht auf Dritte erstreckt wird, dem im Vergleich zu einem staatlich festgesetzten Mindestlohn eine erhöhte Richtigkeitsgewähr zukommt (*Kocher,* NZA 2007, 601). Freilich muss umgekehrt auch gesehen werden, dass Tarifverträgen über Mindestarbeitsbedingungen ein gewisses Missbrauchspotential innewohnt, weil die Tarifvertragsparteien hier nicht über einen unmittelbar für ihre Mitglieder geltenden Tarifvertrag verhandelt haben. Ihnen ging es vielmehr darum, einen Mindestlohn zu regeln, der alleine auf Dritte Anwendung finden soll, mit dem Ziel, den zwischen ihren Mitgliedern und Außenseitern bestehenden Lohnabstand möglichst gering zu halten. Es fehlt daher an der notwendigen antagonistischen Verhandlungssituation, die die Grundlage für die Angemessenheitsvermutung von Tarifverträgen bildet (*Bepler,* FS Richardi, 189, 197; dahingehende Bedenken auch bei *Kocher,* NZA 2007, 601).

3. Rechtsprechung und Rechtfertigung etwaiger Eingriffe

57 Die **höchstrichterliche Rechtsprechung** ist der Dritterstreckung von Tarifrecht bislang ausgesprochen **wohlwollend** begegnet. Bereits in den Jahren 1977 und 1980 hatte das BVerfG die Allgemeinverbindlicherklärung des § 5 TVG für verfassungskonform befunden (BVerfG v. 15.7.1980 – 1 BvR 24/74, 1 BvR 439/79, BVerfGE 55, 7 = NJW 1981, 215; v. 24.5.1977 – 2 BvL 11/74, BVerfGE 44, 322 = NJW 1977, 2255). Mit Kammerbeschluss vom 18.7.2000 verwarf es eine gegen die bisherige Rechtsverordnungsermächtigung des § 1 Abs. 3a AEntG (1998) erhobene Verfassungsbeschwerde als aussichtslos (BVerfG v. 18.7.2000 –1 BvR 948/00, NZA 2000, 948 = NJW 2000, 3704), wobei zum damaligen Zeitpunkt allerdings die Ansicht vorherrschte, dass andere Tarifverträge durch den erstreckten Tarifvertrag nicht verdrängt würden (Rn. 39). Daran anknüpfend wurden auch Beschwerden gegen ein nach den §§ 5 Abs. 1 Nr. 2 AEntG (1996/1998), 87 Abs. 3 S. 1 und 2, Abs. 6 iVm. 29a OWiG verhängtes Bußgeld sowie ein Antrag auf einstweiligen Rechtsschutz gegen die 3. Rechtsverordnung über zwingende Arbeitsbedingungen im Baugewerbe zurückgewiesen (BVerfG v. 22.12.2000 – 1 BvR 2043/00, NZA 2001, 491; v. 26.11.2003 – 1 BvR 908/03; v. 24.7.2000 – 1 BvQ 18/00). Ferner haben sowohl das BVerfG als auch das BAG entschieden, dass die Generalunternehmerhaftung des § 14 (n. F., vormals § 1a AEntG 1998) mit dem GG vereinbar ist (BVerfG v. 20.3.2007 – 1 BvR 1047/05, NZA 2007, 609; BAG v. 12.1.2005 – 5 AZR 617/01, BAGE 113, 149 = NZA 2005, 627; v. 6.11.2002 – 5 AZR 617/01 [A], BAGE 103, 240 = NZA 2003, 490). In die gleiche Richtung geht der Beschluss, mit dem das BVerfG das equal-pay-Gebot in der Leiharbeit hat passieren lassen (§§ 3 Abs. 1 Nr. 3, 9 Nr. 2, 10 Abs. 4 AÜG; BVerfG v. 29.12.2004 – 1 BvR 2283/03 u. a., NZA 2005, 153). Und schließlich gilt es auf die Entscheidungen des BVerfG und des BayVerfGH zur Verfassungsmäßigkeit des Berliner bzw. des bayerischen Tariftreuegesetzes hinzuweisen (BVerfG v. 11.7.2006 – 1 BvL 4/00, BVerfGE 116, 202 = NZA 2007, 42; BayVerfGH v. 20.6.2008 – Vf. 14-VII-00, BayVBl 2008, 626 = NJW-RR 2008, 1403).

58 Zuzugeben ist allerdings, dass sich die Gerichte teils nur sehr grobschlächtig mit den Argumenten auseinandersetzten, die gegen die verfassungsrechtliche Zulässigkeit des Gesetzes sprechen. So erging die Entscheidung zur Rechtsverordnungsermächtigung des § 1a AEntG a. F. nahezu begründungslos. Aber auch in den Beschlüssen zum AÜG sowie dem Beschluss zum Berliner Tariftreuegesetz findet eine Diskussion der verfassungsrechtlichen Probleme der Dritterstreckung von Tarifrecht eher nur in kursorischer Form statt (*Preis/Ulber,* NJW 2007, 465; *Höfling/Rixen,* RdA 2007, 360; *Rieble,* NZA 2007, 1; *Schüren,* RdA 2006, 303, 305f.; *Bayreuther,* NZA 2005, 341; *Scholz,* SAE 2000, 266; Schüren/*Schüren,* AÜG, § 9 Rn. 103). Das Gericht zieht die erwähnten Rechtfertigungsgründe mehr oder weniger repetierend und ohne Sachprüfung heran. Eine Auseinandersetzung mit literarischen Stellungnahmen zu den jeweiligen Regelungen erfolgt überhaupt nicht. Noch wichtiger erscheint, dass die Gerichte bislang nicht problematisiert hatten, ob es gerechtfertigt werden kann, wenn die Erstreckungsregelung nicht nur den bislang nicht tarifgebundenen Außenseiter den tarifvertraglichen Bestimmungen unterwirft, sondern überdies auch fremdes Tarifrecht verdrängen soll (s. insb. *Ossenbühl/Cornils,* Tarifautonomie und staatliche Gesetzgebung, Verfassungsmäßigkeit von § 1 Abs. 3a des Arbeitnehmer-Entsendegesetzes, Rechtsgutachten erstattet dem Bundesministerium für Arbeit und Sozialordnung, Forschungsbericht Sozialforschung 280, 2000, S. 63: *„... [keine] konkret nachweisbare, wirkliche Grundrechtsbetroffenheit, [... weil diese] in der sozialen Wirklichkeit gar keine Entsprechung [hat]“*; anders aber: *Scholz,* Gutachten, S. 62ff.). Vor allem aber ging der Gesetzgeber bei Aufnahme der Rechtsverordnungsermächtigung in das AEntG im Jahr 1998 ganz selbstverständlich davon aus, dass auch im Anwendungsbereich des AEntG der tarifrechtliche **Spezialitätsgrundsatz** zur Anwendung kommen wird (Begr, BT-Drs. 14/45, 26: *„Eine Rechtsverordnung nach Absatz 3a findet mit Rücksicht auf die Tarifautonomie keine Anwendung auf Arbeitsverhältnisse, deren Parteien tarifgebunden sind“*; s. auch: OVG Berlin v. 18.12.2008 – 1 B 13.08, ZTR 2009, 207; VerwG Berlin v. 7.3.2008 – 4 A 439.07, NZA 2008, 482, 487; *Klebeck/Weninger,* SAE 2009, 159, 164). Von der gleichen Überlegung ließen sich damals sowohl Befürworter als auch Gegner des Gesetzes leiten (ErfK/*Hanau,* 2. Aufl. 2001, § 1 AEntG Rn. 8 u. 14; *Koberski/Asshoff/Eustrup/Winkler,* § 7 Rn. 37ff.; *Büdenbender,* RdA 2000, 193, 202; *Junker/Wichmann,* NZA 1996, 505, 510; *Selmayr,* ZfA 1996, 615, 653; *Gerken/Löwisch/Rieble,* BB 1995, 2370, 2374; a. A. aber: *Sellin,* Arbeitnehmermobilität und Entsenderecht, 2006, S. 324; *Deinert,* RdA 1996, 339, 343; *Scholz,* Gutachten, S. 62ff.). Und nichts anderes gilt für die verfassungsgerichtliche Rechtsprechung. So weist das BVerfG in seinem 2. Beschluss zur Verfassungskonformität der Allgemeinverbindlicherklärung von Tarifverträgen (BVerfG v. 15.7.1980 – 1 BvR 24/74, 1 BvR 439/79, BVerfGE 55, 7 = NJW 1981, 215) explizit darauf hin, dass allgemeinverbindlichen Tarifverträgen keinerlei Vorrang gegenüber solchen zukommt, die nicht für allgemeinverbindlich erklärt worden sind. Vielmehr seien Kollisionsfälle nach den *„allgemeinen arbeitsrechtlichen Lösungs-*

grundsätzen für die Tarifkonkurrenz" zu entscheiden. Auch der Kammerbeschluss vom 18.7.2000, mit dem das BVerfG eine gegen die bisherige Rechtsverordnungsermächtigung des § 1 Abs. 3a AEntG (1998) erhobene Verfassungsbeschwerde als aussichtslos verwarf (BVerfG v. 18.7.2000 – 1 BvR 948/00, NZA 2000, 948 = NJW 2000, 3704, Rn. 30), scheint von dieser Annahme getragen. So streift das BVerfG diese Problematik alleine in seinem Beschluss zur Verfassungskonformität des Berliner Tariftreuegesetzes (BVerfG v. 11.7.2006 – 1 BvL 4/00, BVerfGE 116, 202 = NZA 2007, 42, Rn. 75). Allerdings beschränkt es sich auf die knappe Bemerkung, dass andere Koalitionen in ihrer Tarifautonomie nicht betroffen würden, weil die gesetzlich vorgeschriebene Auflage kein rechtliches Hindernis für den Abschluss von Tarifverträgen errichte und der Abschluss konkurrierender Tarifverträge auch nicht faktisch unmöglich gemacht werde. Dem ist freilich entgegen zu halten, dass es zur Wahrung des Art. 9 Abs. 3 GG nicht genügt, dass eine Koalition Tarifverträge abschließen „darf". Erforderlich ist, dass diese dann auch tatsächlich auf die Arbeitsverhältnisse der Mitglieder Anwendung finden. Umgekehrt zeigt sich die Diskussion über die Verfassungskonformität des AEntG aber dadurch belastet, dass mindestlohnkritische Darstellungen nicht immer der Versuchung widerstehen können, die **erstreckungsfreundlichen Entscheidungen** des BVerfG und des BAG als unrichtig abzulehnen und sie in der Folge als mehr oder weniger nicht vorhanden aus der Betrachtung auszublenden.

59 Insgesamt ergibt sich aus der Rechtsprechung, dass die mit dem AEntG ggf. verbundenen Eingriffe in Grundrechte der Normunterworfenen gerechtfertigt sind. Der Gesetzgeber verfolgt mit den §§ 7, 7a und 8 insbesondere folgende **legitime Ziele** (vgl. auch § 1 und Begr. RegE, BT-Drs. 16/10486, S. 13 u. 15):

60 (a) Bekämpfung von Arbeitslosigkeit. Ob Mindestlöhne zur **Bekämpfung der Arbeitslosigkeit** und damit zur Stärkung der sozialen Sicherungssysteme beitragen, ist zwar umstritten. Doch gilt hier zu berücksichtigen, dass dem Gesetzgeber in diesem Bereich eine große Einschätzungsprärogative zukommt (s. nur: BVerfG v. 10.1.1995 – 1 BvF 1/90, 1 BvR 342, 348/90, BVerfGE 92, 26 = NZA 1995, 272; s. in diesem Zusammenhang auch *Zeising/Weigert,* NZA 2015, 15, 17, die in der Tarifnormerstreckung nach dem AEntG ein milderes Mittel zum allg. gesetzlichen Mindestlohn sehen).

61 (b) Die **Absicherung der finanziellen Stabilität des sozialen Sicherungssystems.**

62 (c) **Unterstützung und Absicherung der Tarifautonomie** als maßgebliches Instrument zur Ordnung des Arbeitslebens durch Koalitionen, indem die von den Tarifparteien ausgehandelten Löhne und Gehälter auch für Nichtverbandsmitglieder mittelbar zur Anwendung kommen und Tarifentgelten dadurch zu größerer Durchsetzungskraft verholfen wird. Dieser Rechtfertigungsgrund ist allerdings zugegebener Weise schwach. Die Wahrung der Ordnungs- und Befriedungsfunktion der Tarifautonomie ist zunächst einmal eine Angelegenheit der Tarifvertragsparteien selbst. Tarifautonomie ist kollektive Selbsthilfe und baut folglich auf Freiwilligkeit auf. Staatshilfe zu Gunsten schwacher Tarifvertragsparteien scheidet aus (Einl. Rn. 34ff.; sowie: *Thüsing,* ZfA 2008, 590, 608; *Jacobs,* GS Walz, 289, 294; *Rieble/Klebeck,* ZIP 2006, 829, 831; *Rieble,* ZfA 2005, 235, 266f.; *Schubert,* RdA 2001, 199) Auch erscheint nicht sicher, ob es der Ordnungsfunktion der Tarifautonomie nicht sogar schadet, wenn autonom legitimierten Tarifverträgen die Anerkennung versagt wird (*Sodan/Zimmermann,* NJW 2009, 2001, 2005).

63 (d) **Verhinderung eines Verdrängungswettbewerbs über Lohnkosten,** sowie: Vermeidung „gespaltener Arbeitsmärkte" und sozialer Spannungen, die sich ergeben können, wenn an ein und demselben Arbeitsort für Arbeitnehmer aus unterschiedlichen Betrieben trotz gleicher Arbeitsleistungspflicht unterschiedliche Arbeitsbedingungen gelten (BAG v. 14.8.2007 – 9 AZR 167/07, NZA 2008, 236; kritisch: *Henssler,* RdA 2015, 43, 54 [„keine echte Hürde"]).

64 (e) **Gewährleistung angemessener Arbeitsbedingungen.** Die Frage, inwieweit staatliche Lohn- und Preisdirigismen im Arbeitsrecht zulässig sind, ist bis heute letztlich ungeklärt und nach wie vor umstritten. Einigkeit besteht im Großen und Ganzen jedenfalls noch darin, dass die Vorgabe eines Lohns zulässig ist, der das **soziokulturelle Existenzminimum** des Arbeitnehmers absichert, wenn es Arbeitnehmern und ihren Gewerkschaften nicht gelingt, ein derartiges Lohnniveau am Markt durchzusetzen (staatliche Schutzpflicht aus Art. 1, 2, 12, 20 Abs. 1 GG [Sozialstaatsprinzip], Art. 4 ESC, hierzu statt vieler: *Peter,* Gesetzlicher Mindestlohn, 1995, passim; *dies.,* ArbuR 1999, 289, 292ff.; *Bieback,* RdA 2000, 207, 209ff.; a. A. aber: *Lobinger,* JZ 2014, 810; *Möschel,* WuW 2008, 139: *„intellektueller Unfug"*; *H.-W. Forkel,* NJW-Editorial Heft 22/2007; krit. auch: *Andelewski,* Staatliche Mindestarbeitsbedingungen, 2001, S. 72f.). Dabei wurde zuletzt immer wieder in die Diskussion gebracht, dass der Staat hierfür nicht die Arbeitgeber in die Pflicht nehmen dürfe, sondern dies selbst über ergänzende Sozialleistungen zu regeln habe (*Lobinger,* JZ 2014, 810). Doch kann es nicht die Aufgabe der Gemeinschaft sein, Arbeitgeber zu subventionieren, damit sie Arbeit unter Wert entgegen nehmen können. Hier hatte sich in der Vergangenheit immer wieder gezeigt, dass Aufstockungsleistungen des Staates bei der Lohnfindung mitberechnet werden, um Löhne künstlich niedrig zu halten. Dem Arbeitnehmer wurde ein geringer Lohn gezahlt. Gleichzeitig beantragte er, damit er davon leben konnte, Leistungen aus der Grundsicherung des SGB II (umgangssprachlich auch: „Hartz IV"). Nach den Angaben der Zollverwaltung soll darüber hinaus häufig festgestellt worden sein, dass an Arbeitnehmer dann zuweilen durchaus Beträge ausgereicht wurden, die den Mindestlohn erreicht hätten, indes ein bestimmter Teil nur „schwarz" gewährt wurde. Die Gemeinschaft wurde so gleich doppelt belastet, einerseits, weil die Parteien mit Aufstockungsleistungen kalkulierten, andererseits, weil dem Staat Steuer- und Sozialabgaben vorenthalten wurden. Dass das nicht Aufgabe des Staates sein kann, bedarf keiner näheren Erläuterung. Aber auch darüber hinaus gehen die Meinungen bzgl. der Frage auseinander, wie sich das zu sichernde „Existenzminimum" genau bemisst (*Rieble/Klebeck,* ZIP 2006, 829, 835: „absolutes Minimum"; *Jacobs,* GS Walz, 289, 294f.: „Mindestvoraussetzungen für ein menschenwürdiges Dasein"; *Löwisch,* Staatlicher Mindestlohn, Vortrag beim Walter Eucken-Institut, Manuskript, S. 20: „Existenzminimum"; *Sodan/Zimmermann,* ZfA 2008, 526, 548: „Mindestlohnsockel als Minimalstandard"; *M. Fischer,* ZRP 2007, 20, 21ff.: „Schutz vor Krankheit und Hunger"; ähnlich auch: *ders.,* ZG 2008, 31, 36; *Giesen,* ZfA 2008, 355, 372: Schutz vor sozialer Notlage; *Bayreuther,* NJW 2007, 2022: sozialrechtliche Grundsicherung zzgl. eines hinreichenden Zuschlags; *Bieback/Kocher,* in: Bieback et. al., 44, 45ff., 72; *Dieterich,* ebenda, 103, 117; *Kocher,* NZA 2007, 600, 602: angemessene und zumutbare Entlohnung bzw. gerechtes Mindestentgelt; *Peter,* Gesetzlicher Mindestlohn, 1995, 261ff. u. 296ff.; *dies.,* ArbuR 1999, 290, 295f.: angemessenes Ausgangsniveau als Unterentgeltgrenze).

65 Die in den bislang abgeschlossenen Mindestlohntarifverträgen niedergelegten Löhne fallen zwar gewiss nicht opulent aus, gehen in etlichen Branchen aber wahrscheinlich doch über das zur Sicherung der Existenz Notwendige hinaus (im Einzelnen: *Bayreuther,* NJW 2009, 2006, 2009; ebenso zweifelnd: *Henssler,* RdA 2015, 43, 53). Damit kommt man bei einer Entscheidung über die Verfassungsmäßigkeit des AEntG möglicherweise nicht um die Frage umhin, ob der Gesetzgeber über eine Minimalsicherung hinaus auch eine **„minimalgerechte Entlohnung"** anordnen darf (in diese Richtung immerhin: Art. 168 BV oder Art. 24 Abs. 2 der Verfassung NRW; BVerfG v. 1.7.1998 – 2 BvR 441/90 u. a., BVerfGE 98, 169 = NJW 1998, 3337 [Entlohnung von Strafgefangenen]; v. 5.8.1994 – 1 BvR 1402/89, NJW 1994, 2749 [Bürgschaft II]; v. 19.10.1993 – 1 BvR 567/89, BVerfGE 89, 214 = NJW 1994, 36 [Bürgschaft I]; v. 7.2.1990 – 1 BvR 26/84, BVerfGE 81, 242 = NJW 1990, 1469 [Handelsvertreter]; v. 12.11.1958 – 2 BvL 4/56, BVerfGE 8, 279 = NJW 1959, 475 [§ 2 PreisG 1948]; BAG v. 10.6.1964 – 4 AZR 187/63, BAGE 16, 95 = NJW 1964, 2269 [Art. 24 Abs. 2 VerfNRW]).

66 Soweit argumentiert wird, dass das BVerfG staatliche Regelungen im Bereich der Arbeits- und Wirtschaftsbedingungen erst dort zulasse, wo die Koalitionen die ihnen übertragene Aufgabe, das Arbeitsleben durch Tarifverträge sinnvoll zu ordnen, nicht mehr allein erfüllen können bzw. erst dort, wo strukturelle Ungleichgewichte bestehen, die ein ausgewogenes Aushandeln der Arbeits- und Wirtschaftsbedingungen nicht mehr zulassen (so etwa: *Sodan/Zimmermann,* ZfA 2008, 526, 536ff.; *dies.* NJW 2009, 2001, 2003; *Rieble/Klebeck,* ZIP 2006, 829, 831ff.; *Jacobs,* GS Walz, 289, 294f.; *M. Fischer,* ZRP 2007, 20, 21ff.), ist diesem entgegen zu halten, dass die jeweils zitierten Aussagen allesamt noch in der Ära der **Kernbereichsformel** ergangen oder zumindest noch von dieser geprägt sind. Dagegen hat das Gericht schon mit der tarifrechtlichen Entscheidungsserie der 90er Jahre (BVerfG v. 10.1.1995 – 1 BvF 1/90, 1 BvR 342, 348/90, BVerfGE 92, 26 = NZA 1995, 272 [Zweitregister]; v. 24.4.1996 – 1 BvR 712/86, BVerfGE 94, 268 = NZA 1996, 1157 [§ 57a ff. HRG]; v. 27.4.1999 – 1 BvR 2203/93, 1 BvR 897/95, BVerfGE 100, 271 = NZA 1999, 992 [Lohnabstandsklausel]; v. 3.4.2001 – 1 BvL 32/97, BVerfGE 103, 293 = NZA 2001, 777 [§ 10 BUrlG 1996]) die Gewichtsverteilung zwischen staatlicher und tariflicher Rechtsetzung zu Gunsten der ersteren verschoben, indem es das Koalitionsgrundrecht für eine Konkordanzabwägung mit anderen Grundrechten bzw. Rechtsgütern von Verfassungsrang geöffnet hat.

67 Weiterhin kann der mit dem Hierarchieprinzip des § 8 Abs. 2 verbundene Grundrechtseingriff auch damit gerechtfertigt werden, dass die Regelung ohne ihn nicht **diskriminierungsfrei** ausgestaltet und daher **europarechtswidrig** wäre (Rn. 20, s. dort auch Nachw. zur Gegenansicht). Zwar kann alleine das Ziel, ein Gesetz gemeinschaftskonform auszugestalten, jedenfalls dann noch keinen Grundrechtseingriff rechtfertigen, solange der Erlass des Gesetzes europarechtlich nicht geboten ist (*Sodan/Zimmermann,* ZfA 2008, 526, 573ff.; *Thüsing,* ZfA 2008, 591, 623; *Klebeck/Weninger,* SAE 2009, 159, 165; *Dieterich,* in: Bieback et. al., 103, 114). Anderes ergibt sich aber, wenn sich der Gesetzgeber aus sozialstaatlichen Erwägungen zum Erlass einer Regelung verpflichtet sieht, sich diese aber nur in einer bestimmten Art und Weise europarechtskonform ausgestalten lässt (in der Tendenz: *Maier,* NZA 2009, 351, 352).

§ 9 Verzicht, Verwirkung

[1]Ein Verzicht auf den entstandenen Anspruch auf das Mindestentgelt nach § 8 ist nur durch gerichtlichen Vergleich zulässig; im Übrigen ist ein Verzicht ausgeschlossen. [2]Die Verwirkung des Anspruchs der Arbeitnehmer und Arbeitnehmerinnen auf das Mindestentgelt nach § 8 ist ausgeschlossen. [3]Ausschlussfristen für die Geltendmachung des Anspruchs können ausschließlich in dem für allgemeinverbindlich erklärten Tarifvertrag nach den §§ 4 bis 6 oder dem der Rechtsverordnung nach § 7 zugrunde liegenden Tarifvertrag geregelt werden; die Frist muss mindestens sechs Monate betragen.

I. Allgemeines

1 Die Vorschrift sichert den Anspruch der Arbeitnehmer auf das Mindestentgelt nach § 8. Sie **verhindert** seine **Umgehung,** indem sie seinen Untergang durch Verzicht, Verwirkung oder den Ablauf einer Ausschlussfrist fast gänzlich ausschließt (vgl. Regierungsbegründung, BR-Drs. 542/08, S. 19). Die Bestimmung ist durch die Reform im Jahr 2008 in das AEntG aufgenommen worden und zuletzt durch das Gesetz zur Stärkung der Tarifautonomie (Tarifautonomiestärkungsgesetz) vom 11.8.2014 (BGBl. I S. 1348) geändert worden. Im Mindestlohngesetz ist eine entsprechende Regelung in § 3 MiLoG enthalten. Sie lehnt sich erkennbar an § 4 Abs. 4 TVG an.

II. Verzicht

2 Nach § 9 S. 1 ist ein Verzicht auf das Mindestentgelt nach § 8 grundsätzlich unzulässig. Verzicht meint dabei nicht nur die einseitige rechtsgeschäftliche Erklärung des Arbeitnehmers. Vielmehr ist der **Begriff** aufgrund des Schutzzwecks der Norm, eine Umgehung des Mindestentgeltanspruchs zu verhindern, in einem **umfassenden Sinne** zu verstehen. Erfasst werden alle Rechtsgeschäfte, die auf den teilweisen oder vollständigen Verlust des Anspruchs des Arbeitnehmers auf das Mindestentgelt nach § 8 abzielen oder ihn in seiner Durchsetzbarkeit hemmen. Dazu zählen beispielsweise ein Erlassvertrag gem. § 397 Abs. 1 BGB, ein negatives Schuldanerkenntnis gem. § 397 Abs. 2 BGB oder eine Ausgleichsquittung, in der die Arbeitsvertragsparteien bei Beendigung des Arbeitsverhältnisses erklären, keine Ansprüche mehr gegeneinander zu haben. Ebenso fällt die nachträgliche Vereinbarung einer fehlenden Klagbarkeit *(pactum de non petendo)* unter den Verzichtsbegriff des § 9 S. 1. Eine Vereinbarung, dass der Arbeitnehmer seine Klage auf den Anspruch auf das Mindestentgelt nach § 8 zurückzunehmen habe und keine neue Klage erheben dürfe, kommt im Ergebnis einem Verzicht gleich und ist wie dieser nach § 9 S. 1 grundsätzlich unzulässig (vgl. zum Verzichtsverbot des § 4 Abs. 4 S. 1 TVG BAG v. 19.11.1996 – 3 AZR 461/95, AP Nr. 9 zu § 4 TVG Verdienstsicherung; BAG v. 12.2.2014 – 4 AZR 317/12, NZA 2014, 613). Bei § 4 Abs. 4 TVG werden darüber hinaus nach herrschender Lehre die privative Schuldübernahme (§§ 414, 415 BGB) und die Vereinbarung einer Leistung an Erfüllungs statt (§ 364 BGB) unter den Verzichtsbegriff subsumiert (vgl. ErfK/*Franzen,* § 4 TVG Rn. 44; *Löwisch/Rieble,* TVG, § 4 TVG Rn. 348; Däubler/*Zwanziger,* TVG, § 4 TVG Rn. 1063; a. A.: Wiedemann/*Wank,* TVG, § 4 TVG Rn. 655). Des Weiteren greift das Verzichtsverbot des § 4 Abs. 4 TVG nach der überwiegenden Literaturansicht auch bei der darlehensweisen Überlassung der Forderung an den Arbeitgeber ein (vgl. *Jacobs*/Oetker/Krause, Tarifver-

tragsrecht, § 7 Rn. 125; KeZa/*Stein,* TVG, § 4 TVG Rn. 444, Däubler/*Zwanziger,* TVG, § 4 TVG Rn. 1066; **a. A.:** Wiedemann/*Wank,* TVG, § 4 TVG Rn. 655). Außerdem wird es mehrheitlich auf den prozessualen Anspruchsverzicht gem. § 306 ZPO und das prozessuale Anerkenntnis gem. § 307 ZPO aufgrund einer negativen Feststellungsklage des Arbeitgebers erstreckt (vgl. ErfK/*Franzen,* § 4 TVG Rn. 45; Wiedemann/*Wank,* TVG, § 4 TVG Rn. 658; **a. A.** *Löwisch/Rieble,* TVG, § 4 TVG Rn. 351). Dagegen steht das Verzichtsverbot des § 9 S. 1 einer Klagerücknahme des Arbeitnehmers nicht entgegen, da diese keine materiellrechtliche Wirkung hat. Zudem hindert es den Arbeitnehmer grundsätzlich nicht an der Abtretung oder Aufrechnung des Mindestentgeltanspruchs nach § 8. Etwas anderes gilt nur im Fall einer Abtretung an den Arbeitgeber, da sie auf das Erlöschen der Forderung durch Konfusion hinausläuft (vgl. zu § 4 Abs. 4 TVG ErfK/*Franzen,* § 4 TVG Rn. 44; *Löwisch/Rieble,* TVG, § 4 TVG Rn. 349). Schließlich ist auch eine Stundung des Anspruchs der Arbeitnehmer auf das Mindestentgelt nach § 8 grundsätzlich möglich, da sie nicht zu seinem Erlöschen, sondern nur zum Hinausschieben des Zeitpunkts seiner Fälligkeit führt. § 9 S. 1 untersagt eine Stundung daher nur, wenn und soweit sie einem Verzicht auf das Mindestentgelt nach § 8 wirtschaftlich gleichkommt. Dies wird man allenfalls bei sehr langen Stundungen annehmen können oder bei solchen von ungewisser Dauer oder deren Dauer vom Verhalten und Entscheidungen des Gläubigers abhängt.

3 Eine **Ausnahme** vom Verzichtsverbot macht § 9 S. 1 für den **gerichtlichen Vergleich.** Der Prozessvergleich stellt nach Ansicht des Gesetzgebers einen **hinreichenden Schutz** des Anspruchs des Arbeitnehmers auf das Mindestentgelt nach § 8 sicher (Regierungsbegründung, BR-Drs. 542/08, S. 19). Ähnliche Erwägungen stehen hinter der vergleichbaren Regelung in § 14 Abs. 1 S. 2 Nr. 8 TzBfG. Danach liegt ein sachlicher Grund für die Befristung eines Arbeitsvertrags vor, wenn die Befristung auf einem gerichtlichen Vergleich beruht (vgl. dazu Annuß/Thüsing/*Maschmann,* TzBfG, § 14 TzBfG Rn. 68). Der gerichtliche Vergleich hat nach herrschender Meinung eine Doppelnatur. Er enthält einerseits eine Prozesshandlung, deren Wirksamkeit sich nach den Grundsätzen des Verfahrensrechts bestimmt, zugleich beruht er auch auf einem privatrechtlichen Vertrag, für den § 779 BGB und alle übrigen Vorschriften des materiellen Rechts gelten (vgl. statt vieler BAG v. 24. 8. 2006 – 8 AZR 574/05, AP Nr. 314 zu § 613 a BGB; BAG v. 23. 11. 2006 – 6 AZR 394/06, AP Nr. 8 zu § 623 BGB). Der Prozessvergleich ist weder gesetzlich definiert noch sind seine Voraussetzungen und Rechtsfolgen erschöpfend normiert. Im Wesentlichen greift man auf § 794 Abs. 1 Nr. 1 ZPO zurück. Er spricht von Vergleichen, die zwischen den Parteien oder zwischen einer Partei und einem Dritten zur Beilegung des Rechtsstreits seinem ganzen Umfang nach oder in Betreff eines Teiles des Streitgegenstandes vor einem deutschen Gericht oder vor einer durch die Landesjustizverwaltung eingerichteten oder anerkannten Gütestelle abgeschlossen sind

(ausführlich zum gerichtlichen Vergleich Musielak/*Lackmann,* § 794 ZPO Rn. 2ff.; MüKoZPO/*Wolfsteiner,* § 794 ZPO Rn. 4ff.). Darüber hinaus bestimmt § 278 Abs. 6 S. 1 ZPO, dass ein gerichtlicher Vergleich auch dadurch geschlossen werden kann, dass die Parteien dem Gericht einen schriftlichen Vergleichsvorschlag unterbreiten oder einen schriftlichen Vergleichsvorschlag des Gerichts durch Schriftsatz gegenüber dem Gericht annehmen.

4 Die Ausnahme zugunsten des gerichtlichen Vergleichs greift allerdings nur ein, wenn zum Zeitpunkt des Vergleichsschlusses ein offener Streit der Parteien über die Rechtslage hinsichtlich des Anspruchs des Arbeitnehmers auf das Mindestentgelt besteht. Ansonsten ist ihre missbräuchliche Ausnutzung möglich, etwa indem der gerichtliche Vergleich zu einer Protokollierung einer von den Arbeitsvertragsparteien vor Rechtshängigkeit getroffenen Vereinbarung benutzt wird (vgl. zu § 14 Abs. 1 S. 2 Nr. 8 TzBfG BAG v. 26.4.2006 – 7 AZR 366/05, AP Nr. 1 zu § 14 TzBfG Vergleich; BAG v. 23.11.2006 – 6 AZR 394/06, AP Nr. 8 zu § 623 BGB).

5 Da § 9 S. 1 ausdrücklich nur den gerichtlichen Vergleich zulässt, folgt aus ihm im Umkehrschluss, dass ein **außergerichtlicher Vergleich** unter das Verzichtsverbot fällt. Nach Sinn und Zweck erstreckt sich das Verbot jedoch **nur** auf den **Rechts-** und **nicht** auf den **Tatsachenvergleich,** mit dessen Hilfe ein Streit über die tatsächlichen Voraussetzungen eines Anspruchs beigelegt wird. Denn das Bedürfnis nach gütlicher Einigung geht in solchen Fällen dem Schutzbedürfnis des Arbeitnehmers vor. Ferner nimmt das Gesetz dem Arbeitnehmer auch sonst nicht jegliche Dispositionsbefugnis hinsichtlich seines Anspruchs auf das Mindestentgelt nach § 8. Der Anspruchsberechtigte hat es vielmehr in der Hand, rein praktisch darauf zu verzichten. Dies rechtfertigt es, das Verzichtsverbot des § 9 S. 1 insoweit im Wege der teleologischen Reduktion einzuschränken (dies entspricht der h. M. zu § 4 Abs. 4 TVG, vgl. BAG v. 5.11.1997 – 4 AZR 682/95, AP Nr. 17 zu § 4 TVG; ErfK/*Franzen,* § 4 TVG Rn. 45 sowie Wiedemann/*Wank,* § 4 TVG Rn. 680ff. m.w.N. auch zur **a. A.**).

6 Ein Verstoß gegen das Verzichtsverbot des § 9 S. 1 hat die Nichtigkeit des jeweiligen Rechtsgeschäfts gem. **§ 134 BGB** zur Folge. Der Arbeitnehmer kann seinen Anspruch auf das Mindestentgelt nach § 8 also trotz des Verzichts weiterhin geltend machen. Dazu gezwungen ist er freilich nicht.

III. Verwirkung

7 § 9 S. 2 schließt die Verwirkung des Anspruchs der Arbeitnehmer auf das Mindestentgelt nach § 8 aus. Mit der Verwirkung als Sonderfall der unzulässigen Rechtsausübung wird die **illoyal verspätete Rechtsausübung** unterbunden. Ein Anspruch ist verwirkt, wenn seit der Möglichkeit seiner Geltendmachung längere Zeit verstrichen ist **(Zeitmoment)**

und besondere Umstände hinzutreten, die die verspätete Geltendmachung als mit Treu und Glauben unvereinbar erscheinen lassen **(Umstandsmoment)** (vgl. BAG v. 9.8.1990 – 2 AZR 579/89, AP Nr. 46 zu § 615 BGB; BAG v. 7.11.1991 – 2 AZR 34/91, AP Nr. 114 zu § 4 TVG Ausschlussfristen). Letzteres ist insbesondere der Fall, wenn der Berechtigte unter Umständen untätig geblieben ist, die den Eindruck erweckten, dass er sein Recht nicht mehr geltend machen wolle, so dass der Verpflichtete sich darauf einstellen durfte, nicht mehr in Anspruch genommen zu werden. Dabei muss das Erfordernis des Vertrauensschutzes auf Seiten des Verpflichteten das Interesse des Berechtigten derart überwiegen, dass ihm die Erfüllung des Anspruchs nicht mehr zuzumuten ist (vgl. jeweils m.w.N. BAG v. 14.12.2006 – 8 AZR 763/05, AP Nr. 318 zu § 613a BGB; BAG v. 15.2.2007 – 8 AZR 431/06, AP Nr. 320 zu § 613a BGB). Die Verwirkung dient also dem Schutz berechtigten Vertrauens.

8 Andere Fälle der unzulässigen Rechtsauübung bzw. des Rechtsmissbrauchs, wie beispielsweise der Einwand der allgemeinen Arglist und das Verbot widersprüchlichen Verhaltens werden von § 9 S. 2 nicht erfasst. Sein Wortlaut schließt einzig die Verwirkung aus, so dass **§ 242 BGB** im Übrigen auch auf den Anspruch der Arbeitnehmer auf das Mindestentgelt nach § 8 Anwendung findet (dies ist auch h. M. zu § 4 Abs. 4 S. 2 TVG, vgl. BAG v. 9.8.1990 – 2 AZR 579/89, AP Nr. 46 zu § 615 BGB; BAG v. 7.11.1991 – 2 AZR 34/91, AP Nr. 114 zu § 4 TVG Ausschlussfristen; ErfK/*Franzen,* § 4 TVG Rn. 47; HWK/*Henssler,* § 4 TVG Rn. 57 m.w.N.; a. A.: KeZa/*Stein,* TVG, § 4 TVG Rn. 450; Däubler/*Zwanziger,* TVG, § 4 TVG Rn. 1075).

9 Auch die **Verjährung** des Anspruchs der Arbeitnehmer auf das Mindestentgelt nach § 8 wird durch § 9 nicht ausgeschlossen. Sie richtet sich nach den allgemeinen zivilrechtlichen Bestimmungen der § 194ff. BGB. Da keine besondere Verjährungsfrist eingreift, verjährt der Anspruch des Arbeitnehmers auf das Mindestentgelt nach § 8 nach der regelmäßigen Verjährungsfrist von drei Jahren gem. § 195 BGB. Diese beginnt gem. § 199 Abs. 1 BGB mit dem Schluss des Jahres zu laufen, in dem der Anspruch nach § 8 entstanden ist und der Arbeitnehmer von den anspruchsbegründenden Umständen und der Person des Schuldners Kenntnis erlangt oder ohne grobe Fahrlässigkeit erlangen müsste. Erlangt der Arbeitnehmer keine Kenntnis davon und musste er sie auch ohne grobe Fahrlässigkeit nicht erlangen, verjährt der Anspruch des Arbeitnehmers auf das Mindestentgelt nach § 8 gem. § 199 Abs. 4 BGB zehn Jahre nach seiner Entstehung.

IV. Ausschlussfristen

10 § 9 S. 3 erklärt schließlich Ausschlussfristen für die Geltendmachung des Anspruchs des Arbeitnehmers auf das Mindestentgelt nach § 8 für unzulässig. Ausschlussfristen sind Fristen, innerhalb derer ein Anspruch oder ein sonstiges Recht geltend gemacht werden muss, damit es nicht erlischt. Solche Fristen werden häufig in Arbeitsverträgen, Betriebsvereinbarungen oder Tarifverträgen in sog. **Ausschluss- oder Verfallklauseln** festgelegt. Man unterscheidet dabei zum einen einseitige Ausschlussfristen zulasten der Arbeitnehmer und zweiseitige Ausschlussfristen, die für Ansprüche und Rechte von Arbeitnehmern und Arbeitgebern gleichermaßen gelten. Zum anderen ist zwischen ein- und zweistufigen Ausschlussfristen zu differenzieren. Während erstere die Geltendmachung eines Anspruchs in einer bestimmten Form binnen einer bestimmten Frist vorsehen, verlangen letztere zusätzlich die gerichtliche Geltendmachung des Anspruchs innerhalb einer weiteren Frist. Sinn und Zweck dieser Fristen ist die Schaffung von Rechtssicherheit und Rechtsfrieden. Von der Verjährung unterscheiden sie sich durch ihre Rechtswirkung. Während jene als Einrede ausgestaltet ist und sich der Schuldner daher im Prozess auf sie berufen muss, ist das Erlöschen eines Anspruchs nach Ablauf einer Ausschlussfrist von Amts wegen zu berücksichtigen (vgl. zu Ausschlussfristen HWK/*Thüsing,* § 611 BGB Rn. 425 ff.; sowie Wiedemann/*Wank,* TVG, § 4 TVG Rn. 712 ff.; Däubler/*Zwanziger,* TVG, § 4 TVG Rn. 1078 ff.).

11 § 9 S. 3 schließt **arbeitsvertragliche Ausschlussfristen** für die Geltendmachung des Anspruchs des Arbeitnehmers auf das Mindestentgelt nach § 8 aus. Ebenso untersagt er, solche **Ausschlussfristen in Betriebsvereinbarungen** festzuschreiben. Bei **tarifvertraglichen Ausschlussfristen** gilt Satz 3: In dem für allgemeinverbindlich erklärten Tarifvertrag nach den §§ 4 bis 6 oder dem der Rechtsverordnung nach § 7 zugrunde liegenden Tarifvertrag können Ausschlussfristen mit einer Mindestfrist von sechs Monaten geregelt werden. Dies erweitert die möglichen Regelungsgegenstände dieser Tarifverträge; ihre sonstigen Gegenstände werden abschließend in § 5 AEntG aufgelistet. Ausschlussfristen in anderen Tarifverträgen greifen nicht. Daran ändert auch eine etwaige Allgemeinverbindlicherklärung nichts.

Abschnitt 4. Arbeitsbedingungen in der Pflegebranche

Vor § 10

I. Entstehung

1 Der 4. Abschnitt des AEntG betrifft die Arbeitsbedingungen in der Pflegebranche, die rund 780.000 Arbeitnehmer umfasst. Er ist durch die Reform im Jahr 2009 neu in das Gesetz eingefügt worden. Im ursprünglichen Gesetzentwurf war er noch nicht vorgesehen (vgl. BR-Drs. 542/08), obwohl die Tarifvertragsparteien der Branche bereits zuvor gemeinsam beantragt hatten, in das AEntG aufgenommen zu werden. Erst im Laufe der Beratungen im Ausschuss für Arbeit und Soziales des Deutschen Bundestages wurde der Entwurf um den 4. Abschnitt ergänzt (vgl. Beschlussempfehlung und Bericht des Ausschusses für Arbeit und Soziales, BT-Drs. 16/11669, S. 11 ff., 21 ff.).

II. Besonderheiten der Pflegebranche

2 Der 4. Abschnitt des AEntG trägt den Besonderheiten der Pflegebranche Rechnung (Beschlussempfehlung und Bericht des Ausschusses für Arbeit und Soziales, BT-Drs. 16/11669, S. 22). Diese haben den Gesetzgeber dazu veranlasst, die Branche nicht in § 4 aufzunehmen und somit die Erstreckung eines Tarifvertrags auf sie zu ermöglichen. Stattdessen hat er für sie ein eigenes Verfahren zur Regelung der Arbeitsbedingungen geschaffen.

3 Die Pflegebranche ist ebenso wie die in § 4 genannten Branchen durch einen hohen Personalkostenanteil gekennzeichnet. Charakteristisches Merkmal ist eine starke Prägung der Arbeitsbedingungen durch kollektiv ausgehandelte Regelungen. Anders als bei den in § 4 genannten Branchen beruht diese kollektivrechtliche Prägung der Arbeitsbedingungen aber nicht nur auf Tarifverträgen, sondern auch auf spezifischen kirchenrechtlichen Regelungen des sog. **„Dritten Weges"**. Denn Pflegedienste werden nicht nur von solchen öffentlich- und privat-rechtlichen Trägern erbracht, die – teilweise jeweils für ihren geschlossenen Bereich – die Arbeitsbedingungen durch Tarifverträge gestaltet haben, sondern in erheblichem Umfang von kirchlich getragenen Pflegeeinrichtungen, in denen die Arbeitsbedingungen durch besondere kirchenrechtliche Arbeitsvertragsrichtlinien festgelegt werden (Beschlussempfehlung und Bericht des Ausschusses für Arbeit und Soziales, BT-Drs. 16/11669, S. 21 f.; näheres zum kirchlichen Regelungsverfahren *Thüsing,* Kirchliches Arbeitsrecht, S. 114 ff.; *Richardi,* Das Arbeitsrecht in der Kirche, S. 197 ff.).

4 In der Pflegebranche stehen damit unterschiedliche, verfassungsrechtlich gleichrangig geschützte Instrumentarien zur Gestaltung von Arbeitsbedingungen nebeneinander (Beschlussempfehlung und Bericht des Ausschusses für Arbeit und Soziales, BT-Drs. 16/11669, S. 22). Der Gesetzgeber sah deshalb von einer Aufnahme der Branche in § 4 ab, die zwangsläufig zu einer Bevorzugung der tarifvertraglichen Regelungen geführt hätte. Stattdessen entschied er sich für die Schaffung und Durchsetzung von Mindestarbeitsbedingungen in der Pflegebranche durch Rechtsverordnung auf der Grundlage einer Kommissionsempfehlung. Diese Lösung sah er als geeignet an, den **unterschiedlichen Brancheninteressen** umfassend Rechnung zu tragen (Beschlussempfehlung und Bericht des Ausschusses für Arbeit und Soziales, BT-Drs. 16/11669, S. 22; vgl. auch die Reden von Bundesminister für Arbeit und Soziales *Scholz* (SPD)

und des Bundestagsabgeordneten *Brauksiepe* (CDU), Stenographischer Bericht der 200. Sitzung des 16. Deutschen Bundestages am 22.1.2009, Plenarprotokoll 16/200, S. 21588, 21592).

III. Keine Erstreckung der bisherigen Tarifverträge und kirchlichen AVR in der Pflegebranche

5 Darüber hinaus wäre eine Erstreckung der bisher in der Pflegebranche abgeschlossenen Tarifverträge bzw. kirchlichen Arbeitsvertragsrichtlinien auf die gesamte Branche auch nicht möglich gewesen. Denn ihr Geltungsbereich ist zumeist mitgliedschaftlich und nicht betrieblich-fachlich bestimmt. Die Tarifverträge konnten daher nicht im Wege der Allgemeinverbindlicherklärung bzw. des Erlasses einer Rechtsverordnung gem. § 7 Abs. 1 S. 1 auf die ganze Pflegebranche erstreckt werden. Denn der Geltungsbereich des für allgemeinverbindlich erklärten bzw. durch Rechtsverordnung erstreckten Tarifvertrags reicht grundsätzlich so weit wie der betreffende Tarifvertrag. Der räumliche, persönliche und betrieblich-fachliche oder mitgliedschaftliche Geltungsbereich bleibt grundsätzlich unverändert. Es wird nur auf das Erfordernis der Tarifgebundenheit kraft Organisationszugehörigkeit verzichtet. Besonders deutlich macht dies der Wortlaut von § 7 Abs. 1 S. 1. Danach finden die Rechtsnormen des jeweiligen Tarifvertrages auf alle unter seinen Geltungsbereich fallenden und nicht an ihn gebundenen Arbeitgeber und Arbeitnehmer Anwendung. Eine Ausweitung des Geltungsbereichs ist danach nach allgemeiner Meinung *de lege lata* nicht möglich (vgl. zur Allgemeinverbindlicherklärung nur zuletzt LAG Berlin v. 7.10.1998 – 6 Sa 59/98; Däubler/*Lakies,* TVG, § 5 Rn. 167). Möglich ist allein eine Einschränkung (ständige Rechtsprechung zur Allgemeinverbindlicherklärung, hier nur BAG v. 18.3.2009 – 10 AZR 242/08, NZA-RR 2009, 440). Allgemeiner Meinung nach ersetzt die Allgemeinverbindlicherklärung keine etwa fehlenden Voraussetzungen der Wirksamkeit der Normen, wie Tarifzuständigkeit oder Geltungsbereich (*Gamillscheg,* Kollektives Arbeitsrecht I, S. 899). Gleiches muss für die Erstreckung durch Rechtsverordnung gelten. Ein nach § 5 TVG bzw. § 7 Abs. 1 S. 1 auf Nichtorganisierte erstreckter Tarifvertrag kann sich damit nur im Bereich der Tarifzuständigkeit des tarifabschließenden Arbeitgeberverbandes und der tarifabschließenden Gewerkschaft bewegen. Entsprechendes gilt für die kirchlichen Arbeitsvertragsrichtlinien. Nach dem derzeitigen System der Allgemeinverbindlicherklärung wie der Verordnung nach § 7 Abs. 1 S. 1 ist eine **Erstreckung von mitgliedschaftlich bestimmten Tarifverträgen bzw. kirchlichen Arbeitsvertragsrichtlinien** auf die ganze Pflegebranche also nicht möglich.

IV. Verfassungsrechtlicher Spielraum des Gesetzgebers

6 Der einzig mögliche Weg wäre die vom Gesetzgeber gewählte Kommissionslösung freilich nicht gewesen. Der verfassungsrechtliche Spielraum des Gesetzgebers dürfte nicht überschritten sein, wenn Tarifverträge, die ihre Tarifbindung mitgliedschaftlich formulieren, branchenspezifisch erweitert werden. Allerdings kommt es hier zu einer Erstreckung über den unmittelbaren Anwendungsbereich hinaus. Für solche Übertragungen auf andere Branchen gibt es jedoch Beispiele im Ausland, so etwa im österreichischen und französischen Recht (Nachweise hierzu: bei *Gamillscheg,* Kollektives Arbeitsrecht I, S. 890). In der Rechtsprechung des BVerfG findet sich nichts Gegenteiliges. Ganz im Gegenteil, *Gamillscheg* stellt insoweit ausdrücklich fest: „Eine ähnliche Erweiterung der Zuständigkeit der Behörde steht Art. 9 Abs. 3 GG und die negative Koalitionsfreiheit nicht entgegen" und beruft sich hierbei auf die Rechtsprechung des Bundesverfassungsgerichts zur Möglichkeit der Erstreckung der Bautarife auf die Zeitarbeitnehmer, um das gänzliche Verbot der Zeitarbeit auf dem Bau zu vermeiden (BVerfG v. 6.10.1987 – 1 BVR 1086/82, BVerfGE 77, 84, 114). In der Tat: Auch Arbeitgeber einer Branche, die in den Arbeitgeberverband des zu erstreckenden Tarifvertrags nicht beitreten können, werden vom Tarifvertrag ähnlich berührt wie die unmittelbar normunterworfenen Arbeitgeber. Die Richtigkeitsvermutung gilt auch hier, da sich diese nicht an der Mitgliedschaft festmacht, sondern an der Angemessenheit der Arbeitsbedingungen für eine Branche. Da die Angemessenheitsvermutung aber für Tarifverträge wie kirchliche Arbeitsregelungen gleichermaßen gilt, wäre es verfassungsrechtlich durchaus zulässig, für die besondere Situation der Pflege eine Erstreckung auf die ganze Branche auch solcher Tarifverträge oder kirchlicher Regelungen zuzulassen, deren Bindung mitgliedschaftlich bestimmt ist. Auch hier ist es der Arbeitnehmerschutz, der eine solche Einbeziehung von Arbeitgebern rechtfertigen würde, ebenso wie im bisherigen System der Allgemeinverbindlicherklärung.

V. Überblick über Verordnungsinhalte

7 Bisher wurden beruhend auf den Regelungen der § 10ff. AEntG durch das Bundesministerium für Arbeit und Soziales zwei Rechtsverordnungen erlassen. Die Verordnung über zwingende Arbeitsbedingungen für die Pflegebranche vom 15.7.2010 (PflegeArbbV) sah ab 1. August 2010 einen Mindestlohn von 8,50 Euro in den alten Bundesländern und 7,50 in den neuen Bundesländern vor, der zum 1. Januar 2012 und 1. Juli 2013 um jeweils 25 Cent steigen sollte. Zum 1. Januar 2013 wurde diese Verordnung nun durch die Zweite Verordnung über zwingende Arbeitsbedingungen für die Pflegebranche (2. PflegeArbbV) vom 27. November 2011 abgelöst, die ab 1. Januar für Beschäftigte in den alten Bundeslän-

dern einen Mindestlohn von 9,40 Euro und in den neuen Bundesländern von 8,65 Euro vorsieht. Zum 1. Januar 2015 steigt der Mindestlohn auf 9,75 Euro und 10,20 Euro (alte Bundesländer) bzw. 9,00 Euro und 9,50 Euro (neue Bundesländer). Die Verordnung tritt zum 31.10.2017 außer Kraft.

8 Enthalten ist nun auch eine Konkretisierung, für welche Zeiträume der Mindestlohn zu zahlen ist. Nach § 2 Abs. 2 2. PflegeArbVV besteht auch für die Zeit zwischen mehreren Patientenbesuchen und zwischen der Arbeitsstätte und den Patientenbesuchen ein Anspruch auf Mindestlohn. Dies vollzieht letztlich deklaratorisch die allgemeinen arbeitsrechtlichen Wertungen nach, wonach auch diese Zeiten als Arbeitszeit anzusehen sind (BAG v. 19.11.2014 – 5 AZR 1101/12, DB 2015, 253). Auch erfasst sind nach Abs. 3 Bereitschaftsdienstzeiten, wobei in Abs. 3 S. 2 diesbezüglich eine Legaldefinition aufgenommen wurde, wonach ein Bereitschaftsdienst dann vorliegt, wenn der Aufenthalt an einem bestimmten Ort erwartet wird, aber zu mindestens 75% der Aufenthaltszeiten üblicherweise keine konkrete Arbeitsleistung zu erbringen ist. Wird dieser Grenze unterschritten, so muss dies dann als Arbeitszeit angesehen werden, sodass der Anspruch erst recht besteht. Nicht erfasst ist hingegen die Rufbereitschaft (Abs. 4), die in Abs. 4 S. 2 legaldefiniert wird. Diese Regelungen in § 2 Abs. 3 und 4 2. PflegeArbbV entsprechen der Rechtsprechung des Bundesarbeitsgerichts (BAG v. 19.11.2014 – 5 AZR 1101/12, DB 2015, 253), das eine solche Erweiterung des Anwendungsbereichs der Mindestentgelte bejahte; sie sind damit lediglich deklaratorisch.

9 Zulässig ist es aber, für Zeiten des Bereitschaftsdienstes geringere Vergütungen als für Zeiten der eigentlichen Tätigkeit vorzusehen. Nur wenn diese fehlen, ist auch für diese Zeiten der vollständige Mindestlohn zu gewähren (BAG v. 19.11.2014 – 5 AZR 1101/12, DB 2015, 253). Solche Regelungen enthält die Verordnung in § 2 Abs. 3 S. 4–6 2. PflegeArbbV. So begründet Abs. 3 S. 4 die einzel- oder kollektivvertragliche Kompetenz, ein Entgelt von 25% des Mindestlohns für Zeiten des Bereitschaftsdienstes zu gewähren. Ohne eine solche Öffnungsklausel wäre eine rein arbeits- oder kollektivvertragliche Regelung unwirksam, da diese dann im Konfliktverhältnis zur Rechtsverordnung stünde. Abgegolten werden soll damit auch die während des Bereitschaftsdienstes erfolgte Tätigkeit („einschließlich der geleisteten Arbeit"). Berücksichtigt werden muss aber, dass bei einer tatsächlichen Beschäftigung von über 25% während des Bereitschaftsdienstes die Rechenformel des Abs. 3 S. 4 ein unzutreffendes Ergebnis zur Folge hätte, da der sonst gewährte Lohn hinter dem Mindestlohn zurückbleibt. Ein solcher Fall ist auch denkbar, da nach der Definition des § 2 Abs. 3 S. 2 2. PflegeArbbV nur „üblicherweise" an mindestens 75% der Zeiten Arbeit nicht anfällt. Aus diesem Grund enthält Abs. 3 S. 6 die Klarstellung, dass für diese zusätzlichen Tätigkeiten von über 25% des Bereitschaftsdienstes der Mindestlohn zu gewähren ist. Schließlich enthält § 2 Abs. 3 S. 5 2. PflegeArbbV eine Vorschrift, die den besonderen Belastungen durch wiederholten Bereitschaftsdienst Rechnung trägt. Hiernach ist ab dem neunten monatlichen Bereitschaftsdienst für die Zeiten des Bereitschaftsdienstes mindestens 40% des Mindestlohns zu gewähren. Ungeachtet dessen, greift auch hier Abs. 3 S. 6 ergänzend ab einer tatsächlichen Beschäftigung von 25% und nicht erst ab 40% ein.

10 Ferner enthält die Verordnung in § 3 Vorgaben zur Fälligkeit und in § 4 Vorgaben zum Ausschluss des Anspruchs. Diesbezüglich steht dem Verordnungsgeber auch eine Kompetenz zu (BAG v. 22.7.2014 – 9 AZR 946/12, NZA 2014, 1151, Rn. 19ff.). Durch eine solche Fälligkeitsregelung wird das Mitbestimmungsrecht des Betriebsrats nach § 87 Abs. 1 Nr. 4 BetrVG eingeschränkt, da es sich hierbei um eine abweichende gesetzliche Regelung handelt (BAG v. 22.7.2014 – 9 AZR 946/12, NZA 2014, 1151, Rn. 11ff.).

§ 10 Anwendungsbereich

[1]Dieser Abschnitt findet Anwendung auf die Pflegebranche. [2]Diese umfasst Betriebe und selbstständige Betriebsabteilungen, die überwiegend ambulante, teilstationäre oder stationäre Pflegeleistungen oder ambulante Krankenpflegeleistungen für Pflegebedürftige erbringen (Pflegebetriebe). [3]Pflegebedürftig ist, wer wegen einer körperlichen, geistigen oder seelischen Krankheit oder Behinderung für die gewöhnlichen und regelmäßig wiederkehrenden Verrichtungen im Ablauf des täglichen Lebens vorübergehend oder auf Dauer der Hilfe bedarf. [4]Keine Pflegebetriebe im Sinne des Satzes 2 sind Einrichtungen, in denen die Leistungen zur medizinischen Vorsorge, zur medizinischen Rehabilitation, zur Teilhabe am Arbeitsleben oder am Leben in der Gemeinschaft, die schulische Ausbildung oder die Erziehung kranker oder behinderter Menschen im Vordergrund des Zweckes der Einrichtung stehen, sowie Krankenhäuser.

I. Allgemeines

1 § 10 bestimmt den Anwendungsbereich des 4. Abschnitts des AEntG. Dieser erstreckt sich gem. § 10 S. 1 auf die Pflegebranche. Diese umfasst die in § 10 S. 2 legaldefinierten Pflegebetriebe. § 10 S. 4 klammert bestimmte Einrichtungen aus diesem Begriff aus.

II. Pflegebranche, § 10 S. 1

2 Nach § 10 S. 1 findet der 4. Abschnitt des AEntG Anwendung auf die Pflegebranche. Der Ausdruck „Pflegebranche“ findet sich in keinem an-

deren geltenden Gesetz; er wird soweit ersichtlich im AEntG erstmals vom Gesetzgeber verwendet. Auch in Rechtsprechung und Literatur hat er bis zum Inkrafttreten des AEntG keine Rolle gespielt. Für seine Bestimmung kann daher nicht auf vorhandene Begriffsdefinitionen zurückgegriffen werden. Dies ist aber auch nicht erforderlich, da Dreh- und Angelpunkt des Anwendungsbereichs des 4. Abschnitts des AEntG trotz § 10 S. 1 nicht der Begriff „Pflegebranche", sondern der in § 10 S. 2 definierte Ausdruck „Pflegebetrieb" ist (insofern ungenau Beschlussempfehlung und Bericht des Ausschusses für Arbeit und Soziales, BT-Drs. 16/11669, S. 22). Dem **Merkmal Pflegebranche** kommt damit keine eigenständige juristische Bedeutung zu.

III. Pflegebetriebe, § 10 S. 2

3 Die Pflegebranche umfasst gem. § 10 S. 2 alle Pflegebetriebe. Dies sind nach der in der Norm enthaltenen Legaldefinition sämtliche Betriebe und selbständige Betriebsabteilungen, die überwiegend ambulante, teilstationäre oder stationäre Pflegeleistungen oder ambulante Krankenpflegeleistungen für Pflegebedürftige erbringen. Keine Rolle spielt, ob der jeweilige Pflegedienstleister mit Trägern der Sozialversicherung abrechnet oder vom Leistungsempfänger selbst oder – zu dessen Gunsten – von einem Dritten beauftragt wird (Beschlussempfehlung und Bericht des Ausschusses für Arbeit und Soziales, BT-Drs. 16/11669, S. 22).

4 Voraussetzung dafür, dass eine Einrichtung unter den **Begriff „Pflegebetrieb"** fällt, ist also erstens, dass sie ein Betrieb oder eine selbständige Betriebsabteilung ist. Ein Betrieb ist – entsprechend klassischer Definition – eine organisatorische Einheit, innerhalb derer ein Arbeitgeber allein oder zusammen mit seinen Arbeitnehmern mit Hilfe sachlicher oder immaterieller Hilfsmittel fortgesetzt bestimmte arbeitstechnische Zwecke verfolgt (für alle vgl. Richardi/*ders.,* BetrVG, § 1 Rn. 17 m.w.N.). Eine selbständige Betriebsabteilung ist eine Abteilung, die, bezogen auf einen konkreten Gesamtbetrieb, eine personelle Einheit darstellt, deutlich räumlich und organisatorisch abgrenzbar ist, über eigene technische Betriebsmittel verfügt sowie einen besonders ausgeprägten arbeitstechnischen eigenen Zweck verfolgt (BAG v. 24.11.2004 – 10 AZR 169/04, AP Nr. 12 zu § 61 ArbGG 1979; vgl. auch BAG v. 11.9.1991 – 4 AZR 40/91, AP Nr. 145 zu § 1 TVG Tarifverträge Bau). Die Erweiterungen und Modifizierungen des § 3 BetrVG gelten für das AEntG nicht – ebenso wenig wie für andere Gesetze, konkret etwa das KSchG (vgl. ErfK/*Koch,* 15. Aufl. 2015, § 3 BetrVG Rn. 12).

5 Des Weiteren muss die Einrichtung entweder ambulante, teilstationäre oder stationäre Pflegeleistungen oder ambulante Krankenpflegeleistungen für Pflegebedürftige erbringen. Zur Versorgung der Pflegebedürftigen zählen insbesondere die Grund- und Behandlungspflege sowie die damit verbundenen hauswirtschaftlichen Dienstleistungen (Beschlussempfehlung und Bericht des Ausschusses für Arbeit und Soziales, BT-Drs. 16/11669, S. 22). Zur Grundpflege gehören pflegerische nichtmedizinische Leistungen, z. B. Hilfen bei der Körperpflege und der Hygiene, beim Betten und Lagern sowie bei der Nahrungsaufnahme. Die Behandlungspflege hat insbesondere medizinische Hilfeleistungen wie Injektionen, Verbändewechsel oder Verabreichung von Medikamenten zum Gegenstand. Die hauswirtschaftliche Versorgung umfasst diejenigen Tätigkeiten, die der allgemeinen Wirtschafts- und Lebensführung dienen, insbesondere das Reinigen der Wohnung und die Versorgung mit Wäsche (BT-Drs. 12/5262, S. 90). (Kranken-)Pflegeleistungen werden ambulant erbracht, wenn Pflegebedürftige in ihrer Wohnung gepflegt und hauswirtschaftlich versorgt werden (vgl. § 71 Abs. 1 SGB XI). Teilstationär bzw. stationär werden sie dahingegen erbracht, wenn der Pflegebedürftige in der Einrichtung nur tagsüber oder nur nachts (teilstationär) oder ganztätig (stationär) untergebracht und verpflegt wird (vgl. § 71 Abs. 2 SGB XI). Pflegebedürftig ist gem. § 10 S. 3, wer wegen einer körperlichen, geistigen oder seelischen Krankheit oder Behinderung für die gewöhnlichen und regelmäßig wiederkehrenden Verrichtungen im Ablauf des täglichen Lebens vorübergehend oder auf Dauer der Hilfe bedarf. Die Legaldefinition in § 10 S. 3 weicht damit geringfügig von derjenigen in **§ 14 Abs. 1 SGB XI** ab, nach der das Hilfebedürfnis für mindestens sechs Monate und in erheblichem oder höherem Maße (§ 15) bestehen muss. Für § 10 S. 3 genügt dagegen auch ein vorübergehendes Hilfebedürfnis unter sechs Monaten. Ebenso ist unerheblich, ob die Voraussetzungen für eine der Pflegestufen des § 15 Abs. 1 SGB XI gegeben sind (Beschlussempfehlung und Bericht des Ausschusses für Arbeit und Soziales, BT-Drs. 16/11669, S. 22). Im Übrigen kann zur Konkretisierung von § 10 S. 3 aber auf die Regelungen in **§ 14 Abs. 2–4 SGB XI** zurückgegriffen werden. Krankheiten und Behinderungen im Sinne von § 10 S. 3 sind daher erstens Verluste, Lähmungen oder andere Funktionsstörungen am Stütz- und Bewegungsapparat, zweitens Funktionsstörungen der inneren Organe oder der Sinnesorgane und drittens Störungen des Zentralnervensystems wie Antriebs-, Gedächtnis- oder Orientierungsstörungen sowie endogene Psychosen, Neurosen oder geistige Behinderungen (§ 14 Abs. 2 SGB XI). Die Hilfe i. S. d. § 10 S. 3 besteht in der Unterstützung, in der teilweisen oder vollständigen Übernahme der Verrichtungen im Ablauf des täglichen Lebens oder in Beaufsichtigung oder Anleitung mit dem Ziel der eigenständigen Übernahme dieser Verrichtungen (§ 14 Abs. 3 SGB XI). Schließlich sind gewöhnliche und regelmäßig wiederkehrende Verrichtungen i. S. d. § 10 S. 3 erstens im Bereich der Körperpflege das Waschen, Duschen, Baden, die Zahnpflege, das Kämmen, Rasieren, die Darm- oder Blasenentleerung, zweitens im Bereich der Ernährung das mundgerechte Zubereiten oder die Aufnahme der Nahrung, drittens im Bereich der Mobilität das selbständige Aufstehen und Zu-Bett-Gehen, An- und

Auskleiden, Gehen, Stehen, Treppensteigen oder das Verlassen und Wiederaufsuchen der Wohnung und viertens im Bereich der hauswirtschaftlichen Versorgung das Einkaufen, Kochen, Reinigen der Wohnung, Spülen, Wechseln und Waschen der Wäsche und Kleidung oder das Beheizen (§ 14 Abs. 4 SGB XI).

6 Darüber hinaus ist eine Einrichtung nur dann ein Pflegebetrieb, wenn sie entsprechende Leistungen überwiegend erbringt. Damit wird das sich auf die Pflegebranche beziehende **Überwiegensprinzip** festgeschrieben (Beschlussempfehlung und Bericht des Ausschusses für Arbeit und Soziales, BT-Drs. 16/11669, S. 22). Dieses erlangt bei Einrichtungen Bedeutung, die neben ambulanten, teilstationären oder stationären Pflegeleistungen oder ambulanten Krankenpflegeleistungen für Pflegebedürftige noch andere Dienste anbieten. „Überwiegend" ist dabei anders als etwa in § 118 Abs. 1 S. 1 BetrVG nicht qualitativ (hierzu Richardi/*Thüsing*, BetrVG, § 118 Rn. 33ff.), sondern rein quantitativ zu verstehen. Ob eine Mischeinrichtung überwiegend entsprechende Pflegedienstleistungen erbringt, richtet sich deshalb danach, in welchem Umfang und mit welcher Intensität sie sich diesen Leistungen im Vergleich zu anderen Leistungen widmet. Es kommt dabei darauf an, in welcher Größenordnung die Einrichtung ihre personellen und sonstigen Mittel für ambulante, teilstationäre oder stationäre Pflegeleistungen oder ambulante Krankenpflegeleistungen für Pflegebedürftige einsetzt. Dagegen lässt sich das Überwiegen häufig nicht zuverlässig anhand von Umsatz- oder Gewinnzahlen feststellen, weil diese vielfach von Zufälligkeiten abhängen und den Umfang der verschiedenen Leistungen der Einrichtung nicht richtig widerspiegeln (vgl. im Zusammenhang mit § 118 Abs. 1 S. 1, BAG v. 21.6.1989 – 7 ABR 58/87, AP Nr. 43 zu § 118 BetrVG 1972; v. 15.3.2006 – 7 ABR 24/05, AP Nr. 79 zu § 118 BetrVG 1972). Entscheidend ist eine genaue Bestimmung der vorgenommenen Tätigkeiten insbesondere bei einer Rund-um-die-Uhr-Pflege. Hier ist nicht generell davon auszugehen, dass die Tätigkeiten der Grundpflege nach § 14 Abs. 4 Nr. 1 – 3 SGB XI überwiegen. Insbesondere soziale Betreuung und Behandlungspflege sind daher keine Grundpflege, da sie nicht zur Aufrechterhaltung der Lebensführung zu Hause erforderlich sind (LAG Hessen v. 8.5.2013 – 6 Sa 1274/12, Revision beim BAG anhängig unter Az. 5 AZR 761/13). Das LAG Hessen vergleicht hier den zeitlichen Umfang der Tätigkeiten der Grundpflege mit den tatsächlich geleisteten Zeiten. Einen anderen Weg verfolgt das LAG Baden-Württemberg (LAG Baden-Württemberg v. 28.11.2012 – 4 Sa 48/12, AiB 2013, 397). Es vergleicht den Pflegebedarf bzgl. der Grundpflege und anderer Leistungen, nicht aber die tatsächliche Tätigkeiten. Klarheit wird das Urteil des BAG (Az. 5 AZR 761/13) bringen, das im April 2015 erwartet wird.

IV. Keine Pflegebetriebe, § 10 S. 4

7 Gem. § 10 S. 4 sind zwei Arten von Einrichtungen keine Pflegebetriebe im Sinne von § 10 S. 2 der Vorschrift und zwar unabhängig davon, ob sie die Voraussetzungen der Norm erfüllen. Zum einen handelt es sich um Einrichtungen, in denen die Leistungen zur medizinischen Vorsorge, zur medizinischen Rehabilitation, zur Teilhabe am Arbeitsleben oder am Leben in der Gemeinschaft, die schulische Ausbildung oder die Erziehung kranker oder behinderter Menschen im Vordergrund des Zweckes der Einrichtung stehen. Im Gegensatz zu „überwiegend" in § 10 S. 2 ist **„im Vordergrund"** dabei aufgrund der Ausrichtung auf den Einrichtungszweck qualitativ zu verstehen. Die benannten Belange müssen der Einrichtung also ihr Gepräge geben. Zum anderen stellen Krankenhäuser keine Pflegebetriebe im Sinne von § 10 S. 2 dar. Dem Begriff „Krankenhäuser" kann dabei die Legaldefinition des § 2 Nr. 1 Krankenhausfinanzierungsgesetz (KHG) zugrunde gelegt werden. Danach sind Krankenhäuser Einrichtungen, in denen durch ärztliche und pflegerische Hilfeleistung Krankheiten, Leiden oder Körperschäden festgestellt, geheilt oder gelindert werden sollen oder Geburtshilfe geleistet wird und in denen die zu versorgenden Personen untergebracht und verpflegt werden können (ausführlich zum Rechtsbegriff „Krankenhaus" *Kaltenborn,* GesR 2006, 538ff.).

§ 11 Rechtsverordnung

(1) **Das Bundesministerium für Arbeit und Soziales kann durch Rechtsverordnung ohne Zustimmung des Bundesrates bestimmen, dass die von einer nach § 12 errichteten Kommission vorgeschlagenen Arbeitsbedingungen nach § 5 Nr. 1 und 2 auf alle Arbeitgeber sowie Arbeitnehmer und Arbeitnehmerinnen, die unter den Geltungsbereich einer Empfehlung nach § 12 Abs. 4 fallen, Anwendung finden.**

(2) **Das Bundesministerium für Arbeit und Soziales hat bei seiner Entscheidung nach Absatz 1 neben den in § 1 genannten Gesetzeszielen die Sicherstellung der Qualität der Pflegeleistung sowie den Auftrag kirchlicher und sonstiger Träger der freien Wohlfahrtspflege nach § 11 Abs. 2 des Elften Buches Sozialgesetzbuch zu berücksichtigen.**

(3) **Vor Erlass einer Rechtsverordnung gibt das Bundesministerium für Arbeit und Soziales den in den Geltungsbereich der Rechtsverordnung fallenden Arbeitgebern und Arbeitnehmern und Arbeitnehmerinnen sowie den Parteien von Tarifverträgen, die zumindest teilweise in den fachlichen Geltungsbereich der Rechtsverordnung fallen, und paritätisch besetzten Kommissio-**

nen, die auf der Grundlage kirchlichen Rechts Arbeitsbedingungen für den Bereich kirchlicher Arbeitgeber in der Pflegebranche festlegen, Gelegenheit zur schriftlichen Stellungnahme innerhalb von drei Wochen ab dem Tag der Bekanntmachung des Entwurfs der Rechtsverordnung.

I. Allgemeines

1 § 11 bildet das **Pendant zu § 7** im 4. Abschnitt des AEntG. Wie § 7 Abs. 1 enthält auch § 11 Abs. 1 eine Ermächtigung zum Erlass von Rechtsverordnungen durch das Bundesministerium für Arbeit und Soziales. Vor dem Erlass muss das Ministerium gem. § 7 Abs. 3 bestimmten Personen und Organisationen Gelegenheit zur Stellungnahme geben. Außerdem hat es bei seiner Entscheidung über den Erlass die in § 7 Abs. 2 genannten Belange zu berücksichtigen.

II. Rechtsverordnungsermächtigung, § 11 Abs. 1

2 § 11 Abs. 1 enthält eine Parallelvorschrift zu § 7 Abs. 1. Nach ihr kann das Bundesministerium für Arbeit und Soziales durch Rechtsverordnung ohne Zustimmung des Bundesrates bestimmen, dass die von einer nach § 12 errichteten Kommission vorgeschlagenen Arbeitsbedingungen nach § 5 Nr. 1 und 2 auf alle Arbeitgeber und Arbeitnehmer, die unter den Geltungsbereich einer Empfehlung nach § 12 Abs. 4 fallen, Anwendung finden.

3 Wie § 7 Abs. 1 ermächtigt somit auch § 11 Abs. 1 das Bundesministerium für Arbeit und Soziales zum Erlass von Rechtsverordnungen ohne Zustimmung des Bundesrates. Aufgrund der Besonderheiten der Pflegebranche unterscheiden sich jedoch Inhalt und Ausmaß der beiden Ermächtigungen. Während § 7 Abs. 1 die Erstreckung der Rechtsnormen eines Tarifvertrages i. S. d. 3. Abschnitts des AEntG, für den ein Antrag auf Allgemeinverbindlicherklärung gestellt worden ist, auf alle unter seinen Geltungsbereich fallenden und nicht an ihn gebundenen Arbeitgeber und Arbeitnehmer ermöglicht, können nach § 11 Abs. 1 Empfehlungen zur Festsetzung von Arbeitsbedingungen nach § 12 Abs. 4 auf alle Arbeitgeber und Arbeitnehmer für anwendbar erklärt werden, die unter ihren Geltungsbereich fallen. Zudem kann die Rechtsverordnung gem. § 11 Abs. 1 anders als bei § 7 Abs. 1 **nicht alle Arbeitsbedingungen gem. § 5 zum Gegenstand** haben. Vielmehr kann sie lediglich Regelungen zu Mindestentgeltsätzen, die nach Art der Tätigkeit, Qualifikation der Arbeitnehmer und Regionen differieren können, einschließlich der Überstundensätze (§ 5 Nr. 1), sowie zur Dauer des Erholungsurlaubs, dem Urlaubsentgelt oder einem zusätzlichen Urlaubsgeld (§ 5 Nr. 2) enthalten.

Dagegen ist der Erlass einer Rechtsverordnung in Bezug auf Arbeitsbedingungen nach § 5 Nr. 3 und 4 ausgeschlossen. Zulässig ist hingegen aber eine Regelung des Fälligkeitszeitpunkts der Ansprüche (BAG v. 22.7.2014 – 1 ABR 96/12, NZA 2014, 1151) und wohl auch von Ausschlussfristen.

4 Wie aus dem Wortlaut von § 7 Abs. 1 hervorgeht, ermächtigt die Norm das Bundesministerium für Arbeit und Soziales zur Erstreckung der Kommissionsempfehlungen zur Festsetzung von Arbeitsbedingungen nach § 12 Abs. 4 („kann"). Eine Pflicht dazu trifft das Ministerium also nicht. Vielmehr hat es nach **pflichtgemäßem Ermessen** unter Berücksichtigung der in § 11 Abs. 2 genannten Belange zu entscheiden. Das Ermessen betrifft allerdings nur die Erstreckung der Kommissionsempfehlung im Ganzen. Sie kann nur unverändert in die Rechtsverordnung übernommen werden; es besteht keine Möglichkeit zur inhaltlichen Abweichung (Beschlussempfehlung und Bericht des Ausschusses für Arbeit und Soziales, BT-Drs. 16/11669, S. 23). Ebenso wenig kann das Ministerium nur Teile von ihr in die Rechtsverordnung aufnehmen. Die Bindung an den Vorschlag ist hier stärker als im Rahmen der Allgemeinverbindlicherklärung nach § 9 STVG. Der Vorschlag muss nicht allein inhaltlich unverändert übernommen werden, der Verordnungsgeber ist auch in zeitlicher Hinsicht an die Geltungsdauer des Vorschlags gebunden (*Stiebert/Pötters,* RdA 101, 107), da es gerade Zweck der nach § 12 AentG eingesetzten Kommission ist, den konkret passenden Vorschlag zu entwickeln, wohingegen dies bei Tarifverträgen allein ein Nebenzweck ist (*Stiebert/Pötters,* RdA 101, 105ff.). Das Ermessen ist folglich bei § 11 AEntG allein darauf beschränkt, zu entscheiden, ob überhaupt eine Rechtsverordnung erlassen wird oder eben nicht.

III. Gelegenheit zur Stellungnahme, § 11 Abs. 3

5 Vor Erlass einer Rechtsverordnung gem. § 11 Abs. 1 muss das Bundesministerium für Arbeit und Soziales nach § 11 Abs. 3 den in den Geltungsbereich der Rechtsverordnung fallenden Arbeitgebern und Arbeitnehmern sowie den Parteien von Tarifverträgen, die zumindest teilweise in den fachlichen Geltungsbereich der Rechtsverordnung fallen, und paritätisch besetzten Kommissionen, die auf der Grundlage kirchlichen Rechts Arbeitsbedingungen für den Bereich kirchlicher Arbeitgeber in der Pflegebranche festlegen, Gelegenheit zur schriftlichen Stellungnahme innerhalb von drei Wochen ab dem Tag der Bekanntmachung des Entwurfs der Rechtsverordnung geben. Der Absatz enthält somit die **Parallelvorschrift zu § 7 Abs. 4.** Die Vorschriften decken sich insbesondere, was Form und Frist der Stellungnahme angehen (vgl. dazu daher § 7 Rn. 15ff.). Abweichungen gibt es lediglich bei den zur Stellungnahme Berechtigten. Wie bei § 7 Abs. 4 muss zwar auch den in den Geltungsbe-

reich der Rechtsverordnung fallenden Arbeitgebern und Arbeitnehmern sowie Tarifvertragsparteien, die zumindest teilweise in den fachlichen Geltungsbereich der Rechtsverordnung fallen, eine entsprechende Gelegenheit gegeben werden. Darüber hinaus erfasst § 11 Abs. 3 aber aufgrund der Besonderheiten der Pflegebranche zusätzlich paritätisch besetzte Kommissionen, die auf der Grundlage kirchlichen Rechts Arbeitsbedingungen für den Bereich kirchlicher Arbeitgeber in der Pflegebranche festlegen (näher dazu § 12 Rn. 4).

IV. Entscheidungskriterien, § 11 Abs. 2

6 § 11 Abs. 2 benennt verschiedene Kriterien, die das Bundesministerium für Arbeit und Soziales bei seiner Entscheidung über den Erlass einer Rechtsverordnung nach Absatz 1 berücksichtigen muss. Nach Ansicht des Gesetzgebers sind diese Kriterien geeignet, die Festsetzung von Mindestarbeitsbedingungen bei einer gleichzeitigen Verdrängung niedriger dotierter Tarifverträge verfassungsrechtlich zu rechtfertigen (Beschlussempfehlung und Bericht des Ausschusses für Arbeit und Soziales, BT-Drs. 16/11669, S. 22).

7 Zu den Kriterien zählen erstens die in § 1 genannten Gesetzesziele, also die Schaffung und Durchsetzung angemessener Mindestarbeitsbedingungen für grenzüberschreitend entsandte und für regelmäßig im Inland beschäftigte Arbeitnehmer, die Gewährleistung fairer und funktionierender Wettbewerbsbedingungen, der Erhalt sozialversicherungspflichtiger Beschäftigung und die Wahrung der Ordnungs- und Befriedungsfunktion der Tarifautonomie (dazu § 1 Rn. 19). Des Weiteren sind **branchenspezifische Besonderheiten** zu beachten. Zum einen muss das Ministerium die Sicherstellung der Qualität der Pflegeleistung im Auge haben. Dabei geht der Gesetzgeber davon aus, dass angemessene Mindestarbeitsbedingungen einen Baustein bilden, um die Qualität der pflegerischen Versorgung weiter zu verbessern (Beschlussempfehlung des Ausschusses für Arbeit und Soziales, BT-Drs. 16/11669, S. 22). Zum anderen hat das Ministerium auf den Auftrag kirchlicher und sonstiger Träger der freien Wohlfahrtspflege nach § 11 Abs. 2 SGB XI Rücksicht zu nehmen. Dieser besteht nach Satz 2 der Vorschrift darin, kranke, gebrechliche und pflegebedürftige Menschen zu pflegen, zu betreuen, zu trösten und sie im Sterben zu begleiten. Somit ist der Verordnungsgeber verpflichtet, die historisch gewachsene Situation des Nebeneinanders von öffentlichen, freigemeinnützigen und privaten Pflegeheimen und Pflegediensten zu berücksichtigen (Beschlussempfehlung des Ausschusses für Arbeit und Soziales, BT-Drs. 16/11669, S. 22f.).

§ 12 Kommission

(1) [1]**Das Bundesministerium für Arbeit und Soziales errichtet eine Kommission zur Erarbeitung von Arbeitsbedingungen oder deren Änderung.** [2]**Die Errichtung erfolgt im Einzelfall auf Antrag einer Tarifvertragspartei aus der Pflegebranche oder der Dienstgeberseite oder der Dienstnehmerseite von paritätisch besetzten Kommissionen, die auf der Grundlage kirchlichen Rechts Arbeitsbedingungen für den Bereich kirchlicher Arbeitgeber in der Pflegebranche festlegen.**

(2) [1]**Die Kommission besteht aus acht Mitgliedern.** [2]**Das Bundesministerium für Arbeit und Soziales benennt je zwei geeignete Personen sowie jeweils einen Stellvertreter aufgrund von Vorschlägen**

1. **der Gewerkschaften, die in der Pflegebranche tarifzuständig sind,**
2. **der Vereinigungen der Arbeitgeber in der Pflegebranche,**
3. **der Dienstnehmerseite der in Absatz 1 genannten paritätisch besetzten Kommissionen sowie**
4. **der Dienstgeberseite der in Absatz 1 genannten paritätisch besetzten Kommissionen.**

(3) [1]**Die Sitzungen der Kommission werden von einem oder einer nicht stimmberechtigten Beauftragten des Bundesministeriums für Arbeit und Soziales geleitet.** [2]**Die Kommission kann sich eine Geschäftsordnung geben.**

(4) [1]**Die Kommission beschließt unter Berücksichtigung der in den §§ 1 und 11 Abs. 2 genannten Ziele Empfehlungen zur Festsetzung von Arbeitsbedingungen nach § 5 Nr. 1 und 2.** [2]**Sie kann eine Ausschlussfrist empfehlen, die den Anforderungen des § 9 Satz 3 entspricht.** [3]**Empfehlungen sind schriftlich zu begründen.**

(5) [1]**Die Kommission ist beschlussfähig, wenn alle Mitglieder anwesend oder vertreten sind.** [2]**Ein Beschluss der Kommission bedarf jeweils einer Mehrheit von drei Vierteln der Mitglieder**

1. **der Gruppe der Mitglieder nach Absatz 2 Nr. 1 und 2,**
2. **der Gruppe der Mitglieder nach Absatz 2 Nr. 3 und 4,**
3. **der Gruppe der Mitglieder nach Absatz 2 Nr. 1 und 3 sowie**
4. **der Gruppe der Mitglieder nach Absatz 2 Nr. 2 und 4.**

[3]**Die Sitzungen der Kommission sind nicht öffentlich; der Inhalt ihrer Beratungen ist vertraulich.**

I. Allgemeines

1 § 12 bildet das **Herzstück des 4. Abschnitts des AEntG.** Die Vorschrift enthält die maßgeblichen Regelungen zur vom Gesetzgeber für die Pflegebranche präferierten Kommissionslösung. Diese sollen den unterschiedlichen Brancheninteressen umfassend Rechnung tragen (Beschlussempfehlung und Bericht des Ausschusses für Arbeit und Soziales, BT-Drs. 16/11669, S. 22; s. auch Vor § 10, Rn. 2f.).

2 Zunächst regelt § 12 Abs. 1 die Errichtung der Kommission. Im zweiten Absatz der Vorschrift ist deren Zusammensetzung festgelegt. Leitung und Geschäftsordnung der Kommission werden in § 12 Abs. 3 behandelt. § 12 Abs. 4 betrifft die Aufgabe der Kommission, den Beschluss von Empfehlungen zur Festsetzung von Arbeitsbedingungen für die Pflegebranche. Die Beschlussfähigkeit und Mehrheitserfordernisse dafür statuiert § 12 Abs. 5. Der neu eingefügte § 12 Abs. 5 S. 3 behandelt schließlich die Modalitäten der Sitzungen und Vertraulichkeitsvorgaben. Schließlich befasst sich § 12 Abs. 6 mit der Auflösung der Kommission.

II. Errichtung einer nichtständigen Kommission auf Antrag, § 12 Abs. 1

3 Nach § 12 Abs. 1 S. 1 errichtet das Bundesministerium für Arbeit und Soziales eine Kommission zur Erarbeitung von Arbeitsbedingungen oder deren Änderung. Die Entscheidung über die Errichtung steht dabei **nicht im Ermessen des Ministeriums,** sondern ist eine gebundene. Dafür spricht erstens der gegenüber § 11 Abs. 1 S. 1 abweichende Wortlaut („kann"). Zweitens weist § 12 Abs. 1 S. 2, wonach die Errichtung im Einzelfall auf Antrag *erfolgt,* in diese Richtung. Drittens lassen sich die Gesetzesmaterialien hierfür anführen. Danach *wird* die Kommission auf Antrag durch das Bundesministerium für Arbeit und Soziales errichtet (Beschlussempfehlung und Bericht des Ausschusses für Arbeit und Soziales, BT-Drs. 16/11669, S. 23). Das Ministerium hat die Kommission also zu errichten, wenn ein entsprechender Antrag vorliegt.

4 Das **Antragserfordernis** ergibt sich aus § 12 Abs. 1 S. 2. Antragsberechtigt sind einerseits Tarifvertragsparteien aus der Pflegebranche, also entweder Gewerkschaften oder Arbeitgebervereinigungen, die in der Pflegebranche tarifzuständig sind (vgl. § 12 Abs. 2 S. 2 Nr. 1 und 2). Andererseits können die Dienstgeber- oder die Dienstnehmerseite von paritätisch besetzten Kommissionen, die auf der Grundlage kirchlichen Rechts Arbeitsbedingungen für den Bereich kirchlicher Arbeitgeber in der Pflegebranche festlegen, einen entsprechenden Antrag stellen. Dadurch wird den kollektiven Beschäftigungsbedingungen von Religionsgemeinschaften Rechnung getragen, die durch arbeitsrechtliche Kommissionen be-

schlossen werden, die paritätisch aus Vertretern des kirchlichen Arbeitgebers und der Mitarbeiter zusammengesetzt und dem Prinzip der Dienstgemeinschaft verpflichtet sind. Unter den Begriff Kirche fallen alle Religionsgemeinschaften i. S. d. Art. 140 GG i. V. m. Art. 137 Abs. 3 WRV (Beschlussempfehlung und Bericht des Ausschusses für Arbeit und Soziales, BT-Drs. 16/11669, S. 23). Dabei handelt es sich nach der heute üblichen Terminologie um einen die Angehörigen eines und desselben Glaubensbekenntnisses für ein Gebiet zusammenfassenden Verband zur allseitigen Erfüllung der durch das gemeinsame Bekenntnis gestellten Aufgaben. Hiervon zu unterscheiden sind religiöse Vereine und Gesellschaften, also Zusammenschlüsse, denen das Merkmal der „allseitigen Erfüllung" fehlt (ausführlich dazu *Thüsing*, Kirchliches Arbeitsrecht, 2006, S. 84f.). Von den Religionsgemeinschaften beschreiten derzeit lediglich die verfassten Kirchen den sog. „Dritten Weg", legen also auf der Grundlage kirchlichen Rechts für den Bereich kirchlicher Arbeitgeber Arbeitsbedingungen durch paritätisch aus Vertretern der Dienstgeber- und Dienstnehmerseite besetzte Kommissionen fest. Solche Kommissionen sind daher zurzeit nur die **Arbeitsrechtliche Kommission des Deutschen Caritasverbandes und die Arbeitsrechtliche Kommission des Diakonischen Werkes der EKD.**

5 Neben dem Antragserfordernis statuiert § 12 Abs. 1 S. 2 auch, dass die Kommission lediglich im Einzelfall zu errichten ist. Es handelt sich bei ihr also um keine dauerhafte, sondern um eine nichtständige Einrichtung. Die Kommission muss **mit jedem Antrag neuerlich geschaffen** werden.

III. Zusammensetzung der Kommission, § 12 Abs. 2

6 § 12 Abs. 2 regelt die Zusammensetzung der Kommission zur Erarbeitung von Arbeitsbedingungen oder deren Änderung gem. § 12 Abs. 1 S. 1. Insgesamt umfasst sie gem. § 12 Abs. 2 S. 1 acht Mitglieder. Diese werden gem. § 12 Abs. 2 S. 2 vom Bundesministerium für Arbeit und Soziales aufgrund von Vorschlägen benannt. Nicht vorgeschlagene Personen können nicht Mitglieder der Kommission werden. Dem Ministerium steht es aber frei, vorgeschlagene Personen als ungeeignet abzulehnen. Vorschlagsberechtigt für je zwei geeignete Personen sowie jeweils einen Stellvertreter sind dabei einerseits gem. § 12 Abs. 2 S. 2 Nr. 1 und 2 die Gewerkschaften und die Arbeitgebervereinigungen, die in der Pflegebranche tarifzuständig sind, und andererseits gem. § 12 Abs. 2 S. 2 Nr. 3 und 4 die Dienstnehmer- und die Dienstgeberseite der in Absatz 1 genannten paritätisch besetzten Kommissionen, also der Arbeitsrechtlichen Kommission des Deutschen Caritasverbandes und der Arbeitsrechtlichen Kommission des Diakonischen Werkes der EKD.

7 Offen ist, ob in Fällen, in denen mehrere Gewerkschaften oder Arbeitgeberverbände vorschlagsberechtigt sind, ein Einigungszwang besteht

oder ob dem Bundesministerium dann jeweils eigene Vorschläge unterbreitet werden können. Die gleiche Frage stellt sich in Bezug auf die Dienstnehmer- und die Dienstgeberseite der in Absatz 1 genannten paritätisch besetzten Kommissionen. Müssen sich die entsprechenden Seiten der Arbeitsrechtlichen Kommission des Deutschen Caritasverbandes und der Arbeitsrechtlichen Kommission des Diakonischen Werkes der EKD auf gemeinsame Vorschläge einigen oder können sie unabhängig voneinander Vorschläge machen? Weder Wortlaut noch Systematik noch Gesetzesmaterialien geben hierüber Aufschluss. Entscheidend ist somit der Sinn und Zweck der Kommission. Sie soll den unterschiedlichen Interessen in der Pflegebranche umfassend Rechnung tragen. Dies ist aber nur dann gewährleistet, wenn alle Interessensträger in die Kommission einbezogen werden. Von daher sollen sich die Vorschlagsberechtigten auf gemeinsame Vorschläge verständigen; hierauf soll das Ministerium hinwirken. Ein **Einigungszwang besteht jedoch nicht.** Kommt es zu keiner Einigung und unterbreiten die verschiedenen Interessenträger jeweils eigene Vorschläge, dann hat das Ministerium eine Auswahlentscheidung zu treffen. Diese hat sich ebenfalls am Zweck der Kommission auszurichten. Das Ministerium muss die Kommission daher nach Möglichkeit mit Vertretern aller Interessensträger besetzen. Benennen also beispielsweise zwei tarifzuständige Gewerkschaften jeweils zwei Personen und einen Stellvertreter, hat das Ministerium jeweils eine Person als Kommissionsmitglied auszuwählen. Als Stellvertreter ist ein Vertreter derjenigen Gewerkschaft zu benennen, die für die Pflegebranche repräsentativer ist. Zur Feststellung der Repräsentativität kann dabei auf die Kriterien gem. § 8 Abs. 2 S. 2 zurückgegriffen werden. Entsprechendes gilt, wenn drei tarifzuständige Gewerkschaften jeweils eigene Vorschläge machen. In diesem Fall sind die Vertreter der beiden repräsentativsten Gewerkschaften zu Kommissionsmitgliedern zu ernennen. Ein Vertreter der am wenigsten repräsentativen Gewerkschaft ist ggf. als Stellvertreter zu berücksichtigen.

IV. Leitung und Geschäftsordnung der Kommission, § 12 Abs. 3

8 § 12 Abs. 3 betrifft die **innere Organisation der Kommission** zur Erarbeitung von Arbeitsbedingungen oder deren Änderung gem. § 12 Abs. 1 S. 1. Zum einen bestimmt § 12 Abs. 3 S. 1, dass ihre Sitzungen von einem oder einer nicht stimmberechtigten Beauftragten des Bundesministeriums für Arbeit und Soziales geleitet wird. Dieser Beauftragte kann, muss aber nicht dem Bundesministerium für Arbeit und Soziales angehören. Vielmehr kann jede Person die Leitung der Kommission übernehmen, solange sie einen entsprechenden Auftrag des Ministeriums erhalten hat. Zu beachten ist, dass der Kommissionsleiter nicht stimmberechtigt ist. Dadurch wird einerseits ausgeschlossen, dass ein stimmberechtigtes Mit-

glied der Kommission gem. § 12 Abs. 2 ihr Leiter wird und andererseits, dass ein zu starker politischer Einfluss auf die Erarbeitung von Arbeitsbedingungen oder deren Änderung in der Pflegebranche ausgeübt wird. Zum anderen kann sich die Kommission nach § 12 Abs. 3 S. 2 eine Geschäftsordnung geben. Dabei ist zu berücksichtigen, dass die Kommission gem. § 12 Abs. 1 S. 2 und Abs. 6 nichtständiger Natur ist. Es muss also nach jeder Errichtung neuerlich eine Geschäftsordnung beschlossen werden; die freilich kann sich an ihrem Vorgänger orientieren.

V. Beschluss von Empfehlungen, § 12 Abs. 4

9 § 12 Abs. 4 weist der Kommission ihre Aufgabe zu. Diese besteht im Beschluss von Empfehlungen zur Festsetzung von Arbeitsbedingungen nach § 5 Nr. 1 und 2. Die Empfehlung kann also Regelungen zu Mindestentgeltsätzen, die nach Art der Tätigkeit, Qualifikation der Arbeitnehmer und Regionen differieren können, einschließlich der Überstundensätze (§ 5 Nr. 1), sowie zur Dauer des Erholungsurlaubs, dem Urlaubsentgelt oder einem zusätzlichen Urlaubsgeld (§ 5 Nr. 2) enthalten. Arbeitsbedingungen gem. § 5 Nr. 3 und 4 kann sie dagegen nicht zum Inhalt haben. Dafür kann sie indes gem. § 12 Abs. 4 S. 2 eine Ausschlussfrist empfehlen, die den Anforderungen des § 9 S. 3 entspricht. Sie muss also mindestens sechs Monate betragen. Die Empfehlung der Kommission kann nur unverändert in die Rechtsverordnung übernommen werden *(tel-quel);* es besteht keine Möglichkeit zur inhaltlichen Abweichung (Beschlussempfehlung und Bericht des Ausschusses für Arbeit und Soziales, BT-Drs. 16/11669, S. 23).

10 Beim Beschluss ihrer Empfehlung hat die Kommission gem. § 12 Abs. 4 S. 1 verschiedene Ziele zu berücksichtigen. Zum einen die in § 1 genannten allgemeinen Gesetzziele (ausführlich dazu § 1 Rn. 1 ff.) und zum anderen die in § 11 Abs. 2 aufgeführten pflegebranchenspezifischen Ziele (ausführlich dazu § 11 Rn. 6).

11 Schließlich ordnet § 12 Abs. 4 S. 3 an, dass die Empfehlung schriftlich zu begründen ist. Dieses Begründungserfordernis dient in erster Linie dazu, die Ermessensentscheidung des Bundesministeriums für Arbeit und Soziales über den Erlass einer Rechtsverordnung gem. § 11 Abs. 1 vorzubereiten. Ihm sollen die Beweggründe der Kommission offen gelegt werden, damit es selbst eine pflichtgemäße und sachgerechte Entscheidung treffen kann.

VI. Beschlussfähigkeit der Kommission und Mehrheitserfordernisse, § 12 Abs. 5

12 § 12 Abs. 5 regelt Fragen der **Beschlussfähigkeit** und des Verfahrens einschließlich der Abstimmung. Nach § 12 Abs. 5 S. 1 ist die Kommission beschlussfähig, wenn alle Mitglieder entweder selbst anwesend oder aber zumindest vertreten sind. Fehlt ein Mitglied und wird es nicht vertreten, kann kein Beschluss der Kommission zustande kommen. Der schwer verständliche § 12 Abs. 5 S. 2 legt die Mehrheitserfordernisse für Beschlüsse der Kommission fest. Der vorgeschriebene **besondere Abstimmungsmodus** soll ein Höchstmaß an Berücksichtigung der in der Kommission vertretenen unterschiedlichen Gruppeninteressen bei gleichzeitiger Gewährleistung der Handlungsfähigkeit des Gremiums sichern (Beschlussempfehlung und Bericht des Ausschusses für Arbeit und Soziales, BT-Drs. 16/11669, S. 23). In jedem Fall ist eine Mehrheit von drei Vierteln aller Kommissionsmitglieder erforderlich. Um eine Majorisierung einzelner in der Kommission vertretener Gruppen auszuschließen, wird das Quorum im Gesetzestext aber nicht an die Kommission insgesamt angeknüpft. Bezugspunkt für das Quorum sind Einzelgruppen, die sich aus den in § 12 Abs. 5 S. 2 Nr. 1 bis 4 genannten Mitgliedern zusammensetzen (Beschlussempfehlung und Bericht des Ausschusses für Arbeit und Soziales, BT-Drs. 16/11669, S. 23). Danach müssen zum einen mindestens drei Viertel der Mitglieder von den in der Pflegebranche zuständigen Tarifvertragsparteien einerseits (§ 12 Abs. 5 S. 2 Nr. 1) und aus dem kirchlichen Bereich andererseits (§ 12 Abs. 5 S. 2 Nr. 2) zustimmen. Zum anderen müssen sich gleichfalls drei Viertel der Mitglieder von Arbeit- bzw. Dienstnehmerseite einerseits (§ 12 Abs. 5 S. 2 Nr. 3) und von Arbeit- bzw. Dienstgeberseite andererseits (§ 12 Abs. 5 S. 2 Nr. 4) für einen Beschluss aussprechen. Ein breiter Konsens, der etwaige Vorschläge trägt, ist damit gesichert.

VII. Vertraulichkeit, § 12 Abs. 5 S. 3

13 Neu eingefügt wurde zum 16.8.2014 die gesetzgeberische Klarstellung, dass die Sitzungen der Kommission nicht öffentlich seien und eine damit im Zusammenhang stehende Vertraulichkeitsregelung. Zugang zu den Sitzungen haben daher im Grundsatz allein die Mitglieder der Kommission. Vertraulich zu behandeln sind sämtliche Inhalte der Entscheidungsfindung, insbesondere die gegenteiligen Positionen der teilnehmenden Gruppen. Dessen ungeachtet fehlt es an einer Rechtsfolgenregelung bei Missachtung der Vertraulichkeitsgrundsätze.

VIII. Auflösung der Kommission, § 12 Abs. 6

14 Nach § 12 Abs. 6 wird die Kommission mit Beschlussfassung über Empfehlungen nach Absatz 4 aufgelöst. Beschluss und Auflösung fallen also in einem Akt zusammen. Dadurch wird die in § 12 Abs. 1 S. 2 festgeschriebene nichtständige Errichtung der Kommission abgesichert.

§ 13 Rechtsfolgen

Eine Rechtsverordnung nach § 11 steht für die Anwendung der §§ 8 und 9 sowie der Abschnitte 5 und 6 einer Rechtsverordnung nach § 7 gleich.

1 § 13 stellt die Gleichbehandlung von Rechtsverordnungen gem. § 7 Abs. 1 einerseits und § 11 Abs. 1 andererseits sicher. Nach ihm stehen letztere ersteren für die Anwendung der §§ 8 und 9 („Pflichten des Arbeitgebers zur Gewährung von Arbeitsbedingungen" und „Verzicht, Verwirkung") sowie der Abschnitte 5 und 6 des AEntG („Zivilrechtliche Durchsetzung und Kontrolle" und „Durchsetzung durch staatliche Behörden") gleich.

Abschnitt 4a. Arbeitsbedingungen im Gewerbe des grenzüberschreitenden Straßentransports von Euro-Bargeld

§ 13a Gleichstellung

Die Verordnung (EU) Nr. 1214/2011 des Europäischen Parlaments und des Rates vom 16. November 2011 über den gewerbsmäßig grenzüberschreitenden Straßentransport von Euro-Bargeld zwischen den Mitgliedstaaten des Euroraums (ABl. L 316 vom 29. 11. 2011, S. 1) steht für die Anwendung der §§ 8 und 9 sowie der Abschnitte 5 und 6 einer Rechtsverordnung nach § 7 gleich.

1 Zum 30. 11. 2012 wurde der Abschnitt 4 a, der einzig aus § 13a besteht neu in das AEntG eingefügt. Inhaltlich bezieht sich die Norm auf die EU-Verordnung Nr. 1214/2011 bezüglich des gewerbsmäßigen grenzüberschreitenden Transports von Euro-Bargeld. Hierbei handelt es sich – wie bereits aus § 4 Nr. 4 deutlich wird, um eine Branche, die dem AEntG unterliegt, sodass die Mindestlohnverordnung für das Bewachungsgewerbe hierauf Anwendung findet. Eine Besonderheit enthält hingegen Art. 24 der Verordnung, wonach bei einer Grenzüberschreitung die jeweils

höchsten Mindestlohnsätze für den ganzen Tag zu gewähren sind. Der Anspruch resultiert daher bereits unmittelbar aus der unionsrechtlichen Verordnung, sodass die nach nationalem Recht zuständigen Kontrollbehörden (§ 16) keine Kontrollmöglichkeit hätten. Dies soll durch die Gleichstellung mit einer Rechtsverordnung nach § 7 verhindert werden.

Abschnitt 5. Zivilrechtliche Durchsetzung

§ 14 Haftung des Auftraggebers

Ein Unternehmer, der einen anderen Unternehmer mit der Erbringung von Werk- oder Dienstleistungen beauftragt, haftet für die Verpflichtungen dieses Unternehmers, eines Nachunternehmers oder eines von dem Unternehmer oder einem Nachunternehmer beauftragten Verleihers zur Zahlung des Mindestentgelts an Arbeitnehmer oder Arbeitnehmerinnen oder zur Zahlung von Beiträgen an eine gemeinsame Einrichtung der Tarifvertragsparteien nach § 8 wie ein Bürge, der auf die Einrede der Vorausklage verzichtet hat. Das Mindestentgelt im Sinne des Satzes 1 umfasst nur den Betrag, der nach Abzug der Steuern und der Beiträge zur Sozialversicherung und zur Arbeitsförderung oder entsprechender Aufwendungen zur sozialen Sicherung an Arbeitnehmer oder Arbeitnehmerinnen auszuzahlen ist (Nettoentgelt).

Inhaltsübersicht

I. Überblick

1 § 14 normiert eine branchen- und verschuldensunabhängige Bürgenhaftung von Unternehmern für das nach den Vorgaben des AEntG ermittelte Nettomindestentgelt und für Beiträge an gemeinsame Einrichtungen der Tarifvertragsparteien (BAG v. 17.8.2011 – 5 AZR 490/10, NZA 2012, 563, 564; ErfK/*Schlachter,* § 14 AEntG Rn. 1). Entgegen der missverständlichen Überschrift statuiert die Vorschrift keine allgemeine Auftraggeberhaftung, sondern lediglich eine **Generalunternehmerhaftung** (ebenso *Bayreuther,* NZA 2015, 961ff.). Letztere haften als **gesetzliche Bürgen** vergleichbar § 566 Abs. 2 BGB und § 1251 Abs. 2 BGB (vgl. BAG v. 8.12.2010 – 5 AZR 95/10, NZA 2011, 514; BAG v. 2.8.2006 – 10 AZR 688/05, AP Nr. 3 zu § 1a AEntG). § 14 orientiert sich inhaltlich an § 349 HGB, wonach einem Bürgen, für den die Bürgschaft ein Handelsgeschäft ist, die Einrede der Vorausklage nicht zusteht (BT-Drs. 14/45 v. 17.11.1998, S. 26). Die Einstufung als gesetzliche Bürgenhaftung hat etwa Auswirkungen auf die Frage, ob der Anspruch eines Arbeitnehmers des Nachunternehmers gegen den Hauptunternehmer nach § 14 in der Insolvenz des Nachunternehmers auf die Bundesagentur für Arbeit nach § 187 S. 1 SGB III aF (§ 169 S. 1 SGB III) oder nach den §§ 412, 401 Abs. 1 BGB übergeht (verneinend BAG v. 8.12.2010 – 5 AZR 95/10, NZA 2011, 514).

2 § 13 MiLoG über die Haftung des Generalunternehmers für den **gesetzlichen Mindestlohn** erklärt § 14 für entsprechend anwendbar (*Aufdermauer,* DeutscherAnwaltSpiegel 3/2015, 12; *Baeck/Winzer/Kramer,* NZG 2015, 265, 268; *Bayreuther,* NZA 2015, 961). Die Verweisung in § 13 MiLoG auf die in § 14 ebenfalls angeordnete Haftung für die Zahlung von Beiträgen an eine gemeinsame Einrichtung der Tarifvertragsparteien geht de facto ins Leere (*Lakies,* Mindestlohngesetz, § 13 Rn. 1).

II. Entstehungsgeschichte

3 § 14 basiert in seiner aktuellen, nicht mehr auf die Baubranche beschränkten Fassung auf dem AEntG v. 20.4.2009 (BGBl. I, S. 799). Gemäß dem Regierungsentwurf zur Neufassung des AEntG vom 16.7.2008 ist § 14 dem bis dato geltenden **§ 1a aF nachgebildet,** der „inhaltlich unverändert" übernommen werden sollte. § 1a aF wurde seinerseits durch das **„Gesetz zu Korrekturen in der Sozialversicherung und zur Sicherung der Arbeitnehmerrechte"** vom 1.1.1999 in das AEntG eingefügt (BGBl I, S. 3843 v. 28.12.1998; s. dazu *Blanke,* AuA 1999, 417ff.; *Däubler,* NJW 1999, 601ff.; *Meyer,* NZA 1999, 121ff.). In ihrer Koalitionsvereinbarung vom 20.10.1998 (abgedruckt in NZA 1998, Heft 22, S. IV) bekundete die damalige Bundesregierung die Absicht, unverzüglich und entschlossen gegen illegale Beschäftigung und

Lohndumping vorzugehen und faire Bedingungen auf dem Arbeitsmarkt herzustellen. Der Gesetzesentwurf wurde am 17.11.1998 in den Bundestag eingebracht (BT-Drs. 14/45, S. 1ff.). Die dritte Lesung im Bundestag fand am 10.12.1998 statt (**Plenarprotokoll 14/14** des Deutschen Bundestags v. 10.12.1998), der Bundesrat stimmte am 18.12.1998 zu. Da die Gesetzesbegründung hinsichtlich § 1a aF wenig aussagekräftig ist, stellte die Rechtsprechung im Rahmen der subjektiv-historischen Auslegung der Vorschrift zuweilen zusätzlich auf das Plenarprotokoll vom 10.12.1998 ab (vgl. BAG v. 6.11.2002 – 5 AZR 617/01, AP Nr. 1 zu § 1a AEntG; BAG v. 28.2.2007 – 10 AZR 76/06, AP Nr. 27 zu § 1 AEntG).

III. Normzweck

4 § 14 dient der Verstärkung der tatsächlichen Durchsetzbarkeit der durch das AEntG gesicherten Rechte auf Mindestentgelte sowie auf tariflich gesicherte Urlaubsvergütung durch zivilrechtliche Ansprüche („private enforcement"; vgl. *Baeck/Winzer/Kramer,* NZG 2015, 265, 268 zu § 13 MiLoG). Die Haftung des Hauptunternehmers nach § 14 ist aber **kein Hilfsrecht** etwa zur Durchsetzung des Mindestlohnanspruchs aus dem Arbeitsverhältnis zwischen Arbeitnehmer und Nachunternehmer, sondern verschafft dem Arbeitnehmer einen **weiteren Schuldner,** den er unmittelbar in Anspruch nehmen kann (BAG v. 8.12.2010 – 5 AZR 95/10, NZA 2011, 514, krit. zu dieser Begründung *Bayreuther,* NZA 2015, 961, 966). Mit Blick auf diese Ausgestaltung dient die Regelung nicht nur der Sicherung des Entgeltanspruchs der anspruchsberechtigten Personen gegen Nachunternehmer, sondern verfolgt auch **präventiv-verhaltenssteuernde Zwecke** (BAG v. 8.12.2010 – 5 AZR 95/10, NZA 2011, 514; *Lakies,* Mindestlohngesetz, § 13 Rn. 3). Der Generalunternehmer soll durch die gesetzliche Bürgenhaftung veranlasst werden, im eigenen Interesse darauf zu achten, dass seine Sub- und Nachunternehmer die nach dem AEntG zwingenden Arbeitsbedingungen einhalten (BVerfG v. 20.3.2007 – 1 BvR 1047/05, NZA 2007, 609; BAG v. 8.12.2010 – 5 AZR 95/10, NZA 2011, 514; BT-Drs. 14/45, S. 17f.). Durch den früheren § 1a wollte der Gesetzgeber außerdem **Schwarzarbeit in der Bauwirtschaft** verhindern, mehr Arbeitsplätze schaffen und eine sog. Schmutzkonkurrenz unterbinden, die kleinere und mittlere Betriebe in der Vergangenheit vom Markt gedrängt habe (BT-Drs. 14/45, S. 17; BAG v. 8.12.2010 – 5 AZR 95/10, NZA 2011, 514). Bei Schaffung des § 1a aF standen die zuletzt benannten **wirtschaftspolitischen Zwecke** sogar im Vordergrund (BAG v. 6.11.2002 – 5 AZR 617/01, AP Nr. 1 zu § 1a AEntG). Dies war dem Umstand geschuldet, dass sich der Gesetzgeber nicht in der Lage gesehen hatte, Lohndumping und illegale Beschäftigung wirksam mittels Razzien auf Baustellen zu bekämpfen.

Demgegenüber sei es den Generalunternehmern regelmäßig bekannt, ob die von den Sub- und Nachunternehmern angebotenen Preise mit „vernünftigen Arbeitsbedingungen" überhaupt zu erbringen seien. Die Generalunternehmer würden deshalb durch § 1a aF dazu angehalten, Aufträge verstärkt an zuverlässige kleine und mittlere Unternehmen zu vergeben, von denen sie wüssten, dass sie die gesetzlichen Bestimmungen einhalten (Plenarprotokoll 14/14 vom 10.12.1998, S. 868 D). Im Schrifttum wird dieser Normzweck auch als „außerstaatliche Kontrolle der Wirtschaftsteilnehmer untereinander" bezeichnet (*Kühn/Reich,* BB 2014, 2938).

5 Arbeitnehmer, die das Mindestentgeld geltend machen, erhalten ebenso wie die Rechtsträger der gemeinsamen Einrichtungen der Tarifvertragsparteien des Baugewerbes, die die Aufgabe haben, die Auszahlung der tarifvertraglich geregelten Urlaubsvergütung zu sichern, durch § 14 einen **weiteren Schuldner.** Der Generalunternehmer kann gem. § 14 **unmittelbar** in Anspruch genommen werden und sich der Haftung nicht durch den **Nachweis einer fehlenden subjektiven Verantwortlichkeit** für etwaige Verfehlungen der von ihm beauftragten Unternehmen entziehen (BT-Drs. 14/45 vom 17.11.1998, S. 17). Ein unter den sachlichen Geltungsbereich des § 14 fallendes Unternehmen muss deshalb befürchten, von Arbeitnehmern eines Sub- oder Nachunternehmens oder von tariflichen Urlaubskassen in Anspruch genommen zu werden, falls der Hauptschuldner seine Verpflichtung zur Zahlung des Mindestentgelts oder zur Zahlung von Beiträgen an die Urlaubskasse nach § 8 nicht erfüllt (krit. *Rieble/Lessner,* ZfA 2002, 29, 40; siehe auch *Steinmeyer,* BB 2010, 2301). Er muss deshalb **im eigenen Interesse prüfen, ob die von ihm beauftragten Sub- oder Nachunternehmer ihre Verpflichtungen aus dem AEntG einhalten,** und sich ggf. gegen eine Inanspruchnahme sichern (*Franzen,* Anm. zu BAG v. 12.1.2005 – 5 AZR 617/01, AP Nr. 2 zu § 1a AEntG).

6 Mit Blick auf die vorstehend geschilderten Normzwecke liegt es nahe, § 14 allein auf Ansprüche von Arbeitnehmern des Nachunternehmers gegen den Hauptunternehmer bei dessen Leistungsunwilligkeit zu erstrecken, nicht aber auch auf Ansprüche im Falle der Leistungsunfähigkeit insbesondere im Falle der **Insolvenz** (offen gelassen von BAG v. 17.8.2011 – 5 AZR 490/10, NZA 2012, 563). So will § 14 den Anspruchsberechtigten nicht pauschal mehrere Schuldner verschaffen, sondern nur den Gefahren einer Übertragung von Leistungspflichten durch Generalunternehmer auf andere Unternehmen begegnen. Dem Risiko der Insolvenz ihres Arbeitnehmers sind jedoch alle Arbeitnehmer ausgesetzt. Diesem wird bereits durch den Anspruch auf Insolvenzgeld gegen die Bundesagentur für Arbeit entsprochen. Die wohl herrschende Ansicht erstreckt den Anwendungsbereich des § 14 demgegenüber auch auf Fälle der Insolvenz (dafür LAG Baden-Württemberg v. 18.1.2010 – 4 Sa 14/09, BeckRS 2010, 65778; *Bayreuther,* NZA 2015, 961, 966; ErfK/

Schlachter, § 14 AEntG Rn. 2; siehe auch *Spielberger/Schilling,* NJW 2014, 2897, 2902; *Sasse/Scholz,* BB 2010, 3026). Das BAG hat es jedenfalls ausgeschlossen, dass dieser Anspruch mit Antrag auf dem Insolvenzgeld auf die Bundesagentur für Arbeit übergeht, da im Umfang des Insolvenzgelds die Erfüllung des Anspruchs des Arbeitnehmers gesichert sei (BAG v. 8.12.2010 – 5 AZR 95/10, NZA 2011, 514; siehe auch *Aufdermauer,* DeutscherAnwaltSpiegel 3/2015, 12, 13; aA *Riechert/Nimmerjahn,* MiLoG, 2015, § 13 Rn. 54). Etwas anderes ergebe sich auch nicht aus § 169 S. 1 SGB III und den §§ 412, 401 Abs. 1 BGB (BAG, aaO). Zwar setzt der Wortlaut des § 401 Abs. 1 BGB nicht voraus, dass es sich bei dem zur Zession anstehenden Nebenrecht um ein „Hilfsrecht" handelt. Allerdings erfordert jedenfalls der Normzweck der vorbenannten Normen eine einschränkende Auslegung (so *Bayreuther,* NZA 2015, 961, 966).

IV. Ergänzende Rechtsvorschriften

7 § 14 erstreckt die Bürgenhaftung beim Arbeitsentgelt ausschließlich auf den Betrag, der nach Abzug der Steuern und der Beiträge zur Sozialversicherung, zur Arbeitsförderung oder entsprechender Aufwendungen zur sozialen Sicherung auszuzahlen ist **(Nettoentgelt).** Daneben tritt im Baugewerbe die selbstschuldnerische Haftung von Generalunternehmern für die Abführung der **Gesamtsozialversicherungsbeiträge** eines beauftragten Subunternehmers oder eines von diesem Unternehmer beauftragten Verleihers (§ 28e Abs. 3a SGB IV). Dasselbe gilt für die Beiträge zur **gesetzlichen Rentenversicherung** (§ 150 Abs. 3 SGB VII i. V. m. § 28e Abs. 3a SGB IV). Hierdurch sollen die Generalunternehmer veranlasst werden, bei der Auswahl der Subunternehmer zu prüfen, ob sich diese illegaler Praktiken bedienen (*Langner/Hübsch,* BB 2008, 2127). Anders als bei § 14 kann sich der Generalunternehmer von seiner Haftung jedoch gemäß § 28e Abs. 3b SGB IV **exkulpieren,** wenn er nachweist, dass er ohne eigenes Verschulden davon ausgehen konnte, der Sub- bzw. Nachunternehmer werde seine Zahlungspflichten erfüllen. Das ist wiederum der Fall, wenn der Generalunternehmer bei der Auswahl des Nachunternehmers die **Sorgfalt eines ordentlichen Kaufmannes** angewandt hat (*Rixen,* SGb 2002, 536, 540). Diese Entlastungsmöglichkeit gilt nicht nur für die Gesamtsozialversicherungsbeiträge, sondern auch für die Beiträge zur gesetzlichen Unfallversicherung (BSG v. 27.5.2008 – B 2 U 21/07 R; LSG v. Baden-Württemberg 18.06.2007 – L 1 U 6465/06, NJOZ 2008, 1852ff.).

V. Rechtswirksamkeit

1. Grundgesetz

8 Gegen die Wirksamkeit des auf die Baubranche bezogenen § 1a aF wurden verschiedentlich Bedenken erhoben (vgl. *Badura* in: FS Söllner 2000, S. 111ff.; *v. Danwitz,* RdA 1999, 322, 326f.; *Theelen,* Arbeitnehmer-Entsendegesetz, 1999, S. 162f.; ErfK/*Schlachter,* 6. Aufl. 2006, § 1a AEntG Rn. 3). Die Einwände stützten sich – neben der verschuldensunabhängigen Einstandspflicht – maßgeblich auf die **fehlende Verantwortungsbeziehung** des Generalunternehmers für die Einhaltung der Vorgaben des AEntG durch den Sub- oder Nachunternehmer oder eines von diesen Unternehmen eingeschalteten Verleihers sowie auf die erheblichen Haftungsrisiken, insbesondere, wenn man die Generalunternehmerhaftung auf die Insolvenz des Nachunternehmers erstrecken wollte (*Kühn/Reich,* BB 2014, 2938, 2939). Hierin wurde ein unverhältnismäßiger Eingriff in die durch Art. 12 Abs. 1 GG geschützte Berufsausübungsfreiheit des Generalunternehmers gesehen.

9 Das BAG stufte die Generalunternehmerhaftung des § 1a aF demgegenüber als noch verhältnismäßig ein, da der Generalunternehmer bereits durch die Beauftragung eines Nachunternehmers einen **relevanten Verursachungsbeitrag** für eine unterbliebene Lohnzahlung an die von diesem beschäftigten Arbeitnehmer gesetzt habe (vgl. BAG v. 6.11.2002 – 5 AZR 617/01 (A), AP Nr. 1 zu § 1a AEntG; siehe auch BAG v. 17.8.2011 – 5 AZR 490/10, NZA 2012, 563). Dem Generalunternehmer stünden auch hinreichende Möglichkeiten zur Verfügung, sich vor einer Inanspruchnahme durch die Arbeitnehmer bzw. die Urlaubskassen zu schützen. Soweit ein „gewisses Haftungsrestrisiko" bestehen bleibe, sei dies als „**zulässige Gefährdungs-** oder **Garantiehaftung**" hinzunehmen (krit. *v. Danwitz,* RdA 1999, 322, 327). Dasselbe gelte für den durch § 1a aF begründeten **Kontroll-** und **Verwaltungsmehraufwand.** Wer sich die Vorteile der Arbeitsteilung zu Nutzen mache, indem er Dritte für die Erfüllung eigener Pflichten einsetzt, müsse entsprechend dem Rechtsgedanken von § 278 BGB das damit verbundene Risiko tragen, ohne dass es auf ein eigenes Verschulden ankomme (BAG v. 12.1.2005 – 5 AZR 617/01, AP Nr. 2 zu § 1a AEntG).

10 Diese Argumentation ist nicht zweifelsfrei. So hat das BAG in Zusammenhang mit der prozessual als zulässig erachteten Erklärung des Generalunternehmers mit Nichtwissen über die Tatbestandsvoraussetzungen der Hauptschuld (§ 138 Abs. 4 ZPO) ein Tätigwerden des Subunternehmers **im Geschäfts- oder Verantwortungsbereich des Generalunternehmers** verneint (BAG v. 2.8.2006 – 10 AZR 688/05, AP Nr. 3 zu § 1a AEntG). Es hat damit inzident zugestanden, dass eine Situation wie bei § 278 BGB gerade nicht vorliegt. Der Generalunternehmer kann sein Haftungsrisiko weiterhin nur eingeschränkt durch **vertragliche Verein-**

barungen mit dem Nachunternehmer einschränken. Er hat nämlich jedenfalls auf das Geschäftsgebaren der Subunternehmer praktisch keinen relevanten Einfluss (*Franzen,* Anm. zu BAG v. 12.1.2005 – 5 AZR 617/01, AP Nr. 2 zu § 1a AEntG).

11 Das BVerfG hat die gegen das Urteil des BAG vom 12.1.2005 erhobene Verfassungsbeschwerde gleichwohl nicht zur Entscheidung angenommen (BVerfG v. 20.3.2007 – 1 BvR 1047/05, NZA 2007, 609ff.; zust. *Koberski/Asshoff/Eustrup/Winkler,* AEntG, 3. Aufl. 2011, § 14 Rn. 11). Sofern der vom Hauptunternehmer beauftragte Nachunternehmer die Mindestlohnansprüche seiner Arbeitnehmer nicht erfülle, verwirkliche sich „genau das zusätzliche Risiko, das der Hauptunternehmer geschaffen hat, indem er sich des Nachunternehmers zur Ausführung der von ihm geschuldeten, aber nicht durch eigene Arbeitnehmer erbrachten Bauleistungen bedient hat" (aaO, Rn. 54). Aus diesem Grunde sei es gerechtfertigt, dem Generalunternehmer die **Mitverantwortung für die Erfüllung der Mindestlohnansprüche** zuzuweisen (ebenso LAG Berlin v. 14.2.2001 – 15 Sa 2121/00, EzA § 1a AEntG Nr. 1; Däubler/*Lakies,* TVG, 2003, Anhang 2 zu § 5 TVG, § 1a AEntG Rn. 6). Diese Sichtweise begegnet mit Blick auf Art. 3 Abs. 1 GG Bedenken, hat der Gesetzgeber bezüglich der Haftung des Generalunternehmers für Sozialversicherungs- und Unfallversicherungsbeiträge seiner Sub- und Nachunternehmer gemäß §§ 28e Abs. 3a SGB IV, 150 Abs. 3 SGB VII doch ausdrücklich eine Exkulpationsmöglichkeit vorgesehen (§ 28e Abs. 3b SGB IV; aA *Bayreuther,* NZA 2015, 961, 967, wonach die Generalunternehmerhaftung verschuldensunabhängig bleiben solle, sofern man den Haftungstatbestand sachgerecht einschränke). Ein **Auswahlverschulden** lässt sich ebenso wie bei § 28e SGB IV allenfalls dann begründen, wenn dem Generalunternehmer Verstöße potentieller Nachunternehmer gegen die Bestimmungen des AEntG bekannt, infolge grober Fahrlässigkeit unbekannt, oder diese jedenfalls branchenbekannt sind. Grobe Fahrlässigkeit liegt etwa vor, wenn der vom Auftragnehmer gebotene Preis bei fachkundiger Betrachtung vermuten lässt, dass Verbindlichkeiten aus dem AEntG nicht erfüllt werden (vgl. zu § 28e SGB IV BT-Drs. 14/8221, S. 15; *Seifert,* SAE 2007, 386, 389).

12 Im Schrifttum werden die Bedenken gegen die Verfassungsgemäßheit des § 14 in Zusammenhang mit der Verweisungsnorm des **§ 13 MiLoG** erneuert (*Kühn/Reich,* BB 2014, 2938ff.). Die ursprüngliche Regelung des § 1a sei durch die Besonderheiten der Baubranche gerechtfertigt gewesen (Stichwort: „Schmutzkonkurrenz"). Die entsprechenden Einwände könnten deshalb nicht pauschal auf alle anderen Branchen übertragen werden. Es bleibt abzuwarten, ob diese Argumente bei den Obergerichten Gehör finden.

13 Ein Generalunternehmer kann seine Haftungsrisiken minimieren, indem er von seinem Sub- oder Nachunternehmer eine **Bürgschaft** für die aus § 14 folgenden Pflichten fordert (dazu *Vogel,* Baurecht 2002,

1013ff.; *Riechert/Nimmerjahn,* MiLoG, § 13 Rn. 63). Das BVerfG hat in seinem Beschluss vom 20.3.2007 offen gelassen, ob jedenfalls dieser Aspekt eine Einschränkung der Bürgenhaftung gemäß § 1a aF begründen kann (BVerfG v. 20.03.2007 – 1 BvR 1047/05, NZA 2007, 609). Dafür spricht, dass die Gestellung von Bürgschaften durch Sub- oder Nachunternehmer zwar den Schutz der Arbeitnehmer verstärken soll, dies jedoch um den Preis einer Zurückdrängung des mit dem AEntG zugleich verfolgten Zieles eines Schutzes der inländischen, kleinen und mittelständischen Unternehmen. Denn eine solche Pflicht kann bei kleinen und mittleren Unternehmen dazu führen, dass ihre Kreditlinie bei den Banken ausgeschöpft wird und sich somit die Fremdkapitalbeschaffung erschwert, mit dem daraus folgenden erhöhten Insolvenzrisiko (*Meyer,* NZA 1999, 121, 127; *Seifert,* SAE 2007, 386, 389). In der Rechtsprechung wird darüber hinaus eine **summenmäßige Begrenzung** der Bürgenhaftung jedenfalls bei Unzumutbarkeit erwogen (im Ergebnis verneinend bezüglich Urlaubskassenbeiträgen das LAG Düsseldorf v. 10.7.2002 – 12 Sa 132/02, NZA-RR 2003, 10, 12).

2. Unionsrecht

14 Rechtliche Bedenken im Hinblick auf die Wirksamkeit von § 1a aF als Vorgängernorm von § 14 wurden auch mit Blick auf das Unionsrecht geltend gemacht (*Rieble/Lessner,* ZfA 2002, 29ff.). Demgemäß legte das BAG dem EuGH die Frage vor, ob die Dienstleistungsfreiheit des Art. 49 EG aF (Art. 56 AEUV) einer nationalen Regelung wie § 1a aF entgegensteht (BAG v. 6.11.2002 – 5 AZR 617/01, AP Nr. 1 zu § 1a AEntG): Zwar sei es für die Arbeitnehmer vorteilhaft, wenn sie neben ihrem Arbeitgeber einen weiteren Schuldner für ihre Nettolohnforderung bekämen. Aufgrund der sprachlichen und finanziellen Barrieren sei es für die aus dem Ausland entsandten Arbeitnehmer jedoch häufig schwerer, ihre Ansprüche vor deutschen Arbeitsgerichten (siehe zur Zuständigkeit § 15) durchzusetzen. Tatsächlich kommt die Vorschrift in der Rechtswirklichkeit nicht selten den Sozialkassen des Baugewerbes zugute (*Seifert,* SAE 2007, 386, 389).

15 Der EuGH hat unter dem 12.10.2004 (C-60/03 „Wolff & Müller“, NZA 2004, 1211ff.) entschieden, dass weder Art. 49 EG aF noch Art. 5 der RL 96/71/EG der Bürgenhaftung entgegen stehen, da die nationale Regelung jedenfalls **objektiv dem Schutz der entsandten Arbeitnehmer** diene (zust. *Koberski/Asshoff/Eustrup/Winkler,* AEntG, 3. Aufl. 2011, § 14 Rn. 12; krit. *Franzen,* SAE 2003, 190, 194ff.; *Rieble/Bonmann,* SAE 2005, 194). Das BAG hat das Urteil des EuGH mit Entscheidung vom 12.1.2005 nachvollzogen (BAG v. 12.1.2005 – 5 AZR 617/01, AP Nr. 2 zu § 1a AEntG mit Anm. *Franzen; Veiga,* NZA 2005, 208ff.).

VI. Zum Tatbestand

1. Normadressaten

16 Normadressaten des § 14 sind **Unternehmer,** die einen anderen Unternehmer mit der Erbringung von Werk- oder Dienstleistungen beauftragen. Der Begriff des Unternehmers ist legaldefiniert in § 14 Abs. 1 BGB, weshalb diese Vorschrift Ausgangspunkt der Prüfung ist (Düwell/Schubert/*Reinfelder,* MiLoG, § 13 Rn. 8; *Riechert/Nimmerjahn,* MiLoG, § 13 Rn. 17). Bei teleologischer Interpretation ist der Begriff des Unternehmers gem. § 14 freilich **enger als derjenige des § 14 Abs. 1 BGB** (BAG v. 28.3.2007 – 10 AZR 76/06, NZA 2007, 613; BAG v. 12.1.2005 – 5 AZR 617/01, AP Nr. 2 zu § 1 a AEntG mit Anm. *Franzen;* LG Magdeburg v. 17.4.2012 – 11 O 1698/11). Wie weit diese Einschränkung geht, ist freilich umstritten. Das Bundesministerium für Arbeit und Soziales will die entsprechenden Einschränkungen deshalb gemeinsam mit dem Bundesministerium der Finanzen gegenüber der Zollverwaltung klarstellen (dazu *Bayreuther,* NZA 2015, 961, 962, der für eine normative Präzisierung plädiert).

17 Nach überzeugender Ansicht sind nur Generalunternehmer taugliche Normadressaten des § 14 (ebenso *Bayreuther,* NZA 2015, 961; aA *Koberski/Asshoff/Eustrup/Winkler,* AEntG, 3. Aufl. 2011, § 14 Rn. 18). Wie oben gesehen, soll die Bürgenhaftung den Unternehmer dazu veranlassen, verstärkt darauf zu achten, dass seine Subunternehmer die nach dem AEntG zwingenden Arbeitsbedingungen einhalten. Sie dient damit der wirksamen Durchsetzung des § 1 AEntG und soll auch bewirken, dass in Deutschland mehr Arbeitsplätze geschaffen und Schwarzarbeit verhindert wird, dass Generalunternehmer verstärkt Aufträge an zuverlässige kleine und mittlere Unternehmen vergeben, von denen sie wissen, dass sie die gesetzlichen Bestimmungen einhalten. Diese Ziele treffen weder auf **Privatleute** zu, zumal diese keine Unternehmer iSd. § 14 Abs. 1 BGB sind (Düwell/Schubert/*Reinfelder,* MiLoG, § 13 Rn. 9; *Bayreuther,* NZA 2015, 961, 964), noch auf solche Unternehmer, die etwa als Bauherren für sich selbst eine Bauleistung in Auftrag geben **(Eigenbedarf).** Diese beschäftigen keine eigenen Bauarbeitnehmer und beauftragen keine Subunternehmen, die für sie eigene Leistungspflichten erfüllen (zum Vorstehenden BAG v. 28.3.2007 – 10 AZR 76/06, NZA 2007; vgl. auch BAG v. 16.5.2012 – 10 AZR 190/11, NZA 2012, 980).

18 Eine Einstandspflicht der Generalunternehmer rechtfertigt sich somit nur dann, wenn ihnen die Vorteile einer Arbeitsteilung zur **Erfüllung eigener Pflichten** zugutekommen (BAG v. 16.5.2012 – 10 AZR 190/11, NZA 2012, 980; *Franzen,* SAE 2003, 190, 192; *Meyer,* NZA 1999, 121, 127; ErfK/*Schlachter,* § 14 AEntG Rn. 3; aA *Dörfler,* Die Nettolohnhaftung nach dem Arbeitnehmer-Entsendegesetz, S. 22). Das BAG hat bislang klargestellt, dass Bauträger als Unternehmer iSd. § 14 und nicht als Bauherren

anzusehen sind (zu § 1a aF BAG v. 16.5.2012 – 10 AZR 190/11, NZA 2012, 980; zust. *Koberski/Asshoff/Enstrüp/Winkler,* AEntG, 3. Aufl. 2011, § 14 Rn. 18). Nach Sinn und Zweck der Bürgenhaftung kommt es auch nicht darauf an, ob ein Bauträger zum Zeitpunkt der Auftragsvergabe bereits Vertragspflichten gegenüber den zukünftigen Erwerbern übernommen hat oder ob er dies erst für die Zeit während oder nach der Bauphase beabsichtigt (BAG v. 16.5.2012 – 10 AZR 190/11, NZA 2012, 980). Ein taugliches Indiz zur Abgrenzung kann sein, ob sich die Arbeiten **im Rahmen des üblichen Geschäftsbereichs eines Unternehmers** bewegen (so der Vorschlag von *Bayreuther,* NZA 2015, 961, 964). Entscheidend ist, ob die vom Auftragnehmer übernommene Tätigkeit, auch wenn sie rechtlich gesehen nur als Nebenpflicht anzusehen ist, **bei wirtschaftlicher Betrachtungsweise zentral für den Leistungserfolg des Auftraggebers** ist (*Bayreuther,* NZA 2015, 961, 965). Nicht als Unternehmer iSd. § 14 gelten hiernach Rechtsanwälte, die ein Hausmeisterunternehmen im Winter mit der Reinigung des Gehsteigs beauftragen, aber Versandunternehmer, die ein Logistikunternehmen mit der Lieferung der Waren an die Kunden betrauen, ebenso wie Krankenhäuser, die Reinigungsdienstleistungen fremdvergeben (*Bayreuther,* NZA 2015, 961, 965). Im Schrifttum wird stattdessen vorgeschlagen, den Anwendungsbereich danach zu bestimmen, ob der Unternehmer andere Unternehmer für die Erbringung einer Leistung einsetzt, die er selbst im geschäftlichen Verkehr anbietet (dann Haftung), oder ob es sich um interne Vorbereitungsmaßnahmen wie die Reinigung von Hotelzimmern durch einen externen Reinigungsdienst handele (dann keine Haftung; siehe *Aufdermauer,* DeutscherAnwaltSpiegel 3/2015, 12, 13f., unter Verweis auf AG München 30.12.2010, 1112 OWi 298 Js 35029/10, BB 2011, 2493f. mit Anm. *Rieble*).

19 Es ist streitig, ob § 14 auch die **wirtschaftliche Tätigkeit der öffentlichen Hand** erfasst (verneinend *Bayreuther,* NZA 2015, 961, 964). Jedenfalls nach der früheren Gesetzesfassung, die auf Unternehmen abstellte, die im Rahmen ihrer gewerblichen Tätigkeit Aufträge vergeben, war dies zu verneinen (*Meyer,* AuA 1999, 113, 114; aA schon damals *Harbrecht,* Baurecht 1999, 1376, 1377: auch Körperschafen des öffentlichen Rechts oder ausgegliederte Teile von Behörden wie zum Beispiel Stadtwerke oder städtische Eigenbetriebe). Im jetzigen Wortlaut der Vorschrift findet sich keine Einschränkung auf private Unternehmen (ErfK/*Schlachter,* § 14 AEntG Rn. 3). Eine solche ist auch unter telelogischen Gesichtspunkten nicht angezeigt; wenn sich der Staat wie ein Unternehmen am Marktgeschehen beteiligt, ist er wie jedes andere Unternehmen an die Vorschriften des wirtschaftsordnenden Privatrechts gebunden (siehe die Wertung aus Art. 106 Abs. 1 AEUV). § 14 gilt nach wohl überwiegender Ansicht jedenfalls für privat verfasste Unternehmen, die staatlich beherrscht sind, wie etwa die Deutsche Bahn AG (*Koberski/Asshoff/Enstrüp/Winkler,* AEntG, 3. Aufl. 2011, § 14 Rn. 20; Düwell/Schubert/*Reinfelder,* MiLoG, § 13 Rn. 10).

2. Dienst- oder Werkleistungen

20 § 14 setzt voraus, dass ein Unternehmer einen anderen Unternehmer mit der Erbringung von Werk- oder Dienstleistungen beauftragt. Erfasst sind somit jedenfalls Dienstverträge gem. § 611 BGB und Werkverträge gem. § 631 BGB. Auf die Rechtswirksamkeit des Vertragsverhältnisses kommt es nicht an (*Bayreuther,* NZA 2015, 961, 964). Ob und wenn ja, welche anderen Vertragstypen zusätzlich erfasst werden, ist noch nicht geklärt. Nach überzeugender Ansicht ist die Abgrenzung teleologisch vorzunehmen (*Bayreuther,* NZA 2015, 961, 964). Vor diesem Hintergrund soll der Anwendungsbereich von § 14 nicht auf Verträge gem. §§ 611, 631 BGB beschränkt sein (*Koberski/Asshoff/Enstrüp/Winkler,* AEntG, 3. Aufl. 2011, § 14 Rn. 21). Entscheidend sei, dass zwischen Auftraggeber und Nachunternehmer eine Rechtsbeziehung bestehe, die es rechtfertige, dem Auftraggeber das Risiko der Nichterfüllung der von § 14 erfassten Ansprüche seines Vertragspartners zuzuweisen (*Bayreuther,* NZA 2015, 961, 964), auch wenn diese Formel immer noch vage bleibt. § 14 soll hiernach etwa auf Geschäftsbesorgungsverträge in Form von Frachtverträgen, Speditionsverträgen oder Lagerverträgen zur Anwendung kommen (*Riechert/Nimmerjahn,* MiLoG, § 13 Rn. 28). Nicht erfasst werden demgegenüber Kaufverträge (*Riechert/Nimmerjahn,* MiLoG, § 13 Rn. 29), auch wenn der Verkäufer zur Montage oder zum Einbau der Kaufsache verpflichtet ist, es sei denn, die entsprechenden Pflichten gehen signifikant über dasjenige hinaus, was kaufvertraglich üblich ist (*Bayreuther,* NZA 2015, 961, 964). Auch Werklieferverträge gem. § 651 BGB hinsichtlich unvertretbarer Sachen sollen unter § 14 fallen können, da hier regelmäßig die werkvertraglichen Elemente überwögen (*Riechert/Nimmerjahn,* MiLoG, § 13 Rn. 29). Dies ist jedenfalls dann überzeugend, wenn Gegenstand des Werkliefervertrages ein langwieriger, komplexer und schwieriger Arbeitsvorgang ist und der Auftragnehmer sich dabei wesentlich an den Bedürfnissen und Vorgaben des Auftraggebers ausrichten muss (*Bayreuther,* NZA 2015, 961, 964). Die Werk- und Dienstleistungen müssen in Deutschland erbracht werden (LAG Hessen v. 23.10.2006 – 16 Sa 527/06, NZA-RR 2007, 234 ff.).

3. Nichtzahlung von Mindestentgelten und Beiträgen an gemeinsame Einrichtungen der Tarifvertragsparteien

21 Die Einstandspflicht gemäß § 14 greift ein, sobald ein Unternehmer Werkleistungen oder Dienstleistungen in Auftrag gibt, und Mindestentgelte oder Beiträge an gemeinsame Einrichtungen nicht gezahlt worden sind. Sie besteht für alle nach Art und Umfang begründeten Ansprüche von Arbeitnehmern in der **Nachunternehmerkette,** also auch für solche gegenüber Sub-Subunternehmern (BAG v. 17.8.2011 – 5 AZR

490/10, NZA 2012, 563). Die Haftung erstreckt sich ebenfalls auf Pflichten von **Verleihern** gegenüber **Leiharbeitnehmern,** die von den entleihenden Sub- oder Nachunternehmern beschäftigt werden, die in den Geltungsbereich des AEntG fallen (*Spielberger/Schilling,* NJW 2014, 2897, 2901; *Berndt,* DStR 2014, 1878, 1883; *Harbrecht,* Baurecht 1999, 1376, 1377).

22 Das **Mindestentgelt** umfasst gemäß § 14 S. 2 ausschließlich den Betrag, der nach Abzug der Steuern und der Beiträge zur (ausländischen) Sozialversicherung und der Arbeitsförderung oder entsprechender Aufwendungen zur sozialen Sicherung an Arbeitnehmer oder Arbeitnehmerinnen zu zahlen ist („Nettoentgelt"). Welche **Gehaltsbestandteile** im Einzelnen unter das Nettoentgelt fallen, ist § 14 S. 2 nicht selbst zu entnehmen (dazu *Deckers,* NZA 2008, 321 ff.). Über § 8 Abs. 1 werden **tarifliche Mindestlöhne nach den §§ 3 ff. AEntG** erfasst (*Koberski/Asshoff/Enstrüp/Winkler,* AEntG, 3. Aufl. 2011, § 14 Rn. 27). Die Mindestentgeltsätze können somit nach Art der Tätigkeit, Qualifikation und Regionen differieren und umfassen ggf. auch Überstundensätze (aA zu Letzteren *Deckers,* NZA 2008, 321, 323).

23 Der Mindestentgeltbegriff gem. § 8 umfasst nur die Vergütung von **tatsächlich geleisteter Arbeit** (BAG v. 12.1.2005 – 5 AZR 617/01, AP Nr. 2 zu § 1 a AEntG). Aus diesem Grunde haftet der Arbeitgeber weder für Verzugszinsen noch für eine Vergütung bei Annahmeverzug gemäß § 615 BGB (*Deckers,* NZA 2008, 321, 322 f.). Folgerichtig scheidet auch eine Haftung für die Entgeltfortzahlung im Krankheitsfall und an Feiertagen sowie für Urlaubsentgelt und Urlaubsabgeltung aus (*Deckers,* NZA 2008, 321, 323 ff.; *Koberski/Asshoff/Enstrüp/Winkler,* AEntG, 3. Aufl. 2011, § 14 Rn. 31).

Bei der Ermittlung des Nettoentgelts kommt es nicht darauf an, welchen Betrag der Arbeitgeber **tatsächlich ausgezahlt** hat. Entscheidend ist vielmehr der nach dem für den betreffenden Arbeitnehmer maßgeblichen Steuer- und Sozialversicherungsrecht zur Auszahlung verbleibende Betrag des Mindestentgelts. Unterliegt der Arbeitnehmer **ausländischem Sozialversicherungsrecht,** sind bei der Ermittlung des Nettoentgelts somit keine fiktiven Beiträge zur deutschen Sozialversicherung heranzuziehen (BAG v. 17.8.2011 – 5 AZR 490/10, NZA 2012, 583). § 14 S. 2 stellt auf die vom Arbeitnehmer tatsächlich zu tragenden Beiträge zur Sozialversicherung ab und will nicht fiktive Beiträge anrechnen, denen keine gleichwertigen sozialversicherungsrechtlichen Ansprüche gegenüberstehen, weil das zu Grunde liegende Sozialversicherungsrecht überhaupt keine Anwendung findet (BAG, aaO; siehe auch *Temming,* jurisPR-ArbR 42/2010, Anm. 3).

24 Eine gesetzliche Verpflichtung des Auftragnehmers zur Vorlage sozialversicherungsrechtlicher Nachweise ergibt sich aus § 14 nicht. Etwas anderes gilt, wenn die Vorlage zwischen den Beteiligten individuell vereinbart worden ist (OLG Dresden v. 6.3.2013 – 13 U 545/12, IBR 2013,

398). Ausnahmsweise kann eine Vorlagepflicht auch auf § 242 BGB gestützt werden (aA OLG Sachsen-Anhalt v. 24.1.2014 – 10 U 7/13, Rn. 39).

25 Nach § 8 Abs. 1 sind die Sub- bzw. Nachunternehmer als Arbeitgeber außerdem verpflichtet, einer **gemeinsamen Einrichtung der Tarifvertragsparteien** die nach § 5 Nr. 3 zustehenden Beiträge zu leisten (dazu *Koberski/Asshoff/Enstrüp/Winkler,* AEntG, 3. Aufl. 2011, § 14 Rn. 29). Die entsprechende Haftung bezieht sich im Umkehrschluss zu § 14 S. 2 nicht nur auf den Mindestlohn, sondern bemisst sich nach dem vertraglich geschuldeten Bruttolohn, sofern dieser nicht unter dem Mindestlohn liegt (ErfK/*Schlachter,* § 14 AEntG Rn. 5).

4. Haftung wie ein Bürge nach Verzicht auf die Einrede der Vorausklage

26 Für das nicht gezahlte Mindestentgelt und die Urlaubskassenbeiträge haftet der Generalunternehmer wie ein Bürge nach Verzicht auf die Einrede der Vorausklage, vgl. §§ 765, 771, 773 Abs. 1 Nr. 1 BGB. Aufgrund der **Akzessorietät der Bürgenhaftung** richten sich die **Anspruchshöhe,** die **Fälligkeit** und die **Verjährung** nach dem **Hauptschuldverhältnis** (*Koberski/Asshoff/Enstrüp/Winkler,* AEntG, 3. Aufl. 2011, § 14 Rn. 34; *Kühn/Reich,* BB 2014, 2940). Festzustellen ist zudem das **Fehlen von Einreden** gemäß § 778 BGB (ErfK/*Schlachter,* § 14 AEntG Rn. 6) sowie das Nichteingreifen von **Ausschlussfristen,** soweit diese zulässig vereinbart werden können (vgl. dazu § 9 S. 3).

26a Arbeitnehmer/Urlaubskassen haben ein Wahlrecht, welche an der Lieferkette beteiligten Unternehmen bzw. Verleiher sie in Anspruch nehmen wollen (*Koberski/Asshoff/Enstrüp/Winkler,* AEntG, 3. Aufl. 2011, § 14 Rn. 35). Da die Einrede der Vorausklage gemäß § 771 BGB ausgeschlossen ist, kann der Generalunternehmer die Zahlung an den Arbeitnehmer/die Urlaubskasse insbesondere nicht mit der Begründung ablehnen, diese hätten bislang noch nicht ohne Erfolg die Zwangsvollstreckung gegen den Hauptschuldner versucht. Demgemäß haften der bürgende Generalunternehmer und der Arbeitgeber als Schuldner der Lohnforderung nicht als Gesamtschuldner iS von § 426 BGB (BAG v. 12.1.2005 – 5 AZR 617/01, AP Nr. 2 zu § 1 a AEntG).

VII. Absicherung des Regressanspruchs des Generalunternehmers

27 Wird der Generalunternehmer gemäß § 14 als selbstschuldnerischer Bürge auf Zahlung des Mindestentgelts und/oder der Sozialkassenbeiträge in Anspruch genommen, erlangt er einen Regressanspruch gegen den jeweiligen Sub- oder Nachunternehmer als Hauptschuldner (§§ 14

AEntG, 774 Abs. 1 S. 1 BGB iVm. dem geltend gemachten Anspruch). Der Generalunternehmer trägt bei inländischen Subunternehmern folglich das **Insolvenzrisiko,** bei ausländischen Unternehmern kommt das **Risiko einer erschwerten Durchsetzbarkeit** des Regressanspruchs hinzu (*Rieble/Lessner,* ZfA 2002, 29, 40). Soweit nichts anderes vereinbart ist, sollen Unternehmer, Nachunternehmer und Verleiher als Mitbürgen zu gleichen Teilen haften (*Koberski/Asshoff/Enstrüp/Winkler,* AEntG, 3. Aufl. 2011, § 14 Rn. 35), weshalb ein Regress nur anteilig zulässig sein soll (ErfK/*Schlachter,* § 14 AEntG Rn. 6). Eine derartige Beschränkung des Regressanspruchs kann allerdings schon deshalb nicht überzeugen, weil Subunternehmer, die ihrerseits Nachunternehmer beauftragen, einen mindestens ebenso großen Verursachungsbeitrag für die Nichtzahlung des Mindestentgelts setzen wie Generalunternehmer. Nach dem Zweck des § 14 ist es nicht überzeugend, dem Generalunternehmer einseitig das Risiko einer Nichtzahlung zuzuweisen. Er kann deshalb auch bei mehrgliedrigen Nachunternehmerketten vollen Regress gegen „seinen" (dh. den ersten) Subunternehmer nehmen.

28 Im Schrifttum werden verschiedene Möglichkeiten diskutiert, wie Generalunternehmer das Risiko einer Inanspruchnahme durch Arbeitnehmer ihrer Auftragnehmer, durch Arbeitnehmer von deren Auftragnehmern oder durch von diesen entliehene Arbeitnehmer minimieren können (*Spielberger/Schilling,* NJW 2014, 2897, 2901). An erster Stelle steht die **Prüfung des Angebots eines Auftragnehmers** daraufhin, ob die Kalkulation auch bei Zahlung des Mindestlohns oder der Beiträge an gemeinsame Einrichtungen der Tarifvertragsparteien eine angemessene Verzinsung des eingesetzten Kapitals erwarten lässt (*Spielberger/Schilling,* NJW 2014, 2897, 2901; ErfK/*Schlachter,* § 14 AEntG Rn. 1). Zusätzlich wird den Generalunternehmern angeraten, **„endlose Nachunternehmerketten" vertraglich auszuschließen** (*Vogel,* Baurecht 2002, 1013, 1014).

29 Als weitere – in der Rechtswirklichkeit freilich nur begrenzt Erfolg versprechende – Sicherungsmöglichkeit kann der Auftragnehmer dazu verpflichtet werden, seine eigenen Nachunternehmer dazu anzuhalten, die Bestimmungen des AEntG einzuhalten. Zugleich kann er dazu verpflichtet werden, **Dokumentationen** wie Bestätigungen der Arbeitnehmer, Nachweise der Zahlung von Mindestentgelten und Sozialbeiträgen, Unbedenklichkeitsbescheinigungen der Sozialkassen etc. vorzulegen (*Vogel,* Baurecht 2002, 1013, 1014).

30 In der Praxis vereinbaren Generalunternehmer und Nachunternehmer häufig, dass ein Subunternehmer seinem Auftraggeber zur Absicherung von dessen Ansprüchen in Zusammenhang mit der gesetzlichen Bürgenhaftung des AEntG eine **vertragliche Bürgschaft** stellen muss (s. dazu *Vogel,* Baurecht 2002, 1013ff.; *Weise,* NZBau 2000, 229, 230f.; *Harbrecht,* Baurecht 1999, 1376, 1378ff.; begrenzt auf Individualverträge *Aufdermauer,* DeutscherAnwaltSpiegel 3/2015, 12, 13). Möglich ist dies etwa in Form einer **Vertragserfüllungsbürgschaft.** Aus dem Vertragstext muss sich aber eindeutig ergeben, dass die Bürgschaft Ansprüche nach § 14 absichert (OLG v. Stuttgart 28.9.2001 – 2 U 218/00, Baurecht 2002, 1093ff.). Demgegenüber soll die Erweiterung des Bürgschaftszwecks einer **Gewährleistungsbürgschaft** sachfremd und damit unwirksam sein (vgl. OLG Stuttgart aaO; aA wohl *Bayreuther,* NZA 2015, 961, 968).

VIII. Prozessuales

31 Die **Rechtskraft** einer für den Gläubiger (Arbeitnehmer und/oder Urlaubskasse) ungünstigen Entscheidung gegen den Hauptschuldner wirkt zugunsten des Bürgen (ebenso *Riechert/Nimmerjahn,* MiLoG, § 13 Rn. 61). Die Rechtskraft einer dem Gläubiger günstigen Entscheidung gegen den Hauptschuldner wirkt aber nicht zu Lasten des Bürgen, da dies dem Rechtsgedanken des § 767 Abs. 1 S. 3 BGB widerspräche (vgl. BAG v. 2.8.2006 – 10 AZR 688/05, AP Nr. 3 zu § 1 a AEntG).

32 Der gesetzliche Bürge kann sich in einem Rechtsstreit mit dem Gläubiger über die anspruchsbegründenden Tatsachen gemäß § 138 Abs. 4 ZPO **mit Nichtwissen erklären,** soweit dessen Tatbestandsvoraussetzungen vorliegen, den gesetzlichen Bürgen also **keine Erkundigungspflicht** trifft (BAG v. 2.8.2006 – 10 AZR 688/05, AP Nr. 3 zu § 1 a AEntG). Wird der Bürge in Anspruch genommen, kann er freilich nicht mit Nichtwissen bestreiten, dass sein Subunternehmer überhaupt Arbeitnehmer beschäftigt. Nach Ansicht des BAG kann er sich durch eine arbeitsteilige Organisation auch insoweit nicht seinen prozessualen Erklärungspflichten entziehen, als es um die von den Arbeitnehmern eines Nachunternehmers geleisteten Arbeitsstunden geht, sofern er die Gesamtleitung des Bauvorhabens innehatte (BAG v. 17.8.2011 – 5 AZR 490/10, NZA 2012, 563; siehe auch *Riechert/Nimmerjahn,* MiLoG, § 13 Rn. 63).

33 Das BAG hilft Urlaubskassen weiterhin insoweit, als diese die Höhe der Beitragsschuld mit Hilfe der Beitragsmeldung des Subunternehmers nachweisen dürfen. Jedenfalls mittels der Meldungen gemäß § 18 können die Urlaubskassen unter Heranziehung der tariflichen Normalarbeitszeit und der Mindestlöhne die Bruttolöhne und aus diesen anhand des jeweils maßgebenden Beitragssatzes die Höhe des Urlaubskassenbeitrages berechnen (BAG v. 2.8.2006 – 10 AZR 688/05, § 1 a AEntG Nr. 3). Da ein Subunternehmer im Regelfall keine Gebühren für die Arbeitserlaubnis von Arbeitnehmern zahlen wird, die er tatsächlich nicht beschäftigt, müssen die Arbeitsgerichte entweder zur Höhe des Urlaubskassenbeiträge Feststellungen treffen oder diese gemäß § 287 ZPO durch Schätzung ermitteln (BAG, aaO, unter Hinweis auf BGH v. 25.06.2002 – X ZR 83/00, NZA 2002, 1086).

34 Nach Ansicht des LAG Hessen (v. 22.8.2005 – 16/10 Ta 345/05, NZA-RR 2006, 381) ist ein **Rechtsstreit,** in dem ein Generalunternehmer von einer Urlaubs- und Lohnausgleichskasse der Bauwirtschaft auf Zahlung von Sozialkassenbeiträgen in Anspruch genommen wird, nicht deshalb **auszusetzen,** weil der Hauptschuldner parallel verklagt wird und seine Verpflichtung in Abrede stellt. Das gilt selbst dann, wenn der Bürge dem Hauptschuldner gemäß §§ 74 Abs. 3, 68 ZPO den Streit verkündet hat. Nach dem LAG Hessen ist insoweit allenfalls das Verfahren gegen den Hauptschuldner wegen „Vorgreiflichkeit" auszusetzen.

§ 15 Gerichtsstand

Arbeitnehmer und Arbeitnehmerinnen, die in den Geltungsbereich dieses Gesetzes entsandt sind oder waren, können eine auf den Zeitraum der Entsendung bezogene Klage auf Erfüllung der Verpflichtungen nach den §§ 2, 8 oder 14 auch vor einem deutschen Gericht für Arbeitssachen erheben. Diese Klagemöglichkeit besteht auch für eine gemeinsame Einrichtung der Tarifvertragsparteien nach § 5 Nr. 3 in Bezug auf die ihr zustehenden Beiträge.

I. Überblick

1 § 15 regelt die **internationale** und die **sachliche Zuständigkeit** der **Gerichte für Arbeitssachen** bei Klagen von Arbeitnehmern, die in den Geltungsbereich des AEntG entsandt sind oder waren, für eine auf den Zeitraum der Entsendung bezogene Klage auf Erfüllung der Verpflichtungen nach den §§ 2, 8 oder 14 (hierzu *Koberski/Asshoff/Enstrüp/Winkler,* AEntG, 3. Aufl. 2011, § 15 Rn. 9). Die Vorschrift greift sowohl gegenüber dem Arbeitgeber als Hauptschuldner als auch gegenüber einem Generalunternehmer als gesetzlichem Bürgen gem. § 14 (*Koberski/Asshoff/Enstrüp/Winkler,* AEntG, 3. Aufl. 2011, § 14 Rn. 41). Die Klagemöglichkeit besteht nach § 15 S. 2 auch für eine gemeinsame Einrichtung der Tarifvertragsparteien nach § 5 Nr. 3 in Bezug auf die ihr zustehenden Beiträge. Die Vorschrift setzt Art. 6 der Entsenderichtlinie 96/71/EG um (BT-Drs. 13/8994) und entspricht inhaltlich § 8 aF (Regierungsentwurf vom 16.07.2008, S. 21).

II. Gerichtsstand für Klagen gegen den Arbeitgeber als Hauptschuldner

2 § 15 begründet die **internationale Zuständigkeit der deutschen Gerichtsbarkeit** für Klagen von Arbeitnehmern und gemeinsamer Einrichtungen der Tarifvertragsparteien nach § 5 Nr. 3 gegen ausländische Arbeitgeber. Ansonsten müssten nach Deutschland entsandte Arbeitnehmer oder die Einrichtungen der Tarifvertragsparteien ihre Ansprüche gegen ausländische Arbeitgeber im Entsendestaat geltend machen, da Art. 21 VO (EU) Nr. 1215/2012 für die internationale Zuständigkeit auf den „gewöhnlichen" Arbeitsort als Gerichtsstand abstellt. Dieser liegt in Entsendefällen jedoch in der Regel im jeweiligen Entsendestaat als dem zeitlich oder inhaltlich für die Arbeitsleistung überwiegenden Ort (ArbG Wiesbaden v. 7.10.1997 – 8 Ca 1172/97, AP Nr. 2 zu § 1 AEntG; ErfK/*Schlachter,* § 15 AEntG Rn. 1). Der beklagte Entsendeunternehmer muss seinen Sitz aber nicht in der EU haben (BAG v. 15.2.2012 – 10 AZR 711/10, NZA 2012, 267 LS = NJOZ 2012, 1127).

3 § 15 regelt zudem die **sachliche Zuständigkeit** der Gerichte für Arbeitssachen (BAG v. 11.9.2002 – 5 AZB 3/02, NZA 2003, 62; *Koberski/Asshoff/Enstrüp/Winkler,* AEntG, 3. Aufl. 2011, § 14 Rn. 41; krit. *Leipold,* SAE 2003, 147 f.). Das BAG begründet seine Ansicht mit dem Normzweck einer effektiven und einheitlichen Durchsetzung des AEntG sowie mit dem Gesetzeswortlaut, der ausdrücklich auf die Arbeitsgerichtsbarkeit abstellt. Es bedeutete in der Tat einen sachlich nicht gerechtfertigten Widerspruch, wenn arbeitsrechtliche Streitigkeiten von Arbeitnehmern, die in den Geltungsbereich des AEntG entsandt wurden, nicht ebenso wie arbeitsrechtliche Verfahren für in Deutschland lebende Arbeitnehmer einheitlich vor den Gerichten für Arbeitssachen verhandelt würden. Dasselbe gilt für die Klagemöglichkeit gemeinsamer Einrichtungen der Tarifvertragsparteien nach § 5 Nr. 3 in Bezug auf die ihnen zustehenden Beiträge (BAG v. 11.09.2002 – 5 AZB 3/02, NZA 2003, 62). Für die entsprechenden Urlaubskassenbeiträge enthalten Tarifverträge zuweilen abweichende Gerichtsstandsvereinbarungen, die auch nach §§ 14, 15 als zulässig angesehen werden (*Koberski/Asshoff/Enstrüp/Winkler,* AEntG, 3. Aufl. 2011, § 14 Rn. 43).

4 Gemäß dem Wortlaut von § 15 S. 1 („auch") begründet die Vorschrift **keinen ausschließlichen Gerichtsstand.** Ein ausländischer Arbeitnehmer kann deshalb weiterhin vor seinem Heimatgericht klagen (ErfK/*Schlachter,* § 15 AEntG Rn. 3).

III. Gerichtsstand für eine Klage gegen gesetzliche Bürgen

5 § 15 begründet auch einen **internationalen** und **sachlichen Gerichtsstand** der **Gerichte für Arbeitssachen** bei Klagen von ausländischen Arbeitnehmern und gemeinsamen Einrichtungen der Tarifvertragsparteien gegen gesetzliche Bürgen gemäß § 14. Wenn gegen den Arbeitgeber als Hauptschuldner bereits ein Gerichtsverfahren anhängig ist, folgt die Zuständigkeit der Gerichte für Arbeitssachen ergänzend aus § 2 Abs. 3 ArbGG (vgl. BAG v. 11.9.2002 – 5 AZB 3/02, NZA 2003, 62; krit. *Leipold,* SAE 2003, 147, 148).

Abschnitt 6. Kontrolle und Durchsetzung durch staatliche Behörden

§ 16 Zuständigkeit

Für die Prüfung der Einhaltung der Pflichten eines Arbeitgebers nach § 8, soweit sie sich auf die Gewährung von Arbeitsbedingungen nach § 5 Satz 1 Nummer 1 bis 3 beziehen, sind die Behörden der Zollverwaltung zuständig.

I. Vorbemerkung

1 Die Regelung über die Zuständigkeit der Behörden der Zollverwaltung wurde durch das „Gesetz über zwingende Arbeitsbedingungen bei grenzüberschreitenden Dienstleistungen" vom 26.2.1996 (Arbeitnehmerentsendegesetz – AEntG), geändert durch Gesetz vom 25.4.2007 und das Zweite Gesetz zur Änderung des AEntG vom 21.12.2007 (BGBl. I 3140) als § 2 Abs. 1 eingeführt. Nunmehr wird die Regelung, die inhaltlich unverändert geblieben ist, als eigenständiger und neuer § 16 geführt. Die Vorschrift des § 16 wurde wiederum zuletzt geändert durch das TarifautonomiestärkungsG vom 11.8.2014 (BGBl. I S. 1348).

II. Die Kontrollkompetenz der Behörden der Zollverwaltung

2 Ziel der Vorschrift ist die Regelung der Zuständigkeit der Behörden für die Prüfung der Mindestarbeitsbedingungen nach dem AEntG. Den Behörden der Zollverwaltung wird damit die Aufsicht bei der Kontrolle der Mindestarbeitsbedingungen übertragen. Zuständige Behörde ist die Abteilung Finanzkontrolle Schwarzarbeit bei der **Oberfinanzdirektion**

Köln (VO v. 22.4.2004, BGBl. I 907). Der EuGH stellte in der Vergangenheit eine Vereinbarkeit der nationalstaatlichen Kontrolle der Einhaltung der Mindestarbeitsbedingungen mit dem Gemeinschaftsrecht ausdrücklich heraus (EuGH v. 23.11.1999 Rs.-C-369/96, NZA 2000, 85).

3 Die Zuständigkeit der Behörde erstreckt sich, soweit nicht Zuständigkeiten nach einem anderen Gesetz begründet sind, nur auf die Kontrolle der Pflichten des Arbeitgebers nach § 8, d. h. auf seine Pflicht, seinen **Arbeitnehmern** mindestens die in dem Tarifvertrag für den Beschäftigungsort vorgeschriebenen Arbeitsbedingungen zu gewähren sowie einer gemeinsamen Einrichtung der Tarifvertragsparteien die ihr nach § 5 Nr. 3 zustehenden Beiträge zu leisten. Durch die letzte Änderung des Gesetzes mit Wirkung zum 16.8.2014 wurde die Überwachungszuständigkeit der Zollverwaltung in Bezug auf die Einhaltung der Vorgaben aus § 8 AEntG allerdings aus Klarstellungsgründen ausdrücklich auf solche Pflichten begrenzt, die sich auf die Gewährung der Mindestarbeitsbedingungen nach § 5 Satz 1 Nr. 1 bis 3 AEntG beziehen. Die Überwachung durch die Oberfinanzdirektion Köln besteht demnach ausdrücklich nur für die Einhaltung der Mindestentgelte (§ 5 Satz 1 Nr. 1 AEntG), der Regelungen zur Urlaubsgewährung und –entgelten (Nr. 2) und die Vorgaben zur Einziehung von Beiträgen und Gewährung von Leistungen im Zusammenhang mit Urlaubsentgelten (Nr. 3). Die Prüfung und Kontrolle bezweckt in erster Linie den Schutz ausländischer Arbeitnehmer, die oftmals ihre Rechte nach den deutschen Gesetzen nicht hinreichend kennen (BeckOK ArbR/*Gussen*, § 16 AEntG Rn. 1)

§ 17 Befugnisse der Behörden der Zollverwaltung und anderer Behörden

[1]Die §§ 2 bis 6, 14, 15, 20, 22 und 23 des Schwarzarbeitsbekämpfungsgesetzes sind entsprechend anzuwenden mit der Maßgabe, dass

1. **die dort genannten Behörden auch Einsicht in Arbeitsverträge, Niederschriften nach § 2 des Nachweisgesetzes und andere Geschäftsunterlagen nehmen können, die mittelbar oder unmittelbar Auskunft über die Einhaltung der Arbeitsbedingungen nach § 8 geben, und**
2. **die nach § 5 Abs. 1 des Schwarzarbeitsbekämpfungsgesetzes zur Mitwirkung Verpflichteten diese Unterlagen vorzulegen haben.**

[2]Die §§ 16 bis 19 des Schwarzarbeitsbekämpfungsgesetzes finden Anwendung. [3]§ 6 Abs. 3 des Schwarzarbeitsbekämpfungsgesetzes findet entsprechende Anwendung. [4]Für die Datenverarbeitung, die dem in § 16 genannten Zweck oder der Zusammenarbeit mit den Behörden des Europäischen Wirtschaftsraums nach § 20

Abs. 2 dient, findet § 67 Abs. 2 Nr. 4 des Zehnten Buches Sozialgesetzbuch keine Anwendung.

Inhaltsübersicht

Literatur: *Insam/Hinrichs/Tacou:* Der Mindestlohn für Arbeitnehmer von Werk- bzw. Dienstleistungsunternehmen – Haftung des Auftraggebers um jeden Preis?!, NZA-RR 2014, 569ff; *Maschmann:* Die staatliche Durchsetzung des allgemeinen Mindestlohns nach den §§ 14ff. MiLoG, NZA 2014, 929ff; *Schwab,* Das neue Arbeitnehmer-Entsendegesetz, NZA-RR 2010, 225ff; *Weber,* Die Kontrollaufgaben der Bundesanstalt für Arbeit im Rahmen des Arbeitnehmer-Entsendegesetzes und ihre praktische Umsetzung, AuB 1997, 161ff.

I. Vorbemerkung

1 Die Regelung über die Befugnisse der Behörden der Zollverwaltung und anderer Behörden entspricht dem ehemaligen § 2 Abs. 2 AEntG a. F. Seit dem Jahre 2009 wird die Regelung inhaltlich unverändert als eigenständiger § 17 geführt. Die Vorschrift wurde zwecks besserer Übersichtlichkeit gegliedert. Entfallen ist § 2 Abs. 2 S. 3 a. F., welcher sich ansonsten in § 20 Abs. 2 inhaltlich unverändert wiederfindet.

II. Normzweck

2 Die Norm regelt die Kontrollbefugnisse, welche die Behörden der Zollverwaltung und andere, dieser assistierende Behörden bei der **Überwachung der Arbeitsbedingungen nach § 8** innehaben. Die Überwachung der Erfüllung der Pflichten aus § 8 dient insbesondere dem ausländischen Arbeitnehmer, der seine Rechte oft nicht kennen bzw. durchsetzen wird (BeckOK ArbR/*Gussen,* § 16 AEntG Rn. 1). Sie bietet

Arbeitnehmern, die sich aufgrund der Entsendung in einer schwächeren Position befinden können – z. B. durch vorübergehende Beschäftigung in einem fremden Land, Schwierigkeiten mit der gewerkschaftlichen Vertretung, fehlende Kenntnis des vor Ort geltenden Rechts, der Institutionen und der Sprache –, ein beträchtliches Schutzniveau.

III. Europarechtskonformität

3 Die Frage der Prüfung und Kontrolle hinsichtlich der Einhaltung der Arbeitsbedingungen war ursprünglich umstritten. Mit seiner Entscheidung vom 23.11.1999 (Rs. C-369/96, AP EGV Art. 59 Nr. 1) hat der EuGH klargestellt, dass Art. 49 EG (jetzt Art. 56 AEUV) über den freien Dienstleistungsverkehr die Beseitigung jeglicher Diskriminierung von ausländischen, in einem Mitgliedstaat ansässigen, Dienstleistungserbringern verlangt und die Beseitigung aller Beschränkungen fordert, die geeignet sind, die Tätigkeit eines in einem Mitgliedstaat ansässigen ausländischen Dienstleisters, der dort rechtmäßig gleichartige Dienstleistungen erbringt, zu unterbinden, zu behindern oder weniger attraktiv zu machen. Die Dienstleistungsfreiheit wird durch die typischen Maßnahmen auf der Grundlage des AEntG, wie etwa die Pflicht zur Übersendung oder Bereitstellung von Unterlagen sowie die Festlegung von Meldepflichten tatbestandlich beschränkt (EuGH v. 7.10.2010 – C-515/08, NZA 2010, 1404).

4 Eine **Beschränkung des Art. 56 AEUV (ex-Art. 49 EG)** kann jedoch durch nationale Regelungen erfolgen, die durch zwingende Gründe des Allgemeininteresses gerechtfertigt, erforderlich und geeignet sind, sofern dieses Interesse nicht schon durch Vorschriften geschützt wird, denen der Dienstleistende in dem Mitgliedstaat unterliegt, in dem er ansässig ist (EuGH v. 19.1.2006 – Rs. C-244/04, NZA 2006, 713). Der EuGH hat den Schutz der Arbeitnehmer (EuGH v. 27.3.1990 – Rs. C-113/89; EuGH v. 18.7.2007 – C-490/04, NZA 2007, 917; EuGH v. 7.10.2010 – C-515/08, NZA 2010, 1404), einschließlich des Arbeitnehmerschutzes im Bausektor (EuGH v. 28.3.1996 – Rs. C-272/94), als zwingenden Grund des Allgemeininteresses anerkannt. Ein weiteres anerkanntes Allgemeininteresse zur Rechtfertigung können auch die Bekämpfung von Schwarzarbeit und Sozialbetrug sowie die Verhinderung eines unlauteren Wettbewerbs durch Unternehmen, die ihren entsandten Arbeitnehmern einen Lohn zahlen, der unterhalb des Mindestlohns liegt, bilden (EuGH v. 3.12.2014 – C-315/13, NZA 2015, 290). Das Gemeinschaftsrecht der Mitgliedstaaten verbietet somit nicht, die Beachtung der eigenen allgemeinverbindlichen Mindestregelungen mit geeigneten Mitteln durchzusetzen. Art. 56 AEUV (ex-Art. 49 EG) schließt nicht aus, dass ein ausländischer Arbeitgeber während des Zeitraums der Arbeitnehmerentsendung in das Hoheitsgebiet eines anderen Mitgliedstaates verpflich-

tet ist, Personal- und Arbeitsunterlagen auf der Baustelle oder an einem anderen zugänglichen und klar bezeichneten Ort zur Durchführung einer erforderlichen und geeigneten Kontrolle bereitzuhalten (EuGH v. 23.11.1999 – Rs. C-369/96, NZA 2000, 85, 86f.) oder entsprechende Unterlagen zur Ermöglichung einer effektiven Kontrolle durch die Landesbehörden auch übersetzten zu lassen (EuGH v. 18.7.2007 – C-490/04, NZA 2007, 917).

5 Dass ein **Kontrollbedürfnis** besteht, hat die Kommission der Europäischen Gemeinschaften nochmals in einer Mitteilung an das Europäische Parlament, den Rat, den europäischen Wirtschafts- und Sozialausschuss und den Ausschuss der Regionen vom 13.6.2007 deutlich gemacht (vgl. Mitteilung der Kommission v. 13.6.2007 SEK (2007) 747).

IV. Prüfungsbefugnisse der Behörden

1. Prüfungsumfang der Behörden

6 Soweit nicht eine andere Zuständigkeit begründet ist, sind die nach § 17 zuständigen Behörden ausschließlich zur Kontrolle der Einhaltung der besonders missbrauchsanfälligen Mindestarbeitsbedingungen nach § 8 befugt. Der Prüfauftrag umfasst weder die Frage, ob sonstige vom Arbeitgeber zu beachtende tarifvertragliche Regelungen eingehalten werden, noch die Unterstützung der Arbeitnehmer bei der Durchsetzung ihrer arbeitsrechtlichen Ansprüche gegen den Arbeitgeber (H/B/D/*Kühn,* § 2 Rn. 5).

7 Die Prüfbehörden können in eigener Verantwortung entscheiden, wie sie vorgehen wollen. S. 1 verweist auf den **umfangreichen Befugniskatalog** in den §§ 2 bis 6 SchwarzArbG. Den Behörden werden Befugnisse zur Prüfung von Personen, zum Betreten von Grundstücken und Geschäftsräumen, zur Einsichtnahme in Geschäftsunterlagen eingeräumt, des Weiteren Ermittlungsbefugnisse erteilt, den betroffenen Arbeitgebern und Arbeitnehmern entsprechende Duldungspflichten auferlegt und darüber hinaus die Verpflichtung bestimmte Unterlagen bereitzuhalten und den Behörden auf Anfrage vorzulegen (BeckOK ArbR/*Gussen,* § 17 AEntG Rn. 4)). Welche konkreten Maßnahmen im Einzelfall ergriffen werden, obliegt weitestgehend der Verantwortung und eigenmächtigen Entscheidung der zuständigen Kontrollbehörde selbst (BeckOK ArbR/*Gussen,* § 17 AEntG Rn. 4; ErfK/*Schlachter,* § 17 AEntG Rn. 2).

2. Einschränkung der Prüfungsbefugnisse

8 Die Vorschriften sind unter Berücksichtigung der Rspr. des EuGH **gemeinschaftsrechtskonform,** d.h. unter Berücksichtigung der Dienstleistungsfreiheit gem. Art. 56 AEUV (ex-Art. 49 EG) **auszulegen**). Entsprechende Anordnungen der Behörden im Rahmen ihrer Zuständig-

keit, z. B. bestimmte Unterlagen über das Arbeitsverhältnis des entsandten Arbeitnehmers bereitzuhalten, sind daher nur zulässig, wenn sie zum Schutz der Arbeitnehmer geeignet und erforderlich sind (EuGH v. 23.11.1999 – Rs. C-369/96, AP EGV Art. 59 Nr. 1; EuGH v. 18.7.2007 – C-490/04, NZA 2007, 917; EuGH v. 3.12.2014 – C-315/13, NZA 2015, 290). Eine Regelung gewährt den entsandten Arbeitnehmern bereits dann keinen tatsächlichen zusätzlichen Schutz und ist somit als nicht geeignet anzusehen, wenn die entsandten Arbeitnehmer schon nach der Regelung des Niederlassungsmitgliedstaats ihres Arbeitgebers den gleichen oder einen im Wesentlichen vergleichbaren Schutz genießen (EuGH v. 25.10.2001 – C-49/98, NJW 2001, 3769). Die jeweilige Überprüfung der Geeignetheit und Erforderlichkeit obliegt dem vorlegenden nationalen Gericht (EuGH v. 3.12.2014 – C-315/13, NZA 2015, 290). Legt das in einem anderen Mitgliedstaat ansässige Unternehmen die Unterlagen vor, welche es nach dem Recht seines Niederlassungsstaates über das Arbeitsverhältnis sowieso führen muss, und genügen diese Unterlagen bereits, um den Schutz des Arbeitnehmers sicherzustellen, können durch deutsche Behörden keine weiteren Unterlagen verlangt werden.

V. Prüfungsverfahren

1. Allgemeines

9 Die Prüfungen werden überwiegend als Außenprüfungen **„vor Ort"** durchgeführt und sind deshalb sehr zeit- und personalintensiv (H/B/D/*Kühn,* § 2 Rn. 6). Die „vor Ort"-Prüfung umfasst nicht nur das Recht wesentliche Unterlagen in Augenschein zu nehmen, sondern auch detaillierte Befragungen der angetroffenen Personen (*Schwab,* NZA-RR 2010, 225, 230). Sie erfolgen in der Regel überraschend, ohne vorherige Ankündigung. Eher selten werden sie auch ohne einen Anfangsverdacht durchgeführt (*Weber,* AuB 1997, 161). Einige Male im Jahr finden sogenannte Schwerpunktprüfungen zeitgleich im gesamten Bundesgebiet statt (*Weber,* AuB 1997, 161).

2. Die einzelnen Kontrollbehörden

10 Außer den Behörden der Zollverwaltung haben die in den §§ 2 bis 6, 14, 15, 20, 22, 23 des SchwarzArbG vom 23.7.2004 (BGBl. I S. 1842, zul. geändert BGBl. 2005 I S. 1841) genannten Behörden zur Unterstützung der Zollbehörden, neben den im SchwarzArbG geregelten weitgehenden Befugnissen, das Recht zur Einsichtnahme in die in S. 1 Nr. 1 und 2 genannten Unterlagen. Dabei handelt es sich insbesondere um folgende Behörden (D/F/L/*Krebber,* 2. Aufl.,2007, § 3 Rn. 4):

- Die Finanzbehörden: Dies sind nicht nur die Steuer einziehenden Behörden (Finanzämter, Oberfinanzdirektionen und Bundesamt für Finanzen), sondern auch die Zollbehörden sowie Landesministerien für Finanzen sowie das Bundesfinanzministerium.
- Die Träger der Krankenversicherung als Einzugsstellen für die Sozialversicherungsbeiträge: Die Träger der gesetzlichen Krankenversicherung sind in den §§ 143ff. SGB V genannt. Es handelt sich dabei um die Orts-, Betriebs-, Innungskrankenkassen, die Seekasse, landwirtschaftliche Krankenkassen, die Bundesknappschaft sowie die Ersatzkassen.
- Die Träger der Unfallversicherung: Diese sind in § 114 SGB VII aufgezählt. Es handelt sich im Wesentlichen um die Berufsgenossenschaften sowie spezielle branchenorientierte Unfallkassen.
- Die Rentenversicherungsträger: Dies sind insbesondere die Landesversicherungsanstalten, die Seekasse, die Bahnversicherungsanstalt, die Deutsche Rentenversicherung Bund, die Bundesknappschaft, sowie landwirtschaftliche Altersklassen, §§ 125ff. SGB VI.
- Die für den Arbeitsschutz zuständigen Landesbehörden.
- Die Bundesagentur für Arbeit.
- Die eine Krankenversicherung durchführende Krankenkasse als Beitragseinzugsstelle nach § 28i SGB IV.

11 Gem. S. 3, der auf § 6 Abs. 3 SchwarzArbG verweist, ist die jeweils zuständige Behörde, gegebenenfalls auch die Ausländerbehörde, zu unterrichten (BeckOK ArbR/*Gussen,* § 17 AEntG Rn. 2). In Frage kommt weiterhin nach § 2 Abs. 2 Satz 3 SchwarzArbG auch eine Zusammenarbeit mit ausländischen Behörden (BeckOK ArbR/*Gussen,* § 17 AEntG Rn. 2).

3. Ermittlung des Mindestlohnes

12 **a) Prüfungsmodalitäten.** Die Prüfbehörden haben den gem. § 5 Nr. 1 zu zahlenden Mindestlohn entsprechend den **gemeinschaftlichen Vorgaben** (EuGH v. 14.4.2005 – Rs. C-341/02, NZA 2005, 573) zu ermitteln: Der in einem Mitgliedstaat als nationale Regelung i. S. v. Art. 3 der Entsenderichtlinie 96/71 EG festgestellte Mindestlohnsatz, ist mit dem Verdienst zu vergleichen, den der entsandte Arbeitnehmer von seinem Arbeitgeber erhält. Auch nach Einführung eines flächendeckenden Mindestlohnes von 8,50 € durch das MiLoG gehen die Mindestlohnregelungen auf Grundlage des AEntG diesem nach § 1 Abs. 3 Satz 1 MiLoG vor. Bei der Überwachung der Einhaltung verbindlicher Lohnuntergrenzen ist zu beachten, dass angesichts der oft unterschiedlichen Vergütungsstrukturen ein Mitgliedstaat nicht seine Vergütungsstruktur auf Beschäftigungsverhältnisse mit aus anderen Mitgliedstaaten entsandten Arbeitnehmern übertragen kann. Die Einzelheiten des Lohnabgleichs sind bei § 8 Rn. 6 ff. dargestellt.

13 **b) Praktische Vorgehensweise.** In der Praxis erfolgt die Ermittlung des Stundenlohns im Regelfall durch eine Personenbefragung und durch Prüfung der Geschäftsunterlagen.

14 Bei der **Personenbefragung** ist zu klären, welche Zahlungen der Arbeitnehmer erhält, ob darin zu berücksichtigende Bestandteile enthalten sind, wie viele Arbeitsstunden im Abrechnungszeitraum geleistet wurden, welche Auszahlungsmodalitäten vereinbart wurden, sowie ob und gegebenenfalls in welcher Höhe Sozialversicherungsbeiträge und Steuern abgeführt werden (H/B/D/*Kühn,* § 2 Rn. 9). Der Umfang des Befragungsrechts richtet sich wesentlich nach den jeweiligen Einzelfallumständen und geht entsprechend weiter, je größer die Einfluss-, Informations- und Tätigkeitssphäre des Angetroffenen in Bezug auf die zu überprüfenden Tatsachen und Sachverhalte ist (*Maschmann,* NZA 2014, 929, 934). Vom Befragungsrechts sind grundsätzlich alle Fragen umfasst, die Aufschluss über die Einhaltung der Mindestlohnvorschriften geben können, also neben Fragen nach dem Grund- und Zusatzlohn auch solche, die etwaige Rückzahlungspflichten (etwa für Unterkunft und Verpflegung) oder die Fortzahlungsregelungen bei Urlaub oder Krankheit betreffen (*Maschmann,* NZA 2014, 929, 934). Sofern die Abführung von Sozialversicherungsbeiträgen und Steuern behauptet wird, ist dies durch prüfbare Unterlagen zu belegen. Werden solche nicht vorgelegt, wird der Nettolohn als Berechnungsgrundlage für den Mindestlohn zugrunde gelegt.

15 Im Anschluss erfolgt grundsätzlich die **Prüfung der Geschäftsunterlagen.** Die Angaben, die sich aus der Personenbefragung ergeben haben, sind anhand der Geschäftsunterlagen zu überprüfen, und soweit noch Angaben zur Feststellung des Bruttolohnes fehlen, sind diese aus den Geschäftsunterlagen zu ermitteln (BeckOK ArbR/*Gussen,* § 19 AEntG Rn. 2). Unter den Begriff solcher Geschäftsunterlagen, in welche Einsicht genommen werden darf, können neben dem Arbeitsvertrag auch andere zur Ermittlung taugliche Unterlagen fallen, wie Stundenzettel, Entgeltabrechnungen, Dokumente zu Maschinenlaufzeiten oder An- und Abwesenheit der Arbeitnehmer sowie Unterlagen der Lohn und Finanzbuchhaltung (*Maschmann,* NZA 2014, 929, 935). Erfasst sein können somit alle Geschäftsunterlagen, die unmittelbar oder mittelbar Auskunft über die Einhaltung der Mindestarbeitsbedingungen geben können (*Schwab,* NZA-RR 2010, 225, 230). Zu berücksichtigen sind die tatsächlich geleisteten Arbeitsstunden, auch wenn ein Verstoß gegen das ArbZG vorliegt. In diesem Fall sind die für die Ahndung dieser Verstöße nach Landesrecht zuständigen Behörden, d. h. i. d. R. die Gewerbeaufsichtsämter oder die Ämter für Arbeitsschutz, zu unterrichten. Werden Akkordlöhne gezahlt, sind die Abrechungszeiträume und die in dieser Zeit geleisteten Arbeitsstunden zur Ermittlung des Mindestlohnes zu berücksichtigen, so dass die umgerechneten Akkordlöhne nur zulässig bleiben, wenn sie die Lohnuntergrenzen bei realistischer Umrechnung nicht unterschreiten (*Insam/Hinrichs/Tacou,* NZA-RR 2014, 569, 572)). Die Vereinbarung einer nach

ausländischem Recht (hier: polnisches Recht) zulässigen „aufgabenorientierten Arbeitszeit", die eine Vergütung nach geleisteten Arbeitsmengen vorsieht, unterliegt den Vorgaben des Mindestlohns für alle Zeiten der tatsächlichen Arbeitsleistung, so dass die Zahlung des Mindestlohns nur für „Normstunden", denen keine Zeiterfassung, sondern die Umrechnung von Arbeitsmengen zugrunde liegt, unzulässig ist, wenn dadurch Arbeitszeiten unvergütet bleiben (LAG Hessen v. 2.2.2011 – 18 Sa 636/10). Da der Tarifvertrag über den Mindestlohn keine Zuschläge für Überstunden oder Sonn- und Feiertagsarbeit vorsieht, ist auch bei diesen Arbeitsstunden nur von dem Mindestlohn auszugehen.

16 Für die **Fälligkeit des Lohnes** im Baugewerbe ist tariflich festgelegt, dass der Anspruch auf den Mindestlohn spätestens zur Mitte des Monats fällig wird, der auf den Monat folgt, für den er zu zahlen ist, § 2 Abs. 4 S. 1 TV Mindestlohn v. 29.7.2005. Sofern Abschlagszahlungen im Inland und Restzahlungen im Heimatland behauptet werden, ist dies durch prüfbare Unterlagen durch den Arbeitgeber zu belegen.

VI. Duldungs- und Mitwirkungspflichten des Arbeitgebers

17 Den Arbeitgeber und den Arbeitnehmer treffen Duldungs- sowie Mitwirkungspflichten aus S. 1 Nr. 1 und 2.

18 Zu den **Unterlagen,** die der Arbeitgeber gem. S. 1 Nr. 1 vorzulegen hat, gehören beispielsweise die Niederschriften über die Arbeitsbedingungen nach § 2 NachwG und § 11 I AÜG, Lohnlisten, Kontrolllisten, Urlaubspläne und Arbeitszeitnachweise. Weiter gehören Belege über die Überweisung von Beiträgen zu den Sozialkassen dazu, z. B. zur Urlaubskasse des Baugewerbes (BeckOK ArbR/*Gussen,* § 19 AEntG Rn. 3). Auch die der Entsendung zugrunde liegenden Werk-, Dienst- oder sonstigen Verträge sind vom Arbeitgeber zur Prüfung vorzulegen (*Ulber,* § 2 Rn. 5). Aus den Unterlagen muss insbesondere hervorgehen, ob die bei der Anmeldung nach § 18 vom ausländischen Arbeitgeber gemachten Angaben zutreffen. Der Arbeitgeber kann sich nicht darauf berufen, dass die Unterlagen sich nicht im Inland befinden (*Ulber,* § 2 Rn. 4).

19 Den Arbeitgeber, die Arbeitnehmer und gegebenenfalls auch angetroffene Dritte treffen gem. S. 1 Nr. 2 die **Duldungs- und Mitwirkungspflichten** aus § 5 SchwarzArbG. Sie haben insbesondere das Betreten der Grundstücke und Geschäftsräume zu dulden und für die Prüfung erhebliche Auskünfte zu erteilen sowie die in §§ 3, 4 SchwarzArbG genannten Unterlagen vorzulegen. Die über die Duldung hinausgehende Mitwirkungspflicht umfasst etwa die Pflicht, die Prüfer bei ihrer Tätigkeit zu unterstützen, zum Beispiel indem die maßgeblichen Betriebsräume gezeigt und aufgeschlossen sowie die in Betracht kommenden Unterlagen bezeichnet und vorgelegt werden, bzw Auskunft darüber erteilt wird, dass sich maßgebliche weitere Unterlagen im Besitz Dritter (etwa Steuerberater oder Wirtschaftsprüfer) befinden (Erbs/Kohlhaas/*Ambs* AEntG § 17 Rn. 15) Die Behörde muss anhand der Unterlagen in der Lage sein, das reine Entgelt zu ermitteln. Nach § 5 Abs. 1 S. 3 SchwarzArbG besteht in besonderen Fällen für die Arbeitgeber ein Auskunftsverweigerungsrecht.

VII. Datenschutz

20 Aus datenschutzrechtlichen Gründen ist die Zulässigkeit der Zusammenarbeit mit den entsprechenden Behörden in den Mitgliedstaaten des Europäischen Wirtschaftsraums ausdrücklich geregelt, § 6 SchwarzArbG. Die Sondervorschrift des § 67 Abs. 2 Nr. 4 SGB X über den Schutz der Sozialdaten ist daher bei der Datenverarbeitung im Rahmen der Kontrollbefugnisse für unanwendbar erklärt worden.

§ 18 Meldepflicht

(1) [1]**Soweit die Rechtsnormen eines für allgemeinverbindlich erklärten Tarifvertrages nach § 4 Absatz 1 Nummer 1, § 5 Satz 1 Nummer 1 bis 3 und § 6 Absatz 2 oder einer Rechtsverordnung nach § 7 oder § 7a, soweit sie Arbeitsbedingungen nach § 5 Satz 1 Nummer 1 bis 3 vorschreibt, auf das Arbeitsverhältnis Anwendung finden, ist ein Arbeitgeber mit Sitz im Ausland, der einen Arbeitnehmer oder eine Arbeitnehmerin oder mehrere Arbeitnehmer oder Arbeitnehmerinnen innerhalb des Geltungsbereichs dieses Gesetzes beschäftigt, verpflichtet, vor Beginn jeder Werk- oder Dienstleistung eine schriftliche Anmeldung in deutscher Sprache bei der zuständigen Behörde der Zollverwaltung vorzulegen, die die für die Prüfung wesentlichen Angaben enthält.** [2]**Wesentlich sind die Angaben über**

1. **Familienname, Vornamen und Geburtsdatum der von ihm im Geltungsbereich dieses Gesetzes beschäftigten Arbeitnehmer und Arbeitnehmerinnen,**
2. **Beginn und voraussichtliche Dauer der Beschäftigung,**
3. **Ort der Beschäftigung, bei Bauleistungen die Baustelle,**
4. **Ort im Inland, an dem die nach § 19 erforderlichen Unterlagen bereitgehalten werden,**
5. **Familienname, Vornamen, Geburtsdatum und Anschrift in Deutschland des oder der verantwortlich Handelnden,**
6. **Branche, in die die Arbeitnehmer und Arbeitnehmerinnen entsandt werden sollen, und**
7. **Familienname, Vornamen und Anschrift in Deutschland eines oder einer Zustellungsbevollmächtigten, soweit dieser oder**

diese nicht mit dem oder der in Nummer 5 genannten verantwortlich Handelnden identisch ist.

[3]Änderungen bezüglich dieser Angaben hat der Arbeitgeber im Sinne des Satzes 1 unverzüglich zu melden.

(2) **Der Arbeitgeber hat der Anmeldung eine Versicherung beizufügen, dass er seine Verpflichtungen nach § 8 einhält.**

(3) **[1]Überlässt ein Verleiher mit Sitz im Ausland einen Arbeitnehmer oder eine Arbeitnehmerin oder mehrere Arbeitnehmer oder Arbeitnehmerinnen zur Arbeitsleistung einem Entleiher, hat der Entleiher unter den Voraussetzungen des Absatzes 1 Satz 1 vor Beginn jeder Werk- oder Dienstleistung der zuständigen Behörde der Zollverwaltung eine schriftliche Anmeldung in deutscher Sprache mit folgenden Angaben zuzuleiten:**
1. **Familienname, Vornamen und Geburtsdatum der überlassenen Arbeitnehmer und Arbeitnehmerinnen,**
2. **Beginn und Dauer der Überlassung,**
3. **Ort der Beschäftigung, bei Bauleistungen die Baustelle,**
4. **Ort im Inland, an dem die nach § 19 erforderlichen Unterlagen bereitgehalten werden,**
5. **Familienname, Vornamen und Anschrift in Deutschland eines oder einer Zustellungsbevollmächtigten des Verleihers,**
6. **Branche, in die die Arbeitnehmer und Arbeitnehmerinnen entsandt werden sollen, und**
7. **Familienname, Vornamen oder Firma sowie Anschrift des Verleihers.**

[2]Absatz 1 Satz 3 gilt entsprechend.

(4) **Der Entleiher hat der Anmeldung eine Versicherung des Verleihers beizufügen, dass dieser seine Verpflichtungen nach § 8 einhält.**

(5) **Das Bundesministerium der Finanzen kann durch Rechtsverordnung im Einvernehmen mit dem Bundesministerium für Arbeit und Soziales ohne Zustimmung des Bundesrates bestimmen,**
1. **dass, auf welche Weise und unter welchen technischen und organisatorischen Voraussetzungen eine Anmeldung, Änderungsmeldung und Versicherung abweichend von Absatz 1 Satz 1 und 3, Absatz 2 und 3 Satz 1 und 2 und Absatz 4 elektronisch übermittelt werden kann,**
2. **unter welchen Voraussetzungen eine Änderungsmeldung ausnahmsweise entfallen kann, und**
3. **wie das Meldeverfahren vereinfacht oder abgewandelt werden kann, sofern die entsandten Arbeitnehmer und Arbeitnehmerinnen im Rahmen einer regelmäßig wiederkehrenden Werk-**

oder Dienstleistung eingesetzt werden oder sonstige Besonderheiten der zu erbringenden Werk- oder Dienstleistungen dies erfordern.

(6) **Das Bundesministerium der Finanzen kann durch Rechtsverordnung ohne Zustimmung des Bundesrates die zuständige Behörde nach Absatz 1 Satz 1 und Absatz 3 Satz 1 bestimmen.**

Inhaltsübersicht

Literatur: *Bitterich,* Tariftreue vor dem EuGH, ZIP 2008, 1455; *Kocher,* Die Tariftreueerklärung vor dem EuGH, DB 2008, 1042; *Schwab,* Die vergaberechtliche „Tariftreueerklärung" im Spannungsfeld von Arbeitsrecht und Wettbewerb, NZA 2001, 701; *ders.,* Das neue Arbeitnehmer-Entsendegesetz, NZA-RR 2010, 225; *Steiff/Andre,* Konsequenzen aus dem EuGH-Urteil zur Tariftreue, NZBau 2008, 364; *Kocher,* Die Tariftreueerklärung vor dem EuGH, DB 2008, 1042; *Weber,* Die Kontrollaufgaben der Bundesanstalt für Arbeit im Rahmen des Arbeitnehmer-Entsendegesetzes und ihre praktische Umsetzung, AuB 1997, 161.

I. Vorbemerkung

1 Die Regelung über die Meldepflicht wurde durch das „Gesetz über zwingende Arbeitsbedingungen bei grenzüberschreitenden Dienstleistungen" vom 26.2.1996 (Arbeitnehmerentsendegesetz – AEntG), geändert durch Gesetz vom 25.4.2007 und durch das zweite Gesetz zur Änderung des AEntG vom 21.12.2007 (BGBl. I, 3140) als § 3 eingeführt. Seit der Neuordnung des AEntG wird die Regelung, die größtenteils inhaltlich unverändert geblieben ist, als eigenständiger § 18 geführt. Die neu normierte Vorschrift wurde wiederum zuletzt geändert durch das TarifautonomiestärkungsG vom 11.8.2014 (BGBl. I S. 1348), wobei sich die Änderung allerdings lediglich auf eine Präzisierung der gesetzlichen Verweisung in Absatz 1 Satz 1 bezieht. Die Versicherungspflicht im Hinblick auf die Einhaltung der Verpflichtungen nach § 8 wird jeweils in einem eigenständigen Absatz geführt, für den Arbeitgeber in Abs. 2, für den Entleiher in Abs. 4. Die Meldepflicht des Entleihers ist in Abs. 3 geregelt.

II. Normzweck

2 Im Bereich der Bauwirtschaft, dem Gebäudereinigerhandwerk, der Briefdienstleistungen sowie in den anderen von § 4 aufgezählten Bereichen werden die Leistungen oft nur über kürzere Zeiträume an einem Ort erbracht. Soweit die Leistungsorte ständig wechseln, wären daher die Prüfung und Kontrolle, die das Gesetz in § 17 bestimmt, bedeutungslos, weil diese praktisch nicht durchführbar wären (BeckOK ArbR/*Gussen,* § 18 AEntG Vorb.; ErfK/*Schlachter,* § 18 AEntG Rn. 1). Deshalb ordnete das Gesetz ursprünglich für alle in § 4 genannten Branchen eine Meldepflicht an. Durch die letzte Gesetzesänderung mit dem TarifautonomiestärkungsG vom 11.8.2014 wurde diese Meldepflicht allerdings beschränkt und gilt fortan ausdrücklich in globaler Form nur noch für das Baugewerbe iSv § 4 Abs. 1 Nr. 1 AEntG. Arbeitgeber mit Sitz im Ausland aus den weiteren in § 4 AEntG genannten Branchen werden somit nur noch in dem Fall umfasst, in welchem sie unter den Anwendungsbereich eines per Rechtsverordnung iSd § 7 bzw. 7a AEntG branchenweit erstreckten Tarifvertrages fallen (so auch: ErfK/*Schlachter,* § 18 AEntG Rn. 1; aA wohl BeckOK ArbR/*Gussen,* § 18 AEntG Rn. 2, der trotz ausdrücklicher Änderung des § 18 Abs. 1 Satz 1 die Anwendbarkeit für alle in § 4 Abs. 1 genannten Branchen bezieht).

3 Die in der Vorschrift begründete Anmeldepflicht erleichtert den Aufsichtsbehörden die **Überwachung der Mindestarbeitsbedingungen** gem. § 5 (LAG Frankfurt v. 4.10.2004 – 16/15 Sa 143/03, EzAÜG § 3 AEntG Nr. 3; HWK/*Tillmanns,* § 18 Rn. 1). Sie schafft die Voraussetzungen für eine **effektive Kontrolle** der Einhaltung des Gesetzes durch den Arbeitgeber/Verleiher und Entleiher.

4 Die in Abs. 2 und 4 geforderte **Versicherung des gesetzeskonformen Verhaltens** soll dem Arbeitgeber/Entleiher den Bestand und den Umfang der Pflichten aus § 8 deutlich vor Augen führen. Die abzugebende Versicherungserklärung kann insbesondere im Rahmen eines Ordnungswidrigkeitenverfahrens nach § 23 Bedeutung erlangen, da sich der Arbeitgeber/Entleiher nach ihrer Abgabe nicht mehr auf fehlendes Verschulden bei der Nichtgewährung der Mindestarbeitsbedingungen berufen kann (H/B/D/*Kühn,* § 3 Rn. 11). Die Verpflichtung zur Abgabe einer **„Tariftreueerklärung"** wird durch § 18 nicht begründet (BGH v. 18.1.2000 – KVR 23/98, AP GWB § 20 Nr. 1), da sich Abs. 2 und 4 nur auf die durch Allgemeinverbindlicherklärung oder Rechtsverordnung auf die Arbeitgeber selbst anwendbaren Tarifvertragsnormen erstreckt.

III. Europarechtskonformität

5 Die Kommission der Europäischen Gemeinschaften hat nochmals in einer Mitteilung an das Europäische Parlament, den Rat, den europäischen Wirtschafts- und Sozialausschuss und den Ausschuss der Regionen deutlich gemacht, dass der Aufnahmemitgliedstaat das Recht hat, Arbeitgebern, die Arbeitnehmer entsenden, bestimmte Formalitäten aufzuerlegen, um seine Behörden in die Lage zu versetzen, die Beachtung der Arbeits- und Beschäftigungsbedingungen sicherzustellen (vgl. Mitteilung der Kommission v. 13.6.2007 SEK (2007) 747). Fehlende Informationen über die Identität von Dienstleistern und/oder die Rechtmäßigkeit ihrer Tätigkeit, der Umstand, dass Entsendungen befristet und häufig sehr kurzfristig erfolgen, das befürchtete „Sozialdumping" oder die befürchteten Wettbewerbsverzerrungen rechtfertigen die **Anwendung bestimmter Kontrollmaßnahmen** durch die Aufnahmeländer, sofern sie angemessen sind.

6 Kein Verstoß gegen das Diskriminierungsverbot für Dienstleister nach Art. 56 AEUV (ex-Art. 49 EG) liegt dadurch vor, dass die Angaben vom **inländischen Arbeitgeber** nicht verlangt werden (EuGH v. 18.7.2007 – C-490/04, NZA 2007, 917; OLG Düsseldorf v. 16.3.2000 – 2b Ss (OWi) 2/00 – (OWi) 9/00 I, AP AEntG § 3 Nr. 1; OLG Karlsruhe v. 25.7.2001 – 3 Ss 159/00, wistra 2001, 477). Da die Kontrolle von Arbeitgebern mit Sitz im Ausland, die ihre Arbeitskräfte für oft nur kurze Zeiträume, teils mit wechselnden Beschäftigungsstätten nach Deutschland zur Arbeitsleistung entsenden, sehr erschwert ist, schafft § 18 eine Grundlage für die Überprüfung und Einhaltung der gewährleisteten Arbeitsbedingungen. Nach Ansicht des EuGH (v. 25.10.2001, AP AEntG § 1 Nr. 8; EuGH v. 18.7.2007 – C-490/04, NZA 2007, 917) handelt es sich bei der den Verleiher treffenden Anmeldepflicht zwar um eine **Beschränkung des freien Dienstleistungsverkehrs** i. S. d. (ex-)Art. 49 EG (nun Art. 56 AEUV), da eine im nationalen Recht vorgesehene Verpflichtung, den Behörden dieses Mitgliedstaates Auskünfte zu erteilen, den in den Entsendestaaten ansässigen Unternehmen zusätzliche administrative und wirtschaftliche Belastungen verursacht. Eine solche Beschränkung des Dienstleistungsverkehrs ist jedoch dann **gerechtfertigt,** wenn sie erforderlich ist, um dem zwingenden Grund des Allgemeininteresses, den der soziale Schutz der Arbeitnehmer darstellt, effektiv und mit den geeigneten Mitteln Rechnung zu tragen. Dagegen hält der EuGH eine vorherige Anmeldungspflicht wegen Verstoßes gegen Art. 56 AEUV für unzulässig und gemeinschaftsrechtswidrig, wenn diese nur für Ausländer gilt und die Entsendung aufgrund der Überprüfungsvorgänge, gerade bei regelmäßig zügig zu erbringender Dienstleistungen, verzögert wird (EuGH v. 7.10.2010 – C-515/08, NZA 2010, 1404, 1407 f).

7 Eine Einschränkung besteht nach der Rspr. des EuGH (v. 25.10.2001, AP AEntG § 1 Nr. 8) zudem, wenn **zusätzliche Auskunftspflichten** für

ausländische Unternehmen verlangt werden. Diese können nur gerechtfertigt sein, wenn die zur Verwirklichung des Gesetzeszieles erforderlichen Kontrollen nicht schon auf Grund der Unterlagen vorgenommen werden können, die nach den Vorschriften des Entsendestaates zu führen sind.

8 Ein Mitgliedstaat, der ausländische Arbeitgeber, die Arbeitnehmer im Inland beschäftigen, verpflichtet, bestimmte Unterlagen, die für die gesamte Dauer der tatsächlichen Beschäftigung der entsandten Arbeitnehmer am Beschäftigungsort bereitzuhalten sind, in der Sprache dieses Mitgliedstaates zu **übersetzen,** verstößt nicht gegen seine Verpflichtungen aus (ex-)Art. 49 EG (jetzt Art. 56 AEUV)(EuGH v. 18.7.2007 – Rs. C-490/04, NZA 2007, 917, 921). Zwar stellt diese Pflicht eine Beschränkung des freien Dienstleistungsverkehrs dar, weil sie zusätzlichen finanziellen und administrativen Aufwand für die in einem anderen Mitgliedstaat ansässigen Unternehmen verursacht. Jedoch kann die Verpflichtung durch ein im Allgemeininteresse liegendes Ziel, den sozialen Schutz der Arbeitnehmer, gerechtfertigt sein, weil sie es den zuständigen Behörden des Aufnahmemitgliedstaats ermöglicht die Kontrollen durchzuführen, die erforderlich sind, um die Einhaltung der einschlägigen nationalen Vorschriften zu gewährleisten (EuGH v. 18.7.2007 – Rs. C-490/04, NZA 2007, 917, 921).

9 Eine **gemeinschaftswidrige Diskriminierung** liegt vor, wenn die Anmeldepflicht ausländischen Arbeitgebern eine Anmeldung auch dann abverlangt, wenn die Voraussetzungen für zwingende Arbeitsbedingungen nach § 5 objektiv nicht erfüllt sind (vgl. BSG v. 6.3.2003 – B 11 AL 27/02 R, NZA 2002, 908).

10 Auch die Verpflichtung ausländischer **Zeitarbeitsunternehmen,** nicht nur die Überlassung eines Arbeitnehmers an einen Entleiher in Deutschland, sondern auch jede Änderung seines Einsatzortes anmelden zu müssen, verstößt gegen Art. 49 EG (jetzt Art. 56 AEUV) (EuGH v. 18.7.2007 – Rs. C-490/04, NZA 2007, 917).

11 Der EuGH hat seine Entscheidung vom 3.4.2008 (Rs. C-346/06 „Rüffert") zum Anlass genommen, die europarechtlichen Grenzen des Handlungsspielraums öffentlicher Auftraggeber am Beispiel „Tariftreue" aufzuzeigen und die Anforderungen der Allgemeinverbindlichkeit als Voraussetzung für die Bindung öffentlicher Auftragsvergaben an ein Tarifsystem zu präzisieren (*Bitterich,* ZIP 2008, 1455 ff.; *Steiff/Andre,* NZBau 2008, 364 ff.). Der öffentliche Auftraggeber darf von EU-auslandsansässigen Unternehmen keine **Tariftreueerklärung** verlangen, da dies der Entsenderichtlinie 96/71/EG v. 16.12.1996, ausgelegt im Lichte des (ex-)Art. 49 EG (jetzt Art. 56 AEUV), widerspricht, s. auch **Abschnitt Tariftreue** Rn. 1 ff. Gerade mit Blick auf die EU-Dienstleistungsfreiheit (Art. 59 und 60 AEUV) ist die Meldepflicht nach § 18 AEntG jedoch auf die Fälle begrenzt, in der die Tätigkeit des entsandten Arbeitnehmers einem für allgemein verbindlich erklärten Tarifvertrag unterfallen (*Schwab,* NZA-RR 2010, 225, 230)

IV. Anwendungsbereich

1. Allgemeines

12 Für eine effektive Kontrolle der Einhaltung der Mindestarbeitsbedingungen müssen ausländische Arbeitgeber und Verleiher vor Beginn der Werk- bzw. Dienstleistung im Inland in deutscher Sprache detaillierte Angaben bei der zuständigen Behörde der Zollverwaltung über die von ihnen entsandten Arbeitnehmer machen (D/H/H/W/*Mayer,* § 3 Rn. 1). Hierdurch soll die Behörde schon mit dem Beginn der Beschäftigung des Arbeitnehmers ihre Kontrollkompetenzen einsetzen und durch Prüfung vor Ort jederzeit nachkommen können (*Ulber,* § 3 Rn. 2).

13 Die Vorschrift gilt nur für Arbeitgeber bzw. Verleiher **mit Sitz im Ausland.** Inländische Arbeitgeber unterliegen den gewerbe- und handwerksrechtlichen Meldepflichten (H/B/D/*Kühn,* § 3 Rn. 4; ErfK/*Schlachter,* § 18 AEntG Rn. 1). Gleichgültig ist, ob sich der Sitz des Entleihers im In- oder Ausland befindet. Es kommt somit allein auf die Ausübung der Tätigkeit im Inland an.

14 Die **Meldepflicht** ist ausnahmsweise dann **unbeachtlich,** wenn der Arbeitgeber selbst feststellen kann, dass keinerlei Mindestarbeitsbedingungen i. S. d. § 5 bestehen, zu deren Einhaltung er verpflichtet wäre (OLG Karlsruhe v. 25.7.2001 – 3 Ss 159/00, wistra 2001, 477;). Insoweit besteht die Meldepflicht nur in den Fällen, in denen der betroffene Arbeitnehmer einem Tarifvertrag oder einer Rechtsverordnung nach § 7 (oder nun auch § 7a) unterliegt (vgl. BSG v. 6.3.2003, NZA 2003, 980). Die Meldepflichten nach § 8 AÜG bleiben unberührt, s. hierzu *Thüsing,* AÜG, § 8 Rn. 3ff.

15 Zuständige Behörde der Zollverwaltung nach Abs. 1, 3 ist die Oberfinanzdirektion Köln (VO v. 22.4.2004, BGBl. I, 907).

2. Anmeldepflicht des Arbeitgebers

16 **a) Allgemeines.** Die Anmeldung in deutscher Sprache ist vor Beginn jeder Bauleistung bei der Oberfinanzdirektion Köln vorzulegen. **„Vor Beginn"** i. S. d. Abs. 1 S. 1 und Abs. 3 S. 1 bedeutet nach Ansicht der Rspr., dass die Meldung spätestens einen Werk- bzw. Arbeitstag vor Baubeginn bzw. Beginn der Dienstleistungserbringung vorzuliegen hat (OLG Hamm v. 8.10.1999 – 2 Ss OWi 892/99, NStZ-RR 2000, 55, 56). Die Angaben sind auch hinsichtlich später entsandter Personen auf eine bereits betriebene Baustelle zu machen (BeckOK ArbR/*Gussen,* § 18 AEntG Rn. 3). Eine Pflicht zur Abmeldung besteht nicht. Die globale Meldepflicht bezieht sich nach § 18 Abs. 1 Satz 1 AEntG allein auf das Baugewerbe. Demnach ist ein Arbeitgeber zur Meldung nur verpflichtet, wenn er durch die von ihm nach Deutschland entsandten Arbeitnehmer in Deutschland bauliche Leistungen erbringt. Dies ist allerdings nicht der

Fall, soweit von einem Arbeitgeber mit Sitz im Ausland nur im Ausland bauliche Tätigkeiten durchgeführt werden, in Deutschland jedoch ausschließlich andere, nichtbauliche Arbeiten (zB Entsendung zu Schulungszwecken) erfolgen (vgl. LAG Hessen v. 23.10.2006 – 16 Sa 527/06, NZA-RR 2007, 234, 234f. zur Zahlung von Urlaubskassenbeiträgen auf Grundlage des AEntG).

17 Die **Anmeldung** ist **schriftlich** auf einem amtlichen Vordruck einzureichen (D/H/H/W/*Meyer,* § 3 Rn. 1). Die vom Arbeitgeber abgegebenen Meldungen sind ein Indiz dafür, dass die dort aufgeführten Arbeitnehmer tatsächlich in der gesamten Zeit ihres vorgesehenen Einsatzes beschäftigt worden sind. Dieser **Indizwert** kann jedoch durch konkrete Angaben des Arbeitgebers über die tatsächlich eingesetzten Arbeitnehmer und ihren Verdienst erschüttert werden (LAG Frankfurt a.M. v. 4.10.2004 – 16/15 Sa 143/03, EzAÜG § 3 AEntG Nr. 3).

18 Gem. Abs. 1 S. 3, nach welchem alle Änderungen der mitteilungspflichtigen Angaben unverzüglich zu melden sind, muss jeder Arbeitnehmer, der auch auf einer anderen als der gemeldeten Baustelle eingesetzt wird, für die neue Baustelle oder Dienstleistung gesondert angemeldet werden, sog. **Änderungs- bzw. Nachmeldung.** Unzulässig sind die in der Praxis gelegentlich vorkommenden sog. **Doppel- bzw. Mehrfachanmeldungen,** wenn Arbeitgeber, die z.B. auf mehreren Baustellen gleichzeitig tätig sind und dieselben Arbeitnehmer auf den Baustellen wechselnd einsetzen, diese Arbeitnehmer für alle Baustellen und für denselben Zeitraum melden (*Weber,* AuB 1997, 161).

19 **b) Wesentliche Angaben.** Die vom Arbeitgeber zu tätigenden Angaben ergeben sich aus Abs. 1 S. 2 Nr. 1 bis 7. Die **Familiennamen, Vornamen und Geburtsdaten** der vom Arbeitgeber im Geltungsbereich des AEntG beschäftigten Arbeitnehmer müssen vollständig und richtig angegeben werden. Zu den „beschäftigten" Arbeitnehmern zählen nicht nur die von Anfang an auf der Baustelle beschäftigten Arbeitnehmer, sondern auch diejenigen, die erst später auf einer bereits bestehenden Baustelle eingesetzt werden (ErfK/*Schlachter,* § 18 AEntG Rn. 2; H/B/D/*Kühn,* § 3 Rn. 7). Der nach **Nr. 2** anzugebende Beginn der Beschäftigung muss vom Datum her eindeutig bestimmt sein, während bei der Angabe der voraussichtlichen Dauer der Beschäftigung auch eine vorläufige Prognose genügt. Ort der Beschäftigung i. S. d. **Nr. 3** ist bei Bauleistungen die Baustelle, auf welcher der Arbeitnehmer eingesetzt wird. Die Angabe muss so präzise sein, dass die Behörde die Möglichkeit hat, die Baustelle zu Prüfzwecken aufzusuchen; Ort, Straße, Hausnummer und Postleitzahl müssen angegeben werden (H/B/D/*Kühn,* § 3 Rn. 7). Die Angaben nach **Nr. 4, sog. Bereithaltungsort** in Hinblick auf die nach § 19 AEntG bestehende Verpflichtung zur Erstellung und Bereithaltung der erforderlichen Unterlagen, und **Nr. 5,** die Angabe der Daten des verantwortlich Handelnden, z. B. des Bauleiters oder Vorarbeiters, ermöglichen den zu-

ständigen Prüfbehörden effizient die Außenprüfungen durchzuführen. Nach **Nr. 6** ist die Branche anzugeben, in die die Arbeitnehmer entsandt werden sollen. Die Angabe der Daten eines Zustellungsbevollmächtigten nach **Nr. 7** ist entbehrlich, wenn dieser mit dem in Nr. 5 verantwortlich Handelnden identisch ist. Nachträgliche Änderungen hat der Arbeitgeber nach Abs. 1 S. 3 unverzüglich zu melden.

3. Anmeldepflicht des Entleihers

20 **a) Allgemeines.** Abs. 3 erstreckt die Informationspflichten nicht mehr auf auswärtige Verleiher, wenn die überlassenen Arbeitnehmer im Inland tätig werden, sondern auf den Entleiher. Dieser hat jederzeit einen Überblick über den jeweiligen Einsatzort des entliehenen Arbeitnehmers (D/H/H/W/*Mayer*, § 3 Rn. 2; *Düwell*, jurisPR-ArbR 18/2007 Anm. 7). Er verfügt im Vergleich zum Verleiher und den Kontrollbehörden über aktuellere und präzisere Informationen (BT-Dr. 16/3064, 7 f.). Ob der Entleiher seinen Unternehmenssitz im Inland oder Ausland hat, ist für die Meldepflicht unbeachtlich (ErfK/*Schlachter*, § 18 AEntG Rn. 3).

21 Kommt der ausländische Verleiher **nach eigener Prüfung** mit Recht zum Ergebnis, dass keine Mindestarbeitsbedingungen bei Entsendung von Arbeitnehmern in den Geltungsbereich des AEntG einzuhalten sind, so besteht keine Meldepflicht (OLG Karlsruhe v. 25.7.2001 – 3 Ss 159/00, wistra 2001, 477, 478).

22 Nach Ansicht des EuGH (v. 18.7.2007 – Rs. C-490/04, NZA 2007, 917, 921) liegt ein Verstoß gegen Art. 56 AEUV (ex-Art. 49 EG) vor, wenn ein Mitgliedstaat ausländische Zeitarbeitsunternehmen verpflichtet, außer der Überlassung eines Arbeitnehmers an einen Entleiher in dem betroffenen Mitgliedstaat auch den Einsatzort dieses Arbeitnehmers sowie jede Änderung dieses Ortes anzumelden, während für die in diesem Mitgliedstaat ansässigen Zeitarbeitsunternehmen diese zusätzliche Pflicht nicht besteht.

23 **b) Wesentliche Angaben.** Die Anmeldepflicht bezieht sich auf die in Abs. 3 S. 1 Nr. 1 bis 7 abschließend aufgezählten Angaben, die im Wesentlichen mit den nach Abs. 1 S. 1 Nr. 1 bis 7 erforderlichen Angaben übereinstimmen. **Unterschiede zu Abs. 1 S. 1 Nr. 1 bis 7** ergeben sich lediglich in Nr. 5 und Nr. 7. Nr. 5 verlangt die Angabe der Daten eines/einer Zustellungsbevollmächtigten des Verleihers; Nr. 7 fordert die Angabe der Daten des Verleihers.

4. Versicherungspflicht des Arbeitgebers und des Entleihers

24 Die Versicherungserklärung des Arbeitgebers gem. Abs. 2 muss sich auf die in § 8 genannten Verpflichtungen beziehen. Es handelt sich dabei weder um eine eidesstattliche Versicherung, noch kann eine solche auf der Grundlage von § 18 verlangt werden (H/B/D/*Kühn,* § 3 Rn. 10).

25 Diese Versicherung beinhaltet keine Verpflichtung zur Abgabe einer **„Tariftreueerklärung"** (BGH v. 18.1.2000 – KVR 23/98, AP GWB § 20 Nr. 1). Die Einforderung einer solchen Erklärung, die sich aus Tariftreuegesetzen ergeben kann, die auf Länderebene bestehen (dazu *Schwab,* NZA 2001, 701), ist nach Rspr. des EuGH vom 3.4.2008 (Rs. C-346/06 „Rüffert", juris) gemeinschaftswidrig, s. hierzu Tariftreue Rn. 6ff. Die Entscheidung sieht die Tariftreueverpflichtung in § 3 des niedersächsischen Landesvergabegesetzes als gemeinschaftswidrig an, da das Gesetz nicht die Anforderungen der Entsenderichtlinie 96/71/EG v. 16.12.1996, ausgelegt im Lichte des (ex-)Art. 49 EG (jetzt Art. 56 AEUV), erfüllt. Die Bindung an ortsübliche Tarifentgelte kann nicht das Maß des notwendigen Schutzes für entsandte Arbeitnehmer oder der Tarifautonomie markieren (*Kocher,* DB 2008, 1042ff.).

26 Bei grenzüberschreitender Entsendung wird nicht allein der ausländische Entsender, sondern auch der inländische Entleiher in die Pflicht genommen. Er hat die Versicherung des Verleihers abzugeben und diese der Anmeldung beizufügen, Abs. 4. Dies ist Folge der Verlagerung von Meldepflichten auf den besser für die Überwachungsbehörden erreichbaren Entleiher (*Düwell,* jurisPR-ArbR 18/2007, Anm. 7).

V. Befugnisse des Bundesministeriums der Finanzen (§ 18 Abs. 5)

27 Nach Abs. 5 kann von dem Verfahren der Meldepflicht durch Rechtsverordnung abgewichen werden, um den Besonderheiten der jeweiligen Branchen und ihrer Kontrollsituation Rechnung tragen zu können. Daher ist nunmehr das Bundesministerium der Finanzen ermächtigt worden, im Einvernehmen mit dem Bundesministerium für Arbeit und Soziales in einer Rechtsverordnung besondere Bestimmungen für die Prüfung bereitzuhalten.

28 So unterscheidet sich z. B. das aufgenommene Gebäudereinigerhandwerk in Organisation und Arbeitsabläufen erheblich vom Baugewerbe. Bei der Kontrolle der Arbeitsbedingungen im Gebäudereinigerhandwerk bestehen deshalb im Unterschied zu einer festen Baustelle andere Erfordernisse (*Düwell,* jurisPR-ArbR 18/2007, Anm. 7). Während Bauleistungen i. d. R. am Arbeitsort „Baustelle" erbracht werden, und zwar während einer längeren Bauphase, wechseln Reinigungskolonnen am Tag mehrfach den Einsatzort (BT-Drs. 16/3064, 7f.). Sie werden ferner nicht als einmalige Leistung erbracht – wie beim Bauauftrag –, sondern im Rahmen längerfristiger Aufträge zur Betreuung bestimmter Objekte (D/H/H/W/*Mayer,* § 3 Rn. 4). So kommt es auch nicht selten zu zeitlichen Verschiebungen der Einsätze und zu kurzfristigen Änderungen der personellen Zusammensetzung.

29 Zur Arbeitsentlastung wird unter Abs. 5 Nr. 1 die Möglichkeit eröffnet, die vorgeschriebenen Meldungen auch auf **elektronischem Weg** zu übermitteln.

30 Aufgrund der Ermächtigung nach Abs. 6 hat das Bundesministerium der Finanzen die Oberfinanzdirektion Köln als zuständige Behörde der Zollverwaltung bestimmt (VO v. 22.4.2004, BGBl. I 907).

§ 19 Erstellen und Bereithalten von Dokumenten

(1) [1]**Soweit die Rechtsnormen eines für allgemeinverbindlich erklärten Tarifvertrages nach § 4 Absatz 1 Nummer 1, § 5 Satz 1 Nummer 1 bis 3 und § 6 Absatz 2 oder einer entsprechenden Rechtsverordnung nach § 7 oder § 7a über die Zahlung eines Mindestentgelts oder die Einziehung von Beiträgen und die Gewährung von Leistungen im Zusammenhang mit Urlaubsansprüchen auf das Arbeitsverhältnis Anwendung finden, ist der Arbeitgeber verpflichtet, Beginn, Ende und Dauer der täglichen Arbeitszeit der Arbeitnehmer und Arbeitnehmerinnen spätestens bis zum Ablauf des siebten auf den Tag der Arbeitsleistung folgenden Kalendertages aufzuzeichnen und diese Aufzeichnungen mindestens zwei Jahre beginnend ab dem für die Aufzeichnung maßgeblichen Zeitpunkt aufzubewahren.** [2]**Satz 1 gilt entsprechend für einen Entleiher, dem ein Verleiher einen Arbeitnehmer oder eine Arbeitnehmerin oder mehrere Arbeitnehmer oder Arbeitnehmerinnen zur Arbeitsleistung überlässt.**

(2) [1]**Jeder Arbeitgeber ist verpflichtet, die für die Kontrolle der Einhaltung eines für allgemeinverbindlich erklärten Tarifvertrages nach § 4 Absatz 1 Nummer 1, § 5 Satz 1 Nummer 1 bis 3 und § 6 Absatz 2 oder einer entsprechenden Rechtsverordnung nach § 7 oder § 7a erforderlichen Unterlagen im Inland für die gesamte Dauer der tatsächlichen Beschäftigung der Arbeitnehmer und Arbeitnehmerinnen im Geltungsbereich dieses Gesetzes, mindestens für die Dauer der gesamten Werk- oder Dienstleistung, insgesamt jedoch nicht länger als zwei Jahre in deutscher Sprache bereitzuhalten.** [2]**Auf Verlangen der Prüfbehörde sind die Unterlagen auch am Ort der Beschäftigung bereitzuhalten, bei Bauleistungen auf der Baustelle.**

(3) **Das Bundesministerium für Arbeit und Soziales kann durch Rechtsverordnung ohne Zustimmung des Bundesrates die Verpflichtungen des Arbeitgebers oder eines Entleihers nach § 18 und den Absätzen 1 und 2 hinsichtlich einzelner Branchen oder Gruppen von Arbeitnehmern und Arbeitnehmerinnen einschränken.**

(4) **Das Bundesministerium der Finanzen kann durch Rechtsverordnung im Einvernehmen mit dem Bundesministerium für Arbeit und Soziales ohne Zustimmung des Bundesrates bestimmen, wie die Verpflichtung des Arbeitgebers, die tägliche Arbeitszeit bei ihm beschäftigter Arbeitnehmer und Arbeitnehmerinnen aufzuzeichnen und diese Aufzeichnungen aufzubewahren, vereinfacht oder abgewandelt werden kann, sofern Besonderheiten der zu erbringenden Werk- oder Dienstleistungen oder Besonderheiten der Branche dies erfordern.**

Literatur: *Marschall,* Ergebnisse der Novellierung des Arbeitnehmer-Entsendegesetzes (AEntG), NZA 1998, 633.

I. Vorbemerkung

1 Die Regelung über das Erstellen und Bereithalten von Dokumenten entspricht § 2 Abs. 2a und Abs. 3 a. F. Nunmehr wird die Regelung, die inhaltlich unverändert geblieben ist, als eigenständiger § 19 geführt. Allerdings erfuhr § 19 einige Änderungen im Rahmen der letzten Gesetzesnivellierung durch das TarifautonomiestärkungsG vom 11.8.2104 (BGBl. I, S. 1348), bei welcher in den Abs. 1 und 2 die gesetzlichen Verweisungen präzisiert und ergänzt wurden, die Fristenregelungen zur Erstellung und Aufbewahrung der Unterlagen in Abs. 1 Satz 1 weiter konkretisiert sowie die Abs. 3 und 4 neu eingefügt wurden.

II. Normzweck

2 Zur Ermöglichung einer **effektiven Kontrolle** haben Arbeitgeber und Entleiher gem. Abs. 1 Aufzeichnungen über die Arbeitszeit durchzuführen. Nach Abs. 2 ist jeder Arbeitgeber verpflichtet, Unterlagen in Deutschland bereitzuhalten und vorzulegen, soweit die Rechtsnormen eines für allgemeinverbindlich erklärten Tarifvertrages nach den §§ 4 Absatz 1 Nummer 1, 5 Satz 1 Nr. 1 bis 3 und § 6 Abs. 2 oder einer entsprechenden Rechtsverordnung nach § 7 oder 7a auf das Arbeitsverhältnis Anwendung finden. Nur auf Grundlage einer lückenlosen Dokumentation können die zuständigen Behörden insbesondere die Einhaltung der

Vorgaben zur Zahlung von Mindestlöhnen effektiv überprüfen (Erbs/Kohlhaas/*Ambs* AEntG § 19 Rn. 1).

III. Europarechtskonformität

3 § 19 ist europarechtskonform. Mit Art. 56 AEUV (ex-Art. 49 EG) ist es grundsätzlich vereinbar, dass bestimmte Unterlagen über das Arbeitsverhältnis des entsandten Arbeitnehmers erstellt und am Arbeitsort oder an einem zugänglichen und klar bezeichneten Ort im Hoheitsgebiet des Aufnahmestaates für die mit der Durchführung von Kontrollen betrauten Behörden bereitgehalten werden müssen (EuGH v. 23.11.1999 – Rs. C-269/96, AP EGV Art. 59 Nr. 1). Das hat der EuGH auch nachfolgend so entschieden und erneut deutlich gemacht, Art. 56 AEUV stehe einer Regelung eines Mitgliedstaats nicht entgegen, die für den Fall der Entsendung von Arbeitnehmern aus einem anderen Mitgliedstaat eine Pflicht vorsieht, für die nationalen Behörden des Aufnahmestaates während des Entsendungszeitraums eine Kopie gewisser Personal- und Arbeitsdokumente zur Verfügung zu halten (EuGH v. 7.10.2010 – C-515/08, NZA 2010, 1404, 1407f.). Auch eine **Erteilung zusätzlicher Auskünfte** kann verlangt werden (EuGH v. 25.10.2001 – Rs. 49/98, AP AEntG § 1 Nr. 8).

4 Die in Abs. 2 geregelte **Verpflichtung zur Übersetzung** der dort genannten Unterlagen stellt eine Beschränkung des freien Dienstleistungsverkehrs dar. Die Beschränkung ist jedoch gerechtfertigt und verstößt nicht gegen Art. 56 AEUV (ex-Art. 49 EG), da es den zuständigen Behörden des Staates ermöglicht werden soll, am Beschäftigungsort Kontrollen durchzuführen, die erforderlich sind, um die Einhaltung der nationalen Vorschriften zum Schutz der Arbeitnehmer, insbesondere derjenigen über die Entlohnung und die Arbeitszeit, zu gewährleisten (EuGH v. 18.7.2007 – Rs. C-490/04, NZA 2007, 917, 921). Solche Kontrollen vor Ort würden in der Praxis extrem erschwert, wenn diese Unterlagen in der Sprache des Sitzstaates des Arbeitgebers vorgelegt werden könnten, die die Beamten des Aufnahmestaates möglicherweise nicht beherrschen (BeckOK ArbR/*Gussen,* § 19 AEntG Rn. 5). So kann beim Einsatz ausländischer Arbeitnehmer in Deutschland z. B. die Bereithaltung von Arbeitszeitnachweisen und Lohnabrechnungen in deutscher Sprache gefordert werden. Auf die Anordnung, die Unterlagen in deutscher Sprache vorzulegen, ist allerdings zu verzichten, wenn innerhalb der Behörde sprachkundige Mitarbeiter vorhanden sind (BeckOK ArbR/*Gussen,* § 19 AEntG Rn. 4; *Ulber,* § 2 Rn. 1).

5 Auch im Hinblick auf die **zeitliche Begrenzung,** die Unterlagen im Inland für die gesamte Dauer der tatsächlichen Beschäftigung der Arbeitnehmer im Geltungsbereich dieses Gesetzes, mindestens für die Dauer der gesamten Werk- oder Dienstleistung, maximal jedoch zwei Jahre bereitzuhalten, ist § 19 Abs. 2 europarechtskonform (vgl. EuGH v. 23.11.1999 – Rs. C-369/96, NZA 2000, 85, 90). Auch die seit dem 16.8.2014 geltende Präzisierung des Beginns der Aufzeichnungspflicht, welcher nach Abs. 1 Satz 1 fortan spätestens bis zum Ablauf des siebten, auf den Tag der Arbeitsleistung folgenden Kalendertages zu erfolgen hat, dürfte europarechtskonform sein. In Hinblick auf zeitliche Fristen hatte der EuGH zwar in einer Entscheidung grundsätzliche Bedenken angemeldet, allerdings nur gegen eine vor der Entsendung einzuhaltende Anmeldungsfrist, soweit diese dazu geeignet erscheine, die Entsendung zeitlich zu verzögern (EuGH v. 7.10.2010 – C-515/08, NZA 2010, 1404, 1407f.). Die Gefahr einer Verzögerung besteht im hier betroffenen Fall der Aufzeichnungspflicht spätestens ab dem 7. Werktag nach Beginn der Arbeitsleistung gerade nicht, da die Entsendung zwangsnotwendiger Weise vor Beginn der Aufzeichnungspflicht schon stattgefunden hat.

6 Im Übrigen ist diese Vorschrift **gemeinschaftskonform auszulegen:** Legt das in einem Mitgliedstaat ansässige Unternehmen die Unterlagen vor, welche es nach dem Recht seines Niederlassungsstaates über das Arbeitsverhältnis führen muss, und genügen diese Unterlagen bereits, um den Schutz des Arbeitnehmers sicherzustellen, können deutsche Behörden keine weiteren Unterlagen verlangen. Denn nur solche Maßnahmen sind zulässig, die zum Schutz der Arbeitnehmer geeignet und erforderlich sind (EuGH v. 18.7.2007 – Rs. C-490/04, NZA 2007, 917, 921; EuGH v. 7.10.2010 – C-515/08, NZA 2010, 1404, 1405).

IV. Pflichten des Arbeitgebers

1. Aufzeichnungspflicht nach § 19 Abs. 1

7 Soweit die Rechtsnormen eines für allgemeinverbindlich erklärten Tarifvertrages nach §§ 4 Absatz 1 Nummer 1, 5 Satz 1 Nummer 1 bis 3 und § 6 Abs. 2 oder einer Rechtsverordnung nach § 7 bzw. 7a auf das Arbeitsverhältnis Anwendung finden, ist der Arbeitgeber gem. Abs. 1 verpflichtet, **Beginn, Ende und Dauer der täglichen Arbeitszeit** des Arbeitnehmers aufzuzeichnen und diese Aufzeichnungen mindestens zwei Jahre aufzubewahren. In der Praxis hatte sich herausgestellt, dass es zwar häufig möglich war, den gezahlten Lohn festzustellen, nicht aber die Dauer der Arbeitszeit, für die der Lohn gezahlt wurde (*Marschall,* NZA 1998, 633f.). Durch die Vorschrift wird die Kontrolle der für den Mindestlohn maßgeblichen Stundenzahl durch die Aufsichtsbehörde ermöglicht und mit Hilfe der Lohnabrechnungsunterlagen der tatsächlich gezahlte Stundenlohn ermittelt (BT-Drs. 13/8994, S. 91). Die Pflicht des Arbeitgebers aus § 19 AEntG, bestimmte Dokumente zu erstellen, aufzubewahren und im Fall einer Prüfung vorzulegen, besteht allerdings jeweils nur im Verhältnis zu der für die Prüfung zuständigen Behörde (OLG Naumburg 24.1.2014 –

10 U 7/13, BauR 2014, 2142). Demnach hat der Auftraggeber von Bauleistungen etwa keinen gesetzlichen Anspruch aus dem AEntG gegenüber einem Auftragnehmer auf Vorlage von Bescheinigungen zur Erfüllung seiner eigenen Verpflichtung zur Zahlung der Sozialversicherungsbeiträge für die bei ihm oder seinen Subunternehmern auf der Baustelle beschäftigten Arbeitnehmer (OLG Naumburg 24.1.2014 – 10 U 7/13, BauR 2014, 2142). Eine Übertragung der Erfüllung dieser Pflicht auf Dritte – auch auf die Arbeitnehmer – ist grds. zulässig, da es sich insoweit um **keine höchstpersönliche Pflicht** des Arbeitgebers handelt (OLG Jena v. 3.5.2005 – 1 Ss 115/05, NStZ-RR 2005, 278). Die Aufzeichnungspflicht beginnt nach der ab dem 16.8.2014 neu eingefügten ausdrücklichen Klarstellung spätestens ab dem siebten Werktag nach Aufnahme der Beschäftigung.

2. Bereithaltungspflicht nach § 19 Abs. 2

8 Den Arbeitgeber treffen die Bereithaltungspflichten für eine maximale Dauer von zwei Jahren aus Abs. 2. Danach ist der Arbeitgeber mit Sitz im Ausland verpflichtet, die für die Kontrolle der Einhaltung der Rechtspflichten eines für allgemeinverbindlich erklärten Tarifvertrages nach den §§ 4 Abs. 1 Nummer 1, 5 Satz Nummer bis 3 und § 6 Abs. 2 oder einer Rechtsverordnung nach § 7 bzw. § 7a erforderlichen Unterlagen **im Inland** bereitzuhalten. Damit wird eine in der Praxis vorkommende Umgehung, indem Unterlagen weit entfernt von der Baustelle aufbewahrt wurden, verhindert (Erbs/Kohlhaas/*Ambs* AEntG § 19 Rn. 2; *Marschall*, NZA 1998, 633f.).

9 Es sind **alle Unterlagen** bereitzuhalten, die für die Wahrnehmung der Kontrollaufgaben der Prüfbehörden und für die Prüfung von Bedeutung sind, so z. B. Stundennachweise der entsandten Arbeitnehmer, Dokumente, die sich unmittelbar auf die Lohnzahlung und den Urlaub beziehen, Unterlagen, die eine Beitragszahlung an eine Urlaubskasse, ggf. auch im Heimatland, belegen (Erbs/Kohlhaas/*Ambs* AEntG § 19 Rn. 2*Ulber*, § 2 Rn. 7a). Die Verpflichtung zur Bereithaltung der Unterlagen ist jedoch auf die Bereithaltung derjenigen Unterlagen beschränkt, die Auskunft darüber geben, ob der Arbeitgeber dem entsandten Arbeitnehmer die Mindestarbeitsbedingungen nach § 5 gewährt, also für die Überprüfung erforderlich sind (BT-Drs. 13/2414, S. 10). Die **Grenze** besteht zudem dort, wo das Recht des Heimatstaates des Arbeitgebers genügt, um den Schutz des Arbeitnehmers sicherzustellen (EuGH v. 18.7.2007 – Rs. C-490/04, NZA 2007, 917, 921).

10 In **zeitlicher Hinsicht** umfasst die Bereithaltungspflicht immer die gesamte Dauer der tatsächlichen Beschäftigung des Arbeitnehmers, wobei auch Fälle mehrerer Beschäftigungen oder Fälle einer Anschlussbeschäftigung im Rahmen einer anderen Werk- oder Dienstleistung erfasst werden (BT-Drs. 13/8994, S. 91). Als Obergrenze ist ein Zeitraum von zwei Jahren vorgesehen. Der **Fristbeginn** hinsichtlich der Pflicht zur Bereithaltung der jeweiligen Unterlagen richtet sich nach der nun erfolgten ausdrücklichen gesetzlichen Klarstellung in Abs. 1 Satz 1 jeweils nach dem Zeitpunkt, in dem die jeweiligen Dokumentationspflichten anlassbezogen begründet wurden.

11 Kommt ein ausländischer Arbeitgeber seiner Verpflichtung zur Aufzeichnung oder Aufbewahrung der entsprechenden Unterlagen nicht nach oder kann er die tatsächlich erbrachte Arbeitszeit seiner Arbeitnehmer nicht anders nachweisen, können die Arbeitszeit und die darauf beruhenden Beitragsansprüche der Urlaubskasse nach § 287 Abs. 2 ZPO geschätzt werden (LAG Frankfurt a. M. 2.2.2011 – 18 Sa 635/10, IPRspr 2011, Nr 57, 126). Im Rahmen einer solchen Schätzung kann grundsätzlich davon ausgegangen werden, dass selbst nur für Teilgewerke zuständige Werkvertragsarbeitnehmer, deren Tätigkeit von Vor- und Nacharbeiten anderer Arbeitnehmergruppen auf der Baustelle abhängt, zumindest im Umfang der tariflichen Arbeitszeit arbeiteten (LAG Frankfurt a. M. 2.2.2011 – 18 Sa 635/10, IPRspr 2011, Nr 57, 126).

3. Verordnungsermächtigungen nach Abs. 3 u 4

12 Mit dem TarifautonomiestärkungsG vom 11.8.2104 (BGBl. I, S. 1348) hat der Gesetzgeber in § 19 mit den Absätzen 3 und 4 eine Ermächtigung zum Erlass ministerieller Verordnungen angefügt. Nach Abs. 3 wird das Bundesministerium für Arbeit und Soziales (BMAS) ermächtigt, durch Rechtsverordnung die Verpflichtungen des Arbeitgebers oder eines Entleihers in Hinblick auf die Aufzeichnungs- und Aufbewahrungspflichten aus den Absätzen 1 und 2 hinsichtlich einzelner Branchen oder Gruppen von Arbeitnehmern und Arbeitnehmerinnen einzuschränken. In Abs. 4 wurde darüber hinaus eine Ermächtigung für das Bundesfinanzministerium (BMF) geschaffen, im Einvernehmen mit dem Bundesministerium für Arbeit und Soziales (BMAS) eine Rechtsverordnung über die Vereinfachung oder Abwandlung der genauen branchenspezifischen Verpflichtungen des Arbeitgebers zur Erstellung und Aufbewahrung der Aufzeichnungen über die tägliche Arbeitszeit der Arbeitnehmer zu erlassen, sofern Besonderheiten der zu erbringenden Werk- oder Dienstleistungen oder Besonderheiten der Branche dies erfordern. Beide Ermächtigungsgrundlagen weisen den Ministerien das Recht zum Erlass der entsprechenden Rechtsverordnungen zu, ohne dass jeweils die Zustimmung des Bundesrates notwendig wäre. Die Regelungen in den Absätzen 3 und 4 entsprechen inhaltlich weitgehend den im Mindestlohngesetz (MiLoG) in § 17 Abs. 3 u 4 MiLoG verankerten Verordnungsermächtigungen. Die Verordnungsermächtigungen sollen ermöglichen, den Anwendungsbereich sowie die Art und Weise der Erfüllung der Dokumentations- und Vorhaltepflichten mit Blick auf die jeweiligen branchenspezifischen Bedürfnisse in der Praxis flexibel regeln zu können und der jeweiligen Kontrollsituation anzupassen (BeckOK ArbR/*Gussen,* § 19 AEntG Rn. 6).

§ 20 Zusammenarbeit der in- und ausländischen Behörden

(1) **Die Behörden der Zollverwaltung unterrichten die zuständigen örtlichen Landesfinanzbehörden über Meldungen nach § 18 Abs. 1 und 3.**

(2) [1]**Die Behörden der Zollverwaltung und die übrigen in § 2 des Schwarzarbeitsbekämpfungsgesetzes genannten Behörden dürfen nach Maßgabe der datenschutzrechtlichen Vorschriften auch mit Behörden anderer Vertragsstaaten des Abkommens über den Europäischen Wirtschaftsraum zusammenarbeiten, die diesem Gesetz entsprechende Aufgaben durchführen oder für die Bekämpfung illegaler Beschäftigung zuständig sind oder Auskünfte geben können, ob ein Arbeitgeber seine Verpflichtungen nach § 8 erfüllt.** [2]**Die Regelungen über die internationale Rechtshilfe in Strafsachen bleiben hiervon unberührt.**

(3) **Die Behörden der Zollverwaltung unterrichten das Gewerbezentralregister über rechtskräftige Bußgeldentscheidungen nach § 23 Abs. 1 bis 3, sofern die Geldbuße mehr als zweihundert Euro beträgt.**

I. Vorbemerkung

1 In der ursprünglichen Fassung des Gesetzes befanden sich die Vorschriften über die Zusammenarbeit der Behörden in verschiedenen Paragrafen (s. § 2 Abs. 2 S. 3, § 3 Abs. 4, § 5 Abs. 6, 7 a. F.). Die Regelung über die Zusammenarbeit der in- und ausländischen Behörden wird nunmehr zusammengefasst, als eigenständiger § 20 eingeführt. Im Rahmen der letzten Gesetzesänderung mit dem TarifautonomiestärkungsG vom 11.8.2014 (BGBl. I, S. 1348) wurde zum Einen in Abs. 1 Satz 1 der Begriff der „Finanzämter" durch die „örtlichen Landesfinanzbehörden" ersetzt, ohne dass dies in der Sache einen praktischen Einfluss hätte. Zum anderen wurde der vormalige Abs. 4 gestrichen.

II. Normzweck

2 Ziel der Vorschrift ist es, zwischen den betroffenen Behörden im In- und Ausland eine intensivere und bessere Zusammenarbeit herzustellen, um die illegale Arbeitnehmerüberlassung und den damit oft verbundenen Leistungsmissbrauch zu verhindern. Ein **stärkerer Informationsaustausch** ist geboten, da die illegale Beschäftigung oft sich überschneidende und teilweise einander gegenseitig bedingende Rechtsmaterien und damit auch Behördenzuständigkeiten betrifft.

III. Unterrichtungspflicht der Behörden der Zollverwaltung gegenüber anderen Behörden und Inhalt der Unterrichtungspflicht (§ 20 Abs. 1 und 3)

3 § 20 Abs. 1 und 3 stellt den reibungslosen Informationsfluss zwischen den wichtigsten nationalen Prüfbehörden sicher. Er begründet für die Behörden der Zollverwaltung in den abschließend genannten Fällen eine **Rechtspflicht zur Zusammenarbeit** mit anderen Behörden. Die Rechtspflicht zur Zusammenarbeit besteht gegenüber den zuständigen **Finanzämtern** bei Meldungen nach § 18 Abs. 1 und 3. Die Behörden unterrichten zudem gem. Abs. 3 das Gewerbezentralregister über rechtskräftige Bußgeldentscheidungen nach § 23 Abs. 1 bis 3, sofern die Geldbuße mehr als zweihundert Euro beträgt. Durch die Unterrichtungspflicht soll sichergestellt werden, dass das **Gewerbezentralregister** die bei Verstößen gegen das AEntG gegebenenfalls erforderlichen Maßnahmen ergreifen kann (H/B/D/*Kühn,* § 5 Rn. 28). Den öffentlichen Auftraggebern (§ 98 GWB) wird dadurch ermöglicht, aufgrund der Eintragung Kenntnis von Verstößen zu erlangen, die zum Ausschluss bei der Auftragsvergabe nach § 21 führen können.

4 Die Unterrichtung hat ohne ausdrückliches Ersuchen der betroffenen Behörden eigenständig von Seiten der verpflichteten Behörde zu erfolgen und kann in allen sinnvoll erscheinenden Formen der Kommunikation bzw. des Datenaustausches erfolgen.

IV. Zusammenarbeit der in- und ausländischen Behörden (§ 20 Abs. 2)

5 Abs. 2 erweitert die Möglichkeiten der Zusammenarbeit der Behörden der Zollverwaltung mit anderen Behörden dahin, dass im Rahmen der datenschutzrechtlichen Vorschriften mit ausländischen Behörden im Europäischen Wirtschaftsraum eine Zusammenarbeit erfolgen darf (HWK/*Tillmanns,* § 20 Rn. 1). Die Vorschrift trägt somit dem grenzüberschreitenden Charakter der Entsendefälle Rechnung und entspricht der Entsenderichtlinie (*Ulber,* § 2 Rn. 6). **Art. 4 der Richtlinie** (vgl. § 4 RL 96/71/EG) enthält klare Kooperationsverpflichtungen für die einzelstaatlichen Behörden und überträgt den Mitgliedstaaten die Verantwortung für die Schaffung der für eine solche Zusammenarbeit notwendigen Voraussetzungen. Dem kommt Abs. 2 nach. Die Kommission der Europäischen Gemeinschaften hat nochmals in einer Mitteilung an das Europäische Parlament, den Rat, den europäischen Wirtschafts- und Sozialausschuss und den Ausschuss der Regionen vom 13.6.2007 deutlich gemacht (vgl. Mitteilung der Kommission v. 13.6.2007 SEK (2007) 747), dass die Mitgliedstaaten die Zusammenarbeit untereinander verbessern und insbesondere

den Verpflichtungen zur Verwaltungszusammenarbeit und Bereitstellung von Informationen nachkommen müssen, die ihnen die Richtlinie auferlegt. In diesem Sinne ist auch Abs. 2 zu verstehen, indem er zum **wechselseitigen Austausch** von Informationen auffordert, wie sich aus dem Begriff „Zusammenarbeit" ergibt. Die konkrete Art und Weise der Zusammenarbeit ist nicht näher geregelt.

6 Die Behörden der Zollverwaltung können **Auskünfte und Informationen** bei den zuständigen Behörden im Ausland einholen und **Daten ins Ausland übermitteln,** soweit nicht gegen die datenschutzrechtlichen Vorschriften verstoßen wird. Die Kontrollbehörde darf jedoch den zuständigen ausländischen Behörden keine Daten übermitteln, die nicht mit der Überprüfung der Arbeitgeberpflichten nach § 8 in Zusammenhang stehen (*Ulber,* § 2 Rn. 6).

7 Die vormals bestehenden Übermittlungspflichten der Gerichte und Staatsanwaltschaften im Hinblick auf Erkenntnisse zur Verfolgung von Ordnungswidrigkeiten an die zuständigen Behörden, in erster Linie die Zollbehörden, nach § 20 Abs. 4 AEntG wurde durch das TarifautonomiestärkungsG (v. 11.8.2014, BGBl. I, S. 1348) mit Wirkung vom 16.8.2014 ersatzlos gestrichen.

§ 21 Ausschluss von der Vergabe öffentlicher Aufträge

(1) [1]**Von der Teilnahme an einem Wettbewerb um einen Liefer-, Bau- oder Dienstleistungsauftrag der in § 98 des Gesetzes gegen Wettbewerbsbeschränkungen genannten Auftraggeber sollen Bewerber oder Bewerberinnen für eine angemessene Zeit bis zur nachgewiesenen Wiederherstellung ihrer Zuverlässigkeit ausgeschlossen werden, die wegen eines Verstoßes nach § 23 mit einer Geldbuße von wenigstens zweitausendfünfhundert Euro belegt worden sind.** [2]**Das Gleiche gilt auch schon vor Durchführung eines Bußgeldverfahrens, wenn im Einzelfall angesichts der Beweislage kein vernünftiger Zweifel an einer schwerwiegenden Verfehlung im Sinne des Satzes 1 besteht.**

(2) **Die für die Verfolgung oder Ahndung der Ordnungswidrigkeiten nach § 23 zuständigen Behörden dürfen öffentlichen Auftraggebern nach § 98 Nr. 1 bis 3 und 5 des Gesetzes gegen Wettbewerbsbeschränkungen und solchen Stellen, die von öffentlichen Auftraggebern zugelassene Präqualifikationsverzeichnisse oder Unternehmer- und Lieferantenverzeichnisse führen, auf Verlangen die erforderlichen Auskünfte geben.**

(3) [1]**Öffentliche Auftraggeber nach Absatz 2 fordern im Rahmen ihrer Tätigkeit beim Gewerbezentralregister Auskünfte über rechtskräftige Bußgeldentscheidungen wegen einer Ordnungswidrigkeit nach § 23 Abs. 1 oder 2 an oder verlangen von Bewer-**

bern oder Bewerberinnen eine Erklärung, dass die Voraussetzungen für einen Ausschluss nach Absatz 1 nicht vorliegen. [2]Im Falle einer Erklärung des Bewerbers oder der Bewerberin können öffentliche Auftraggeber nach Absatz 2 jederzeit zusätzlich Auskünfte des Gewerbezentralregisters nach § 150a der Gewerbeordnung anfordern.

(4) **Bei Aufträgen ab einer Höhe von 30.000 Euro fordert der öffentliche Auftraggeber nach Absatz 2 für den Bewerber oder die Bewerberin, der oder die den Zuschlag erhalten soll, vor der Zuschlagserteilung eine Auskunft aus dem Gewerbezentralregister nach § 150a der Gewerbeordnung an.**

(5) **Vor der Entscheidung über den Ausschluss ist der Bewerber oder die Bewerberin zu hören.**

I. Allgemeines

1 Die Norm regelt den Ausschluss von Unternehmen von der Vergabe öffentlicher Aufträge wegen vorheriger Verstöße gegen das AEntG. Die Vorschrift ordnet ebenso wie die Bußgeldvorschrift des § 23 **Sanktionen** an. § 21 stellt damit eine Konkretisierung des Art. 5 Satz 1 der Entsende-Richtlinie 96/71/EG dar, wonach die Mitgliedstaaten „geeignete Maßnahmen" im Falle der Nichteinhaltung der Bestimmungen der Entsende-Richtlinie vorsehen müsssen (vgl. auch *Koberski*/Asshoff/Eustrup/Winkler, § 21 Rn. 6; Däubler/*Lakies,* § 21 AEntG Rn. 2). Im Vergleich zu den Geldbußen des § 23 handelt es sich bei dem Ausschluss von der Vergabe öffentlicher Aufträge um eine zwar zeitlich begrenzte Sanktion, die den Täter jedoch ggf. deutlich härter trifft (vgl. auch *Koberski*/Asshoff/Eustrup/Winkler, § 21 AEntG Rn. 5; Däubler/*Lakies,* § 21 AEntG Rn. 2). § 21 entspricht im Wesentlichen dem **früheren § 6** in der Fassung, die dieser durch Art. 21a des Gesetzes zum Abbau bürokratischer Hemmnisse insbesondere der mittelständischen Wirtschaft (BGBl. I S. 2246, 2259) erhalten hatte. Der Gesetzgeber lehnte sich bei § 6 a. F. an § 5 SchwArbG a. F. an, dem heutigen § 21 SchwArbG (*Koberski*/Asshoff/Eustrup/Winkler, § 21 AEntG Rn. 4).

2 Der Ausschluss aus einem Vergabeverfahren wegen eines Verstoßes gegen § 23 stellt eine **Durchbrechung des vergaberechtlichen Grundsatzes** nach § 97 Abs. 4 Satz 1 GWB dar, nach dem Aufträge an fachkundige, leistungsfähige sowie gesetzestreue und zuverlässige Unternehmen vergeben werden. Zuverlässig im Sinne von § 97 Abs. 4 Satz 1 GWB ist ein Unternehmen bereits dann, wenn es die Gewähr dafür bietet, den Auftrag ausschreibungsgemäß auszuführen und abzuwickeln sowie sich ordnungsgemäß an dem Vergabeverfahren zu beteiligen (vgl. nur Immenga/Mestmäcker/*Dreher,* § 97 GWB Rn. 204). Ein bußgeldpflichti-

ger Verstoß gemäß § 23 führt daher nicht zwangsläufig zu einer Unzuverlässigkeit im Sinne des § 97 Abs. 4 GWB (a. A. Däubler/*Lakies,* § 21 AEntG Rn. 4), zumal der den Auftrag ausführende Geschäftsbereich des Unternehmens gar nicht an dem Verstoß beteiligt gewesen sein muss (vgl. dazu unten Rn. 4). Die Durchbrechung ist aber nach § 97 Abs. 4 Satz 3 GWB zulässig. Diese Regelung sieht vor, dass weitergehende Anforderungen an Bewerber durch Bundesgesetz gestellt werden können.

II. Gegenstand des Ausschlusses

3 § 21 betrifft den Ausschluss von der Teilnahme an einem Wettbewerb um einen Liefer-, Bau- oder Dienstleistungsauftrag der in § 98 GWB abschließend genannten Auftraggeber. Der Begriff des öffentlichen Auftraggebers knüpfte ursprünglich fast ausschließlich an die öffentlich-rechtliche Organisationsform an und umfasste damit lediglich den Staat und seine Untergliederungen (§ 98 Nr. 1 GWB). Vor dem Hintergrund der Entscheidung des EuGH im Jahr 1998 in der Rechtssache „Beentjes" (EuGH v. 20.9.1988, Rs. 31/87 – „Gebroeders Beentjes BV./. Niederländischer Staat Rn. 11) wurde der Begriff des öffentlichen Auftraggebers erweitert, um die unterschiedlichen Strukturen in den Mitgliedstaaten erfassen zu können (vgl. nur Langen/Bunte/*Wagner,* § 98 GWB Rn. 6; Hattig/Maibaum/*Dippel,* § 98 GWB Rn. 4ff.). **Öffentliche Auftraggeber** im Sinne von § 98 GWB sind daher alle Unternehmen, die Tätigkeiten auf der Grundlage besonderer oder ausschließlicher Rechte ausüben (funktionaler Auftraggeberbegriff). Somit sind auch private und öffentliche Unternehmen, die staatlich finanziert oder beherrscht sind (§ 98 Nr. 2 GWB), sowie rein private Unternehmen, die in bestimmten Sektoren tätig sind (§ 98 Nr. 4 GWB), und mit den genannten Fällen vergleichbare Konstellationen (§ 98 Nr. 3, 5 und 6 GWB) erfasst.

4 Der Ausschluss kann sich auf einen **Liefer-, Bau- oder Dienstleistungsauftrag** beziehen. Er ist damit nicht auf die in § 4 genannten, in das AEntG einbezogenen Branchen beschränkt. Vielmehr ist der Ausschluss stets unternehmensbezogen und knüpft an die Bußgeldbelegung des Bewerbers gemäß § 23 an. Ist ein ordnungswidrig handelnder Bewerber in mehreren Geschäftsbereichen tätig, führt somit der Verstoß auf einem Gebiet dazu, dass das Unternehmen als Ganzes von einem Wettbewerb ausgeschlossen wird (vgl. nur *Koberski*/Asshoff/Eustrup/Winkler, § 21 AEntG Rn. 10).

5 Liefer-, Bau- und Dienstleistungsaufträge sind in **§ 99 Abs. 2, 3 und 4 GWB** definiert. Da § 99 Abs. 4 GWB Dienstleistungsaufträge als Verträge über Leistungen definiert, die nicht unter § 99 Abs. 2 oder 3 GWB fallen und keine Auslobungsverfahren sind, sind im Ergebnis alle Aufträge mit Ausnahme von Auslobungsverfahren erfasst (*Koberski*/Asshoff/Eustrop/Winkler, § 21 AEntG Rn. 9). Auslobungsverfahren sind in § 21 ohne Be-

deutung, weil sie noch nicht direkt zu einer Auftragsvergabe führen, sondern nach ihrer Definition in § 99 Abs. 5 GWB der Auftragsvergabe lediglich vorgeschaltet sind (Langen/Bunte/*Wagner,* § 99 GWB Rn. 95).

III. Voraussetzungen des Ausschlusses

6 Anknüpfungspunkt für einen Ausschluss ist ein Verstoß gegen § 23, der mit einer **Geldbuße von mindestens EUR 2.500** belegt worden ist. Dieser wird als Anhaltspunkt dafür gewertet, dass der Bewerber die Pflichten des AEntG und des SchwArbG nicht zuverlässig einhält. Durch die vorausgesetzte Bußgeldhöhe von mindestens EUR 2.500 werden lediglich schwerwiegende Verstöße erfasst. Der Bußgeldbescheid muss nicht rechtskräftig sein, bereits die Festsetzung durch die Verwaltungsbehörde ist ausreichend (*Koberski*/Asshoff/Eustrup/Winkler, § 21 AEntG Rn. 14).

7 Nach Abs. 1 Satz 2 ist ein Ausschluss bereits **vor der Durchführung eines Bußgeldverfahrens** möglich. Dann darf nach der Beweislage kein vernünftiger Zweifel daran bestehen, dass ein Verstoß nach § 23 vorliegt, der mit einer Geldbuße von wenigstens EUR 2.500 belegt werden wird. Diese Vorschrift ist bedenklich, denn sie ordnet eine Sanktion bereits vor der Feststellung des Verstoßes an und durchbricht damit das auch im Verwaltungsrecht geltende rechtsstaatliche Prinzip der Unschuldsvermutung. Daher ist die Norm restriktiv anzuwenden. Ein bloßer Verdacht ist nicht hinreichend. Vielmehr muss ein schwerwiegender Verstoß offensichtlich vorliegen und kein vernünftiger Zweifel an der Täterschaft des Bewerbers bestehen (*Koberski*/Asshoff/Eustrup/Winkler, § 21 AEntG Rn. 21; Däubler/*Lakies,* § 21 AEntG Rn. 7), somit eine zukünftige Bußgeldverhängung mit Sicherheit zu erwarten sein. Die Rechtsstaatlichkeit des Verfahrens wird jedenfalls insoweit durch die Anhörung nach Abs. 5 gewährleistet, als der Bewerber Einwände gegen das Vorliegen einer schwerwiegenden Verfehlung vorbringen kann. Der Gesetzgeber hat das Anhörungsrecht erst mit Wirkung zum 14. September 2007 in die Vorgängervorschrift eingefügt. Die Verfassungsmäßigkeit der Vorschrift dürfte dadurch wohl hergestellt sein (zweifelnd dagegen ErfK/*Schlachter,* § 21 AEntG Rn. 1).

IV. Rechtsfolge

8 Bewerber „sollen“ nach Abs. 1 Satz 1 von der Auftragsvergabe für „eine angemessene Zeit bis zur nachgewiesenen Wiederherstellung ihrer Zuverlässigkeit“ ausgeschlossen werden. Die Auftraggeber haben damit weitgehendes **Ermessen.** Ein Ausschluss darf lediglich nicht mehr nach dem Nachweis der Wiederherstellung der Zuverlässigkeit erfolgen. Eine Höchstdauer des Ausschlusses von drei Jahren wie in § 21 Abs. 1 Satz 1 SchwArbG ist nicht vorgesehen. Trotzdem erscheint es angemessen, sich

an diesem Zeitraum bei den Ermessenserwägungen zu orientieren (vgl. auch ErfK/*Schlachter,* § 21 AEntG Rn. 1; *Koberski/Asshoff/Eustrup/Winkler,* § 21 AEntG Rn. 19).

9 **Ermessensgesichtspunkte** sind in erster Linie die Schwere des Verstoßes, eine etwaige Wiederholungsgefahr und die Frage, ob der Verstoß auf einen von mehreren Tätigkeitsbereichen des Unternehmens beschränkt ist. Daneben können auch die Folgen eines Ausschlusses im Unternehmen berücksichtigt werden, insbesondere die Auswirkungen auf die Arbeitsplätze. Schließlich ist einzubeziehen, inwieweit ein Ausschluss den Wettbewerb beeinträchtigt. Da durch den Ausschluss nach § 21 unter Umständen nicht das wirtschaftlichste Unternehmen zum Zuge kommt, wie es § 97 Abs. 5 GWB vorsieht, stellt der Ausschluss zunächst eine Beschränkung des Wettbewerbs dar. Auf der anderen Seite könnte der Bewerber gerade durch den Verstoß gegen § 23 Vorteile im Wettbewerb erlangt haben, so dass der Ausschluss gerade erforderlich erscheint, um wieder gleiche Ausgangschancen zu schaffen (*Koberski/Asshoff/Hold,* § 6 AEntG Rn. 18f.).

10 Das Gesetz gibt nicht vor, wie ein Bewerber den **Nachweis der Wiederherstellung** der Zuverlässigkeit erbringen kann. Eine Möglichkeit ist es, dass der Bewerber einen Auszug aus dem Gewerbezentralregister vorlegt, den er nach § 150 GewO selbst beantragen kann. Mit dem Auszug kann er nachweisen, dass er bei privatwirtschaftlichen Aufträgen seinen Verpflichtungen aus dem AEntG nach Rechtskraft des Bußgeldbescheids uneingeschränkt nachgekommen ist (*Koberski*/Asshoff/Eustrup/Winkler, § 21 AEntG Rn. 21f.).

V. Verfahren

11 Für die öffentlichen Auftraggeber nach **§ 98 Nr. 1 bis 3 und 5 GWB** sieht der Gesetzgeber für ihre Vergabeentscheidungen in Abs. 3 und 4 ein zwingend zu befolgendes Verfahren vor. Ausgenommen sind öffentliche Auftraggeber nach § 98 Nr. 4 und 6 GWB, denn sie sind nach § 150a Abs. 1 Satz 2 GewO nicht berechtigt, Auskünfte vom Gewerbezentralregister einzuholen. Bei ihnen handelt es sich um Sektorenauftragnehmer, die auf dem Gebiet der der Trinkwasser- oder Energieversorgung oder des Verkehrs oder der Telekommunikation tätig sind, (Nr. 4) und um Baukonzessionäre (Nr. 6). Der Gesetzgeber hat das Datenschutzinteresse der Bewerber höher gewichtet als das Auskunftsinteresse dieser Auftraggeber.

12 Die öffentlichen Auftraggeber nach § 98 Nr. 1 bis 3 und 5 GWB haben die Wahl, entweder selbst eine **Auskunft beim Gewerbezentralregister** anzufordern oder von den Bewerbern eine **Eigenerklärung** zu verlangen. Die Eigenerklärung ist für alle öffentlichen Auftraggeber der kostengünstigere und schnellere Weg.

13 Die Richtigkeit der Eigenerklärungen ist gewährleistet, weil die öffentlichen Auftraggeber jederzeit zusätzlich selbst Auskünfte des Gewerbezentralregisters nach § 150a GewO einholen können und dadurch zumindest das Risiko der Kontrolle der Eigenerklärung besteht. Abs. 3 Satz 2 stellt diese Befugnis deklaratorisch fest. Für **Aufträge ab einer Höhe von EUR 30.000** ordnet Abs. 4 sogar ausdrücklich an, dass der öffentliche Auftraggeber vor der Zuschlagserteilung eine Auskunft aus dem Gewerbezentralregister anfordern muss. Der Bewerber, der den Zuschlag erhalten soll, wird ab dieser Bagatellgrenze auf jeden Fall kontrolliert. Die Abgabe einer unehrlichen Eigenerklärung ist daher nicht nur eine Straftat – in der Form des Betrugs –, sondern auch ohne Erfolgsaussichten. Ein aufwändig erstelltes Angebot hätte wegen dieser Prüfung doch keine Aussicht auf Erfolg. Hat der öffentliche Auftraggeber bereits von vornherein selbst Auskünfte eingeholt, muss er dies nach Abs. 4 vor der Zuschlagserteilung nicht wiederholen. Dies ergibt sich bereits aus dem Wortlaut des Gesetzes, das keine Anforderung direkt vor der Zuschlagserteilung fordert, sondern den gesamten Zeitraum vom ersten Kontakt mit dem Bewerber bis zur Zuschlagserteilung umfasst. Nach der Gesetzesbegründung ist die Pflicht zur Anforderung von Auskünften nicht darauf gerichtet, zwischenzeitlich rechtskräftig gewordene Bußgeldbescheide zu erfassen. Vielmehr geht es darum, die Bewerber zur Abgabe ehrlicher Eigenerklärungen anzuhalten. Der Aufwand gegenüber einer Anforderung der Auskünfte von vornherein ist für die öffentlichen Auftraggeber geringer, da sie die Auskünfte nach der Vorlage von Eigenerklärungen durch alle Bewerber nur noch für den an der Spitze liegenden Bewerber einholen müssen (vgl. BT-Drs. 16/5522, S. 41).

14 Öffentliche Auftraggeber nach § 98 Nr. 1 bis 3 und 5 GWB können daneben **Auskünfte von den Behörden der Zollverwaltung** verlangen, die nach § 23 Abs. 4 i. V. m. § 16 zuständig sind (vgl. § 21 Abs. 2). Neben den öffentlichen Auftraggebern dürfen weitere Stellen, die Präqualifikationsverzeichnisse oder Unternehmen und Lieferantenverzeichnisse für diese führen, Auskunft verlangen. Bei einer Präqualifizierungsstelle handelt es sich um ein privates Unternehmen, das vom Verein für die Präqualifikation von Bauunternehmen beauftragt wird, die Präqualifikation unabhängig und kompetent durchzuführen (vgl. Ziffer 2 Abs. 3 der Leitlinie des BMVBS und ausführlich zu Präqualifizierungsstellen *Koberski*/Asshoff/Eustrup/Winkler, § 21 AEntG Rn. 26f).

15 Die Behörden der Zollverwaltung dürfen Auskunft über laufende und in Vorbereitung befindliche Bußgeldverfahren geben. Erforderlich ist ein ausdrückliches Auskunftsverlangen des öffentlichen Auftraggebers bzw. der Präqualifizierungsstelle. Ob dem nachgekommen wird, liegt im **Ermessen** der auskunftsfähigen Behörde der Zollverwaltung. Eine Verweigerung von Auskünften kommt unter Berücksichtigung des Verhältnismäßigkeitsgrundsatzes insbesondere dann in Betracht, wenn dadurch die Verfolgung der Ordnungswidrigkeit erschwert werden könnte oder wenn sie den Bewerber unverhältnismäßig belasten würde. Abgesehen von solchen Ausnahmefällen soll das Ermessen zumindest bei Vorliegen eines Anfangsverdachts regelmäßig auf Null reduziert sein. Durch die Auskunftserteilung ermöglichen die Behörden der Zollverwaltung den öffentlichen Auftraggebern einen präventiven Ausschluss nach Abs. 1 Satz 2 und verhindern dadurch etwaige weitere Verstöße der unter Anfangsverdacht stehenden Bewerber (a. A. *Koberski*/Asshoff/Eustrup/Winkler, § 21 AEntG Rn. 25).

VI. Rechtsschutz für ausgeschlossene Bewerber

16 Die Rechtsschutzmöglichkeiten sind abhängig von dem Volumen des Auftrags. Werden die Schwellenwerte, auf die § 100 Abs. 1 GWB verweist, erreicht, stehen dem Bewerber die in §§ 102 bis 129 GWB genannten Rechtsschutzmöglichkeiten zur Verfügung. Mit Wirkung zum 16. Oktober 2013 wurde in § 2 VGV eine dynamische Verweisung auf die EU-Schwellenwerte eingeführt (BGBl. I 2013, 3854). Diese werden alle zwei Jahre von der Europäischen Kommission angepasst und durch das Bundesministerium für Wirtschaft und Technologie im Bundesanzeiger bekanntgegeben. **Unterhalb dieser Schwellenwerte,** die etwa für Dienstleistungsaufträge der obersten Bundesbehörden 134.000 Euro und für Bauleistungen 168.000 Euro betragen (VO Nr. 1336/2013 der Europäischen Kommission v. 13.12.2013), besteht lediglich Rechtsschutz vor den ordentlichen Gerichten (BVerwG v. 2.5.2007 – 6 B 10.07, BVerwGE 129, 9). Nach einer in der Rechtsprechung und in der Literatur verbreiteten Ansicht soll jedoch auch im Bereich der Unterschwellenvergabe, trotz Nichtanwendbarkeit der §§ 97 ff. GWB, Primärrechtsschutz im Wege des Erlasses einer einstweiligen Verfügung möglich sein, wenn gegen bieterschützende, den transparenten und chancengleichen Wettbewerb betreffende Bestimmungen verstoßen wird (vgl. zur Verfassungsmäßigkeit der Primärrechtsschutzbeschränkungen auf oberschwellige Auftragsvergaben BVerfG v. 13.6.2006 – 1 BvR 1160/03 und zum Primärrechtsschutz im Bereich der Unterschwellenvergabe nur OLG Schleswig-Holstein v. 8.1.2013 – 1 W 51/12, juris, Rn. 5; OLG Saarbrücken v. 28.1.2015 – 1 U 138/14 – juris, Rn. 33; *Boyk,* NJW 2014, 1492, 1497)

17 **Oberhalb der Schwellenwerte** kann der ausgeschlossene Bewerber vor den Vergabekammern einen Nachprüfungsantrag gemäß § 107 GWB stellen. Die Zustellung des Nachprüfungsantrags führt zur Aussetzung des Vergabeverfahrens nach § 115 Abs. 1 GWB. Schließt der Auftraggeber trotzdem einen Vertrag mit einem anderen Bewerber, ist dieser gemäß § 134 BGB nichtig (Hattig/*Maibaum,* § 115 GWB Rn. 13). Die Vergabekammer entscheidet gemäß § 114 Abs. 3 Satz 1 GWB durch Verwaltungsakt. Gegen die Beschlüsse der Vergabekammer ist nach § 116 GWB die sofortige Beschwerde vor den Vergabesenaten der Oberlandesgerichte statthaft. Neben diesem im Gesetz primär vorgesehenen Vorgehen ist die form- und fristlose Beschwerde an die Rechts-, Fach- und Dienstaufsichtsbehörden, die Anrufung der Vergabeprüfstellen und der Kartellbehörden sowie die Geltendmachung von Schadensersatzansprüchen vor den ordentlichen Gerichten möglich (dazu Immenga/Mestmäcker/*Stockmann,* § 102 GWB Rn. 21.).

VII. Tariftreueerklärungen

18 Einige Bundesländer und Gemeinden machen die Vergabe von Aufträgen davon abhängig, dass sich die Auftraggeber verpflichten, den von ihnen eingesetzten Arbeitnehmern mindestens die Arbeitsbedingungen zu gewähren, die in einem Tarifvertrag vorgesehen sind, auch wenn dieser weder für allgemeinverbindlich erklärt noch durch Rechtsverordnung erstreckt wurde. Nach der BGH-Rechtsprechung sind solche Tariftreueerklärungen verfassungswidrig wegen Verstoß unter anderem gegen Art. 9 Abs. 3 GG (BGH v. 18.1.2000, NZA 2000, 327). Dagegen hatte das BVerfG das Berliner Vergabegesetz nicht beanstandet (BVerfG v. 11.7.2006, NZA 2007, 42). Im Verhältnis zu ausländischen Dienstleistern hat der EuGH in seinem **Urteil in der Rechtsache Rüffert** vom 3. April 2008 entschieden, dass die Tariftreueklauseln des niederländischen Vergaberechts gegen die Dienstleistungsfreiheit des Art. 56 AEUV verstoßen. Der EuGH hat festgestellt, dass Tariftreueerklärungen anders als generelle durch Rechts- oder Verwaltungsvorschrift festgelegte Mindestarbeitsbedingungen oder für allgemeinverbindlich erklärte Tarifverträge nicht unter den Anwendungsbereich des Art. 3 der Entsenderichtlinie 96/71/EG fallen (EuGH v. 3.4.2008 – Rs. C-356/06, NZA 2008, 537, Rn. 24ff.). Die Landesgesetzgeber haben anschließend im Hinblick auf die durch die Rüffert-Entscheidung aufgestellten Grundsätze die Tariftreueklauseln abgeschafft und durch einen „vergabespezifischen Mindestlohn" ersetzt. Jedoch hat der EuGH in der weiteren Rechtssache Bundesdruckerei in seinem Urteil vom 18. September 2014 nochmals eine durch die Stadt Dortmund und die Vergabekammer befürwortete Auslegung der Tariftreueklausel für unvereinbar mit der Dienstleistungs- und der Niederlassungsfreiheit erklärt (EuGH v. 18.9.2014 – Rs. C-549/13, juris). Ein weiteres Vorlageverfahren zu einer ähnlichen Regelung in Rheinland-Pfalz ist noch beim EuGH anhängig (OLG Koblenz v. 19.2.2014 – 1 Verg 8/13, NZBau 2014, 317). Letztlich ist jedoch die eigenständige Bedeutung vergabespezifischer Mindestlöhne aufgrund des flächendeckenden Mindestlohns, den das Tarifautonomiestärkungsgesetz (BGBl. I 2014, 1348) zum 1. Januar 2015 eingeführt hat, gering geworden (vgl. auch *Forst,* NJW 2014, 3755, 3758). Der neue allgemeine Mindestlohn stellt einen von allen in Deutschland tätigen EU-Arbeitgebern zu beachtenden Mindestlohnsatz im Sinne von Art. 3 Abs. 1 Entsende-Richtlinie dar (vgl. auch *Hantel,* NJW 2010, 445, 449).

19 Hierzu s. **Tariftreue Rn. 1ff.**

§ 22 *(aufgehoben)*

§ 23 Bußgeldvorschriften

(1) Ordnungswidrig handelt, wer vorsätzlich oder fahrlässig

1. entgegen § 8 Abs. 1 Satz 1 oder Abs. 3 eine dort genannte Arbeitsbedingung nicht oder nicht rechtzeitig gewährt oder einen Beitrag nicht oder nicht rechtzeitig leistet,

2. entgegen § 17 Satz 1 in Verbindung mit § 5 Abs. 1 Satz 1 des Schwarzarbeitsbekämpfungsgesetzes eine Prüfung nicht duldet oder bei einer Prüfung nicht mitwirkt,

3. entgegen § 17 Satz 1 in Verbindung mit § 5 Abs. 1 Satz 2 des Schwarzarbeitsbekämpfungsgesetzes das Betreten eines Grundstücks oder Geschäftsraums nicht duldet,

4. entgegen § 17 Satz 1 in Verbindung mit § 5 Abs. 3 Satz 1 des Schwarzarbeitsbekämpfungsgesetzes Daten nicht, nicht richtig, nicht vollständig, nicht in der vorgeschriebenen Weise oder nicht rechtzeitig übermittelt,

5. entgegen § 18 Abs. 1 Satz 1 oder Abs. 3 Satz 1 eine Anmeldung nicht, nicht richtig, nicht vollständig, nicht in der vorgeschriebenen Weise oder nicht rechtzeitig vorlegt oder nicht, nicht richtig, nicht vollständig, nicht in der vorgeschriebenen Weise oder nicht rechtzeitig zuleitet,

6. entgegen § 18 Abs. 1 Satz 3, auch in Verbindung mit Absatz 3 Satz 2, eine Änderungsmeldung nicht, nicht richtig, nicht vollständig, nicht in der vorgeschriebenen Weise oder nicht rechtzeitig macht,

7. entgegen § 18 Abs. 2 oder 4 eine Versicherung nicht, nicht richtig oder nicht rechtzeitig beifügt,

8. entgegen § 19 Absatz 1 Satz 1, auch in Verbindung mit Satz 2, eine Aufzeichnung nicht, nicht richtig, nicht vollständig oder nicht rechtzeitig erstellt oder nicht oder nicht mindestens zwei Jahre aufbewahrt oder

9. entgegen § 19 Abs. 2 eine Unterlage nicht, nicht richtig, nicht vollständig oder nicht in der vorgeschriebenen Weise bereithält.

(2) Ordnungswidrig handelt, wer Werk- oder Dienstleistungen in erheblichem Umfang ausführen lässt, indem er als Unternehmer einen anderen Unternehmer beauftragt, von dem er weiß oder fahrlässig nicht weiß, dass dieser bei der Erfüllung dieses Auftrags

1. entgegen § 8 Abs. 1 Satz 1 oder Abs. 3 eine dort genannte Arbeitsbedingung nicht oder nicht rechtzeitig gewährt oder einen Beitrag nicht oder nicht rechtzeitig leistet oder

2. einen Nachunternehmer einsetzt oder zulässt, dass ein Nachunternehmer tätig wird, der entgegen § 8 Abs. 1 Satz 1 oder Abs. 3 eine dort genannte Arbeitsbedingung nicht oder nicht rechtzeitig gewährt oder einen Beitrag nicht oder nicht rechtzeitig leistet.

(3) **Die Ordnungswidrigkeit kann in den Fällen des Absatzes 1 Nr. 1 und des Absatzes 2 mit einer Geldbuße bis zu fünfhunderttausend Euro, in den übrigen Fällen mit einer Geldbuße bis zu dreißigtausend Euro geahndet werden.**

(4) **Verwaltungsbehörden im Sinne des § 36 Abs. 1 Nr. 1 des Gesetzes über Ordnungswidrigkeiten sind die in § 16 genannten Behörden jeweils für ihren Geschäftsbereich.**

(5) **Für die Vollstreckung zugunsten der Behörden des Bundes und der bundesunmittelbaren juristischen Personen des öffentlichen Rechts sowie für die Vollziehung des dinglichen Arrestes nach § 111d der Strafprozessordnung in Verbindung mit § 46 des Gesetzes über Ordnungswidrigkeiten durch die in § 16 genannten Behörden gilt das Verwaltungs-Vollstreckungsgesetz des Bundes.**

Inhaltsübersicht

Literatur: *Ast/Klocke,* Die Sanktionierung der Mindestlohnunterschreitung zur § 23 Abs. 1 Nr. 1 AEntG und § 266a StGB, wistra 2014, 206ff.; *Baier,* Unterlassungsstrafbarkeit trotz fehlender Handlungs- oder Schuldfähigkeit, GA 1999, 272ff.; *Bayreuther,* Einige Anmerkungen zur Verfassungsmäßigkeit des Arbeitnehmer-Entsendegesetzes und des Mindestarbeitsbedingungsgesetzes 2009, NJW 2009, 2006ff.; *Böhm,* Arbeitnehmer-Entsendegesetz als „Ermächtigungsgesetz"?, NZA 1999, 128ff.; *Brenner,* Das Bruttoprinzip gilt für den Einzeltäter und für Unternehmen, nicht nur für den unschuldigen Täter oder Dritten, NStZ 2004, 256ff.; *Furier/Kaus,* Leiharbeitnehmer im Betrieb, AiB 2004, 360ff.; *Hantel,* Der Schutz arbeitsrechtlicher Mindeststandrads bei einem grenzüberschreitenden Arbeitsnehmereinsatz innerhalb der EU (I), ZESAR 2014, 261 ff.*v. Heintschel-Heinegg (Hrsg.),* Beck'scher Online-Kommentar StGB, Ed. 25, 2014; *Ignor/Rixen,* Handbuch Arbeitsstrafrecht, 2. Aufl., 2008;*Joecks/Miebach (Hrsg.),* Münchener Kommentar zum StGB, 2003; *Koberski/Asshoff/Hold,* Arbeitnehmer-Entsendegesetz: AEntG, 2. Aufl., 2002; *Kudlich,* Die Unterstützung fremder Straftaten durch berufsbedingtes Verhalten, 2004; *Lütke,* Das Arbeitnehmerentsendegesetz, wistra 2000, 84ff.; *Mauthner/Rid,* Haftungsfalle für Auftraggeber, AuA 2014, 518ff.*Metz,* Strafbarkeit bei untertarflicher Bezahlung, NZA 2011, 782ff.; *Rieble,* Mindestlohncompliance für Auftraggeber, NJW-Spezial 2009, 414f.; *Rolfs/Giesen/Kreikebohm/Udsching (Hrsg.),* Beck'scher Online-Kommentar zum Arbeitsrecht, Ed. 12, 2009; *Satzger,* Dreimal in causa – actio libera in causa, omissio libera in causa und actio illicita in causa, Jura 2006, 513ff; *Schrell,* Sicherung angemessenen Arbeitslohns durch das Straf- und Ordnungswidrigkeitenrecht, 2014; *Schwab,* Das neue Arbeitnehmer-Entsendegesetz, NZA-RR 2010, 225ff; *Sodan/Zimmermann,* Tarifvorrangige Mindestlöhne versus Koalitionsfreiheit, NJW 2009, 2001 ff.; *Ulber,* Die Erfüllung von Mindestlohnansprüchen, RdA 2014, 176ff.; *Weber,* Die Kontrollaufgaben der Bundesanstalt für Arbeit im Rahmen des Arbeitnehmer-Entsendegesetzes und ihre praktische Umsetzung, AuB 1997, 161 ff.

I. Vorbemerkungen

1 § 23 enthält in seiner aktuellen Fassung elf **verschiedene Ordnungswidrigkeitentatbestände,** von denen einzelne noch einmal mehrere Handlungsvarianten beinhalten. Abs. 1 beschreibt dabei unmittelbare Verstöße des Unternehmers gegen diverse im AEntG (teils i. V. m. § 5 des Schwarzarbeitsbekämpfungsgesetzes [SchwarzArbG]) geregelte Pflichten, Abs. 2 gewissermaßen mittelbare Verstöße durch die Zusammenarbeit mit anderen (Sub-)Unternehmern, die zentrale Pflichten des AEntG verletzen. Inhaltlich entspricht § 23 im Wesentlichen § 5 a. F.

2 Dass sich dabei die Ordnungswidrigkeitentatbestände des AEntG **auch an inländische Unternehmer richten,** die einen Arbeitnehmer im Inland beschäftigen, war – obgleich vom ursprünglichen Regelungszweck der Entsenderichtlinie nicht notwendig gefordert – schon zu früheren Gesetzesfassungen h. M. (vgl. OLG Naumburg wistra 2000, 153; OLG Hamm wistra 2000, 393 [394]; anders OLG Düsseldorf NStZ-RR 1998, 319) und wird vom BGH unter Berufung auf die Gesetzesbegründung des Gesetzes zu Korrekturen in der Sozialversicherung und zur Sicherung der Arbeitnehmerrechte vom 19.12.1998 (BT-Drs. 14/45) als „eindeutig und offenkundig" geklärt erachtet (BGHSt 46, 17 = NJW 2000, 1880 = NZA 2000, 558).

3 Zur **historischen Entwicklung** des Bußgeldtatbestandes bei Gesetzesänderungen bis 2002 vgl. *Koberski/Asshoff/Hold,* § 5 Rn. 3ff., zur Reform des AEntG speziell durch das soeben genannte Korrekturgesetz *Lütke,* wistra 2000, 84ff.; zusammenfassend auch *Schwab,* NZA 2009, 225ff. Frühere Zweifel an der Gemeinschaftskonformität des AEntG, die notwendigerweise auch auf die Ordnungswidrigkeitentatbestände durchschlagen, finden sich bei AG Neubrandenburg NStZ-RR 2000, 150, Zweifel an der Verfassungsmäßigkeit der Neufassung etwa bei *Sodan/Zimmermann,* NJW 2009, 2001, 2003ff.; vgl. auch näher Einl. Rn. 31ff. sowie *Bayreuther,* NJW 2009, 2006ff.

4 Auf Grund des Fehlens entsprechender Strafnormen im AEntG selbst handelt es sich um die **einzigen spezifischen Sanktionierungen** von Verstößen gegen materielle und formelle Anforderungen aus diesem Gesetz. Thematisch können freilich im Einzelfall § 291 StGB (Wucher, vgl. etwa zum Wucher durch Nichtzahlung des einschlägigen Tariflohns BGHSt 43, 54 = BGH NJW 1997, 2689 = NZA 1997, 1166) oder im Zusammenhang mit einer Arbeitnehmerüberlassung auch § 15a Abs. 1 S. 1 AÜG (vgl. Thüsing/*Kudlich,* § 15a AÜG Rn. 14ff.) einschlägig sein (vgl. zu einem Überblick über den straf- und ordnungswidrigkeitenrechtlichen Schutz eines angemessenen Arbeitsentgelts für verschiedene Personengruppen und mit unterschiedlichen Mechanismen und Maßstäben auch *Schrell,* Sicherung angemessenen Arbeitslohns durch das Straf- und Ordnungswidrigkeitenrecht, passim); allerdings sind dafür Verstöße gegen das AEntG weder hinreichende noch notwendige Voraussetzung. Wäh-

rend die Durchsetzung tarifvertraglicher Ansprüche üblicherweise den Arbeitsvertragsparteien überlassen ist, erfolgt durch § 23 eine **Durchsetzung durch den Staat** mit Hilfe ordnungswidrigkeitsrechtlicher Vorschriften (vgl. *Böhm,* NZA 1999, 128, 129). Zum Verhältnis von § 23 AEntG zu § 266a StGB bei Mindestlohnunterschreitungen auch *Ast/Klocke,* wistra 2014, 206ff. sowie prozessual BGHSt 57, 175 mit Anm. *Waßmer,* NStZ 2012, 706f. und *Pananis/Venn,* ZWH 2012, 398ff sowie OLG Braunschweig v. 2.5.2012 – Ss (OWi) 72/11. Zu drohenden Strafbarkeiten bei untertariflicher Bezahlung allgemein auch *Metz,* NZA 2011, 782ff.

5 Gerade auch für Arbeitnehmervertreter können **Existenz und Kenntnis der Ordnungswidrigkeitentatbestände** ein Hilfsmittel sein, den Arbeitgeber davon zu überzeugen, insoweit nicht „fünf gerade sein zu lassen" (vgl. ähnlich zu den Sanktionsnormen des AÜG *Furier/Kaus,* AiB 2004, 360, 375; krit. zur „konstitutiven Tariftreue durch Repressionsangst" *Rieble,* NJW-Spezial 2009, 414, 415). Obwohl die Bußgeldtatbestände des AEntG – anders als eine Reihe anderer arbeits(schutz)rechtlicher Gesetze – nicht in den Richtlinien für das Straf- und Bußgeldverfahren genannt sind (vgl. Nrn. 258, 259 RiStBV), gibt es eine nicht unbeachtliche Judikatur zu den einschlägigen Tatbeständen. Zur praktischen Umsetzung für den Zeitraum 1995 bis 2000 vgl. *Koberski/Asshoff/Hold,* § 5 Rn. 27.

6 Für die Ordnungswidrigkeitentatbestände des § 23 gilt gem. § 2 OWiG **ergänzend das OWiG;** vgl. insoweit zu den allgemeinen Fragen im Anschluss Rn. 7ff. sowie zum Bußgeldverfahren Rn. 56ff.

II. Allgemeine Strukturen des Ordnungswidrigkeitenrechts

1. Taugliche Täter der Bußgeldtatbestände

7 Die Tathandlungsbeschreibungen in § 23 sind zwar als Jedermannsdelikte formuliert, betreffen durch die Bezugnahme auf die in den §§ 8, 17, 18 und 19 statuierten Pflichten und ihre Adressaten aber **zumeist den Arbeitgeber bzw. in einzelnen Fällen der Arbeitnehmerüberlassung auch Ent- oder Verleiher.** Insbesondere die Pflichten nach § 17 i.V.m. dem SchwarzArbG richten sich – teilweise sogar explizit – auch an Dritte, § 23 Abs. 2 an Auftraggeber bzw. Generalunternehmer. Ganz unabhängig von konkreten Begrenzungen im Adressatenkreis können auf Grund des im OWiG geltenden **Einheitstäterprinzips** (vgl. § 14 OWiG) jedoch Beteiligte stets auch dann tatbestandsmäßig handeln, wenn sie besondere persönliche Merkmale, welche die Möglichkeit der Ahndung begründen, nicht selbst erfüllen, sondern diese nur bei einem anderen Beteiligten vorliegen (vgl. § 14 Abs. 1 S. 2 OWiG).

8 Ist der Arbeitgeber oder Verleiher eine **juristische Person bzw. eine Personenhandelsgesellschaft,** so ist an § 9 OWiG zu denken: Nach § 9 Abs. 1 Nr. 1 OWiG kann das **vertretungsberechtigte Organ** einer juristischen Person, nach § 9 Abs. 1 Nr. 2 OWiG ein vertretungsberechtigter Gesellschafter einer Personenhandelsgesellschaft eine Ordnungswidrigkeit nach § 23 begehen, wenn die juristische Person bzw. die Gesellschaft etwa als Arbeitgeber auftritt. § 9 Abs. 2 OWiG statuiert die Verantwortlichkeit eines rechtsgeschäftlich beauftragten Betriebsleiters. Dabei wirkt § 9 OWiG (genau wie der fast gleichlautende § 14 StGB im Strafrecht, zur teilweise parallelen Problematik dieser Vorschrift bei § 266a StGB vgl. BGHSt 58, 10, 15) als Zurechnungsnorm, nach der besondere persönliche Merkmale – hier etwa die Arbeitgebereigenschaft – dem Handelnden zugerechnet werden, wenn die Verantwortung für ein bestimmtes Handeln nur bei Vorliegen dieser bestimmten Eigenschaft in der Person des Handelnden begründet wird.

9 Daneben handelt aber nach § 130 OWiG (der einen eigenen Ordnungswidrigkeitentatbestand, keine Zurechnungsnorm i. e. S. darstellt) auch ordnungswidrig, wer als **Inhaber eines Betriebes oder Unternehmens** schuldhaft die Aufsichtsmaßnahmen unterlässt, die erforderlich sind, um in dem Betrieb oder Unternehmen Zuwiderhandlungen gegen Pflichten zu verhindern, die den Inhaber als solchen treffen und deren Verletzung mit (Strafe oder – hier einschlägig – mit) Geldbuße bedroht ist. Voraussetzung ist dabei allerdings, dass eine bußgeldbewehrte Zuwiderhandlung begangen worden ist, die durch gehörige Aufsicht verhindert oder wesentlich erschwert worden wäre. Durch die Kombination von § 130 OWiG und § 9 OWiG kann i. V. m. § 30 OWiG (Unternehmensbuße, vgl. u. Rn. 55) für Ordnungswidrigkeiten, die durch **Betriebsmitarbeiter** verwirklicht werden, **gegen die juristische Person** bzw. die Personengesellschaft als Unternehmensträger eine **Geldbuße** verhängt werden, wenn den Organen der Gesellschaft insoweit Aufsichtspflichtverletzungen vorzuwerfen sind.

2. Vorsatz und Irrtum

10 **a) Vorsätzliches und fahrlässiges Handeln.** Nach **§ 10 OWiG** ist nur vorsätzliches Handeln bußgeldbewehrt, soweit im Gesetz nicht **ausdrücklich fahrlässiges Handeln** erwähnt ist. Dies ist indes bei **§ 23 Abs. 1 wie Abs. 2** in gleicher Weise der Fall („wer vorsätzlich oder fahrlässig" bzw. „von dem er weiß oder fahrlässig nicht weiß"), so dass **vorsätzliches wie fahrlässiges Handeln** den Tatbestand erfüllt. Dabei ist freilich für fahrlässiges Handeln die Höhe der zulässigen Geldbuße nach § 17 Abs. 2 OWiG (vgl. unten Rn. 48) auf die Hälfte der in § 23 Abs. 3 genannten Höchstbeträge (vgl. Rn. 47) beschränkt. Soweit es deshalb gleichwohl darauf ankommt, ob Vorsatz (oder nur Fahrlässigkeit) vorliegt, genügt nach allgemeinen Grundsätzen bedingter Vorsatz (sog. *dolus eventualis*).

b) Inhalt des Vorsatzes. Soweit – und sei es nur zur Feststellung der möglichen Bußgeldhöhe – die Frage nach dem Vorliegen von Vorsatz zu beantworten ist, muss dieser nach allgemeinen Regeln (vgl. §§ 10, 11 Abs. 1 OWiG) **alle Umstände** erfassen, welche die **Merkmale des** jeweiligen **objektiven Tatbestands** erfüllen; nicht erforderlich ist dagegen, dass der Täter diese Umstände zutreffend unter die Merkmale subsumiert. Liegt ein vorsatzrelevanter Tatumstandsirrtum (Unkenntnis eines den Tatbestand erfüllenden Umstandes oder irrige Annahme eines den Tatbestand ausschließenden Umstandes) vor, so bleibt die Möglichkeit einer Ahndung wegen fahrlässigen Handelns nach § 11 Abs. 1 S. 2 OWiG unberührt (wobei es für den Fahrlässigkeitsvorwurf dann maßgeblich darauf ankommt, ob der Täter diesen Irrtum hätte vermeiden können). 11

c) Irrtümer. Für die **Abgrenzung zwischen vorsatzrelevanten Tatbestandsirrtümern** nach § 11 Abs. 1 OWiG und (allenfalls vorwerfbarkeitsausschließenden) **Verbotsirrtümern** nach § 11 Abs. 2 OWiG gelten grundsätzlich die allgemeinen Regeln (vgl. KK-OWiG/*Rengier,* § 11 OWiG Rn. 2f. bzw. zur parallelen Frage im Strafrecht BeckOK-StGB/*Kudlich,* § 16 Rn. 13ff.). 12

Eine besondere Schwierigkeit bei der Abgrenzung ergibt sich, soweit die zentralen Ordnungswidrigkeitentatbestände des § 23 Abs. 1 Nr. 1, Abs. 2 mittelbar auf Pflichten aus einem für allgemeinverbindlich erklärten bzw. durch Rechtsverordnung nach § 7 oder § 7a erstreckten Tarifvertrag verweisen. Diese für das Ordnungswidrigkeitenrecht nicht untypischen Verweisungen führen zur schwierigen und umstrittenen Problematik des **Irrtums bei normativen Tatbestandsmerkmalen bzw. bei Blankettstraftatbeständen** (vgl. dazu näher KK-OWiG/*Rengier,* § 11 Rn. 15ff., 24ff. m.w.N.; für die parallelen Fragen im Strafrecht vgl. BeckOK-StGB/*Kudlich,* § 16 Rn. 17). Dabei ist wie folgt zu differenzieren: 13

Geht der Täter irrtümlich davon aus, dass bestimmte im Tarifvertrag oder der Rechtsverordnung zum Anknüpfungspunkt gemachte **Umstände** nicht vorliegen, irrt er unstreitig über eine Tatsache, so dass sein Irrtum gem. § 11 Abs. 1 OWiG den Vorsatz ausschließt (aber eine Verantwortlichkeit wegen Fahrlässigkeit unberührt bleibt). Weiß der Täter dagegen, dass er Pflichten aus einem solchen Tarifvertrag bzw. einer Rechtsverordnung verletzt und ist sich nur der Bebußung dieser Verletzung nicht bewusst, ist der Irrtum ebenso unstreitig unbeachtlich. 14

Gleichsam zwischen diesen beiden klaren Fällen liegt die Situation, in welcher der Täter **rechtliche Vorfragen i.R.d. Tarifvertrags bzw. der Verordnung** falsch beurteilt und damit zu seinen Gunsten deren Anwendungsbereich verkennt. In derartigen Fällen wird in der allgemeinen strafrechtlichen Diskussion ein Rechtsirrtum i.R.d. Blanketttatbestands und damit ein bloßer Ver- bzw. Gebotsirrtum nach § 11 Abs. 2 OWiG (entsprechend § 17 StGB im Strafrecht) angenommen (so etwa OLG Brandenburg BeckRS 2003, 30314620; OLG Jena v. 1.11.2005, 1 Ss 222/05; 15

vgl. allgemein zum Meinungsstand *Tiedemann,* Wirtschaftsstrafrecht AT, Rn. 219ff.; für das AEntG auch Ignor/Rixen/*Rzepka,* § 7 Rn. 1393). Freilich ist diese Sichtweise nicht frei von Zweifeln. Denn immerhin bleibt dem Täter, der – und sei es auch aus rechtlichen Gründen – irrtümlich davon ausgeht, im konkreten Fall würde er den Anforderungen des Tarifvertrags bzw. der Verordnung gerecht, der **spezifische soziale Sinn seines Handelns verborgen:** Wer etwa die konkrete Forderung der Erbringung einer bestimmten Leistung nach dem Tarifvertrag nicht kennt, erfasst ebenfalls nicht den spezifischen Unrechtsgehalt, der gerade darin liegt, nicht nur irgendwelche arbeitsrechtlichen Vertragspflichten nicht zu erfüllen, sondern gerade allgemeinverbindlichen Anforderungen nicht gerecht zu werden.

16 Soweit vorliegend nur ein Verbotsirrtum als **Irrtum über das Bestehen oder die Anwendbarkeit eines Ordnungswidrigkeitentatbestandes** angenommen wird, ist dieser nach § 11 Abs. 2 OWiG **unbeachtlich,** wenn der Täter ihn **vermeiden konnte.** Dies wird **regelmäßig** der Fall sein, da mit Blick auf die strengen Anforderungen der Rechtsprechung an die Unvermeidbarkeit eines Verbotsirrtums (vgl. grdl. BGHSt 2, 194, 201; für einen großzügigeren Maßstab im „sozialethisch blassen“ Arbeitnehmerentsenderecht aber mit beachtlichen Gründen Ignor/Rixen/*Rzepka,* § 7 Rn. 140) zumeist eine **Erkundigungspflicht** anzunehmen ist (vgl. auch OLG Jena v. 1.11.2005, 1 Ss 222/05) und der Täter auch hinreichend Zeit haben wird, diese Erkundigungen einzuholen; anders für einen Fall, in dem zweifelhaft war, ob überhaupt ein (von einer früheren Gesetzesfassung allein erfasster) gewerblicher Bauunternehmer vorliegt, BayObLG NStZ 2000, 148 (dagegen aber OLG Brandenburg BeckRS 2003, 30314620). Allerdings kann eine Unvermeidbarkeit vorliegen, wenn der Irrtum auf einer zwar falschen, aber an sich nach der Person des Befragten als **fachkundig einzustufenden Auskunft** beruht; als solche rechtskundigen Auskunftspersonen kommen hierbei nicht nur Anwälte (die zu konsultieren freilich Ignor/Rixen/*Rzepka,* § 7 Rn. 33 empfiehlt), sondern insbesondere auch die Mitarbeiter der zuständigen Behörden in Betracht.

3. Teilnahmefragen

17 **a)** Zu den möglichen Tätern der Ordnungswidrigkeiten vgl. bereits oben Rn. 7ff.

18 **b)** Trotz des Einheitstäterprinzips im Ordnungswidrigkeitenrecht keinen Bußgeldtatbestand verwirklichen in vielen Fällen die Arbeitnehmer als **notwendige Beteiligte** (anders aber natürlich, soweit sie eigene Handlungspflichten treffen, z. B. bei der Verweigerung der Auskunft über ihren Arbeitsvertrag in einer Prüfung entgegen § 23 Abs. 1 Nr. 2 i. V. m. § 5 Abs. 1 S. 1 SchwarzArbG). Soweit außenstehende Dritte bei der bloßen Abwicklung der vertraglichen Pflichten (z. B. durch Büro-

oder Sekretariatsdienste) beteiligt sind, ist daran zu denken, ob diese nicht als **„neutrale“, „berufsbedingte“ Unterstützungshandlungen** im Einzelfall (insbesondere bei nur bedingtem Vorsatz des Teilnehmers) unerfasst bleiben müssen (vgl. zum parallelen strafrechtlichen Problem BeckOK-StGB/*Kudlich,* § 27 Rn. 10ff., sowie umfassend *ders.,* Die Unterstützung fremder Straftaten durch berufsbedingtes Verhalten).

4. Rechtswidrigkeit und Verantwortlichkeit

19 Die Verwirklichung eines Ordnungswidrigkeitentatbestandes nach § 23 ist in der Regel rechtswidrig. **Rechtfertigungsgründe** kommen theoretisch aus dem **OWiG** (vgl. §§ 15, 16 OWiG), aber auch aus **anderen Rechtsgebieten** in Betracht (Überblick bei KK-OWiG/*Rengier,* Vorbem. zu den §§ 15, 16 Rn. 1ff.); insoweit gilt auch für die Rechtfertigung im Ordnungswidrigkeitenrecht der Grundsatz der Einheit der Rechtsordnung (*Bohnert,* OWiG § 15 Rn. 40). Wirklich relevant werden dabei aber wohl letztlich nur wenige Rechtfertigungsgründe; so ist eine Mindestlohnunterschreitung aus Notwehr schwer vorstellbar (unklar insoweit *Koberski/Asshoff/Hold,* § 5 Rn. 12).

20 Bei der Prüfung eines **rechtfertigenden Notstandes** (§ 16 OWiG) kommt zwar die Erhaltung eines Betriebes grundsätzlich als notstandsfähiges Rechtsgut in Betracht (vgl. MüKoStGB/*Erb,* § 34 Rn. 55 sowie zur vergleichbaren Frage bei der Notwehr auch KK-OWiG/*Rengier,* § 15 Rn. 2; ferner LK/*Rönnau/Hohn,* § 32 Rn. 78). Indes ist fraglich, ob zur Rettung dieses Betriebes gerade die Unterschreitung zwingend vorgeschriebener Arbeitsbedingungen eine angemessene Rettungshandlung ist (zumal jedenfalls ein Betrieb, der dauerhaft nur auf dieser Grundlage rentabel arbeitet, auch nicht schützenswert sein dürfte). Eine **rechtfertigende Einwilligung** (vgl. *Bohnert,* OWiG § 15 Rn. 20ff.; KK-OWiG/*Rengier,* Vorbem. zu den §§ 15, 16 Rn. 9ff.) des Arbeitnehmers in die Minderbezahlung kommt aus Gründen der Struktur des AEntG grundsätzlich nicht in Betracht, da dadurch gerade die der Privatautonomie entzogenen Mindestbedingungen ausgehöhlt würden (grundsätzlich dazu *Bohnert,* OWiG § 15 Rn. 22; KK-OWiG/*Rengier,* Vorbem. zu den §§ 15, 16 Rn. 9).

21 Zur **Verantwortlichkeit im Übrigen** gelten die **allgemeinen Regeln** des § 12 Abs. 1 (keine bzw. eingeschränkte Verantwortlichkeit für Kinder bzw. Jugendliche) und Abs. 2 OWiG (fehlende Verantwortlichkeit entsprechend der Schuldunfähigkeit nach § 20 StGB), die für den Bereich des AEntG allerdings von keiner großen praktischen Bedeutung sein dürften.

5. Versuch

22 Mangels entsprechender Anordnung in § 23 ist der **Versuch** der dort genannten Ordnungswidrigkeiten **nicht bußgeldbewehrt,** vgl. § 13 Abs. 2 OWiG.

23 Dies ist nicht nur bei der Interpretation der einzelnen Tathandlungen bedeutsam, weil es auf den **exakten Vollendungszeitpunkt** ankommt und vorhergehende Handlungen nicht durch einen Versuch erfasst werden können, sondern auch mit Blick darauf, dass etwaige untaugliche Versuche (z. B. bei einem Täter, der etwaige im Tarifvertrag tatsächlich existierende Ausnahmetatbestände für bestimmte seinem Arbeitnehmer nicht gewährte Leistungen nicht kennt) keine Ordnungswidrigkeit darstellen.

III. Bestimmtheitsgrundsatz

24 Nach § 3 OWiG gilt **auch im Ordnungswidrigkeitenrecht der Bestimmtheitsgrundsatz** (vgl. dazu auch Ignor/Rixen/*Rzepka* § 7 Rn. 122) in einer Fassung, die der strafrechtlichen *Nulla-Poena*-Garantie in § 1 StGB, Art. 103 Abs. 2 GG nachempfunden ist. Demgegenüber ist das **Arbeitsrecht** (insbesondere, aber nicht nur im Arbeitskampfrecht und bei Risikoverteilungsfragen) **traditionell in hohem Maße durch Richterrecht geprägt** (vgl. z. B. ErfK/*Dieterich* GG Art. 9 Rn. 111, ErfK/*Preis* BGB § 611 Rn. 234f., ErfK/*Franzen* TVG § 1 Rn. 15, sowie zur Verfassungskonformität BVerfG v. 26.6.1991 – 1 BvR 779/85, BVerfGE 84, 212ff. m.w.N.). Dabei wird teils eine nach strafrechtlichen Maßstäben hinreichend bestimmte Gesetzeslage in einer ihren Wortlaut überschreitenden Weise interpretiert, teils werden Rechtsätze neu geschaffen. Hinzu kommt im konkreten Fall, dass durch die Orientierung an (für allgemeinverbindlich erklärten) tarifvertraglichen Vorgaben auch Bezugsgrößen eine Rolle spielen können, die außerhalb eines staatlich institutionalisierten Gesetzgebungsverfahrens geschaffen werden und bei denen möglicherweise (wie freilich immer wieder auch in Gesetzen!) das Bemühen um einen sprachlich für beide Seiten tragfähigen Kompromiss einer in Streitfällen belastbaren Regelung vorgeht.

25 Soweit daher etwa von den Tarifparteien Formulierungen bewusst offen gehalten oder durch Rechtsprechung (namentlich **Analogien und Richterrecht**) erweitert worden sind – die im Rahmen der in Bezug genommenen Vorschriften durchaus ihre Berechtigung haben und in der arbeitsrechtlichen Praxis zu Recht Geltung beanspruchen mögen –, können diese mit Blick auf § 3 OWiG dennoch **nicht ohne weiteres** zu einer entsprechenden **Ausdehnung auch der Ahndbarkeit** führen. In diesem Sinne sind auch hier etwaige pauschalierende Verweisungen auf die Kommentierung der entsprechenden Vorschriften wie folgt zu lesen:

Nur soweit dort der Gesetzestext selbst interpretiert (und das Recht nicht etwa unter nur vager bzw. nomineller Anknüpfung am Normtext aus allgemeinen ungeschriebenen Grundsätzen abgeleitet) wird, hat dies für die Ordnungswidrigkeit Bedeutung.

IV. Die tatbestandlichen Verhaltensweisen des § 23 Abs. 1

26 Während bei den Ordnungswidrigkeiten nach § 23 Abs. 1 Nrn. 2–9 formale Verstöße gegen Mitwirkungs-, Mitteilungs- und Dokumentationspflichten im Vordergrund stehen, enthält § 23 Abs. 1 Nr. 1 die **zentrale materielle Bußgeldnorm** (ähnliche Unterscheidung zu § 5 a. F. bei Ignor/Rixen/*Rzepka*, § 7 Rn. 6; dort auch, soweit – wie in den meisten Bereichen – in § 23 noch ähnliche Ordnungswidrigkeitentatbestände gelten wie in § 5 a. F., vertiefend in Rn. 15 ff.):

1. Nichtgewährung von allgemeinverbindlichen tariflichen Arbeitsbedingungen (Nr. 1)

27 Ordnungswidrig nach § 23 Abs. 1 Nr. 1 handelt, wer **entgegen § 8 Abs. 1 S. 1 oder Abs. 3 eine dort genannte Arbeitsbedingung nicht oder nicht rechtzeitig gewährt oder einen Beitrag nicht oder nicht rechtzeitig leistet.** Insbesondere bei Zahlungen durch ausländische Arbeitgeber mit individuell geltenden Gepflogenheiten ist genau zu prüfen, ob es sich (z. B. bei „Zuschüssen zur Kost") tatsächlich um Lohnbestandteile oder um bloße – i. R. d. Mindestlohns regelmäßig nicht zu berücksichtigende – Aufwandsentschädigungen handelt (vgl. LG Duisburg NStZ-RR 1999, 221; BayObLG NStZ-RR 2001, 52; NStZ 2003, 556; zu parallelen Berechnungsfragen auch *Ulber,* RdA 2014, 176 ff.; vgl. ferner *Hantel,* ZESAR 2014, 261 ff.). Jedenfalls **kein Bestandteil** des Bruttolohns sind Leistungen, die der Arbeitnehmer allein tragen muss (vgl. BayObLG NStZ-RR 2001, 52). Umgekehrt sind spezielle „Bauzuschläge" einzuberechnen, auch wenn sie getrennt vom Grundlohn als Zuschlag ausgewiesen sind (vgl. BayObLG NStZ-RR 2002, 279). Vgl. zum Ganzen auch § 8 Rn. 7 ff.

28 **Taugliche Täter** sind zunächst in- oder ausländische Arbeitgeber, die nach Maßgabe der §§ 4 bis 6 tariflich (zu wichtigen Tarifverträgen in einzelnen Gewerben vgl. Ignor/Rixen/*Rzepka*, § 7 Rn. 15 ff.) bzw. durch eine Rechtsverordnung nach § 7 oder § 7 a gebunden sind. Die zu gewährenden Arbeitsbedingungen sind all die tarifvertraglichen, auf die sich die Verpflichtung nach § 8 Abs. 1 S. 1 bezieht, d. h. die in § 5 genannten Vertragsinhalte (vgl. § 8 Rn. 1 ff.). **Tathandlung** ist jeweils das Unterlassen der bzw. die verspätete Gewährung einer solchen Arbeitsbedingung, insbesondere also von bestimmten Leistungen. Auch die unterlassene oder

verspätete Leistung von Beiträgen an eine gemeinsame Einrichtung der Tarifvertragsparteien nach § 5 Nr. 3 (vgl. § 5 Rn. 9ff.) erfüllt den Bußgeldtatbestand. Dieser knüpft selbst an das Unterlassen an, so dass es einer Anwendung von § 8 OWiG nicht bedarf und damit auch keiner Prüfung einer Garantenstellung; die Handlungspflicht ergibt sich jeweils aus § 3 i. V. m. dem jeweiligen Tarifvertrag bzw. der jeweiligen Verordnung. Insbesondere bei Zahlungspflichten ist aber der allgemeine Grundsatz zu beachten, dass eine **Verantwortlichkeit nur** bestehen kann, wenn der Täter seine **Pflicht hätte erfüllen können** (er also insbesondere leistungsfähig war). Insoweit ist freilich auch im Ordnungswidrigkeitenrecht an die Figur der *omissio libera in causa* zu denken (vgl. dazu KK-OWiG/*Rengier,* § 12 Rn. 30a, sowie aus der strafrechtlichen Diskussion *Baier,* GA 1999, 272ff.; *Lackner/Kühl,* § 13 StGB Rn. 3; Schönke/Schröder/*Lenckner/Eisele/Stree,* § 13 StGB Rn. 144; *Satzger* Jura 2006, 513), ohne dass allerdings die aus § 266a StGB bekannte (und schon dort nicht unumstrittene) „Vorrangrechtsprechung" (vgl. BGHZ 134, 304; BGHSt 48, 307; Nachweise zu kritischen Stimmen etwa bei *Lackner/Kühl,* § 266a Rn. 10) auf Grund der Bußgeldbewehrung auch auf § 23 übertragen werden sollte, da dieser nicht die gleiche auslegungsprägende Kraft zukommt wie einer Strafbewehrung und auch der kriminogene „Anreiz" des Arbeitgebers, nicht an die Arbeitnehmer zu leisten, geringer sein dürfte als derjenige, die Sozialversicherungsbeiträge nicht ordnungsgemäß abzuführen.

29 In seiner zweiten, auf § 8 Abs. 3 bezogenen Variante richtet sich der Bußgeldtatbestand an die **Verleiher von Leiharbeitnehmern,** welche bei einer Beschäftigung im Geltungsbereich eines für allgemein verbindlich erklärten Tarifvertrags (§§ 4 bis 6) oder einer Rechtsverordnung nach § 7 oder § 7a die vorgeschriebenen Arbeitsbedingungen nicht bzw. verspätet gewähren oder die der gemeinsamen Einrichtung der Tarifvertragsparteien zustehenden Beiträge nicht bzw. verspätet leisten; hinsichtlich der bewussten Handlungen gelten die Ausführungen in Rn. 27f. entsprechend.

2. Verstöße gegen Mitwirkungspflichten gem. § 17 S. 1 (Kontrolle und Durchsetzung durch staatliche Behörden, Nrn. 2–4)

30 Die Ordnungswidrigkeitentatbestände des § 23 Abs. 1 **Nrn. 2–4 knüpfen an der in § 17 S. 1 statuierten Mitwirkungspflicht** bei der **Kontrolle** und Durchsetzung der Einhaltung des Gesetzes durch staatliche Behörden an. Dabei verweist § 17 S. 1 auf die den Behörden nach dem Schwarzarbeitsbekämpfungsgesetz zustehenden Befugnisse zur Kontrolle und Durchsetzung, welche über weite Strecken entsprechende Anwendung finden (vgl. § 17 Rn. 6f.).

31 Unter den dabei (nach § 5 SchwarzArbG i. V. m. § 17 S. 1) bestehenden Verpflichtungen sind die **folgenden Verstöße** bußgeldbewehrt:

- Nr. 2: die **fehlende Duldung einer Prüfung** sowie die fehlende Mitwirkung bei einer solchen Prüfung (insbesondere Erteilung für die Prüfung erheblicher Auskünfte und Vorlage der in den §§ 3 und 4 SchwarzArbG genannten Unterlagen)
- Nr. 3: die **Verweigerung des Betretens eines Grundstücks** oder Geschäftsraums im Rahmen einer Prüfung (unter Verstoß gegen § 3 Abs. 1 und 2 sowie § 4 Abs. 1 und 2 SchwarzArbG i. V. m. § 17 S. 1)
- Nr. 4: die **fehlende, falsche, unvollständige, verspätete oder sonst ungenügende Übermittlung von Daten** unter Verstoß gegen § 5 Abs. 3 S. 1 SchwarzArbG i. V. m. § 17 S. 1, soweit kein Fall des § 5 Abs. 3 S. 2 SchwarzArbG vorliegt.

32 Tauglicher Täter kann hier grundsätzlich jedermann sein, also insbesondere auch der die Mitwirkung verweigernde Arbeitnehmer. Nicht nach dieser Vorschrift bußgeldbewehrt sind hingegen Zuwiderhandlungen von Ausländern gegen § 5 Abs. 1 S. 4 ff. SchwarzArbG und von Nicht-Unternehmern gegen § 5 Abs. 2 SchwarzArbG.

3. Verstöße gegen Meldepflichten (Nrn. 5–7)

33 § 18 legt **ausländischen Arbeitgebern** (Abs. 1 und 2) sowie in- und ausländischen Entleihern (Abs. 3 und 4), denen von einem ausländischen Verleiher Arbeitnehmer überlassen werden, **diverse Meldepflichten** auf, wenn diese Arbeitnehmer im Geltungsbereich des AEntG beschäftigen (vgl. im einzelnen § 18 Rn. 16 ff.). Von diesen wird auch durch bilaterale Vereinbarungen nicht ohne weiteres suspendiert (vgl. BayObLG NStZ-RR 2000, 149 für die „deutsch-ungarische Vereinbarung über die Beschäftigung ungarischer Arbeitnehmer auf der Grundlage von Werkverträgen" in der damals geltenden Fassung; entsprechend NStZ-RR 2001, 52 zu einer entsprechenden Vereinbarung für polnische Arbeitnehmer).

34 Verstöße gegen diese formalen Anforderungen können nach § 23 Abs. 1 Nrn. 5–7 in folgenden Fällen als Ordnungswidrigkeiten geahndet werden:

35 **a)** § 23 Abs. 1 Nr. 5 betrifft die **nicht ordnungsgemäße** (insbesondere fehlende, unrichtige, unvollständige oder verspätete) **Vorlage bzw. Zuleitung der Anmeldung** mit den in § 18 Abs. 1 S. 1 bzw. Abs. 3 S. 1 genannten Angaben (insbesondere Name, zeitliche Daten der Beschäftigung bzw. Überlassung, Ort der Beschäftigung, Ort der bereitgehaltenen Unterlagen, Adressdaten des Arbeitgebers bzw. Verleihers und Branche, in die der Arbeitnehmer entsandt werden soll) durch den ausländischen Arbeitgeber bzw. durch den Entleiher, soweit die Beschäftigung im Anwendungsbereich eines für allgemein verbindlich erklärten Tarifvertrags (§§ 4 bis 6) oder einer Rechtsverordnung nach § 7 oder § 7a erfolgt.

36 **b) Ändern sich diese Angaben,** so hat dies der Arbeitgeber bzw. Entleiher nach § 18 Abs. 1 S. 3 bzw. Abs. 3 S. 2 unverzüglich mitzuteilen. Erfolgt diese Änderungsmeldung nicht ordnungsgemäß (insbesondere gar nicht, unrichtig, unvollständig oder verspätet), wird der Ordnungswidrigkeitentatbestand nach § 23 Abs. 1 Nr. 6 erfüllt (der insoweit in § 5 AEntG a. F. keine Entsprechung hatte, so dass das OLG Hamm GewArch 2004, 478 zur alten Rechtslage eine Ordnungswidrigkeit noch ablehnte, wenn die Meldung ursprünglich dem Informationsstand entsprechend erfolgt war und nur spätere Änderungen nicht bekannt gegeben worden waren).

37 c) Schließlich hat nach § 18 Abs. 2 bzw. Abs. 4 der Arbeitgeber bzw. Entleiher seiner Anmeldung eine **Versicherung** beizufügen, dass die Verpflichtungen nach § 8 eingehalten werden. Fehlt eine solche oder wird sie nicht richtig oder nicht rechtzeitig beigefügt, führt dies zu einer Ordnungswidrigkeit nach § 23 Abs. 1 Nr. 7.

4. Verstöße gegen die Aufbewahrungs- und Bereithaltungspflicht von Dokumenten (Nrn. 8, 9)

38 Nach § 19 Abs. 1 hat ein Arbeitgeber (S. 1) bzw. ein Entleiher (S. 2) im Anwendungsbereich eines für allgemein verbindlich erklärten Tarifvertrags (§§ 4 bis 6) oder einer Rechtsverordnung nach § 7 oder § 7a **Beginn, Ende und Dauer der täglichen Arbeitszeit der Arbeitnehmer aufzuzeichnen** und diese Aufzeichnungen mindestens zwei Jahre **aufzubewahren.** Ein Verstoß gegen diese Verpflichtung in Gestalt einer fehlenden, unrichtigen, unvollständigen oder nicht rechtzeitigen Erstellung bzw. einer nicht oder nicht ausreichend langen Aufbewahrung der Unterlagen erfüllt den Ordnungswidrigkeitentatbestand des § 23 Abs. 1 Nr. 8. Da freilich zwei der drei genannten Informationen i. d. R. inhaltlich genügen (und aus ihnen dann die dritte leicht errechnet werden kann), spricht einiges dafür, dass aus Gründen der Verhältnismäßigkeit das Fehlen nur einer Angabe nicht ohne weiteres mit Bußgeld bewehrt sein kann. Fehlt es schon an einer Aufzeichnung, so läuft die Aufbewahrungsfrist von vornherein leer, so dass in einem solchen Fall die Ahndung nicht kumulativ auf zwei Verstöße (gegen Aufzeichnungs- und spätere Aufbewahrungspflicht) gestützt werden kann (vgl. OLG Jena NStZ-RR 2005, 278).

39 Darüber hinaus statuiert § 19 Abs. 2 Bereithaltungspflichten der für die Kontrolle der Einhaltung des Tarifvertrages bzw. der Rechtsverordnung erforderlichen Unterlagen in deutscher Sprache (deren Bedeutung bei reinen Aufzählungen von Zeiträumen nicht überschätzt werden darf) im Inland, die vor allem in Fällen mit ausländischen Arbeitgebern oder Verleihern Bedeutung erlangen.

40 Die Pflichten nach § 19 Abs. 1 und 2 bestehen **für höchstens zwei Jahre.** Innerhalb dieser zwei Jahre bestehen sie für die gesamte Dauer der tatsächlichen Beschäftigung eines Arbeitnehmers im Inland und darüber hinaus für die Dauer der gesamten Werk- oder Dienstleistung. Aus Verhältnismäßigkeitsgründen dürfen – jedenfalls soweit es um die Bebußung im Ordnungswidrigkeitenverfahren geht – die Anforderungen hier aber nicht überspannt werden. Zumindest hinsichtlich solcher Informationen, die üblicher- und sinnvollerweise (nur) in elektronischer Form gespeichert werden, muss berücksichtigt werden, dass aus-, u. U. aber sogar auch inländische Arbeitgeber etwa ihre IT-Abteilung in einem Standort zentralisiert oder aber outgesourct haben können. Die klare Anordnung im Gesetz macht aber umgekehrt auch klar, dass es in den Grenzen der Verhältnismäßigkeit gerade Sache des Arbeitgebers ist, den Zugriff auf solche Unterlagen vor Ort zu organisieren. Soweit nach dieser Maßgabe solche Unterlagen nicht, fehlerhaft, unvollständig oder sonst in nicht vorgeschriebener Weise bereitgehalten werden, begründet dies eine Ordnungswidrigkeit nach § 23 Abs. 1 Nr. 9.

V. Die tatbestandlichen Verhaltensweisen des § 23 Abs. 2

41 Die in Abs. 1 geregelten Ordnungswidrigkeitentatbestände betreffen zunächst denjenigen Arbeitgeber bzw. Ent- oder Verleiher, der unmittelbar in Kontakt mit dem Arbeitnehmer steht. Abs. 1 wird aber konstruktiv auch vom **mittelbaren Täter und von Mittätern** verwirklicht, soweit diese nicht notwendig selbst den unmittelbaren Kontakt zu Arbeitnehmern haben müssen, sowie sogar (wegen des Einheitstäterprinzips, vgl. Rn. 7, 18) von bloßen Gehilfen. Um darüber hinaus noch weiter vor Umgehungshandlungen zu schützen und die Stellung der Arbeitnehmer zusätzlich zu verbessern, statuiert **§ 23 Abs. 2** auch Ordnungswidrigkeitentatbestände für Unternehmer, die sich **bei der Ausführung von Werk- oder Dienstleistungen eines Subunternehmers bedienen,** also nur mittelbar in Kontakt zu den Arbeitnehmern stehen (krit. zur daraus erwachsenden „Kontrolllast" für Vertragspartner *Rieble,* NJW-Spezial 2009, 414f.; vgl. zu Haftungsrisiken auch *Mauthner/Rid,* AuA 2014, 518ff.). Ob ein Fall des Abs. 2 oder eine mittelbare Täterschaft bzw. Beihilfe zu einer Tat nach Abs. 1 vorliegt oder ob beide Tatbestände erfüllt sind, kann im Einzelfall schwer zu entscheiden sein, ist mit Blick auf die übereinstimmenden Bußgelddrohungen (vgl. Abs. 3, Rn. 47ff.) aber regelmäßig für die Rechtsfolgenentscheidung nicht überzubewerten. Die ausdrückliche Regelung des § 23 Abs. 2 dürfte in der Praxis aber vermutlich dazu führen, dass in seinem Anwendungsbereich auf ihn zurückgegriffen wird, bevor komplizierte dogmatische Beteiligungskonstruktionen erörtert werden müssten. Da die in § 23 Abs. 1 Nrn. 2–9 in Bezug genommenen formalen Verpflichtungen nur den Arbeitgeber bzw. Ver- oder Entleiher treffen und ihre Einhaltung durch den Vertragspartner des Arbeitgebers auch nicht kontrolliert werden kann, sind in § 23 Abs. 2 nur gleichsam inhaltliche Verletzungen der bindenden Vorgaben (§ 23 Abs. 1 Nr. 1 entsprechend) bußgeldbewehrt. Soweit der Auftraggeber eigene Mitwirkungspflichten verletzt, kommt aber auch für ihn ein Verstoß unmittelbar gegen § 23 Abs. 1 Nr. 2–4 in Betracht (vgl. Rn. 30ff.). Eine

Ordnungswidrigkeit nach Abs. 2 setzt immer das **Ausführenlassen von Leistungen „in erheblichem Umfang"** voraus. Ein solcher liegt wohl nicht unter einem Auftragsvolumen von ca. 10.000 EUR vor (vgl. BeckOK-AEntG/*Gussen,* § 5 Rn. 8; für deutlich höhere Grenzen Ignor/Rixen/*Rzepka,* § 7 Rn. 85).

42 § 23 Abs. 2 Nr. 1 betrifft dabei den Fall, dass ein Unternehmer eingesetzt wird, von dem der Täter **weiß oder fahrlässig nicht weiß,** dass dieser Arbeitsbedingungen bzw. Beiträge entgegen § 8 Abs. 1 S. 1 bzw. Abs. 3 nicht oder nicht rechtzeitig gewährt bzw. leistet. Insoweit gelten die Ausführungen in Rn. 27 ff. hinsichtlich des Verhaltens des Subunternehmers entsprechend.

43 § 23 Abs. 2 Nr. 2 dehnt diesen Schutz noch weiter aus, indem auch die **weiteren Subunternehmer** in die Betrachtung mit einbezogen werden. Ordnungswidrig handelt danach nämlich auch, wer einen anderen Unternehmer beauftragt, der seinerseits einen weiteren Nachunternehmer einsetzt, der gegen § 8 Abs. 1 S. 1 bzw. Abs. 3 verstößt. Dabei wird man ohne Verletzung der Wortlautgrenze annehmen können, dass auch bei noch längeren Subvertrags-Ketten der Vertragspartner des potentiellen Täters die nachfolgenden Nachunternehmer i. S. d. Vorschrift einsetzt bzw. ihr Tätigwerden zulässt, so dass auch Verstöße des „dritt- oder mehrgradigen" Subunternehmers zu einer ordnungswidrigkeitenrechtlichen Haftung des „Ausgangsauftraggebers" führen können (vgl. entsprechend auch bereits zur – freilich etwas abweichend formulierten – Vorgängerreglung des § 5 Abs. 2 Nr. 2 AEntG 1996 *Koberski/Asshoff/Holt,* § 5 Rn. 11), wobei freilich mit zunehmender Länge der Beauftragungskette der Nachweis von Fahrlässigkeit oder gar Vorsatz des „Hauptunternehmers" immer schwieriger werden dürfte (vgl. auch Rn. 46).

44 Die **Tathandlung** ist in der Norm (wie schon in § 8 Abs. 1 Nr. 2 SchwarzArbG, zu dem zur folgenden Frage aber – soweit ersichtlich – auch noch nichts Klärendes judiziert ist) **uneindeutig beschrieben.** Einerseits wird an die **Beauftragung** angeknüpft, welche zeitlich in der Regel wesentlich vor dem Tätigwerden des Unternehmers stattfindet. Andererseits wird an das **Ausführenlassen** angeknüpft, das die gesamte Zeitspanne der Erbringung der Werk- bzw. Dienstleistung mit umfasst. Stellt man auf letztere ab, haftet der Täter auch für im Laufe des Auftrags erworbene oder fahrlässig nicht erworbene Kenntnis von Verstößen der Beauftragten bzw. Unterbeauftragten. Stellt man auf erstere ab, ist eine solche Haftung ausgeschlossen. Es liegt nahe, dass vom Gesetzgeber die **weite Haftung** intendiert war; freilich ist die Norm in der Weise formuliert, dass das enge „beauftragt" das „ausführen lässt" näher bestimmt. Allerdings dürfte ein Verständnis, das gerade in systematischer Zusammenschau mit dem weiten „ausführen lässt" nicht nur den punktuellen Zeitpunkt des Beauftragens, sondern auch den **Zeitraum der Abwicklung des Beauftragungsverhältnisses** mit umfasst (enger möglicherweise Ignor/Rixen/*Rzepka,* § 7 Rn. 84, allerdings nicht mit Blick auf die-

ses Problem), noch ohne Verstoß gegen Art. 103 Abs. 2 GG, § 3 OWiG möglich sein.

45 Unter Kenntnis ist nur **positive Kenntnis** zu verstehen. Ein bloßes Für-Möglich-Halten genügt nicht; solche Fälle können aber fahrlässige Unkenntnis darstellen. Der Vorwurf **fahrlässiger Unkenntnis** setzt voraus, dass den Täter eine Obliegenheit traf, sich die entsprechende Kenntnis zu verschaffen. Dabei besteht keine allgemeine Pflicht, die Beauftragten oder Unterbeauftragten zu kontrollieren. Würde der Auftraggeber das anders handhaben, würde er nicht nur seine Geschäftsbeziehungen, sondern möglicherweise auch eine eigene Strafbarkeit nach §§ 185 ff. StGB riskieren. Der Fahrlässigkeitsvorwurf setzt daher regelmäßig voraus, dass der Täter konkrete Anhaltspunkte (vgl. Ignor/Rixen/*Rzepka,* § 7 Rn. 87: „bloß gedankliche Möglichkeit" eines Gesetzesverstoßes durch den Beauftragten genügt nicht) für einen Verstoß durch die von ihm Beauftragten bzw. deren Unterbeauftragte hatte und er gleichwohl die ihm zumutbaren Nachforschungen unterließ.

46 Wann im Einzelfall solche **Überprüfungspflichten** bestehen, kann nicht pauschal beantwortet werden. Bei der Anwendung der Fahrlässigkeitsalternative ist daher insbes. in Fällen durch den Täter nicht veranlasster Unterbeauftragungsketten und geringen Kontakts zwischen den eigenen Mitarbeitern des Auftraggebers und der betroffenen Arbeitnehmer Zurückhaltung geboten (vgl. bereits Rn. 43 sowie noch strenger *Rieble,* NJW-Spezial 2009, 414).

VI. Höhe des Bußgeldes, § 23 Abs. 3

1. Ober- und Untergrenzen

47 Die **Höhe des Bußgelds,** das für eine Ordnungswidrigkeit nach § 23 Abs. 1 oder Abs. 2 verhängt werden kann (soweit nicht – freilich nur in Extremfällen vorstellbar – nur eine Verwarnung erteilt wird, vgl. § 56 OWiG) richtet sich nach **§ 23 Abs. 3** i. V. m. der allgemeinen Vorschrift des **§ 17 OWiG.** Die **Untergrenze** beträgt dabei nach § 17 Abs. 1 OWiG 5 Euro. Die **Obergrenze** wird (abweichend von § 17 Abs. 1 OWiG) in § 23 Abs. 3 für die verschiedenen Ordnungswidrigkeitentatbestände unterschiedlich festgesetzt, was auch für die Verfolgungsverjährung von Bedeutung ist, vgl. unten Rn. 59. Vorbehaltlich der Regelungen des § 17 Abs. 4 S. 2 OWiG (vgl. unten Rn. 51 ff.) wird wie folgt nach dem **Unrechtsgehalt** differenziert:

- Die Obergrenze für die „inhaltlichen" (tatsächlich schlechtere Arbeitsbedingungen bewirkenden) Taten nach **Abs. 1 Nr. 1 und Abs. 2** beträgt **500.000 Euro.**
- Die Obergrenze für die **übrigen** (gleichsam nur formale Anforderungen betreffenden und damit gewissermaßen die Gewährung der Ar-

beitsbedingungen nur abstrakt gefährdenden) Handlungen beträgt **30.000 Euro.**

2. Höchstbeträge bei fahrlässigem Handeln

48 Handelt der Täter **fahrlässig,** so kann die Ordnungswidrigkeit nach § 17 Abs. 2 OWiG im Höchstmaß **nur mit der Hälfte** des angedrohten Höchstbetrages der Geldbuße (also 250.000 bzw. 15.000 Euro) geahndet werden.

3. Bemessung der konkreten Geldbuße

49 Die **konkrete Geldbuße** innerhalb des jeweiligen Bußgeldrahmens bemisst sich nach **§ 17** Abs. **3 S. 1 OWiG** vorrangig nach der **Bedeutung der Ordnungswidrigkeit** und dem **Vorwurf,** der den Täter trifft. Bei der Bedeutung der Ordnungswidrigkeit als objektivem Faktor sind insbesondere der Grad der Gefährdung oder Beeinträchtigung der geschützten Rechtsgüter oder Interessen sowie das Ausmaß der Gefährdung oder Beeinträchtigung in Rechnung zu stellen (vgl. z. B. *Göhler,* § 17 OWiG Rn. 16). Für den **subjektiven Vorwurf** sind besondere in der Person des Täters liegende Umstände von Bedeutung, die sein Verhalten als mehr oder weniger vorwerfbar erscheinen lassen können, so etwa eine besondere Leichtfertigkeit oder die Verletzung besonderer Berufspflichten (vgl. *Göhler,* § 17 OWiG Rn. 17 ff.).

50 Nach **§ 17 Abs. 3 S. 2 OWiG** können auch die **wirtschaftlichen Verhältnisse** des Täters berücksichtigt werden. Bei geringfügigen Ordnungswidrigkeiten sollen diese jedoch i. d. R. unberücksichtigt bleiben. Geringfügig dürften nach der Wertung des § 56 Abs. 1 S. 1 OWiG Ordnungswidrigkeiten sein, für die regelmäßig nur ein Verwarnungsgeld von 5 bis 55 Euro zu verhängen wäre.

51 Nach **§ 17 Abs. 4 S. 1 OWiG** soll die Geldbuße den **wirtschaftlichen Vorteil,** den der Täter aus der Ordnungswidrigkeit gezogen hat, **übersteigen;** soweit das gesetzliche Höchstmaß hierzu nicht ausreicht, kann es nach § 17 Abs. 4 S. 2 OWiG auch überschritten werden.

52 Zum Vorteil zählen insbesondere **ersparte Aufwendungen** (*Bohnert,* OWiG § 17 Rn. 26). Um diesen **Vorteil** zu ermitteln, ist auf die **Zahl** der betroffenen Arbeitnehmer und ihre **Arbeitszeit** einerseits und die **Höhe der Mindestlohnunterschreitung** andererseits abzustellen. Arbeiten etwa 10 Arbeitnehmer jeweils 200 Stunden mit einem um 3 Euro zu niedrigen Lohn, ergibt dies einen Gewinn von (10 × 200 × 3 =) 6.000 Euro (vgl. *Koberski/Asshoff/Hold,* § 5 Rn. 26 mit Verweis auf *Weber,* arbeit und beruf 1997, 161, 163 und weiterem Berechnungsbeispiel). Hinzukommen kann (aber wesentlich weniger leicht zu ermitteln bzw. zu quantifizieren ist) als wirtschaftlicher Vorteil auch eine eventuelle Verbesserung der Marktposition, wenn Mitbewerber verdrängt werden

konnten (vgl. *Koberski/Asshoff/Hold,* § 5 Rn. 26; *Göhler,* § 17 OWiG Rn. 41). Hier kommt letztlich nur eine (zulässige, vgl. *Koberski/Asshoff/Hold,* § 5 Rn. 26) Schätzung in Betracht.

53 Der Vorteil muss **tatsächlich realisiert** worden und darf **nicht später (in konnexer Weise) entfallen** sein (OLG Düsseldorf wistra 1995, 75). Zur Erzielung des Vorteils erforderliche Aufwendungen sind abzuziehen (Nettoprinzip; vgl. z. B. *Bohnert,* OWiG § 17 Rn. 26), ebenso bereits gezahlte oder rechtskräftig festgestellte Ersatzansprüche Dritter (vgl. KK-OWiG/*Mitsch,* § 17 Rn. 128). Deshalb ist bei der Gewinnabschöpfung aber auch die bezahlte oder künftig zu entrichtende Einkommensteuer zu berücksichtigen, die höher ausfallen kann, wenn die Betriebsausgaben bildenden Leistungen an die Arbeitnehmer geringer sind (vgl. etwa zum parallelen Problem bei den Ordnungswidrigkeitenvorschriften des AÜG Thüsing/*Kudlich,* § 16 Rn. 55; BVerfG NJW 1990, 1900). Außerdem wird in anderen Bereichen diskutiert, dass es wegen des **verfassungsmäßigen Übermaßverbotes** unzulässig sein soll, den Täter durch eine zu hohe Gewinnabschöpfung über längere Zeiträume nahezu einkommenslos zu stellen (vgl. nochmals zu parallelen Fragen nach dem AÜG Schüren/Hamann/*Stracke,* § 16 Rn. 60; Thüsing/*Kudlich,* § 16 Rn. 56).

4. Verfall

54 Findet **keine Gewinnabschöpfung nach § 17 Abs. 4 OWiG** statt – insbesondere weil gar keine Geldbuße verhängt wird, etwa da der Täter nicht vorwerfbar gehandelt hat, ein Dritter den Vermögensvorteil erlangt hat oder aus sonstigen Gründen die Festsetzung einer Geldbuße wenig Erfolg versprechend wäre (vgl. auch LG Saarbrücken BeckRS 2005, 14877) –, so kann nach § 29 a OWiG der **Verfall** eines Geldbetrages bis zu der Höhe angeordnet werden, welcher der aus der Tat erlangten Summe entspricht (vgl. *Göhler,* § 29 a OWiG Rn. 4; anschaulich etwa OLG Düsseldorf v. 30.8.2013 – IV-1 Ws 13/13 OWi, 1 Ws 13/13 OWi). Dieser Betrag ist – anders als der wirtschaftliche Vorteil bei § 17 OWiG, vgl. Rn. 51 ff. – nach dem **Bruttoprinzip** (also grundsätzlich ohne Ansatz der Aufwendungen) zu bestimmen (OLG Stuttgart EzAÜG § 1 AEntG Nr. 12 = Justiz 2003, 175; BayObLG NStZ 1998, 451), was zu Wertungswidersprüchen zwischen § 29 a und § 17 OWiG führen kann und die letztlich noch ungeklärte Frage aufwirft, ob die Behörde evtl. sogar auf die Verhängung einer Geldbuße verzichten darf, um auf den u. U. höheren Betrag nach § 29 a OWiG zuzugreifen, vgl. *Brenner,* NStZ 2004, 256 ff. Jedenfalls sind aber **an den Verletzten gezahlte Ersatzansprüche** auch hier in Ansatz zu bringen. Dies gilt auch, wenn die Ansprüche nicht erst aus der Tat entstanden, sondern umgekehrt (wie regelmäßig in den hier einschlägigen Fällen) die Tat in der Nichterfüllung der Ansprüche bestand (BayObLG NStZ 2000, 537). Wurde ein solcher Anspruch nicht bei der Festsetzung des verfallenden Betrages berücksichtigt, ist dies

ggf. bei der Vollstreckung nachzuholen (§ 99 Abs. 2 S. 1 OWiG) und sogar noch später durch Rückerstattung zu realisieren (§ 99 Abs. 2 S. 2 OWiG).

5. Geldbußen gegen juristische Personen

55 Wird die Ordnungswidrigkeit von einem **vertretungsberechtigten Organ einer juristischen Person,** vom Mitglied eines Vorstandes eines nicht rechtsfähigen Vereins, von einem vertretungsberechtigten Gesellschafter einer Personenhandelsgesellschaft oder von bestimmten rechtsgeschäftlich bevollmächtigten Vertretern solcher Vereinigungen in Ausübung ihrer Funktion begangen, so kann nach **§ 30 Abs. 1 OWiG** – auch parallel zu einer Geldbuße gegen den Handelnden selbst – eine **Geldbuße gegen die juristische Person** bzw. Vereinigung verhängt werden (zu den Anforderungen an die tatsächlichen Feststellungen bei einem Verstoß gegen des AEntG durch ein Organ vgl. OLG Hamm wistra 2000, 433). Das Höchstmaß dieser Geldbuße bestimmt sich gem. § 30 Abs. 2 S. 2 OWiG nach dem auch für die Ordnungswidrigkeit angedrohten Höchstmaß der Geldbuße. In Betracht kommt eine solche vor allem dann, wenn mit der Geldbuße gegen den Täter der dem durch die Tat begünstigten Unternehmen erwachsene Vorteil in seiner Höhe nicht voll abgeschöpft werden kann (sei es, dass dies wegen der rechtlichen Selbständigkeit der juristischen Person unmöglich ist, sei es, dass der Zugriff allein auf den Handelnden unter Berücksichtigung der wirtschaftlichen Verhältnisse des Täters nach § 17 Abs. 3 S. 2 OWiG unverhältnismäßig wäre; vgl. zu den Feststellungen auch insoweit OLG Hamm wistra 2000, 434).

VII. Das Bußgeldverfahren, insbes. § 23 Abs. 4 und 5 (Zuständigkeit, Verhängung und Vollstreckung)

1. Allgemeines und Systematik

56 § 23 selbst enthält für das Bußgeldverfahren in seinen Absätzen 4 und 5 Vorschriften über die Zuständigkeit, den Verbleib der Geldbuße sowie über die Vollstreckung

57 Daneben gelten die **allgemeinen Vorschriften der §§ 35ff. OWiG** sowie über § 46 Abs. 1 OWiG die **allgemeinen Vorschriften über das Strafverfahren,** insbesondere also die StPO und das GVG.

58 Bedeutsam sind dabei mangels eigener Vorschriften im OWiG vor allem die Regelungen über den Zeugenbeweis (§§ 48ff. StPO), den Sachverständigen (§§ 72ff. StPO) sowie die Beweismittelsicherung (§§ 94ff., 102ff. StPO). Eine Reihe besonders einschneidender strafprozessualer Ermittlungsmaßnahmen ist allerdings nach § 46 Abs. 3 S. 1 OWiG im Ordnungswidrigkeitenverfahren unzulässig.

59 Ein Ordnungswidrigkeitenverfahren darf nur durchgeführt werden, solange keine **Verfolgungsverjährung** eingetreten ist (vgl. § 31 Abs. 1 S. 1 OWiG). Die Verjährungsfrist richtet sich dabei gemäß § 31 Abs. 2 OWiG nach dem **Höchstmaß der angedrohten Geldbuße.** Daraus ergibt sich für alle vorsätzlichen Taten sowie auch für fahrlässige Taten nach § 23 Abs. 1 Nr. 1 und Abs. 2 eine Verjährungsfrist von drei Jahren (vgl. § 31 Abs. 2 Nr. 1 OWiG), für die übrigen Taten (d. h. für fahrlässige Taten nach Abs. 1 Nr. 2–9) eine Verjährungsfrist von zwei Jahren (vgl. § 31 Abs. 2 Nr. 2 OWiG). Regelungen über das Ruhen und die Unterbrechung der Verfolgungsverjährung finden sich in §§ 32f. OWiG. Auch nach Eintritt der Verjährung kann die Anordnung eines Verfalls zulässig sein (§ 31 Abs. 1 S. 2 OWiG).

2. Zuständigkeit, § 23 Abs. 4

60 **Zuständig** für die Verfolgung und Ahndung von Ordnungswidrigkeiten sind nach § 35 Abs. 1, 2 OWiG die **Verwaltungsbehörden.**

61 **Sachlich** zuständige Behörden i. S. d. § 36 Abs. 1 Nr. 1 OWiG sind nach § 23 Abs. 4 i. V. m. § 16 **die Behörden der Zollverwaltung.** Die früher bekannte teilweise Zuständigkeit der Bundesanstalt für Arbeit hat in der geltenden Fassung keine Entsprechung gefunden.

62 **Örtlich** zuständig ist nach § 37 Abs. 1 OWiG die Verwaltungsbehörde, in deren Bezirk die Ordnungswidrigkeit begangen oder entdeckt worden ist bzw. der Betroffene zur Zeit der Einleitung des Bußgeldverfahrens seinen Wohnsitz hat.

63 Soweit dadurch die örtliche **Zuständigkeit mehrerer Behörden** begründet wird, gebührt grundsätzlich nach § 39 Abs. 1 OWiG derjenigen Verwaltungsbehörde der Vorzug, die sich zuerst mit der Sache dem Betroffenen gegenüber erkennbar befasst hat. Gegen Doppelahndungen gewährt § 84 OWiG Schutz; zu den insoweit erforderlichen Feststellungen zur Tatidentität vgl. KG wistra 2002, 227, 228f.

64 Bei **Gefahr im Verzug** kann nach § 46 Abs. 1, 2 OWiG i. V. m. den einschlägigen Vorschriften der StPO bzw. des GVG jede sachlich zuständige Behörde ungeachtet der örtlichen Zuständigkeit tätig werden.

3. Verfahrensablauf

65 **a) Einleitung und Durchführung** des Ordnungswidrigkeitenverfahrens obliegt den in § 23 Abs. 4 genannten Behörden. Die Staatsanwaltschaft wird nur tätig, wenn die Ordnungswidrigkeit mit einer von ihr verfolgten Straftat zusammenhängt (vgl. § 42 Abs. 1 S. 1 OWiG). Eine Zusammenarbeit mit anderen Behörden erfolgt nach Maßgabe des § 20 (vgl. insbes. § 20 Abs. 3 zu Mitteilungspflichten der Zollbehörden an das Gewerbezentralregister).

66 Die Einleitung eines Ordnungswidrigkeitenverfahrens erfolgt nach § 46 Abs. 1 OWiG i. V. m. § 152 StPO beim Vorliegen eines **Anfangsverdachts.** An diesen sind keine allzu hohen Anforderungen zu stellen.

67 Dabei gilt für das gesamte Verfahren nach § 47 OWiG das **Opportunitätsprinzip,** d. h. anders als für die Staatsanwaltschaft bei der Verfolgung von Straftaten (sog. Legalitätsprinzip) besteht für die Verwaltungsbehörden bei der Verfolgung von Ordnungswidrigkeiten **kein strenger Verfolgungszwang,** sondern die Durchführung des Verfahrens liegt in ihrem pflichtgemäßen Ermessen (näher zum Opportunitätsprinzip *Göhler,* OWiG, § 47 Rn. 3ff.).

68 Eventuell erforderliche **Ermittlungshandlungen** richten sich insbesondere nach den entsprechenden Vorschriften der StPO (vgl. oben Rn. 57f.).

69 Hinsichtlich des Tatverdachts bei Ordnungswidrigkeiten nach dem AEntG gibt es **keine Verteilung oder gar Umkehr der Beweislast,** d. h. grundsätzlich sind alle für die Erfüllung des Tatbestands erforderlichen Tatsachen von der Verwaltungsbehörde zu beweisen. Die Anforderungen an die subjektiven Voraussetzungen dürfen dabei allerdings hinsichtlich des Nachweises nicht überspannt werden. Nach § 46 Abs. 1 OWiG i. V. m. § 160 Abs. 2 StPO hat die Verwaltungsbehörde dabei nicht nur be-, sondern **auch entlastendes Material** zu ermitteln.

70 Gegenüber Ermittlungshandlungen, durch die in die Rechte des Betroffenen oder Dritter eingegriffen wird, steht diesen nach Maßgabe des § 62 OWiG ein Rechtsmittel zu.

71 **b)** Der **Abschluss des Ordnungswidrigkeitenverfahrens** erfolgt durch eine **Einstellung** (§ 47 Abs. 1 S. 2, Abs. 2, 3 OWiG), durch eine **Verwarnung** ohne oder mit Verwarnungsgeld (vgl. § 56 OWiG) oder durch einen **Bußgeldbescheid** (§§ 65f. OWiG).

72 Da eine Verwarnung nach § 56 OWiG nur bei „geringfügigen Ordnungswidrigkeiten" ausgesprochen werden kann, dürfte diese Möglichkeit mit Blick auf die jeweilige Höchstgrenze der Bußgeldandrohung regelmäßig nicht bei Taten nach § 23 Abs. 1 Nr. 1 und Abs. 2 in Betracht kommen.

73 **c) Rechtsmittel. Gegen einen Bußgeldbescheid** kann der Betroffene nach § 67 Abs. 1 OWiG binnen zwei Wochen nach Zustellung **Einspruch** einlegen (näher zum Einspruchsverfahren vgl. KK-OWiG/*Bohnert,* § 67 Rn. 1ff.). Verwirft die Verwaltungsbehörde den Einspruch im Zwischenverfahren nach § 69 OWiG als unzulässig, kann der Betroffene dagegen innerhalb von zwei Wochen einen **Antrag auf gerichtliche Entscheidung** nach §§ 69 Abs. 1 S. 2, 62 OWiG stellen. Ist der Einspruch zulässig und wird der Bußgeldbescheid von der Verwaltungsbehörde aufrecht erhalten, so übersendet sie die Akten an die Staatsanwaltschaft (vgl. § 69 Abs. 3 OWiG), die diese dem nach § 68 OWiG zuständigen Strafrichter vorlegt. Verwirft auch dieser den Einspruch nicht

als unzulässig (vgl. § 70 OWiG), so kommt es zu einem Hauptverfahren, das sich im Wesentlichen nach den Verfahrensregeln der StPO richtet (vgl. § 71 Abs. 1 OWiG; zu Modifikationen des Verfahrens vgl. §§ 72ff. OWiG; zu den Anforderungen an die Tatsachenfeststellungen in amtsgerichtlichen Urteilen vgl. OLG Hamm BeckRS 2002, 30236270, sowie OLG Jena GewArch 2005, 26).

4. Beitreibung der Geldbuße, § 23 Abs. 5

74 **a) Allgemeines.** Zahlt der Arbeitgeber bzw. Ent- oder Verleiher das in einem rechtskräftig gewordenen Bußgeldbescheid gegen ihn festgesetzte Bußgeld nicht, kann aus dem Bescheid vollstreckt werden. Dies erfolgt nach der mit § 90 Abs. 1 HS. 1 OWiG übereinstimmenden Regelung des § 23 Abs. 5 **nach den Vorschriften des Verwaltungs-Vollstreckungsgesetzes des Bundes.** Eine **gerichtliche Bußgeldentscheidung** wird dagegen gemäß § 91 OWiG **nach** § 451 Abs. 1 und 2, § 459 bzw. § 459g Abs. 1 und Abs. 2 i. V. m. § 459 **StPO vollstreckt.** Nach pflichtgemäßem Ermessen (vgl. KK-OWiG/*Mitsch,* § 96 Rn. 15) der Vollstreckungsbehörde (d. h. nach § 92 OWiG grundsätzlich der Behörde, die auch den Bußgeldbescheid erlassen hat) kann diese nach erfolglosen Vollstreckungsversuchen oder auch schon vor bzw. statt einer Vollstreckung nach §§ 90, 91 OWiG nach § 96 OWiG Erzwingungshaft anordnen.

75 Auch ein rechtskräftig festgesetztes Bußgeld darf nach Ablauf der **Vollstreckungsverjährungsfrist** nicht mehr vollstreckt werden, § 34 Abs. 1 OWiG. Die Verjährungsfrist beträgt nach § 34 Abs. 2 OWiG bei einer verhängten Geldbuße bis zu 1.000 Euro drei Jahre, bei einer Geldbuße von mehr als 1.000 Euro fünf Jahre. Näheres regelt § 34 Abs. 3, 4 OWiG.

76 Zur **Sicherung und Durchführung der Vollstreckung** kann nach § 46 Abs. 1 OWiG i. V. m. § 132 StPO eine **Sicherheitsleistung angeordnet** werden (vgl. Rn. 78). Die Schwierigkeiten, die im Zusammenhang mit Unternehmen auftreten können, die ihren Sitz im Ausland haben (vgl. auch *Koberski/Asshoff/Hold,* § 5 Rn. 30) können im Einzelfall – insbesondere zur Sicherung des Verfalls – die Anordnung eines dinglichen Arrestes nach § 46 OWiG i. V. m. § 111 d StPO angezeigt erscheinen lassen (vgl. Rn. 79).

77 Beide Möglichkeiten sind nicht zuletzt **vor dem Hintergrund der Tatsache** zu sehen, dass die **Rechtshilfe im Ordnungswidrigkeitenbereich** und die **Vollstreckung daraus erwachsender Geldforderungen im Ausland** nicht nur eine noch vergleichsweise junge Materie ist (vgl. zur Umsetzung des Rahmenbeschlusses 2005/214/JI des Rates vom 24. Februar 2005 über die Anwendung des Grundsatzes der gegenseitigen Anerkennung von Geldstrafen und Geldbußen das Gesetz vom 18.10.2010 [BGBl. I S. 1408] und die dadurch eingefügten §§ 87 o f. IRG), sondern hier im Einzelfall auch die Frage nach der Verhältnismäßigkeit eines solchen Verfahrens zu stellen sein wird.

78 **b) Sicherheitsleistung.** Hat der Betroffene **keinen festen Wohnsitz oder Aufenthalt im Inland,** so soll bei dringendem Tatverdacht einer Ordnungswidrigkeit und wenn **eine Geldbuße zu erwarten** ist die **Anordnung einer Sicherheitsleistung** unter gleichzeitiger Bestellung eines Zustellungsbevollmächtigten nach § 46 OWiG i. V. m. § 132 Abs. 1 StPO möglich sein (vertiefend *Koberski/Asshoff/Hold,* § 5 Rn. 32), wobei freilich die Anforderungen des Verhältnismäßigkeitsgrundsatzes in besonderem Maße zu beachten sind. Die Höhe der Sicherheitsleitung bemisst sich nach der zu erwartenden Geldbuße, die (von der Entscheidungsbefugnis der Behörde zu unterscheidende) Anordnungsbefugnis liegt nach § 46 OWiG i. V. m. § 132 Abs. 2 StPO beim Richter am Amtsgericht, in dessen Bezirk die Handlung vorzunehmen ist. Leistet der Betroffene nicht oder weigert er sich, einen Zustellungsbevollmächtigten zu benennen, ist eine Beschlagnahme nach § 46 OWiG i. V. m. § 132 Abs. 3 StPO möglich.

79 **c) Dinglicher Arrest.** Zur Sicherung der Vollstreckung des Verfalls nach § 29a OWiG (nicht eines Bußgelds!) kann nach § 46 OWiG i. V. m. § 111d StPO dinglicher Arrest angeordnet werden (vertiefend *Koberski/Asshoff/Hold,* § 5 Rn. 33). Dieser setzt nach allgemeinen Grundsätzen neben einem Arrestanspruch auch einen Arrestgrund voraus, der regelmäßig beim drohenden Erfordernis einer Vollstreckung im Ausland (vorbehaltlich belastbarer Regelungen dort im – insbesondere bilateral geregelten – Einzelfall) vorliegen wird. Die vom nach § 111e StPO zuständigen Richter zu erlassende Anordnung muss den zu sichernden Anspruch sowie den Arrestgrund benennen. Auf die vorherige Anhörung des Betroffenen kann verzichtet werden, wenn dadurch der Zweck des Verfahrens gefährdet würde. Die Vollziehung des Arrests richtet sich nach § 23 Abs. 5 nach dem Verwaltungs-Vollstreckungsgesetz des Bundes.

Abschnitt 7. Schlussvorschriften

§ 24 Evaluation

Die nach § 7 festgesetzten Mindestentgeltsätze sind im Hinblick auf ihre Beschäftigungswirkungen, insbesondere auf sozialversicherungspflichtige Beschäftigung sowie die Schaffung angemessener Mindestarbeitsbedingungen, fünf Jahre nach Inkrafttreten des Gesetzes zu überprüfen.

1 Nicht kommentiert, vgl. Kommentierung zu § 23 MiLoG

§ 24a Übergangsregelung

In der Zeit vom 1. Januar 2015 bis zum 31. Dezember 2017 gilt § 1 mit der Maßgabe, dass eine Unterschreitung des nach dem Mindestlohngesetz vorgeschriebenen Mindestlohns mit den Zielen des § 1 vereinbar ist, wenn diese Unterschreitung erforderlich ist, um in der betreffenden Branche eine schrittweise Heranführung des Lohnniveaus an die Vorgaben des Mindestlohngesetzes zu bewirken und dabei faire und funktionierende Wettbewerbsbedingungen und den Erhalt sozialversicherungspflichtiger Beschäftigung zu berücksichtigen.

1 § 24a beinhaltet eine Übergangsregelung, die im Rahmen des Tarifautonomiestärkungsgesetzes (BGBl. I S. 1348) eingeführt wurde. Durch § 24a wird **§ 24 Abs. 1 MiLoG** ergänzt. Die Vorschriften bewirken eine **zeitlich begrenzte Ausnahme vom gesetzlichen Mindestlohn** für Verordnungen nach dem AEntG. Nach § 24 Abs. 1 MiLoG gehen abweichende Regelungen eines auf alle Arbeitgeber im In- und Ausland erstreckten Tarifvertrages dem Mindestlohn **bis Ende 2017** vor. § 24a tritt ebenso wie § 24 MiLoG gem. Art. 15 Abs. 2 des Tarifautonomiestärkungsgesetzes mit Ablauf des 31. 12. 2017 außer Kraft.

2 **Voraussetzung** für eine den gesetzlichen Mindestlohn unterschreitende Verordnung ist, dass eine solche Regelung für **„erforderlich“** gehalten wird, „um in der betreffenden Branche eine schrittweise Heranführung des Lohnniveaus an die Vorgaben des Mindestlohngesetzes zu bewirken und dabei faire und funktionierende Wettbewerbsbedingungen und den **Erhalt** sozialversicherungspflichtiger **Beschäftigung** zu berücksichtigen.“ Es geht also vor allem darum, in typischen Niedriglohnbranchen negative Beschäftigungseffekte des gesetzlichen Mindestlohns abzufedern. Den Tarifparteien und auch dem Verordnungsgeber wird man hierbei eine weitreichende Einschätzungsprärogative einräumen müssen (vgl. allg. zu Spielräumen der Exekutive bei Mindestlöhnen durch Rechtsverordnung *Stiebert/Pötters*, RdA 2013, 101).

3 Ferner verlangt § 24 Abs. 1 MiloG, dass es sich bei dem erstreckten Tarifvertrag um ein Regelwerk handelt, das von **repräsentativen Tarifvertragsparteien** abgeschlossen wurde (vgl. hierzu ausführlich die Kommentierung zu § 24 MiLoG).

§ 25 Inkrafttreten, Außerkrafttreten

[1]Dieses Gesetz tritt am Tag nach der Verkündung[1] in Kraft. [2]Gleichzeitig tritt das Arbeitnehmer-Entsendegesetz vom 26. Februar 1996 (BGBl. I S. 227), zuletzt geändert durch das Gesetz vom 21. Dezember 2007 (BGBl. I S. 3140), außer Kraft.

1 § 25 regelt das **Inkrafttreten des Gesetzes** über zwingende Arbeitsbedingungen für grenzüberschreitend entsandte und für regelmäßig im Inland beschäftigte Arbeitnehmer und Arbeitnehmerinnen (Arbeitnehmer-Entsendegesetz – AEntG) und das **Außerkrafttreten seiner Vorgängerregelung.** Das AEntG trat gem. § 21 Satz 1 am Tag nach seiner Verkündung in Kraft, also am 21.4.2009. Es löst das Gesetz über zwingende Arbeitsbedingungen bei grenzüberschreitenden Dienstleistungen vom 26. Februar 1996 (BGBl. I S. 227), zuletzt geändert durch Artikel 1 des Gesetzes vom 21. Dezember 2007 (BGBl. I S. 3140), ab. Dieses tritt gem. § 21 Satz 2 am gleichen Tag außer Kraft.

---

[1] Verkündet am 23.4.2009.

§ 138 BGB

§ 138 BGB Sittenwidriges Rechtsgeschäft; Wucher

(1) **Ein Rechtsgeschäft, das gegen die guten Sitten verstößt, ist nichtig.**

(2) **Nichtig ist insbesondere ein Rechtsgeschäft, durch das jemand unter Ausbeutung der Zwangslage, der Unerfahrenheit, des Mangels an Urteilsvermögen oder der erheblichen Willensschwäche eines anderen sich oder einem Dritten für eine Leistung Vermögensvorteile versprechen oder gewähren lässt, die in einem auffälligen Missverhältnis zu der Leistung stehen.**

Inhaltsübersicht

Literatur: *Bayreuther,* Der gesetzliche Mindestlohn, NZA 2014, 865; *ders.,* Gesetzlicher Mindestlohn und sittenwidrige Arbeitsbedingungen, NJW 2007, 2022; *Bepler,* Problematische Arbeitsverhältnisse und Mindestlohn, in: FS Richardi, 2007, S. 189ff.; *Bovensiepen,* Verstöße gegen gute Sitten im Arbeitsverhältnis, Arbeitsrecht 1922, 197; *Däubler,* Die Auswirkungen der Schuldrechtsmodernisierung auf das Arbeitsrecht, NZA 2001, 1335; *Hanau,* Vereinbarung von 70% des üblichen Gehalts – Zum auffälligen Missverhältnis zwischen Leistung und Gegenleistung im Sinne des BGB § 138, EwiR 2002, 419; *Henssler,* Die Vergütung angestellter Junganwälte – Kinderarbeit im Haifischbecken?, MDR 2002, 315; *Henssler/Sittard,* Flexibler Mindestlohn durch Konkretisierung des Sittenwidrigkeitstabestandes – Zugleich Besprechung zum Urteil BAG v. 26.4.2006 – 5 AZR 549/05, RdA 2007, 159; *Joost,* Der Ausschluß der Inhaltskontrolle bei Entgeltregelungen in Allgemeinen Geschäftsbedingungen, ZIP 1996, 1685; *Kötz,* Die Ungültigkeit von Verträgen wegen Gesetz- und Sittenwidrigkeit, RabelsZ 58 (1994), 209; *Lakies,* Inhaltskontrolle von Vergütungsvereinbarungen im Arbeitsrecht, NZA-RR 2002, 337; *Mohr,* Sittenwidrigkeit von Stundenlohn bei Tarifvertrag, BB 2008, 1065; *Oertmann,* Hungerlöhne und Arbeitsvertrag, DJZ 1913, 254; *Peter,* Rechtsschutz für „Niedriglöhner" durch Mindestlohn, AuR 1999, 289; *Picker,* Niedriglohn und Mindestlohn, RdA 2014, 25; *Rieble/Klebeck,* Gesetzlicher Mindestlohn?, ZIP 2006, 829; *Schmidt-Rimpler,* Grundfragen einer Erneuerung des Vertragsrechts, AcP 147 (1941), 130; *Seul,* Advokatur und Ausbeutung – Die Missachtung des § 26 BerufsO in der etablierten Anwaltschaft, NJW 2002, 197; *Thüsing,* Gedanken zur Vertragsfreiheit im Arbeitsrecht, in: FS Wiedemann, 2002, S. 559; *Tschöpe,* Sind Entgeltabreden der Inhaltskontrolle nach §§ 305ff. BGB unterworfen?, DB 2002, 1830; *Wank,* Zur Sittenwidrigkeit der Verlustbeteiligung eines Arbeitnehmers – Frist für die Absetzung eines Urteils, EWiR 1991, 341; *Witteler,* Die Allgemeinverbindlicherklärung – kein geeignetes Mittel zur faktischen Einführung von Mindestlöhnen, BB 2007, 1620; *Zachert,* Anm. zu BAG v. 26.4.2006, AP Nr. 63 zu § 138 BGB.

I. Allgemeines

1. Historische und internationale Dimension

1 Schon kurz nach Inkrafttreten des BGB wurden „Hungerlöhne" als Verstoß gegen die guten Sitten gewertet (*Oertmann,* DJZ 1913, 254ff.; s. auch *Bovensiepen,* Arbeitsrecht 1922, 197ff.). Die Rechtsprechung und das Schrifttum der **Weimarer Zeit** folgten dem und hielten § 138 Abs. 1 und Abs. 2 BGB insbesondere dann für anwendbar, wenn „zwischen der Größe der versprochenen Arbeitsleistung und der Geringfügigkeit des zugesagten Lohnes ein auffälliges Missverhältnis besteht" (*Hueck*/Nipperdey, Bd. 1 S. 129 m.w.N.; ausführlicher Einl. Rn. 43).

2 Im **internationalen Vergleich** zeigt sich, dass nahezu alle Rechtsordnungen eine dem § 138 BGB vergleichbare Regelung kennen. Das Verbot sittenwidriger Verträge ist europäisches *ius commune* (§ 879 ABGB; Art. 21 OR; rechtsvergleichend *Kötz,* RabelsZ 58 (1994), 209ff.; Art. 4:101 PECL; Art. 3.1 (b) Unidroit PICC klammern die Frage der Sit-

tenwidrigkeit allerdings ausdrücklich aus). Entsprechend dem nachklassischen römischen Recht wird dabei vor allem im romanischen Rechtskreis auf das Rechtsinstitut der *laesio enormis* zurückgegriffen. Art. 1448 *Codice civile* etwa benennt die Schwelle, ab der ein Missverhältnis von Leistung und Gegenleistung anzunehmen ist, wenn die Leistung das Doppelte des Wertes der Gegenleistung erreicht. Im Hinblick auf die Höhe des Arbeitsentgelts hat das Verbot sittenwidriger Verträge jedoch keine große Bedeutung erlangt, da in den meisten europäischen Staaten Mindestlohngesetze existieren (dazu Einl. Rn. 33; zu den Auswirkungen der Festsetzungen nach AEntG und MiArbG auf die Reichweite des § 138 BGB s. Rn. 11). Eine Ausnahme bildet bislang hier allerdings Österreich, wo der OGH ähnlich den deutschen Gerichten eine Sittenwidrigkeitskontrolle von Vergütungsabreden vornimmt.

2. Tatsächliche Dimension

3 Zahlen zu niedriger Vergütung in Deutschland sind rar. Das **Statistische Bundesamt** veröffentlicht im Internet Zahlen, nach denen im Jahr 2010 etwa 20,6% aller Beschäftigten in Betrieben mit zehn und mehr Beschäftigten für einen Niedriglohn gearbeitet haben. Absolut betrachtet sind das knapp acht Millionen Personen. Für die Abgrenzung des Niedriglohnbereichs wurde eine international verwendete Definition zugrunde gelegt, wonach ein Niedriglohn vorliegt, wenn der Verdienst eines Beschäftigten kleiner als zwei Drittel des Medianverdienstes, also des mittleren Verdienstes aller Beschäftigten, ist. Die so für 2010 bestimmte Niedriglohngrenze, unterhalb derer alle Verdienste als Niedriglöhne gelten, lag bei 10,36 Euro Bruttostundenverdienst (vgl. Statistisches Bundesamt, Pressemitteilung Nr. 308 vom 10.9.2012, veröffentlicht unter https://www.destatis.de/DE/PresseService/Presse/Pressemitteilungen/2012/09/PD12_308_62.html [Stand: 2015]). Ausführlicher s. Einl. Rn. 76.

3. Normstruktur und Anwendbarkeit

4 § 138 BGB stellt eine **zivilrechtliche Generalklausel** dar, die zwei eigenständige Tatbestände normiert: den Wuchertatbestand in Abs. 2 sowie den Sittenwidrigkeitstatbestand in Abs. 1. Der Abs. 2 geht dem Abs. 1 als speziellere Regelung in der Anwendung vor, obwohl die Praxis die Frage häufig dahinstehen lässt (vgl. MüKoBGB/*Armbrüster,* § 138 Rn. 140f. m.w.N.). § 134 BGB ist als speziellere Regelung vorrangig heranzuziehen (MüKoBGB/*Armbrüster,* § 138 BGB Rn. 4). Abweichendes gilt nur für Abs. 2 gegenüber § 134 BGB i.V.m. § 291 Abs. 1 StGB (h. M., MüKoBGB/*Armbrüster,* § 138 BGB Rn. 4; a. A. *Jauernig,* § 138 BGB Rn. 19: Abs. 2 gegenstandslos). Die AGB-Inhaltskontrolle nach den §§ 307ff. BGB geht § 138 BGB wegen der Rechtsfolge des § 306 BGB in Bezug auf eine einzelne Regelung als *lex specialis* vor. Jedoch steckt § 138

BGB einen äußeren Rahmen privatautonomer Gestaltungsfreiheit ab und ist insofern stets anwendbar (*Thüsing,* AGB-Kontrolle im Arbeitsrecht, Rn. 38; ähnlich BGH v. 6.10.1982 – VIII ZR 201/81, NJW 1983, 159, 160). Die Rechtsprechung hat aus § 138 Abs. 1 BGB eine richterliche Inhaltskontrolle entwickelt, welche es ermöglicht, Verträge hinsichtlich einer unangemessenen Benachteiligung des Vertragspartners zu überprüfen (BVerfG v. 19.10.1993 – 1 BvR 567/89, BVerfGE 89, 214, 234 – *Bürgschaft*).

4. Vorrangige gesetzliche Regelungen

5 **a) Überblick.** § 138 BGB ist als Generalklausel nur anwendbar, wo keine speziellen gesetzlichen Regelungen bestehen. **Spezialgesetzliche Vergütungsregelungen** sind zumindest mittelbar – neben AEntG und MiLoG – (in alphabetischer Folge): § 39 Abs. 2 S. 1 AufenthG bestimmt, dass die Bundesagentur für Arbeit einer Aufenthaltserlaubnis für Ausländer, die diesen eine berufliche Tätigkeit gestattet (§ 18 AufenthG), nur dann ihre Zustimmung erteilen kann, wenn der Ausländer nicht zu ungünstigeren Arbeitsbedingungen als vergleichbare deutsche Arbeitnehmer beschäftigt wird; § 26 BORA (i. d. F. v. 22.3.1999, BRAK-Mitt. 1999, 123ff., dazu AnwGH Hamm v. 2.11.2007 – 2 ZU 7/07, NJW 2008, 668; *Henssler,* MDR 2002, 315ff.; *Seul,* NJW 2002, 197ff.) legt fest, dass Rechtsanwälte nur zu „angemessenen Bedingungen“ beschäftigt werden dürfen; Art. 39 Abs. 2 EG gebietet es, EG-Ausländer auch hinsichtlich der Vergütung nicht zu diskriminieren; § 19 HAG (dazu BVerfG v. 27.2.1973 2 – BvL 27/69, BVerfGE 34, 307), wonach im Bereich der Heimarbeit „bindende Festsetzungen“ von Entgelten und sonstigen Vertragsbedingungen durch Heimarbeitsausschüsse möglich sind; § 92a HGB, wonach durch Rechtsverordnung für selbständige Handels- und Versicherungsvertreter eine untere Grenze für die vertragliche Leistung des Unternehmers festgelegt werden kann; § 6 Abs. 1 S. 3, Abs. 3 S. 1 Nr. 3 PostG, wonach eine Lizenz zur Erbringung von Postdienstleitungen zu versagen ist, wenn der Antragsteller die im lizensierten Bereich üblichen Arbeitsbedingungen nicht unerheblich unterschreitet; §§ 32, 32a, 36 UrhG legen fest, dass der Urheber unabhängig von der vertraglichen Gestaltung gegen den Nutzer seiner Leistung stets einen Anspruch auf ein angemessenes Entgelt hat (dazu OLG München v. 8.2.2007 – 6 U 5748/05, ZUM 2007, 308; *Thüsing,* GRUR 2002, 203ff.).

6 **b) Leiharbeit.** Gemäß § 3 Nr. 3 AÜG muss der Verleiher dem **Leiharbeitnehmer** für die Zeit der Überlassung an einen Entleiher die im Betrieb dieses Entleihers für einen vergleichbaren Arbeitnehmer des Entleihers geltenden wesentlichen Arbeitsbedingungen einschließlich des Arbeitsentgelts gewähren. Das führt mittelbar dazu, dass das Lohnniveau im Betrieb des Entleihers zum Mindestlohn für den Leiharbeitnehmer

wird (vgl. *Thüsing,* Arbeitsrechtlicher Diskriminierungsschutz, S. 331). Von dieser Grundregel kennt das Gesetz zwei Ausnahmen: Erstens lässt das Gesetz eine abweichende Regelung durch Tarifvertrag mit dem Verleiher zu, nicht tarifgebundene Parteien können die Anwendung der tariflichen Regelung vereinbaren. Zweitens darf einem Leiharbeitnehmer, der zuvor arbeitslos war und der in keinem Leiharbeitsverhältnis zu dem Verleiher stand, für die Überlassung an einen Entleiher für die Dauer von höchstens sechs Wochen ein Nettoarbeitsentgelt in Höhe des Betrages, den der Leiharbeitnehmer zuletzt als Arbeitslosengeld erhalten hat, gezahlt werden. Die Regelung ist verfassungskonform (BVerfG v. 29.12.2004 – 1 BvR 2283/03, 1 BvR 2504/03, 1 BvR 2582/03, NZA 2005, 153; ausführlich hierzu *Kämmerer/Thüsing,* Leiharbeit und Verfassungsrecht, 2005).

7 **c) Ausbildungsvergütung.** Gemäß § 17 BBiG haben Auszubildende einen Anspruch auf „angemessene Vergütung". Welche Vergütung „angemessen" ist, wird freilich nicht definiert. Die Rechtsprechung sieht die Funktion der Ausbildungsvergütung erstens darin, dem Auszubildenden die Ausbildung finanziell zu erleichtern, zweitens das Heranwachsen von qualifiziertem Nachwuchs zu fördern sowie drittens eine Entlohnung zu gewähren (BAG v. 22.1.2008 – 9 AZR 999/06, NJW 2008, 1833, 1835). Sie leitet aus der Funktion der Ausbildungsvergütung ab, dass diese angemessen ist, wenn sie hilft, die Lebenshaltungskosten zu bestreiten. Für die Angemessenheitsprüfung wird dann auf einschlägige Tarifverträge, subsidiär auf die branchenüblichen Sätze zurückgegriffen. Eine Ausbildungsvergütung, die sich an einem einschlägigen Tarifvertrag orientiert, ist stets angemessen (BAG v. 22.1.2008 – 9 AZR 999/06, NJW 2008, 1833, 1835). Regelmäßig ist eine Ausbildungsvergütung nicht mehr angemessen, wenn sie den Vergleichswert um mehr als 20% unterschreitet (BAG v. 17.3.2015 – 9 AZR 732/13, BB 2015, 820; BAG v. 8.5.2003 – 6 AZR 191/02, NZA 2003, 1343). Wird die Stelle durch öffentliche Gelder subventioniert, kann aber auch eine Ausbildungsvergütung von 45% des Vergleichssatzes noch angemessen sein (BAG v. 22.1.2008 – 9 AZR 999/06, NJW 2008, 1833, 1836). Allein die Tatsache, dass der Ausbildende nur über beschränkte finanzielle Mittel verfügt, rechtfertigt keine Ausnahme von der gesetzlichen Pflicht, eine angemessene Ausbildungsvergütung zu gewähren (BAG v. 19.2.2008 – 9 AZR 1091/06, BAGE 126, 12). Eine Ausbildungsvergütung von 0,92 Euro/h verstößt gegen § 17 BBiG (ArbG Berlin v. 10.8.2007 – 28 Ca 6934/07, AuR 2007, 445). Nach § 22 Abs. 3 MiLoG sind Ausbildungsverhältnisse ausdrücklich nicht vom Mindestlohngesetz erfasst. Ein Praktikum war vor Geltung des MiLoG nach Auffassung des ArbG Bielefeld in entsprechender Anwendung des § 17 BBiG zu vergüten (v. 22.11.2006 – 3 Ca 2033/06, juris). Dem ist nicht zuzustimmen – während ein Lehrling als Arbeitskraft langfristig an den Betrieb gebunden werden soll, ist ein Praktikum regelmäßig nur für kurze Zeit angelegt und bietet dem Unternehmen nicht den Vorteil der Arbeitsleistung.

Es fehlt mithin an der für eine Analogie erforderlichen Vergleichbarkeit der Sachverhalte. Auch eine Regelungslücke wird man nicht annehmen können, § 17 BBiG ist abschließend (s. zu Praktika auch *Schmidt,* NJW-Spezial 2006, 561). Seit dem 1.1.2015 ist jedoch der allgemeine gesetzliche Mindestlohn nach dem MiLoG zu berücksichtigen. Dieser gilt nach § 22 Abs. 3 MiLoG zwar nicht für Ausbildungsverhältnisse, erfasst sind aber nach § 22 Abs. 1 S. 2 MiLoG freiwillige, nicht berufsvorbereitende Praktika i. S. d. § 26 BBiG (s. ausführlich § 22 Rn. 6 ff.). In der Praxis wird es daher maßgeblich auf die Unterscheidung von Ausbildungsverhältnis, verpflichtendem und freiwilligem Praktikum ankommen.

8 **d) Regelungen zur ortsüblichen Vergütung.** Neben dem Verbot sittenwidriger Vergütung steht das Gebot ortsüblicher Vergütung nach den verschiedenen Tariftreuegesetzen (hierzu Tariftreue, Rn. 1). Was ortsüblich ist, ist regelmäßig nicht sittenwidrig (zum Zusammenhang zwischen Üblichkeit und Angemessenheit s. Rn. 19). In dem Maß wie das Gebot der ortsüblichen Vergütung zurückgedrängt wird (s. Tariftreue Rn. 12), kann § 138 BGB verstärkt Bedeutung erlangen.

9 Der Begriff der ortsüblichen Vergütung findet sich daneben noch in sozialrechtlichen Gesetzen (etwa § 72 Abs. 3 SGB XI als „ortsübliche Arbeitsvergütung", § 71 Abs. 3 SGB III als „ortsübliche Ausbildungsvergütung" oder § 34 Abs. 3 S. 1 SGB IX als „ortsüblichen Arbeitsentgelte"). Aus der dortigen Praxis lassen sich allerdings keine Rückschlüsse auf die Methodik der Konkretisierung dieses Begriffs ziehen; Rechtsprechung gibt es hierzu nicht (ausführlicher zu § 72 Abs. 3 SGB XI *Thüsing,* SGB 2008, 629).

10 **e) Unzumutbar niedrige Vergütung in der Rechtsprechung der Sozialgerichte.** Auch in der Sozialgerichtsbarkeit begegnet man der Frage nach der Untergrenze von Löhnen. Die Sozialgerichte haben sich vor allem mit der Frage auseinanderzusetzen, wann eine Beschäftigung zumutbar i. S. d. § 31 Abs. 1 Nr. 1 lit. c) SGB II ist. Der Bundesagentur für Arbeit ist es als dem Gesetz verpflichtetem Träger der Sozialverwaltung verwehrt, Arbeitslosen Stellenangebote zu unterbreiten, die gegen gesetzliche Vorgaben verstoßen, was bei sittenwidrigen Entgeltvereinbarungen der Fall ist (SG Berlin v. 27.2.2006 – S 77 AL 742/05, AuR 2007, 54). Ein auffälliges Missverhältnis, das die Sittenwidrigkeit begründet und gegen die in den grundgesetzlichen Wertentscheidungen festgelegten Grundsätze verstößt, ist nach Ansicht des SG Berlin anzunehmen, wenn der angebotene Lohn bei Vollzeitarbeit unter dem Sozialhilfeniveau für eine volljährige alleinstehende Person ohne Unterhaltsverpflichtungen bei sozialhilferechtlich angemessener Unterkunft und bei uneingeschränkter Erwerbsfähigkeit liegt (v. 27.2.2006 – S 77 AL 742/05, AuR 2007, 54). Anders als das BAG (v. 24.3.2004 – 5 AZR 303/03, BAGE 110, 79, 83) zieht das Gericht hier zur Konkretisierung der Sittenwidrigkeit auch Art. 4 der Europäischen Grundrechtscharta heran (s. unten

Rn. 2). Das SG Berlin hält unter den genannten Bedingungen für das Jahr 2006 eine Vergütung von unter 795 Euro netto/Monat für sittenwidrig (v. 27.2.2006 – S 77 AL 742/05, AuR 2007, 54). Eine andere Entscheidung hält eine Vergütung von 11 DM/h in einem Berliner Industrieunternehmen für sittenwidrig (SG Berlin v. 18.1.2002 – S 58 AL 2003/01, AiB 2003, 636). Mit Einführung des allgemeinen gesetzlichen Mindestlohnes gilt jedenfalls dieser – vorbehaltlich etwaiger Ausnahmeregelungen – als Untergrenze (s. Rn. 12).

11 **f) AEntG.** Im Rahmen der Generalklausel ist zu erwägen, ob die Festsetzungen nach § 1 Abs. 1, 3a AEntG Bedeutung für die Konkretisierung des Tatbestandes haben; Anwendungsfälle sind bereits gegeben (dazu auch *Henssler/Sittard,* RdA 2007, 159, 164). Man wird mit einer zu engen Anlehnung vorsichtig sein müssen. Dies schon deshalb, weil der Gesetzgeber nicht festlegen kann, was sittenwidrig ist. Dies findet sich vielmehr im Wertekonsens der Bevölkerung, nicht durch imperative Festlegung seitens seiner Repräsentanten. Man wird weiterhin von einem nebeneinander der Kontrollmaßstäbe der Sittenwidrigkeit und des AEntG ausgehen müssen. Nur für die Gruppen, für die eine tarifvertragliche oder gesetzliche Lohnfestlegung erfolgt ist, stellt sich die Frage nach deren Sittenwidrigkeit nicht; das speziellere geht dem allgemeineren Gesetz vor. Selbst wenn man diese Festlegung als unangemessen niedrig bewerten wollte, hat der Gesetzgeber hier einer möglichen Unwirksamkeit nach § 138 BGB den Riegel vorgeschoben, ebenso wie er anderen Vertragsgestaltungen, die möglicherweise als sittenwidrig zu beurteilen wären, als gültig behandeln will (s. etwa zum ProstG MüKoBGB/*Armbrüster,* Anhang zu § 138 BGB, § 1 Rn. 18). Auch in den Branchen, in denen es für gering qualifizierte Arbeitnehmer Tarifverträge nach dem AEntG gibt, können Löhne für höher qualifizierte Mitarbeiter, die über diesen Mindestsätzen liegen, durchaus sittenwidrig sein, wenn sie entsprechend den dargestellten Maßstäben vom üblichen abweichen.

12 **g) MiLoG.** Mit Einführung des MiLoG zum 1.1.2015 gilt in Deutschland erstmals ein flächendeckender gesetzlicher Mindestlohn. Es handelt sich um eine zwingende Lohnuntergrenze. Die Sittenwidrigkeitsrechtsprechung des BAG bleibt aber neben dem MiLoG uneingeschränkt anwendbar (ErfK/*Franzen,* 15. Aufl. 2015, § 1 MiLoG Rn. 1; *Bayreuther,* NZA 2014, 865, 866). § 1 MiLoG stellt eine abstrakte Untergrenze dar, während § 138 BGB ein konkretes Missverhältnis der Entlohnung zum objektiven Wert der Arbeitsleistung voraussetzt. Praktische Auswirkungen hat die Sittenwidrigkeitsrechtsprechung des BAG bei Anwendbarkeit des MiLoG demnach bei Lohnforderungen, welche über dem allgemeinen gesetzlichen Mindestlohn liegen (s. auch *Bayreuther,* NZA 2014, 865, 866). Findet der gesetzliche Mindestlohn hingegen keine Anwendung (§ 22 Abs. 2, 4 MiLoG), stellt sich die Frage nach § 138 BGB und der Ermittlung der Sittenwidrigkeitsgrenze. Kann eine unterhalb des Mindestlohnes liegende Vergütung sittenkonform sein? Wie hinsichtlich des Verhältnisses zum AEntG ist auch für die Berücksichtigung der Wertungen des MiLoG bei Ausgestaltung der Sittenwidrigkeit nur wenig Raum. Eine Analogie zu § 24 Abs. 2 MiLoG, wonach für Zeitungszusteller zunächst eine Entlohnung von 75% des Mindestlohnes zulässig ist, scheidet aus (**a. A.** *Schubert/Jerchel/Düwell,* Das neue Mindestlohngesetz, 2015, Rn. 155). Hiergegen spricht, dass der Gesetzgeber eine eindeutige und bewusste Entscheidung zur sachlichen und personellen Geltung des Mindestlohnes getroffen hat. Zudem widerspricht es der Natur einer Ausnahmeregelung wie § 24 Abs. 2 MiLoG, diese analog anzuwenden. Die Motive der Sicherung einer Lebensgrundlage lassen sich nicht unbesehen auf die ein relatives Missverhältnis voraussetzende Sittenwidrigkeit des § 138 BGB übertragen. Daher ist die Sittenwidrigkeit von Löhnen unterhalb des Mindestlohnes unabhängig von den Wertungen des MiLoG anhand der üblichen Kriterien zu bestimmen (s. Rn. 20ff.). Dies bedeutet zugleich, dass Löhne oberhalb des Mindestlohnes durchaus sittenwidrig sein können: Das MiLoG regelt gerade nicht, wann ein Missverhältnis von Leistung und Gegenleistung vorliegt, sondern setzt bloß abstrakt zur Sicherung eines angemessenen Mindestschutzes der Arbeitnehmer eine Lohnuntergrenze.

II. Keine Anwendung der AGB-Inhaltskontrolle auf Lohnabreden

1. Regelungsgehalt und Funktion des § 307 Abs. 3 BGB

13 Auf Lohnabreden kann die AGB-Inhaltskontrolle nicht angewandt werden. § 307 Abs. 3 S. 1 BGB statuiert zwei Schranken der AGB-Inhaltskontrolle (zum Verhältnis zu § 138 BGB oben Rn. 4), wonach die AGB-rechtlichen Bestimmungen zur Inhaltskontrolle nur für solche Bestimmungen in Allgemeinen Geschäftsbedingungen gelten, durch die von Rechtsvorschriften abweichende oder diese ergänzende Regelungen vereinbart werden. Zu „Rechtsvorschriften" zählen auch ungeschriebene, allgemein anerkannte Rechtsgrundsätze (BAG v. 27.7.2005 – 7 AZR 488/04, BB 2006, 609, 611). Ausgenommen von einer Kontrolle anhand der §§ 307 Abs. 1 und 2, 308, 309 BGB sind durch diese ihrem Wortlaut nach wenig aussagekräftige Vorschrift sowohl rein deklaratorische als auch sog. **preisbestimmende und leistungsbeschreibende Klauseln** (BAG v. 17.10.2012 – 5 AZR 792/11, BAGE 143, 212; BAG v. 27.7.2005 – 7 AZR 486/04, NZA 2006, 40, 45; BGH v. 13.7.2005 – IV ZR 83/04, NJW-RR 2005, 1479; BGH v. 18.4.2002 – III ZR 199/01, NJW 2002, 2386; Ulmer/Brandner/Hensen/*Fuchs,* § 307 BGB Rn. 14; Wolf/Horn/Lindacher/*Wolf,* § 8 Rn. 4ff.; *Lakies,* Rn. 262; einen abweichenden Ansatz wählt *Joost,* ZIP 1996, 1685).

14 Hinter dem Ausschluss deklaratorischer Klauseln, die Gesetzesvorschriften lediglich wiederholen oder zumindest inhaltlich mit dem objektiven Recht übereinstimmen, steht die Erwägung, dass bei ihrer Einbeziehung in die AGB-rechtliche Inhaltskontrolle es dem Richter mittelbar ermöglicht wäre, Gesetzesrecht einer Angemessenheitskontrolle zu unterziehen (BGH v. 9.5.2001 – IV ZR 121/00, NJW 2001, 2014, 2015). Bestimmungen in Allgemeinen Geschäftsbedingungen, die Art und Umfang der vertraglichen Hauptleistungspflichten unmittelbar bestimmen, also regeln, was und wie viel der eine Teil leisten soll und welchen Preis er dafür erhält, bleiben kontrollfrei, weil dieses Äquivalenzverhältnis den **Kernbereich privatautonomer Vertragsgestaltung** ausmacht und dieser der Marktregulierung und der eigenverantwortlichen Interessenwahrnehmung der Vertragspartner überlassen werden soll; zudem wird es zumeist an einem rechtlichen Kontrollmaßstab fehlen, da Preis- und Leistungsbeschreibungen üblicherweise nicht gesetzlich festgelegt sind (BGH v. 15.1.1987 – III ZR 153/85, NJW 1987, 2014, 2015; BGH v. 12.3.1987 – VII ZR 37/86, BGHZ 100, 157, 174; BGH v. 24.11.1988 – III ZR 188/87, BGHZ 106, 42, 46; BGH v. 24.9.1998 – III ZR 219/97, NJW 1999, 864; BGH v. 12.12.2000 – XI ZR 138/00, BGHZ 146, 138, 140; BGH v. 9.5.2001 – IV ZR 121/00, BGHZ 147, 354; AnwKommBGB/*Heinrichs,* § 307 Rn. 18; *Bauer,* NZA 2002, 169, 172; *Däubler,* NZA 2001, 1329, 1334; *Lingemann,* NZA 2002, 181, 185; *Preis,* Beil. zu NZA H. 16/2003, 31; *Thüsing,* BB 2002, 2666, 2674).

15 Der **Ausschluss der Kontrolle leistungsbestimmender Klauseln** hat also einen ganz anderen Grund als die Freistellung deklaratorischer Klauseln: Überprüft werden soll der Vertrag nicht darauf, ob er für beide Parteien einen angemessenen Austausch bedeutet, sondern nur darauf, ob seine Regelungen in einseitig benachteiligender Weise von den gesetzlichen Bestimmungen abweichen, die den Rahmen für den Leistungsaustausch formulieren. Wollte man die Angemessenheit der Leistung bewerten, müsste der Richter das *iustum pretium* suchen, eine Vorstellung, von der sich der Gesetzgeber bereits mit Inkrafttreten des BGB verabschiedet hat (Wolf/Horn/Lindacher/*Lindacher,* § 8 Rn. 10f.; Ulmer/Brandner/Hensen/*Fuchs,* § 307 BGB Rn. 18; *Lakies,* Rn. 266). Dort, wo die Hauptleistungspflichten durch Rechtsvorschriften bestimmt werden, bleibt eine Kontrolle jedoch möglich (BAG v. 31.8.2005 – 5 AZR 545/04, NZA 2006, 324, 328; ErfK/*Preis,* § 310 BGB Rn. 38). Nach diesen Grundsätzen soll nach Ansicht des Bundesarbeitsgerichts auch die befristete Änderung der synallagmatischen Pflichten aus einem Arbeitsverhältnis der AGB-Inhaltskontrolle zugänglich sein (BAG v. 18.6.2008 – 7 AZR 245/07, AP Nr. 52 zu § 14 TzBfG; BAG v. 27.7.2005 – 7 AZR 486/04, NZA 2006, 40, 45). Gleiches nimmt das Gericht bei der Vereinbarung eines Widerrufsvorbehalts (BAG v. 12.1.2005 – 5 AZR 364/04, BB 2005, 833, 834) oder eines Rücktrittsvorbehalts (BAG v. 27.7.2005 – 7 AZR 488/04, BB 2006,

609, 611) an. Beide weichen von dem allgemeinen Grundsatz *pacta sunt servanda* ab.

2. Konsequenzen für die Gleichstellungsanordnung nach § 310 Abs. 4 S. 3 BGB

16 Gemäß § 310 Abs. 4 S. 3 BGB stehen **Tarifverträge, Betriebs- und Dienstvereinbarungen** Rechtsvorschriften im Sinne von § 307 Abs. 3 BGB gleich. Hinter dieser Gleichstellungsanordnung verbergen sich zwei voneinander zu trennende Fragestellungen. Zum einen kann fraglich sein, ob diese Kollektivvereinbarungen selbst (mittelbarer) Gegenstand der AGB-Kontrolle sein können, wenn sie kraft einzelvertraglicher Bezugnahme zum Inhalt des Arbeitsvertrages gemacht werden, zum anderen, ob sie im Einzelfall den Maßstab zu bilden vermögen, an dem die Angemessenheit arbeitsvertraglicher Bestimmungen zu messen ist.

17 Teilweise wird vertreten, die Pflicht, die Besonderheiten des Arbeitsrechts zu berücksichtigen, führe beim Arbeitsvertrag entgegen § 307 Abs. 3 BGB zu einer allgemeinen Kontrolle der arbeitsvertraglich fixierten Hauptpflichten am Maßstab der sachlich einschlägigen Tarifverträge, die zur Unwirksamkeit wegen unangemessener Benachteiligung entgegen Treu und Glauben führen kann (*Däubler,* NZA 2001, 1329, 1335; *Lakies,* NZA-RR 2002, 337, 344). So spricht nach der Ansicht *Däublers* „alles dafür, die Unterschreitung des Tariflohns um mehr als 20% als unangemessen im Sinne des § 307 Abs. 1 zu qualifizieren" (*Däubler,* NZA 2001, 1329, 1335; zustimmend Däubler/*Lakies,* Anhang 1 zu § 5 TVG Rn. 63ff.). Dies kann nicht richtig sein (ablehnend ebenso *Annuß,* BB 2002, 458, 460; *Bayreuther,* RdA 2003, 81; *Gotthardt,* Rn. 269; ErfK/*Preis,* § 310 BGB Rn. 39; *Henssler,* RdA 2002, 129, 136; *Hromadka,* NJW 2002, 2523, 2527; *Stoffels,* Rn. 458; *Thüsing/Lambrich,* RdA 2002, 193, 196; *Tschöpe,* DB 2002, 1830). Auch wenn mit den Entgelttarifverträgen hier anders als bei anderen Verträgen Bezugsgrößen bereitstehen würden, die auch eine Beurteilung der von den Arbeitsvertragsparteien versprochenen Hauptleistungen ermöglichen, wäre dies jedoch eine **Einschränkung der Vertragsfreiheit,** die mit der Systematik des AGB-Rechts, seinen Ursprüngen und seiner legitimen Reichweite nicht mehr zu vereinbaren wäre. Eine solche zwingende Leitfunktion des Tarifvertrags wäre international einmalig; sie ließe sich kaum mit der vorsichtigen Rechtsprechung des BVerfG (BVerfG v. 15.7.1980 – 1 BvR 24/74, 1 BvR 439/79, NJW 1981, 215) zur Allgemeinverbindlicherklärung vereinbaren, die für die Erstreckung des Einflusses der Tarifvertragsparteien, wie bereits der Wortlaut des § 5 Abs. 1 TVG, nachdrücklich ein öffentliches Interesse fordert, das für ein solch einschränkungsloses Mandat nicht gegeben ist. Die Kartellwirkung des Tarifvertrags würde potenziert zu Lasten der Vertragsautonomie Außenstehender. Der Arbeitnehmer muss die Möglichkeit haben, durch die Vereinbarung eines untertariflichen Lohns sich für den

Arbeitgeber interessant zu machen und so einen Arbeitsplatz zu erhalten, den er sonst nicht erhalten hätte; eben darin liegt die Vertragsautonomie im Arbeitsrecht. Zudem wäre fraglich, was zu geschehen hätte, wenn es mehrere der Sache nach einschlägige Tarifverträge gibt und diese zudem deutlich voneinander abweichen; ferner, wann es zulässig ist, die Einheit des Tarifvertrags, für die eine Angemessenheitsvermutung besteht, aufzubrechen und allein dessen Inhaltsnormen zum Maßstab der Kontrolle nach Treu und Glauben zu machen. Abweichungen nach verschiedenen Seiten – z. B. mehr Urlaub, aber weniger Entgelt – könnten kaum miteinander verglichen werden.

III. Überprüfung von Tarifverträgen nach § 138 BGB

18 Ob **normative Regelungen eines Tarifvertrags** am Maßstab des § 138 BGB gemessen werden können, ist umstritten. Im Schrifttum wird zum Teil ohne nähere Begründung angenommen, normative Tarifregelungen könnten gegen § 138 BGB verstoßen (*Löwisch/Rieble,* § 1 Rn. 219; *Däubler,* Rn. 368; *Kempen/Zachert,* Grundlagen Rn. 206; Däubler/*Schiek,* Einleitung Rn. 323). Dagegen spricht nach Auffassung des Vierten Senates des BAG, dass nach § 138 BGB nur Rechtsgeschäfte gegen die guten Sitten verstoßen bzw. wucherisch sein können. Vom Wortlaut und seiner systematischen Stellung erfasse § 138 BGB daher nicht normative Regelungen, wie Gesetze bzw. den normativen Teil von Tarifverträgen (BAG v. 25.3.1981 – 4 AZR 1012/78, AP BAT 1975 §§ 22, 23 Nr. 42; siehe auch BGH v. 29.1.1957 – VIII ZR 71/56, BGHZ 23, 175, 180 ff.).

19 Die besseren Gründe sprechen dafür, § 138 BGB auch auf Tarifverträge anzuwenden (s. auch Wiedemann/*Thüsing,* TVG § 1 Rn. 245). Das, was sittenwidrig ist, kann nicht nur als vertragliche Regelung keinen Bestand haben, sondern muss auch als Normsetzung durch Private unverbindlich bleiben (Wiedemann/*Thüsing,* § 1 Rn. 245). Gleich wie man die normative Wirkung des Tarifvertrages begründet (dazu Wiedemann/*Thüsing,* § 1 Rn. 42 ff.), sind die Tarifparteien zumindest mittelbar an die Grundrechte gebunden. Wenn aber § 138 BGB elementare Gerechtigkeitsanforderungen, die der gesamten Rechtsordnung zugrunde liegen, zum Ausdruck bringt, zählen dazu auch die Grundrechte. Wenn also die Tarifparteien an die Grundrechte gebunden sind und § 138 BGB das Werkzeug zur zivilgerichtlichen Durchsetzung der Grundrechte darstellt, sind **Tarifverträge an § 138 BGB zu messen** (so jetzt auch BAG v. 24.3.2004 – 5 AZR 303/03, NZA 2004, 971, 973, *obiter dictum*).

IV. Nichtige Lohnabreden

1. Auffälliges Missverhältnis

20 Sowohl für Abs. 1 als auch für Abs. 2 ist objektiv ein **auffälliges Missverhältnis** zwischen Leistung und Gegenleistung erforderlich (BAG v. 24.3.2004 – 5 AZR 303/03, NZA 2004, 971, 972; kritisch *Mohr,* BB 2008, 1065, 1066). Bei der Prüfung ist der Wert der Leistung des Arbeitnehmers nach ihrem objektiven Wert zu beurteilen (BAG v. 22.4.2009 – 5 AZR 436/08, NZA 2009, 837, 838; BAG v. 24.3.2004 – 5 AZR 303/03, NZA 2004, 971, 972). Ausgangspunkt der Feststellung des Wertes der Arbeitsleistung sind die Tariflöhne des jeweiligen Wirtschaftszweigs, es sei denn, die verkehrsübliche Vergütung ist niedriger; dann ist letztere maßgebend. Ein Tariflohn ist verkehrsüblich, wenn mehr als 50% der Arbeitgeber im Wirtschaftsgebiet tarifgebunden sind oder die tarifgebundenen Arbeitgeber im Vergleichsgebiet mehr als 50% der Arbeitnehmer beschäftigen (BAG v. 22.4.2009 – 5 AZR 436/08, – 5 AZR 436/08, NZA 2009, 837, 838). Wann ein auffälliges Missverhältnis gegeben ist, hat das BAG in seiner Entscheidung vom 22.4.2009 – 5 AZR 436/08, NZA 2009, 837, 838; zu früheren Ansätzen in der Literatur *Bayreuther,* NJW 2007, 2022, 2023) jüngst durch Richtwerte konkretisiert. Danach liegt ein auffälliges Missverhältnis zwischen Leistung und Gegenleistung vor, wenn die Arbeitsvergütung nicht einmal **zwei Drittel** eines in der betreffenden Branche und Wirtschaftsregion üblicherweise gezahlten Lohns erreicht. Soweit der Tariflohn Maßstab ist, sind der regelmäßig gezahlte Lohn und der regelmäßige Tariflohn zugrunde zu legen, mögliche Zulagen für besondere Arbeiten oder Anlässe sind bereits in die Grenze der Unterschreitung um ein Drittel eingepreist. Gleiches gilt für unregelmäßige Zusatzleistungen des Arbeitgebers im streitigen Arbeitsverhältnis (BAG v. 22.4.2009 – 5 AZR 436/08, NZA 2009, 837, 838). Der Zweck des § 138 BGB, Einzelfallgerechtigkeit herzustellen, gebietet jedoch auch die Berücksichtigung der konkreten Umstände des Einzelfalls zur Feststellung eines auffälligen Missverhältnisses (BAG v. 22.4.2009 – 5 AZR 436/08, NZA 2009, 837, 838). Ein Lohn von 75% der Tarifvergütung kann sittenwidrig sein (BAG v. 26.4.2006 – 5 AZR 549/05, BAGE 118, 66, 72ff.), umgekehrt kommen Abschläge beim Wert der Arbeitsleistung in Betracht, etwa bei besonders einfachen Tätigkeiten oder erheblichen Leistungsdefiziten des Arbeitnehmers, wenn der einschlägige Tarifvertrag darauf keine Rücksicht nimmt, etwa wenn der Arbeitnehmer zu den einschlägigen Tarifbedingungen regelmäßig überhaupt keinen Arbeitgeber finden würde (BAG v. 22.4.2009 – 5 AZR 436/08, NZA 2009, 837, 838). Auch Dauer und Schwierigkeitsgrad der Arbeit sowie die Arbeitsbedingungen (Hitze, Kälte, Lärm) sind einzustellen (BAG v. 11.1.1973 – 5 AZR 322/72, DB 1973, 727).

21 Nach Auffassung des BAG sind für die **Beurteilung des Missverhältnisses** weder der Sozialhilfesatz, die Pfändungsfreigrenzen nach § 850c ZPO (BAG v. 24.3.2004 – 5 AZR 303/03, BAGE 110, 79, 83) noch Art. 4 der Europäischen Sozialcharta, wonach das Entgelt den Arbeitnehmern und ihren Familien einen angemessenen Lebensstandard sichern muss, zur Konkretisierung heranzuziehen (BAG v. 24.3.2004 – 5 AZR 303/03, BAGE 110, 79, 83; kritisch *Zachert,* Anm. zu BAG v. 26.4.2006 – 5 AZR 549/05, AP Nr. 63 zu § 138 BGB; a. A. SG Berlin v. 27.2.2006 – S 77 AL 742/05, AuR 2007, 54; s. auch *Henssler/Sittard,* RdA 2007, 159, 161).

22 Maßgeblicher **Zeitpunkt** für die Beurteilung des Missverhältnisses ist grundsätzlich der Zeitpunkt des Vertragsschlusses, bei arbeitsvertraglichen Vergütungsabreden kommt es jedoch auf den jeweils streitgegenständlichen Zeitraum an. Eine solche Abrede kann nachträglich wucherisch werden, wenn sie nicht an die allgemeine Lohnentwicklung angepasst wird (BAG v. 22.4.2009 – 5 AZR 436/08, NZA 2009, 837, 838).

2. Wuchertatbestand (Abs. 2)

23 Das **Wuchergeschäft** setzt objektiv ein auffälliges Missverhältnis von Leistung und Gegenleistung voraus und erfordert subjektiv, dass der Wucherer die Zwangslage, die Unerfahrenheit, den Mangel an Urteilsvermögen oder die erhebliche Willensschwäche eines anderen ausbeutet (BAG v. 22.3.1989 – 5 AZR 151/88, juris). Eine **Zwangslage** ist gegeben, wenn wegen einer erheblichen Bedrängnis ein zwingendes Bedürfnis nach einer Geld- oder Sachleistung besteht. Erforderlich, aber auch ausreichend ist, dass dem Betroffenen schwere Nachteile drohen (BGH v. 8.2.1994 – XI ZR 77/93, NJW 1994, 1276). **Unerfahrenheit** ist gegeben bei einem Mangel an Lebens- oder Geschäftserfahrung (BGH v. 27.3.1958 – II ZR 327/56, DB 1958, 1241). **Mangelndes Urteilsvermögen** liegt vor, wenn der Betroffene nicht in der Lage ist, die beiderseitigen Leistungen richtig zu bewerten und die Vor- und Nachteile des Geschäfts sachgerecht gegeneinander abzuwägen (BGH v. 23.6.2006 – V ZR 147/05, NJW 2006, 3054, 3056). Eine **erhebliche Willensschwäche** ist gegeben, wenn der Betroffene zwar Inhalt und Folgen des Geschäfts durchschaut, sich aber wegen verminderter psychischer Widerstandsfähigkeit nicht sachgerecht zu verhalten vermag (MüKoBGB/*Armbrüster,* § 138 Rn. 152).

24 Bei Abschluss eines Arbeitsvertrages wird vor allem die Annahme einer **Zwangslage** naheliegen, weil der Arbeitnehmer gerade in Zeiten hoher Arbeitslosigkeit bereit sein wird, zu einem zu geringen Lohn tätig zu sein (zurückhaltend aber BAG v. 24.3.2004 – 5 AZR 303/03, NZA 2004, 971; *Mohr,* BB 2008, 1065, 1066; wie hier ArbG Bremen v. 30.8.2000 – 5 Ca 5152, 5198/00, NZA-RR 2001, 27, 31). Eine Zwangslage soll sich

auch daraus ergeben können, dass ein Arbeitsloser keine Arbeitslosenhilfe erhält (Staudinger/*Sack,* § 138 BGB Rn. 388; MünchHandbArbR/ *Richardi,* Bd. 1, § 46 Rn. 22). Dem ist allenfalls zuzustimmen, soweit nicht zwingende Vorgaben des Sozialrechts umgangen werden (restriktiv auch MüKoBGB/*Armbrüster,* § 138 Rn. 90; s. auch ArbG Dresden v. 12.4.2006 – 7 Ca 5437/05, juris).

25 Die **Ausbeutung** ist zu bejahen, wenn der Wucherer sich die Zwangslage etc. bewusst zunutze macht und dabei Kenntnis von dem Missverhältnis der beiderseitigen Leistungen hat, einer Ausbeutungsabsicht bedarf es nicht (BGH v. 19.6.1990 – XI ZR 280/89, NJW-RR 1990 1199; Jauernig/*Jauernig,* § 138 BGB Rn. 23).

26 Wucher nach § 138 Abs. 2 BGB wurde **bejaht:** bei einem Praktikanten mit abgeschlossenem Studium und betriebsüblicher Arbeitszeit bei einer Vergütung von 375 Euro/Monat (LAG BW v. 8.2.2008 – 5 Sa 45/07, NZA 2008, 768); bei einem Stundenlohn von 5 Euro für eine Auspackhilfe im Einzelhandel (ArbG Bremen v. 12.12.2007 – 9 Ca 9331/07, AuR 2008, 275); bei einem als Praktikum deklarierten, unentgeltlichen Arbeitsverhältnis (LAG RP v. 8.6.1984 – 6 Sa 51/84, NZA 1986, 293; ArbG Berlin v. 8.1.2003 – 36 Ca 19390/02, AuR 2004, 74); bei einer Vergütung für eine Mitarbeiterin in der Gastronomie, die die Hälfte des in der Region Üblichen beträgt (ArbG Cottbus v. 14.12.2005 – 5 Ca 1930/05, juris); bei einer Vergütung von 1500 DM für eine arbeitslose, gering qualifizierten Schwesternhelferin (ArbG Herne v. 5.8.1998 – 5 Ca 4010/97, PersR 2000, 87); bei einem Entgelt, dass 66% des Tariflohns und nur 60% des beim Arbeitgeber üblichen Lohns erreicht (BGH v. 22.4.1997 – 1 StR 701/96, NJW 1997, 2689); bei einer Stundenvergütung von weniger als 10 DM brutto für einen Heizungsmonteur im Jahr 1996 (LAG Berlin v. 20.2.1998 – 6 Sa 145/97, NZA-RR 1998, 392); bei einer Abrede, nach der ein Außendienstmitarbeiter in der Versicherungsbranche bei Erfolglosigkeit die empfangenen Leistungen zurückzahlen muss und nur die Provision behalten darf (ArbG Rheine v. 22.5.1992 – 2 Ca 34/92, NZA 1993, 366); bei einem Stundenlohn von 6,00 Euro brutto für eine Fachverkäuferin/Alleinverkäuferin im Einzelhandel, die mit allen anfallenden Aufgaben, die gewöhnlich zum Betrieb einer „Filiale“ gehören, beschäftigt wird (ArbG Leipzig v. 11.3.2010 – 2 Ca 2788/09). Wucher wurde **verneint:** bei einem Stundenlohn von 8,50 DM für eine Hilfskraft im Jahr 1989, selbst wenn der Nettolohn mit 966 DM unter dem Sozialhilfesatz liegt (BAG v. 22.3.1989 – 5 AZR 151/88, juris); wohl zu Unrecht auch bei einem Stundenlohn für eine Friseurin im nördlichen Brandenburg bei einem Stundenlohn von 3 Euro netto (ArbG Eberswalde v. 15.11.2005 – 5 Ca 1234/05, juris; wie hier wohl *Bayreuther,* NJW 2007, 2022, 2023). Das Gericht stellte hier darauf ab, dass in der BRD kein Mindestlohn existiere.

3. Sittenwidrigkeit (Abs. 1)

27 Für den Vorwurf der **Sittenwidrigkeit** müssen neben das auffällige Missverhältnis von Leistung und Gegenleistung noch weitere, besondere Umstände treten (Staudinger/*Sack,* § 138 BGB Rn. 387; Palandt/*Heinrichs,* § 138 BGB Rn. 79; Erman/*Palm,* § 138 BGB Rn. 77b).

28 § 138 Abs. 1 BGB schützt anerkannte Rechts- und Grundwerte des Gemeinschaftslebens (oben Rn. 1f.). Die Sittenwidrigkeit einer Entgeltvereinbarung ist deshalb nicht allein nach der vereinbarten Entgelthöhe zu beurteilen, es sind vielmehr die **in den Grundrechten** verkörperten Wertungen des Gesetzgebers zu berücksichtigen (BAG v. 26.4.2006 – 5 AZR 549/05, NZA 2006, 1354 – unter Rückgriff auf Art. 7 Abs. 4 GG; kritisch hierzu *Henssler/Sittard,* RdA 2007, 159, 162). Ein Rechtsgeschäft verstößt nur dann gegen § 138 Abs. 1 BGB, wenn es nach seinem aus der Zusammenfassung von Inhalt, Beweggrund und Zweck zu entnehmenden Gesamtcharakter mit den guten Sitten nicht zu vereinbaren ist (BAG v. 26.4.2006 – 5 AZR 549/05, NZA 2006, 1354; BGH v. 28.2.1989 – IX ZR 130/88, BGHZ 107, 92, 97).

29 Diese Formel bereitet in ihrer praktischen Handhabung erhebliche Schwierigkeiten. In der Literatur wurde daher eine Konkretisierung anhand fester Grenzwerte von 50% bis 80% des ortsüblichen Lohns versucht (ausführlich dazu *Bepler,* in: FS Richardi, S. 189, 192; *Henssler/Sittard,* RdA 2007, 159, 161). Für die Praxis wird nunmehr die vom BAG (v. 22.4.2009 – 5 AZR 436/08, 2009, 837; s. Rn. 19) entwickelte **Grenze von 2/3 der üblichen Vergütung** auch hier als Richtwert zugrunde zu legen sein. Ergibt sich danach ein auffälliges Missverhältnis erfüllt dies im Regelfall (etwa vorbehaltlich grundgesetzlicher Wertungen, s. Rn. 27) den objektiven Tatbestand eines wucherähnlichen Geschäfts. Liegt als weiterer Umstand in subjektiver Sicht eine verwerfliche Gesinnung des Begünstigten vor, führt dies zur Sittenwidrigkeit der Vereinbarung (BAG v. 22.4.2009 – 5 AZR 436/08, NZA 2009, 837, 838, s. Rn. 26 und 29). Zur Ausbildungsvergütung s. Rn. 7.

30 Weiterer Umstand, der die Sittenwidrigkeit einer Vereinbarung begründen kann, ist beim wucherähnlichen Geschäft in **subjektiver Hinsicht** das Vorliegen einer verwerflichen Gesinnung beim Begünstigten. Diese ist in Bezug auf Löhne zu bejahen, wenn der begünstigte Vertragsteil Kenntnis vom Missverhältnis der beiderseitigen Leistungen hat oder sich dieser Erkenntnis leichtfertig verschließt (BAG v. 22.4.2009 – 5 AZR 436/08, NZA 2009, 837, 838, 839f.; BAG v. 26.4.2006 – 5 AZR 549/05, NZA 2006, 1354, 1355). Liegt ein besonders auffälliges Missverhältnis zwischen Leistung und Gegenleistung vor, spricht dies ohne weiteres für eine verwerfliche Gesinnung des Begünstigten (BAG v. 27.6.2012 – 5 AZR 496/11, AP Nr 67 zu § 138 BGB; BAG v. 22.4.2009 – 5 AZR 436/08, NZA 2009, 837, 838; BAG v. 30.7.1985 – 3 AZR 401/83, NZA 1986, 519, 520; Däubler/

Lakies, Anhang 1 zu § 5 Rn. 29). Handelt es sich dagegen lediglich um ein auffälliges Missverhältnis, müssen der Vergleichslohn, dessen Üblichkeit und der Lohn des Arbeitnehmers dem Arbeitgeber bekannt sein. Auch dies wird der Regelfall sein (vgl. BAG v. 22.4.2009 – 5 AZR 436/08, NZA 2009, 837, 838). Es ist weder das Bewusstsein der Sittenwidrigkeit noch eine Schädigungsabsicht erforderlich, es genügt, dass der Handelnde die Tatsachen kennt, aus denen die Sittenwidrigkeit folgt; Rechtsirrtümer schaden daher nicht (BAG v. 22.4.2009 – 5 AZR 436/08, NZA 2009, 837, 838; BAG v. 26.4.2006 – 5 AZR 549/05, NZA 2006, 1354, 1355).

31 Sittenwidrigkeit soll nach Ansicht der Rechtsprechung stets zu bejahen sein, wenn dem Arbeitnehmer das **Betriebs- und Wirtschaftsrisiko des Arbeitgebers** auferlegt wird (BAG v. 10.10.1990 – 5 AZR 404/89, NJW 1991, 860, 861; Palandt/*Heinrichs,* § 138 BGB Rn. 79; *Gaul,* ZIP 1990, 889, 890; s. hierzu bereits *Hueck*/Nipperdey, Arbeitsrecht I, 1. Aufl. 1928, S. 129, m. N. zur früheren Rechtsprechung). Das duale System zwischen abhängiger und selbständiger Tätigkeit werde durch entsprechende Abreden gestört (LAG Hamm v. 16.10.1989 – 19 (13) Sa 1510/88, ZIP 1990, 880, 884). Eine differenzierte Sicht ist erforderlich. Sittenwidrig ist eine Verlustbeteiligung ohne Gegenleistung des Arbeitgebers (BAG v. 10.10.1990 – 5 AZR 404/89, NJW 1991, 860, 861; Staudinger/*Sack,* § 138 BGB Rn. 391 m.w.N.). Nicht zwingend sittenwidrig ist eine Abrede, nach der das Arbeitsverhältnis nur verlängert wird, wenn der Arbeitnehmer sich verpflichtet, die während dieser Zeit zwingend eintretenden Verluste zu übernehmen und diese Gestaltung auf Anregung des Arbeitnehmers getroffen wurde (**a. A.** BAG v. 10.10.1990 – 5 AZR 404/89, NJW 1991, 860, 861). Denn der Arbeitnehmer nimmt im Grunde eine Gehaltskürzung hin, die ihn vor der Arbeitslosigkeit bewahrt. Allein fraglich ist, ob das Restgehalt als solches sittenwidrig ist (s. auch *Wank,* EWiR 1991, 341).

32 Die **Sittenwidrigkeit** nach § 138 Abs. 1 BGB wurde **bejaht:** bei einer Vergütung für eine habilitierte Lehrkraft an einer Privatschule, die weniger als 75% des Lohnes einer staatlichen Lehrkraft beträgt, wenn das Land 97% der Personalkosten der Privatschule trägt und eine Mindestvergütung von 75% einer staatlichen Lehrkraft vorschreibt (BAG v. 26.4.2006 – 5 AZR 549/05, NZA 2006, 1354 – fraglich; zustimmend aber *Zachert,* Anm. zu BAG v. 26.4.2006, AP Nr. 63 zu § 138 BGB; s. auch LAG Sachsen v. 4.7.2014 – 5 Sa 218/13); bei einer arbeitsvertraglichen Vereinbarung eines Monatseinkommens in Höhe von 100 Euro bei einer Arbeitspflicht von 14,9 Stunden in der Woche als Servicekraft in einem Schönheitssalon (LAG Mecklenburg-Vorpommern v. 17.4.2012 – 5 Sa 194/11); bei einem Stundenlohn von maximal 2,40 Euro für einen Krankentransportfahrer/Krankentransportbeifahrer bzw. für eine Bürohilfe/einen Webdesigner, auch wenn der Arbeitnehmer Wartezeiten hatte, in denen er lesen oder anderen Beschäftigungen nachgehen konnte (LAG Mecklenburg-Vorpommern v. 31.8.2011 – 2 Sa 79/11); bei einer Monatsgrundvergütung von 750,00 Euro brutto mit einer Wochenarbeitszeit von 42 Stunden eingestellten Altenpflegerin mit staatlicher Anerkennung (LAG München v 3.12.2009 – 4 Sa 602/09); bei einem Einstiegsgehalt von 1000 Euro brutto für einen Rechtsanwalt (AnwGH Hamm v. 2.11.2007 – 2 ZU 7/07, NJW 2008, 668); bei einem Rechtsanwaltsgehalt von 1300 DM und einer Wochenarbeitszeit von 35 Stunden im Jahr 1999 (LAG Hessen v. 28.10.1999 – 5 Sa 169/99, NJW 2000, 3372); bei einem Stundenlohn von 4,50 Euro für eine ungelernte Hilfskraft (LAG Rheinland-Pfalz v. 19.5.2008 – 5 Sa 6/08, juris); einer Vergütung für eine nicht tarifgebundene Pflegerin von 2/5 des tariflichen Vergleichslohns (LAG Rheinland-Pfalz v. 10.1.2008 – 2 Sa 615/07, juris); einer Vergütung von 5,20 Euro/Stunde für eine Verkäuferin (ArbG Dortmund v. 29.5.2008 – 4 Ca 274/08, juris); bei einem Managementvertrag zwischen einem Manager und einem Künstler, welcher sämtliche Kosten tragen muss und dem Manager eine Vergütung von 26% der Einkünfte zahlen muss bei gleichzeitiger Übertragung umfassender Weisungsrechte (LG Berlin v. 24.4.2007 – 15 O 438/05, ZUM 2007, 754); bei einer Vergütung in Höhe von 2/3 des Tariflohns (LAG Berlin v. 28.2.2007 – 15 Sa 1363/06, Streit 2007, 168); bei einer gewinnabhängigen Vergütung, wenn keine Aussicht auf Gewinn bestand (LAG Hessen v. 19.6.1996 – 8 Sa 430/95, juris). Die Sittenwidrigkeit wurde **verneint:** Bei einem ungelernten Arbeiter mit einem Stundenlohn von 10,89 DM im Jahr 2000 (BAG v. 24.3.2004 – 5 AZR 303/03, NZA 2004, 971); bei einem Stundenlohn von 49,14 DM für einen Arzt unter Anrechnung von Bereitschaftszeiten (BAG v. 28.1.2004 – 5 AZR 530/02, NZA 2004, 656); bei einer durchschnittlichen regelmäßigen Arbeitszeit von 38,5 Stunden in der Woche und einer Bruttovergütung von 840,00 Euro in einer gemeinnützigen Beschäftigungs- und Qualifizierungsgesellschaft (LAG Rheinland-Pfalz v. 27.12.2004 – 11 Ta 185/04, juris); bei einer Unterschreitung der tariflichen Vergütung um etwas mehr als 23% bei einer Kraft, die die erforderliche Ausbildung nicht aufweist (LAG Rheinland-Pfalz v. 26.8.2004 – 4 Ta 194/04, juris); bei einem Monatsgehalt von 1200 EUR für einen halbtagsarbeitenden Anwalt (BAG v. 17.12.2014 – 5 AZR 663/13, NZA 2015, 608).

V. Rechtsfolgen

33 Die Sittenwidrigkeit der Lohnabrede führt nicht zur Nichtigkeit des ganzen Arbeitsvertrages, sondern nur zur Nichtigkeit der Lohnabrede; an die Stelle der nichtigen Lohnvereinbarung tritt die übliche Vergütung nach § 612 Abs. 2 BGB (BAG v. 17.12.2014 – 5 AZR 663/13, NZA 2015/608; 26.4.2006 – 5 AZR 549/05, BAGE 118, 66, Rn. 26; LAG Baden-Württemberg v. 8.2.2008 – 5 Sa 45/07, NZA 2008, 768, 769; Staudinger/*Sack*, § 138 BGB Rn. 394). Unter der üblichen Vergütung wird in Bezug auf

§ 612 Abs. 2 BGB verbreiteter Definition nach eine solche Vergütung verstanden, die im gleichen Gewerbe oder Beruf an dem betreffenden Ort für entsprechende Arbeit gezahlt zu werden pflegt, wobei die persönlichen Verhältnisse des Dienstverpflichteten wie dessen Alter, Berufserfahrung, Familienstand und Kinderzahl zu berücksichtigen sind (OLG München v. 14.5.2003 – 21 U 3523/01, OLGReport München 2003, 245; Staudinger/*Richardi,* § 612 BGB Rn. 45; Soergel/*Raab,* § 612 BGB Rn. 37). Im Übrigen ist auf die Umstände des konkreten Einzelfalls abzustellen (BGH v. 24.10.1989 – X ZR 58/88, NJW-RR 1990, 349). Darüber hinaus sind die Dauer der Tätigkeit für den Arbeitgeber und damit die gewonnene Erfahrung berücksichtigungsfähig (LAG Düsseldorf v. 8.11.1977 – 8 Sa 1003/76, LAGE § 612 BGB Nr. 1; ErfK/*Preis,* § 612 BGB Rn. 37). Dies wird zumeist der Lohn des einschlägigen Tarifvertrags sein (s. ArbG Dortmund v. 29.5.2008 – 4 Ca 274/08, juris; HWK/*Thüsing,* § 612 BGB Rn. 29; *Zachert,* Anm. zu BAG v. 26.4.2006, AP Nr. 63 zu § 138 BGB). Der gesetzliche Mindestlohn nach dem MiLoG ist nicht Obergrenze einer Anhebung, so dass die Bestimmung der Üblichkeit nach § 612 Abs. 2 BGB durchaus höher ausfallen kann (*Bayreuther,* NZA 2014, 865, 866; *Schubert/Jerchel/Düwell,* Das neue Mindestlohngesetz, 2015, Rn. 155).

34 Zum Teil wird gefordert, es solle nicht der übliche, sondern der „angemessene" Lohn gezahlt werden (*Gumpert,* BB 1978, 255, 256). Zu Recht entspricht dies nicht der h. M.: Erstens markiert der marktübliche Lohn aufgrund der Marktfindungsprozesse zumeist das, was angemessen ist, es sei denn, es ließe sich ein generelles Marktversagen feststellen. Die Angemessenheit kraft richterlicher Schöpfung vorbei an der Üblichkeit zu bestimmen, dürfte regelmäßig nicht gelingen. Zweitens würde eine mehr als den üblichen Lohn gewährende Gerichtsentscheidung einen zu weitgehenden Engriff in die Vertragsfreiheit darstellen, es käme zu einer richterlichen Vertragshilfe ohne gesetzgeberischen Anhaltspunkt. Eine dritte Ansicht will die Vergütungsabrede geltungserhaltend reduzieren. Damit wäre der niedrigst- bzw. höchstzulässige Lohn zu gewähren (Staudinger/*Sack,* § 138 BGB Rn. 395). Dagegen spricht, dass § 138 BGB gerade nicht die Nichtigkeit anordnet, „soweit" die Regelung unzulässig ist, sondern schlechthin die gesamte Regelung für nichtig erklärt.

35 Als Vergleichsmaßstab kann dagegen auch bei nicht Tarifgebundenen ein Tarifvertrag des jeweiligen Wirtschaftszweiges herangezogen werden, anderenfalls kann ein innerbetrieblicher Vergleich durchgeführt werden (BAG v. 18.4.2012 – 5 AZR 630/10, BAGE 141, 137, Rn. 11; ArbG Dortmund v. 29.5.2008 – 4 Ca 274/08, juris; ArbG Reutlingen v. 16.1.1996 – 1 Ca 610/94, AiB 1996, 499; Staudinger/*Sack,* § 138 BGB Rn. 395 m.w.N.). Welchem Wirtschaftszweig das Unternehmen des Arbeitgebers zuzuordnen ist, richtet sich nach der Klassifikation durch das Statistische Bundesamt, welche im Einklang mit Unionsrecht, insbesondere der Verordnung (EG) Nr. 1893/2006, steht (BAG v. 18.4.2012 – 5 AZR 630/10, BAGE 141, 137, Rn. 12).

VI. Prozessuales

36 Liegt Sittenwidrigkeit vor, so ist diese stets **von Amts wegen** zu beachten (BGH v. 23.1.1981 – I ZR 40/79, NJW 1981, 1439f.; MüKoBGB/*Armbrüster,* § 138 Rn. 155). Auf die Sittenwidrigkeit kann sich auch berufen, wer sie verursacht hat – es liegt hierin kein *venire contra factum proprium,* da die Schutzfunktion des § 138 BGB Vorrang genießt (BAG v. 1.4.1976 – 4 AZR 96/75, NJW 1976, 1958, 1960; MüKoBGB/*Armbrüster,* § 138 Rn. 155; Jauernig/*Jauernig,* § 138 BGB Rn. 27; a.A. BGH v. 23.1.1981 – I ZR 40/79, NJW 1981, 1439f.; Staudinger/*Sack,* § 138 BGB Rn. 91, 114, 156ff.). Bei der Rückabwicklung des Geschäfts schützt die andere Seite § 817 S. 2 BGB.

37 Für die **Darlegungs- und Beweislast** gilt, dass jede Partei die für sie günstigen Umstände darzutun hat (BAG v. 27.6.2012 – 5 AZR 496/11, AP Nr. 67 zu § 138 BGB; BAG v. 18.4.2012 – 5 AZR 248/11, BAGE 141, 144; BGH v. 29.6.1979 – III ZR 156/77, NJW 1979, 2089). Wer die Nichtigkeit eines Rechtsgeschäfts behauptet, trägt die Beweislast für die Umstände, aus denen sich seine Sittenwidrigkeit ergeben soll (BGH v. 11.1.1995 – VIII ZR 82/94, NJW 1995, 1019, 1022). Die Sittenwidrigkeit stellt hierbei eine revisible Rechtsfrage dar (BGH v. 30.10.1990 – IX ZR 9/90, NJW 1991, 353, 354). Diese allgemeinen Grundsätze gelten auch für den Bereich sittenwidriger Löhne. Die Darlegungs- und Beweislast für den in einem Gebiet üblicherweise gezahlten Lohn trägt der Arbeitnehmer (BAG v. 13.12.2014 – 5 AZR 663/13, NZA 2015, 608). Aus einem objektiven Missverhältnis kann auf die subjektiv erforderliche Kenntnis geschlossen werden (BAG v. 30.7.1985 – 3 AZR 401/83, NZA 1986, 519, 520; Däubler/*Lakies,* Anhang 1 zu § 5 Rn. 29). Die tatsächliche Vermutung, nach der von einem groben Missverhältnis von Leistung und Gegenleistung auf die verwerfliche Gesinnung des hiervon begünstigten Vertragsteils zu schließen ist, erleichtert der davon nachteilig betroffenen Partei zwar die Darlegung und die Beweisführung für das Vorliegen des subjektiven Merkmals eines wucherähnlichen Rechtsgeschäfts, befreit sie aber nicht von ihrer Behauptungslast (BGH v. 9.10.2009 – V ZR 178/08, NJW 2010, 363). An die Behauptung der verwerflichen Gesinnung sind jedoch keine hohen Anforderungen zu stellen, weswegen es genügt, dass die benachteiligte Vertragspartei sich auf die tatsächliche Vermutung einer verwerfliche Gesinnung der anderen Vertragspartei beruft (BAG v. 16.5.2012 – 5 AZR 268/11, BAGE 141, 348). Spricht keine tatsächliche Vermutung für eine verwerfliche Gesinnung, muss der Arbeitnehmer zusätzliche Umstände belegen, aus denen geschlossen werden kann, der Arbeitgeber habe die Not oder einen anderen den Arbeitnehmer hemmenden Umstand in verwerflicher Weise zu seinem Vorteil ausgenutzt (BAG v. 16.5.2012 – 5 AZR 268/11, BAGE 141, 348).

Tariftreueregelungen

Inhaltsübersicht

Literatur: *Bayreuther,* Tariftreue vor dem Aus – Konsequenzen der Rüffert-Entscheidung des EuGH für die Tariflandschaft, NZA 2008, 625; *ders.,* Inländerdiskriminierung bei Tariftreueerklärungen im Vergaberecht. EuZW 2009, 106; *Byok,* Das neue Vergaberecht, NJW 1998, 2774; *Dreher,* Vergaberechtsschutz unterhalb der Schwellenwerte; NZBau 2002, 419; *Greiner,* Von der Tariftreue zum Landesvergabemindestlohn – Bestandsaufnahme und europarechtliche Bewertung, ZIP 2011, 2129; *Forst,* Steht der vergaberechtliche Mindestlohn vor dem Aus?, NJW 2014, 3755; *Greiner/Hennecken,* Verpflichtung zur Zahlung eines vergabespezifischen Mindestlohns im Rahmen einer Auftragsvergabe außerhalb des Anwendungsbereichs der Arbeitnehmer-Entsenderichtlinie; *Hanau,* Tariftreue nicht überall vor dem Aus, NZA 2008, 751; *Hütter,* Reprise der Rs. Rüffert? – Der Vergabemindestlohn vor dem EuGH, ZESAR 2015, 168; *Jaap,* Tariftreueklauseln nach dem „Rüffert"-Urteil des EuGH – Auswirkungen auf Mindestlohndebatte und Vergaberechtsreform, ZTR 2008, 476; *Mager/Ganschow,* Das Aus für den vergabespezifischen Mindestlohn?, NZBau 2015, 79; *Ohle/Gregoritza,* Grenzen des Anwendungsbereichs von Auftragssperren der öffentlichen Hand – am Beispiel der Gesetzes- und Verordnungslage des Landes Berlin, ZfBR 2003, 16; *Pietzcker,* Rechtsbindungen der Vergabe öffentlicher Aufträge, AöR 107 (1982), 61; *Pünder/Klafki,* Rechtsprobleme des Arbeitnehmerschutzes in den neuen Landesvergabegesetzen, NJW 2014, 429; *Reimann/Schliepkorte,* Die Zulässigkeit der Auftragssperre durch öffentliche Auftraggeber wegen Kartellabsprachen bei der Vergabe von Bauleistungen, ZfBR 1992, 251, *Schilling,* Gleichheitssatz und Inländerdiskriminierung, JZ 1994, 8; *Steiff/André,* Konsequenzen aus dem EuGH-Urteil zur Tariftreue, NZBau 2008, 364, *Thüsing/Granetzny,* Noch einmal: Was folgt aus Rüffert?, NZA 2009, 183.

I. Allgemeines

1 Für die Vergabe öffentlicher Aufträge gelten die **allgemeinen Grundsätze des § 97 GWB.** Demnach sind alle Teilnehmer am Vergabeverfahren gleich zu behandeln (Abs. 2), die beauftragten Unternehmer müssen fachkundig, leistungsfähig und zuverlässig sein (Abs. 4) und der Zuschlag ist auf das wirtschaftlichste Gebot zu erteilen (Abs. 5). Andere oder weiter gehende Anforderungen können gem. § 97 Abs. 4 S. 3 GWB durch Bundes- oder Landesgesetz eingeführt werden. Gestützt auf diese Befugnis zur Normierung „vergabefremder" – also über die unmittelbar leistungsbezogenen aus § 97 Abs. 4 S. 1 und Abs. 5 GWB hinausgehenden – Kriterien wurden gesetzliche Regelungen zur Tariftreueerklärung von den Ländern – eine Regelung auf Bundesebene (Entwurf eines Gesetzes zur tariflichen Entlohnung bei öffentlichen Aufträgen, BT-Drs. 14/7796 = BT-Drs. 14/8285) scheiterte 2002 im Bundesrat am Widerstand der unionsgeführten Länder (hierzu auch *Kämmerer/Thüsing,* ZIP 2002, 596; *Löwisch/Rieble,* § 5 TVG, Rn. 168ff.) – erlassen. Im Koalitionsvertrag der 18. Legislaturperiode einigten sich CDU, CSU und SPD zudem darauf, eine europarechtskonforme Einführung einer Tariftreueregelung auf Bundesebene zu prüfen. Bislang blieben konkrete Kodifizierungsansätze jedoch aus; insbes. im Tarifautonomiestärkungsgesetz v. 11.8.2014 fand eine Tariftreueregelung keine Berücksichtigung, obwohl sie sich ihrer Zwecksetzung nach, regulierend auf die Vergütungshöhe einzuwirken, neben den Regelungen zum Mindestlohn problemlos hätte einfügen lassen.

2 Tariftreueregelung finden sich immer noch – s. Rn. 12ff. – in den **Bundesländern.** Nachdem der EuGH aber in seinem Urteil zur Rs. *Rüffert* – s. Rn. 6 – die Tariftreueregelung des Landes Niedersachsens mit dem Europarecht festgestellt hatte, wurden die ursprünglichen Regelungen auf Landesebene entweder in ihrem Anwendungsbereich eingeschränkt oder vollständig gestrichen (s. hierzu *Greiner,* ZIP 2011, 2129; Löwisch/Rieble/*Löwisch/Rieble,* § 5 TVG, Rn. 270). Vor *Rüffert* enthielten Tariftreueregelungen das (1) Bremische Vergabegesetz vom 17.12.2002 (GBl. 594), (2) das Niedersächsische Landesvergabegesetz vom 15.12.2008 (Niedersächsisches GVBl. 411), (3) das Hessische Vergabegesetz vom 17.12.2007 (GVBl. Hessen S. 922), (4) das Berliner Vergabegesetzes vom 9.7.1999 (GVBl. 369), (5) das Gesetz über die Vergabe von Bauaufträgen im Freistaat Bayern vom 28.6.2000 (BayGVBl. 364), (6) das Gesetz über die Vergabe von Bauaufträgen im Saarland vom 23.8.2000 (ABl. SL 1846), (7) das Hamburger Vergabegesetz vom 13.2.2006 (HmbGVBl. 57) sowie das (8) Tariftreuegesetz des Landes Schleswig-Holstein vom 7.3.2003 (GVBl. S-H 136) Tariftreueverpflichtungen (Art. 3 Abs. 1 BayBauVG; § 1 Abs. 1 S. 2 VgG Berlin; § 4 Abs. 1 VgG Bremen; § 3 HmbVgG; § 2 Abs. 1 HVgG; § 3 Abs. 1 LandesVgG NDS; § 3 Abs. 1 SaarBauVG; § 3 Abs. 1 TariftreueG S-H).

Durch die Gesetze sollte dem Tariflohn bei der Vergabe öffentlicher Aufträge zum Durchbruch verholfen werden. Dazu sahen die Gesetze vor, dass Aufträge nur an Unternehmen vergeben werden dürfen, die sich schriftlich verpflichten, ihren Arbeitnehmern bei der Ausführung der Leistung mindestens den „am Ort der Leistungsausführung einschlägigen Lohn- und Gehaltstarif" zu zahlen (§ 3 Tariftreuegesetz Schleswig-Holstein und § 4 Abs. 1 Vergabegesetz Bremen; entsprechende – speziell auf die im jeweiligen Bundesland geltenden Tarife bezogene – Regelungen finden sich in Art. 3 BayBauVG, § 1 VgG Bln, § 2 HVgG, und § 3 SaarBauVG). Größtenteils war die Verpflichtung zur Abgabe einer Tariftreueerklärung auf die Vergabe öffentlicher Bauaufträge beschränkt (Art. 3 I BayBauVG; § 4 VgG Bremen; § 3 SaarBauVG; § 3 LVergabeG NDS). In Hessen wurde eine Tariftreueerklärung gem. § 1 HVgK zudem für die Vergabe öffentlicher Aufträge über Dienstleistungen im Gebäudereinigungshandwerk und im Sicherheits- und Bewachungsgewerbe verlangt. Allein in Berlin wurde eine solche Pflicht gem. § 1 I 2 VgG Berlin für jedwede Vergabe öffentlicher Aufträge statuiert. **3**

Nach *Rüffert* wird in den verbleibenden Tariftreuregelungen die Auftragsvergabe nur noch bei der Vergabe von Leistungen über öffentliche Personennahverkehrsdienste von der Erklärung des Unternehmers abhängig gemacht, seine Arbeitskräfte bei der Ausführung dieser Leistungen mindestens nach den hierfür jeweils geltenden Entgelttarifen entlohnen. Die Formulierungen zur Bestimmung desjenigen Tarifvertrages, der maßgeblich sein soll, variieren auch hier: Überwiegend ist die Rede vom jeweils einschlägigen repräsentativen Entgelttarifvertrag (§ 3 Abs. 3 LTMG BW; § 3 Abs. 2 BbgVergG; § 10 Abs. 1 -3 TtVG Brem.; § 9 Abs. 1 VgG M-V; § 4 Abs. 3 NTVergG; § 4 Abs. 2 TVgG NW; § 4 Abs. 3 LTTG; § 10 Abs. 2 LVG LSA; § 4 Abs. 2 TTG), zum Teil lediglich davon, dass der Aufraggeber in der Bekanntmachung der Ausschreibung und in den Vergabeunterlagen den oder die einschlägigen Tarifverträge nach billigem Ermessen bestimmt (§ 1 Abs. 3 BerlAVG). Teilweise wird der Bieter einen im Bundesland für diesen Bereich geltenden Tarifvertrag zu wählen berechtigt, dessen Regelungen bzgl. Arbeitsbedingungen bzw. Entgeltmodalitäten er sich einzuhalten verpflichtet (§ 3 Abs. 2 STTG). Für die Vergabe von Bau- und Dienstleistungsaufträge sehen die Regelungen eine Vergabe nur an Unternehmen vor, die sich bei der Angebotsabgabe schriftlich dazu verpflichten, ihren Beschäftigten bei der Ausführung der Leistung diejenigen Arbeitsbedingungen einschließlich des Entgelts zu gewähren, die nach Art und Höhe mindestens den Vorgaben desjenigen Tarifvertrages entsprechen, an den das Unternehmen aufgrund des Arbeitnehmer-Entsendegesetzes gebunden ist (§ 3 Abs. 1 LTMG; § 1 Abs. 2 BerlAVG; § 3 Abs. 1 BbgVergG; § 4 Abs. 1 TVgG; § 10 Abs. 1 LVG LSA; § 4 Abs. 1 TTG; § 10 Abs. 1 ThürVgG). Teilweise wird ausschließlich auf das Entgelt abgestellt (§ 11 TtVG; § 3 Abs. 1 HmbVgG; § 4 Abs. 1 NTVergG; § 4 Abs. 1 LTTG). **3a**

3b Wie auch der gescheiterte Gesetzentwurf der ehemaligen Bundesregierung enthalten die Landesgesetze zumeist Nachunternehmerklauseln. Bei einem Verstoß gegen die Verpflichtung drohen dem beauftragten Unternehmen dann Vertragsstrafen und/oder die Möglichkeit, das Unternehmen von der Vergabe öffentlicher Aufträge über einen Zeitraum von mehreren Monaten bis hin zu drei Jahren auszuschließen (vgl. nur § 8 LTMG; § 6 BerlAVG; § 9 BbgVergG; § 12 TVgG – NRW; § 18 LVG LSA; § 12 TTG; § 18 ThürVgG).

II. Verfassungsrechtliche Bedenken

4 Verfassungsrechtliche Bedenken an der **Zulässigkeit von Tariftreueerklärungen** äußerte der BGH im Rahmen eines Vorlagebeschlusses, der die Tariftreueerklärung im Berliner Vergabegesetz betraf (BGH v. 18.1.2000 – KVR 23/98, ZIP 2000, 426). Nach Auffassung des BGH war § 1 Abs. 1 Satz 2 des Berliner Vergabegesetzes weder mit Art. 74 Abs. 1 Nr. 12 GG, mit Art. 31 GG i.V.m. § 5 TVG und § 20 Abs. 1 GWB, noch mit Art. 9 Abs. 3 GG vereinbar. Dem ist das BVerfG (BVerfG v. 11.7.2006 – 1 BvL 4/00, BVerfGE 116, 202ff.) nicht gefolgt und bejahte zunächst die Zuständigkeit des Landes zum Erlass der streitigen Regelung: Es handele sich nach dem Regelungsgegenstand um eine vergaberechtliche Regelung, für die die konkurrierende Gesetzgebungszuständigkeit nach Art. 74 Abs. 1 Nr. 11 GG gegeben sei. Dies zeige sich bereits an der spezifisch vergaberechtlichen Rechtsfolge im Falle eines Verstoßes, nämlich der Möglichkeit, das Unternehmen bei der Vergabe weiterer Aufträge für einen bestimmten Zeitraum auszuschließen. Von der konkurrierenden Gesetzgebungszuständigkeit habe der Bundesgesetzgeber keinen abschließenden Gebrauch gemacht, was sich an dem ausdrücklichen Vorbehalt zugunsten der Länder in § 74 Abs. 4 Hs. 2 GWB a. F. zeige.

5 Einen Grundrechtsverstoß konnte das **BVerfG** nicht erkennen. Der Schutzbereich von Art. 9 Abs. 3 GG, der auch die negative Koalitionsfreiheit umfasse, sei nicht eröffnet, da durch die Regelung kein faktischer Zwang zum Beitritt begründet werde (**a. A.** *Jaap,* ZTR 2008, 476, 478). Allein die Unterwerfung unter die Regelungen „fremder“ Tarifvertragsparteien werde über Art. 3 Abs. 1 GG und Art. 12 Abs. 1 GG geschützt, die hier jedoch ebenfalls nicht verletzt seien (BVerfG v. 11.7.2006 – 1 BvL 4/00, BVerfGE 116, 202, 217ff). Zuletzt verneinte das BVerfG auch einen Verstoß gegen Art. 31 GG (i.V.m. § 5 TVG und § 20 GWB). Die Tariftreueerklärung sei mit der Allgemeinverbindlichkeit nicht vergleichbar, da sie anders als jene nur zur punktuellen Anwendung eines Tarifvertrages führe und zudem wegen der bloß schuldrechtlichen Verpflichtung des Unternehmens einem anderen Regelungsmechanismus folge. Da eine gültige gesetzliche Vorschrift vorliege, stelle sie auch zugleich eine sachliche Rechtfertigung für eine Ungleichbehandlung dar, so dass ein Verstoß gegen § 20 Abs. 1 GWB ebenfalls abzulehnen sei.

III. Europarechtliche Grenzen

6 Mit der **Entscheidung in der Rs. „Rüffert"** hat der EuGH das ursprüngliche Modell der Tariftreueerklärung der Länder für europarechtswidrig erklärt (EuGH v. 3.4.2008 – C-346/06, NZA 2008, 537 ff.). Anlass der Entscheidung bildete ein Verfahren über einen Werkvertrag zwischen dem Land Niedersachsen mit dem Hauptunternehmer und späteren Kläger zum Bau einer Justizvollzugsanstalt. Im Vertragswerk war auf der Grundlage des Niedersächsischen Landesvergabegesetzes eine Tariftreuevereinbarung, einschließlich Kündigungsmöglichkeit des Vertrages im Falle einer Verletzung, eine Vertragsstrafenklausel und eine Nachunternehmerklausel aufgenommen worden. Der Hauptunternehmer setzte zur Vertragsdurchführung einen polnischen Subunternehmer ein. Als sich herausstellte, dass dieser seinen Arbeitnehmern kein der Tariftreuevereinbarung entsprechendes Entgelt gewährte, kündigte das Land den Vertrag mit dem Kläger. Im Streit über die Zulässigkeit der Aufrechnung mit dem Vertragsstrafenanspruch gegen die Werklohnforderung wurde dem EuGH im Verfahren nach Art. 234 EG die Frage nach der Vereinbarkeit einer gesetzlich verpflichtenden Tariftreueerklärung mit der Dienstleistungsfreiheit vorgelegt.

7 Der EuGH wählte als unionsrechtlichen Prüfungsmaßstab zunächst die RL 96/71/EG, deren **Anwendungsbereich** er als eröffnet erachtete: Die Verpflichtung, nur Aufträge an solche Unternehmen zu vergeben, die eine Tariftreueerklärung abgaben, war nach Auffassung des EuGH mit dieser Richtlinie nicht zu vereinbaren. Der über die Tariftreueerklärung in Bezug genommene Tariflohn sei nicht nach den in Art. 3 Abs. 1 Unterabs. 1 der RL 96/71/EG normierten Voraussetzungen festgelegt worden. Dies zum einen deshalb, weil in der Norm des Landesvergabegesetzes zur Tariftreueerklärung selber kein Mindestlohnsatz festgelegt sei. Damit scheide eine Subsumtion unter Art. 3 Abs. 1 Unterabs. 1 erster Gedankenstrich der RL 96/71/EG aus. Es handele sich zum anderen bei dem in Bezug genommenen Tarifvertrag aber auch nicht um einen für allgemein verbindlich erklärten Tarifvertrag im Sinne von Art. 3 Abs. 1 Unterabs. 1 zweiter Gedankenstrich der RL 96/71/EG. Eine Auslegung als günstigere Beschäftigungs- und Arbeitsbedingung im Sinne von Art. 3 Abs. 7 der RL 96/71/EG scheide ebenfalls aus.

8 In einem zweiten Schritt sah sich der EuGH in seinem Ergebnis durch eine **Auslegung der Richtlinie im Lichte von Art. 49 EG** (heute Art. 56 AEUV) bestätigt. Es handele sich bei der Regelung um eine Beschränkung der Dienstleistungsfreiheit, die prinzipiell einer Rechtfertigung durch Regelungen zum Arbeitnehmerschutz zugänglich sei. Aller-

dings könne in den Tariftreueregelungen ein solcher arbeitnehmerschützender Charakter nicht erkannt werden, da unklar sei, warum Arbeitnehmer nur im öffentlichen, nicht aber im privaten Bausektor eines Schutzes bedürfen.

9 Der Annahme des EuGH, dass der Anwendungsbereich der RL 96/71/EG eröffnet sei, ist zuzustimmen, auch wenn dem Verfahren auf dem ersten Blick ein reiner Inlandssachverhalt zugrunde liegt. Dies deshalb, weil im streitigen Verfahren die Werklohnforderung aus dem Vertrag zwischen einer im Inland ansässigen Gesellschaft und dem Land Niedersachsen in Rede stand. Anders als in Art. 1 Abs. 1, 3 der RL 96/71/EG gefordert, hatte das Unternehmen seinen Sitz im selben Mitgliedsstaat wie der Leistungsempfänger. Der von der Richtlinie geforderte grenzüberschreitende Bezug lag hingegen beim Subunternehmervertrag zwischen dem polnischen und dem deutschen Unternehmen vor, der aber nicht in Rede stand. Allerdings war Anlass der Kündigung des Hauptunternehmervertrages die Verletzung der Tariftreuepflicht durch den polnischen Subunternehmer. Diese Verletzung stellte aufgrund der Nachunternehmerklausel einen Kündigungsgrund im Hauptvertrag dar, so dass auch ohne die Konstruktion des Subunternehmers als Erfüllungsgehilfen der Effektivitätsgrundsatz die Anwendung der Richtlinie in der vom EuGH vertretenen Weise verlangt.

10 **Kritisch** ist jedoch **zu bewerten,** dass der EuGH mit keinem Wort zu den Beschränkungen der Dienstleistungsfreiheit Stellung bezogen hat, die gem. Anhang XII der Beitrittsakte für Polen Geltung beanspruchen. Polen war im Zeitpunkt der Auftragsvergabe noch kein EU-Mitglied. Im Zeitpunkt der Kündigung des Hauptvertrages durch das Land Niedersachsen war Polen der EU zwar beigetreten. Die Übergangsregelungen, die eine Beschränkung der Dienstleistungsfreiheit im Verhältnis zu Deutschland zulassen, waren aber zu berücksichtigen (*Hanau,* NZA 2008, 751f.).

11 Ein **Verstoß gegen Regelungen des Freizügigkeitsrechts der Arbeitnehmer** kommt in den Entsendefällen nach der Rechtsprechung des EuGH hingegen nicht in Betracht und ist folgerichtig auch nicht erörtert worden. Die grenzüberschreitende Entsendung von Arbeitnehmern im Zuge einer Vertragserfüllung ist von der Dienstleistungsfreiheit erfasst (EuGH v. 27.3.1990 – C-113/89, Slg. 1990 I-1417ff. Rush Portuguesa; v. 9.8.1994 – C-43/93, Slg. 1994 I-3803ff. Vander Elst). Sie kommt dem entsendenden Arbeitgeber zugute. Die Freizügigkeit der Arbeitnehmer ist in diesen Fällen hingegen nicht tangiert, da die Arbeitnehmer nicht auf dem Arbeitsmarkt des Staates auftreten, zu dem sie vorübergehend entsandt worden sind (EuGH v. 27.3.1990 – C-113/89, Slg. 1990 I-1417ff. Rush Portuguesa).

IV. Verbleibende Anwendungsbereiche

12 Auch wenn der EuGH Tariftreueregelungen wegen Verstoßes gegen die Dienstleistungsfreiheit für mit dem Gemeinschaftsrecht unvereinbar erklärt hatte, folgte daraus nicht, dass für die damaligen Tariftreueregelungen der Länder kein Anwendungsbereich mehr verblieb (**a. A.** *Steiff/André,* NZBau 2008, 364; wie hier: *Bayreuther,* EuZW 2009, 106). Nur dort, wo die Dienstleistungsfreiheit bestand, konnte es zu einer **Unanwendbarkeit der nationalen Tariftreueregelung** kommen, denn hier gebot der Anwendungsvorrang des Gemeinschaftsrechts die Außerachtlassung der gemeinschaftsrechtswidrigen Regelung (*Hanau,* NZA 2008, 751). Eine Nichtigkeit der nationalen Regelung folgte aus der Verletzung von Gemeinschaftsrecht hingegen nicht, so dass die nationale Regelung weiterhin Geltung beanspruchen konnte, wenn das Gemeinschaftsrecht nicht einschlägig war (vgl. *Zuleeg,* in: von der Groeben/Schwarze, Art. 1 EG Rn. 25f.; BayVGH v. 20.6.2008 – Vf 14-VII-00, GewArch 2008, 350, 352). Dies entspricht auch der ständigen Rechtsprechung des EuGH. Denn dieser geht von einer Unanwendbarkeit gemeinschaftsrechtswidriger Regelungen aus, nicht von deren Nichtigkeit (vgl. EuGH v. 9.3.1978 – C 106/77, Slg. 1978, 629, 630 Simmenthal; v. 5.3.1998 – C-347/06, Slg. 1998, I-937, 938 Solred; v. 22.11.2005 – C-144/04, Slg. 2005 I-9981, 9984 Mangold) – und die Unanwendbarkeit reicht eben nur soweit, wie die Dienstleistungsfreiheit tatsächlich betroffen ist (vgl. GA *Darmon* in der Rs. C-132/93 – Steen II: „Ein Sachverhalt, der in den Anwendungsbereich des Gemeinschaftsrechts fällt, kann wegen dessen Vorrangs das nationale Gericht dazu veranlassen, eine entgegenstehende inländische Rechtsvorschrift unangewendet zu lassen. Diese nationale Bestimmung kann trotzdem weiterhin rein interne Sachverhalte regeln, die nicht in den Anwendungsbereich des Gemeinschaftsrechts fallen, was zu einer unterschiedlichen Behandlung in vergleichbaren Fällen führen kann“).

1. Drittstaaten

13 Eine Anwendung der Tariftreueregelungen in ihrer ursprünglichen Fassung war deshalb möglich, wenn Arbeitnehmer von einem in einem Drittstaat ansässigen Unternehmen entsendet wurden. Denn ein **Verstoß gegen Art. 56 AEUV scheidet aus,** da der entsendende Arbeitgeber vom persönlichen Anwendungsbereich der Dienstleistungsfreiheit nicht erfasst ist, wenn er nicht Unionsbürger ist bzw. wenn es sich um eine Gesellschaft handelt, diese nicht den Sitz, die Hauptverwaltung oder die Hauptniederlassung in einem Mitgliedsstaat hat (Art. 62 AEUV i. V. m. Art. 54 AEUV). Zudem fehlt es am innergemeinschaftlich grenzüberschreitenden Bezug des Vorgangs, wenn die Dienstleistung zwar in einem Mitgliedsstaat in Anspruch genommen wird, die Tätigkeit aber nicht von einem anderen Mitgliedsstaat, sondern von einem Drittstaat aus erfolgt (vgl. *Kluth,* in: Calllies/Ruffert, Art. 49, 50 EGV Rn. 33). Es fehlt in einem solchen Fall an einer Berührung des Binnenmarktes, zu dessen Verwirklichung die Dienstleistungsfreiheit beitragen soll. Ein Ausweichen auf die RL 96/71/EG scheidet für Unternehmen aus Drittstaaten ebenfalls aus, weil die Richtlinie gem. Art. 1 Abs. 1 ebenfalls den Sitz des Unternehmens in einem Mitgliedsstaat als konstitutives Element für die Anwendbarkeit verlangt.

2. Reine Inlandssachverhalte

14 Auch bei reinen Inlandssachverhalten ist weder Art. 56 AEUV noch das Richtlinienrecht anwendbar. Zwar bedarf das Richtlinienrecht grundsätzlich anders als die Grundfreiheiten keines grenzüberschreitenden Bezuges. Allerdings knüpft die Entsenderichtlinie ausdrücklich an den grenzüberschreitenden Bezug an, so dass eine dem Primärrecht vergleichbare Systematik vorliegt. Der Blick richtet sich auf die **Bewerbungssituation:** Wenn im Vergabeverfahren ein inländischer Bieter sein Angebot abgibt und an diesem Angebot kein Unternehmen aus einem anderen Mitgliedsstaat – weder unmittelbar noch mittelbar, etwa als Subunternehmer – beteiligt ist, bestehen keine europarechtlichen Einwände gegen die Anwendung von Tariftreueregelungen im Verhältnis zu diesem Bieter.

15 Zweifelhaft ist allerdings, ob die daraus folgende **Inländerdiskriminierung** verfassungsrechtlich zulässig ist. Zwar hat das BVerfG Zweifel an der Wirksamkeit von Tariftreueregelungen weitgehend beseitigt (BVerfG v. 11.7.2006 – 1 BvL 4/00, BVerfGE 116, 202ff.). Unbeantwortet blieb allerdings die Frage, ob in den Tariftreueregelungen wegen Inländerdiskriminierung ein Verstoß gegen Art. 3 GG zu sehen ist. Ob eine Anwendung des allgemeinen Gleichheitssatzes bereits deshalb verneint werden kann, weil die Ungleichbehandlung aus den unterschiedlichen Rechtsquellen des Gemeinschafts- und des nationalen Rechts herrührt, ist strittig (*König,* AöR 118 (1993), 591, 599f., *Schilling,* JZ 1994, 8, 10ff.). Das BVerfG neigt bei seiner Prüfung aber ohnehin dazu, bei Fragen der Inländerdiskriminierung die Prüfung am Maßstab des Art. 3 Abs. 1 GG offen zu lassen (BVerfG v. 8.11.1989 – 1 BvR 986/89, NJW 1990, 1033; v. 5.12.2005 – 1 BvR 1730/02, WRP 2006, 463, 464). Damit wird die Problematik über die in der Entscheidung vom 11.7.2006 angesprochenen Grundrechte, vor allem Art. 12 GG, zu lösen sein. Ob bei der zunehmenden Beteiligung ausländischer Unternehmen bei der Vergabe öffentlicher Aufträge Tariftreueregelungen weiterhin als geeignet anzusehen sind, die legitimen Ziele der Bekämpfung der Arbeitslosigkeit, sowie des Schutzes der sozialen Sicherungssysteme zu erreichen, ist fragwürdig. Tariftreueregelungen stellen gerade darauf ab, dass innerhalb ihres Anwendungsbereichs alle Bieter sich nach denselben Standards richten müssen. Ist dies innerhalb der Vergabeverfahren nicht mehr gewährleistet, besteht die Gefahr, dass durch Tariftreueregelungen das Gegenteil dessen bewirkt wird, was an sich erreicht werden soll.

V. Reaktionen der Bundesländer

16 Nach Bekanntwerden des EuGH-Urteils ergingen in fast allen Bundesländern mit Tariftreueregelungen – Hessen hat unter Verweis auf die bis zur EuGH-Entscheidung nicht erfolgte und nunmehr vollends unterbliebene Bekanntmachung der anzuwendenden Tarifentgelte nach § 2 Abs. 2 HVgG auf ein Vorgehen, wie es in den anderen Bundesländern praktiziert wurde, verzichtet – **Erlasse** (Erlass des Ministeriums für Wissenschaft, Wirtschaft und Verkehr v. 26.5.2008 – VII 635 – 611.804-5 S-H; Erlass des Ministers für Justiz, Arbeit, Gesundheit und Soziales vom 16. April 2008 zu den Auswirkungen des Urteils des EuGH vom 3. April 2008, Rechtssache C – 346/06, auf das Gesetz Nr. 1450 über die Vergabe von Bauaufträgen im Saarland vom 23. August 2000), Runderlasse (Runderlass des Ministeriums für Wirtschaft, Arbeit und Verkehr NDS v. 11.4.2008), Rundschreiben (Senator für Wirtschaft und Häfen, Rundschreiben 01/2008 v. 7.4.2008, S. 2; Gemeinsames Rundschreiben SenWiTechFrau/SenStdat Nr. 1/2008 Berlin; Rundschreiben der Obersten Baubehörde im Bayerischen Staatsministerium des Innern v. 22.4.2008) oder sonstige Mitteilungen (Pressemitteilung der Behörde für Stadtentwicklung und Umwelt v. 23.4.2008), **nach denen Tariftreueerklärungen von den öffentlichen Auftraggebern nicht mehr eingefordert werden durften.**

17 Das **Vorgehen** über Nichtanwendungserlasse war partiell **rechtswidrig.** Diese Mitteilungen stellen – sofern sie über allgemeine Empfehlungen ohne jedweden Weisungscharakter hinausgehen – **allgemeine Verwaltungsvorschriften** dar, mithilfe derer eine einheitliche Nichtanwendung der Tariftreueregelungen erreicht werden sollte. Der Einsatz dieses Mittels zur Steuerung der Gesetzesanwendung war im Hinblick auf den vorliegenden Sachverhalt jedoch verfehlt. Das Instrument der Verwaltungsvorschrift kann nur dort relevant werden, wo der Verwaltung ein Regelungsspielraum trotz normativer Regelung verbleibt. Dies ergibt sich zum einen bei der Konkretisierung unbestimmter Rechtsbegriffe. Hier können Verwaltungsvorschriften zur Norminterpretation herangezogen werden (*Maurer,* Allgemeines Verwaltungsrecht, § 24 Rn. 9). Zum anderen kann eine Norm der Verwaltung ein Ermessen einräumen. Sofern dies der Fall ist, kann eine gleichmäßige Rechtsanwendung durch ermessenslenkende Verwaltungsvorschriften sichergestellt werden (*Maurer,* Allgemeines Verwaltungsrecht, § 24 Rn. 10).

18 Für norminterpretierende oder für ermessenslenkende Vorschriften ist bei den Tariftreueregelungen der meisten Länder kein Raum, denn weder stellt der Begriff der Tariftreueerklärung einen unbestimmten Rechtsbegriff dar noch enthalten die meisten Tariftreueregelungen eine Ermessenvorschrift. Allein das Vergabegesetz des Landes Berlin sah vor, dass die Vergabe nur mit der Auflage erfolgen *soll,* dass Tariflöhne gezahlt werden. Sofern also trotz der EuGH-Entscheidung **Anwendungsbereiche für die Tariftreueregelungen** bestanden, konnten die Tariftreueregelungen mittels Verwaltungsvorschriften bei diesen Sachverhalten nicht umgangen werden, da ein Regelungsspielraum der Verwaltung nicht bestand.

19 Inzwischen wurden die Tariftreueregelungen in den Ländern entweder gänzlich abgeschafft oder deutlich modifiziert. Dabei sind die Länder nicht den (gleichfalls europarechtskonformen) Weg gegangen, zwar an der bestehenden Verweisungsstruktur der Verpflichtungsregelung auf den nach dem Ort der Leistungsausführung einschlägigen Lohn- und Gehaltstarif bzw. die im jeweiligen Bundesland geltenden Tarife festzuhalten, aber diese Verpflichtung ausschließlich für Entsendungen aus Drittstaaten oder reine Inhaltssachverhalte festzulegen. Vielmehr folgen die verbleibenden Tariftreueregelungen einer zweigeteilten Regelungsstruktur, indem sie zwischen der Vergabe von Leistungen über öffentliche Personennahverkehrsdienste und solchen über Bau- und Dienstleistungen differenzieren.

20 Nur für den ersten Fall, die Vergabe von Leistungen über öffentliche Personennahverkehrsdienste, sehen die Tariftreueregelungen vor, dass die Vergabe ausschließlich an Unternehmen erfolgen soll, die erklären, dass sie ihre Arbeitskräfte bei der Ausführung dieser Leistungen mindestens nach dem jeweils einschlägigen repräsentativen Entgelttarifvertrag vergüten (§ 3 Abs. 3 LTMG BW; § 3 Abs. 2 BbgVergG; § 10 Abs. 1–3 TtVG Brem.; § 9 Abs. 1 VgG M-V; § 4 Abs. 3 NTVergG; § 4 Abs. 2 TVgG NW; § 4 Abs. 3 LTTG; § 10 Abs. 2 LVG LSA; § 4 Abs. 2 TTG); teilweise wird zum maßgeblichen Tarifwerk dasjenige erhoben, das der Aufraggeber in der Bekanntmachung der Ausschreibung und in den Vergabeunterlagen nach billigem Ermessen bestimmt (§ 1 Abs. 3 BerlAVG), teilweise wird der Bieter dazu berechtigt, einen im Bundesland für diesen Bereich geltenden Tarifvertrag zu wählen, dessen Regelungen bzgl. Arbeitsbedingungen bzw. Entgeltmodalitäten er sich einzuhalten verpflichtet (§ 3 Abs. 2 STTG). Hiermit tragen die Länder dem Umstand Rechnung, dass Aufträge im Bereich des öffentlichen Personennahverkehrs weder den Anwendungsbereich der RL 96/71/EG noch den Anwendungsbereich der Dienstleistungsfreiheit nach Art. 56 AEUV tangieren. Dies setzt nämlich voraus, dass eine Dienstleistung in Rede steht, was nicht der Fall ist, wenn die Ausführung der in Rede stehenden Tätigkeit einer dauerhaften Niederlassung bedarf. Für Verkehrsdienstleistungen im ÖPNV ist jedoch gem. § 13 I Nr. 4 PBG in Einklang mit europarechtlichen Vorgaben ein Niederlassungserfordernis ausdrücklich vorgesehen (vgl. hierzu *Greiner,* ZIP 2011, 2129, 2134f.; *Pünder/Klafki,* NJW 2014, 429, 432).

21 Im Bereich der ursprünglich geregelten Materie der Vergabe öffentlicher Bauaufträge weisen die Tariftreueregelungen indes eine andere Normstruktur auf. Entsprechende Regelungen sehen vor, dass vom AEntG erfasste Bau- und Dienstleistungen nur an Unternehmen vergeben werden dürfen, die sich bei der Angebotsabgabe schriftlich dazu verpflichten, ihren Beschäftigten bei der Ausführung der Leistung diejenigen Arbeitsbedingungen einschließlich des Entgelts zu gewähren, die nach Art und Höhe mindestens den Vorgaben desjenigen Tarifvertrages entsprechen, an den das Unternehmen aufgrund des Arbeitnehmer-Entsendegesetzes gebunden ist (§ 3 Abs. 1 LTMG; § 1 Abs. 2 BerlAVG; § 3 Abs. 1 BbgVergG; § 4 Abs. 1 TVgG; § 10 Abs. 1 LVG LSA; § 4 Abs. 1 TTG; § 10 Abs. 1 ThürVgG). Zum Teil wird lediglich auf das Entgelt abgestellt (§ 11 TtVG; § 3 Abs. 1 HmbVgG; § 4 Abs. 1 NTVergG; § 4 Abs. 1 LTTG). Eine solche Regelung ist auf den ersten Blick zweifelhaft, leidet sie doch scheinbar unter einem ähnlichen Defizit, das der EuGH schon der Vorgängerregelung bescheinigt hat: Es beschränkt seinen eigenen Anwendungsbereich und damit den gewährleisteten Schutz auf den Bereich der Vergabe öffentlicher Aufträge. Daran störte sich aber der EuGH und sprach der Vorgängerregelung den Charakter als Regelung von Mindestarbeitsbedingungen zum Schutze der Arbeitnehmer i. S. d. Richtlinie ab. Der Unterschied zur alten Regelung ist jedoch signifikant: Zwar erstreckt sich die Regelung nur auf den öffentlichen Sektor; der Tarifvertrag, an den das Unternehmen aufgrund des Arbeitnehmer-Entsendegesetzes gebunden ist, erfasst indes gem. Art. 8 Abs. 1 AEntG innerhalb seines Anwendungsbereichs alle Arbeitgeber; das gilt gem. Art. 8 Abs. 2 AEntG selbst dann, wenn der Arbeitgeber nach § 3 TVG oder nach § 5 TVG an einen anderen Tarifvertrag gebunden ist. Bei den maßgeblichen Tarifverträgen handelt es sich deshalb um solche, die von allen in den jeweiligen geographischen Bereich fallenden und die betreffende Tätigkeit oder das betreffende Gewerbe ausübenden Unternehmen einzuhalten sind – es liegen somit die Voraussetzungen eines für allgemeinverbindlich erklärten Tarifvertrages iSd § 3 Abs. 7 Unterabs. 1 RL 96/71/EG vor (*Pünder/Klafki*, NJW 2014, 429, 432). Auch mit der Dienstleistungsfreiheit gerät dieser Regelungsbestandteil nicht in Konflikt, da das Argument des EuGH, es sei nicht einzusehen, warum Arbeitnehmer nur im öffentlichen, nicht aber im privaten Bausektor des Schutzes bedürfen, hier gerade nicht durchgreift. Auch wenn es sich hierbei lediglich um eine deklaratorisch wirkende Tariftreueregelung handelt, da lediglich eine Verpflichtung bekräftigt wird, die nach § 8 I AEntG ohnehin bereits besteht, ist sie keinesfalls bloß symbolischer Natur. Denn die Überführung der gesetzlichen Pflicht auf die vergaberechtliche Ebene eröffnet die Möglichkeit, die speziellen Sanktionsmöglichkeiten des Vergaberechts einzubringen.

22 Zahlreiche Bundesländer statuierten nach *Rüffert* zudem sog. Vergabemindestlöhne, durch die sie die Vergabe von öffentlichen Aufträgen davon abhängig machten, dass der Auftragnehmer sich dazu verpflichtet, seinen Arbeitnehmern mindestens einen gesetzlich der Höhe nach festgelegten Lohn zu zahlen (vgl. § 4 LTM; § 1 IV BerlAVG; § 3 III BbgVergG; § 9 TariftVergabeG BR; § 3 Abs. 2 II HmbVgG; § 9 Abs. 7 VgG M-V; § 5 NTVergG; § 4 III TVgG – NRW; § 3 LTTG; § 8 IV STTG; § 4 III TTG). Inwieweit derartige Regelungen europarechtskonform getroffen werden können, wurde vom EuGH jedoch bisher noch nicht abschließend judiziert: In der Rs. *Bundesdruckerei* stellte er allein fest, dass jedenfalls in dem Fall ein Verstoß gegen Art. 56 AEUV vorliegt, in dem die Zahlungsverpflichtung sich auch auf Arbeitnehmer erstreckt, die die Leistungshandlung ausschließlich in ihrem Heimatland vornehmen (EuGH v. 18.9.2014, Rs. C-549/13, NZA 2014, 1129ff.; s. auch die Urteilsbesprechungen von *Forst*, NJW 2014, 3755–3758; *Mager/Ganschow*, NZBau 2015, 79–82 und *Hütter*, Zesar 2015, 168–173). Denn dann lasse sich eine Beeinträchtigung der Dienstleistungsfreiheit nicht mit dem Gedanken des Arbeitnehmerschutzes rechtfertigen: Zum einen gebe es keine Anhaltspunkte dafür, dass die auf dem privaten Markt tätigen Arbeitnehmer nicht desselben Lohnschutzes bedürfen wie die im Rahmen öffentlicher Aufträge tätigen Arbeitnehmer. Zum anderen erfordere es der Arbeitnehmerschutz nicht, dass die Vergütung der Vergütung am Vergabeort entspreche, da sie nicht die tatsächliche Höhe der Lebenshaltungskosten am Heimatort der Arbeitnehmer berücksichtige. Auch das Ziel der Stabilität der Systeme der sozialen Sicherheit erkannte der EuGH unter dem Gesichtspunkt der Erforderlichkeit nicht als Rechtfertigungsgrund an, da die betroffenen Arbeitnehmer allenfalls die sozialen Sicherungssysteme ihres Heimatlandes beanspruchen würden. Unbeantwortet lässt das Urteil jedoch, wie weit der verbleibende Anwendungsbereich der bestehenden Tariftreueregelungen reicht. Es fragt sich insbesondere, ob der Regelungsbereich weiterhin vom Anwendungsvorrang des Unionsrechts unberührt bleibt, der zugleich in den Anwendungsbereich der RL 96/71/EG fällt, d. h. Dienstleistungsaufträge erfasst, die, anders als in dem zur Entscheidung gestellten Sachverhalt, einer Entsendung der Arbeitnehmer an den Vergabeort bedürfen. Eine Auslegung der RL 96/71/EG im Lichte der Dienstleistungsfreiheit, wie sie der EuGH bereits in *Rüffert* vorgenommen hat, spricht wohl dafür, dass die Regelung des Vergabemindestlohn keine Rechtsvorschrift i. S. d. Art. 3 Abs. 1 Unterabs. 1 der RL 96/71/EG darstellt, da sie nur Arbeitnehmer im öffentlichen, nicht aber im privaten Sektor schützt (vgl. hierzu sowie zu weiteren verbleibenden Anwendungsbereichen *Greiner/Hennecken*, EuGH, 2015, 252–262; *Hütter*, Zesar 2015, 168, 171f.). Klarheit zu bringen verspricht ein derzeit noch anhängiges Vorabentscheidungsverfahren, in dem das OLG Koblenz die Frage nach dem Rechtsvorschriftcharakter der rheinland-pfälzischen Regelung eines Vergabemindestlohns explizit aufgeworfen hat (s. OLG Koblenz, Beschl. v. 19.2.2014 – 1 Verg 8/13, NzBau 2014, 317).

VI. Sanktionen und Durchsetzungsmöglichkeiten der Auftraggeber

23 Die verschiedenen Landesgesetze sehen durchgehend Sanktionen eines Verstoßes gegen die Tariftreuepflicht vor. Mittel der Wahl, die Befolgung des Gesetzes einzuhalten, soll die **Vertragsstrafe** sein, zu der der öffentliche Auftraggeber das Unternehmen verpflichten muss.

1. Vertragsstrafenvereinbarung: Konflikt zu § 307 BGB und § 343 BGB

24 § 17 Abs. 1 des Tariftreue- und Vergabegesetz Vdes Landes Bremen, § 11 Abs. 1 Hamburgisches Vergabegesetz, § 15 Abs. 1 Niedersächsisches Gesetz zur Sicherung von Tariftreue und Wettbewerb sowie § 12 Abs. 1 Tariftreuegesetz Schleswig-Holstein verlangen vom Auftraggeber, den Unternehmer zu verpflichten, für jeden schuldhaften Verstoß eine Vertragsstrafe von 1% des jeweiligen Auftragswerts zu zahlen; die Höhe der Vertragsstrafe darf bei mehreren Verstößen insgesamt nicht mehr als 5-(Hamburg; Schleswig Holstein) oder 10-(Bremen, Niedersachsen)% des jeweiligen Auftragswerts betragen. Fraglich ist, ob eine solche Vertragsstrafenvereinbarung im Einzelfall gegen § 307 BGB verstoßen kann, weil sie in den **allgemeinen Geschäftsbedingungen** vereinbart wurde und den Vertragspartner des Verwenders entgegen dem Gebot von Treu und Glauben unangemessen benachteiligt – oder auch, ob sie ggf. gem. § 343 BGB herabgesenkt werden könnte. Beides wird man wohl nicht *per se* verneinen können. Ein Konflikt zu § 343 BGB wird zwar schon regelmäßig deshalb ausscheiden, weil das Geschäft für den Auftragnehmer ein Handelsgeschäft ist und daher gem. § 348 HGB die Herabsetzung der Vertragsstrafe auf einen angemessenen Betrag ausscheidet. Für in allgemeinen Geschäftsbedingungen formulierte Vertragsstrafenversprechen greift aber der Schutz der §§ 307ff. BGB. Die Landesgesetze können nicht als *lex specialis* vorgehen. Allerdings hat hierin der jeweilige Gesetzgeber generalisierend festgelegt, dass ein solches in seiner Höhe von ihm selbst bestimmtes Vertragsstrafenversprechen *per se* keine unbillige Belastung darstellt (siehe hierzu OLG Düsseldorf v. 6.12.2004 – VII-Verg79/04, VergabeR 2005, 212). Bei den §§ 307ff. BGB handelt es sich jedoch um Bundesrecht, das entgegenstehendem Landesrecht vorgeht. Allgemein gilt: Ein Vertragsstrafenversprechen verstößt nicht gegen § 307 BGB, wenn die Strafe ihrer Höhe nach in einem angemessenen Verhältnis zum Gewicht des Verstoßes und zu dessen Folgen für den Vertragspartner steht. Bei geringfügigen Verstößen und sehr engen Margen der Kalkulation mag man hieran zweifeln (allgemein BGH v. 26.5.1999 – VIII ZR 102/98, BGHZ 141, 391, 397; v. 3.4.1998 – V ZR 6/97, BGH NJW 1998, 2600). Dem tragen die Regelungen des Tariftreue- und Vergabegesetz des Landes Bremen sowie des Vergabegesetzes Niedersachen inzwischen Rechnung, indem sie eine Anpassung der verwirkten Vertragsstrafe – für den Fall dass sie unverhältnismäßig hoch ist; – vorsehen. Dies schließt einen Konflikt zur AGB-Kontrolle aus.

2. Was ist ein Verstoß?

25 Ohne weitere Präzisierung ist der Begriff des Verstoßes in den verschiedenen Gesetzen. Liegt ein Verstoß gegen die Verpflichtung zur Tariftreue bereits dann vor, wenn *ein* Arbeitnehmer nicht das Tarifentgelt erhält und mehrere Verstöße, wenn es mehrere Arbeitnehmer nicht erhalten? Soll ein Verstoß bereits gegeben sein, wenn die Belegschaft das Tarifentgelt für einen Monat nicht erhält, oder kann die unzureichende Vergütung einer Belegschaft von mehreren Monaten als ein Verstoß zusammengefasst werden? Sollen mehrere Verstöße eines Nachunternehmers dem Unternehmer 1:1 zugerechnet werden oder sollen alle Verstöße eines Nachunternehmers einen Verstoß bilden, für den der Unternehmer haften muss?

26 Zur Beantwortung dieser Fragen kann man sich allein auf die **Rechtsprechung** stützen, die sich allgemein zur Vertragsstrafe bei wiederholtem Vertragsverstoß herausgebildet hat. Danach ist zur Beantwortung der Frage, ob bei mehrmaligen Verstößen die Strafe einmal oder mehrmals anfällt, insbesondere die Vertragsvereinbarung auszulegen (RG v. 26.1.1926 – I 152/25, RGZ 112, 361, 367; BGH v. 1.6.1983 – I ZR 78/81, NJW 1984, 920, 921). Im Fortsetzungszusammenhang stehende Handlungen sind grundsätzlich zu einer Handlung im rechtlichen Sinne zusammenzufassen und zwar auch dann, wenn ein Gesamtvorsatz fehlt und die Strafe für jeden Fall der Zuwiderhandlung versprochen worden ist. Auch wenn der BGH den Fortbestand dieser ehemals unangefochtenen Rechtsprechung in jüngerer Rechtsprechung offen gelassen hat (BGH v. 18.9.1997 – I ZR 71/95, NJW 1998, 1144, 1146), weil er im Strafrecht den Begriff der fortgesetzten Handlung weitgehend aufgegeben hat, scheint bis auf Weiteres die Lehre des Fortsetzungszusammenhangs auch hier maßgeblich. Die zusätzliche Beschränkung auf 5- bzw. 10% des jeweiligen Auftragswerts (dazu s. Rn. 27) könnte sonst allzu schnell erreicht werden. Sie stellt keinen ausreichenden Schutz dar, bedenkt man insbesondere, dass der Unternehmer ja auch für Verstöße seiner Nachunternehmer haftet, soweit er diese kannte oder kennen musste.

3. Kennen oder Kennen-Müssen beim Einstehen für Nachunternehmer

27 Auch ein Verstoß des Nachunternehmers, den der Unternehmer kannte oder kennen musste, verpflichtet letzteren nach einigen landesrechtlichen Regelungen (vgl. nur § 8 Abs. 1 LTMG, § 10 Abs. 3 VgG M-V) zur Zahlung der Vertragsstrafe (§ 11 Abs. 1 S. 2 HmbVgG sieht eine Verpflichtung des Unternehmers zur Zahlung einer Vertragsstrafe unabhängig vom Kennen oder Kennen-Müssen auch für den Fall vor, dass „der Verstoß durch einen von ihm eingesetzten Nachunternehmer oder ein von diesem eingesetzten Nachunternehmer zu vertreten ist."). Der **Zeitpunkt des Kennens oder Kennen-Müssens** wird nicht näher präzisiert und daher mag es fraglich erscheinen, ob es der Zeitpunkt des Verstoßes oder aber der Beauftragung durch den Unternehmer ist. Die besseren Argumente sprechen dafür, den Zeitpunkt der Beauftragung zu Grunde zu legen und dies sollte in einem künftigen Entwurf dann auch so gesagt werden: Hat der Unternehmer einmal den Nachunternehmer beauftragt, mag dieser zwar durch Erfüllungsklage die Einhaltung der Tariftreue bei seinem Nachunternehmer durchsetzen können, allein die Möglichkeit aber, den Klageweg zu bestreiten, wird oftmals nicht verhindern können, dass es zu Verstößen kommt, wenn diese vielleicht auch zu einem späteren Zeitpunkt wieder rückgängig gemacht werden. Auch scheint es nicht zumutbar, den Unternehmer zu verpflichten, einzig im Drittinteresse seinen Vertragspartner auf Einhaltung der Tariftreue zu verklagen. Zudem bestehen die Pflichten des Unternehmers vor allem in der **Auswahl des Nachunternehmers.** Korrelat der Verpflichtung, die Angebote der Nachunternehmer daraufhin zu überprüfen, ob sie auf der Basis der durch dieses Gesetz geforderten Lohn- und Gehaltstarife kalkuliert worden sein können, ist die Haftungsverpflichtung, falls er dies nicht getan hat. Für spätere Sinneswandel der Nachunternehmer trifft den Unternehmer kein Verschulden; nur dieses rechtfertigt aber die strenge Zurechnung.

27a Außen vor bleiben damit insbesondere Fälle, in denen der Unternehmer auf Grund später eingetretener Umstände (drohende Insolvenz) mit seinen Arbeitnehmern ein geringeres Entgelt vereinbart. Eine solche, **i. S. d. Arbeitsplatzerhalts sinnvolle Lösung** kann nicht dem Unternehmer zur Haftung gereichen, auch wenn er sie kannte oder sogar ausdrücklich billigte. Eine geplante Umgehung der Tariftreueregelung, die die Stellvertreterhaftung verhindern will (vgl. BT-Drs. 14/7796, S. 7), droht hier nicht.

4. Klagerecht des Arbeitnehmers und des öffentlichen Auftraggebers

28 Neben der Vertragsstrafe könnten zur Einhaltung der Tariftreue auch **andere Durchsetzungsmöglichkeiten bestehen.** In Frage käme die **Erfüllungsklage des einzelnen Arbeitnehmers,** aber auch die Klage des öffentlichen Auftraggebers, die Zahlung der einschlägigen Lohn- und Gehaltstarife an die betroffenen Arbeitnehmer durchzusetzen: „Ein subjektives Recht der Arbeitnehmerin oder des Arbeitnehmers auf Zahlung des örtlichen Tariflohns wird nicht eingeräumt", hieß es ausdrücklich in der Entwurfsbegründung des Bundesgesetzes (BT-Drs. 14/7796, S. 7). Diese eindeutige gesetzgeberische Wertung gilt auch für die Landesgesetze. Man kann sie auch nicht über das Rechtsinstitut des Vertrags zugunsten Dritter umschiffen. Ob ein Vertrag unmittelbar begünstigenden Charakter i. S. d. § 328 BGB hat, richtet sich nach dem Willen der Vertragsparteien. Diese werden durch die Vereinbarung der Vertragsstrafe regelmäßig nicht den einzelnen Arbeitnehmer begünstigen wollen, sondern allein ihrer gesetzlichen Verpflichtung nachkommen wollen. Ein darüber hinausgehender Regelungswille kann nur angenommen werden, wenn hierfür eindeutige Anzeichen vorliegen.

29 Zum **Klagerecht des öffentlichen Auftraggebers** sagten die Gesetze nichts. Eben wegen dieses Schweigens wäre die Erfüllungsklage durch die Sanktion der Vertragsstrafe nicht ausgeschlossen. Die Vertragsstrafe wäre daher als Sicherungsmittel neben den Erfüllungsanspruch der Verpflichtung getreten und hätte diesen Anspruch nicht ersetzt. Ein solches Klagerecht zur Einhaltung tarifvertraglicher Bestimmungen ist dem Arbeitsrecht nicht fremd. Die Erfüllungsklage beim Tarifvertrag, die den Gewerkschaften zusteht, ist in Rechtsprechung und Literatur allgemein anerkannt. Die dort auftretenden prozessualen und materiellen Probleme werden *mutatis mutandis* wohl auch hier auftauchen (allgemein *Löwisch/Rieble,* MünchArbR, § 277, Rn. 20; *Pfarr/Kocher,* Kollektivverfahren im Arbeitsrecht (1998); s. auch Wiedemann/*Thüsing,* TVG, § 1 Rn. 932ff.).

5. Ausschluss von weiterer Vergabe

30 Als weiterer Sanktionsmechanismus ist in fast allen Landesgesetzen die Möglichkeit normiert, Unternehmer, die gegen ihre Tariftreueerklärung verstoßen, von weiteren Vergaben für einen bestimmten Zeitraum auszuschließen in fast allen Landesgesetzen enthalten. Die Dauer des Ausschlusses liegt – je nach Bundesland – zwischen sechs Monaten und drei Jahren.

31 Der Ausschluss einzelner Unternehmen von der Vergabe weiterer Aufträge ist keine Sanktion, die allein im Zusammenhang mit Verstößen gegen eine Tariftreueerklärung auftritt. Auch in anderen Gesetzen sind sog. **Auftragssperren** als Druck- und Sanktionsmittel vorgesehen, vgl. z. B. § 6 AEntG sowie § 5 SchwarzArbG (vgl. zu Auftragssperren im Allgemeinen und zu dem Sonderfall des Vergabegesetzes Berlin *Ohle/Gregoritza,* ZfBR 2003, 16ff.). Sinn und Zweck einer Auftragssperre ist neben der Sanktionierung des nicht vertragsgemäßen Verhaltens auch der Schutz des öffentlichen Auftraggebers vor unzuverlässigen Vertragspartnern (siehe hierzu auch Beck'scher VOB-Komm/*Pietzcker,* A VIII, Rn. 4; *Ohle/Gregoritza,* ZfBR 2003, 16, 17). Die Verhängung einer Auftragssperre ist als zivilrechtliche Erklärung zu qualifizieren, wenngleich in der Literatur auch die Ansicht vertreten wird, es handele sich dabei um einen Verwaltungsakt (*Ohle/Gregoritza,* ZfBR 2003, 16, 17 m. w. N.; *Mestmäcker/Bremer,* BB 1995, Beilage 19 zu Heft 50, S. 3f.; *Reimann/Schliepkorte,* ZfBR 1992, 251, 252). Bedeutung erlangt diese Einordnung für die Rechtmäßigkeitsvoraussetzungen der Sanktion sowie den gegen sie gerichteten Rechtsschutz (*Ohle/Gregoritza,* ZfBR 2003, 16ff. m. w. N.). Keine der landesgesetzlichen Regelungen normiert jedoch ein **förmliches Verfahren** für die Verhängung der Auftragssperre bei Verstößen gegen die Tariftreueerklärung. Demnach liegt eine Auftragssperre begrifflich schon dann vor, wenn der betroffene Unternehmer nicht formell über die gegen ihn verhängte Sperre informiert wird, sondern der öffentliche Auftraggeber lediglich von der Aufforderung zur Angebotsabgabe absieht bzw. ein Angebot des Unternehmers – obwohl es das günstigste ist – bei Auftragsvergaben nicht berücksichtigt

(*Ohle/Gregoritza,* ZfBR 2003, 16, 17 m.w.N.; *Pietzcker,* AöR Bd. 107 (1982), 61, 86). In der Regel wird ein Unternehmen, das von zukünftigen Vergabeverfahren für einen bestimmten Zeitraum ausgeschlossen werden soll, zunächst seitens der Behörde über deren Absicht in Kenntnis gesetzt, bevor nach darauf folgender Anhörung eine Auftragssperre verhängt wird. Die Verhängung einer Auftragssperre ist dabei jedoch nicht als Verwaltungsakt i. S. d. § 35 VwVfG zu qualifizieren: Weder das äußere Erscheinungsbild lässt zwingend auf einen öffentlichrechtlichen Charakter der Maßnahme schließen noch erlaubt es die Rechtsnatur der Auftragssperre (BGH v. 14.12.1976 – VI ZR 251/73, NJW 1977, 628, 629; *Ohle/Gregoritza,* ZfBR 2003, 16, 17). Denn im Rahmen der öffentlichen Auftragsvergabe handelt die jeweilige Behörde nach ganz überwiegender Ansicht **privatrechtlich** am Markt und schließt auch privatrechtliche Verträge; auch die Mitteilung an einen Unternehmer in Zukunft dessen Angebote unberücksichtigt zu lassen und innerhalb eines bestimmten Zeitraums keine privatrechtlichen Verträge mehr mit ihm schließen zu wollen muss daher privatrechtlicher Natur sein (BGH v. 14.12.1976 – VI ZR 251/73, NJW 1977, 628, 629; Beck'scher VOB-Komm/*Pietzcker,* A VIII, Rn. 16; *Mestmäcker/Bremer,* BB 1995, Beilage 19 zu Heft 50, 3f.; *Ohle/Gregoritza,* ZfBR 2003, 16, 17 m.w.N.; *Reimann/Schliepkorte,* ZfBR 1992, 251, 252).

Sachverzeichnis

Sachverzeichnis

Sachverzeichnis